外国新闻传播史纲

第三版

殷 俊 郭亚夫 编著

NEWS

NEWS

四川大学出版社

责任编辑：徐　燕
责任校对：吴近宇
封面设计：墨创文化
责任印制：王　炜

图书在版编目(CIP)数据

外国新闻传播史纲／殷俊，郭亚夫编著. —3 版.
—成都：四川大学出版社，2018.7（2022.3 重印）
（新闻传播学书系）
ISBN 978－7－5690－2024－3

Ⅰ.①外…　Ⅱ.①殷…　②郭…　Ⅲ.①新闻事业史－
国外－高等学校－教材　Ⅳ.①G219.19

中国版本图书馆 CIP 数据核字（2018）第 148192 号

书　名	**外国新闻传播史纲（第三版）**	
编　　著	殷　俊　郭亚夫	
出　　版	四川大学出版社	
地　　址	成都市一环路南一段 24 号（610065）	
发　　行	四川大学出版社	
书　　号	ISBN 978－7－5690－2024－3	
印　　刷	郫县犀浦印刷厂	
成品尺寸	148 mm×210 mm	
印　　张	19	
字　　数	540 千字	
版　　次	2018 年 7 月第 3 版	
印　　次	2022 年 3 月第 2 次印刷	
定　　价	62.00 元	

◆读者邮购本书，请与本社发行科联系。
　电话:(028)85408408/(028)85401670/
　(028)85408023　邮政编码:610065
◆本社图书如有印装质量问题,请
　寄回出版社调换。
◆网址:http://press.scu.edu.cn

站在全球的视角观察新闻传播的历史

陈力丹

祝贺郭亚夫和殷俊编著的《外国新闻传播史纲》再版。这本书资料丰厚，文风朴实，语言精练，体例颇有特色，除了新闻传播史外，还包括新闻法和新闻理论的发展史。在这里，我想借这个机会说一说为什么要学习外国新闻传播史。

人不能没有历史意识，假如一个人早晨起来失去了记忆（历史），他不知道自己是谁，从哪里来和到哪里去，做什么和怎样做，是很痛苦的事情。从事新闻传播业的人，也不能没有职业的历史意识，否则他连做什么、从何做、怎样想和怎样做都无从着手。新闻传播业的各种要领、观念、规范都是建立在历史的基础上的。一个优秀的新闻记者，其关于本行业或专业的历史知识，必然是较为丰富的，他能够站在许多前辈的理论和经验的平台上来操作。一个中国记者的历史意识如果主要停留在中国新闻职业的层面，固然可以做出很多成绩，但也是有限的。因为世界很大，眼光的局限，可能会使自己囿于这种限制而漏掉许多事实和观念。如果能够像马克思和恩格斯那样从世界的角度观察新闻传播，那么面对同一个事实，我们的记者可能会比以往更深刻地感受它和解释它，并通过我们将这种深度认识传播给

1

受众，这也是记者的社会责任。新闻传播的历史知识越丰富，面对现实的新闻工作就越自由。特别是在全球化浪潮、中国加入 WTO 的背景下，养成从全球的视角观察本行业的历史和展望未来的习惯，显得更为重要。

中国的现代新闻传播业是市场经济向全球推进的产物，没有 15 世纪末以来现代世界市场和世界交往的形成，现代新闻传播业是不可想象的。在这个意义上从全球的角度读一点新闻传播史是必要的。对于主要从事新闻实践的记者，没有必要记住许多具体的历史事件，那是研究者的任务。但是主要的新闻传播的历史性转折、里程碑式的事件，还是需要知道的。新闻传播的基本发展脉络，也应当清楚。有了这些历史意识的基础，才可能更清楚现在该做什么和怎样做，未来的发展趋势也就有了展望的知识基础。

我们至少需要从两个角度考察新闻传播的历史：一是从传播技术发展（传媒形态）的角度，一是从新闻传播体制变化发展的角度。从媒介形态角度考察，于是便有了下面的发展年代图：

1457 年，第一张印刷新闻纸（纽伦堡）

1615 年，第一张"真正的报纸"（法兰克福）

1835 年，第一家通讯社（巴黎哈瓦斯社）

以上以算术级数发展变化↑

以下以几何级数发展变化↓

1920 年，第一家广播电台（美国匹茨堡台）

1936 年，第一家电视台（伦敦 BBC 台）

1969 年，第一次卫星电视传播（北美欧洲之间）

20 世纪 80 年代中期以后，电脑网络传播逐渐普及

21 世纪初，手机短信、DV 普及

现在传媒形态几年就可能出现新的变形，因此对于这种发展趋势，必须从全球角度才能把握，封闭的观念会很快使自己和传媒处于被动地位。

除了从这个角度观察外，还需要从新闻传播体制发展变化角度来观察一个国家的新闻传播业处于何种发展程度。那么，所谓"三个报刊时期"的说法虽然简单了些，但是至少它能够用来较为准确地衡量中国以外许多国家新闻传播业的实际发展水准，这三个时期是：

1. 封建集权制下的"官报时期"（典型代表是《法国公报》，1631—1789）；

2. 新闻自由条件下的"党报时期"（典型国家是美国，1775—1872）；

3. 新闻自由条件下的"商业报刊时期"（典型国家是英国和美国，始于 19 世纪中叶）。

通过学习外国新闻史，我们会发现，实现新闻自由，需要较完善的市场经济环境，政治、文化、历史中的民主政治传统，公众和领袖人物基本的民主政治素养等等。否则，新闻自由会成为频繁的政治事变的直接牺牲品。因而，需要把新闻政策的进步看作一种历史的发展过程，而从最近数百年新闻政策发展变化的历史看，自由的信息流通政策是不可逆转的。

新中国成立后我国出版外国新闻史的著作是从 1988 年开始的，包括《外国新闻传播史纲》，已经出版不下 20 种。它们为开阔人们的视野做出了贡献。下一步，似

乎应在新闻传播史中贯穿观点，缺少观点的历史叙述就像少了文章的亮点一样；同时需要通过历史研究把握一定的新闻传播发展的规律性的东西。论从史出，但是史本身也要有论来贯穿，这样才能提升我们的外国新闻史研究水平。

老同学郭亚夫最近 20 多年来倾心研究外国新闻史，治学态度极为认真，能成此书很不容易。祝愿亚夫再创新绩！

（作者系中国人民大学新闻学院教授、博士生导师、博士后流动站站长）

代　序

一、新闻与新闻学

"外国新闻传播史"作为新闻学的基本内容之一，在了解它的内涵之前，应先弄清新闻与新闻学这两个概念。

什么是新闻学？

新闻学是研究人类"新闻现象和新闻活动的规律的科学"①。

那么，什么又是新闻呢？中外许多学者曾给新闻下过许多定义。我们认为，陆定一同志在 20 世纪 40 年代所下的定义是在我国新闻理论界和业内人士中为较多的人所认可的一个定义，我们不妨以此来开始我们的讨论。陆定一的新闻定义是，新闻是"新近发生的事实的报道"②。

陆氏定义将新闻归结为"报道"。据此，所谓新闻现象和新闻活动，则应该是指人类（对新近发生的事实的）报道的现象和活动。新闻学则是对人类这种报道的现象和活动的研究。

为什么既要讲现象，又要讲活动呢？因为现象与活动是有区别的。现象带有一定的自发色彩，而活动则带有一定的自觉色彩。一般而言，从历史发展进程来看，现象往往是先于活动的。

新闻学作为研究人类新闻现象和新闻活动的规律的学科，包括三个组成部分，即"理论、历史、实践的方法方式"。

第一个部分是理论，它较为务虚，包括"新闻学概论"以及近些年来十分火热、成为显学的"传播学"和"大众传播学"的

---

① 　③《辞海·文化体育分册》，上海：上海辞书出版社，1981 年版，第 31 页。

② 　陆定一：《我们对于新闻学的基本观点》，载于《新闻工作文集》，解放军报社 1979 年编印。

相关内容。

第二个部分是历史,一般是依地域划分为"中国新闻事业史"和"外国新闻事业史"。作为一门专门史,新闻事业史具有两栖性,它既是新闻学的组成部分,又是历史这门大学科的组成部分。

第三个部分是实践的方法方式,它包括实践方式与实践方法两个分支。为什么要区别为实践的方式和实践的方法呢?那是因为二者是不一样的。实践的方式一般而言要宏观些,而实践的方法则要微观些。

那么,新闻实践的方式方法又是指的什么呢?

新闻实践的方式是指在人类新闻活动的实践过程中所逐渐形成的诸种新闻部门,即新闻媒介,如报纸、广播、电视等。

而新闻实践的方法则是指在人类新闻活动的实践过程中所逐渐形成(与细分)的诸种新闻实践环节,如新闻采访、新闻写作、新闻编辑、新闻评论、新闻摄影等。很明显,新闻实践的方式方法的研究构成了我们经常所说的新闻业务这一块。按照新闻部门来划分,新闻学又被分为报学(报纸新闻学)、广播新闻学、电视新闻学、网络新闻学等二级学科(这里把新闻学定位为一级学科)。而若依新闻环节来划分,新闻学则又被分为新闻采访学、新闻写作学、新闻编辑学、新闻评论学、新闻摄影学等二级学科。倘若再进一步将新闻实践的诸部门与诸环节相交叉,则形成更为多样也更为专门的三级学科,如电视新闻采访学、报纸编辑学等。

二、事业与新闻事业

新闻学是研究人类新闻现象和新闻活动的。而作为其组成部分之一的历史部分却被冠以"中国新闻事业史"和"外国新闻事业史"这样的名称。为什么不直截了当地称之为新闻史,而要称为新闻事业史?换言之,为什么要加"事业"二字呢?

这要从事业是什么说起。事业有别于一般意义的人类活动。

所谓事业，是指："人所从事的，具有一定目标、规模和系统而对社会发展有影响的经常活动。"① 这里有五个关键词，即目标、规模、系统、影响和经常性。它们分别构成了一般意义的人类活动与堪称事业的人类活动二者之间的本质差异。

当然，构成事业的这五项要素，是缺一不可的。少了其中任何一项的人类活动，不能被称为事业，而只能被看作一般意义的未达到事业层次的人类活动。

但是，如果深入考察，就会发现，这五项要素并非并列关系，而是有主次之分或软硬之分的——尽管它们之间有内在的联系。我们在下面逐个予以分析。

首先看目标。目标者，"想要达到的境地或标准"②。它是指主体行为的目的性，即某种自觉性。显然，这一要素是相当宽泛的。作为要素，它较"软"，前面所提到的新闻活动，都应该说具有一定的目的性和自觉性的成分。

其次看规模。规模即大小，而大小是相对的。同一规模，运用不同的参照物，其大小效果会有很大不同，甚至相反。美国的《华尔街日报》，日发行量 200 多万份，与美国其他众多报纸相比，可谓大矣！但若与日本的《读卖新闻》《朝日新闻》相比，则可谓小之又小。日本的这两家报纸，其早晚刊合计各自达到１ 000 万份以上的日发行量。可见，规模是有伸缩余地的。作为要素较"软"。更何况，在定义中，规模之前还加上了"一定"二字。

再来看影响。影响即效果、作用之大小。它与规模类似，是一个相对的概念。《华尔街日报》的影响，较之绝大多数美国报纸不可谓小。但若与《纽约时报》相比，则要小些。可见，影响也是一个相对较"软"的要素。

让我们再来看经常性。经常性是指活动的频率，也就是在一

---

① 《现代汉语词典》，北京：商务印书馆，1985 年版，第 1052 页。
② 《现代汉语词典》，北京：商务印书馆，1985 年版，第 809 页。

段时间内的活动次数的多少。而"多少"显然也是一个相对而言的概念。比如，17世纪初的最初的报纸，基本上都是周报。如德国的《通告、报道与新闻报》（1609年），《法兰克福新闻》（1615年），均是周报，与16世纪的新闻出版物相比，可谓频率较密。因为后者一般是季刊、月刊或旬刊。但与现在报纸的一般形态——日报相比，则无疑在经常性上是频率相当低的；反之，若与现在广播、电视新闻的滚动播出乃至实时转播相比，则日报的所谓经常性，又只能是小巫见大巫了。所以不难发现，经常性也是一个较"软"的要素。

五项要素中，我们已经分析了其中四个要素，它们都具有明显的宽泛性或相对性，都比较"软"，而系统是诸要素中唯一较"硬"的要素。

那么，人类新闻活动中的系统又是指什么呢？实际上，它就是我们在上文中所讲的新闻部门或新闻媒介，它是在人类新闻活动的实践过程中逐渐形成的。人类的新闻活动正是借助这些新闻媒介，逐渐趋于复杂与完善的。

接下来的问题是，人类的新闻活动与新闻事业究竟是何时产生的？

人类要生存与发展，一刻也不可缺少新闻信息传播。所以，很明显，一般意义的新闻活动理应与人类的历史一样久远。即使在遥远的古代原始社会，尽管生产力十分低下，人们的信息传播方式十分原始也十分落后，但人们依然要依赖信息传播来从事生产与生活。

而新闻事业则不同，它只是人类社会发展到一定阶段的产物。随着生产力的逐渐提高，人类新闻传播活动的需要与能力也逐渐加大与提高，到后来，终于在新闻活动的实践中，创造性地产生了新闻媒介，并由此使人类的信息传播活动达到了一个崭新的阶段，即从一般意义的新闻活动发展到有新闻媒介参与的新闻事业阶段。

由此可见，最早的新闻媒介的产生，也就是人类新闻事业的开端。

最早的新闻媒介是什么呢？是报纸。它在人类历史上是何时产生的呢？答案是，作为"资本主义经济发展到一定阶段的产物"，"世界上最早的报纸出现于 17 世纪的欧洲"①。由此，我们可以说，人类的新闻活动与人类的历史一样久远，而人类的新闻事业则仅有短短 400 年的历史，即从 17 世纪初到今天 21 世纪初的 400 年的历史。新闻事业史，主要就是研究这 400 年人类新闻活动（新闻事业）的历史。

当然，对新闻媒介产生前的人类新闻活动我们也要做一些考察，但新闻事业史主要考察的是新闻事业的历史，也就是新闻媒介的发展史。人类的新闻活动是如何从前事业阶段逐步演进到事业阶段的，而进入事业阶段后，它又是如何发展的？这就是新闻事业史的研究对象与内涵。总之，加"事业"二字，一来使新闻事业史归结为传布或报道人类的活动，再者它也对早期的新闻活动与后来的新闻事业作了区别。

三、新闻传播事业史的历史分期

人类新闻传播事业的历史已经有 400 年了。对于这 400 年的历史，该如何划分时期呢？

我们认为，如果粗略地进行划分，那么可把它划分为前后两段，即近代新闻事业阶段与现代新闻事业阶段。

两个阶段的分界点在哪里？我们以为定在 19 世纪末 20 世纪初较为合适。也就是说，前 300 年，即 17 世纪、18 世纪、19 世纪为近代新闻事业时期；后 100 年，即 20 世纪，为现代新闻事业时期。

为什么这样划分呢？其理由主要有两点。换言之，近代新闻事业与现代新闻事业有两点重大区别。

首先，作为新闻事业主体的新闻媒介，其门类构成在两个时

---

① 《辞海·文化体育分册》，上海：上海辞书出版社，1981 年版，第 31 页。

期发生了重大的变化。

在前 300 年的近代阶段，主要是报纸（报业）的历史。近代新闻事业初始于 17 世纪初，是以报纸为开端的，在其后不久，又出现了与之相类似的新闻期刊。从总体上看，近代新闻事业的发展是较为缓慢与渐进的。只是到了 19 世纪中叶，伴随着工业革命中在各行业普遍出现的内部分工，才出现了为印刷新闻媒介即报刊服务的通讯社。综观整个近代时期，新闻业基本上是以报纸为其重心的。新闻业的历史也基本上就是报业的历史。实际上，在广播电视出现之前，人们往往把新闻从业人员称为报人，新闻事业史也被称为报学史。如中国早期新闻事业史学者戈公振先生的成名作，就叫《中国报学史》，该书初版于 1927 年，那时，广播才刚出现于中国东部个别地方。

而到了 20 世纪，情况就大不一样了。先是在 20 世纪 20 年代出现了无线电广播，美国的也是世界上最早的商业性电台——KDKA 电台创办于 1920 年。后来又在 20 世纪 30 年代出现了无线传输的电视，BBC（英国广播公司）在 1929 年秋开始试验播出黑白电视，1936 年 11 月正式创办英国电视台。电子媒介的出现与发展，极大地改变了新闻媒介的整体格局。新闻事业逐渐进入报纸、广播、电视，三大传统新闻媒介形成三足鼎立的局面。在 20 世纪 60 年代出现的有线电视（电缆电视），更使电视在三大媒介中咄咄逼人。不仅如此，在 20 世纪 80 年代末 90 年代初，随着互联网向公众开放，多媒体网络新闻传播更是开创了新闻传播的新天地。总之，在现代新闻事业阶段，电子媒介异军突起，打破了报业一统天下的局面，形成了报纸、广播、电视三分天下的新格局。媒介种类的多元化，是现代新闻事业区别于近代新闻事业的第一个重要之点。

现代新闻事业与近代新闻事业的另一个重大区别在于报业自身。

我们说，报业在 19 世纪末 20 世纪初进入了一个新的历史发展时期。新时期报业在三个方面展现了与近代报业的显著不同。

首先是更大程度的社会化。20 世纪初，"资本主义进入到帝国主义阶段，就使生产走到最全面的社会化"①。报纸作为大众传播媒介，从其产生伊始，就具有一定社会性，这是毫无疑义的。但是，在西方发达国家，经历了工业革命洗礼之后的报业，普遍地扩大了自己的生产规模，机器化的大生产取代了以前手工工场式的生产方式，其突出表现是发行量大幅飙升，英国的《每日邮报》、美国的《纽约世界报》、法国的《小新闻报》和《小巴黎人报》等一些标志性报纸的日发行量在 19—20 世纪之交均突破了 100 万份。这就使报纸与社会公众的关系更趋密切，干预社会生活的能力也大大提高，报纸日益成为社会舆论的主导力量。报纸的社会性程度大大提高，远非昔日可比。

其次是报纸的商业化。商业性报纸是 19 世纪中期开始在西方发达国家出现的，较为著名的有美国的《纽约时报》，它创办于 1851 年。但在 19 世纪中期，商业性报纸并未一下子占据报业的主导地位，只是到了 19 世纪末，商业性报纸才逐渐成为西方国家报业的主体。政党报纸和其他未以市场运作来获得经济支撑的报纸，方才日渐式微。

第三是垄断趋势的出现。"资本主义最典型的特点之一，就是工业蓬勃发展，生产集中于愈来愈大的企业的过程进行得非常迅速。"② 而"集中发展到一定阶段，可以说，就自然而然地走向垄断"③。报业垄断是以报业集团的出现为标志的。美国在 19 世纪晚期开始出现最早的一批报业集团。到了 20 世纪初期，垄断报业已渐成气候。报业集团的数目逐渐增多，报业集团的规模也逐渐扩大。垄断报业在整个报业中的比重也随之逐渐增大。其

---

① 列宁：《帝国主义是资本主义的最高阶段》，北京：人民出版社，1964 年版，第 19 页。

② 列宁：《帝国主义是资本主义的最高阶段》，北京：人民出版社，1964 年版，第 10 页。

③ 列宁：《帝国主义是资本主义的最高阶段》，北京：人民出版社，1964 年版，第 11 页。

实，报业的垄断趋势是与西方发达国家当时由自由竞争走向垄断的整个经济、社会背景相联系的，是资本主义走向垄断资本主义的一个组成部分。报业垄断对报纸与报业的影响是十分深刻的，而且垄断的程度也随着时间的推移日益加深。在整个 20 世纪，它经历了报业内部的垄断、新闻业的垄断、跨行业的垄断乃至跨国的垄断这四个发展阶段。在 20 世纪晚期出现的美国媒体的数起大兼并，更为世人所瞩目。由此而产生的特大型传媒集团，如"时代华纳"，其规模与影响力更远非 100 年前的初期报团所能比拟。

正如张允若先生所说，"商业化（更大程度的）社会化和垄断趋势，成了近代报业演变成现代报业的主要标志"①。

基于上述三方面的差别，我们说，近代报业在 20 世纪初进入了现代报业阶段，这就构成了现代新闻事业在 20 世纪初产生的另一理由。正是由于新闻媒介的多元化格局的出现与报业自身演变为现代报业，因此我们把 20 世纪初以来直至今天的新闻事业，称之为现代新闻事业阶段。

四、研究外国新闻传播事业史，为中国的新闻实践和新闻改革服务

作为新闻学的一个有机组成部分，研究"外国新闻传播事业"，一方面可以增加新闻学专业知识的厚度与底蕴，有助于研究其他新闻学专业知识，如新闻理论和新闻业务等；另一方面还使我们能够从中吸收一些可取、可用、可行的营养，有助于更好地从事新闻实践和搞好新闻改革。

首先，研究外国新闻传播事业史，有助于我们增加专业底蕴，学好其他新闻学专业知识。

新闻学作为一门科学，其内部架构存在着内在联系，即存在

---

① 张允若主编：《外国新闻事业史》，武汉：武汉大学出版社，2000 年版，第 92 页。

着结构上的规定性。包括外国新闻传播事业史在内的新闻传播事业史是新闻学的一个不可或缺的有机组成部分，缺少了它，新闻学就会不完整，就会大大缩减学习者的专业知识厚度与张力。作为一种专门史，外国新闻传播事业史也具有历史学的特征，即它对人类新闻活动的追溯与探究，具有全方位的特点。举凡新闻业务与新闻理论中的种种问题，都是外国新闻传播事业史所需要面对和探讨的。以史为鉴，可以更好地了解现在，并在一定程度上预测未来，避害趋利，少走弯路。这个道理对新闻学也同样是适用的。了解了外国新闻业务与新闻理论的发展过程，也会使我们能够更深入地学好新闻业务和新闻理论的诸门专业知识。

其次，学好外国新闻传播事业史，还能使我们从古人、外国人的经验中吸收营养，从而更好地从事新闻实践，搞好新闻改革。

中华民族有着灿烂而悠久的文明史，在新闻传播领域也同样如此。尤其在漫长的封建社会里，中华民族曾在雕版印刷、"邸报"等方面创造过辉煌的过去。但毋庸讳言，在世界近现代报业和新闻业的发展进程中，我们落伍了。自改革开放以来，我们正在奋起直追，并已取得了令人瞩目的进步。但应该看到，我们在新闻业的技术装备水准、专业人员的专业素养以及现代新闻业的经营管理等方面与发达国家相比还存在着不小的差距。中国已在20世纪末加入了WTO，面临世界经济一体化这一历史潮流，我们的新闻业也要与时俱进、改革创新。而要完成这一长期而艰巨的历史使命，就需要我们既坚持自己的优良传统和优势，又要学习与借鉴国外的经验与长处。而学习外国新闻传播事业的发展历史，正可以使我们在这方面做得更深入、更准确也更有效率。国外的一切好的，可取、可用、可行的东西，我们要勇于结合我国国情，拿来为我所用；而国外的一些教训，也值得我们引以为戒，少走弯路，使我们的新闻实践和新闻改革搞得更稳妥、更有成效。

外国新闻传播事业的历史，为我们提供的借鉴是多方面的。

这中间，既有新闻传播事业发展的共性经验，也有无产阶级新闻事业的经验与教训；既有新闻业务方面的经验教训，也有新闻理论与新闻法制方面的经验教训。而其中不少问题恰恰是正在走向现代化进程中的中国新闻事业所急需认识和解决的。在这些问题上，梳理清楚历史的发展线索，对我们更有着直接的现实借鉴意义。

比如，工业革命与现代报业产生的内在联系；广告在报纸商业化、企业化演变进程中的关键作用；广告作为双刃剑，对报业发展的正面作用与负面影响；新闻工作的行业分工，其正面与负面影响以及与一专多能的辩证关系等。所有这些都是有历史经验可供吸取的。

再比如，对出版自由的主张的提出，最先是作为资产阶级政治革命的舆论准备的一部分而出现的。这种主张在资产阶级革命中发挥了重要作用，并直接促进了封建专制的瓦解。而资产阶级在取得政权后，又反过来限制乃至压制无产阶级与劳苦大众的出版自由和其他民主权利。了解这方面的历史事实，有助于我们既看到新闻自由主张的进步性，又看到资产阶级新闻自由主张的局限性乃至虚伪性，保持清醒的头脑。

无产阶级新闻事业是外国新闻传播事业的重要组成部分。这其中的优良传统值得我们认真学习与继承，并在新的历史条件下予以发扬光大。无产阶级新闻事业的发展进程中，既有丰富的成功经验值得学习，也有不少教训值得总结并引以为戒。

无产阶级的革命导师，尤其是马克思与列宁，不仅有长期的报刊工作经历，积累了丰富的经验，而且对无产阶级的新闻工作，做过不少精彩而深入的论述。这些都构成了我们无产阶级新闻工作的宝贵文化遗产，值得我们认真学习与总结。马克思所创办的《新莱茵报》（1848—1849 年），列宁所创办的旧《火星报》（1900—1903 年），均是无产阶级新闻工作者的楷模与典范。

在无产阶级新闻事业的漫长历程中，也为我们提供了一些值得认真思索的沉痛教训。

比如巴黎公社。公社领导人在报刊工作中的重大失误，是导致公社最终失败的重要因素之一。而公社领导人对新闻自由的片面理解又是产生这一失误的内在原因。公社领导人，包括公社报刊的负责人，为此付出了惨痛的血的代价。总结公社报刊工作的历史教训，对我们全面而辩证地认识新闻自由，正确理解新闻工作者的权利与义务的辩证关系，会有直接的帮助。

再一个令人触目惊心的例子是苏联。20世纪90年代发生的苏联解体、东欧剧变可谓惊心动魄。从新闻传播的视角予以认真审视，它之所以产生人们始料不及的严重后果，其原因既有领导人在新闻工作指导思想上的重大失误作为内因，也有西方国家在新闻传播领域处心积虑的渗透与颠覆作为外因。

前有巴黎公社，后有苏联解体，代价不可谓不惨烈，教训不可谓不深刻，而这些都为我们的新闻改革提供了宝贵的前车之鉴。

中国的新闻工作者正面临着新时期新闻工作的新实践，改革开放的大趋势催人奋进，加入WTO后的新局面使得形势逼人。挑战是严重的，机会也是巨大的。在这样的挑战与机会并存的新千年的初始，怎样一方面勇于与时俱进、开拓进取；另一方面又保持清醒的头脑，积极而慎重，创新而稳妥，把握好新闻工作的正确方向，使之为实现全面小康这一新时期的总任务而做出自身的贡献，这正是我们需要努力解决好的问题。而学习与了解外国新闻传播事业的历史与现状，开阔眼界，充实专业知识的厚度与底蕴，无疑会对我们在新闻实践和新闻改革中取得新的成绩有所裨益。这也正是我们学习外国新闻传播史的重要性与必要性之所在，同时也是我们编撰本书的期望之所在。鉴于此，本书在勾勒外国新闻传播基本历史框架的同时，有意识地将较多的篇幅放在了新闻法制的发展史、新闻媒介的经营管理层面以及其他一些新闻传播史上较为重要问题的探讨上。我们希望这种做法能够使本书对我国当前的新闻改革和新闻实践提供一些较为切实有用的素材，从而起到抛砖引玉的作用，希望业内方家及各界读者不吝指正。

目　　录

第一章　意大利新闻传播事业史 ……………………………………… 1

　第一节　报刊的发展史 ……………………………………………… 1

　第二节　广播电视的产生与发展 ……………………………………… 11

　第三节　通讯社历史沿革 …………………………………………… 14

第二章　德国新闻传播事业史 …………………………………… 17

　第一节　报刊的产生与发展 ………………………………………… 18

　第二节　广播电视的产生与发展 ……………………………………… 34

　第三节　通讯社的历史沿革 ………………………………………… 42

第三章　英国近代报业史 ………………………………………… 47

　第一节　封建统治后期对出版事业的控制 ………………………… 47

　第二节　在资产阶级革命进程中报业的兴起 ……………………… 51

　第三节　革命后的报业和政党报刊 ………………………………… 58

　第四节　独立报业的成长和《泰晤士报》 ………………………… 68

　第五节　廉价报纸的兴起和《每日电讯报》 ……………………… 74

第四章　法国新闻传播事业史 …………………………………… 83

　第一节　历史回溯

　　　　——集权控制与出版自由斗争相伴之路 ……………………… 83

　第二节　现状瞭望

　　　　——商业垄断与新闻理念矛盾相交织 …………………………… 101

第五章　美国近代报业史……………………………… 125
　第一节　来自英国的传统……………………………… 126
　第二节　殖民地时期的报业…………………………… 133
　第三节　独立战争时期的美国报业…………………… 139
　第四节　新闻事业的一场革命………………………… 148
　第五节　廉价报纸时期………………………………… 156
　第六节　向现代报纸演变时期………………………… 160
　第七节　现代报业……………………………………… 170

第六章　现代美国新闻传播史研究（上）………… 180
　第一节　美国新闻传播业的宏观描述………………… 180
　第二节　美国报业组织管理及报业集团化研究……… 190
　第三节　美国广播业体系及特色分析………………… 206

第七章　现代美国新闻传播史研究（下）………… 217
　第一节　美国电视业的发展、产业结构及节目供应体制
　　　　　……………………………………………… 217
　第二节　美国互联网的发展与前景…………………… 240
　第三节　当代美国新闻传播媒体的兼并重组与重大并购
　　　　　案例分析…………………………………… 249

第八章　俄罗斯及苏联新闻事业史………………… 274
　第一节　俄罗斯帝国时期的报业……………………… 274
　第二节　苏联时期的报刊事业………………………… 299
　第三节　苏联广播电视与通讯社事业………………… 310
　第四节　苏联解体前后及俄联邦的新闻事业………… 318

第九章　日本现当代新闻传播史…………………… 348
　第一节　日本新闻传播业的宏观描述………………… 348

第二节　日本文化产业模式及发展趋势·············· 359

第三节　日本报业组织构成与经营管理模式·········· 365

第四节　日本电视产业的发展与盈利模式············ 376

第五节　日本互联网的发展与盈利模式·············· 384

第十章　第三世界若干重要国家新闻传播简史·········· 392

第一节　印度新闻传播简史························· 392

第二节　泰国新闻传播简史························· 401

第三节　埃及新闻传播简史························· 403

第四节　南非新闻传播简史························· 407

第五节　墨西哥新闻传播简史······················ 412

第六节　巴西新闻传播简史························· 415

第七节　阿根廷新闻传播简史······················ 418

第八节　古巴新闻传播简史························· 420

第十一章　通讯社的产生与发展······················ 423

第一节　通讯社产生及发展的最初阶段·············· 423

第二节　20世纪东西方抗衡

　　　　——西方四大通讯社及东方两大社·········· 427

第三节　当代外国主要通讯社的发展与前景分析········ 451

第十二章　外国新闻传播法制史研究·················· 466

第一节　外国新闻传播法制出现的历史和社会原因······ 466

第二节　新闻传播法制在西方各国不同的演进过程······ 473

第三节　外国新闻传播法制比较研究················ 491

第四节　新闻传播法制对社会民主进程的推进研究······ 507

第十三章　西方新闻传播理论发展史·················· 512

第一节　制度理论······························· 512

第二节　客观法则 ································· 531

第三节　价值理论 ································· 545

第四节　效果理论 ································· 556

后记 ·· 580

第 一 章
意大利新闻传播事业史

意大利新闻传播事业的发展，与德国十分类似：同样有着辉煌的起源，也同样经历了法西斯专政的严格钳制，最后也同样在第二次世界大战后得以复苏。

第一节　报刊的发展史

一、古代报刊

公元前 59 年，尤列乌斯·恺撒担任罗马共和国执政官时，发布命令："嗣后元老院工作的报告，务须每日公布。"后人称之为《每日纪闻》（*Acta Diurna*），从此开始了人类文字传播新闻的历史。《每日纪闻》是世界上最早的定期手书新闻，实际上可以说是政府公报。① 《每日纪闻》写在一种涂了石膏的木牌上，放置于公共场所。内容除元老院会议记录外，还有政府命令、战争消息、司法案件、税收情况、皇族活动，以及社会新闻（如本城婴儿出生和死亡人数）等。公元前 44 年，恺撒遇刺身亡，《每日纪闻》因而停止。

---

① 按张隆栋、傅显明两先生在所著《外国新闻事业史简编》（北京：中国人民大学出版社，1988 年版，第 3 页）中即称其为《罗马公报》。

恺撒养子屋大维于公元前 27 年建立罗马帝国后，在公元前 6 年恢复《每日纪闻》，并曾为《每日纪闻》撰文，除刊登新闻外，还雇人抄写，分送给首都及各大城市政界要人和驻各地的军队。

罗马帝国时代，罗马城是当时欧洲的政治、经济、文化中心，欧洲各地的王公贵族和富商都想探知罗马的消息，于是有人抄录了政府公报，分送各地，领取酬金，这就是"新闻信"的起源，从而也出现了世界上第一批职业的新闻工作者。"新闻信"也成为世界上第一批新闻商品。

公元 395 年，罗马帝国分裂为东西两个部分，西罗马帝国管辖现在意大利一带，后于公元 476 年灭亡。此后，意大利的分裂局面持续了 1000 多年。

1466 年，罗马城出现第一部印刷机。1494 年，德国的金属活版印刷术传入意大利，但印刷新闻并没有很快出现。1554 年，在罗马一带发行的一种手抄新闻是世界现存最早的手抄新闻（现存罗马梵蒂冈图书馆）。

资产阶级报纸的雏形——手抄小报首先在 15 世纪出现于意大利的威尼斯。威尼斯位于地中海北岸，早在 10 世纪末就成为富庶的商业共和国、东西方交通枢纽和贸易中心。到 15 世纪，威尼斯的造船、纺织、玻璃、制革、钢铁、宝石磨制等行业已经相当发达，并且出现资本主义的手工工场，工人总数达到十几万人，商船多达3000多艘。威尼斯商人和手工业主十分关心自己的商品销路，需要了解各地动态，有人就替他们打听物价变动、船期和沿途情况，以换取一定的报酬。随着工商业的发展，需要相同信息的人多了，打听消息的人就手抄同样的信息供给需要者，这就是手抄小报。1536 年，威尼斯出现专门采集消息的机构和贩卖手抄小报的人。1566 年，在威尼斯出现了一种叫"手抄新闻"（Notizie Scritte）的单页小报，是不定期的手抄小报，张贴在当地的公共场所，只要交一枚铜币，就可趋前阅读（另说沿街兜售，每份一个铜圆）。主要内容是商品行情、船舶起航与到达日期、交通情况，也报道政局变化、战事消息和灾祸事件（因为这些都严重影响贸易和交通）。这种手抄小报流传到欧洲各大城市，被称为《威尼斯公报》（Venice Gazette）这是世界上第一份新闻性的报纸。当时的铜币叫作"格塞塔"（Gazzetta），后来，这个词一度成为西欧各地报纸的代名词。

1569 年，罗马教皇庇护五世在红衣主教会议上指责手抄报纸诋毁教廷。数日后，记者尼·弗郎科（Nicolo Franco）因报道了宗教改革而被处以绞刑。1572 年，教皇发布"谕旨"：禁止手抄新闻；凡手抄新闻的作者、抄录者、发行者及知情不报者均要判刑，甚至处死。1587 年，某手抄新闻记者团领袖加贝洛（Annibalo Capello）被捕，送至罗马后，被割去舌头和一只手，在街上绞死示众。

16 世纪末，罗马手抄新闻记者波里（Giovanni Poli）将自己采编的新闻雇人抄写后，寄给西班牙国王菲利浦二世，每月获金元二枚。他还将新闻寄给吕克（Lucques）共和国政府。吕克城图书馆现存有波里在 1593—1619 年编的手抄新闻。

1597 年，《每周商务广告报》在佛罗伦萨城创刊，这是一家定期的手抄广告报纸。

二、近代报刊

（一）17 世纪

从 17 世纪开始，意大利的印刷新闻逐渐增多。现存意大利最早的印刷新闻 1636 年出版，还没有正式的报纸名字。1645 年，意大利最大的一个王国萨丁（Savoie）王国，授予教士沙西尼（Sorini）办周报的特权 5 年，这是意大利最早的有关印刷定期报纸的记录。

1646 年，路萨斯·阿萨里诺（Lucas Assarino）在热那亚创办手抄的《诚实报》。阿萨里诺广交上层人士，对采访技巧颇有研究。后人尊称他为"意大利第一报人"。

（二）18 世纪

1714 年，日报《罗马新闻》（*Diario di Roma*）在罗马创刊。它实际上是教皇统治区的官方报纸，但可以算作意大利近代新闻事业的正式开端。

1770 年，《公报》在威尼斯创刊。该报模仿法国的一家同名报纸样式。

1796 年到 1814 年，意大利处于法国拿破仑的统治之下。此后，又归奥匈帝国统治。

（三）19 世纪

1820 年，烧炭党人密谋革命，在那不勒斯创办《意大利周报》，它是意大利自由派贵族的党内机关报，主张驱逐外国侵略者，限制专制统治，实行政治改革。著名知识分子格·德·罗马约西在伦巴第出版《年鉴》杂志，该刊名义上是商业杂志，实则宣传爱国精神和政治改革。此后创办的《工艺》和《欧洲评论》等杂志也模仿此种方式，名义上为商业杂志，实际上宣传爱国和改革。

1828 年，资产阶级民主派革命领袖马志尼创办《热那亚消息报》，主张彻底革命，建立统一的共和国。1831 年，马志尼在流放中创办《意大利青年报》。该报宣传通过革命道路将意大利从异族压迫下解放出来，建立统一的民主共和国。

1847 年，《复兴报》在都灵创刊，创办人是革命领袖加富尔。该报鼓吹统一意大利。

1848 年爆发的意大利民主革命，迫使萨丁王国宣布了新宪法，其中第 25 条规定："新闻事业应予自由，但法律应限制自由之滥用。"萨丁王国在后来统一意大利的进程中起了主要作用。从那时到 1922 年，意大利报界享有较多的新闻自由。

1851 年，加富尔任萨丁王国首相。

1859 年，商业性报纸《民族报》在佛罗伦萨出版。

1860 年，加富尔创办《人民公报》。同年，加富尔统一了除罗马和威尼斯外的意大利。1861 年，加富尔逝世。1866 年，意大利军队收复了威尼斯。

1868年，另一家商业性报纸《新闻报》（*La Stampa*）在都灵创刊。

1870年，意大利利用普法战争的机会，收复罗马，实现国家的统一，建立意大利王国。同年，日报《罗马观察家报》（*L' Osservatore Romano*）创刊。这是教皇的半机关报，发表教皇希望人们知道的东西，不登犯罪、体育和其他社会新闻，是意大利唯一不顾读者兴趣而自行其是的报纸。意大利哲学协会也在该年开始出版学术刊物《哲学评论》，在佛罗伦萨和罗马两地出版，存在至今。

1876年，《晚邮报》（*Corriere Della Sera*）在米兰创刊。原为晚报，不久改为晨报后，仍使用原报名。创办人是托雷利－维奥利尔（Eugenrio Torelli－Violier），他自任总编辑，常在报上鼓吹英美式的民主自由。1885年，纺织业资本家克里斯皮（Crespi）家族购下该报。1899年，阿尔伯蒂尼（Luigi Albertini）继任总编辑。

1878年，《信使报》（Ⅱ *Messaggero*）在罗马创刊，是意大利第一家早报。

1885年，《古钱报》（Ⅱ *Resto Del Carlino*）在波伦亚创刊。

19世纪末，社会主义思想开始在意大利传播。意大利社会主义者分为两派：一派是极端分子、无政府主义者和"国际主义者"；另一派则是温和派，主张用合法手段实现社会改革。1891年，社会主义者温和派创办《社会批评报》和《阶级斗争报》，这一派人后来组成意大利社会党。1896年，社会党机关报《前进报》（*Avanti*）在米兰创刊。

三、现代报刊

（一）20世纪

1903年，意大利社会党在热那亚创办《劳动报》。

墨索里尼曾是社会党人、新闻记者，于1912年到1914年主编《前进报》。第一次世界大战爆发后，他由于鼓吹意大利参战而被撤职，不久被开除出党。1914 年，他在米兰创办《意大利人民报》，继续鼓吹参战。意大利政府在该报及其他主战派影响下，于 1915 年参战。第一次世界大战使意大利负债累累，民怨沸腾。

1919 年，墨索里尼创立法西斯党，并在热那亚创办该党机关报《劳工报》。同年，周报《新秩序报》在都灵创刊，创办人是社会党左派领袖葛兰西，该报是意大利最早传播列宁主义的报纸。

1921 年，意大利共产党成立。《新秩序报》主编葛兰西是意共创始人之一。《新秩序报》成为意共最早的机关报，并由周报改为日报。

1922 年，墨索里尼发动武装叛乱，夺取了政权。《新秩序报》和其他几家共产党报纸被查封。墨索里尼命令合并报纸，规定一区一报（第二次世界大战中，日本也仿照了这一做法，可见法西斯对管制异己舆论的不约而同）。

1924 年，日报《团结报》（L'Unita）在米兰创刊，是意大利共产党机关报。面对法西斯党徒的寻衅闹事，该报坚持出版，编辑部多次转移（1926 年，该报被迫转入地下，利用意共的交通网秘密发行至 1944 年）。同年，墨索里尼政府公布命令，创办新报纸须经法院检查批准，还须经地方行政长官同意。

1925 年，法西斯政府公布新闻记者登记法，规定"凡不效忠法西斯者，不得从事新闻事业"。当时有百余名著名记者不肯效忠法西斯，被拒绝登记。墨索里尼强迫反法西斯的《晚邮报》改组，阿尔伯蒂尼被迫辞去该报发行人兼主编职务，该报转向法西斯主义，直到 1944 年才恢复自由主义传统。

1926 年，法西斯党徒借口有人在波伦亚行刺墨索里尼，在全国实行大搜捕，所有反法西斯报纸均被封闭。

墨索里尼认为，报纸是政府事务的一部分，不能由私人自由经营。在法西斯统治下，各报总编辑或代表要经常到新闻宣传部

（墨索里尼的女婿西阿诺为部长）接受口头或书面指示，包括标题、内容和言论基调等。甚至，外国记者如坚持将不利于法西斯政府或所谓的不确实新闻发往国外，也会被判处 15 年以下徒刑。1934 年以后，外国记者发往国外新闻稿须经邮政总局检查，再由电报局发出，检查人员有权删改新闻稿，或压稿暂不发出。

墨索里尼对新闻事业的严格钳制，可由一段话作为注解。"统治阶级的思想在每一时代都是占统治地位的思想。也就是说，一个阶级是社会上占统治地位的物质力量，同时也是社会上占统治地位的精神力量。"①

1941 年，《时代周刊》（Epoca）创刊，由米兰的蒙达多里（Mondadori）出版社出版。

1944 年初，共产党武装和其他反法西斯力量占领各大城市，然后配合盟军解放了意大利全境。法西斯党机关报——米兰《意大利人民报》由共产党接管。该报在罗马、都灵的地方版分别由天主教民主党和基督教民主党接管。同年 6 月，美军占领罗马，意大利全境解放。1946 年，根据公民投票，成立意大利共和国。

从 1944 年到 1946 年初，意大利处于盟军军事管制之下。盟军对意大利的新闻管制较宽大，著名报纸仍准其沿用以前的名称，只是在报社内部实行改组。在此期间，盟军派新闻检察官驻各报。1945 年，曾被墨索里尼强迫改组的《晚邮报》由政府发还原业主克里斯皮家族。

1946 年，政府公布第一个有关新闻的命令，规定：对出版物的没收必须经过适当的法律程序。1947 年，政府成立新闻用纸分配委员会，对各报不问政治背景，一律以低于市场的价格供应纸张。1948 年，意大利政府公布的新宪法第 21 条规定："所有公民有权以口头、文字或通过任何大众传播媒介，自由表示意见。新闻出版物无须经事先许可，也不得事先检查。"议会制订新的出版法，规定：所有报刊应有一位社长负责，并承担一切法

---

① 《马克思恩格斯选集》第 1 卷，北京：人民出版社，1956 年版，第 52 页。

律责任。读者因报道不实或损害名誉的投书，报刊有免费和全文发表的义务。1949年，政府公布税收法，其中对新闻事业实行减税或免税待遇。

政府对新闻事业的扶植，使意大利报业呈现复苏趋势。罗马和米兰成为两个最大的报业中心，到1975年，全国90%的报纸印量集中在这两个城市。

1955年，周刊《快报》（L. Espresso）在罗马创刊，创办人是贝内德蒂（Arrigo Benedetti）。该刊政治观点接近社会党，刊载内幕新闻较多。

1956年，化工资本家马蒂（Envico Mattei）在米兰创办《今日报》（Ⅱ Giorno）。该报由埃尼集团投资，在北部工业区影响较大。

1957年，政府公布《邮电法》，规定：邮政、电话、电报对新闻事业实行优待。

1963年，政府公布《记者法》，规定记者必须在全国记者公会登记，经过口试和笔试及格，才能取得记者资格，否则不能从事新闻活动。

1974年，蒙塔尼利（Montanelli）在米兰创办《新日报》，受蒙埃集团财政支持，是一家有影响的右翼报纸。

1975年以后，纸价上涨，报纸种数和发行量略有下降。

1976年，《共和国报》在罗马创刊，由大出版商卡拉乔洛（Caracciolo）和蒙达多里（Mondadori）两家族共同创办，编辑部内以共产党人和社会党人占多数，反映马克思主义者的观点。

1981年，意大利有日报72种，发行量549万份；有非日报122种，杂志7 390种。报刊业略现繁荣趋势，但日报种数和发行量仍低于50年代水平。

（二）报刊现状

意大利报刊影响力较大的三大报是指《晚邮报》《新闻报》和《团结报》。

《晚邮报》（Corriere Della Sera）创刊于1876年3月5日，

原为晚报，后改为晨报，但名称不改。分别在米兰、罗马、卡塔尼亚印刷出版，辟有米兰、罗马地方新闻专版。从 1974 年开始为里佐利财团控制。编辑方针以独立著称，国际新闻较详尽准确。20 世纪 80 年代初，日发行量高达 75 万份，是意大利发行量最大、影响最大的报纸。1992 年，发行量达 58 万份。

意大利在历史上是文艺复兴运动的发源地。意大利报纸的一个显著特点就是注重文艺、学术，这一点《晚邮报》尤为突出。该报与《新闻报》一起，在意大利报坛首倡"文化版"（直译为"第三版"），以充实报纸上文艺、学术方面的内容。《晚邮报》的"第三版"上的文稿，多数出自名家手笔，因而在意大利文化界人士中，该报享有较高声誉。该报的体育报道也很突出，每逢重大足球比赛，体育版的篇幅更为可观。

《晚邮报》一贯重视国际报道，创刊不久就向国外派遣记者。除在 20 多个国家派有常驻记者外，还有在国外巡回采访的记者，称为"记者特使"。它的一些驻外记者颇有名气。例如，女记者奥利亚娜·法拉奇，她善于在关键时刻采访国际风云人物，思维敏捷，提问尖锐，文笔幽默，给读者留下深刻印象。

《新闻报》（La Stampa）创刊于 1868 年，在都灵出版。该报重视对国际新闻和国内经济新闻、社会问题的报道，政治上持"中左"立场。该报以发表有分量的政治评论著称，重视读者来信，每天辟有来信专版。20 世纪初，该报一方面继承了过去开明进步的传统，一方面又不断改进国际、国内报道，很快地赢得了声誉，成为欧洲著名报纸之一。近年来，它改革了版面编排，使之更有条理；改进了文风，使报上的文章清新流畅，通俗易懂。1982 年该报日发行量 51 万份，仅次于《晚邮报》，因而有意大利第二大报之称。1992 年日发行量 64 万份，平均日出 20版。从 1926 年起，该报就属于菲亚特集团。

《团结报》（L'Unita）是意大利共产党中央机关报，1924年 2 月 12 日创刊，在罗马和米兰两地出版。在第二次世界大战之前和战争期间，它是意大利反对法西斯的光辉旗帜，在人民群众中享有很高的声誉。第二次世界大战后，在米兰、罗马、都灵和热那亚出版，总发行量曾达到 40 万份，星期日超过 100 万份。它拥有一个强大的组织"团结报之友"，广大的义务销售员把报纸送到意大利的各个角落。1992 年在罗马和米兰出版，发行量平日 30 万份，星期日 80 万份，重大节日 100 万份。2000 年 5 月宣布停刊。

意大利还有一家发行较大的报纸《信使报》（II Messaggero），1878 年创刊，在罗马出版，1992 年日发行量 24.1 万份。该报从 1915 年起由钢铁集团佩罗内家族掌管，代表意大利钢铁、军火工业集团利益，反映政府观点。后改属费鲁兹—蒙特爱迪生集团。

意大利重要的政治时事杂志有《快报》周刊、《时代》周刊和《今日周报》。

《快报》周刊（L. Espresso），1955 年创刊，在罗马出版。该刊政治态度接近社会党，常刊登引人注目的内幕新闻。1978 年揭露当时的总统莱昂尼在经济方面的丑闻，导致莱昂尼下台。1992 年每期发行量为 30 万份。

《时代》周刊（Epoca），1941 年创刊，由米兰蒙达多里（Mondadori）出版社出版。该刊有些方面很像美国的《生活》杂志，而且时常采用《生活》杂志记者的文字和图片稿件。1992 年期发行量 10 万份。

《今日周报》也在米兰出版，是意大利发行量最大的综合性刊物之一。它在第二次世界大战前创刊，在法西斯统治期间被迫停刊，战后恢复出版，20 世纪 80 年代初销售量达到 75 万份。

由于国情特点，意大利大报业垄断组织多为政党主宰。在政党报团中，共产党报团是最大的党报报团。

意大利共产党报团旗下，有报纸 20 家，总发行量约 150 万份。《团结报》是意大利共产党的机关报，20 世纪 80 年代以后改称"意大利共产党报纸"。1947 年，意共在罗马创办《我们妇女》（Noi donne）周刊，1964 年，发行 50 万份，成为意大利最畅销的妇女杂志之一，以后发行量略有下降。1948 年，《国家晚报》（*Pease Sera*）在罗马创刊，是意大利最重要的晚报，因经常反映共产党观点，被认为是意共的外围报纸。

天主教民主党（简称天民党）报团是意大利第二大党报报团，办有 10 家报纸，总发行 40 万份。其中，1944 年在罗马创刊的《人民报》是天民党中央机关报。此外，《阿迪杰报》和罗马的《时代报》、佛罗伦萨的《民族报》、波伦亚的《古钱报》等都反映天民党的观点。

社会党是意大利第三大党，1896 年创立其机关报《前进报》，旗下著名的还有理论刊物《工人世界》。《快报》周刊和《共和国报》也受社会党影响。

意大利商业性报业垄断组织以里佐利报团为最大。里佐利家族是意大利大出版商。1974 年，该家族买下《晚邮报》和《消息邮报》，到 1979 年已控制 7 家日报、5 家周刊和 3 家月刊，以及邮局、电视公司等企业。后来里佐利由于贪污、负债、谋杀和参与"共济会"阴谋，1983 年被捕。下属报刊因而销量下降，甚至停办，只有《晚邮报》仍为全国有影响的大报。

其他较大的报团有：菲亚特报团（拥有《新闻报》《共和国报》等）、蒙埃报团（拥有《信使报》《新日报》等）、埃尼报团（拥有《今日报》《时代报》等）、蒙蒂报团（拥有《古钱报》《民族报》等）。

第二节　广播电视的产生与发展

一、历史沿革

意大利是无线电广播的发源地。为使无线电通信进入实用阶段而作出重要贡献的，有意大利的马可尼和俄国的波波夫。1895 年春，意大利青年发明家马可尼（1874—1937）试验通过无线电波传递信号，获得成功，于 1901 年 12 月 12 日实现了横越大西洋两岸的远距离无线电信号传送。

1924年，两家无线电公司出资组成意大利广播公司，并从政府取得6年特许权；同年10月6日，意大利广播公司在罗马开播。1927年，该公司改名为意大利广播收听局，并取得25年特许权，开始建立全国广播网。

1929年8月16日，意大利开始进行电视节目的实验传输。

1933年12月28日，意大利2RO广播电台从罗马向国外广播，使用两部25千瓦发射机。

1937年，意大利收听局建成全国广播网，并在罗马试验电视的播出。1943年盟军登陆前，意大利共有32个中波广播台和9个短波广播台。

1944年，意大利广播收听局又改名为意大利广播公司（RAI），是由国家控制的股份公司，99％以上股份属于国营的伊里集团（IRI）。

1952年，意大利广播公司改组为意大利广播电视公司（RAI—TV，习惯仍称RAI）。1954年，罗马开始播放电视节目，后来成立国营电视台，属邮电部领导。1962年，国营意大利广播电视公司建立电视二台。

1972年，共产党和社会党发起电视台改革运动。1974年7月10日，意大利法院裁决，意大利广播电视公司独家垄断广播电视事业违反宪法。1975年，议会制定法律，规定意大利广播电视公司政治上独立，报道新闻要客观；公司下属电视台实行自治，节目计划受议会监督。天民党、社会党、社会民主党、共产党和自由党的代表组成的理事会商定，广播二台、电视一台由天民党负责（1980年成立的电视三台也由其负责），广播一台和电视二台由社会党和共产党共同负责。

1975年，意大利议会通过广播电视系统的修正法案，允许私人开办广播电视事业，各大城市迅速出现一批未经政府批准的私营电台，播音内容有妇女解放、离婚、生态学等合法电台不予重视的节目。1976年，政府下令关闭私营电台，后经最高法院裁决，这类电台可以存在，但须经政府批准，后来被称为自由电台。

1977年2月1日，RAI开始播出彩色电视节目。

1980年，意大利广播电视公司的电视三台建成并开始播放节目，主要播放地方性新闻和节目。

1984年8月，意大利贝鲁斯柯尼集团控制了意大利三大私营电视网。

二、广播电视现状

1975年后的意大利，其公共广播电视属于国会主导下的国有公营体制。

意大利没有独立的国家广播电视行政机构，国会广播电视监管委员会以及国会领导下的保证人办公室是意大利全国性公共广播电视的主要监管机构，其中保证人办公室仅有监察和登记权限，不能独立制定法规，而意大利中央政府在此领域所起的作用也十分有限。

意大利国会广播电视监管委员会1975年依法创办，专事对RAI的监管以及保卫社会舆论和政治文化意识的多元性。该委员会规定RAI必须保持独立性、客观性和传播当今各种各样政治的、社会的、文化的潮流。该委员会由参众两院选定的20位众议员和20位参议员组成，任期5年，党派色彩很浓。该委员会不仅有权确保RAI的传播宗旨，而且为RAI制定一系列总政策（诸如经营原则和公共关系政策），调解有关广播电视频率频道方面的冲突问题，跟参众两议长一起决定RAI理事会人选，影响RAI的节目安排，另外还规范RAI的财政预算。保证人办公室是行政执行机构，主要任务是负责监察广播电视领域行政管理的公正性，给有关当局提供建议，审查广播电视公司的账目等，其领导人（即保证人Guarantor）经参众两议长推荐后由总统任命。

目前，意大利共有电视台600多座，广播电台4 000多座，从绝对数字上讲居世界第二位，仅次于美国。

意大利广播电视公司（RAI）仍为意大利最大的广播电视机构。该公司为一股份公司，99％以上股份属于伊里集团，实权主要掌握在天民党手中。该企业有职工 1.2 万人和 2 万多外部合作者，最高领导机构是一个由 16 人组成的理事会，其中 6 个由股东选出（实际上代表政府），另外 10 人由议会推选（代表议会中的各党派）。理事会下设总经理 1 人，副总经理 5 人。总经理掌握业务实权。该公司在维也纳、布鲁塞尔、巴黎、波恩、伦敦、雅典、马德里、纽约、日内瓦、莫斯科、蒙得维的亚和北京等地派有常驻记者，为其电台和电视台采集新闻。

该公司的广播电台有 3 套节目，年播音 1.8 万多个小时；有 3 个电视台，年播音 6 000 个小时。它的电视节目可覆盖全国人口的 98％，广播可覆盖 100％。RAI 在意大利全国 21 个省区设有地方广播电视机构，共有地方电台电视台 54 座。各地方台直属 RAI 领导，主要任务是转播全国性的节目，也办地方新闻以及少数民族节目。

RAI 的财政收入，一是收音机、电视机的执照费，二是广播电视广告费（每天广告不得超过 20 分钟），三是国家因其开办特别节目而拨给的款项。

意大利较大的私人电视台有：第 5 频道、第四台和意大利一台。

第三节　通讯社历史沿革

一、斯蒂芬通讯社

1853 年，记者古科尔蒂·斯蒂芬（Guglilmo Stefano）在萨丁王国首相加富尔赞助下，于都灵建立斯蒂芬通讯社。1861 年意大利统一，该社扩大为股份公司。1881 年总部迁往罗马。斯蒂芬通讯社是意大利最早的通讯社，当时是仅次于路透、沃尔夫、哈瓦斯三大通讯社的欧洲第四大通讯社。1922 年墨索里尼上台后成为半官方性质，专门采集国内新闻，国际新闻则转发哈瓦斯社的稿件。1935 年，法西斯政府接管该社。1943 年，墨索里尼败亡，该社随之解体。

二、安莎通讯社

安莎通讯社（Agenzia Nazionale Stampa Associate），简称安莎社或 ANSA。

它的全名叫意大利全国报业联合社。它创立于 1945 年 1 月 13 日，是意大利所有报纸的联合组织，名义上是一家非营利的合作性通讯社，实际是意官方通讯社，现为意大利最大通讯社。其前身是法西斯统治时期的斯蒂芬通讯社。

总社在罗马。主要业务部门有对内编辑部、对外编辑部、图片部、技术设备部等。20 世纪 80 年代以来，进行了重大技术革新。编辑部已电脑化，并能采用各种地面和卫星线路迅速及时地向国内外发稿。它用以储存资料的电脑设备是世界上最为先进的设备之一。

目前该社有 22 个国内分社，90 个国外分社，每天用英、法、西、葡、意五种文字广播新闻2000多条，约 75 万字。与世界上数十家通讯社有交换新闻的关系，绝大多数是免费交换。该社与法新社、路透社、合众国际社三家通讯社互相购买对方新闻；向美联社出售新闻，但不从美联社购买新闻。

本章参考书目：

（1）〔法〕皮埃尔·阿尔贝，弗尔南·泰鲁著 . 许崇山，果永毅，李峰译 . 世界新闻简史 . 北京：中国新闻出版社，1985

（2）陶涵主编 . 世界十国新闻史纲要 . 中国台湾地区：台湾文津出版社，1989

（3）陈大斌，王玉成主编．国际大众传播媒介简介．青岛：青岛出版社，1992

（4）梁洪浩．外国新闻事业百题问答．北京：中国新闻出版社，1988

（5）苑子熙．外国广播电视事业史简编．北京：新华出版社，1990

（6）张允若．西方新闻事业概述．北京：新华出版社，1989

（7）陶涵主编．世界新闻史大事记．北京：人民日报出版社，1988

（8）陈力丹．世界新闻史纲．福州：福建人民出版社，1988

（9）张隆栋，傅显明．外国新闻事业史简编．北京：中国人民大学出版社，1988

（10）张允若，高宁远．外国新闻事业史新编．成都：四川人民出版社，1996

（11）李磊．外国新闻史教程．北京：中国广播电视出版社，2001

（12）〔法〕洛特非·马赫兹著．世界传播概览——媒体与新技术的挑战．北京：中国对外翻译出版公司，1999

（13）马元和．国外广播电视见闻及国际交往．北京：国际文化出版公司，1998

第二章
德国新闻传播事业史

公元前，今德国境内就居住着日耳曼人。10世纪形成封建国家。1871年建立统一的德意志帝国。德国是两次世界大战的发动者。1945年法西斯德国战败投降后，美国、英国、法国及苏联根据波茨坦协定，分区占领德国。1948年6月，美国、英国、法国三国占领区合并，1949年5月23日正式成立德意志联邦共和国，1949年10月7日，在苏联占领区内成立了德意志民主共和国。1990年10月3日，两德统一，成立德意志联邦共和国。

在世界新闻事业发展中，德国曾占据重要的地位。德国曾经是印刷新闻的发源地，世界上最早的定期刊物和日报都出现在德国。1450年，德国人古登堡发明金属活版印刷术，为德国甚至世界的印刷新闻的诞生奠定了基础。但此后，由于长期的分裂、战争和极端的专制统治，德国新闻传播事业的发展经历了数不清的波折，甚至一度陷入停滞状态。

根据在德国被广泛引用的1998年一项统计资料，现在14岁以上的德国人在其业余时间内每周从事的各种活动按百分比依次为：看电视92.8%，听收音机83.5%，读报82.4%，看杂志、画刊46.8%，听音乐（唱片、CD碟、磁带）30%，看书

20.8%，看录像带 6.9%。① 可见，大众媒体在当今德国具有很大的影响力。

第一节　报刊的产生与发展

一、古代报刊

1450 年，德国美因兹的工匠古登堡（Johannes Gutenberg，1397—1468）发明金属活版印刷术。此后 200 多年，德国成为欧洲印刷业最发达的国家。

1448 年，德国美因兹首次印刷出版了年历。1455 年，现存最早的金属活版印刷出版物——拉丁文版 42 行圣经在美因兹印刷。1457 年，世界上第一张印刷新闻纸诞生于德国的纽伦堡。1482 年，奥格斯堡发行的《土耳其侵犯欧洲新闻》是欧洲最早的不定期新闻书之一。1508 年，在奥格斯堡发行的《巴西探险记》为世界最早的特写式新闻书。1568—1604 年发行的单页不定期报纸《德国特别新闻》（*Extraordinari－Zeitungen*），是德国最早的不定期报纸。

与印刷新闻纸同时流行的还有当时闻名的手抄《福格尔斯新闻》。奥格斯堡的福格尔斯（Fuggers）家族是当时闻名全欧洲的金融大家族，在欧洲各大城市都设有分店，因而消息较灵通。福格尔斯家族雇人将得到的部分消息抄写后编成《福格尔斯新闻》出售。这份手抄新闻，不定期出版，每期一至数页，有封面纸，封面上写着收领人的姓名。重要新闻有标题，还有发送地和日期。最后一页的末尾为市场情况，如以维也纳为标准的物价表等。维也纳图书馆现存有 1568 年到 1604 年的《福格尔斯新闻》和其他形式的手抄新闻。

---

① 资料来源：Media Perspektiven（《媒介展望》），Basisdaten，1998。

二、近代报刊

（一）近代报业的开端

16世纪的德国发生了很多重要事件。1517年由马丁·路德领导的宗教改革运动持续了几十年。这一运动后来分裂为两派，一派转为君主立宪派，另一派领导了1524年到1525年的德国农民战争。局势的多变激发了人们对信息的更多要求，并促使不定期新闻书向定期新闻书转变。

1583年，奥地利人迈克尔·艾庆（Michel von Aitzing）在法兰克福发行不定期的新闻书，名为《博览会编年表》。1588年，艾庆将不定期新闻书改为每年出两期，这是世界上最早的定期出版物。每期系统地刊登过去6个月欧洲等地的政治、经济、军事方面的重大事件，在莱茵河畔法兰克福一年两度的博览会上出售，该书一直发行到艾庆死时为止。

1590年，《德国观察周刊》创刊，但不定期出版。1609年，该刊在奥格斯堡定期发行。每周一张，每张只有一条新闻。它被认为是世界最早的周报。

1594年，拉丁文《传信者报》（或称《法比新闻》*Mercurius Gallo—Belgicus*）在科隆创刊。创刊号625页，叙述1588年以后德国发生的大事。以后每半年出一期，每期50页到100页，有时有插画。该刊发行到1635年。

1597年，迪尔巴（Samuel Dilbaum）在康斯坦斯湖边的罗沙赫发行每月出一期的单页报纸，每期报名均不相同。同年，意大利人季格里（Gigli）在奥格斯堡和斯特拉斯堡发行《每周商务广告书》。

（二）17世纪

1609年，周报《通告——报道或新闻报》（*Avisa Relation oder Zeitung*）出版，每期只有一页，只有一则新闻，是世界上现存的，最早出版的定期印刷报纸，在奥格斯堡（另说在沃尔芬比特）发行。同年，在斯特拉斯堡则出版了名为《报道》（*Rela-*

tion）的印刷周报。

1615 年，周报《法兰克福新闻》（*Frankfurter Journal*）创刊于法兰克福。创办人是爱格诺尔弗·艾莫尔（Egenolph Emmel）。每期刊登多条新闻，编为新闻书。这是世界上第一家持续出版的新闻周报，被视为世界上第一家真正的报纸。该报发行到 1902 年。后人尊称艾莫尔为"德国报业之父"。

1616 年，周报《法兰克福邮报》创刊，1866 年停刊。

1626 年，周报《马德堡新闻》（*Magdeburgische Zeitung*）创刊，存在 300 多年，于 1955 年停刊。

1650 年，《收入新闻》（*Einkommende Zeitung* 或译《新到新闻》）在莱比锡创刊。该报为日报，创办人是书商蒂莫台斯·里兹赫（Timtheus Ritzsch）。这是德国也是世界第一家日报。10 年后，里兹赫又创办新的日报《最新战争和世界贸易新闻》。

1660 年，莱比锡印刷局长创办《莱比锡新闻》（*Leipziger Zeitung*），创刊时是周报，1663 年改为日报，但采用小册子形式。内容以评论为多，新闻少。人们通常认为这是世界上最早的第二张日报。以后由于封建势力抬头，报业受到压制并陷于停滞，该报又改为周报。

1682 年，奥·门克教授在莱比锡创办德国第一家科学杂志《学术纪事》，著名数学家、哲学家莱布尼茨是该刊的撰稿人。1688 年，克里斯蒂昂·托马斯在汉堡创办《每月论坛》，每期都有文学和哲学文章。汉堡很多人模仿该刊，创办了很多杂志，开创了德国期刊文哲并重的风气。

（三）18 世纪

1701 年，腓特烈一世就任普鲁士国王开始的整个 18 世纪期间，德国对新闻出版事业一直实行严厉管制。

1704 年，职业报人福斯（Voss）在柏林创办《福斯新闻》（*Vossiche Zeitung*）。普鲁士国王腓特烈一世曾为该报写稿。1785 年曾更名为《柏林政治和学术问题王国特权报》。该报在 19 世纪与《泰晤士报》齐名，是当时世界著名报纸之一。1913 年，该报由乌尔斯坦因报团购买，1934 年，该报被希特勒勒令停刊。

1721 年，普鲁士国王腓特烈·威廉一世下令禁止出版报纸，全国只出一种官报，即《柏林特权报》。1722 年，为国库利益而创办的广告报《知识界》在法兰克福出版，拥有刊登广告的特权，这是一张纯粹的广告报，问世后曾经轰动一时。

1728 年，普鲁士政府下令在各大城市创办官办的广告报纸，正刊是广告，只在副刊有部分商业新闻。其命令规定其他报纸不得登广告。这一制度持续到 1848 年。

1731 年，《汉堡通信人报》创刊。该报每周出四期，创办人是霍尔（Holle）。该报消息准确，有博学栏、文学栏等。该报为 18 世纪德国最重要报纸之一。

1740 年，普鲁士的第三位国王腓特烈大帝即位初期，曾宣布给报纸"无限制的自由"。乘此机会，报人施本纳创办《柏林政治和学术问题新闻》，俗称《施本纳报》。

1746 年，《柏恩斯威克广告报》创刊。该报广告篇幅多，种类多，是德国第一家有代表性的以广告为主的民办广告报纸，但在当时是不合法的。

1752 年，《普鲁士王国国家、军事和和平日报》创刊于普鲁士东部边境城市科尼斯堡（今加里宁格勒），该报具有民主主义倾向，俗称《科尼斯堡报》。

1785 年，《福斯新闻》易名为《柏林政治和学术问题王国特权报》，习惯称为《福斯报》。在整个 18 世纪，普鲁士报纸中仅《福斯报》和《施本纳报》略有影响。

1795 年，神圣罗马帝国皇帝弗朗西斯二世命令加强对进口出版物和翻印外国书刊的管制，以防止法国革命思想的传入。

1798 年，出版商科塔在蒂宾根创办《总汇报》（*Allgemeine Zeitung*），后多次迁移，于 1810 年后在奥格斯堡立足，故而也称《奥格斯堡总汇报》。该报后来迁至慕尼黑，是德国最早传播法国大革命各种思潮的报纸。1882 年停刊。

（四）19 世纪

1814 年，《莱茵信使周报》创刊于科布伦茨，是德国第一家具有明确民主主义意识的报纸。创办人是约瑟夫·冯·格雷斯（Joseph V. Gorres）。该报攻击专制主义，传播民主、自由、平等、博爱思想。1816 年，该报被勒令停刊，但它开创的政论报纸模式，为后来的报纸所仿效。

1815 年，德意志境内 41 个邦和自由市组成德意志联邦以取代神圣罗马帝国，德国封建统治重新得以加强。1819 年德意志联邦议会制定书报检查令，1822 年开始征收印花税，此后又多次下令禁止刊登政治新闻，不准批评君主和议会。马克思因此称这一时期为德国报业的"晚刊时期"，是"精神上的大斋期"。

1822 年，《药物文献》在柏林创刊。创办人是韦因海姆（Weinham）。该刊是德国现仍在出版的最老的杂志。

1840 年，普鲁士国王腓特烈·威廉四世即位，次年颁布新的书报检查令，其中某些条款略有放宽。

1841 年，马克思获柏林大学哲学博士学位后，应荣克（Georg G. Jung）和赫斯（Moses Heth）之邀在波恩参加《莱茵报》的筹办工作，这是马克思办报活动之始。1842 年，马克思从波恩迁居科隆。10 月，任《莱茵报》总编辑。后来，该报股东拟放弃明确的反政府方针，遭到马克思反对。1843 年 3 月 18 日，马克思在报纸上发表声明，退出《莱茵报》编辑部。1843 年 4 月，《莱茵报》被查封。1848 年 6 月 1 日，日报《新莱茵报》（Neue Rheinishe Zeitumg）在科隆创刊，创办人是马克思和恩格斯。报头下面，有"民主派机关报"字样。马克思任总编辑，恩格斯等 6 人任编辑。该报初期的大部分社论是恩格斯写的。马克思和恩格斯为该报共写过 400 多篇文章。该报曾被勒令停刊一次。马克思两次受审，均被法庭宣判无罪。该报于 1849年 5 月 19 日被迫停刊，存在不到一年，共出 301 期。

1856 年，《法兰克福报和商报》创刊，创办人为出版商列奥波特·宗内曼。最初主要报道日益活跃的商业活动和经济信息，内容丰富，信息量大。后同情工人运动，经常发表工人运动消息，在国际上有一定影响。1943年停刊。

1863年，普鲁士王国政府发布出版令，规定在政府两次预先警告后，报纸仍坚持其"危害社会治安"立场者，主管机关有权令其暂时或长期停刊。

由于马克思主义的迅速传播，为社会主义政党的建立和宣传社会主义报刊的出现奠定了基础。1863年，社会民主党的前身——全德工人联合会成立。1864年，该会机关报《社会民主党人报》在柏林创刊。原为不定期，1865年后改为周三报。马克思和恩格斯在该报发表过几篇文章。后来，鉴于主编施韦泽（Johann B. Von Schweitzer）鼓吹拉萨尔主义等一系列错误，马克思和恩格斯于1865年5月在该报第29期上发表与该报断绝关系的声明。该报于1871年停办。

1865年，《广告电讯报》在柏林创刊。该报为日报，创办人是鲁道夫·摩塞（Rudoff Mosse）。该报广告占报纸篇幅一半以上，收入大增，报价因此降低。德国各大城市报纸竞相模仿，使报价普遍降低。摩塞于1871年创办商业性报纸《柏林日报》，该报副刊很多，销量很大，政治上倾向社会民主党。希特勒上台前，摩塞共拥有4家日报，多家杂志，一家通讯社和一家广告社。在19世纪末成为德国三大报团之一。

1866年，《法兰克福日报》创刊，创始人莱奥波德·索嫩玛，它是这一时期德国最大的报纸之一。

1869年，威廉·李卜克内西和倍倍尔建立德国社会民主工党，即爱森纳赫派。同年，该党决定将原全德工人协会联合会《民主周报》改名为《人民国家报》，作为该党机关报。李卜克内西任主编。1876年9月底，该报停刊。

1871年，德意志帝国成立，政府宣布在德国全境停止新闻检查。同年，德国出现廉价报纸，第一份新兴的廉价报纸创刊于埃克斯拉夏佩尔，创始人是拉吕埃尔。鲁道夫·摩塞的《柏林日报》也在这一年创刊，它代表自由主义思潮，是德国资产阶级廉价报纸的先驱，以社会新闻、消闲娱乐和广告为主要内容，以社会下层为发行对象，形式生动活泼、价格低廉，并且完全实行商业化经营。

1875年，爱森纳赫派与拉萨尔派合并，称为德国社会主义工人党。合并后，《新社会民主党人报》和《人民国家报》合并，称为《前进报》，作为该党机关报。1876年到1878年，《前进报》连载恩格斯的《反杜林论》。1878年，议会通过"反社会党人法"。这一年，社会主义工人党的47家报纸中，有45家被封。该法执行到1890年。在1878到1890年这12年内，共有1 300多家定期或不定期报刊被禁止出版。1879年，《社会民主党人报》在瑞士苏黎世创刊。该报为德国社会民主党机关报。在瑞士出版后，通过"红色军邮"组织运回德国。该报主要领导人是李卜克内西，负责撰写社论和政治评论；考茨基负责通讯和编辑部的技术工作；福尔马尔任编辑。1881年起，伯恩施坦接替福尔马尔任该报编辑。由于马克思、恩格斯不断帮助该报抵制党内机会主义的影响，使该报逐步成为19世纪80年代国际和德国工人运动中最重要的报刊之一。1890年，该报停刊。1883年，《新时代》在斯图加特创刊。该刊为月刊，1890年起改为周刊。考茨基是创办人，并任主编到1917年。该刊是德国社会主义的理论刊物，曾发表过恩格斯《费尔巴哈和德国古典哲学的终结》和马克思《哥达纲领批判》等重要著作。1923年8月停刊。

1881年，伯恩哈德·布里格勒领导的《每日评论报》创刊，代表了耶稣教中的自由主义派别。

1883年，《柏林地方新闻报》创刊，原为周报，1885年改为日报。以普通市民为读者，主要刊登地方新闻，开辟多种特写专栏。创办人是奥古斯特·谢尔（August Scherl），他以该报为基础办了多家报纸，后来形成报团，是德国最早出现的报业垄断组织。

1889年，造纸和印刷商乌尔斯坦因（Leopold Ullstein）创办《柏林画报》周刊。

1896年，日报《傻瓜报》创刊，以大量的漫画插图著称。它玩世不恭的报风，与德国报业因循守旧的传统形成鲜明对照。

1898年，乌尔斯坦因创办《柏林全德新闻》和《柏林晨邮报》，后又办《柏林汇报》《柏林午报》《时报》（晚报）等多家报纸，并收买了有200多年历史的《福斯新闻》。在希特勒上台前，乌尔斯坦因报团拥有5家日报，20家杂志，以及印刷厂、出版社、广告社等。乌尔斯坦因报团是20世纪初德国最大的报团。

德国最早的三大报团：摩塞报团、谢尔报团、乌尔斯坦因报团。

三、现代报刊

（一）20世纪

1904年，乌尔斯坦因集团创办了德国第一份以零售为主的大众报纸《柏林午间新闻报》，它中午发行，整个头版全部刊登照片和大字标题，着重刊登社会新闻、警察局新闻以及娱乐方面的内容。

1913年，《社会民主通讯》在柏林创刊。创办人是社会民主党左派领袖弗朗兹·梅林和罗莎·卢森堡。该刊是社会民主党左派的第一家机关刊。

1913年，矿业大王胡根贝格（Hugenberg）家族买进了《柏林地方通讯报》。此后，又于1916年全部收买了衰落的谢尔报团的报刊，逐渐成为当时最大的地方报团。在希特勒上台前，该报团拥有三家日报，九家周刊。希特勒上台后，它成为当时德国唯一的报团，拥有报刊1600多家。到1930年，该集团已直接或间接控制了整个德国报刊业的四分之一。

第一次世界大战后，德国于1918年11月9日爆发柏林起义，同日，《红旗报》在柏林创刊。创办人是卡尔·李卜克内西和罗莎·卢森堡。一个月后，德国共产党成立，该报成为德共机关报。1919年在魏玛制定的宪法规定："人民在法律范围内，有以语言文字、印刷图画等自由表达意见的权利……任何人不得妨害，并不得实行检查。"从魏玛宪法公布到希特勒上台（1932年）前的13年中，德国报业空前繁荣。到1932年，全国有日报4703家，总销数2500万份。

1920年，希特勒在慕尼黑买下一家私人报纸《人民观察家报》，改为德国国家社会主义工人党（简称纳粹党）机关报，1932年底希特勒执政后，该报在慕尼黑和柏林两地出版，该报狂热鼓吹法西斯主义直到希特勒垮台。1925年，纳粹党又创办了《柏林工人日报》。1926年，该党负责宣传工作的戈培尔（Paul J. Goebbels）在柏林创办《攻击》半月刊，不久又买下《汉堡日报》。到1932年时，国社党的报刊达到120家。1933年，希特勒上台后，逼迫兴登堡总统发布"维护共和令"，宣称"为了保障国家与人民的安全，宪法规定的新闻自由暂时中止"。3月，国家宣传部成立，戈培尔任部长。纳粹党人制造国会纵火案，逮捕共产党人，查封了50多家共产党报纸和130多家社会党报纸。纳粹党人煽动无知青年上街烧书，马克思、恩格斯、海涅、列宁、斯大林、弗洛伊德、威尔斯、左拉、辛克莱等人的著作均被烧毁。纳粹政府公布"新闻记者法"。该法规定，报纸编辑部负责人在宣传部部长接见之后才能任用。记者必须是雅利安人种的德国公民，而且不是马克思主义者或有其他政治上有害行为者。每天早晨，柏林各日报编辑和外地大城市报纸驻柏林记者聚集在宣传部，听戈培尔或他的助手宣布哪些新闻应发表，哪些不能发表，用什么标题，发表什么社论等等。当时德国的三大报团中，乌尔斯坦因报团和摩塞报团被纳粹用暴力没收。胡根贝格报团被保留，由纳粹党人组成主笔团实行控制。1932年，德国原有日报4703家，1934年减至1200家，1945年减至1000家。《人民观察家报》和《攻击》成为当时德国的主要报刊，其余残存的报纸，也必须加入纳粹的行会组织帝国报业协会。

1934年，秘密发行的《红旗报》最高销数达30万份。1935年，德国共产党在柏林秘密出版油印的《真理报》《阶级斗争》《人民之声》《红色传声筒》等报纸，通过5000多个反法西斯资料散发站发行至全国各地。

1945 年第二次世界大战后，德国战败，被分为四个占领区，分别处于美、苏、英、法四国的军事管制之下。所有报纸全部停刊，与纳粹党有关者一律不准再从事报业，任何人办报须事先取得占领当局的许可证。随后，逐步允许德国人在登记制下出版报纸。

1. 东德（苏占区）

1945 年，《柏林日报》和《柏林晚报》在东柏林创刊，两报是德国统一社会党柏林市委办的报纸。同年，日报《论坛报》在东柏林创刊，是自由德国工会联合会的机关报。

1946 年，《新德意志报》（*Neues Deutschland*）在东柏林创刊，该报为日报，是德国统一社会党的机关报。它与《柏林新闻报》一起构成东德报刊的两大支柱。1949 年德意志民主共和国成立后，苏联占领当局将管制报刊的工作移交给政府。政府下设情报总署，管理报刊事业。后多次改名，1963 年改名为新闻局。

1968 年，《地平线》（*Horizont*）在柏林创刊。该报自称是"关于国际政治和经济的社会主义周报"。编辑部人员和撰稿人中有很多是外交部官员。

德意志民主共和国最重要的全国性报纸是统一社会党的《新德意志报》。1946 年 4 月 23 日创刊于柏林，有共和国版和柏林版两种，平日出 8～12 版，周末 16 版。初期版面严肃单调，后有改进。

重要的地方报纸有：《莱比锡人民报》（莱比锡出版）、《萨克森新闻报》（德累斯顿出版）、《柏林日报》和《柏林晚报》（柏林出版）。

2. 西德（美英法占领区）

1945 年，美军当局在法兰克福创办《新闻报》，日销 15 万份，是战后西德第一家报纸，1955 年，自动停刊。同年，《南德意志报》（*Sueddeutsche Zeitung*）在慕尼黑创刊，创刊时持社会民主党执照，后来逐渐转变为私人报纸。

1946 年，英占区当局在汉堡创办《世界报》（*Die Welt*），原为三日报，1949 年改为日报。同年，日报《莱茵邮报》和《商业报》（*Handelsblatt*）在杜塞尔多夫创刊，前者是基督教民主联盟机关报；后者是一份权威性的经济日报，为联邦德国大工商业集团和北莱茵－威斯特伐利亚州交易所的喉舌。阿谢尔·斯普林格（Axel Springer）创办广播周刊《听》，获得成功。《时代》（*Die Zeit*）周刊在汉堡创刊，是一份综合性杂志，在西德知识界影响很大，政治上倾向社会民主党，主编为社会民主党人。

1947 年，斯普林格创办《汉堡晚报》，两年后该报发行量达 30 万份，是联邦德国销量最大的晚报。斯普林格以此为基础，创办了很多报刊，后来形成联邦德国最大的报团。同年，《明镜》（*Der Spiegel*）周刊在汉堡创刊，创办人是鲁道夫·奥格斯坦因（Rudoff Augstein），该刊模仿美国《时代》周刊，后来销量近百万份，是联邦德国销量最高的新闻周刊。

1948 年，《明星》（*Der Stern*）在汉堡创刊，由贝塔斯曼公司出资创办，该刊是画报周刊，后来发展成为联邦德国销数最高的画报。同年，《快报》（*Quick*）在慕尼黑创刊，该刊是新闻性周刊，政治上倾向基督教社会主义联盟。《西德意志汇报》（*Westdeutsche Allgemeine*）在埃森创刊，该报为日报，面向鲁尔工业区，20 世纪 50 年代曾每期销售百余万份，是当时联邦德国销量最高的报纸。

1949 年德意志联邦共和国成立后，美英法三个占领区的军事管制制度取消，由占领当局管制报业的制度也相应取消。政府公布基本法，即宪法。基本法第 5 条规定："人人享有以语言、文字或影像形式发表和传播其意见的自由权利，并享有通过一般消息来源不受阻挠地使自己了解情况的自由权利"。政府对受到占领当局整肃的亲法西斯报人实行宽大处理，允许他们重返报界工作。同年，日报《法兰克福汇报》（*Frankfurter Allegemine Zeitung*）创刊，曾获得后来任总理的艾哈德的农业经济公司出资赞助。该报是联邦德国著名的高级报纸，每隔一两年公布一次联邦德国的 100 家最大企业和若干其他企业的情况，读者 90％为政界和经济界决策人物。

1952 年，日报《图片报》（*Bild－Zeitung*）在汉堡创刊，创办人是斯普林格，是西德最早出版的一份通俗性图画报。该报主要刊登社会新闻、体育新闻、趣闻等，注重新奇、刺激和娱乐。1964 年，该报销量超过 300 万份，成为联邦德国销量最高的日报。同时，斯普林格收买了英占区当局创办的《世界报》，并将该报办成一份高级报纸。

1953 年，联邦德国政府公布一项法律，禁止出售有猥亵内容的出版物。由政府、报界、教育界和宗教界的代表组成出版管理委员会，审查出版物是否与法律抵触。

1956 年，联邦德国报纸发行人协会和记者协会联合组成报业评议会。该会仿照英国报业总评议会的制度，是为保障新闻自由和维护报业品格而成立的。

1962 年，联邦德国《明镜》周刊发表了一篇批评国防部长施特劳斯的文章。政府认为这是一篇有叛国性质的文章，因而接管了周刊社，没收了这一期刊物。各报纷纷谴责政府的这一行动，要求修改刑法。该刊后来上诉获胜。

1964 年，《检测》（*Test*）创刊。该刊是联邦德国商品检测基金会创办，宗旨是为消费者服务。该刊后来成为西德最畅销的杂志之一。

1968 年，联邦德国联邦议会通过紧急权力法。该法规定，政府在行使紧急权力时，可以成立机构，起报刊的顾问作用，或对报刊实行控制。联邦议会修改了刑法。修改后的刑法对叛国行动和报刊宣传叛国加以区别，满足了报界的要求。

1979 年，联邦德国最大的出版公司贝塔斯曼公司实行体制改革。企业管理咨询委员会提出设立年息为 15％的享受权。公司职工购买公司的享受权后，有权参与利润分配。

3. 联邦德国（西德）报刊业总体特点

报业结构复杂，种类繁多，报业垄断突出。德国报纸传统上都是通过邮局投寄或由送报人投送，只有廉价的马路新闻小报是在街头零售。"严肃"的乡土新闻报或者地方新闻报与通俗报纸泾渭分明，它们在内容、版面编排、发售方式及价格等各个方面都是相互对立的。汉堡、法兰克福、慕尼黑、埃森和杜塞尔多夫是联邦德国的五大报业中心。联邦德国最有影响的报纸是《世界报》《法兰克福汇报》和《南德意志报》，号称三大报。联邦德国的报纸就发行范围而言，有全国性报纸和地区性报纸两种；就发行方式来说，有订阅报纸和零售报纸之分。主要的全国性报纸有五家：《法兰克福汇报》《世界报》《南德意志报》《图片报》和《商业报》。地区性报纸中影响较大的有《法兰克福评论报》《斯图加特报》《西德意志汇报》以及首都波恩出版的《波恩评论报》《总汇报》，联邦德国有 10 个大的报业集团：斯普林格报业集团、布洛斯特－芬格报业集团、斯图加特报业集团、杜蒙报业集团、南德意志报业集团、慕尼黑报业集团、莱茵报业集团、麦得扎克报业集团、法兰克福报业集团、鲁尔报业集团。其中最大的斯普林格报业集团，其报纸发行数占全国总发行数的三分之一。①

贝塔斯曼公司，是联邦德国也是世界最大的印刷出版集团，现已成为世界第五大国际传媒集团。它的历史可以追溯到 1824 年。当时，书籍装订匠卡尔·贝塔斯曼在居特斯洛镇办了一家石印印刷所，从此逐渐发迹。第二次世界大战后，从书友会起家，目前开拓有媒体运作与经营、媒体服务、顾客服务三大业务，在八个领域拥有 7 个子集团或子公司。它是世界最大的图书发行商，集中欧洲、北美、澳洲、拉美地区 150 多家著名出版社，每年出版 8 000 余种图书。它出版的重要杂志有：《明星》周刊，是国内销量最高的画报；《布丽吉特》月刊，1886 年创刊，是德国历史最久的妇女杂志；《父母必读》月刊；《地理》月刊；《舒

---

① ［德意志联邦共和国］《媒介展望》（Media perspektiven），1983 年 7 月号材料。

适住宅》周刊。

《世界报》于 1946 年 4 月 2 日在汉堡创办，次年增加柏林版，销量曾上升到 60 万份，逐渐发展成为一家全国性报纸。1953 年 9 月，斯普林格（1912—1985）购买了该报 75％股权。1975 年 5 月，他把报社迁到首都波恩。20 世纪 80 年代初，《世界报》的销量平均为 23 万份，星期日为 29 万份。《世界报》的政治态度与老板斯普林格是一致的，就是坚持保守主义，反对极权主义，支持联邦德国与美国联盟，拥护和平统一德国。该报比较重视国际新闻报道。它除了从德意志新闻社、斯普林格国外通讯社、美联社、法新社、路透社等获得国际新闻之外，还在世界上 17 个常发生重大新闻的首都或城市设立分社，派驻了 30 名干练的记者。它还常常派记者前往世界各地，对发生的重大事件，进行突击采访。它被认为持论公正、消息灵通、报道广泛，是一份具有世界影响的高质量报纸，发行量虽不大，但对政界和经济界人士有较大影响。

《法兰克福汇报》，1949 年 11 月 1 日创刊于莱茵河畔的法兰克福市。它是一家代表联邦德国金融实业界利益的报纸，20 世纪 80 年代平日版期发行量为 30 万份。该报面向文教界、工商界、政界、学术界以及各阶层有文化的人士。在德国以外，也颇有影响，德国以外的发行量为 3 万份，行销 130 个国家。该报平日出 24 到 32 版，版面严肃，极少刊登照片，标题字很少，形式上显得单调，但编排整齐便于阅读，内容分政治、经济、文艺三大部分，另外每天分别有科技、书籍、旅游等专版。周末版则多达 180 版以上，还有副刊和彩色广告，文图并茂，形式活泼，与平日的呆板单调形成鲜明的对照。

《南德意志报》，1945 年 10 月 6 日创刊于慕尼黑，在联邦德国三家全国性报纸中销量最大。平日 40 到 50 版，周末更多。平日版分三部分：政治新闻与评论、地区新闻和文艺影剧、经济新闻。20 世纪 80 年代初，日发行量为 31 万份。在它的报名下，印有一行粗体字：侧重政治、文化、商业和体育报道。该报外观庄重而不呆板，广告约占一半左右。重要新闻的提要用黑体字加以突出，头版上还有内页索引。该报附设资料馆，其规模在欧洲各报中数一数二，馆中订有150多种国内外重要报刊，由资料员经常阅读、分析、评价、剪贴、归档保存，其中相当一部分收录在缩微胶卷上。该馆还保存了1300万张照片资料，包括一些摄影技术问世初期的照片。

（二）报刊现状

1990年10月3日，两德统一，民主德国并入联邦德国。

现今德国重要报刊情况如下。

《法兰克福汇报》（*Frankfurter Allegemine Zeitung*），曾是联邦德国最有影响的五大报纸之一，1949年创刊，在法兰克福出版，前身是《美因兹汇报》。特点是以经济新闻为主，广告多。在20多个国家派驻记者，记者居全国各报之首。其经济背景为3家大垄断企业，1990年又获东德一出版公司50%的股份。平均每日出版20～32页，星期日多至180页。平日版中，广告约占50%，国际新闻约占13%，经济新闻占12%，文艺作品占8%。1991年发行量39万份。柏林墙倒塌时，其发行量达到最高峰，每天40万份，现在每天只有32万份。目前，该报纸正遭遇一大问题就是读者年龄结构老化，吸引新的年轻读者变得很困难，由此带来了发行量的下滑。为此，《法兰克福汇报》已经推出了电子版，但与美英同行相比，数字化转型依然小心翼翼、步履蹒跚。

《图片报》（*Bild－Zeitung*），德国发行量最大的德文对开日报。1952年创刊于汉堡，属斯普林格报业集团，是一份图文并茂的大众化报纸。主要刊登轰动性的社会新闻、影视新闻、体育新闻以及趣味性知识性报道，兼及国内外时事，偶尔也有独家新闻。标题醒目，文章短小，照片生动，消息特点简明易懂，政治上同情基督教民主联盟。1990年发行量达512万份以上。1996

年发行量为 464 万份，在全球日报发行量中排名第六。① 该报在全德具有统一的版面设计，尤其是头版和末版，全德国几乎相同，但打开里面的地方版则因地而异。这样，该报给人的感觉是一份全德发行的报纸，里面含有全德一致的跨地区信息，但又不乏符合本地区特殊口味的版面。在制作上，各地区编辑部每天从总部获得已编好的一般版页的设计，然后加上自己制作的地区版，在本地区印刷，最后推向本地区市场。每天通过卫星传真在各大城市同时印刷，发行方式全为街头零售。

《明镜》周刊（*Der Spiegel*），德国最著名的新闻周刊，用德文和英文出版。原名《本周》，1946 年 11 月 16 日在汉诺威创刊，由设在当地的英军新闻检查局的军官主办。1947 年 1 月由一名德籍编辑接办，改为现名，并于 1952 年迁至汉堡。该刊为联邦德国上层官员和一般群众喜爱的综合性时事刊物，政治上中间偏左，注重调查性报道，敢于揭露政界内幕和社会弊端，在知识界颇有影响。1962 年揭露国防部长施特劳斯受贿，1983 年揭露钢铁大王弗利克公司给政界要人行贿，1987 年揭露石荷州州长巴舍尔在竞选中的不正当手段，这些报道都曾引起极大震动。该刊的编辑记者水平较高，195 名编辑记者中有 29 名获博士学位。据 1986 年统计，期发行量为 110 万份，是联邦德国发行量最大的杂志。1991 年发行量为 108 万份。

《时代》周报（*Die Zeit*），联邦德国发行量较大的综合性周报。创刊于 1946 年，1990 年两德统一前，在西德知识界影响很大。创刊时亲美，倾向社会民主党。社址在汉堡，期发行量41.6 万份。

《新德意志报》（*Neues Deutschland*），原德国统一社会党中央委员会机关报，现为民主社会主义党的全党报纸。1946 年东德共产党和社会民主党合并为德国统一社会党，该报于同年 4 月随之诞生。它的前身是德共《人民报》。1990 年东西德合并前是

---

① 资料来源：《世界报业趋势》，伦敦，FIFJ/顶点媒体，1997 年。

东德销路最广的报纸，发行量达 109.3 万份。同年 3 月成为德国民主社会主义党的全党报纸。德国统一后，该报变成受托管局托管的股份有限公司，其影响大大缩小。目前该报处境十分困难，前途未卜。

第二节　广播电视的产生与发展

一、历史沿革

1865 年英国科学家麦克斯韦预言了无线电波的存在。1887 年，德国物理学家赫兹（1857—1894）用实验证实了麦克斯韦的预言，发表电磁波发生和接收的实验论文。他们两人的科学成果，为把电报、电话等从有线推进到无线阶段作了理论和实验上的准备。后来人们把麦克斯韦称为无线电之父。为了纪念赫兹，人们把无线电波称为"赫兹波"，并把他的名字作为频率单位。

产生电视图像的一个关键是扫描技术。1884 年，德国工程师保罗·尼普科（1860—1940）发明了一种光电机械扫描圆盘。圆盘上按螺旋形图案钻上许多小孔，将圆盘在图像上迅速旋转，再把通过每个小孔的光线转变成电能，电能由电线导向一个接收器。当圆盘在图像上迅速旋转进行扫描时，由于视觉暂留作用，人们可以在接收器方面看到一个完整的图像。应用这个原理和方法还可以产生连续动作的图像。应该说，扫描图像为电视的发明奠定了基础。但是，机械扫描方法存在严重缺陷，就是图像模糊不清，动作跳跃，很不自然。

德国的广播电视事业兴办得很早。1903 年设立无线电报公司，开办海岸电台，开始将无线电通信用于航海活动。在第一次世界大战期间，无线电技术有了广泛应用。1914—1918 年第一次世界大战期间，德国邮政部设立了一部 5 千瓦的发射机，干扰法国巴黎和俄国圣彼得堡之间的电讯联络。这是用无线电进行干扰的历史的开端。1915 年，德国曾将战事新闻用无线电向国外播出，为欧洲一些报纸收听刊载。1917 年在第一次世界大战中，德国在西部战线进行无线广播实验。1920 年德国建立广播电台进行试验性广播。

1923 年 10 月，汉斯·布立多（Hans Bredow）在柏林建立广播电台。该台实行公私合营制，是德国第一家广播电台，主要播放音乐和娱乐节目。此后各大城市均建有私营电台。

1928 年德国在柏林开始进行电视实验广播。1929 年 8 月 16日，德国短波广播电台开始向国外广播。1930 年德国在第七届广播设置展览会上，展出了一部功率为 2 千瓦，具有图像和声音两个系统的短波电视发射机，仍是利用尼普科的金属扫描板和玻璃轴制成。1932 年 4 月 1 日，德国以短波用英语、德语向北美广播。

1933 年，希特勒的国社党和国家宣传部控制了全国的广播电台，并开始用英语对外广播。德国的广播电视事业由于政治的需要，在法西斯统治时期比较发达。希特勒视广播为陆海空军之后的第四条战线，在军心民心的心理战场上向本国和欧洲各国发动了一次又一次宣传攻势。

1934 年，德国在柏林建立实验电视台。1935 年 3 月 22 日，柏林实验电视台开始播映电视节目，但清晰度差。1936 年 8 月，柏林实验电视台播放在柏林举行的世界奥林匹克运动会实况，扫描行数仅为 180 行，设 25 个电视接收站供人们观看，观众达 15万人。1938 年，纳粹政府在柏林建立国营电视台，同时组成全国性电视网，同年德国广播电台开始使用磁带录音装置。到1941 年，德国本土的短波电台已有 88 座。

1943 年，德国在被希特勒占领的巴黎建立了电视台。1944年，盟军在诺曼底登陆后不久，德国电视节目即告中断。

1945 年，德国战败后，被分为四个占领区，分别处于美苏英法四国的军事管制之下。四占区军管当局没收了所有广播电台。5 月 13 日，东柏林的柏林广播电台最早在德国恢复了广播。1946 年西德重新开办短波广播。

1948 年 1 月 1 日，西德英国占领区的西北德广播电台在汉堡成立。这是战后首先开播的德国公共广播机构。其后，巴伐利亚、黑森、西南德、布莱梅等公共广播机构相继成立。

1949 年，民主德国（德意志民主共和国）成立后，政府下设国家广播委员会，管理全国广播电视事业。由苏联占领当局监管的柏林电台移交给民主德国政府，改称德意志民主共和国电台（Radio DDR）。该台是民主德国最重要的对内广播电台。柏林电视台恢复播放电视节目。联邦德国（德意志联邦共和国）成立后，美国、英国、法国三个占领区当局将监管的各广播电台移交给各州政府。在占领当局的参与下，各州制定了广播电视法。广播电台和电视台为州营。联邦政府成立初期，未建立中央广播电台和电视台。

1950 年 6 月 13 日，民主德国的电视台第一次试播。7 月 12 日，在联邦德国，汉堡的德国西北广播公司在杜维法特（Emil Dovifat）教授主持下，开始播放电视节目，设备从英国引进。8 月 5 日，联邦德国广播联合会（ARD）正式成立。

1952 年，联邦德国各州广播电台联合建立"德意志电视台"，即电视一台（Deutsches Fernsehen，简称 ARD），经费由各州电台负担，领导人由各电台选举产生，总部设在汉堡，播放各州电视台的电视联播节目。同年 12 月 21 日，东德电视台开始正式播放节目。

1953 年，联邦德国根据各州电台签订的协议，在汉诺威联合建立德意志电波电台（Deutsche Welle，简称 DW）。该台于 1960 年宣布为独立的全国性的广播电台，经费由政府资助，总部设在科隆，并开始对外广播，即"德国之声"国际广播电台。

1954 年 11 月 1 日，联邦德国各州广播电视台共同制作、联合播出的第一套全国性电视节目正式开播。

1955 年，民主德国柏林国际广播电台（Radio Berlin International，简称 RBI）成立。该台是民主德国政府主办的对外宣传广播台。

1956 年，联邦德国巴伐利亚广播公司首先播放电视广告。此后各电视台竞相效法。

1958 年 12 月 26 日，联邦德国自由柏林广播电台开始进行调频立体声实验广播。

1959 年，联邦德国政府公布广播电视法案。法案规定，第二电视网允许私人资本参加。

1960 年，联邦德国设在科隆的各州联营德意志长波电台扩建，改名为德意志广播电台。（Deutsch Landfunk，简称 DLF）。该台是全国性电台，经费由政府资助，对全德国广播。

1961 年，联邦德国各州广播电台集资在美因兹建立电视二台（ZDF），作为电视一台的补充（1963 年开播）。

1962 年，联邦德国各州总理达成限制广告协议，规定广播广告限制在每套节目每天 20 分钟以内。

1963 年，联邦德国德律风根公司创立了"帕尔"（PAL）彩色电视制式。4 月 1 日，联邦德国电视二台开始向全国播放 1 套电视节目。

1967 年 8 月，联邦德国各电视台开始播放彩色电视节目，采用帕尔制式。1969 年 10 月，民主德国电视台开始播放彩色电视节目。

1975 年，联邦德国电视一台和二台联合建立一种称为"电视观察"的调查制度。在 12 000 家收看户中安装电子测量和储存装置。每周统计一次观众意见。1979 年，联邦德国电视报纸技术从英国引进，建立了"电视屏幕文字"系统。

1980 年 6 月，联邦德国开始进行面向全国的图文电视实验广播。

据 1981 年材料，联邦德国有收音机 2 300 万台，全国 98％的人能收听到广播。联邦德国的电视覆盖率在 98％以上，全国共有电视机 2 100 万台，其中 70％以上是彩色的，平均 2.7 人就有一台电视机。至 1983 年电视机达 2 213 万台，每千人拥有 360 台。①

1984 年 1 月，联邦德国决定向私人资本开放广播电视。12 月，联邦德国公共广播联盟、奥地利广播公司、瑞士广播公司联合开办德语卫星电视台"三星电视台"（3 SAT）。

1985 年 1 月，联邦德国私营商业卫星电视台"卫星一台"（SAT 1）开播。联邦德国有 9 个根据州法建立的地区性广播电视台，两家根据联邦法建立的全国性广播电台。这 11 个台组织了德国公共广播联盟（Die Arbeitsgemeinschaft der Offentlich-rechtlichen Rundfunkanstalten der Bund-esrepublick Deutschland，ARD），举办全国和西柏林广播、电视联播节目。

这些电台（公司）在管理上实行自治原则，各设有三套机构：（1）理事会，相当于电台的"议会"，由政治界、思想界和重要的社会集团的代表组成。理事会讨论电台的重大方针，并选举经理。（2）管理委员会，负责企业的经营管理。（3）经理，是主要的行政负责人，具体领导业务工作，包括广播电视节目的安排、审定等。法律规定联邦政府和各州政府不得干涉广播节目的安排。但是这种制度也难以排除政治势力的干扰，譬如在公司负责人的选任和节目的制定方面，各种势力都力图施加影响，电台（公司）的独立性往往难以保证。

各电台（公司）的财政收入大部分依靠听众和观众交纳的登记费（或称收听费、收看费）。凡使用收音机、电视机的人要登记注册，并且每月交费。广告费的收入约占总收入的 18%。电视广告播放的时间是受限制的，只能占全部节目时间的 3%，而且不允许在节目进行时中途插入。此外，政府资助也是重要的经费来源。

1986 年 11 月，联邦德国联邦法院裁决，开办私营广播电视不违反宪法。

---

① 参见《联合国教科文组织 1985 年统计年鉴》。

1987 年 11 月 20 日，联邦德国广播卫星"电视卫星"发射升空后发生故障失效。

1990 年 10 月 2 日，原民主德国"柏林国际广播电台"宣布停播。

1991 年 12 月 31 日，原民主德国广播电视机构的广播全部宣告结束。

1992 年 4 月 1 日，"德国之声"开办对外电视广播。初期每天通过卫星用德语、英语广播 6 小时。

二、现状

1990 年 10 月 3 日，两德统一为德意志联邦共和国。

根据中国广播影视代表团 2002 年 6 月的考察结果①，德国广播影视业十分发达，公共广播电视和私营广播电视共存。联邦德国宪法规定，广播电视属各州的事业。德国公共广播联盟（ARD）是各州广播电视机构和德国国际广播机构的联合组织，它经营两套面向全国的电视节目，即电视一台（ARD）和电视二台（ZDF），其所属各州台主办的一套地方性节目称作第三套节目。公共电视台通过地面无线传播和空中卫星传送。面向全国的商业电视台有 8 家，主要通过卫星传送，经有线电视网传至用户。德国有线电视用户超过 1 500 万户，约占电视用户总数的 40％，有线电视节目平均为 25 套。无线广播主要是各州独立经营，一般播出 4 至 5 套节目，使用调频和中波。全国性公共广播电台只有德意志广播电台（DLF）1 家，有 2 套节目。私营商业广播电台多为单项经营，以州或地区为服务范围，全国性商业广播电台有两家。国际广播电视由政府的专门机构"德国之声"（DW）主办。

在德国，有关传媒活动的法律由联邦各州制定，因为德国属

---

① 中国广播影视代表团：《访问德国、埃及、马来西亚广播影视界纪实》，原载《中国广播电视学刊》2003 年第 1 期，第 65 页。

于文化联邦制国家，有关文化事务方面的立法由各州管辖。尽管如此，各州制定的新闻出版法在基本点上是一致的，即国家和政府一切从业人员有义务向新闻记者等媒体代表提供有关信息，除非：（1）牵涉到按规定须保密的信息；（2）所提供的信息会影响到对某个尚未定性之程序的公正操作；（3）触及该受到保护的个人利益。基于此，国家和政府有关机构一般情况下不得禁止和阻挠其从业人员向媒体提供有关信息。除此之外，在各州的有关传媒立法中还存在着这样一个基本点，即单个媒体单位有权向有关当局要求，提供给它使用的资料不得晚于同行业其他单位收到之同样资料的时间。还有，媒体单位有权向任何人（包括法庭）拒绝说出向它提供信息者的情况。再有，在报道失实时任何人都具有反驳的权利。

德国的媒介体制可算是世界上最复杂的体制，因为联邦州拥有很大的自主权，而德国的 16 个州各自表现出多样性，但同时又需要协调性，另外欧盟的法律在德国也有约束力。德国的广播电视体制是所谓的"公法性"广播电台电视台，它不是通常所说的官方或国家电台电视台，而是德国特有的公共法人性质的广播公司或机构，它的形成来源于战后人们的一致结论：必须防止对这种媒介的滥用，即广播电台电视台不依附政府或执政党，也不能成为按照广告主的意愿制作或调整节目、完全依赖广告收入的商业媒介。它具有以下特点：通过州或联邦立法或国家协议来加以具体组织和成立；独立于官方控制，但在大多数问题上服从于国家的法律监督；有权管理它们自身的事务；其资金来源是州议会在国家协议中规定的收视费，最初这是它们唯一的收入来源，但目前一部分由广告收入来补充。

公法广播电视由于主要从国家专项税收得到资助，因而，在播出内容和广告经营活动上受到限制，即在播出内容上不能受商业动机牵制，而要考虑公众利益和社会效益；只能播出极少的商业广告，约占整个播出时间的 2% 左右。而私营广播电视由于仅靠广告收入为生，就没有那么严格的限制，实际播出的广告时间一般占整个节目的 15%～20% 之间。在这样的前提条件下，两大广播电视网各以特色化经营占领市场，公法电视主要以信息含量大的节目和严肃题材影视剧取胜，私营电视则以消遣性节目为主。私营电视台即便在播出像新闻或天气预报这种严肃性节目时，也会让节目主持人以轻松、随和的姿态出现。

因此，公法电视台以信息含量大的节目取胜，私营电视台以娱乐性节目为主；广告收入对前者不起实质性作用，而后者主要依赖它。

当今德国的重要电台、电视台有：

德意志广播电台（DLF），最初它是联邦德国以邻国为对象，以中波广播为主的国际广播电台，1960 年在各州电台共同经营的德国长波电台的基础上建立。1962 年 1 月 1 日开始广播，用中波和长波播音。使用德语和 14 种其他欧洲语言向全欧广播，全天 24 小时播音。总部设在科隆。1990 年，每周播放 253 小时节目。

德意志电波电台（DW），即"德国之声"，是联邦德国主要以短波广播的国际广播电台，1953 年 3 月建立，5 月 3 日正式广播。总部在科隆。宗旨为：向外国听众全面介绍德国的政治、经济、文化及其对重要国际问题的立场。1990 年德国统一后，前德意志民主共和国的电台——柏林电台与 DW 合并。在全球居第四位，每周用 38 种语言播放 789 小时节目。现包括"德国之声"电视台。

电视一台（ARD），建于 1952 年 12 月 25 日，以"德意志电视台"的名称播放节目，由各州电台共同负担其经费开支。该台播放全国性的"第一套节目"及地方性的"第三套节目"。总部设在汉堡。

电视二台（ZDF），建于 1961 年 6 月 1 日，是根据各州在斯图加特签订的合同，共同组建的一个全国性的电视台，作为对电视一台的补充，播放"第二套节目"。总部设在美因兹。从 1986 年起，它与奥地利电台及瑞士广播电视协会共同播放一套卫星电视节目《3 SAT》，德国电视台则单独播放自己的卫星电视节目（1 Plus）。其部分经费靠广告收入。

RTL 电视台（RTL Plus），1984 年由原卢森堡广播电视台改变而来，股份属于卢森堡广播公司（46.1%）、贝塔斯曼集团（38.9%）和其他德国出版公司。该台的节目内容有娱乐、体育和新闻，在 35 个国家拥有 200 个节目制作中心，形成 RTL 节目制作集团，开办 4 套电视节目，还办有 RTL 网络、互动电视、移动电视等。总部设在科隆，在德国各地区设有分部，总部向各分部提供新闻、体育、大型娱乐、影视剧等节目，分部再加进自己制作的地方新闻和地区性节目，然后向本地区传送整个 RTL 台的电视节目。各分部无偿向总部提供自己制作的地方性节目，以通过综合处理尽可能地为其他地区所用。这使 RTL 电视台以有限的投资，达到更有针对性地覆盖整个德国的收视率。

第三节　通讯社的历史沿革

1849 年，沃尔夫社创建。1913 年，矿业大王胡根贝格（Hugenberg）家族建立德国第二家通讯社"联合电讯社"。1915年，德国建立官方通讯社"海岸通讯社"（Transocean），是德国第一家用短波对外发稿的通讯社。1933 年，沃尔夫通讯社被接管，改为官方通讯社"德国通讯社"。1946 年，前东德的德意志通讯社（ADN）在东柏林建立，简称"德通社"。1948 年，西德的体育通讯社建立，是世界上唯一的体育专业通讯社。1949 年 9月 1 日，美国、英国、法国占领区的三家新闻社合并，成立德意志新闻社（DPA），简称"德新社"。1971 年，合众社在西德的新闻社停办，在它的基础上开办了一家新的全国性通讯社"德意志电讯社"。

重要通讯社如下：

一、沃尔夫通讯社

沃尔夫通讯社（Wolff Telegraphen Bureau）创建于 1849 年，是德国新闻通讯事业的始祖。创办人贝纳德·沃尔夫（Bernard Wolff），曾在法国哈瓦斯通讯社当过译员。1848 年回到柏林，创办《国家日报》。1849 年，从柏林到边境城市亚琛的电报线正式开通。沃尔夫根据在哈瓦斯取得的经验，在柏林建立了沃尔夫通讯社，利用电报收集、发布股票行情、经济信息，给报社筹措经费。

沃尔夫社创建后，业务发展迅速。1855 年起逐步增发政治新闻和其他非经济信息，成为德国报刊重要的新闻供应者。1856 年起同路透社、哈瓦斯社交换股票行情，1859 年又与其协议交换新闻，初步确定势力范围。到 1860 年，与哈瓦斯社、路透社、纽约报联社并称西方四大通讯社。1870 年参加三社四边协定，获得在德国、奥地利、斯堪的纳维亚、俄国等地发布新闻的垄断权。其与普鲁士政府关系密切，1865 年沃尔夫社扩建为电报公司，1875 年又在政府支持下建成为股份合资的大陆电报公司，但实际上仍然沿用沃尔夫的名称。

1933 年希特勒上台后，沃尔夫社被法西斯政府接管，与另一个民间通讯社"联合电讯社"合并为德国通讯社（Deutsches Nachrichtenburo，简称 DNB）。具有 80 多年历史的沃尔夫通讯社就此告终，后在 1945 年随希特勒的垮台而寿终正寝。

二、德意志通讯社

德意志通讯社（Allgemeiner Deutscher Nachrichtendienst），简称德通社或 ADN。

德通社曾是前东德最大的通讯社。1946 年 10 月 10 日根据当时苏占区各反法西斯报刊和电台的联合倡议成立，是股份有限公司。1953 年 4 月 2 日，前东德政府决定将其国有化，改为国家通讯社，属部长会议领导。其社址设在柏林。1956 年 1 月，中央图片社并入德通社，工作人员近1 200人。

1990年10月3日东德、西德统一前，德通社每天对内播发7.5万字新闻；使用德文、俄文、英文、法文、西班牙文和阿拉伯文6种文字对外发稿约4万字，还对非洲进行10小时英文电讯广播。它与世界上70多个通讯社签有新闻合作协定。德国统一后，德通社仍保留原名称，但性质改变，变为独立通讯股份公司。

三、德意志新闻社

德意志新闻社（Deutsche Presse－Agentur），简称德新社或DPA。

德新社是联邦德国最大的通讯社。1949年9月1日建于汉堡，是在原美国、英国、法国占领区的3个新闻社的基础上建立起来的。它是由多家报社、出版社、广播电台、电视台等机构联合组成的私人股份有限公司，但联邦政府成立后每年都给以经济支持。通讯社的领导机构是由股东大会选举产生的一个17人董事会，具有决定通讯社业务领导和主编的权力。总社设在汉堡。业务部门有国内新闻部、国际新闻部和新闻图片部。

德新社主要播发国内外新闻和图片新闻。各州分社播发对州广播。它也提供电话新闻和专稿。每日用德文、英文、法文、西班牙文和阿拉伯文对欧洲、拉美、亚洲、非洲、中东等地区发稿30万字左右。图片新闻中心设在法兰克福。1988年和1989年该社最成功的业务是无线电广播及信息业务。

四、德意志电讯社

德意志电讯社（Deutscher Depeschendienst，简称DDP），为联邦德国第二大通讯社，为股份有限公司。1971年11月原合众国际社在西德的新闻社关闭，原新闻社主编曼佛雷德·雅库博夫斯基（Manfred Jacubowski），同合众国际社中欧和德国地区领导人以及其他6个原新闻社编辑，联合组成了这一新的通讯社。同年12月1日正式开始工作。总社设在波恩，实际上只是个国内编辑部；国际编辑部设在伦敦，经济上接受联邦政府的资助。该社每天发稿 320 条左右，约34 000字，65％是国内新闻，35％是国际新闻。在苏黎世和伦敦设有发稿站。在国内有六个分社，国外有少量记者。同法新社、塔斯社、德通社等有业务联系。现主要面向国内，对外只用德文向瑞士和卢森堡发消息。

本章参考书目：

(1) 〔法〕皮埃尔·阿尔贝，弗尔南·泰鲁著．许崇山，果永毅，李峰译．世界新闻简史．北京：中国新闻出版社，1985

(2) 陶涵主编．世界十国新闻史纲要．中国台湾地区：文津出版社，1989

(3) 陈大斌，王玉成主编．国际大众传播媒介简介．青岛：青岛出版社，1992

(4) 梁洪浩．外国新闻事业百题问答．北京：中国新闻出版社，1988

(5) 苑子熙．外国广播电视事业史简编．北京：新华出版社，1990

(6) 张允若编著．西方新闻事业概述．北京：新华出版社，1989

(7) 陶涵主编．世界新闻史大事记．北京：人民日报出版社，1988

(8) 陈力丹．世界新闻史纲．福州：福建人民出版社，1988

(9) 张隆栋，傅显明．外国新闻事业史简编．北京：中国人民大学出版社，1988

(10) 张允若，高宁远．外国新闻事业史新编．成都：四川人民出版社，1996

(11) 李磊．外国新闻史教程．北京：中国广播电视出版社，2001

(12) 〔法〕洛特非·马赫兹．世界传播概览——媒体与新技术的挑战．北京：中国对外翻译出版公司．联合国教科文组织，1999

(13) 马元和．国外广播电视见闻及国际交往．北京：国际文化出版公司，1998

本章参考文献：

(1) 世界报纸风雨历程（三）德国：报业集团三足鼎立德国的日报没有发生危机 . 原载 2001 年 10 月 26 日参考消息 . http：//www. zjol. com. cn/gb/node2/node26108/node27331/node30269/userobject7ai23436. html.

(2) 1837 年—1992 年外国广播电视事业大事年表 . http：//www. cn5c. com/cicc/d/yl/dyl11all. htm.

(3) 〔美〕米切尔·斯蒂芬斯编 . 新闻传播年表 . 陈力丹，曾庆香译 . 见陈力丹个人主页："力丹做学问"，http：//www. zjonline. com. cn/gb/node2/node26108/node30205/node30257/node30262/userobject15ai1429836. html.

(4) 闵大洪 . 听德国学者谈德国传媒 . 见其个人主页"大洪视点"，http：//315. zjonline. com. cn/node2/node38/node58/node59/node146/userobject7ai1657. html.

(5) 王才勇 . 大众传媒在德国 . http：//academic. mediachina. net/xsqk_view. jsp？id=431.

(6) 金冠军，郑涵 . 当代西方公共广播电视体制的基本类型 . 国际新闻界 . 2002，（1）：36.

(7) 中国广播影视代表团 . 访问德国、埃及、马来西亚广播影视界纪实 . 中国广播电视学刊 . 2003，（1）：65.

第三章
英国近代报业史

第一节 封建统治后期对出版事业的控制

英国专制王权对新闻出版及传播通讯事业的控制始于强大的都铎王朝时代。1474 年在英国国王爱德华四世的支持下，富商卡克斯顿（William Caxton）在伦敦的威斯敏斯特大教堂创办了英国第一家印刷厂。从 1476 年引入印刷术起，到 1523 年英国已有印刷所 30 多家，主要印刷书籍和小册子。国王理查三世于 1478 年发布诏令，鼓励外国人经营出版业，但随着宗教改革的发展，印刷物中反封建、反旧教的成分日渐增多，引起了封建统治者的恐惧和不安。封建王朝陆续采取了种种控制印刷出版的措施。

1528 年，英国国王亨利八世（1509—1547）下令限制印刷业的发展，首次发布有关新闻出版的法令，正式建立了对出版物的审查制度，他是开始统管王国内部出版印刷事业的第一位君主。命令包括：（1）不许外国人在英国创办新的印刷厂，保护国内的出版商的特许利益；（2）任命专职皇家出版人员负责监督出版事业；（3）给予经过选择的印刷商以独占经营的专利权益，防止任何反对势力出版印刷品；（4）保护被授予特权的印刷商们的利益，并对整个出版印刷事业进行强权管制。这四个步骤开始了其控制英国出版印刷事业的历史。

同年，亨利八世再次颁布命令，限制外国出版商学徒人数不得超过 3 人。他于 1529 年公布第一个禁书法案。1530 年，国王特许神父希顿（Thomas Hitton）一人出售神学家坦特尔翻译的《圣经》，并建立了第一个在政府控制下颁发许可证的制度，这是特许制度的开始。1534 年，国王发布保护国内出版商法案。亨利八世在这一年的圣诞节发布公告，规定出版商开业要经国王允许。1538 年正式建立皇家特许制度，条文更加苛细，规定所有出版物均须先获得特许，始可付印，否则禁止出版。1547 年，国王亨利八世首次发布有关新闻出版的法令，正式建立了对出版物的审查制度。当时，宗教改革运动席卷欧洲各国，为了控制宣传宗教改革和带政治论战性的出版物的发行，从这年到 1571 年，政府发布了一系列限制新闻出版的法令。

玛丽女王执政的时代是英国历史上宗教纷争的时代。为管制印刷出版事业，打击异教邪说，巩固王权，女王对印刷出版采取了一种行业垄断特许的方法，发展并完善了亨利八世的控制手段。1557 年，玛丽女王将出版同业工会改造成为皇家特许出版公司，管理出版事业。只有参加公司的出版商才可以经营出版业，除公司会员及女王特许者外，其他人的印刷出版行为一律禁止。会员要完全同意只刊登"有益于国家利益的消息"，并帮助当局查处非法出版者，对违反这一戒条的会员和非法出版者予以严厉的惩处，以向政府表示忠诚。建立皇家出版公司是把王室的政治利益和官方办报人的经济利益统一起来的最佳途径。事实上，由于皇家特许出版公司对于整个印刷事业的独揽和监督，国家几乎可以不负担任何开支便达到了抑制反对势力舆论的目的。这种政治与经济的联合体使得英国封建专制王权对新闻出版印刷事业的控制变得强大而有力。

在随后的伊丽莎白女王时代，这个封建时代的出版垄断托拉斯继续存在。1559 年伊丽莎白女王规定了大主教管制出版的办法。1566 年，枢密院命令出版商须交纳相当数量的保证金，以保证不印刷未经许可的出版物，又命令皇家特许出版公司执行检查任务。开始实行总逮捕状制度，凡被认为在出版物中诽谤国王、王室和政府官员的人均可加以逮捕。

1570 年，伊丽莎白一世时代，英国皇家对印刷出版行业的控制手段又有新的发展。女王将枢密院中的司法委员会改组为直属女王的皇家出版法庭，以加强封建统治，这就是英国历史上有名的"星法院"（1570—1641）。组成人员包括枢密院人员（包括国会议员、财政大臣、掌玺大臣、1 个主教、1 个勋爵）和大法官 3 人。法庭的审判程序有两种：（1）普通民事、刑事案件，审判程序同一般法院；（2）政治案件，不公开审判，不经辩护程序即可做出判决。"星法院"不能判处死刑，对被认为煽动叛国和诽谤宫廷案件，多处以罚款、戴枷示众和坐牢，有时也用鞭打、烙印、断手足等酷刑。英国历史上许多新闻出版印刷人士曾饱尝其苦。

1586 年，"星法院"颁布特别法令，严厉管制出版活动，其中规定：（1）一切印刷品必须送皇家出版公司登记，全部印刷商的印刷机须在皇家特许出版公司登记；（2）除教会同意者外，不再允许出版商的登记申请；（3）皇家特许出版公司对非法秘密出版物有搜查、扣押没收及逮捕嫌疑犯的权力并有权对其实施相应的惩处；（4）除剑桥、牛津大学和伦敦市以外，一律禁止印刷；（5）印刷任何刊物，均需事先请求许可，否则处以 12 便士到 14 先令罚款或坐牢等项处罚；（6）出版商的学徒以 1~3 人为限，剑桥、牛津大学印刷厂分别限有学徒 10 人。该命令一直维持到 1640 年革命爆发，以后又为历次复辟者效法，对英国出版业的影响长达一个多世纪，是英国新兴资产阶级新闻自由的最大克星。

但是，封建统治者的压制措施，不断遭到一些印刷商的抵制。尤其在 16 世纪末期，人民群众对封建专制的不满日益增长，资产阶级和新贵族也力图变革旧的封建秩序。在这种背景下，各种不满现状的印刷品和新闻书在民间悄悄流传，要求出版自由的观念也在和一般民主自由思想一起萌芽滋长，各种非法印刷活动频繁。面对这一新的形势，詹姆斯一世秉承都铎王朝的做法，对新闻出版行业继续实施独占控制，但已显得有些力不从心了。

到了17世纪初，在不定期新闻书增多的基础上，出现了定期报刊。1605年，出版商巴特（Nathaniel Butter）开始经常不定期出版新闻书，第一期的名称是《约克郡谋杀案》，以后的不定期刊每期更换一个名称。后人尊称巴特为"英国第一报人"。巴特重要的贡献是他将新闻报刊以统一报头的方式进行连续出版，从1621年9月10日开始，巴特编印《科兰特·每周新闻》，自此新闻书报在出版时间和报刊头上才变得更规则，随后出现了《最近的新闻》《每周新闻续编》《更多新闻》《我们最好的新闻》等连续出版物。①

1614年，布思（Robert Booth）将德国科隆的《传信者报》摘要译成英文，编成小册子出售。

1621年8月13日，为了有效控制舆论，抵御外来报纸的影响，皇家特许出版商尼古拉斯·鲍尔尼和托马斯·艾克尔在国王的特许下，在伦敦发行了英国人自办的第一份印有"准许出版"字样的定期刊物《每周新闻》（Weekly News）。英语单词"News"作为"新闻"之意，第一次用于刊名，从此流行世界各国。这家刊物的形式以荷兰的新闻书为准，每期20页，自8月至10月共出了6期。其内容根据英国政府规定，不得报道国内政治新闻，所以只刊登国外有利于王室的新闻。

1622年5月23日，同名的《新闻周刊》（Weekly News）在伦敦创刊，创办人是伯恩（N. Bourne）和阿切尔（T. Archer），这是英国最早的周刊。该刊是从手抄新闻信蜕变而来，用印刷代替了手抄，持续出版，每周一次，一直存在到1641年。

---

① Alexabder Abdrews：*The History of British Journalism*，London：Routledge/ Thoemmes Press, 1998. 转引自谢征：《英国第一位报人巴特》，《新闻大学》2002年春季号，第61页。

后来又有《报纸》（*Coranto*，1622—1632）、《不列颠信使》（*Mercurius Britanicus*，1625—1627）等出现。这些报刊只登国外消息，而且大多摘译自外国出版物，但也多少反映了动荡不安的欧洲面貌。除了这些经官方允许的以外，当时也不断有一些非法报刊秘密出版。有人估计在 1620—1642 年间，英国出版的新闻书和报刊约有1000号，发行 4 万多份，只是生存期大多不长，保存下来的极少。1632 年，王室加强新闻管制，颁布了一道禁令，"禁止所有的来自各处的新闻，巴特和伯恩也在其内"。[①] 1637 年 7 月 11 日，"星法院"通过的印刷法令进一步加强了印刷控制，报业活动进入了一个低潮期。

第二节　在资产阶级革命进程中
报业的兴起

1640 年，英国资产阶级革命的爆发，延续了近百年的包括特许出版及独占制度在内的一大批封建专制的政治与法律制度被废止推翻，英国人民得到了初步的出版自由。执掌权柄的长期国会于 1641 年 7 月 5 日正式取缔了令人生畏的封建社会舆论钳制的象征机构——"星法院"（皇家出版法庭），同年颁布了新的出版法令，规定"除出版者与作者或者至少印刷者的姓名已登记备案以外，任何书籍不得付印"，言外之意是只要人们事先登记备案，就可以自由地出版与发行书籍和其他出版物。与此同时，臭名昭著的皇家特许出版公司也被废除，英国新闻出版界初获自由，一大批新闻纸和宣传性印刷小册子纷纷创办，英国历史上首次出现了百家争鸣、言论自由、生气勃勃的大好局面。这标志着斯图亚特王朝印刷出版控制手段的破产，同时也标志着世界范围

---

① Alexabder Abdrews：The History of British Journalism，London：Routledge/ Thoemmes Press，1998. 转引自谢征：《英国第一位报人巴特》，《新闻大学》2002 年春季号，第 61 页。

内资产阶级与资本主义崛起时代的来临。它不仅使以往不被人重视的小小英伦三岛成为世界的中心，而且给英国资产阶级传播事业新体系的诞生和成长提供了一个新的发展背景。事实上，没有资产阶级政治上、军事上的革命，就没有资产阶级新闻传播事业的大发展，就不可能完成资产阶级新闻传播媒介从以往简单的商业信息传媒向政治性政论报刊转化的关键性飞跃过程。

英国报刊史学者哈罗德·赫德说："1641 年星法院取消后，报纸获得了出版自由（但只是短暂的），新出版人涌现，不再禁止刊登国内新闻，这给'新闻书'的报道带来了新的活力。"的确，从 1641 年起涌现了许多"新闻书"，但是这一报刊繁荣时期是短暂的，因为英国资产阶级革命在这 48 年中有过几次起伏。

张隆栋先生曾将这个时期报刊的变化归纳为以下三点：（1）报纸仍是"新闻书"，但是在形式上由书变为报纸。第一页不再是封面和新闻书的书名，封里不再是空白，第一页变为报纸的头版，报名下面直接刊登新闻（有的刊登新闻要目）；在内容上，开始刊登国内新闻，首先是刊登国会议程。两次内战（第一次 1642 年—1646 年，第二次 1648 年 2 月至 9 月）中，出现了许多专门报道战况的"新闻书"。（2）从 1640 年革命爆发到 1649 年英国宣布为共和国，是革命的高潮；从 1649 年到 1658 年克伦威尔的军事独裁是革命的低潮。在后一时期，"新闻书"再遭限禁，报刊种数急剧下降。到了 1660 年至 1688 年查理二世复辟的时期，"新闻书"又回到了在封建统治下的残存状态了。（3）正像在英国革命前，书籍和小册子是重要的反对英国国教和封建统治的宣传工具一样，在革命时期，书籍和政论小册子是动员人民战斗、推动革命前进的重要宣传工具。[1]

早在革命爆发之初，封建王朝对出版物的压制措施就自动失效，各种报刊和新闻印刷品犹如雨后春笋，纷纷涌现，在

---

[1] 张隆栋、傅显明编著：《外国新闻事业史简编》，北京：中国人民大学出版社，1988 年版，第 13～14 页。

1640—1660 年间共有 300 多种。1641 年 11 月，波克（SamueI Pocke）在伦敦发行了第一本专门报道国会新闻的周刊《国会每日纪闻》，这是英国资产阶级革命以来新闻界对国会消息进行报道的最早尝试，打破了长期不许报道国内新闻的禁令。他逐日记载国会消息，每 7 天或 10 天出一期新闻书，该刊存在到 1655 年。波克被后人尊称为"英国第一大记者"。对国会的报道招致了议员们的不满，遂导致了 1660 年国会正式下令严禁报道国会消息，并于 1697 年和 1738 年数次重申这一禁令。在 18 世纪时，国会认为：凡属（1）诽谤议员；（2）一般非难国会的报道；（3）非难政府，包括国王、大臣；（4）一切猥亵不敬的言论，均系侵犯国会的特权，对于此类信息的报道与出版，国会有权控诉并予以严厉处罚。

一、出版自由

在英国革命过程中，随着资产阶级民主自由思想的传播，随着反对压制印刷出版的斗争的发展，人们明确提出了"出版自由"的主张。这是英国革命对世界新闻和出版事业发展的一个重要贡献。200 多年后，列宁曾高度评价这一口号的历史意义，他说："'出版自由'这个口号，从中世纪直到 19 世纪，在全世界成了伟大的口号。为什么呢？因为它反映了资产阶级的进步性，即反映了资产阶级反对僧侣、国王、封建主和地主的斗争。"

当时，响亮地提出出版自由的口号并加以深刻论述的人，是约翰·弥尔顿（John Milton，1608—1674）。弥尔顿是英国历史上的一位伟大的诗人，也是英国资产阶级革命爆发时期前后著名的政论作家。他 1608 年出生于伦敦一个富有虔诚清教徒气氛的富裕家庭之中，从小受过良好的教育，16 岁进入著名学府剑桥大学学习。1632 年弥尔顿在剑桥获得了硕士学位，毕业后致力于诗歌创作，在当时小有名气。1638 年他到意大利旅行，访问过狱中的伽利略，并同意大利人文主义者相交往。1639 年英国革命形势逼人，他赶回英国参加革命活动。当时代表大资产阶级和"新地主"的是长老派，在国会中占有多数议席。他们是清教中的右派，虽然拥护宗教改革，但是惧怕民主革命运动。因而厉行检查制，压制出版自由。弥尔顿极力争取出版自由，以推动革命前进。1643年6月，作为临时统治者的长期国会又恢复了以往封建统治者们所惯用的出版印刷特许制度，规定未经出版检查委员会的事先审查和批准，禁止印刷出版任何书籍与小册子，企图借此控制舆论，巩固自己的政治权力。弥尔顿对这一法案十分蔑视，径自出版了几本小册子，为此于1644年被召到国会答复质询，他乘机慷慨陈词，向法庭递交了他的著名申辩书——《论出版自由》，第一次在人类历史上明确提出了出版自由的口号。他在国会的这次演说中说："书籍并不是绝对死的东西。他包藏着一种生命的潜力。……如果不特别小心的话，误杀好人和误禁好书就会同样容易。杀人只是杀了一个理性的动物，破坏了一个上帝的像，而禁止好书则是扼杀了理性本身，破坏了瞳仁中的上帝圣像。""圣·阿尔巴斯子爵曾说过，'责罚一种智慧就将增加它的威信。禁止一种写作，就会让人认为它是真理的火花，正好飞在一个想熄灭这种真理的人的脸上。'"在这篇演说中，弥尔顿全面批评了出版检查制度的弊端，认为这一制度无疑是"让20个横行霸道的统治者建立起寡头政治，给我们的心灵再度带来饥荒，使我们除了经过他们用衡量过的东西以外就不知道旁的东西"，其后果只能是"破坏学术，窒息真理"。他认为检查制度是有害的，应该给每个人以自由获知、陈述和辩论的权利。因为出版自由是人类与生俱来的权利，是宗教自由和公民自由的前提，是"一切自由之中最重要的自由"。他认为：用检查制度来压制出版自由，实际上就是在消灭人类的理性与生存尊严。他反对以少数人的好恶作为衡量出版物的标准，因为"这些检查员的所谓判断只不过是他们自己狭隘胃口"，"试问谁又能保证他们的判断是正确的呢？"弥尔顿坚定地认为，英国的发明、艺术、智慧以及庄严而又卓越的见解绝不是一二十个人所能包容无遗的；更不用说，没有他们的监督这一切就不能通过，不经过他们的漏斗滤过，没有他们亲笔签署就不能发行。"不论他们的禀赋多么好，我也不能如此轻视英国的文化。情趣和悟性绝不能像商品一样加以垄断，或凭提单、发票，掂斤播两进行交易。"

弥尔顿坚信限制言论出版自由就是妨碍真理性，唯有保障言论出版自由，才能使真理战胜邪说，他说："现在正是我们发表写作和言论来推动大家进一步讨论激动人心的事情的时候。……虽然各种学说流派可以随便在大地上传播，然而真理却已经亲自上阵；我们如果怀疑她的力量而实行许可制和查禁制，那就是伤害了她。让她和虚伪交手吧。谁又看见过真理在放胆交手时吃过败仗呢？她的驳斥就是最好的和最可靠的压制。……如果我们竟至采用查禁制，那就非常可能是查禁了真理本身。"

弥尔顿认为出版自由的实质性目的有两个："其一，是开明地听取人民的冤诉……其二，是容忍不同意见的争论。""因为通过这些不同的意见，能启发思路、开阔视野，即便它们是无用处的尘土，也能成为擦亮真理的武器。"因此，帮助人们认识真理、掌握真理的最好办法就是给予人们以言论出版的自由，使人民在理性的指导下，通过追求真理的反复修正过程，战胜谬误，最终把握真理。

应该指出，当时英国的报业还刚刚从一般出版业中分离出来，所以，弥尔顿论述的仍然是一般的出版自由。到 18 世纪这个小册子重新发行，并在法国资产阶级革命中广为传布时，其影响才由出版界推广到新闻界，从此以后它便成了资产阶级争取新闻自由的锐利武器。书中阐述的思想是为资产阶级反对封建势力的政治需要服务的，带有时代的印痕和阶级的局限，但在人类新闻出版思想的发展史上毕竟有着重要的地位。

另一位对英国的出版自由思想做出了重大贡献的人是乡绅家庭出身的小资产阶级民主主义者约翰·利尔本（John Lilburne，1614—1657）。他是清教徒，曾因将在尼德兰出版的清教徒小册子偷运到英国，被"星法院"判处终身监禁。1640 年，在革命风暴中，利尔本被释出狱。他 1641 年参加组织反英国国教的游行示威，1642年内战爆发，他参加国会军作战，升任为上尉。1642年被俘，后被交换遣返。他积极参加革命斗争，成为平均派领袖。

和弥尔顿一样，利尔本也认为出版自由乃是人类理性的发展需要，出版自由是大自然和"上帝"所赋予人民大众的、不可剥夺的"天赋权利"。他认为人民的协议是一切合法政权的来源。在《英国天赋人权维护书》和《新人民公约》等著作中，利尔本系统地阐述了自己的"人民主权"说和"出版自由"的思想，为英国资产阶级新闻传播理念做出了自己的贡献。他写了许多政论小册子，反对主教、国王，呼吁自由、民主，人们称他为"生而自由的约翰"。他曾以批评政府的罪名被捕。10万人签名要求释放他。他在法庭上逐条驳斥对他的指控，法院后来宣布利尔本无罪。于是"批评政府无罪"这一原则实际上得到确认。他数次被捕，1645—1647年间大部分时间在监狱度过。他在狱中继续撰写战斗性的小册子，在平民特别是士兵中，有很大影响，起了推动革命前进的作用。

他在1646年11月写的《贵族暴政的剖视》一书中说，立法权力只能源于人民，只能由人民公共意志所选择的机构行使，穷人和富人一样有选举权。他在1647年写的《约翰的呼声》一书中指责国会和从前的国王一样也是暴君。

二、克伦威尔军事独裁时期的报刊

克伦威尔军事独裁时期，对印刷出版重新又采取了严厉的管制手段。1649年克伦威尔发布命令，除特许者和官方所办的报刊以外，一律禁止他人从事出版印刷活动，整个英国一片沉默，刚刚获得了新闻自由的传播界又恢复了以往死气沉沉的状态。他还恢复皇家出版公司，让该公司独占出版业并查处一切非法出版活动，政府还派专人监督指挥。这样，革命初期一度兴盛的定期报刊纷纷消失，最后只剩下效忠于克伦威尔的两份官报《政治信使》（周刊，1650—1660）和《公众情报员》（周刊，1655—

1660）成为影响最大的刊物，主编均为奈德海姆（Marchamont Nedham），结束了大革命初期自由而动荡的局面。在少数被批准出版的刊物中，1657 年创刊的《公共广告》周刊，是英国第一家以广告为主的刊物。

1660 年，斯图亚特王朝的查理二世复辟登基，旧有的出版管制方式悉数恢复。这一年，支持克伦威尔的报刊遭到查封，保皇派的两份周刊被指定为官方刊物，一份是《国会情报员》（1659—1663），另一份是《大众信使》（1660—1663）。同年，保皇分子麦迪曼从皇室处取得了经营新闻出版行业的独占权利；1661 年，守旧的国会发布命令，重申禁止报道有关国会的一切消息；1662 年 6 月，国会又制定颁布了新的出版法案，全面恢复星法院的一系列规定，强化了对印刷出版行业的控制（"光荣革命"后，该法案受到批评，于 1694 年被废除）；1663 年，保守分子莱斯特兰奇取代麦迪曼被任命为国王的新闻检察官，他对新闻出版界实施了更为严酷的封建集权管制出版措施。

查理二世复辟期间，一份名为《牛津公报》的官报于 1665 年 11 月发刊。这一年伦敦瘟疫流行，宫廷迁至牛津，该报创办于此，出至 24 期才迁回伦敦出版，改名为《伦敦公报》（London Gazette）。这份报纸每周两期（后改为每周四期），内容都是一些官方消息，并无特色，全是新闻，没有评论。但是它一改以往的新闻书模样，首次采用了近代报纸的形式（单页两面印刷，每面两栏），而且一直出版至今，是世界现存历史最久的报纸。

1679 年，国会在社会各界强大压力下批准了自 1662 年以来所制定的一系列出版许可法律从此失效。1688 年的"光荣革命"使资产阶级正式参与执政，备受压制的报业和出版业重新复苏，它们纷纷要求取消限制，真正实现出版自由。在这一形势下，皇家出版独占特许制度再次被废止。1692 年，许多独立的出版商出于经济的考虑强烈要求废止 1662 年颁布的出版法案。各方面的呼声使得议会在 1694 年批准：1662 年以来所颁布的出版法案和被称作许可法的一系列法律条文终止生效。至此，英国新闻出版界在法律上再次获得出版印刷的自由权利。出现了一个新的办报热潮。

1690 年，第一家外埠报纸《伍斯特邮递员》（*Berraw's Worcester Journal*）在伍斯特市创刊。这是最早使用 Journal 一词作报名的报纸。同年，《观察者》和《雅典新闻》创刊。两刊都有文艺和评论，被认为是英国最早的杂志。

第三节　革命后的报业和政党报刊

随着资本主义社会体制的建立和旧出版法案的废除，英国的报业逐步活跃起来。18 世纪初出现了日报。其中出现最早的是 1702 年在伦敦创刊的《每日新闻》（*Daily Courant*）。创办人是马利特（Edward Mallet）。这是英国第一家日报。开始时为半张，单面印刷，每版两栏，主要刊登国外新闻；以后扩充版面，改为两面印刷，并且刊登船期消息和广告。1735 年，因政府津贴减少，经费困难，该报与《自由英国人》和《伦敦新闻》合并，改名为《每日公报》。

18 世纪初英国新闻界的另一件大事，是著名作家和政论家丹尼尔·笛福（Daniel Defoe）的政治性杂志《英国评论》（1704—1713）在伦敦创刊。它是英国最早的一家具有鲜明资产阶级民主意识的刊物。这家杂志多次遭受磨难，有时是笛福在监狱里编辑的。杂志的刊期从双日刊到月刊不等，被迫经常变化。所有论文几乎全出自笛福手笔。他的写作原则是："假设对 500 个不同职业的群众说话，而使每个人都要听得懂。"他的论题大都是大众关心的，并且相当通俗和有趣味。

1705 年，《英国评论》改名为《评论》，并改为周三刊，该刊文章几乎都是笛福采访和写作的。笛福是英国第一个职业记者，后来被尊称为"英国报业之祖"。他曾因言论开罪当局，四次入狱。1719 年，笛福在《每日邮报》上发表连载小说《鲁滨孙漂流记》，从此开了报纸连载小说的先河。

著名作家斯蒂尔和艾迪生合编了《闲谈者》（1709—1711，周三刊）、《旁观者》（1711—1712，每日出版，但通常被作为杂志看待）。这些刊物除了少量新闻外，主要刊登社会政治性的短论、小品、随笔、故事等，文字优美生动，笔调诙谐幽默，颇受各界欢迎。

18世纪是英国的激荡年代，工业革命与尚存的封建制度处于对立之中，自由与保守、激进与温和两大派力量不断进行着斗争。当时英国已形成了两大政党：一是代表土地贵族和高级教士利益的托利党，一是代表工商资产阶级利益的辉格党，他们分别是保守党和自由党的前身。为了影响选举，争夺权利，两党分别创办报纸，于是在世界报业史上出现了第一批政党报纸。

1710年，托利党领袖亲自主持出版了该党刊物《考察家》（1710—1714），聘著名作家斯威夫特为主笔，经常以尖刻辛辣的文章批评辉格党。1720年创办它的第一家党报《每日新闻》，1726年出版《艺人报》，并且出资补贴《评论》等杂志。辉格党不甘示弱，也先后创办或资助了一批报刊，其中有：《辉格考察家》（1710）、《自由人》（1715—1716）、《自由英国人》（1729—1735），以及《闲谈者》《旁观者》等。后来又将《自由英国人》和其他两份接收资助的报纸《每日新闻》（Daily Courant）、《伦敦新闻》合并为《每日公报》（1735—1748），以集中力量。18世纪中期，辉格党的报刊随着该党在议会中势力的加强而渐居上风。此后的一个多世纪，英国的主要报纸大都带有明显的党派倾向，政党报纸对社会舆论的影响举足轻重。

一、报业领域的压制与反压制

英国革命是以资产阶级和封建贵族的妥协告终的，因此，资产阶级报业所承受的桎梏并没有完全解除。统治当局继续用多种手段控制报业，只是这些手段增添了更多的资本主义色彩。

（一）征收印花税

早在 1710 年，英国政府为支持马伯特将军对法国的战争，国务大臣哈莱即提议并实行对英国境内出版的日历、年历等印刷品进行征税以弥补军需，这是政府向出版印刷物征税的开始。当官方寻求一种能够有效地替代声名狼藉的特许独占出版制度的方法时，向印刷出版物征收高额税金似乎是一种更合适的方式。官方认为，一家报刊若能依靠发行获取足够的利润，财政能够自主，它就完全不在乎政府的津贴贿赂及行政威胁，因而在对政府事务进行评判时态度就会强硬起来；如果向报刊征收纸张税和发行税（广告与发行——报刊收入的两个基本来源），而不直接干涉报纸的编辑内容，通过高额税收来加重报刊的财政负担，使其被迫抬高报价，一方面可使一般民众失去阅读报刊的便利条件，另一方面又可以避免专制的恶名，还可以增加政府收入，真可谓"一石三鸟"。

1712 年 5 月 22 日，英国的第一个"印花税法案"在国会顺利通过（至 1861 年止）。内容主要有四点。

报刊税：所有报刊自 1712 年 5 月 22 日起，一律征收印花税，税率是：半张或小于半张者，每份付税半个便士；半张以上，不超过 1 张者每份付税 1 便士，报纸和小册子超过 1 张（4页）而不及 6 张者，每期每张付税 2 先令；超过 6 张的书籍、税单、报表等均可免税。

广告税：广告每项付税 12 便士，官办的报刊《伦敦公报》亦同，但书籍及单独发行的广告免税。

纸张税：进口纸张每吨征税 1 先令至 16 先令（按纸张的等级征税）。本国纸张每吨自 4 便士至 1 先令 6 便士不等。

最后，所有报刊均须向政府印花税局（STAMP OFFICE）注册，出版报刊每期均须注明发行人的姓名、地址，如有不符，罚款 20 镑；报刊如不付税就出版，将吊销出版执照并给予相应惩处。

对于正处于幼年期的英国报刊，"印花税法案"无疑是一项沉重的负担，因此法案一经实施，便导致了许多报刊停业，实行不到半年，伦敦的报纸竟然停刊近一半之多，政府遏制报刊发展的目的达到了。1714 年后，政府压低印花税金，伦敦的报纸又逐渐增多。"印花税法案"的实施在英国新闻史上产生了三方面的影响：

其一是对报刊编辑形式的影响。"印花税"的沉重，使人们千方百计地利用法案漏洞来偷税漏税。由于"印花税法案"规定报纸超过 1 张（4 页）而未及 6 张者，每期每张付税 2 先令，故各报纷纷增刊至一张半（6 页）的篇幅，每期付税 3 先令，此为当时最为流行的避税方法之一。由于篇幅增大，编辑们为填满报纸，大量使用大字号、长标题、长篇社论、宽边宽栏及增加专稿和政论文章来填充，致使报纸版面形式发生了很大变化。杂志周刊的老板也多数通过超出 6 张篇幅、杂志书籍化的形式发售逃税。这也迫使编辑们增加各种论说、评论文字，或者创办刊期较长的刊物，从而形成了具有近代色彩的政论性杂志。

其二是逐步形成了政府对报刊的秘密津贴制度。由于在野党和私人报刊尽量设法逃税，而执政党和支持当局的官方报刊为表率天下，只好担负起了重税的大部分，被压得苟延残喘，难以为继。政府为清除此弊、支持喉舌，逐渐形成了向支持报刊发放秘密津贴的制度。

其三是促成了英国地方报业的产生与发展。在 1694 年出版法案废止之前，英国地方各郡很少办有自己的报纸，人们习惯于阅读伦敦报刊。"印花税"出笼后，伦敦报价猛涨，地方各郡难以承受，才纷纷创办各类周刊，免费摘录伦敦消息，廉价发行，以满足地方读者的阅读需求。自 1714 年至 1725 年间，共有 22 种地方周刊创办，从而形成了英国地方报刊的萌芽。

对于报界的逃税现象，英国政府立即察觉并逐步强化了"印花税法案"。1717 年，约翰·托兰德（John Toland）提请政府加强"印花税法案"，禁止晚报以抄袭早报的文章来逃避税收。1724 年 4 月 25 日，下院通过"新印花税法案"，弥补了 1712 年

"印花税法案"的漏洞，规定报纸半张付税半便士，1 张付税 1 个便士，张数增加，税金比例亦随之增加。1743 年，政府对不付税而公开发行的报刊再度采取强硬措施，规定贩卖无税报纸者，监禁三个月；检举者则可获得 20 先令的奖金。1757 年，政府再度加重税金，规定报纸半张付税 1 便士，1 张付税 3 便士，广告每项 2 先令。小皮特政府任期内，又先后三度提高"印花税率"，（1794 年、1804 年、1815 年）使报纸每张付税额竟高达 4 便士，广告每项 3 先令 6 便士。由于"印花税"率居高不下，伦敦报纸每份售价高达 6 便士以上，普通读者难以购买，整个新闻传播事业萎缩停顿，很不景气。

（二）运用法律制裁

用司法手段钳制传播出版事业、压制自由思想是英国统治者在 18 世纪、19 世纪控制新闻出版行业的主要方式之一。它与经济方式的"知识税""津贴制度"和行政方式的"禁止报道国会消息"特权相辅相成，组成了统治当局有效控制新兴资产阶级新闻传播事业的重要手段。18 世纪时，英国刑法对于出版传播事业的司法处罚主要有四项罪名：（1）叛逆罪：这是最严厉的处罚，应用较少；（2）煽动诽谤罪：凡批评国王、宫廷、内阁大臣及高级官员的，不管批评是否合理均以煽动诽谤罪论处；（3）侵犯国会特权：凡批评议员、批评国会，都被认为侵犯国会特权，而且自 1660 年起就禁止报道国会辩论，以后又一再重申此令；（4）总逮捕令：凡触犯上述任何一种罪名，国务大臣均可下令对可疑人物进行搜捕、审讯，对可疑出版物均可没收、焚毁。其中尤以第二项罪名应用最为广泛，时间最为长久。在整个 18 世纪，英国煽动诽谤罪的演进历史大体可分四个阶段。

第一阶段（1704—1730），这一阶段的特点是：当局者完全沿用 17 世纪的封建集权司法评判原则，认为侵犯王室和国会的特权，发表任何攻击政府的政策或人员的文章即构成了煽动诽谤罪。1728 年，印刷商理查德·富兰克林因出版小册子议论、抨击英国、法国与西班牙所签订的和约而遭到逮捕和起诉，法庭依据印刷事实而不是小册子的真伪内容，裁定他触犯了煽动诽谤罪，判决罚款 100 镑，交纳保证金 2 000 镑，监禁一年。理查德·富兰克林一案可作为这一时期的一个代表性案件。

第二阶段（1730—1760），这一阶段的特点是：原本在司法审议过程中无权的陪审团，对煽动诽谤类案件的判决逐渐有了较公平的审判权力。威廉·奥文是一位伦敦的书商，1752 年因出售责难国会的书刊而受审，由于陪审团拒绝像往常那样接受法官的训令裁决威廉·奥文因出版了这些书刊而触犯诽谤罪，而是裁决他无罪，法庭只好当庭宣告奥文无罪释放，这场官司以奥文胜诉告终。

第三阶段（1760—1780），这一时期英国新闻出版界的自由有了长足的进步，在英国新闻史上这一时期出现了一个重要的案件，同煽动诽谤罪有关，这就是"朱尼尤斯信件案"。1769 年，一位报刊作者菲力浦·富兰塞斯（Philip Francis）用朱尼尤斯（Junius）的笔名陆续在报刊上发表"朱尼尤斯"信件（The Letters of Junius），攻击当时的保守党政府和专横野蛮的英王乔治三世，他的文章引起了当局的极大愤恨。12 月 19 日《公众广告报》上刊登了"朱尼尤斯"写的第 35 封信，严厉批评乔治三世，要求国王改变政策，否则将被送上断头台。该日报纸又加印了 1750 份出售，第二天伦敦各报纷纷转载，轰动全城。1770 年 1 月 23 日，司法大臣曼斯菲尔德爵士在伦敦对《公众广告报》发行人伍德福德等六人提起控诉，准备用煽动诽谤罪名对刊登"朱尼尤斯"信件的报纸进行打击迫害。首判有罪。二审时，此案在名律师格林（Seijeant J Glynn）的有力辩护下，经过陪审团九个小时的讨论审议，最后做出无罪的裁定，法庭被迫当众宣判作者、发行人无罪释放，保守政府企图用煽动诽谤罪来迫害报人的阴谋遭到了沉重打击。

第四阶段（1780—1792），这一时期的重大事件是司法大臣曼斯菲尔德爵士同艾斯肯勋爵之间因《大众广告报》一案所爆发的争论，这场争论引起了社会各阶层广泛的反应并最终导致了煽动诽谤罪名结束的《福克斯诽谤法案》的产生。1792 年通过的《福克斯诽谤法案》（*Foxss Libel*），它是凯姆顿、艾斯肯、曼斯菲尔德三人意见的妥协产物，内容要点如下：陪审团对一切诽谤案件有总体判决权；在诽谤案件中，法官得以将自己的判断斟酌提供给陪审团参考；陪审团认为必要时，可对诽谤案件给予特别裁决（指陪审团只提出对已查证检实的事实，由法庭据此进行判决）；诽谤罪必须有法律根据。被告被 捕后，经一位陪审成员认可，即可提请审判。《福克斯诽谤法案》的通过，在英国新闻传播事业新体系的确立历史上有重大意义，它认可了审理煽动诽谤罪行必须依据严格的法律条款和程序来进行，不再像以往那样单凭国王及大臣们的好恶即可逮捕报人，还认可了陪审团对此类案件的"总体判决权"，使司法当局单方面地决定审判结果的局面不复存在，出现了有利于新闻传播者的双权制衡审理机制。

（三）实行补贴收买

英国政府为控制舆论，常给报人或报刊以补贴，实际上是贿赂收买。前面提到的著名报人笛福、斯蒂尔、艾迪生，长期接受政府的年金。不少报人拿钱后就为政府歌功颂德，有时因吹捧有功还被封以官职。辉格党人瓦尔波出任首相共 23 年（1715—1717，1721—1742），其间对报刊的收买达到高峰，每年花去 5 万英镑。瓦尔波政府津贴的对象主要不是报刊的个体作者，而是握有报刊生杀大权的发行人；对拥护政府的报刊，当局不仅予以经济补贴，而且还常常提供独家新闻及免费邮寄报刊等权益，而对那些反对派的报刊则百般刁难、伺机打击。辉格党的做法固然抑制了更为保守的托利党报刊，但也钳制了舆论，使其他民办报刊无力与之竞争。津贴制度延续至 1842 年。

如上所述，英国政府一方面以法律手段限制出版自由，另一方面征收"知识税"限制报纸的发展（印花税、广告税和纸张税被人统称为"知识税"）。恩格斯指出："诽谤法、叛国法和渎神法，都沉重地压在出版事业身上……英国的出版自由一百年来苟延残喘，完全靠政府当局的恩典。"报纸在政府限制下，种数少，报价高，销售量小，报纸都靠政府的津贴以及实力集团的贿赂生存，因而英国报纸在 17 世纪中叶资产阶级革命后的一二百年间，发展迟缓。

二、报业反知识税的斗争

18 世纪后期，资产阶级报业的处境有所改善，但在经济上受到的"知识税"的束缚却长期没有减弱。进入 19 世纪后，有些报纸为了降低售价，扩大发行，往往逃避纳税。更有许多新办的报刊，干脆不贴印花，径自在社会上发行。对于这些无印花报纸，英国政府查处甚严，税收机关设有专门的侦缉队追踪查访，一经查出就严加惩办。但是逃税报刊却越查越多，至 1836 年 2 月其发行量已超过纳税报刊。英国无印花报纸的增长是和 19 世纪二三十年代日益高涨的政治改革相联系的。当时新兴的工商资产阶级要求更多地参与政治生活，重新分配国家权力。正在成长壮大的工人阶级则要求保障工作权利，改善生活处境。在这种背景下，反映各种思潮的无印花报刊此起彼伏，行销各地，政府的每一次查禁都会带来一阵抗议，群众自发地集会示威，法院往往只好宣判被捕者无罪。有鉴于此，某些社会上层人士建议彻底废除"知识税"，以利于国家治理。

著名小说家和政治家议员布尔法·李顿爵士（Bulwer Lyton）于 1832 年 6 月 14 日在议会提出废除"知识税"的议案，他认为，"印刷者和出版物能够比监狱看守和刽子手更好地为一个自由国家的和平和荣誉服务。廉价的知识与经费巨大的惩罚制度相比是更好的政治工具"①。李顿的主张显然反映了工商资产阶级的利益和意图。

这一议案的提出表明：（1）废除"知识税"的问题业已提上日程了。（2）新兴资产阶级不但要出版廉价报纸争夺政治权力，

---

① 张隆栋，傅显明：《外国新闻事业史简编》，中国人民大学出版社，1988 年版，第 83 页。

还认识到廉价报刊是对工人阶级和广大人民进行宣传教育的新闻工具，有利于维护资本主义制度。

在各方面的压力下，政府不得不降低"知识税"。1833年，国会迫于选民的压力，首先将广告税由3先令6便士降为1先令6便士。1836年报纸税从每份报纸4便士降为1便士，英国报纸从每年共出版3 900万份，增加到12 000万份（1854）。随后各界人士继续努力，经过一系列斗争，终于使议会在1853年决定广告税从同年5月份起终止废除，1855年又取消了印花税，1861年10月"印花税"的最后一个项目"纸张税"也完全废止，至此，"知识税"这一官方限制打击英国新生的资产阶级新闻传播事业成长历程的压迫手段宣告结束，英国报业背负了一个半世纪的沉重包袱终于解除。"知识税"废止后，英国报业加快了发展的步伐。全国报刊数字，1836年为221家；1851年为563家；1862年报纸1165家，杂志213家；1880年报纸1986家，杂志1097家；1900年报纸2234家，杂志1778家。

从18世纪到19世纪，报界进步力量同执政当局的压制措施进行了长期反复的斗争，这是争取新闻出版自由的继续，也是新兴的工商资产阶级同土地贵族、大资产阶级政治斗争的一种反映。反压制斗争主要集中在报道国会的问题和批评当权人物方面。18世纪初，有的刊物就采取省略字母的办法报道国会议员和政界人物。1731年爱德华·凯夫（Edward Cave）在伦敦创办《绅士杂志》月刊（这是历史上第一次使用Magazine作刊名的期刊），五年后致力于报道国会新闻，涉及人名时，就把姓名中某些字母省去不写（如把Walpole写成W—le）。后来又用《格列佛游记》中描写的小人国议会来影射英国议会。这些做法很受读者欢迎，刊物销数高达15 000份。该刊为18世纪英国最畅销杂志之一，一直发行到20世纪初。

1762年6月5日，议员约翰·威克斯（John Wilkes）创办了《北不列颠人报》（North Briton）周刊，强烈鼓吹新闻自由，他在创刊号中写道："新闻自由是一切自由坚强的堡垒……批评政府乃是各位报人的天职。"威克斯是一位传奇式的人物，他家庭富有、学识渊博、交流广泛，同自由派领袖人物过从甚密。在该报第四十五期中，威克斯撰写长篇文章攻击国王乔治三世，秉承国王旨意的司法大臣以"总逮捕状"权力为依据把作者、印刷者、发行人及贩卖者一齐逮捕，但数日后威克斯以议员身份而赦免释放，他乘胜控诉政府非法逮捕，其他被捕的 48 人也联名上诉，首席法官凯姆顿勋爵宣判"总逮捕状"为非法，政府赔偿10 万英镑，从此，总逮捕状制度宣告废止。1764 年，威克斯因重印《北不列颠人报》合订本和撰写《论女人》一文而被下议院剥夺议员资格，驱逐出境。1768 年，从法国流亡回来的威克斯又被热烈欢迎他的民众重选为国会下议院议员，但遭到下议院拒绝并以旧案判罪。威克斯的拥护者们创办《米德赛新闻》为其呐喊申诉。1771 年，下议院鉴于民众的抗议活动，被迫承认了威克斯的议员资格，但再度重申禁令，不许以任何形式报道国会消息。《米德赛新闻》发行人惠尔，《公报》发行人汤姆逊因违反禁令被捕，但恰巧由伦敦代理市长威克斯负责审理，结果二人被无罪释放。此后，威克斯为解除国会此项禁令同国会展开了激烈的长期的斗争，许多报刊纷纷刊载文章予以支持，伦敦市民也走上街头游行示威。在强大舆论压力下，国会最终被迫解除了"禁止报道国会消息"的法令，英国新闻界获得了公开报道国会辩论的权利，威克斯的斗争终于取得了最后的全面胜利。

从 1803 年起，国会准许新闻记者至议会后排旁听；1831年，又在国会中正式设置了记者席位；1833 年新兴的工业资产阶级自由派倡导的改革选举法案在国会通过，标志着一个改革新时代的来临。1868 年，议会通过法案，承认记者报道国会消息及批评国会不属于诽谤罪，以法律的形式正式确立了新闻界报道国会消息的自由。

第四节　独立报业的成长和《泰晤士报》

　　18 世纪后期，英国先于其他国家开始了工业革命。工业革命使阶级关系发生了新的变化，工商资产阶级和工人阶级的队伍在壮大。工商业进一步繁荣，广告日益增多，这些都给报业发展提供了新的条件，带来了活力。尤其重要的是，尽管许多报刊仍然保持一定的党派背景，但是报业独立自主的倾向日益增长。这段时期比较著名的报纸有：

　　《手艺人报》1726 年在伦敦创刊，创办人是作家阿姆赫斯特（Nicholas Amhurst）等人。1731 年，该报的广告收入占总收入的半数以上，是世界上最早实现以广告为主要收入来源的报纸。该报发行至 18 世纪末。

　　《每日广告报》（1730—1807）。这是一份商业性报纸，除了广告之外，适当刊登经济消息、商业行情、金融行情以及社会新闻，开创了依靠广告收入而自立的先河。

　　《公众广告报》（1752—1798）。这是由著名出版商亨利·伍德福和他的儿子桑普林·伍德福出版的日报，1769 年前后因连载批评国王的"朱尼尤斯信件"而名噪一时。

　　《早晨纪事报》（1769—1862），桑普林·伍德福的弟弟威廉·伍德福创办的日报，由于迅速报道国会新闻而为社会瞩目。1789 年伍德福退休后报纸三易其主，一度为辉格党的机关报，但在报道国会以及报道法国大革命等方面一直颇有影响。

　　《晨邮报》（1772—1937）。该报 1795 年后在著名报人斯图亚特经营下，强调经济自立，提高新闻的趣味性，因而声誉日增。斯图亚特当时就已提出"广告既能增加收入，又能吸引读者，增进发行；而发行增加，又可吸引更多广告"这样的经营思想。

　　在上述报纸开创的报业独立化趋势下，18 世纪末另一份报纸脱颖而出，其影响远远超过同期其他报纸，成了英国资产阶级非政党报刊的主要代表。这便是《泰晤士报》。

《泰晤士报》于1785年1月1日在伦敦创刊,原名《每日环球纪录报》(*Daily Universal Register*),这家日报的第一版全部用于刊登广告,在伦敦发行的日报中毫无特色。1788年,简称为《泰晤士报》(*The Times*)。创办人是煤炭业和保险业资本家沃尔特第一(John Walter I)。他创制了连体活字(Logography),希望取得政府专利,就动脑筋来印日报,作为一个试验和宣传的场所。在编辑方针方面,商人出身的沃尔特第一也有自己的特色。沃尔特第一写道:"时代的《纪录报》是各种情报的忠实记者,它不应被某一个题目占领大量的版面,而应像一桌丰盛的酒菜,有适合每个人口味的菜肴。"《泰晤士报》创刊号上有十栏广告,只有三栏新闻,还有三栏关于新报纸的介绍,注重商业性信息的报道初现端倪。事实上,《泰晤士报》上刊登的关于航运和商业方面的消息比其他报纸都要多,而政治、文化的消息却比较少。沃尔特第一坚持认为,只有迅速、全面地刊登时代的各种情报,如国会辩论、各国动态、商业金融行情,并作公正详细的报道,《泰晤士报》才能赚到大钱。

沃尔特第一也难逃英国政府当时的控制网络。为了使报纸能够生存下去,他每年也接受政府的补贴(每年300英镑),他的公司还获得了有利可图的政府海关合同,所以沃尔特第一在许多问题上充当了政府的传声筒。为了报答政府,《泰晤士报》在政治上支持政府,早期的《泰晤士报》曾连篇累牍地报道有利于政府的政治新闻,攻击法国革命和在英格兰出现的任何激进主义。1789年7月,《泰晤士报》详尽报道了公众关心的法国大革命的情况。1792年10月,《泰晤士报》又因刊出法国国王路易十六出逃被捕、受刑处死的消息,销量直线上升。至1793年时,《泰晤士报》的销数已增加到了4000份,这是以前任何报纸都不曾达到过的一个数字。

1803年,沃尔特第二接管《泰晤士报》时才26岁。他是牛津大学的高才生,读过商科,懂经营、会管理。他上任伊始,便致力于对《泰晤士报》进行全面的改革,其中最为重要的变化就是开始实行一种办报独立的原则，率先在英国打出了报刊"独立于党派之外"的旗号，这一原则实行的第一步就是该报开始建立一个独立完善的国内外新闻报道情报网络。在言论方面，它标榜独立，通过遍布全国的记者网经常了解各阶层的情绪和意见，以此作为评论的依据，因此逐步成为舆论界的重要力量。1805年，《泰晤士报》首次出版号外，报道奥地利前线的将军向拿破仑投降的消息。1807年1月，沃尔特第二派出了自己的第一个、也是世界上第一个驻外记者——亨利·克雷布·鲁宾孙，把他派驻到汉堡附近的阿尔托纳城。1809年，《泰晤士报》首先获得并公布了德奥缔结的《费里辛克条约》，当时这一条约的缔结连英国政府都不知道，经急电与驻法大使联系，方才证实。1815年，拿破仑在滑铁卢战败的消息也是《泰晤士报》最先在英国报道的。出色的报道，重要的独家新闻使《泰晤士报》销路大增，从而在经济方面可以依赖广告和发行的收入做到自给自足，逐步摆脱了官方所谓的"资助"。

最有开创性的是《泰晤士报》终止了政府的津贴，敢于在言论上与当局相对抗。1810年，当英国政府照例提供给《泰晤士报》津贴，并希望获得该报默契合作时被沃尔特第二拒绝了。他在这年2月10日的一篇社论中规定了该报的独立原则，他写道："报纸继续支持当权的人，但是不允许他们以捐助来报偿报纸的偏袒，因为主编认识到，那样，对任何他可能认为有害于公众福利的行为，他就会丧失了谴责的权利。"

沃尔特家族传了四世，掌握《泰晤士报》连续114年，经营该报到1908年，在新闻传播史上创下一个罕见的纪录。《泰晤士报》业务上成功的秘诀是沃尔特第二知人善任、网罗精英。在沃尔特第二主持该报期间，开始时，他自任主编，1817年，《泰晤士报》建立总编辑制度，巴恩斯受聘为第一任总编辑，在这以前，老板、总编辑和经理之间没有明确分工。总编辑制度建立后，该报聘请学识丰富的人任总编辑。这是报业体制的一大改革。英国和其他各国的报纸后来也仿效该报，建立了总编辑制度。两位出类拔萃的主编——托马斯·巴恩斯（Thomas Barnes）、约翰·德莱恩（John Thadeus Delane）为《泰晤士报》的成功立下了汗马功劳。前者主持《泰晤士报》25 年，后者主持 35 年，在这 60 年中，《泰晤士报》的崇高威望和独立地位，被牢固地奠定了。该报关于独立报业的性质、自由度、职能的权威性的相关阐述，给予英国乃至世界报业以深刻影响。《泰晤士报》的社论曾强调"报纸就是靠透露消息而存在的——它每日而且永远求助于进步的舆论力量，可能时预测局势的发展，在通向未来的道路上首当其冲"。它认为报业的职责就是"调查事实，并根据坚定不移的原则，把这种做法运用于世界事务"。该报社论强调："我们认为，这个国家的舆论（其他一切是无力对抗的）有权要求不仅对我国自己政府的行为，而且也对地球上每个政府的行为自由发表评论……我们确实渴望参与世界的治理……但是我们所谋求的权力只是利用语言和理智的力量对人们的思想自由地施加影响。"

1834 年，11 月 15 日《泰晤士报》发表墨尔本内阁倒台的独家新闻。新任首相比尔的就职宣言，是该报总编辑巴恩斯协助撰写的，发表在 12 月 18 日的《泰晤士报》上。

1841 年，德莱恩出任《泰晤士报》第二任总编辑，任职 35 年，是该报历任总编辑中任期最长的一个。德莱恩为将该报办成高级报纸做了很多努力。1851 年，德莱恩在《泰晤士报》发表文章，论述新闻自由和报人的作用。他主张报纸应摆脱政府和政党的影响，独立地发挥作用。同年 12 月 25 日，《泰晤士报》发表阿伯登新内阁名单的独家新闻。

在德莱恩执掌权柄期间，《泰晤士报》对英、法、俄国 1854 年至 1856 年克里米亚战争的报道使该报的声誉和威望达到了顶峰。报道这次战争的首要人物就是德莱恩和该报首席战地记者——也是世界上被誉为"第一位伟大的战地记者"的威廉·霍华德·拉塞尔（William H. Russel）。拉塞尔到俄国实地采访克里米亚战争。1854 年冬来自俄国战争的目击报道在《泰晤士报》

上陆续刊出，引起读者们的注意，其中最出色的一篇是他在塞瓦斯托波尔港的一个高地上，俯瞰 500 名英国轻骑兵冲入死亡之谷，场面惨烈无比。1855 年，拉塞尔从克里米亚前线发回连续报道，揭露英政府由于后勤工作失误而造成前线士兵饥寒交迫、病号增多的惨状。总编辑德莱恩亲赴前线核实材料，回伦敦后在发表拉塞尔报道时配以社论，严厉批评政府。结果远征军司令罗格兰被撤职，阿伯登内阁也因之倒台。

1855 年 6 月，英国政府决定废除报纸"印花税"，《泰晤士报》即将其每份报纸定价由 7 便士降至 4 便士，从而使报纸的销数剧增至 6 万份，它的记者活跃在世界各地，《泰晤士报》继续雄踞英国报坛之主的位置。

1878 年 8 月 16 日，8 万多工人、市民和资产阶级集会于曼彻斯特的圣彼得广场，向国会请愿，要求改革选举制度，取消《谷物法》和禁止工人结社的法令时，托利党人的政府出动大批军警使用武力驱散请愿队伍，结果死者 11 人，伤者 60 余人。《泰晤士报》对这件事以版面七栏的篇幅加以报道，并配以社论，称之为"彼德罗之役"（The Battle of Peterloo）。紧接着，以首相卡瑟而累为首的托利党人政府在国会的支持下颁布了"六项法令"，禁止 50 人以上的群众集会和示威游行；对一切出版物每份征税 4 便士；禁止出版亵渎上帝和反政府的任何书刊；凡写作、印刷、出版、销售反对政府书刊者都处以徒刑或流放。

1887 年，《泰晤士报》在乔治·巴克尔主编手下发生了一起很大丑闻，严重地损伤了《泰晤士报》的威望和元气，在这一年，《泰晤士报》为了打击爱尔兰自治运动的首领查尔斯·帕内尔，轻易地相信了一个爱尔兰骗子理查德·皮格特的话，用 1 780 英镑的高价从他的手里买下了一批信件，这些信件的内容显示帕内尔对爱尔兰恐怖分子的一次残暴的暗杀活动负有责任。为了打击爱尔兰自治运动，《泰晤士报》没有经过审慎的核实，就匆忙草率地以显著的版面发表了一组题为"帕内尔主义与罪行"的文章，并把上述信件作为帕内尔犯罪的原始证据陆续加以刊登，掀起了耸人听闻的连续报道和声讨帕内尔的舆论浪潮。然而，由国会授权组成的一个特别调查委员会经过缜密调查后却宣布，这些信件纯属伪造，骗子皮格特畏罪潜逃，最后在被捕前夕自杀。查尔斯·帕内尔控告《泰晤士报》犯有可恶的诽谤名誉罪，法庭判决《泰晤士报》无条件地撤销这些信件和相关文章，公开在报上向帕内尔道歉，并赔偿了帕内尔 5 000 英镑的名誉损失费，加上调查委员会和法庭的一切开支，《泰晤士报》总共为此案付出了 25 万英镑，这笔巨款使《泰晤士报》陷入了债务的泥潭之中，更可怕的是报纸声誉上的巨大损失，这是难以用金钱来估算的。

1908 年，《泰晤士报》由于经营亏损，沃尔特家族被迫将该报卖给了它所不屑的英国黄色报业大王——新报业领袖之一的哈姆斯沃斯（北岩爵士）。对于《泰晤士报》来说，落入哈姆斯沃斯之手，确实标志着一个时代、一个传统的结束。

《泰晤士报》有一种特殊的赋性，它是一个国家的公器（A National Institution），报纸只有在成为公器时，才有资格对国事世局提出看法和主张，它们被授予"第四阶级"的尊称，并非所有的报纸都可成为公器。《泰晤士报》是一份非党派的报纸，并无明确的政党背景，但同样有自己的阶级立场和政治倾向。它是工商资产阶级的代言人，和统治集团又有千丝万缕的关系，因而能在工业革命后的政治形势下，成为影响英国政局的重要力量。当时大英帝国正处在上升时期，因此，《泰晤士报》在国外也有很大影响，它的驻外记者常被视为"第二大使"[1]，所刊发的国际报道常常使有关国家刮目相看，不得不掂量一下它的分量。就政治立场而言，《泰晤士报》以保守著称，但也常常改变态度。马克思于 1861 年这样评价该报："英国人民靠阅读《泰晤士报》参加对自己国家的管理。""这是一位有名望的英国作者就所谓英

---

① 张允若、高宁远：《外国新闻事业史新编》，四川人民出版社，1996 年版，第 32 页。

国的自治制度发表的意见，这一意见只有在涉及王国的对外政策时才是正确的。至于国内改革，就从来没有在《泰晤士报》的支持下实现过；相反，《泰晤士报》在确信自己完全无力阻挠实现这些改革之前，是从不停止反对它们的。天主教徒的解放，议会改革法案，谷物法、印花税和纸张税的废除，都可以作为例子。每当改革的拥护者胜利在握时，《泰晤士报》就来了一个急转弯，从反动阵营溜掉，并且能想出办法在紧要关头和胜利者站在一起。"①

英国的日报自出现时就有一个惯例，即星期日不出报纸，这样便需要有专门的星期日报。1779 年，英国第一家星期日报纸《星期日箴言报》创刊。1788 年，《明星及晚广告报》在伦敦创刊，创办人是斯图亚特（Peter Stuart）。该报是英国最早的晚报。

第五节　廉价报纸的兴起和　　《每日电讯报》

早在 19 世纪初，英国就出现了一些面向平民大众的通俗而廉价的周报，它们是工业革命后顺应社会需要的产物。这些周报多数是非政治性的。例如，1801 年在伦敦出版的《每周快讯》，自称办报宗旨为"教育和娱乐兼顾"，它广泛采集和报道体育新闻、法院新闻、社会新闻，很受读者欢迎，报价明显低于一般报纸。

当时也有少量廉价的政治性周报。英国的新闻事业是在威廉·科贝特的《政治纪事报》对社会进行的批判声中进入 19 世纪的。威廉·科贝特（William Cobbett）是一位献身于进步事业的政治家和报人。他于 1802 年在伦敦创办的周刊《政治纪事

---

① 张允若、高宁远：《外国新闻事业史新编》，四川人民出版社，1996 年版，第 32 页。

报》（1802—1835），一次又一次地揭露了社会的腐败现象和政客们与新闻界狼狈为奸的事实，列举人民的疾苦，利用手中的报刊为劳工大众鼓与呼。这是英国新闻界第一次对社会和自身进行的彻底批判。1816年起，他增办《政治纪事报》大众版，以2便士的低价廉价发行，使工人和市民能够接触报刊读物。此举十分成功，报纸很快销遍全国，发行量达4万份，使得统治者大为不安。1819年政府强制规定报刊售价不得低于6便士，该报大众版才被迫停刊。科贝特的这些举动招致了统治者对他的残酷迫害，不久他以诽谤罪被判两年有期徒刑，他在狱中继续编辑该刊。他数次被逮捕入狱，被判处苦役，其财产被没收、报纸被封闭，但科贝特并不屈服，继续斗争不已。尽管科贝特的理想是回到田园诗般的英国去，但他的批判却启发了第一代英国无产阶级的新闻工作者，他的犀利的文风对马克思也产生了影响。马克思称赞他是"报刊鉴定家""本能地保卫人民群众、反对资产阶级侵犯的卫士"。《不列颠百科全书》也称他是"最伟大的英国人民的新闻工作者"。

由于"知识税"的重压，上述廉价报刊始终得不到顺利发展。至19世纪三四十年代，一方面，不贴印花的逃税报刊已达百种以上，它们名目繁多，有的政治色彩较浓，抨击时政，议论改革；有的政治色彩较淡，侧重于社会新闻、法院新闻、体育新闻以及各种趣味性、娱乐性材料。它们的共同特点是以中下层普通百姓为对象，适应这些读者的信息需要和阅读水平，售价为1～2便士。另一方面，也有些纳税报刊，仍在努力开拓平民市场。

1820年，卡莱尔（Richard Carlile）创办《共和人杂志》（*The Repulican*），他亲自撰文，直指当时英国政府行为专制，倡言推翻专制政府乃人民的合法权利。

1821年，泰勒（John E. Taylor）创办《曼彻斯特卫报》。原为周报，1855年改为日报。斯科特（Charles P. Scott）从1872年起任总编辑，并于1907年买下该报。斯科特将该报办成了具有改革精神的高级报纸。

1828 年,《旁观者》(*The Spectator*)在伦敦创刊。该刊为周刊,内容从政治到文艺、趣事,栏目很多。后来各国综合性杂志多模仿该刊格式。

1837 年,《北极星报》在利兹创刊。该报是英国工人阶级的党派人民宪章派办的报刊中最重要的一家报纸。宪章派领袖哈尼(Julian Harney)从 1842 年到 1849 年主编该报。1845 年,该报聘请恩格斯为常任通讯记者。1847 年,该报迁往伦敦。该报存续到 1852 年。

1841 年,《笨拙》(*Punch*)在伦敦创刊。该刊为周刊,创办人是莱蒙(Mark Lemon)等三人。该刊发扬英国人的幽默本色,以大量漫画讽刺政局,并从生活中提取笑料。

1842 年的《劳埃德图画星期报》(后改名为《劳埃德新闻周刊》)、1843 年的《世界新闻》,都是以平民大众为对象的星期日报。尤其是《世界新闻》的内容十分广泛,每份 8 页,售价 3 便士,较为低廉,创办 2 年后,发行量就达 3 万份。

1843 年,《世界新闻》(*News of the Word*)在伦敦创刊。该报为星期日报,创办人是贝尔(John Bell)。该报多登黄色新闻、体育新闻和广告,不久销数超过其他星期日报。1909 年,该报销数为 150 万份。19 世纪末,雷德尔(Riddell)家族控制该报。20 世纪初,控制权转到卡尔(Carr)家族手中。

同年,《经济学家》(*The Economist*)在伦敦创刊。该刊为周刊,后来组成 200 多人的作家队伍,约请各国前部长、工商界知名人士和经济学家撰稿。

1846 年,《每日新闻》在伦敦创刊。著名作家狄更斯主编创刊号至第 17 期。该报编辑多为知名作家,如麦兴海姆(Mass-ingham)、斯彭德(Spender)、内温森(Nevinson)等。该报是 19 世纪英国著名日报之一。

1851 年 10 月 14 日,德国人朱利斯·路透(Paul Reuter)在伦敦皇家交易所大街开办"路透通讯社"(Reuter Ltd),那时只有两间房子，人员除路透夫妻外，只有一个雇来的 12 岁男孩。起初使用信鸽传递消息。当英吉利海峡海底电缆投入使用后，路透立即用电报传递消息。路透社的订户，开始只限银行家和证券经纪人。到 1852 年，路透社的快讯已畅销欧洲各国。从 1858 年 10 月起，该社开始为报纸提供新闻。由于采用新的电讯技术和不断改进工作业务，路透社在十几年内发展极快，成为世界性通讯社。1870 年，路透社与法国哈瓦斯社、德国沃尔夫社划分了世界报道的势力范围，路透社的范围是英国本土和其殖民地，以及中国、日本。

1868 年，由于英国地方报纸获得新闻的途径不畅，它们以合作方式在伦敦建立了"报纸联合通讯社"。1872 年，以发布金融、商业新闻为主的"交换电讯社"（The Exchange Telegraph Company LTD）在伦敦成立，该社是英国第二大通讯社，它也是英国唯一被批准在伦敦证券交易所直接向外发报的通讯社，其订户主要是商业和服务性机构。当时这两家通讯社的规模，在英国居第二、三位。

1851 年《寄语人民》在伦敦创刊。该刊为周刊，创办人是宪章运动领袖琼斯（Ernest Jones）。琼斯聘马克思编辑该刊经济专栏。1852 年停刊后，琼斯又创办《人民报》。1856 年该刊转入资产阶级自由派之手。《人民报》存续到 1858 年。

1855 年，政府取消印花税制度。印花税制度与津贴制度、罚款制度被认为是套在报界头上的三条绳索。在此前不久，津贴制度和罚款制度已被取消。上述三项制度取消后，新闻自由体制得以确立。自弥尔顿提出出版自由思想，到新闻自由体制的确立，中间经过 211 年的反复斗争。此时报纸的降价有了现实可能，于是面向社会下层的廉价报纸就广泛兴起。仅 1855 年内就创办了好几家便士报，有《谢菲尔德每日电讯报》（1855 年 6 月 8 日）、《利物浦每日邮报》（1855 年 6 月 11 日）和《伦敦晚邮报》（1855 年 8 月 14 日）。其中最为成功、最有影响的要数《每日电讯报》。

1855 年下院通过废除印花税的前一天即 6 月 29 日，《每日电讯报》（*Daily Telegraph*）在伦敦创刊。每份售价 2 便士，这是英国最早的"便士报"。创办人是斯莱（Sleigh）上校。该报第 1 期为 4 页，每页 6 栏，广告为 4 栏，几篇社论为 3 栏半。第一篇社论宣布办报宗旨说，"国会业已明智地去掉妨碍廉价报纸的最后枷锁，使我们能够出版合法的、2 便士 1 份的大众化报纸。我们的目的是在君主立宪的制度下，办成一张报价低廉，而质量优良的日报，保卫国家，提高道德和促进民主的福利"。该报出版 1 个月，销数未能打开，广告收入锐减，欠债累累。该报的最大债务人是它的承印者《星期日泰晤士报》的业主约瑟夫·摩西·利维（Joseph M. Levy）。三个月后，利维为免受经济上的损失收买该报并加以改组，并从 9 月 17 日起降价为每份 1 便士。利维在《每日电讯报》降价为 1 便士报纸的第一天即 1855 年 9 月 17 日第 69 期的社论中说，"这是一张社会各阶级都买得起的高尚报纸，国家的巩固主要是依靠启迪民智，而不是依靠武装力量。我们力图把报纸办得同报价比它高 4 倍的报纸一样的好"。利维确定的报纸方针是大众化，因而报纸上适应小市民口味的消息日渐增多。新的《每日电讯报》不惜花费，采写第一手的新闻，刊登特约的专栏文章，质高价廉，迅速打开销路，4 个月内（1856 年 1 月）销数就达到 2.7 万份，已达到当时英国最大的报纸《泰晤士报》销数的一半，不久便成为《晨报》的竞争对手，并于 1862 年吞并了《纪事晨报》。由于这家报纸经常刊登桃色新闻，因而政界和知识界对它不屑一顾。1860 年马克思评价道："伦敦所有厕所都通过一些隐蔽得很巧妙的管子把人体的脏物排到泰晤士河里。同样地，世界名城也通过一些鹅毛笔把它所有的社会脏物都排到一个纸制的藏垢纳污的大中心——《每日电讯报》里。""利维的粪车装运政治只不过是当作压车物而已。"

《每日电讯报》真正发展为英国报界举足轻重的力量，则是在利维之子爱德华·利维·劳森经营时期。它不像高级报纸《泰晤士报》那样报价昂贵，政治保守，也不像廉价报纸《每日新闻》（*Daily News*）那样较为激进。它力图做到质高而价廉，倾向自由主义而不激进。19 世纪 70 年代以后，利维的儿子爱德华·利维·劳森比较注重报纸的庄重面貌，同时认为时代的发展需要面向社会中下层的报纸，于是果断地进行了革新。首先，扩大新闻报道面，重视报纸的趣味性，把平铺直叙的纪录变为文情并茂的报道。注意社会新闻，曾经详细揭露伦敦的卖淫活动等阴暗面，引起很大反响。努力采写独家新闻，派遣了一些干练的记者分赴国内外"热点"采访。1873 年曾与纽约《先驱报》合组中非探险队，由斯坦利（H. M. Stanley）率领去寻找失踪的探险家利文斯通（Living Stone）。斯坦利所写的通讯报道，引起读者浓厚兴趣，为该报赢得声誉。其次，改革版面编排，率先借鉴美国报纸的做法，对重大消息采用大字多行标题，使之鲜明醒目。如 1865 年美国总统林肯被刺，该报用了四行题；1870 年普法之战，路易·拿破仑兵败被俘，该报用了十行题，占全栏的四分之一位置。再次，劳森十分重视延揽人才加强编辑和记者队伍。该报拥有当时英国许多一流的记者、作家、评论家，例如著名作家乔治·奥古斯塔斯·萨拉（George Augustus Salsa）、评论家桑顿·亨特（Thornton Hunt）、社论作者爱德温·阿诺得爵士（Sir Edwin Arnold）、戏剧评论家克莱门特·司科特（Clement Scott）、记者兼主笔约翰·塞奇（John Sage）和记者埃米尔·约瑟夫·狄龙博士（Dr. E. J. Dillon）等等。依靠他们的努力，大大提高了报纸的声誉。上述措施使报纸的发行量不断上升，1871 年每期发行 20 万份，到 1888 年，《每日电讯报》号称世界上发行量最大的报纸（30 万份），直至 19 世纪末，一直是英国发行量最大的日报。该报是英国廉价报纸的先驱，劳森是它的主要缔造者，他后来被封为伯纳姆勋爵，并被新闻界尊为"英国报业之父"。《每日电讯报》在 20 世纪初衰落。

1861 年，政府宣布停止征收纸张税。至此，阻碍报业发展的苛捐杂税全被废除。

1865 年创办于伦敦的托利党日报《派尔－麦尔新闻》（*Pall*

Mall Gazette）开始显露头角。该报为日报，创办人是格林尼治（Frederick Greenwich）。恩格斯于 1870—1871 年为它连续撰写的 59 篇关于普法战争的短评，使该报名声大振。1881 年后威廉·斯特德（William Stead）主编《派尔－麦尔新闻》31 年。斯特德政治上激进，喜欢打抱不平，多次在报上为被错判刑的人伸张正义。他主张对报纸的文风进行改革，首先发明使用新闻导语。1890 年，他卸职自办《评论的评论》月刊，该刊也在美洲和澳大利亚销售。恩格斯曾写道："《评论的评论》大有益处，每月只需六便士，材料却很多。""斯特德尽管是个地道的狂妄之徒，但不失为出色的生意人。"1923 年，《派尔－麦尔新闻》被比弗布鲁克报团的《标准晚报》吞并。

1881 年，《点滴》（*Tits－Bits*）在曼彻斯特创刊。该刊为周刊，创办人是纽恩斯（George Newness），内容全是趣味故事，是英国第一家成功的大众化杂志。1884 年，该刊迁往伦敦，不久销数增至 70 万份。

1888 年《明星晚报》在伦敦创刊，创办人是议员兼记者爱尔兰人奥康纳（T. P. O'Connor）。该报提出为穷人办报的宗旨。该报打破了文章冗长、形式死板的陋习，首创晚报文章短小、活泼、轻松、趣味性强的特有风格，创刊号一下发行 14 万份，这是当时创刊号发行量的世界最高纪录。

同年《金融时报》（*Financial Times*）在伦敦创刊，该报后来归保守党议员布拉肯子爵（Blonden Bracken）所有。

小型报纸的兴起和报纸主题的改变。

随着 19 世纪的结束，报纸在本质上显示了一个新的转向，提供娱乐性题材这个功能的重要性提高，在程度上已凌驾于报道、评论之上。当时通常形式的报纸，已有不少家公然以娱乐与激情两件事相号召，至于小型报，十之八九，沉湎其中，再难自拔。

1896 年，《每日邮报》（*Daily Mail*）在伦敦创刊，创办人是哈姆斯沃斯（Alfred C. W. Harms Worth）。创办人宣称该报

是"忙人和穷人的报纸",每期售价半便士,为当时最低价格,
创刊号发行 39 万份。哈姆斯沃斯于 1905 年被封为北岩勋爵
(Lord Northcliff)。北岩成功地使报纸成为大众媒体。他告诉读
者,"不要以为政治、外交是一些难懂的或是由少数人包办的东
西"。他在新闻写作上进行了改进,在第一个段落中务必提出后
面所讲的内容的一个线索。他对报社工作人员下达了一个命令,
即"解释、简化、清晰可读"(Explain、Simplify、Clarify)。他
认清读者绝大多数不是穷人就是忙人,报纸的文字以平易为重,
用图片比用文字更能争取到读者。北岩认为读者必须了解现实政
治,但不必惘然介入。他机动地独立于各党派之外,以公众服务
(Public Service)为重。

1899 年骑兵中尉兼伦敦《晨邮报》记者丘吉尔在南非布尔
战争的一次战役中被俘。他后来逃走,途中历尽艰险。他从葡属
莫桑比克首府洛伦索马贵斯发回的历险记在《晨邮报》上连载。
他从此成名,直至最后成为英国首相。

1900 年,与《每日邮报》抗争的《每日快报》(*Daily Express*)在伦敦创刊,创办人是皮尔逊(Author Pearson)。该报
在风格上模仿美国的大众报纸,采用美国的版面编排方式,其最
大特色为用大幅新闻照片取代分类广告。18 年后该报被后起的
比弗布鲁克报团买下。

1903 年,北岩创办《每日镜报》,以妇女为主要读者对象,
从而构成英国 20 世纪初,《邮报》《快报》《镜报》三家大众报纸
鼎立的局面。

1912 年《每日先驱报》(*Daily Herald*)在伦敦创刊,创办
人是作家席德(Seed)。1923 年,工党及职工大会接办该报。
1929 年,奥丹斯(Oldham's)家族购入该报,工党和职工大会
保留 49％的股份。

1915 年路透社第二代老板赫伯特·路透自杀,该社濒于破
产。该社驻南非经理琼斯(Roderick Jones)等人以 55 万英镑购
入该社,并成立路透公司。

19世纪英国著名的报纸《每日新闻》《旗帜报》《晨邮报》《派尔—麦尔新闻》《明星晚报》等，在20世纪前半叶报纸的一次又一次合并、改组中相继消失了。

本章参考书目：

(1) 苑子熙．外国广播电视事业史简编．北京：新华出版社，1990

(2) 陶涵主编．世界新闻史大事记．北京：人民日报出版社，1988

(3) 陈力丹．世界新闻史纲．福州：福建人民出版社，1988

(4) 张隆栋，傅显明编著．外国新闻事业史简编．北京：中国人民大学出版社，1988

(5) 张允若，高宁远．外国新闻事业史新编．成都：四川人民出版社，1996

(6) 李磊．外国新闻史教程．北京：中国广播电视出版社，2001

(7) 陈大斌，王玉成主编．国际大众传播媒介简介．青岛：青岛出版社，1992

(8) 张允若编著．西方新闻事业概述．北京：新华出版社，1989

第四章
法国新闻传播事业史

第一节　历史回溯
——集权控制与出版自由斗争相伴之路

　　作为有着悠久历史和灿烂文化的法国，在新闻业方面也有着光辉的纪录。公元 1485 年，法国最早的不定期新闻印刷品《喀尔五世侵犯卢昂记》在巴黎发行，这也是继德国之后欧洲最古老的不定期新闻书；在印刷技术方面，法国长期处于世界领先水平，由莫易兹·波利多尔·米约创办的《小新闻报》（*Le Petit Journal*）由于使用了马里诺尼的轮转印刷机，刊登连载小说，成为世界上第一家发行量达到 100 万份的报纸；在报刊的艺术创新上，由爱米尔·吉拉丹于 1836 年出版的《新闻报》（*La Presse*）开创了现代报刊的格式，法国报刊的文学传统延续至今；法国的思想新闻、调查新闻以及革命时期的战斗新闻，都曾使法国新闻业大放异彩。此外，法国也是电影的故乡，1908 年，夏尔·巴泰摄制了第一部新闻纪录片……

　　然而，今天当我们需要打开历史书才能细数这些光荣历史时，另一个不需要人们深思就能脱口而出的法国新闻业的历史特征则是：浓重的政治化色彩！尽管作为一种典型的意识形态事业，新闻业必然受到政治的影响甚至控制，而且新闻业发达如英国、美国者，其政党报刊也是特征分明有目共睹。但是，法国新闻的政治化如此严重，以至于其不受信任的程度也是惊人的："不妨简单地说，在法国的社会总体中，报刊表现为一种职能不明确、用途有争议的异体。人们往往只记得它的浅薄、丑闻，以及受贿或讹诈，而且一般人对它所提供的消息以及它所维护的观点很不满意，不管是哪一派的人都认为它卑鄙地帮助了敌人，而对自己所捍卫的思想则可耻地保持沉默。"①

一、1631 年—1789 年，封建王朝集权主义下的官报一统天下

法国新闻受政治制约的特点是与其几百年厉行封建专制统治分不开的。从路易十一（1461—1483 在位）时起，法国国王就把政治经济文化等各种权力集于一身。为了控制思想文化的传播，1474 年官方开始着手管理出版业，1537 年建立出版检查制度。1631 年，让·马丁和书商路易·旺多姆在巴黎出版了法国第一家新闻性周刊《普通新闻》（*Les Nouvelles Ordinaires*），但该刊仅存在了几个月。而真正能较长时间生存的有影响的三份期刊，都是在官方的支持下创办的：

《公报》（*La Gazette*），泰·勒诺多于 1631 年 5 月 30 日在巴黎创刊，刊名中"gazette"这个字来源于"gazetta"，是威尼斯人使用的一种小钱币，后引申为用一枚"gazetta"就可以买到一份散页印刷品。该刊是期刊，每期 4 页，主要刊登新闻，其中以国际新闻较多。泰·勒诺多是前王国贫民事务总专员，创办初期，该刊是高等法院的官方刊物，所以国内政治新闻基本上由官方提供，例如掌玺大臣公署，有时路易十三亲自提供军事消息。由于首相黎塞留的支持，勒诺多取得出版特许证书，使他"永远有权通过任何人，印刷和出售报纸，报道王国内外过去与现在发生的任何事件"。该刊在刊头注云："地球上所有国王及强

---

① 贝尔纳·瓦耶纳：《当代新闻学》，新华出版社，1986 年版，第 92 页。

国的报纸。"① 勒诺多家族主持出版该刊前后达 131 年，发行量由最初的 1 200 份上升到 1.2 万份。1762 年由外交部接办，1780年，法国一亲官方的书商潘寇克（Panckoucke，C）买下了该刊，自 1789 年改为日刊，并改名为《法兰西报》（*Gazette de France*），直到 1915 年停刊。这份官报历史悠久，被认为是法国新闻史上最古老的里程碑，勒诺多亦被称作法国报刊之父。

《学者报》（*Journal des Savants*），1665 年 1 月在巴黎创刊。原为周报，1742 年改为月刊。虽然并非日报，但该刊在法国第一个取名为"journal"（日报）。以后在法国形成一种传统，一般刊登不重要消息的报纸就以"gazette"为名，而正经报刊则取名"journal"。创办人是国会议员萨洛。它的主要内容是介绍法国及欧洲各国出版的新书，科学、文化界的最新动态，以及对文学报告、作品的评价和对发明的评审。该刊受法国科学院赞助，一直延续出版至今，对欧洲各国的科学、知识性报刊产生过深远影响。

《文雅信使》，1672 年 3 月创刊于里昂，季刊，每期约 300页，属文学月刊。创办人是王国宠信德维泽（Donneau de Vize）。该刊主要刊载政界及文化界新闻。不久，改以刊载文艺作品为主，实际成为给社交场合交谈提供材料的杂志，内容从婚姻生活、沙龙闲话到诉讼案件、社会新闻以及流行的娱乐，无所不包。1724 年改名《法国信使》（*Mercurie de France*），由外交部赞助，成为巴黎最富权威的文学刊物。1786 年时发行量达到1.5 万份。1788 年潘寇克买下该刊产权。

通过控制这三家并称为 17 世纪法国的三大官方刊物，封建王权垄断了新闻、文学与科学等方面的思想传播，也为法国新闻政治化的历史传统奠定了基础。对这种思想控制，18 世纪法国著名剧作家博马舍（Beaumarchais，P），曾经在他的名剧《费加

---

① 陈力丹：《政治阴影下的法国新闻业史——从一个视角对法国新闻史的探讨》，引自"力丹做学问"，http://www.zjol.com.cn

罗的婚礼》中大加讽刺："只要我的写作不谈当局，不谈宗教，不谈政治，不谈道德，不谈当权人物，不谈有声望的团体，不谈歌剧院，不谈别的戏园子，不谈任何一个有点小小地位的人，经过两三位检查员的审查，我可以自由地付印一切作品。我因为想利用这个可爱的自由，所以宣布，要出版一种定期刊物，我给这个刊物起的名字是《废报》。"①

在这种严密的专制控制下，报刊不能自由报道政治新闻（除非由官方提供），于是法国报刊另一重要传统特征得以产生：即报刊的文学色彩特别浓厚。这不仅表现为法国报刊一直有连续刊载长篇小说的爱好，而且大量用文学语言写的时效不强的文章占据报刊主导地位。

1777 年元旦，法国历史上第一份日报《巴黎日报》经官方批准由两位实业家创办，尽管这是一份向现代新闻进军的名副其实的日报，内容极为广泛，但它所登载的那些消息，被黑格尔称为"现代人早晨的祈祷"：它的内容有文学、戏剧、法院新闻、金融行情、卫生报道、时装、广告等，却一般不卷入政治斗争，"这有点像现在某些旅游胜地和温泉疗养所散发的那种刊登实用资料和琐屑传闻的小报。它主要是为社会生活，而不是为当时还局限在少数人范围内的政治论争服务"②。正因为如此，它才得以在封建统治下生存，直至 1789 年革命爆发时停刊。

然而就在这种文学氛围的熏染中，自由主义的新思想也渐渐孕育，伏尔泰、孟德斯鸠、卢梭、狄德罗等启蒙学者所宣扬的民主思想，不仅是法国大革命的思想准备，而且为未来的法国资产阶级新闻传播事业新体系营造了一个广泛认同的社会舆论氛围。随着专制政权末期控制的松动，尤其是在著名政治活动家孔多

---

① 阿尔贝、泰鲁：《世界新闻简史》，中国香港地区：中国新闻出版社，1985年版，第 17 页。

② 贝尔纳·瓦耶纳：《当代新闻学》，北京：新华出版社，1986 年版，第 100页。

塞、米拉波伯爵慷慨激昂的陈情中，1788 年，国民议会宣告：报纸应享有最大的自由权。米拉波还将约翰·弥尔顿的《论出版自由》译成法文广为传播，他在议会上说："法律应赋予报纸永久之自由权。报纸若无自由权，其他法律将无效可言。"[①] 争取新闻出版自由的愿望，已成为不可抗拒的洪流，只等闸门一开，就要狂泻而奔了。

二、1789—1881 年，资产阶级革命前后争取出版自由的斗争

（一）《人权宣言》诞生，革命时期新闻事业的短暂繁荣

1789 年，法国资产阶级大革命爆发。这次革命摧毁了法国封建专制制度，促进了法国资本主义的发展，震撼了欧洲封建体系，推动了欧洲各国革命。在政治上的巨大推动力相应地带动了新闻传播业的大变革，生存数百年之久的法国封建传播体系结束了，法国新型传播事业体系即资产阶级新闻传播业终于形成。

大革命为人类奉献了伟大的《人权与公民权宣言》。该宣言第十一条款规定："思想与言论的交流乃是人类最宝贵的权利之一。因此，任何公民均享有议论、著作和出版自由。但在法律限制内，须对滥用此项自由负责任。"《人权宣言》在法国历史上首次以法律条文的形式，明确了新闻自由及防止滥用新闻自由的原则，被认为是法国现代新闻立法的基石，对其他国家的新闻立法也有很大的影响。《人权宣言》确立了资本主义自由竞争时代社会传播新体系的目标和原则，指引着世界各国新闻事业向着自由之路前进。

大革命期间，为了报道巴黎和其他地区的革命消息，法国各省的地方新闻事业蓬勃发展，报社达 30 多家。地方报业在革命的浪潮中崛起了。1788 年，法国首家外省报纸《里昂广告报》（*les Affiches de Lyon*）创刊。

---

① 李瞻：《世界新闻史》，中国台湾地区：台湾三民书局，1983 年版，第 276 页。

　　大革命提高了法国不同社会阶层人士对新闻传播事业的需求和兴趣，使得报业空前繁荣。法国报刊 1788 年为 60 种左右，但仅在 1789 年 5 月到 7 月，就出版了 342 种，从 1789 年 7 月到 1800 年底，全国新创办 1 350 种刊物，这是之前 150 年内创办报刊总数的两倍。尽管这些由林林总总的政党或政客创办的刊物新闻价值并不高，多为周二或周三刊，日报甚少，寿命短且往往不能按时出版，但它们激烈竞争，相互论战，既传播了新思想，极大地启发了民众的民主意识和革命热情，同时奠定了政论性报刊在法国的悠久传统，提高了新闻传播事业在国家社会生活中的重大地位。封建官报转变为政党报纸，刺激了新闻事业的发展。这期间比较有影响的报纸有。

　　《辩论报》（*Le Journal des Debats*），1789 年 12 月在巴黎由三位奥涅地区的议员创刊，后来虽然更换了多任老板，但政治立场始终保守，依附当朝政府，得以在政治风云变幻中长立而不倒。该报的宗旨是，如实报道国民议会上的论争，以及发表议会发布的各种法令，为他们的选民提供确切的消息。该报是大革命时期重要的非党派性的日报之一，后来成了最大的一家自由主义理论刊物，一直办到 1944 年，与《箴言报》一道成为仅有的两家自大革命持续出版到第二次世界大战的报纸。

　　《箴言报》（*Le Moniteur*），1789 年由书商潘寇克创办。潘寇克是一位出版业巨头，他于 1789 年创办了《国民新闻或万国箴言报》，后简称《箴言报》。这份报纸是唯一的一份真正意义上的新闻报纸。在当时的条件下，他用极短的时间报道了辩论纪要，宪法和法令条文，以及法国和外国的各种消息，无明显政治倾向。它还是一份真正的日报，是法国第一份预示未来报刊形象的报纸。1799 年，该报成为拿破仑一世的机关报后，始终是当朝政府的机关报。1869 年改名为《帝国官方日报》，以后又多次改名，但都只是改动定语，主语"官方日报"未动，例如第三共和国时期，就叫《法兰西共和国官方日报》。在德国法西斯 1940 年占领巴黎时，该报仍然作为统治当局的机关报出版，至 1944

年停刊。

《人民之友报》，1789 年 9 月在巴黎创刊，日报，篇幅为 8～16 页。创刊人马拉原是著名的医生，革命爆发后投入战斗，为雅各宾派领袖之一。马拉宣称办报目的是教育人民运用自由，"在《人民之友报》从其出版的第一天起就成了革命民主派的战斗机关报。法国的贫民、平民、农民、小市民，都把马拉看作自己利益的热烈的保卫者。马拉揭穿了反革命王党的阴谋和秘密计划，揭破了资产阶级贵族及其领袖的两面性和叛变倾向"。① 马拉在报上宣传人民通过代表行使主权，可任命也可罢免官吏的民权思想。1792 年该报改名为《法兰西共和国报》。1793 年 7 月，马拉被吉伦特分子暗杀，《法兰西共和国报》于 1793 年 9 月 21 日停刊。《人民之友报》是资产阶级革命民主派的主要喉舌，是法国大革命中最有影响的报纸。

《杜宣老爹报》，"杜宣老爹"是法国民间喜剧中的角色，机智灵活，疾恶如仇，是法国人民喜闻乐见的艺术形象。创刊人阿贝尔在法国大革命中是"长裤汉"（城市平民）的主要发言人，他于革命高潮时期创办的这份报纸（1790—1792）可说是"长裤汉"的机关报。报纸态度鲜明，猛烈抨击贵族和天主教，紧跟革命的步伐，在文风上言论泼辣，文字通俗，很受群众欢迎。法国新闻史学者雅克·哥德硕说："《杜宣老爹报》是某种革命报纸的典型，它的影响尽管无法准确估计，但无疑是十分巨大的。"② 由于此报的巨大影响，后来巴黎均有沿袭《杜宣老爹报》为报名的报纸。

《法国及布拉班革命报》，由新闻记者德穆兰于 1789 年 11 月 28 日创办，至 1791 年 7 月停刊，是革命报刊中最早热情宣传并科学论证共和国思想的报纸。德穆兰是大革命时期最有影响的新

---

① 曼佛列德：《十八世纪末叶法国资产阶级革命》，第 65～66 页，转引自张隆栋等编：《外国新闻事业史简编》，第 41 页。

② 雅克·哥德硕：《法国新闻通史》，第 1 卷，第 459 页。

闻记者，他认为法国大革命不仅是法国一国的革命，同时也是欧洲革命的一部分。因此，他发表大量文章，以大部分篇幅介绍法国、比利时和其他国家的革命问题，同时激烈谴责封建王朝及其走狗。

此外，还有一些报纸，如《法国爱国者》《国王之友》《巴黎公社》《铁嘴报》等观点不同的报纸在当时也很有影响，它们共同营造了革命时期新闻业的短暂繁荣之景。

（二）拿破仑专制，法国新闻事业陷入最黑暗的时期

随着革命的深入，也随着各政权的轮番登台，法国的新闻出版事业面临了一个新问题：在革命时期，出版自由与权力控制孰轻孰重？它们能并行不悖吗？事实证明，在一个国家民主法制尚不健全，而政治斗争却水深火热之时，"出版自由一旦危及公共自由，就应取缔"（小罗伯斯庇尔语），新闻自由是很难实现的。大革命后，资产阶级民主派与保皇派经历了长时期反反复复的斗争，加上法国政党林立，各党又都拥有自己的报纸，因此在法国报纸中占统治地位的长时期是政党报纸。为与19世纪30年代兴起的大众化报纸"消息报"相区别，法国报刊史学者称其为"政治报纸"或"言论报"。这种政党报纸着重政治言论，具有鲜明的政治特征，对此后的法国报纸风格影响深远，以至于在19世纪末，法国大众化报纸进一步发展取代政党报纸成为报纸的主体后，政党报纸仍然与之并存。直到第二次世界大战后，法国报纸中消息报与言论报并存的现象才告消失。

因此，法国虽然有了《人权宣言》，虽然一度废除了封建的出版特许和检查制度，但在随后的斐扬派、吉伦特党人和雅各宾党人执政期间，出版传播事业又很快沦为仅仅是一种强有力的专政工具罢了。而这种对传播事业的专制，到拿破仑时期，演绎得更为登峰造极。拿破仑深谙报纸的威力，认为"一张报纸抵得上三千毛瑟枪"。他在1805年阐述了自己新闻政策的出发点："大革命的时代业已终结，在法国，只能存在独一无二的党派，我决

不容忍报纸说出或做出有损于朕利益的事情来。"①

　　1799 年，拿破仑发动雾月政变，夺取了热月党人控制的督政府的大权，建立起资产阶级的军事独裁政权。他以强大的军事力量为独裁后盾，恢复新闻许可制度和新闻检查制度，控制甚至取缔反对派言论，以及采取发行或资助出版官方或半官方报刊的手段，操纵全国舆论。其举措先后有，公布了《第八年宪法》，这部宪法完全取消了新闻自由的原则。1800 年，又颁布法令，该法令宣布，对刊登"违背社会公约、触犯人民权利和军队荣誉，或者抨击共和国盟国及其政府的文章"的报纸一律取缔，巴黎 73 家报纸取缔 60 家，只剩下了 13 家；严禁创办新报刊，实行出版特许制。1804 年拿破仑称帝，进一步管制出版事业，巴黎只准出版 4 种报纸，并将其所有权收归国有成为官方报纸。这四家报纸为：《箴言报》《巴黎新闻》《帝国报》和《法兰西公报》。1810 年，他再次宣布法令，规定报社社长由政府任命。"而且，当时的最高统治者同他的前辈们一样，当他感到记者不够驯服的时候，常常亲自提供部分稿件。"②

　　全国每个省只保留一家报纸，其余的报纸全部取缔，并将各省唯一的报纸置于省长的监管之下，其政治新闻都得仿抄《箴言报》。拿破仑曾说："我把《箴言报》变为政论的灵魂，变为一种强大的力量，而且让它成为我与国内外公众舆论之间的调解人……对于那些支持政府的人士来说，《箴言报》犹如一声号令。"③

　　整个法国的传播事业在最为专制的拿破仑独裁统治下被制服了，正如他主张的那样："每当传来一个对政府不利的消息时，

---

① 阿尔贝、泰鲁：《世界新闻简史》，中国香港地区：中国新闻出版社，1985 年版，第 32 页。

② 贝尔纳·瓦耶纳：《当代新闻学》，北京：新华出版社，1986 年版，第 103 页。

③ 阿尔贝、泰鲁：《世界新闻简史》，中国香港地区：中国新闻出版社，1985 年版，第 32~33 页。

那么直至它在为众人所周知、人们信而不谈之前，切莫将这一消息公布于众。"① 新闻业的确一片沉寂。

（三）共和与帝制较量，党派报纸与商业报纸并存发展

1814—1881 年，法国政坛上仍是风起云涌，让我们先来了解一下法国这近一百年的政治斗争史。

1815 年，在欧洲称雄一时的拿破仑遭遇滑铁卢之战而彻底溃败，波旁王朝（路易十八）随之复辟。其后继位的查理十世（1824 年—1830 年在位），是极右势力的代表，他反攻倒算，实行暴虐统治，激发众怒，以工人和手工业者为主力的巴黎人民在《国民报》等报刊的号召下，于 1830 年 7 月发动了"七月革命"，推翻了查理十世政权。但胜利果实落到资产阶级立宪派手里，建立了以路易·腓力浦公爵为首的"七月王朝"，也称奥尔良王朝。它代表金融贵族（大资产阶级）的利益，引起广大群众不满。1848 年资产阶级革命浪潮在欧洲兴起，当年 2 月，法国人民起义推翻了七月王朝，资产阶级组织了临时政府，开始了法兰西第二共和国时期（1848 年 2 月—1851 年 12 月）。1852 年 12 月路易·拿破仑·波拿巴（1848 年 12 月起任总统）发动政变，翌年称帝，为拿破仑三世，建立了法兰西第二帝国。1870 年 7 月法国因西班牙王位争端向普鲁士宣战，普法战争爆发不到两个月，法军大败，拿破仑三世在色当投降，9 月 4 日巴黎人民起义推翻第二帝国，宣布共和，但政权又再次落入资产阶级手中，他们与保皇派共同组成国防政府。1871 资产阶级政府残酷地镇压了巴黎公社起义。以后资产阶级共和派同保皇派经过多年较量，终于在 1875 年确认共和体制，建立了法兰西第三共和国。1879 年共和派获得议会多数，正式执掌政权，政局趋于稳定。

在这近百年的政治变动中，从波旁王朝复辟，到共和与帝国的反复夺权之争，新闻出版事业作为政治生活的晴雨表，在争取

---

① 阿尔贝、泰鲁：《世界新闻简史》，北京：中国新闻出版社，1985 年版，第 32～33 页。

自由与抵抗压制的反复较量中，苟延残喘而又步履蹒跚地艰难前行。

1. 新闻政策

新闻政策作为新闻事业发展的依据与保障，从理论和实践要求上都应具有相当的稳定性。然而，法国在 1881 年《出版自由法》颁布以前，在过去不同年代中先后颁布了 42 项相关法令和 300 多个条款。大革命期间，无论是反动的波旁王朝、拿破仑专制时期，还是雅各宾派、热月党、七月王朝、资产阶级共和派的制宪会议……均制定了自己的新闻政策。新闻政策在大革命前后表现出来的是政治化而非法治化，即新闻政策随着政权的变动而变动。每一政权在它变更之初总是承诺给予民众最广泛最彻底的新闻自由，并且也是凭借这一承诺得到人民的支持才从反对派手中夺得政权。然而在政权稳固后，他们均无一例外地利用手中权力，恢复种种限禁报纸的制度，包括出版特许制、内容检查制、交纳保证金制等。对此，马克思曾分析说："自由这一人权一旦和政治生活发生冲突，就不再是权利，它一旦和自己的目的即这些人权发生矛盾，就必须被抛弃，而在理论上，政治生活只是人权、个人权利的保证。实践只是例外，理论才是通则。"①

随着时间流逝，这些政治化的新闻政策如今大多早已化为历史的尘埃，听不到一丝回响。然而，有两个新闻法却还是被新闻史学者一再提起，这就是 1819 年的《塞尔新闻法》和 1881 年的《出版自由法》。《塞尔新闻法》由当时较为开明的司法大臣塞尔组织制定，废止了压制新闻自由的出版许可证制和预审制，报刊案件提交陪审团审理，仍然保留了保证金制度，并进一步完善了出版管理制度。该法虽然只存在了 3 个月便被他的继任者维莱尔废除，但它是法国历史上制定新闻法规的第一次伟大尝试。

而 1881 年由法国议会通过的《出版自由法》，则对法国以后的报业发展产生了重要影响。这个由专门成立的法律委员会精心

---

① 《马克思恩格斯全集》第 1 卷，北京：人民出版社，1956 年版，第 440 页。

制定，经由议会激烈辩论而出台的全新的新闻法律，是法国大革命以后新闻出版自由发展进程的全面总结，内容涉及印刷业、报刊业、报刊销售业、广告业等。这份沿用至今的法律摒弃了任何预防性的事先资格法律条文，明确规定：印刷和出版享有自由权；日报或定期出版物只要向检察院申报其名称、出版方式、经理姓名地址、报刊承印人，履行了这一手续即可出版，无须事先批准，无须交纳保证金。法律也对新闻和其他出版物煽动犯罪、妨害公共事务、侵犯个人权利等行为，规定了某些界限、处罚办法和诉讼程序，建立了不包括舆论罪的"事后追惩"原则。因此，这一法律是《人权宣言》宣告的言论出版自由的具体化，使《人权宣言》所宣布的伟大思想，经过 89 年漫长岁月，至此终于得到了真正法律意义上和现实社会力量的正式确认。它标志着法国人民经过近百年的奋斗，新闻自由体制终于确立了，法国资产阶级传播事业的新体系也正式建成。

2. 报业发展

在政治风云变幻如此激烈的 19 世纪，法国报业历经挫折，几度兴衰起落，最后能历经风浪而不倒的报纸可谓寥寥无几。然而，资本主义向前发展，政治的反复并不是历史的简单重复，它的每一次反复都使封建势力受到一次打击，而社会向着更为民主的道路又迈进一步。如果说 19 世纪前期还是官报与政党报纸占统治地位的话，那在 19 世纪中后期，随着报业生存的政治环境逐步改善，报业规模已大大扩展，廉价报纸兴起，出现了政党报纸和商业报刊并存发展的局面。

廉价报纸的产生有赖于以下几个缺一不可的因素：技术的因素使这样的报刊成为可能；经济的因素使它有利可图；社会的因素使它拥有读者；最后，政治障碍的解除使报刊有了不受束缚、自由发展的可能。① 19 世纪 30 年代，法国工业革命顺利实现，

---

① 贝尔纳·瓦耶纳：《当代新闻学》，北京：新华出版社，1986 年版，第 104页。

全国普及教育工作全面开展，民众识字率增加了 50％以上。而七月王朝（1830—1848）建立了资产阶级的君主立宪制，它于1830 年 10 月和 12 月两次颁布法令，放宽对出版的管制（虽然后来它又加强了这种管制）。在这种情况下，廉价报纸应运而生，并且在一定程度上也对政党报纸产生影响，一些政党报纸也逐渐降低报价，并效法廉价报纸刊登小说，销量有所增长。总之，在尽可能享受到相对自由的状况下，整个报业开始繁荣，从 1815年到 1870 年，日报的总发行量就增加了 19 倍，读者总数，1835年是 7 万人，不到 10 年就增加到 20 万以上。

这个时期最成功、影响最大的廉价报刊有两家：《新闻报》与《世纪报》。

吉拉丹的《新闻报》（*La Presse*）。吉拉丹（Emilede Girardin 1806 年—1881 年）是法国著名报业家，22 岁开始办报，先后创办了《飞鹰》《时尚》及《有益知识》等杂志，这些杂志售价低廉，发行量很大，迅速获得了成功。法国新闻史学者贝尔纳·瓦耶纳曾这样赞扬他："如果说雷诺多是法国新闻之父，那么吉拉丹无可争辩地是这方面的革新者。他是一个奇怪的人物，既是一个生财有道的商人，又是一个民众教育家。"吉拉丹于 1836年 7 月 1 日[1]创刊《新闻报》，年订阅价才 40 法郎，仅为当时一般报纸售价的一半，而他凭借主动地、大规模地刊登广告，既获得极大利润，又扩大了报纸的发行量。《新闻报》的成功之处还在于：（1）政治上客观、中立，不固定支持任何党派，是基本做到超党派的独立报纸；（2）减少政治新闻与言论，大量刊登社会新闻以及法院案件，以及有关公众卫生、健康、服装、家庭等方面的文章；（3）开创报纸刊登长篇小说的先例，拥有一批包括雨果、巴尔扎克、大仲马等文学家组成的撰稿人，自 1836 年连载巴尔扎克的小说《老处女》以来，它在知识界和上层社会中就备

---

① 贝尔纳·瓦耶纳：《当代新闻学》，北京：新华出版社，1986 年版，第 104页。

受重视。

吉拉丹的办报思想是：认为廉价报刊是使中下层人们获得消息、提高文化、增长知识与受到教育的必要工具。因此他在《新闻报》的创刊词中宣称，本报无意阐发某种新学说，不打算建立任何党派或小团体。它是不偏不倚的独立报纸，旨在为民造福。本报把社会问题置于政治问题之上，致力于解决的问题是让尽可能多的人得到尽可能多的幸福。《新闻报》受到广大读者的欢迎，却也引来一些新闻界同行的嫉恨，如《民族报》的阿尔芒就曾尖锐的攻击廉价报纸，并向吉拉丹提出决斗，却被吉拉丹在决斗中打死。

杜塔克的《世纪报》（Siecle）。杜塔克（Dutacq）于 1836年 7 月 1 日吉拉丹创办《新闻报》的同一天创办了《世纪报》，两报均被称为法国廉价报刊的始祖。由于杜塔克曾与吉拉丹合作办过杂志，因此这两份报纸风格也比较相近，只是《世纪报》政治色彩较《新闻报》浓。杜塔克支持共和制，反对七月王朝专制，受到资产阶级和中下层阶级的支持。在内容上，它着重报道社会新闻、法院案件，在犯罪案件的报道上富于煽情性，文字通俗，因而拥有广大读者。它在 1845 年—1846 年的销数为 3.4 万份（当时《新闻报》2 万份），它的销量一直领先于《新闻报》。《世纪报》首先刊登短篇小说，启发了《新闻报》连载文学家的长篇小说之风，获得成功后，它也随之立即先后刊登巴尔扎克的《保守船长》和大仲马的《三剑客》。从此，开启了一个报纸连载长篇小说的时代，逐渐形成法国报刊的文学传统。

杜塔克在办《世纪报》成功后，扩大报业经营的范围，先后购买或参与了四五家报纸，其中最著名的是《费加罗报》和《权力报》。

三、1881 年—20 世纪初，新闻传播事业稳步发展

19 世纪末期到 20 世纪初，法国的政治、经济、社会环境均发生了深刻变化，共和派稳定执掌政权，市场经济完全建立，民

众中的读者层稳定形成。对新闻业来说，1881 年《出版自由法》颁布以后，政治阴影逐渐淡化，现代报业开始形成。虽然两次世界大战使新闻事业遭受一些挫折（如第一次世界大战期间和第二次世界大战初期，又恢复战时新闻检查、加强政府控制等政策），但这一时期无线电广播开始加入新闻大家族；新闻传播业进入较为稳定的发展时期；报业真正迎来了它的"黄金时代"（从 1881 年至第一次世界大战爆发）；报团开始出现。

报业的"黄金时代"：至第一次世界大战前夕，法国有近 500 家日报，巴黎报界的发行量约在 600 万份。尤其重要的是商业报纸日趋兴旺，影响日益扩大，标志着法国报业进入现代阶段。这时期重要商业报纸，是巴黎的四大日报。

《小新闻报》（Le Petit Journal），它诞生 25 年后，意大利籍的工程师马里诺尼发明了新的印刷机器，即轮转印刷机，可避免印刷时的空转，正反两面印刷，1 小时可印刷 2 万份，比以前 4000 份的速度快了 4 倍。1863 年 2 月 1 日，穆瓦兹·波利多尔·米约的《小新闻报》首先使用这种新式印刷机，取得了立竿见影的功效：报纸售价降为一个苏（五生丁），几年中报刊发行量从 30 万份增加到 50 万份，1890 年日销量达 100 万份，居于当时法国报刊发行量之首。内容上以社会新闻、通俗题材和连载小说吸引读者。1884 年该报首创《图画副刊》，每周一期，1891 年后增加了三色彩印的图片，内容以娱乐性材料与故事为主，很受读者欢迎。但就在《小新闻报》借助科学技术如日中天时，却因触犯了"政治中立"这一现代报刊的戒律而栽了跟斗：在 1894 年的一件轰动全国的德雷斯事件中，《小新闻报》由于暴露出强烈的民族倾向性，支持法国军事当局诬告犹太血统的法国陆军上校德雷斯出卖情报给德国的阴谋，煽动种族主义情绪，在事件真相大白后，该报遭到人民唾弃，从此一蹶不振。到 1938 年，《小新闻报》成为法西斯组织"火十字团"的喉舌，最终遭到人民的鄙弃，发行量一落千丈。

《小巴黎人报》（Le Petit Parison），1876 年创办，初为激进

派小报，1888 年让·迪皮接管后实行改革，增加社会新闻、体育新闻、各种特写和连载小说，内容充实。该报也使用轮转印刷机，扩大版面，使每期都是 6 页、8 页，甚至 10 页，而当时其他各报都只有四页。从此以后，报刊的竞争不仅是表现在售价上，而且是表现在版面的多少上了。该报又吸取了《小新闻报》的教训，秉承客观主义的原则，改进报纸的发行推广工作，由于经营得法，1903 年日发行量突破百万大关，1914 年曾达到 150 万份，一跃而成为当时法国乃至欧洲销数最大的报纸。《小巴黎人报》在让·迪皮于 1919 年死后走下坡路，进入 20 世纪 30 年代后，发行量更是持续下降。

《晨报》（*Le Martin*），1883 年由美国人爱德华兹（Edwards）创办，是最具美国风格的廉价报纸。以后虽几度易主，但美国报纸的编排风格继续保持下来。业务上文字通俗，版面活泼，常用多栏大标题。经济上号称不接受银行和工商业的资助，靠广告收入弥补开支。政治上标榜独立，社论委员会由左派及右派各二人组成，轮流执笔，给人以客观公正的印象。因此在 1913 年，该报日发行量也达到 100 万份。但是实际上，在法国报纸可耻的受贿成风传统中，《晨报》首当其冲，它暗中利用政治、财政事件，不但接受本国政党政客的贿赂，还接受外国政府的贿赂。

《新闻报》（*Le Journal*），1892 年由斐迪南·贺创办，文学色彩浓厚，左拉等一批文坛巨匠为其撰写过文章和小说，"为小商人、工人、小学教师和职员们提供一些符合他们口味的文学作品"是其办刊宗旨。由于它不断扩大新闻报道面，增加通讯特写，声誉卓著，在报业经营上又大力招揽广告，印刷上首先使用排铸机，1914 年日发行量超过百万份。1925 年，几家公司联营《新闻报》，政治态度右倾，发行量也不断锐减。

除了上述影响广泛的商业报刊外，严肃大报（同时也是政党报纸）在报坛上仍占据重要地位。主要的有《巴黎回声报》（1884 年创办）、《时报》《论辩报》以及共产党机关报《人道报》

等。而《费加罗报》《震旦报》(这两份报纸下一节详述)不仅历史悠久,而且风头十足,一直生存至今(《震旦报》于1985年并入《费加罗报》)。

报业集团:法国很早就有了报团的萌芽。正统王朝末期的潘寇克家族,拥有《法国公报》《文雅信使》《总汇通报》,可算是法国最早的"报团"。廉价报纸的首创者吉拉丹在19世纪中期也曾同时拥有几家报刊。但是这些萌芽性质的报团或被政治变动冲掉了(例如潘寇克),或因报业主追求政治目的而自行消失(例如吉拉丹)。[①] 19世纪末至20世纪初,大众化报纸虽已取得迅速发展,但政党报纸仍占重要地位。就消息报本身来说,它们表面虽然是"商业报纸",但暗中多与政府、政党、企业界联系紧密,政治上的依附性和资金上的依赖性,使得法国新闻业的企业集团难以形成。另外,法国各省报纸皆势力雄厚而独立性强,客观上阻止巴黎大报向外扩张,是形成报团的极大障碍。所以,法国报业集团不仅规模小,而且比英国、美国晚得多(一般认为,法国的现代报团形成于20世纪30年代,而这比英、美、德等国晚了近半个世纪)。

这一时期法国出现的少量报团都是由工商企业收购报纸而形成的,资金不够大,拥有的报纸数量也不够多。其中主要有以下四个。

普鲁沃斯特报团。普鲁沃斯特是个毛纺公司老板,1917年开始涉足报业,先后购得了《家园》杂志、《巴黎午报》《不妥协报》《巴黎晚报》,而《巴黎晚报》是其最重要的报纸。他聘请了一大批优秀报人全力打造该报,经济新闻、政治新闻写得简明扼要,社会新闻、犯罪新闻、人情味新闻图文并茂、活泼生动,因而发行量不断攀升,到1940年达到200万份,成为当时法国销数最大的日报。另外,该报团还出版一些期刊,如模仿美国《生

---

① 陈力丹:《政治阴影下的法国新闻业史——从一个视角对法国新闻史的探讨》,引自"力丹做学问",http://www.zjol.com.cn

活》画报的《巴黎竞赛画报》、模仿美国妇女画报的《玛丽-克莱尔》。

柯蒂报团。 柯蒂化妆品公司老板弗朗索瓦·斯波蒂诺，经商致富后在 20 世纪 20 年代进入报界，购买和创办了一系列报刊，因而这一报团名为"柯蒂报团"。其中有历史悠久的《费加罗报》，1928 年吞并的《高卢人报》，以及为宣传他的极右观点而创办的《人民之友报》（1928 年创办，不同于马拉的《人民之友报》）。虽然《人民之友报》售价比同期报纸报价低一半以上，但由于其内容枯燥，极右政治面目日益暴露，因此在 1930 年经济危机中，这份赔钱的报纸首先被关闭了。1933 年 10 月，柯蒂报团售出其最大的报纸《费加罗报》，剩下的报刊相继破产。到柯蒂于 1934 年 7 月去世时，柯蒂报团已消亡了。

温德集团。 温德家族集团是法国钢铁业和军火工业大王。第一次世界大战后，通过购买股票控制了《时报》《论辩报》《新闻报》和《工业日报》等。在《晨报》《巴黎回声报》和哈瓦斯通讯社也拥有部分股权。

《时报》（Le Temps）于 1881 年创刊，在第一次世界大战后发展为著名的言论报。虽销量不算大，但由于在一定程度上影响并反映法国政府领导人的看法，属于半官方机关报，因此颇受重视。《时报》在第二次世界大战前支持法国政府对德国的绥靖政策，第二次世界大战中，法国战败，《时报》成为法奸维希政府的机关报。第二次世界大战胜利，法国政府没收了投敌附逆报纸的全部资产设备，整个温德家族报团也在第二次世界大战胜利后垮台了。

帕特诺特报团。 雷蒙·帕特诺特是糖业大王，由于早年曾在美国居住过，受美国文化影响颇深，回国后即仿照美国模式建立了报团。1936 年拥有《小新闻报》《共和报》等，在《巴黎晚报》也有过股份。

第二节　现状瞭望
——商业垄断与新闻理念矛盾相交织

　　一个国家的文化事业总是沿袭传统而一脉相承的，新闻事业也不能例外。然而当法国新闻事业在 20 世纪沿着现代化的方向向前发展时，两次世界大战的发生却或多或少地改变了这种进程。尤其是 1944 年的法令，决定了现在法国新闻业的基本格局，也使得"现在法国报刊绝大多数同 19 世纪和 20 世纪初创办的报刊没有任何渊源关系"。①

　　自 1940 年起，法国全境都直接或间接地被德国所控制，一些日报和期刊由于战争原因或由于资金困难，自行停刊了。但仍有很多报刊，尤其是大部分日报，在德国占领区内继续出版，他们为不惜代价生存下去，接受德方新闻检查，参与纳粹德国的宣传活动，或多或少地支持维希政府和德国的政策。

　　1944 年夏，法国解放，为了清除新闻界内法西斯的影响，驻阿尔及尔的临时政府做出决定，永远禁止下列报刊出版：1940 年停战以后继续出版了 15 天以上的北方报刊和 1942 年 11 月 11 日（德军全部占领法国领土之日）以后继续出版了 15 天以上的南方报刊。根据 1944 年的法令，法国战前的报刊中仅有 7 家报刊（巴黎 5 家，外省 2 家）可以继续存在，其中《费加罗报》是唯一创办于 19 世纪的报纸。战时秘密发行的众多反法西斯报刊纷纷接收敌伪报刊，公开出版。其余新报纸则必须获得"出版许可证"才能出版，原则上只发给原来散发过地下出版物的组织（1945 年出版许可制取消）。这样，法兰西第四共和国（1944—1958）的新闻业格局几乎全部更新，以第二次世界大战中的反法西斯的秘密报纸为主体，报纸刊名大都带有明显的战争印记（《战争报》《解放报》《游击队报》等）。

---

　　①　贝尔纳·瓦耶纳：《当代新闻学》，北京：新华出版社，第 110 页。

　　然而，大部分在解放时期风行起来的报刊，由于没有牢固的文化及经济基础，政治性又特别强，主办人还多是读者不熟悉的无名之辈，令传统读者难以接受，也就很快消亡了。逐步发展起来的，就形成了巴黎新的所谓"四大报纸"，即《法兰西晚报》《费加罗报》《解放了的巴黎人报》和《震旦报》（《震旦报》于1985年被埃尔桑报团并入《费加罗报》）。

　　根据1944年法令，曾经是世界性通讯社的世界上第一家通讯社哈瓦斯社，存在了100多年后宣布停办，三个反法西斯通讯社（伦敦的法国独立社、阿尔及尔的法非社、沦陷区的自由社和新闻资料社）合并，组建新的法国新闻社（AFP），社址在原哈瓦斯社。

　　在广播方面，根据1945年3月的政府行政命令，法国取消了战前存在的民营广播电台，成立法国广播电视局（RTF），实行"国营"的广播体制。以后虽几经改革，但政府控制的影响依旧。

　　新闻业这种一切重新开始的做法，使其失去了第二次世界大战后赶上其他发达国家的机遇：各政党重新直接、间接地控制着各种媒介，造成新闻业一定程度上与市场经济脱节，从而阻碍商业媒介从政治化向市场化的转变。

　　20世纪80年代以来，随着世界市场经济在社会生活方方面面的渗透，新闻业的市场化步伐明显加快。法国的新闻业从政治化的历史传统阴影中走了出来，政党报纸与政党的直接关系逐渐萎缩，诸如共产党、社会党的机关报明显衰落，在社会上的影响变得很微小；商业报纸走出与政治派别联姻的传统，完全市场化；政府直接控制广播电视的状况逐渐改变，政党实际分别控制公营广播电视台的情况不复存在。而这二十多年在电子媒介、通信卫星和媒介数字化方面的发展说明，一旦新闻业从党报时期转向市场化，可能会获得巨大的发展空间。法国媒介企业集团迅速地壮大，新闻传播市场也逐渐从国内走向了欧洲。

一、日报业

(一) 一般情况

日报业作为新闻业的领头兵,曾垄断一个世纪之久,而今受到广播、电视以及互联网的挑战。第二次世界大战结束后不久,巴黎有 28 家日报,外省有 175 家,全国约有 200 多家日报。到 1984 年统计时,全国只剩下 81 家。1945 年,法国日报总发行量为 1 500 万份,至 1984 年是 953 万份。日报总数减少和发行量下降表明了报业不景气,但这是报业垄断化的必然结果:在竞争中,一些报团扩大,一些报团消亡。这种情况各国尽管程度不同,但都经历了类似的演变。

为了使日报业摆脱困境,也为了保证新闻市场的多元化,体现民主思想,法国政府在 20 世纪 80 年代初期前后,对报业市场上的新企业从生产、税收、报纸运输等方面予以资助,如减收电话费、电报费、邮费、铁路运费,减收"增值税",实行印刷补贴等。即使是小报纸,只要是有特色,政府就加以保护,并给予一部分发展资金。报纸由专门机构统一发行,卖报者可提出申请,获得执照,售卖各种类型的报纸,卖不出去的,还可以退回去。

各日报也在各尽其能努力谋求生存与发展的空间,如采取降价策略,并在版面设计和内容上下功夫,以增强竞争力,另外增加服务功能,如送报上门。

法国报纸格局向来有巴黎报和外省报之分,前者在巴黎出版,代表全国性报纸,理所当然地在影响力与重要性方面具有霸主地位;后者在巴黎以外出版,可进一步分为地区报、省报和城镇报,属地方报纸。自 1944 年以来,报刊格局却发生了翻天覆地的变化,巴黎日报失去了以往发行量在全国过半的特殊地位:1939 年法国日报总发行是 1 100 万份,其中巴黎占 700 万份,外省日报只占 400 万份。而战后的 50 年代,报纸总发行量回落到 1 100 万份时,巴黎的报纸只占 400 万份。到 80 年代,外省仍保持在 700 万份左右，而巴黎只剩下 200 多万份。

造成格局巨大变化的原因，还在于 1944 年法令所产生的影响：从巴黎方面的情况来看，大部分日报出版于 1944 年以后，历史不长，经验不足，人才匮乏，资金短缺，质量不高，使大量老读者流失。从地方报纸来看，由于现代传播技术的发展，使得外省不但能够与巴黎一样同时接收消息，不再像过去那样晚于巴黎一天时间，甚至外省掌握的传播技术比巴黎还要先进些，外省人对首都的自卑感消失了。地方报纸向本地人提供最感兴趣的地方新闻，更使他们对巴黎报纸敬而远之。如今，法国发行量最大的报纸已不在巴黎，而是《西部法兰西报》。

据统计，20 世纪 90 年代后期全国共有法文日报 136 种，发行量超过 10 万份的全国性报纸有 7 种，地方性报纸有 20 种，全年总发行量 90 亿份。每千人拥有日报 237 份。主要报纸及其发行量如下：《费加罗报》，42.4 万份；《世界报》，38.6 万份；《法兰西晚报》，25.7 万份；《解放报》，18.2 万份；《人道报》（法共机关报），8.4 万份；《巴黎日报》，8 万份。地方报纸主要有：《西部法兰西报》，79.5 万份，是法国发行量最大的报纸；《北方之声》，37.2 万份。

（二）主要报纸

《世界报》（Le Monde），法国最重要的资产阶级日报，高级报纸的代表。1944 年 10 月伯尔·伯夫梅里受戴高乐政府委托，联合 30 名青年记者，由 9 名社会名流合资，接收原《时报》设备，创办了这份报纸，梅里担任社长。当时政府想把这家报纸办成法国半官方大报，继承《时报》后期的传统。但梅里有强烈的独立精神，他创办了半合作社性质的制度，让编辑和职员都入股成了股东并对报社具有所有权，使该报逐步摆脱政府控制，经营和编辑保持独立性。20 世纪 80 年代进一步改革体制，规定报社股份 49％归本社职工，11％归社长，其余 40％由社外人士认购，社长由持股人选举产生。

《世界报》是一份严肃的言论性报纸，以文字深奥著称，内容侧重政治时事，解释性报道多，国际新闻丰富而有分量，基本不登图片，不发黄色新闻，广告约占版面 40％左右。由于编辑人员的高水平，经营管理严格，又善于利用社会发展的动向，它已成了目前最有影响的日报，也是法国在国外发行最广、最有声望的报纸。读者多为中上层知识界、政界和工商界人士。目前该报日发行量超过 40 万份，读者约有 200 万人，是法国发行量最大、同时也是最有影响的全国性报纸之一。

《世界报》20 世纪 90 年代初曾经历了一段极不景气的时期。社长科隆巴尼对报社进行了彻底改革，调整和增加了编辑力量和报纸版面，并取得了成功。近几年来，《世界报》发行量不断增长。

但《世界报》所标榜的"客观、公正的独立媒体形象"在它近 60 年的生涯中曾多次受到人们的口诛笔伐，其中光批评它的著作就有 12 本之多。2003 年年初一本名叫《〈世界报〉隐藏的一面》的新书再次向《世界报》提出挑战，作者指出，自 1994 年《世界报》领导层人员更迭以来，该报的管理者就在利用报纸的威信来误导公众，成为党派争斗的工具。除了在政治上有失公正以外，《世界报》在经济上也并非完全独立。

《费加罗报》（Le Figaro）法国现存历史最久的日报。1826 年创刊，初为讽刺性周报，1866 年改为政治性日报，现为时事政治性报纸。在维希政府期间停刊，1944 年重又出版。《费加罗报》经历了柯蒂集团、普鲁沃斯特集团之手，现属埃尔桑集团。这是份言论性报纸，政治报道反映右派以致右翼保守派的观点。该报内容广泛，着重政治新闻、国际新闻及文学艺术，社会版和体育版尤其出色。经过 1999 年秋季改版，增加了内容广泛的求职信息，不仅四年来首次提高了发行量，而且成为法国效益最好的报纸。读者对象主要是资本家、经理、政界及社会上层人士。

《法兰西晚报》（France－Soir），创刊于 1944 年，前身是 1941 年创办的地下报纸《保卫法兰西》。该报是面向社会大众的晚报，是大众报纸的代表。20 世纪 40 年代末为阿歇特集团购买，发行量一度突破百万。1975 年转卖给埃尔桑集团，虽然由于电视业的竞争销量下降，但在 1978 年发行量仍达到 67 万份，是当时法国大报发行量最高的报纸。大量刊登社会新闻、煽情主义新闻，格调不高，还辟有多种娱乐、游艺专栏。政治上倾向右派。20 世纪 80 年代起逐步改变方针，增加政治经济新闻及有关资料。

《国际先驱论坛报》（*International Herald Tribune*），这是一份在巴黎出版的有影响的美国报纸，前身是 1887 年 10 月开始出版的《纽约先驱报》（后改为《纽约先驱论坛报》）欧洲版。股权分属《纽约时报》《华盛顿邮报》和惠特尼广播电视台。着重报道国际政治、经济、文化等方面的新闻，行销 160 多个国家和地区，发行量 15 万份左右，是美国资产阶级观察世界、传播观点的重要阵地。

20 世纪 50 年代以来，法国地方报纸逐步垄断化，在发行区域上形成了 20 余个不同报纸的势力范围，并确定了一报在一地的垄断权。从 20 世纪 80 年代初以来，出现了跨地区的地方报纸网以及巴黎与地方报业联合集团，如《西南报》报团、《中部电讯报》报团、《普罗旺斯人报》报团和《山岳报》报团等。目前，法国地方报纸约有 70 家，大多数是消息报，以当地新闻为主，不注重政治评论。大城市的地方报纸出版多个地区版，占领广大城镇市场，地方版有部分内容是报社统编的，其余则是所在乡镇的新闻和广告。

20 世纪 90 年代发行量最大的地方报纸有以下几种。

《西部法兰西报》是最大的地方报纸，总部设在雷恩（Rennes），发行范围包括以布列塔尼省为中心、法国西部 3 个经济大区的 12 个省。它的前身是 1898 年创办的《西部闪电报》，在 70 年代中期，销量曾长期保持在 65 万份，1983 年发行 72 万份。有 44 个地方版。该报特点是大量的地方新闻，以及有关农业、海运等地方经济的专栏、专版。

此外，在里昂出版的《进步报》、波尔多出版的《西南报》、里尔出版的《北方之声报》等，发行量也很大，是主要的地方日报。

二、期刊

（一）一般情况

与日报不同，法国期刊业各方面都比较发达，更多样化而有竞争力，这是与发达国家期刊盛行的趋势是一致的。一方面日报业的集中造成日报数量减少和日报模式化，对期刊的发展有利。另一方面，日报文章文笔相对生硬，而期刊近于文学作品，这在一定程度上符合法国人的阅读习惯。期刊上常刊登经过证实的完整的新闻，资料扎实，解释有水平。期刊思想倾向鲜明，它们迎合读者的喜好，甚至会影响他们的喜好，为读者提供了最大的选择。

期刊周期相对要长些，可以发行全国，一直到达最小的销售点。因此期刊绝大部分在巴黎出版，只有二十几种期刊在外省出版。外省对巴黎的杂志不像对日报那样具有独立性，只能承受期刊优势的影响；又因期刊阅读人次多，在家庭停留时间长，所以广告客户对期刊的投入超过日报。根据巴黎统计研究中心（CESP）1978 年调查结果，法国 85.4％的成年男性和 88.7％的妇女至少经常阅读一份期刊。法国人是世界上阅读杂志最多的，每千人购买 1 350 份杂志。

由于 1944 年法令规定，日报一周内不能出版 7 次，这使期刊在战后法国获得了更大的发展机会。法国期刊总数一般在14 000家和15 000家左右，除了大部分刊物（约一万多家）是杂志和内部发行的简报——科学刊物和教区报刊，通过商业渠道发行的杂志大约三四千种。发行量超过 100 万份的有 6 种，超过50 万份的有 8 种，主要周刊：《快报》《观点》《新观察家》《巴黎竞赛画报》《费加罗杂志》等。其中有十分之一是属于"大型"刊物，主要是刊登一般新闻和政治新闻的周刊，其余都是月刊和专门期刊。

期刊种类繁多，类型难以直接划分。有以特定读者为对象的，如妇女杂志、青年杂志、农民杂志、少年杂志等；有以内容为特征，如经济刊物、汽车刊物等；也有的两者结合，而更多的期刊，刊登各方面题材的文章，面向最广泛的读者，称为"一般新闻刊物"。几乎所有的期刊都以自己特殊的风格而进入市场。

（二）主要期刊

在国际上有名气的首推新闻周刊《快报》（L'Express），发行量约60万份。1953年由塞尔旺·施赖贝尔创办，开始是《回声报》的政治副刊，后来效仿美国《时代》周刊进行改革，发展成为法国最大的时事政治性新闻周刊。该刊注重调查性报道和新闻分析。政治上倾向右派，在国际问题上亲美国。1977年因经济困难将45%的股份转给了英、法合资的西方总公司，销路发展很快，1979年达53万份。读者中中高级职员占27%，是法国唯一发行国际版的新闻周刊，有近4万国外订户。1972年由阿歇特出版社投资，创办的新闻周刊《观点》办得也不错。介绍当代世界君王、王后、政界首脑和各界名流的生活和活动，图片很多，发行30多万份。

《鸭鸣报》，创刊于1914年第一次世界大战期间，是一份政治讽刺周报，以揭露政要的丑闻而闻名世界，最高发行量达到过120万份。现在的发行量约40万份。该刊物倾向左翼，惯以辛辣的讽刺、诙谐调侃的语气评论时弊，是典型的"法国"刊物。

《巴黎竞赛画报》是第二次世界大战后法国发展最快的最著名的生活类杂志，1949年3月由达·费里巴奇创办，主要刊登戏剧、电影、绘画方面的消息和明星专访，以宫廷秘录、影星名模的生活百态以及环球世界要闻等来娱乐各阶层的读者。发行量87万份。1976年以后该刊由菲利帕西报团和阿歇特集团共同所有。

妇女杂志。即使是最畅销的新闻期刊，也比不上妇女期刊的发行量。其中现在最大的是老牌的《玛丽—克莱尔》（Marie Claire），该刊1937年由普鲁沃斯特创办，主要读者是富裕资产阶级家庭妇女，现在发行量约 60 万份。1945 年由阿歇特公司创办的周刊《她》（*Elle*），现在是居第二位的妇女杂志（发行 37 万份），主要读者是城市中时髦而年轻的职业妇女，有中文版。

其他刊物。随着法国社会的老年化，老年杂志《我们的时光》（1968 年创刊），出人意料地成为法国发行量最大的老年杂志，近 1 万份。此外，如爱情期刊《咱们俩》、儿童期刊（大部分是连环画报）、广播和电视刊物等也有很大市场。而文学、艺术、科学普及刊物也很发达，如从美国翻译过来的《读者文摘》或法国自编的《文摘》，非常流行。科普刊物《科学与生活》面向广大读者，是世界上同类杂志发行量最高的一家刊物。

三、通讯社

法国通讯社在法国新闻业中占有重要地位。除了最大的通讯社法新社是世界五大通讯社之一外，国内还另有 100 来家大大小小的通讯社，大部分是新闻摄影社或图片社。法国法律明确企业有权成立"通讯社"，只要获得行政与行业代表人数相等的委员会批准。获得承认和批准的通讯社和报社一样，可以享受免纳税金和邮费优惠的权利。这些通讯社中有两个较大：巴黎中央通讯社（ACP）是以马赛《普罗旺斯报》为首的几家外省日报联合经营的；地方、经济、体育新闻通讯社（ALGLES）是《进步报》-《解放了的多菲内报》联合经营的。

法国最早也是世界最早的通讯社是由查理·哈瓦斯于 1835 年创建的"哈瓦斯通讯社"（Agence Havas）。哈瓦斯是第一个把 Agence 作为通讯社的意思加以使用的人，也是世界新闻通讯事业的开山鼻祖。哈瓦斯的供稿原则是"迅速和优质"，为此他随着科技的进步不断改进传递新闻的方式，在传送消息方面进行重大改革，第一个使用信鸽，此后使用夏普电报机同国外记者保持联系；为了迅速提高新闻稿的质量，他使用了石版印刷机。获得了巨大成功。

第一次世界大战期间，哈瓦斯社的业务迅速发展，仅在巴黎就有工作人员 300 多人。第二次世界大战期间，巴黎沦陷，哈瓦斯社随之分裂，在沦陷区被德军和傀儡政府控制。而一些爱国的哈瓦斯社职工，则在国内外建立了反法西斯的通讯机构，如法国独立新闻社（1940 年建于伦敦）、法非新闻社（1942 年建于阿尔及利亚）、消息资料通讯社和自由法国通讯社（在国内）。1944年 8 月，巴黎解放，为战争所迫而离开新闻社的工作人员纷纷返回。9 月 30 日，新政府颁布命令，将以上几个通讯社合并，接管哈瓦斯原来的房屋设备，在哈瓦斯社原址上成立了法新社。

法新社领导机构包括三个组织。（1）管理委员会是法新社最高领导机构，成员 15 人，其中 8 名是报业代表，占多数地位，7名是"使用通讯社的公共服务部门"，也就是国家任命的代表。委员任期三年，管委会由社长兼总经理主持，监督通讯社的活动。（2）高级委员会由与通讯社没有任何关系的著名人士代表组成，负责监督法新社章程的实施。（3）财务委员会负责监督预算的执行和财务管理，这一做法使法新社摆脱了官方机构的形象。不过，董事会中国营机构客户代表由政府部门指派，法新社的财政赤字也由政府各部门分担，所以它名义上是独立的报业联营企业，实际上具有半官方性质，经常反映政府的立场。

法新社业务上分三大部：新闻部、总务部、技术部。摄影部较小，从属于新闻部。总社每天通过各条线路用各种文字编发新闻稿。报道分别用法、英、西、德、阿、葡文供稿。其中法文稿11 条线路，占所发消息文字的 60%，英文稿 3 条线路，占所发消息文字的 15%。英、西、德文稿在总社编译，阿文稿由开罗中东社代为译发，葡文在里斯本和圣保罗翻译。

法新社一贯重视其新闻业务，力求准确迅速，重视采制独家新闻，注意系列报道的运用，尤其注重稿件质量。在法新社采编人员人手一册的新闻手册中，即开宗明义地指出："通讯社所发的消息应是及时的、准确的、完整的、有趣味的，并要进行解释使之通俗易懂的。"① 这段话已成为他们工作中的指南。相应地，法新社录用采编人员要求极为严格，应聘人至少要有两个学士学位，并通过严格考试，录取后还要试用半年，正式录用后也要在编辑部工作两年以上才能派出去。经过层层筛选和培养，采编人员的业务水平相当不错，稿件的成品率均在 90% 以上。

法新社有职工近3000人（其中编辑记者1000多人），另外在世界各国雇用大量兼职人员。国内有 7 个分社和 80 个记者站，在全世界 166 个国家和地区有分社、记者或兼职报道员，其中分社 112 个，向各国7000家报纸、2500家电台和 400 家电视台供稿。这些媒体遍及 100 多个国家和地区。

法新社的资金来源主要有三条：政府机构订费占 55%，报刊用户占 25%，企业用户占 20%。法新社的财政情况长期不佳，所以政府机构订费实际上是政府的变相津贴。但该社一直开源节流，积极拓展服务领域。

总的看来，法新社处境不断改善，与美联社、路透社等开展积极竞争，逐步扭亏为盈。同时，根据法国政府坚持民族独立的外交方针，不依附美英等国，发展同第三世界的合作关系，在国际报道中，树立自己"客观、公正、真实"的形象，因而声誉极佳。

四、广播与电视

（一）体制的历史演变

早在 20 世纪初，法国就开始了无线电广播的实验。由于正值 1914 年大战前夕，广播首先是在军队里进行的。1922 年 11 月法国邮电部正式在埃菲尔铁塔设立电台，定期播放节目，开始了法国广播事业的历史。广播节目开始由音乐和娱乐节目组成，从 1924 年 4 月起增加了日常新闻简报。

1935 年法国开始电视试播，1938 年定时播放少量的电视节

---

① 张允若：《西方新闻事业概述》，北京：新华出版社，1989 年版，第232 页。

目。在第二次世界大战前夕，巴黎地区已有1万台电视机。但第二次世界大战德军入侵打断了法国广播电视业的正常发展，电视停办，广播电台成为法西斯军队和傀儡政权的御用工具。

法国广播电视业的发展与其体制沿革经历了大致三个时期。

1. 初期（1922—1944）：国营为主，允许私营

根据通讯垄断规定，只有公共事业、军队和民政机关有权使用赫兹电波，因此一开始广播就为国家所垄断。1923年的广播法，宣布广播业为国家专利所有，私营电台必须经邮电部特许方可经营，并不得妨碍国营广播的公共利益。因此这一时期国营和私营都得到发展。至1937年，国营系统有全国台3个，地方台18个，私营系统有12家，居民使用的收音机有400多万台。1931年，开办了对海外殖民地广播。

2. 中期（1945—1981）：国家垄断，取消私营

第二次世界大战结束后，戴高乐政府接管了国内所有的广播设施。1945年颁布法令，取消私营电台特许经营制，不再允许私人经营广播，从此开始了长达30多年的国家垄断体制。但在垄断管理期间，曾有过多次形式的变化：

（1）1945—1964年，成立国营的公共机构——法国广播电视公司（RTF），该公司直属政府新闻部，作为临时性公共事业机构统领全国电台、电视台，强化了国家对广播电视事业的垄断与控制权。

（2）1964—1974年，将RTF改为ORTF，即法国广播电视管理局。ORTF是一个具有工商企业性质的国营机构，直属政府管理委员会。一半成员由政府任命，另一半由受众代表、专业新闻工作者和公司工作人员代表组成，经理由总理任命。政府主要通过管理局局长和管理委员会对广播电视事业进行垄断与控制，在控制方式上变得较为灵活和隐蔽。

（3）1974—1982年，由于广播电视事业在ORTF的统管下，经营不善、连年亏损，加之政府对电视节目等干涉过多，引起社会不满情绪。1974年德斯坦当选总统后，经议会同意，通过了8

月7日法令，取消 ORTF，将它的业务分散给7个国营公司，即法国广播发射公司、法国制版公司、全国视听研究所、法国广播电台、电视一台、电视二台、电视三台，以便实现"国家垄断下的分工与竞争"。不过这7个公司的领导成员都由内阁任命或批准，政府总理统一协调各公司的事务，经费由政府根据它们的工作质量等因素进行分配。

这些形式的变化只是政府施行管理的具体方式的改变，并没有改变广播电视国有国营的基本体制。在这种体制下，广播电视在政治上和业务上的独立性受到限制，但规模仍有重大发展。20世纪50年代广播网覆盖全国，收音机普及；1945年正式设立电视台，恢复电视播放。1964年开办电视二台，1967年以 SE-CAM 制式开播彩色节目，1972年增设电视三台。居民拥有电视机20世纪60年代初为100万台，70年代初增至1200万台。1967年议会同意开放电视广告，部分弥补了资金不足的问题。

3. 近期（1982年以后）：国营私营，并存发展

由于国家的垄断体制，法国广播电视业矛盾重重，弊端日益突显。例如，国营机构缺乏活力，效率低下，人浮于事，经济不堪重负；广播电视内容单调，难以满足受众需求，法国受众纷纷转而接收境外广播电视；广播电视业务的自主性差，行政干预严重，舆论界要求改革的声浪更加高涨。鉴于各方面的压力，1981年密特朗就任总统后，加快了私营化的步伐，于1982年7月通过新的《视听通信法》，允许民办广播存在。此后一年间，全国就有1000多家私营电台获得了执照。1985年底政府又宣布开放商业电视，在此前后，私营的全国电视"新频道电视台"以及电视六台相继开办。1986年希拉克上台后继续推进这一进程，再次修改法律，通过了《传播自由法》，进一步发展了公私并存的格局。

（二）一般情况

按照1982年新广播法规定，为保障公共广播的独立性，设立视听最高机构、全国委员会以及地方委员会等组织共同管理广

播电视业。最高视听机构（La Haute Autorite de la Communication Audiovisuelle）是最高管理机构，以保证公共广播和电视的独立性为主要任务，负有使公共广播机构为公共事业服务并进行监察的责任。该机构由总统、两院议长各推荐 3 人，共 9 人组成，任期九年，不得连任，主席由总统指定。具体职责是按照自由、多元的声像传播方针，对广播电视事业实行管理和监督。其权限包括制定各种法规条例，对频谱进行分配，为商业广播电视经营者发放经营许可证，对违规行为进行制裁，任免公共广播电视机构领导成员等。这个机构的设置是为了削弱国家权力对公共广播拥有的强大影响力，使其避免政府的直接干预，因此它并不干涉各广播机构的经营，而是发挥大致与咨询机构相似的作用。视听全国委员会（Le Conceil de la Communication Audiovisuelle）由任期三年的社会各界代表共 56 人组成，主要任务为应政府和视听最高机构的要求，从各专业领域提供意见。视听地方委员会（Les Comites Regionaux de la Communication Audiovisuelle）是各地方普遍设置的行政单位，为最高机构和视听委员会提供促进地区发展的意见和建议。另外，政府的文化部也承担部分对广播电视的行政管理事务。

法国的私营台有些设在靠近法国边境的邻国领土上，法国政府通过它的"广播投资公司"（SOFIRAD）购买它们的股份，达到实际控制的目的。这些私营台均以法语向法国广播，因而传统上被法国新闻界称为"外围电台"或"边缘电台"。1982 年商业广播开放后，这些从境外播送的私营台，获准在法国设台，其业务也已从广播扩展到电视。商业广播电视的经费主要来自广告。

公共广播电视采取国有公营的体制，形成了几个相对独立的公司，各个公司依法产生领导机构并自主开展业务。领导机构均为管理委员会，管委会的人数、选任办法、职责权限都由广播法规定。公司的经费主要来自电视收看费（实际标准由国会审定、由政府财政部门收缴并分配）、广告收入和少量国家拨款。

法国在 20 世纪 80 年代开始有线电视网的建设。1982 年政府颁布了《有线电视发展规划》，大型电缆系统由国家建设和经营，私营公司则开办经营地方小型电缆系统。有线电视除转播公共电视节目外，还可转播商业电视台、外国地面电视台和卫星电视以及地方电视台节目。

（三）主要电台、电视台

1. 广播

目前，法国广播电台分公营和民营两类。公营广播网6个，播送6套节目。商业广播网10多个，联网电台700家左右；另有独立的商业台450家，非营利性电台380家。截至1998年底，法国居民拥有收音机5 200万台，平均每千人891台。公营台的影响仍是主要的，公营台的总收听率为近八成，最大的民营台卢森堡电台的收听率为近二成，居第二位。

法国电台（Radio France），是公营台中最重要的电台，它负责采编对国内的各种节目。下面分设四个台：（1）国内台。这是个综合台，日夜播音，内容广泛，包括新闻、戏剧、音乐、综合艺术等方面，每小时都有正点新闻。（2）文化台。以文化教育为主，也有新闻和时事专题。（3）音乐台。立体声调频广播，日夜播放。（4）新闻台。每天24小时连续播送新闻时事节目，每半小时更换一次，滚动式播送。

卢森堡电台，私人电台中资格最老的一家电台，1931年建于卢森堡境内，1955年改名为卢森堡广播电视台。卢森堡电视发行公司主管该台，向卢森堡全境及法国大部分地区广播，用法语播放，也有德语、挪威语和英语节目，节目很受欢迎。

欧洲一号电台，设在德国的萨尔布吕肯，资本由法国财团控制。从萨尔地区对法国中部和西南部地区广播。它是第一家在欧洲试行美国式的"音乐和新闻"节目，新闻质量有保证，因而迅速获得成功，名列法语电台的第二位，实际上与卢森堡电台旗鼓相当。

蒙的卡罗电台，1942年创办，设在摩纳哥，向法国东南广播。蒙的卡罗电台是为了抑制北非的广播而建立的，现在成了法国南部地区的主要电台，如同卢森堡电台和欧洲一台在法国北部地区一样重要。

2. 电视台

电视台中，商业台占据份额最大。其中最大商业电视台（电视一台）、公营的电视二台和三台，市场份额分别为：一台38%；二台23.5%；三台18%。商业电视不仅在国内具有很大影响，而且也拥有最多的欧洲大陆的观众。

法国共有6家无线电视台，其中一台、四台、六台是商业台，二台、三台和五台是公共台。各台竞争激烈，各具风格和特色。但电视节目的一大共同特点是很少电视连续剧，最常见的是电影的播放。平常日子下午的节目多是问答游戏，或是电视影集，提供给不上班的家庭妇女或是老年人观看，尤其是机智问答的节目不少，特别吸引老年人的兴趣。新闻节目很多，而且常常会邀请政治家、专家、歌星、演员等做现场访问，在新闻最后，通常都是电影介绍、歌星的新专辑，或是剧场的信息。电视上还常常会有类似相声的笑场节目，非常受法国人的喜爱。

电视一台（Television Francais 1），法国最大的全国性电视台，也是声誉最好的一家电视台，建于1945年，1974年成为独立的国营企业。经议会批准，1987年4月将大部分股票出售给私人，现在主要股东是本国的布依格集团、自来水公司等。该台覆盖全国人口90%以上，市场占有率为40%。节目的内容比较丰富。

电视四台（Canal Plus），又称新频道电视台，于1984年11月获准开办，1984年也是法国商业电视萌生年。它是由公私合营的哈瓦斯广告集团和另外一些私人股东合资建立的。这是收费电视台，用户须每月交纳一定的费用并在电视机上安装解码器才能收看节目，平常时间会有一些趣味节目的免费播放，通过地面和通信卫星同时传送信号。播送内容是电影和体育节目，最受观众欢迎的是大量上映不久的电影。现在新频道电视台已有国内外订户近千万家，是欧洲最大的收费电视台。

电视六台（Metropole Television），1985年开办，以播送音乐节目为主，也称音乐六台，非常注重热门流行音乐的节目，广告中很多都是录音带的促销。此外，此台在星期六晚上会播放一些色情节目。股份主要掌握在卢森堡广播电视公司、里昂自来水公司等企业之手。

电视二台（France 2），法国唯一的全国性国有综合无线电视频道，于1963年开播，是法国第二家电视台，也是率先播出彩色节目（SECAM制式）的电视台。它的节目特点是新闻节目少而精，专题节目针对性强，游戏节目多，节目内容综合度高，各种节目设置考虑多数受众的接收需要，注重其公益性和对社会的良性作用。

电视三台（France 3），该台与电视二台同属一家公司——法国电视台（France Television）的领导，也是公共综合台，因此，两台常互相预告电视节目。节目安排与二台有所分工，各有侧重。大体上，二台强调群众性，三台突出创新特色，非常注重体育节目的播放，信息也最多。但它主要是为地方转播服务，并负责发展和管理地方台。

电视五台（Arte），该台与欧洲文化电视台（法国几家广播电视机构和德国合资开办的电视机构，在法国播送节目）共享一个频道，采取分时段播送节目的方式。此台是"知识、培训和就业"电视台，节目大多是教育性的。此外，还详细介绍各国电影，是唯一播放电影原声的电视台。

五、媒介集团

（一）一般情况

法国1944年法令禁止一个人主办一家以上的报纸。由于受该法令的影响，法国的媒介垄断现象不严重，媒介集团也不如英、德等国家规模大而影响广。除了《费加罗报》和《法兰西晚报》组合以外，一般主要的日报都是独立的企业。《法兰西晚报》曾短期控制过《巴黎新闻报》。在外省日报中，除了未引起太多公众舆论注意的《进步报》-《解放了的多菲内报》大型联合企业之外，只有各报之间签订一些协议和参加一些投资的合作。

到了 20 世纪 80 年代，由于市场经济的发展以及新闻业的逐渐完全市场化，战后初期限制媒介集团发展的政策，已经不知不觉地被打破，"一城一报"现象日益突出，报纸的竞争形成垄断，出现了较大的媒介集团。

具体来说，战后法国报业的垄断化过程大致经历了三个阶段：（1）20 世纪 40 年代后期到 50 年代初，战后兴办了许多报纸。在自然竞争中一些质量低劣、财势弱小的报刊纷纷倒闭，而另一些势力雄厚的大报脱颖而出，站稳脚跟，为日后形成报团奠定了基础。（2）20 世纪 50 年代中期到 60 年代中期，竞争进一步加大，一些中小报纸开始依附于大报，衍变为其地方报，于是形成了 20 来个以大报为核心的区域性报团。其中最大的有四个，即，以《法兰西晚报》为中心的阿歇特集团，以《费加罗报》为中心的普鲁沃斯特集团，以《解放了的巴黎人报》为中心的阿莫里集团，以《震旦报》为中心的布萨克集团。到 60 年代末，20 家区域性报团已控制全国报业市场的 73%，全国的垄断格局开始形成。（3）20 世纪 70 年代以后，报业垄断进一步升级，由报纸间的联营或兼并发展为报业集团间的联营或兼并。一方面，区域性报业垄断继续加强，例如里昂与格勒诺布尔两个报团联营后建立了"第一号企业集团"，一度控制了法国东南部四分之一国土上的报刊（20 世纪 80 年代逐步解体）。另一方面，出现了埃尔桑这样的通过不断吞食兼并其他报团而称霸全国的超级报团。

进入 21 世纪以来，全球媒介集团不仅跨国经营，而且进入跨媒体经营的阶段。所谓跨媒体，就是横跨平面媒体（报纸、杂志、图书、户外广告）、立体媒体（电视、广播、电影）和网络媒体的三维平台组合。比如合并后的 AOL 与时代华纳，已经实现了报刊、电视、网络的三合一。而美国的迪斯尼、德国的贝塔斯曼、默多克的新闻集团，也在寻找任何可能的合并意向。微软等以计算机软件起家的公司，也雄心勃勃地要占领有线网络和传统媒体的市场。在欧洲，出现物质产品产业兼并传播业或在传播业大量投资的风潮，例如法国最大的电视一台，即是一家工业公司经营的。而法国媒介集团威旺迪（Vivendi）并购电信公司（Universal），不但产生了世界第二大传媒巨头，也标志着传媒业首次尝试与电信集团重组。

但在已经落后的状态下，要在发达国家中占据较多市场已不大可能了。现在法国的综合媒介集团尚处于萌芽状态，印刷媒介向电子媒介渗透不多，规模较小，在世界上排不上名次。20 世纪 80 年代以后，法国形成几个较大的电子媒介集团，由于印刷媒介的市场已经被原有的报团占领，新的电子媒介集团较少介入印刷媒介。这种状况本身说明法国的媒介尚落后于其他发达国家。几经竞争，现在法国较大的，在世界上有一定名气的媒介集团不足 10 家。

（二）主要媒介集团

1. 主要报团或出版集团

埃尔桑报团（Groupe Hesarnt），贝尔·埃尔桑在沦陷时期曾投靠贝当政府，战后初期经营广告公司，1950 年创办《汽车报》，依靠刊登汽车广告致富，以后陆续收买或创办一些中小型报纸，到 20 世纪 60 年代已有 20 来家地方报纸。1972 年他买下了《巴黎一诺曼底报》，改善经营，采用现代化排版和传真技术，逐渐站稳脚跟，随后向几家大报冲击。1975 年从普鲁沃斯特集团购得了《费加罗报》，1976 年从阿歇特集团购买了《法兰西晚报》，1978 年又买进布萨克集团的《震旦报》，一跃而为法国最大的报团。20 世纪 80 年代又取得了《自由多菲内报》《进步报》等多家地方大报。至今拥有报纸十多家、杂志二十多种、一家广告公司，拥有日报总发行量的 24%。此外它还拥有自己的通讯社——报业新闻总社以及一家广播电台等媒介。

埃尔桑在新闻界的兼并活动曾引起社会各界的关注和不安。在被指控违反 1944 年法令的案件因时代的发展而不了了之后，

1984年9月，法国议会通过新的反报业托拉斯法条款，规定兼营巴黎和地方报纸的报团，其全国报纸和地方报纸的发行量均不得超过同类报纸发行量的10%。而埃尔桑报团显然大大超标，因此该法律被称为"反埃尔桑法"。但是，这些至今都未能对埃尔桑报团构成任何实质性威胁。

埃尔桑本人以右派领袖自诩，他的报纸为右翼政治势力的喉舌，为财团权势辩护。他于1996年4月去世。

阿歇特集团（Groupe Hachette），法国第二个大型印刷媒介集团，也是法国最大的出版企业，创办人路易·阿歇特。1926年路易·阿歇特从办书店和兼营出版图书开始了阿氏家族的事业。目前该集团是五家大公司的联合集团。阿氏占主要股份的联合发行公司相当程度垄断了法国主要报刊的发行业务，营业额占这个集团公司的35%。第二次世界大战后一度拥有《法兰西晚报》，后来将拥有的日报转让其他报团，主要经营杂志和书籍。该集团出版众多的书籍、经营107种杂志（其中62种在国外出版），直接和间接控制的报刊有20多种，包括《法兰西星期日》画刊、《星期日报》《她》《问题》《每周电视》等。此外还经营广告、印刷、广播电视、电影制作等业务。

阿莫里集团（Groupe Amaury），创始人艾米利安·阿莫里曾任前哈瓦斯通讯社社长，是法国广告业巨头和政客。第二次世界大战法国沦陷期间，他曾在法奸维希政府任职，暗中同法国地下抵抗纳粹的组织联系。法国解放后，他在1944年与人合作创办《解放了的巴黎人报》，从而以该报为中心形成一个报团。阿莫里报团的主要报刊有日报《解放了的巴黎人报》《西部信使报》《曼恩自由报》等；期刊《观点》《玛丽-法兰西》等。阿莫里于1977年逝世后，该报团一度衰落。在菲利普·阿莫里的主持下，尽管《法兰西晚报》有所衰退，但《巴黎人报》注重反映工薪阶层呼声，地位得到巩固，影响有所增加。该报团还拥有最大的体育日报《队报》等。

世界出版集团（Edition Mondiales），原为杜卡集团，创始人德尔·杜卡 1977 年去世后，报团几易其主。现在拥有大批法国畅销的大众化杂志如《我俩》《亲密朋友》《电视杂志》《巴黎时装》等生活、妇女、音乐、娱乐和广播电视节目期刊，该报团还有 3 座印刷厂和 1 家新闻通讯社。

巴亚德报团（Bayard Press），这是个有 100 多年历史的天主教报团，最初由 2 家宗教报纸《朝圣报》和《十字架报》联合组成，现归宗教研究机构"阿松普松"（Assomption 原意"圣母升天节"）控制。该报团一共办过 106 种报刊，目前拥有 20 多种，多为宗教性的，如全国性日报《十字架报》《朝圣报》（时事性周刊）、《今日信仰》（学术月刊）、《青年参考》（面向父母和教育工作者）、《天主教参考》以及《圣经世界》等青年杂志和宗教出版物。

2. 电子媒介集团

哈瓦斯公司（Havas），是法国最大的媒介集团公司，也是欧洲居领先地位的新闻出版集团。20 世纪 80 年代初建立时是一家公私合营的大型电子媒介公司，国家股份占较大比例。1997 年 3 月起，成为法国最大的民营卫星电视台"新频道"的头号股东。法国其他主要的电子媒介中，它大多占有一定股份。拥有数家世界知名的出版社，经营范围包括在线服务、光盘出版物、书籍、商业报刊、专业展览会、活页出版物及广告。1996 年该公司收入 88 亿美元，获利 2.22 亿，在世界综合性媒介公司中居第 6 位。

新频道电视台公司（Canal Plus），法国第二个大型电子媒介集团公司，民营。建立于 1984 年 11 月，初期是经营地面有线电视，1992 年开始播出卫星电视节目，接着又于 1996 年 4 月在法国率先播出卫生数字电视。同时，它向德国、波兰和非洲，以及南美洲的智利发展，建立了一系列属于新频道的电视台。1996 年该台收入 20.3 亿美元，获利 1.33 亿，在世界上居第 30 位。2002 年，法国电视四台（新频道电视台）的股东经过投票，同意该电视台与法国的威旺迪和加拿大西格拉姆公司合并，组建仅次于美国在线－时代华纳的全球第二大媒体集团。合并后的公司名为威旺迪—环球公司，经营范围包括电影和电视节目制作、音乐节目、体育节目以及数字化信息技术等各个方面。

法国电视一台公司（TF1），法国第三个大型电子媒介集团。作为一个民营的电子媒介集团，它始建于1987年布依格建筑公司收购公营的法国电视一台。初期只是经营电视一台，后在法国和欧洲的许多电子媒介中占有股份。1996年收入18亿美元，获利1.33亿美元，在世界居第33位。

法国自来水公司视听分公司。法国第四个大型电子媒介公司，它占有新建立的电子媒介的股份，特别是在新频道公司中占有相当的地位。该分公司1996年收入12亿美元，在世界居第39位。

3. 综合媒介集团

如前所述，法国综合媒介集团成熟较晚，势力不强，但是威旺迪集团的迅速发展壮大却是个引人注目的例外。

威旺迪集团是一个总部设在法国的跨国集团。集团经营范围包括公用事业（自来水供水、污水处理、垃圾处理、铁路公路交通、供热供电）、通讯出版（移动电话、特殊通讯网、因特网服务、书刊多媒体出版物、展览、有线电视）、建筑与房地产（公共工程、房屋建筑、房产开发经营）。

威旺迪在1998年以前，在世界传媒界几乎无声无息，那时候它只不过还是法国的一家有点小名气的水处理设备生产商。公司的转型发生在2000年，当时的总裁让·玛丽·梅尔西极富魄力与雄心，他于1996年出任总裁，对水务公司进行大胆改革，实施私有化，卖掉废水处理部分，集中力量发展电信业。2000年，威旺迪以340亿美元的高价收购了施格兰（Seagram）公司，其中就包括其下属的著名子公司环球电影（Universal Studio）和环球音乐（Universal Music），这标志着威旺迪正式进军传媒产业。2001年12月，威旺迪又以103亿美元的高价收购全球排名第15的美国网络公司的电影与电视业务，成立威旺迪环球娱乐公司，将业务扩展到美国。三天后，威旺迪又与全球第二大卫星电视运营商 EchoStar 成功合作，以 15 亿美元的价格获得了 EchoStar 10% 的股份，从而获得其在全球的 1.67 亿用户。

成功进行了两次兼并后，威旺迪环球集团成为横跨报刊、广播、电视、网络四大媒体及出版、电信、环保、公共事业等领域的"巨无霸"企业，规模一举超过了沃尔特·迪斯尼，在传媒业的排名上升至世界第二，仅次于美国在线－时代华纳。集团年营业额 350 亿美元，在世界各地共有 38 万名员工，在 90 多个国家拥有 2 600 个分公司。

但正是由于扩张速度过快过猛，没有顾及收购计划与可能实施之间的距离，威旺迪集团出现了严重的财政困难。据 2003 年 3 月 8 日《纽约时报》报道，其 2002 年度亏损额高达 250 亿美元，刷新了法国电信创下的亏损 230 亿美元的法国有史以来企业最高亏损纪录。

为了解决巨额负债问题，威旺迪集团正面临分拆局面，即在集团经营的电视业、音乐、出版业、电信业、互联网和环保业等六个业务中，保留法国本土的业务，转让部分国外业务。现任总裁富尔图的当前战略是循序渐进地出售公司部分资产，在今年年底前出售在美国的电影、电视、主题公园和视频游戏业务，并把重心转向电信业务。富尔图把 2003 年作为调整年，并保证到 2004 年人们将会看到当前战略步骤的成效。但无论如何，这个传媒集团一旦解体，昔日的辉煌便将难以再现。

本章参考书目：

（1）贝尔纳·瓦耶纳. 当代新闻学. 中国香港地区：新华出版社，1986

（2）陈力丹. 政治阴影下的法国新闻业史——从一个视角对法国新闻史的探讨. 引自"力丹做学问"http://www.zjol.com.cn

（3）阿尔贝，泰鲁. 世界新闻简史，北京：中国新闻出版社，1985

（4）李瞻.世界新闻史.中国台湾地区：三民书局，1983

（5）雅克·哥德硕.法国新闻通史.第1卷

（6）张允若.西方新闻事业概述.北京：新华出版社，1989

第五章
美国近代报业史

正如美国著名新闻学者埃默里所言，现代新闻体系并不是单个国家的馈赠，它只是人们所进行的传播努力不断演变的结果，其历史至少有一万年。据史料记载，早在公元前 3500 年的时候，中东地区的苏美尔人就发明了一种存储和发布信息的方法。而最先进行信息系统性采集和发布尝试的则是古罗马时期的《每日纪闻》——公元前 59 年至公元 222 年间定期张贴在古罗马广场上的手写"每日公报"，报道的内容是元老院投票的情况和公共事件。这些信息由最早的新闻撰稿人撰写，再由专职人员抄写后发送到帝国各地。以至于多年以后有历史学家指出，当时罗马帝国之所以能那么强大，一个很重要的原因就是因为它拥有一个非常有效的信息传递系统！而在东方，据最新的历史研究成果表明，早在西汉时期中国就有了"邸报"——一种由官方发布，刊载官方信息的载体。公元 868 年，古代中国出版了迄今为止我们所能发现的最早的印刷书籍《金刚般若波罗蜜经》。公元 1045 年时，毕昇发明了活字印刷术，大大推进了信息的复制效率，随后这种技术随着国际交流得到了广泛传播。1241 年朝鲜已经开始采用铜制和青铜制的活字了。在欧洲 14 世纪和 15 世纪已经开始广泛使用雕版印刷术，经过不断的革新，1456 年起斯特拉斯堡的约翰·古登堡开始使用铅活字来印刷《圣经》。威廉·卡克斯顿在 1476 年将第一台印刷机引入英格兰；而到了 1490 年，每个欧洲大城市至少在使用一台印刷机。

有关世界各地传播进展的记录我们可以从历史文献中不断寻找到，这些资料给我们一个最初的印象，即传播的发展已有漫长的历史，尤其在世界文明的发祥地区更是有着漫长的历史迹象。在随后的进步历程中就算世界各地彼此的发展速度并不是同步的，但也都在各自的范围内不断演进着。就此，我们几乎可以得出一个结论——世界传播将迟早会在多个地区形成多个现代意义上的新闻传播系统，哪怕各自是处在一个相对封闭的环境中，毕竟交往是人类的一种本能，它会随着人对自身的认识程度的不断提高而提高。然而，当我们将目光投向北美大陆时情况发生了戏剧性的变化，在这个被开发不过才 400 多年，建国才 200 多年的土地上，最终先于其他传播发展悠久的地区诞生了真正意义上的现代新闻传播事业。每一种突破都是在某种需要的驱动下实现的，北美新闻事业的发展也不例外。毫无疑问，这种追求在北美并不仅仅是社会中每个个体需求的叠加，而是该社会文化产生的精神追求的体现。这种需求有着旺盛的生命力，而更加可贵的是当这种需求和人类的进步事业发展相一致时，它便自然地获得了应有的历史地位。下面我们就将探讨这种需要是如何产生的，以及它所产生的社会文化基础，同时它又是如何推动美国报业最初的发展。

第一节　来自英国的传统

一、新大陆、新移民

自美洲被哥伦布发现后，从 16 世纪起，西班牙、法国、荷兰、英国先后在北美大陆进行探险和殖民。英国人的探险殖民尽管较西班牙、法国都要晚，但是发展非常迅速。从 1607 年起，英国开始在北美建立永久性殖民地，来自英格兰的移民逐渐成为美洲殖民地的主流，美国的发展史就是一部大规模移民的历史。

美国以某种方式将这些形形色色的移民融合成了一个民族,这种方式就是多样化——使不同的民族尽可能地保持其自身的特性。有幸的是在早期殖民时代,领导大批移民的主要是一些有远见卓识的人,他们的目的是要建立某种社会。美国著名历史学家布尔斯廷在对美国早期移民进行研究时发现,在美国多个移民高潮里,每一批都有自己的特点。与后来几次移民潮不同,早期的移民并非完全是为了单纯追求财富而来,他们更多的是为了追求社会政治理想而远渡重洋。这些以清教徒为主的早期移民定下了这一时期的基调,即后来所说的联邦主义,而随后的移民又将这一基调付诸新的国家政治。

1620 年 11 月 11 日,经过两个多月险恶航行的一艘名叫"五月花号"的英国移民船,终于抵达北美洲科德角一处荒芜海湾(现在的普罗温斯顿港)。船上载有 102 名因受宗教迫害而背井离乡的难民。他们饥寒交迫,前途渺茫。按照与弗吉尼亚殖民公司的合同,他们本该在哈德逊河口登陆,依约执行屯垦计划。可是大风将他们吹到了北方海岸,下锚之后孤独无援。然而,难民们在绝境中团结起来,决心掌握自己的命运。他们在船上起草了生死与共的公约草案,民主推选了约翰·卡佛作总监,并由 41 位家长和成年男子自愿签署了公约,使之具有宗教契约、自治法规和互助互爱誓言的多重约束意义。后来的殖民地人民遵循这一传统写下了《独立宣言》。

在清教徒移民抵达普利茅斯 10 年后,另有一部分宗教移民定居在了波士顿周围,距普利茅斯仅一天的路程。定居在马萨诸塞湾殖民地的移民经济富裕,文化素质非常高,在政治生活上一开始就有高度的自治,这对后来新英格兰的发展具有重要的意义。因为它后来成为美国政治的发祥地,在这片土地上不断孕育起美国立国所赖以生存的政治理念。与此同时,新英格兰的清教徒对于美国的民族特性和神话产生了最深刻的影响。首先,他们比西班牙人更相信自身改造地理环境的力量,他们确信上帝希望他们"生根发芽,硕果累累",尤其是"统治整个地球"。他们的任务在于耕耘而不仅仅是采掘或掠夺资源。另外，除了他们对人类改造自然地理环境所持的种种态度——迄今依旧活跃于美国文化中的一种宗教观念，他们还引进了契约观念。所谓契约是存在于可信赖的上帝——唯一一个可以依靠的神——和敏感并负有责任的平民之间的一种条约或协议关系。他们在改造自然地理环境或者形成商业、文化和民族特性的过程中的作为，乃是天国导演的戏剧中的一出尘世剧目。他们所持有的加尔文教的上帝先知和宿命论的观念并没有使他们转而信奉宿命论或陷入消极状态。他们从日常的辛勤劳动中领会到了生活的意义并且设法探索上帝对他们做出的特定选拔和选择的含义。马克斯·韦伯等一些社会学家注意到了这种精神与资本主义的民族特性和文化之间的相互关系。它们认为就是这种契约精神促生了职业责任感——现代资本主义文化的根本基础。

来到北美殖民地的移民有着复杂的宗教背景，教友会教徒在北美也同样拥有非常强的影响力，它也为塑造美国的个性提供了不小的贡献。这些教徒信奉实践学说并有着强烈的实用主义特征。他们宁愿从实践中去学习，而不是沉溺于厚厚的书本里。应当承认，在殖民地也生成了一种新型的文化，在这里，买得起书的绅士也愿意通过实践去了解事务，而不是通过书本。即使他们看书的时候，也是怀着具体的目标去阅读，他们的学习原则就是只用最短的时间、最好的方法，去学习绝对需要的东西。这与新英格兰的清教徒形成了鲜明的对比。新英格兰的清教徒在清教主义的熏陶下，要求人们博览群书；而教友会则以同样的热情敦促人们注重实践经验。新英格兰的教条可能把博览群书的嗜好局限于建设天堂这一实际目标之上，而教友会教徒却不注重读圣典，他们更注重内心的活动和社会的罪恶现象。在政治理念中教友会也为殖民地提供了精神动力。首先他们崇尚平等。没有一个基督教派比教友会更崇尚平等，他们相信普天之下所有的人都是一样的，平等是天赋的人权。同时教友会信仰自由，他们相信人本质上都是善的，因此他们不像其他教会那样介意教义上的分歧。威廉·佩恩1682年制订了《政制大纲》，以保证所有"忏悔并承认有一个全能的永恒的上帝——同时在良心上责成自己在文明社会里和平而公正的生活的人"，都享有宗教信仰上的自由。

来自英格兰的移民带来了他们的宗教文化，如果用今天的眼光去评价他们，尽管他们之间也存在着种种分歧，但在核心的问题上就显得并不重要了。因为从总体上判断，这些宗教都或多或少的继承了马丁·路德宗教改革的成果，他们已经是世俗的宗教，拥有更多的宽容。同时这些移民继承了英国政治思想中的自由主义传统。可以说早期的移民政治理念为后来殖民地的政治生活埋下了伏笔，这对美国的政治进程具有重要的意义。而这样的政治生活又为美国报业的产生和发展奠定了精神上的基石。崇尚自由、充满进取心、责任感、实干精神——成为美国文化性格中的宝贵之处，它使得早期的移民在与艰苦的环境做斗争的过程中在精神上得到了大力的支持，这种精神已经融入后来美国生活的各个方面，在后来美国报业的发展历程中屡见不鲜。

二、早期的印刷传统

在15世纪末和16世纪初，印刷术在欧洲大陆得到了进一步广泛使用。印刷术的使用促成了社会、文化、家庭和工业的变革，从而推动了当时的文艺复兴、宗教和科学革命。它降低了文学作品和印刷材料的价格，使大众能够获得它们，这意味着知识不再是特权阶级的独有财富，廉价的印刷物有助于提高识字率，启发人们的心智。书籍出版已经从大学和修道院扩展到小城镇和村庄。马丁·路德及其追随者在1520年之后就在德意志乡村传播教义的时候大量使用印刷品。马丁·路德在德意志的宗教改革触动了欧洲统治者的神经，有鉴于印刷设备在社会革新中的作用，欧洲的保守势力如亨利八世（英格兰国王）就采取措施对英格兰的印刷业实施限制。由此看出，随着印刷制品的内容发生的变化，以及成本的下降导致其进入更多家庭，印刷制品的社会功能开始随之出现变化，它已经越来越容易成为影响社会舆论的工具。历史经验告诉我们，新闻出版事业是属于统治者的，如果权力集中在一个君主或者一个精英集团手中，那么对于公众而言则是一场灾难。在统治者眼中，提供给公众新闻，会对自身的统治带来威胁。因此，在新闻事业的发展史上，报纸首先都是在中央集权薄弱的环节或统治者比较宽容的地方兴盛起来的，前者如德意志地区，它当时分裂为许多弱小的公国；后者如某些低地国家，如荷兰。因此，不难看出，为什么英格兰报业发展在当时处于滞后位置。虽然，早在 1467 年英国就拥有了第一家印刷所，但是，其拥有第一份真正的报纸却晚了两个世纪。

1485 年英格兰诞生了新的王朝——都铎王朝，这是英国新闻事业发展史上一段艰难的日子。都铎王朝拥有强有力的社会管理经验，善于抓住能够抓住的一切权力。1530 年的圣诞节，亨利八世发布公告，规定印刷商在开展营业前必须先行获得皇家许可证，"事先约束"这一想法成为当时的法律。这对新闻事业在英格兰的发展形成了一道障碍。这个局面一直持续到伊丽莎白一世时代。

政府对于言论的宽容往往有两种情形：一种是自觉而主动的，这个时候一般社会发展处于良性的运行状态；另一种是自发而被动的，即政府已经无力控制舆论或控制力受到多种外部因素的削弱。17 世纪，随着斯图亚特王朝内部纷争的四起，新闻事业的限制开始被渐渐瓦解。同时在这一时期，出现了一些重要的公共议题：宗教纷争、保王党势力与议会势力的竞争、海外战事，公众对信息的需求大大加强了。原有的出版物由于价格过高等诸多因素已经不能满足人们的要求，因此时代需要一种新型的出版物。

1621 年，伦敦诞生了近代报纸的雏形——"科兰特"。之所以说它还是报纸的雏形是因为它还不具备现代报纸的严格标准——"定期性"，此外他的内容也太专门化，但是毕竟比以前的一些出版物要进步得多。1618 年欧洲宗教战争爆发，它进一步激发人们对重要事件的关注，书商那撒尼尔·巴特开始在英格兰出版"科兰特",内容是从荷兰的单页报纸上盗印的。随着战事的发展,这种小型出版物开始对战争进行更深入的评论。

三、新闻自由的序曲

传统的美国史研究中对于北美后来发生的独立战争的起源一直有这样的结论,即北美的独立运动是英格兰重商主义的恶果。当时英格兰为了保持贸易上的优势,向北美殖民地抛售大量的商品,而且还在北美殖民地制定了许多限制其进一步发展经济的苛刻条款,比如,禁止他们向阿巴拉契亚山脉以西迁移。正是这样的限制最终导致了北美居民与其祖国政治关系的急剧恶化,最终导致了革命。然而今天有许多美国历史学者在探讨独立革命原因时提出了不同的看法。他们认为,北美居民反英的怒火实际上来源于英国自身的反抗传统。与其说这是一场北美对英格兰的反抗,倒不如说是在北美土地上发生的英格兰自己对自己的战争!跨越重洋的英裔移民,这些受到宗教迫害的异教徒们,最早就从英伦带去了反抗的火种,他们小心地培育,终于让这些星星之火形成了燎原之势。

以上所言在新闻传播事业方面表现得尤为突出。在 17 世纪 40 年代,英国爆发了一场反对斯图亚特王朝的国内革命。在这场革命中,产生了一个重要的成果,就是诗人约翰·弥尔顿于 1644 年 11 月 24 日发表了那份在新闻事业发展史上具有里程碑意义的历史宣言《阿里奥帕吉蒂卡》(现在译为《论出版自由》)。在这篇历史文献中,弥尔顿提出了一个重要的观念——思想的自由市场。他认为,人们应该让各种思想在这个思想的自由市场上自由交锋,依据理性人类最终会辨别其真伪,从中选择出真理。这一时期是关于言论自由讨论的一个繁荣期。不仅仅是弥尔顿,还有许多人从不同的方面开始探讨这个话题:威廉·沃尔温选择了从宗教信仰自由的角度进入,亨利·鲁滨孙则从经济原则和自由企业的角度进入。从这里我们不难看出一个重要的现象:既然言论自由的话题可以从越来越多的方面进入,这就说明——至少在英格兰——言论自由已经到了非发展不可的地步了，因为社会的许多方面都认为从言论自由中能够确确实实获得真实的益处。更为重要的是，以弥尔顿为代表的言论自由派，他们的思想动力不仅仅只为英格兰服务，"大约过了 100 年，当全世界、特别是美洲人民，为赢得比他们已经享有的更大的自由而斗争时，《论出版自由》所表述的那些思想又被重新提了出来"①，它将在一场崭新的革命中再次获得新生！事实上许多美国的报业人士和政治家都继承了英国的自由主义思想。

思想的闸门一旦打开就很难再关上。尽管克伦威尔在 1553 年——斯图亚特王朝覆灭不久——就任护国主，从而暴露了独裁者的本来面目，并对新闻进行严格控制，但是英国报业还是有了不小的发展。到 1660 年大多数印刷商已经开始放弃小册子的印刷形式，"信使报"和"消息报"成为继"科兰特"之后的新型出版物，它们信息容量很大，每页都有序号，周复一周地出版下去。1665 年，尽管查理二世复辟，但是一份崭新的报纸《牛津公报》照样问世了，"它开辟了新闻事业的一个新的时代"②。这是一份真正意义上的报纸，它具备了报纸的全部要素。在出版了 23 期之后，改名《伦敦公报》，一直出版到 20 世纪。

这个时期，英国政治的多元化无疑为新闻事业的发展起到了推动作用，不论是早期的国会与政府的两股势力格局还是后来的两党政治，他们每一派都为了争取民众的支持而保护各自的代言人，因而做出了一些有利于言论自由发展的举动。1694 年，所谓的《印刷管理法》，或称《许可证法》停止生效了。从 1694 年到 1712 年通过了第一个《印花税法》，官方对新闻出版的限制只保留了叛国和煽动性诽谤罪，以及关于禁止报道国会活动的方

---

① 〔美〕埃默里父子：《美国新闻史》，展江、殷文主译，北京：新华出版社，2001 年版，第 14 页。

② 〔美〕埃默里父子：《美国新闻史》，北京：新华出版社，2001 年版，第 15 页。

面。从此一个时代——"事前约束"——结束了。

第二节　殖民地时期的报业

在有关谁是北美殖民地第一份报纸的问题上，人们曾经出现过激烈的争论。原因是北美殖民地曾有的两份报纸，都具有成为北美殖民地第一份报纸的潜质。

1690 年 9 月 25 日，R·皮尔斯印刷所出版了一份 4 版的报纸，它只有三面，第四版为空白，以供读者在传阅时可以将自己知道的新闻写上去以供人分享，这就是哈里斯的《国内外公共事件》（也称为《公共事件》）。有些权威学者认为这就是北美殖民地的第一份报纸。但是遗憾的是这份报纸仅仅在出版了一期之后就被查封了。尽管出版商也确实准备连续出版这份报纸，然而不管主观情况如何，客观上的结果就是它没有符合报纸所必须具备的特性——定期性、连续性。但是《国内外公共事件》又确实具有许多报纸的特征。它的报道风格简明扼要，同时它还报道国外和本地新闻，这是区别于其他早期出版物的又一重要的特征。

在哈里斯创办《国内外公共事件》之后的 14 年，北美殖民地又出现了一份出版物。1704 年 4 月 24 日，位于纽伯里街的格林印刷所印出了第一份连续的报纸。它的名称是《波士顿新闻信》（也称作《新闻信》）。这份报纸依据今天的眼光看，虽然过于朴素，但是它却为北美新闻事业的发展竖起了旗帜。这是一份双面印刷的单张报纸，只是比哈里斯的略大，也就是比一张打字纸稍大。他的创办人是被英王任命为新建的殖民地邮政系统之一的波士顿邮政局局长——约翰·坎贝尔。他在 1700 年接管了波士顿邮局。在上任之初，他就利用邮政服务之便，以新闻信的形式向其他殖民地的特派员提供信息。可以说这份报纸就是他从1700 年以来发行的出版物的连续。其实在欧洲，邮政服务与新闻报道联姻的传统早就源远流长，许多欧洲大陆的早期报纸就是由邮政局长创办出来的。他们这些人对于传播信息有着偏爱，因为这是他们的主要业务。同样，这一幕在北美殖民地也在上演。1692年英国政府授权建立了一个跨北美各殖民地的邮政服务系统，这一举措大大加强了各殖民地之间的联系，也为今后北美殖民地的新闻事业发展提供了重要的发布渠道，尤其是在免费邮政制度建立后对美国新闻事业由城市走向农村，加速美国的城市化进程都大有益处。

鉴于邮政投递在殖民地生活中的重要性不断提高，邮政系统也成了殖民地的一种公共权力。谁掌握这个权力组织，谁就可以很快确立自己在殖民地的影响，并且利用邮政系统在殖民地从事新闻事业。1719年12月21日，约翰·坎贝尔显然在争夺这种权力的竞赛中失利了，威廉·布鲁克掌握了波士顿邮政局长的职位。这一变化产生了有利于波士顿读者的新局面。因为约翰·坎贝尔不愿放弃《波士顿新闻信》，所以布鲁克只得创办一份新的出版物——《波士顿公报》，这使得《波士顿新闻信》在当地15年的垄断被打破了。虽然在业务上这份报纸并没有他的对手《波士顿新闻信》出色，但是借助于邮政系统的便利条件，威廉·布鲁克赢得了低成本的发行价格。不仅如此，《波士顿公报》还在北美的新闻事业发展史上赢得了一项殊荣，即在1741年它与那一时期出现的另一竞争者《新英格兰周报》的合并，成为美国新闻史上第一次媒体并购。

一、早期媒介与殖民地政府的关系

正如《独立宣言》中所指出的那样，任何形式的政府一旦起到破坏作用，人民就有权更改甚至废除！而美国的新闻事业也一直也以社会的"看门狗"自居。在长期的新闻实践中我们也不乏找出著名的案例，比如"水门事件"。但是美国新闻事业并非天生的就是一副无畏的批判者角色，它也是从早期的怯懦一步一步地才走到今天。在这期间，尤其是在早期殖民地时期北美的新闻事业，曾长期依附于当地的权力体系，在编辑方针上独立性少得可怜。然而正是由于殖民地的公众为自由传播不懈地斗争，才换取美国新闻事业赖以存在的道德防线。

哈里斯早在创办《国内外公共事件》时就与当地政府的关系相当紧张，不是因为他蓄意诽谤，而是因为他在报纸上刊登了对于当时殖民地土著的看法。这些言论与当时的殖民政策发生了严重的抵触，最终由于触犯所谓的马萨诸塞出版许可证法被剥夺了新闻出版权利。在其后的 30 年里，波士顿的出版商都小心翼翼地通知当地公众，自己是"蒙当局许可"而出版报纸的。他们都对自己的重要庇护者——邮政局长——唯唯诺诺。如果说像哈里斯这样的民间商人身份还给其直言不讳留有发挥余地的话，那么后来的报业主，像约翰·坎贝尔等——他们赖以依靠的邮政资源都是殖民地权力体系中的一个环节——就更在报刊上显得保守。因此在相当长的时间内殖民地的报纸上的内容枯燥无味，死气沉沉。虽然正式的出版许可证法案早在 1700 就在英格兰被废除了，但是殖民地上这些半官方报业主还是唯命是从，生怕因得罪母国而失去自己的官职。

不难看出早期的北美殖民地并没有我们今天所讲的那种"言论自由"。在 1686 年的时候，宗主国还给各殖民地总督的指示里列出如下内容：

鉴于在你管辖的地区内，印刷自由可能给你带来极大的麻烦，你应发布必要的命令，确保任何人不得拥有可以进行印刷的设备，没有你的特许，也不得印刷任何小册子或其他印刷品。

不仅如此，殖民地当局就算允许少数人拥有印刷设备，还有严格的内容审查制度在等着对印刷商进行限制。1662 年，马萨诸塞当局为了"防止利用印刷手段对地方当局进行诽谤和图谋不轨"，根据法令建立了审查机构，对付印之前的一切稿件进行审查。所以当时的马萨诸塞殖民地印刷业的历史，不过反映了不同程度和不同形式的控制。在随后的 40 年里，审查稍微放松了一些。到 1723 年后，殖民政府不再运用付印前的内容审查制度，而是通过了内容广泛的诽谤法律，不断发出起诉的威胁从而来控制出版者的编辑原则。英国当局对于北美殖民地的政治、司法影响有时是非常微妙的。有时英国的政令会在北美殖民地影响力减弱，而有时却会在北美殖民地长期处于强势。出版方面的法令就是这样。其实早在1695年，英国所有的出版法令就已经被终止了，可是马萨诸塞殖民地政府（虽然是立法享有自治）却始终不愿摘掉自己身上的枷锁，原因可能是长期的殖民专制统治在内心里印象太深了。历史发展到这种时候，就需要有人能够勇敢地站出来，以便敲响北美殖民地印刷出版界专制堡垒的第一声丧钟！

历史最终选择了詹姆斯·富兰克林，这个曾在布鲁克任邮政局长时的《波士顿公报》的印刷商。由于布鲁克被免去职务，所以《波士顿公报》的印刷业务被新任命的局长转包给了其他印刷商。这对詹姆斯·富兰克林简直是个羞辱。于是他在一伙充满"叛逆"精神的同伴的鼓励下在1721年自己创办了一张生气勃勃的小报——《新英格兰新闻报》。从一开始这张报纸就表现出了与众不同的风格——强烈的批判性！他对美国的新闻事业乃至美国的政治进程产生了巨大的影响。据记载，在波士顿陈腐、压抑的气氛里《新英格兰新闻报》就像一股清新之风，它是美国第一张为读者提供喜闻乐见和迫切需要的新闻的报纸，它不刊登那些索然无味的官方消息。它的报纸写作敢说敢为，而且还有很高的文学水平。詹姆斯·富兰克林也是最先使用一种对多年以后的报纸几乎不可缺少的报道手段——"讨伐"式报道，这种报道可能就像我们今天的批评性新闻报道。詹姆斯的性格在这张报纸上体现得淋漓尽致。

詹姆斯·富兰克林对于美国报业最大的贡献不仅仅在于创办了一张优秀的报纸，他的伟大之处还在于为美国的新闻事业提供了一种新的行业准则、一种道德规范——编辑独立原则。早期的美国印刷出版机构完全是靠政府的资助和支持而生存，这个事实必然影响到印刷商的秉性和所属印刷厂的产品。而且长期以来这

种束缚对印刷从业者的心理影响迟迟不能退去，以至于俯首听命
成了一种传统。就算已有的限制已经大大消退，这些印刷商们还
是没有感觉到时代的变化。詹姆斯勇敢地站了出来，成为当时新
闻印刷出版行业的一面旗帜，他完全依据自己对读者的判断来编
辑他的稿件，蔑视殖民地权贵；同时还准备与任何想强加束缚于
他的势力较量。他这种具有独立思想的人与所处社区的宗教领袖
很快就发生了冲突。后来詹姆斯·富兰克林很自然地将矛头指向
了殖民地政府。1722 年，这位编辑兼发行人终因对政府傲慢不
逊被投入了监狱。可是监狱生活并没有让这位直言不讳批评政府
的人产生任何悔恨，一旦获得自由，他更是加紧对宗教和行政当
局的批评。最后，教会和政府达成了默契：詹姆斯·富兰克林太
爱惹是生非，必须加以约束。于是议会宣布剥夺他出版《新英格
兰新闻报》以及其他出版物的权力的决定，除非这些出版物事先
送审。

在经过这些事情后，显然詹姆斯的状态已经过了最佳时期。
《新英格兰新闻报》还在用各种方式经营着，但是它的受欢迎程
度却下降了，在创刊五年后詹姆斯就放弃了这张报纸。在后来的
报业生涯中，他再也没有赢得在波士顿那样的声誉，然而，他确
立的"编辑独立原则"使他无愧于自己在美国新闻事业史上的不
朽地位。他向人们表明，当一张报纸在为公共利益服务时敢作敢
为、且不失可读性，她就可以获得足够的支持，能在强大的人面
前生存下去。不仅如此，老富兰克林还为美国的政治生活带来了
有益影响。可以说在早期的北美殖民地并没有完全意义上的本地
政治，那个时期主要是英格兰政治的延续。我们也可以用另一种
说法来表述，即早期的殖民地公众还未迎来自己的政治自觉。然
而，正是由于老富兰克林这样的印刷商兼报人，运用他自己的报
业实践传播政治观点启蒙公众。如果把美国的自由主义比喻成一
个生命个体的话，那么它的遗传基因可以在欧洲文明中找到，在
殖民地建立到独立革命爆发之前这段时期是她的孕育期。可以
说，老富兰克林的报业实践所表现出的政治理念是北美自由主义

在母体孕育过程中的一次预兆性的骚动！

二、报业作为独立的社会力量的崛起

就在老富兰克林的风头刚过不久，他的侄子小富兰克林在费城开始了自己的办报活动。小富兰克林——这个后来被称作是美国民族性格象征者的小伙子身上集中了美国清教传统向资本主义演变的众多思想特征——在1729年接管了《宾夕法尼亚公报》。他既秉承了言论自由的信念，同时在表达自己的观点的时候又避免像他的叔叔那样固执和具有攻击性，再加上灵活的办报方针和通俗的报纸内容，使这份报纸很快就赢得了当地人士的大力支持，年仅24岁的小富兰克林从而成为美洲殖民地最佳报纸的独家老板。后来，他以长者的身份告诫年轻人，要想成功就应该节制、勤俭、诚实而又精明地牟利聚财，同时要洁身好义。富兰克林的思想是宗教世俗化的必然结果，在当时拥有巨大的生命力。然而今天，当宗教传统越来越淡漠，那种强调自律与虔诚的信念在当今的美国传媒中却越来越少见。当然无论如何，小富兰克林都对美国新闻事业的发展起到了重要的推动作用。真诚的报纸赢得读者的信任，财富的迅速聚集使一个真实的美国梦成为现实。《宾夕法尼亚公报》在美洲殖民地的成功证明了一个不争的事实，即报纸的营利与为社会服务是不矛盾的，它完全可以成为一个让人尊重的职业。

18世纪20年代之后北美殖民地商业的发展也成为这一时期报纸发展迅猛的重要原因。最明显的就是广告业已经非常红火。像老富兰克林那样的报人之所以能够有勇气和殖民地当局去进行争论，很大一部分原因和他的报纸拥有大量的广告来源有密切的关系，经济上的相对独立为这一时期的报纸的编辑方针的独立提供了强劲的动力；同时，由于有越来越强的经济实力支撑，报刊在质量上也出现了很大的改进。当然，促进这一时期报业发展的动力远不止这些。18世纪初，殖民地人口受教育的比例也在快速增长，而这从来都是一个有利于报业发展的重要社会因素。随着北美报业的进一步发展，以及北美殖民地与英格兰的矛盾的不断尖锐，殖民地报业越来越开始表现出它独特的面目，它内聚的能量将随着北美的独立运动显现出来。

第三节 独立战争时期的美国报业

今天我们可以站在一个相对客观的立场上去看待美国的独立战争。对于这场战争在美国发展史上的作用已经不用多说，许多学者在这个方面都提出了独到的见解。对于这场战争的起源也出现了许多新的论断。我们长期以来都更多地从经济和政治的角度来关注这场战争的发生。然而，也有学者从思想的方面去溯源，来探讨这场战争的精神动力。

其实，法国政治观察家托克维尔在他的著作《论美国的民主》中就已经谈到，在他仔细研究美国的历史之后，他发现只要深入考察美国的政治和社会情况，就可以确信在美国，任何一种见解，任何一种习惯，任何一项法律，甚至任何一个事件，都可以从这个国家的起源当中找到解释。他指出，美国是唯一可以使人看清它的社会的自然而顺利成长的国家。不管上述观点是否正确，通过历史来考察一个国家或者一个政治实体的行为规则不管在理论上还是实践上都是可能的。这样，我们又要再一次把目光聚集在早期的北美移民身上。

这些来自欧洲的移民，他们不管曾经怎样辉煌，一旦踏上了北美的土地，身份的差别就自然减退了，在这里面对艰难的自然环境和落后的社会制度，谁又比谁更进步更高雅呢？这个痛苦的环境竟然成了培养平等意识的一个有利的温床，简直有些不可思议！正是在北方的几个英国殖民地，即在人们通称为新英格兰的几个州，这种平等的思想产生了，并成为今天的美国社会学说的基础之一。因此我们也可以说，英裔美国人社会情况的突出特点在于它本质上是民主的。从宗教的角度来看北美的移民，他们大多都是清教教徒，这个教派的教义不仅是一种宗教学说，而且还在许多方面掺有极为绝对的民主和共和理论。这些思想让他们在欧洲大陆吃尽了苦头，所以当他们远渡重洋来到北美大陆后，宗教枷锁的解脱所带来的精神喜悦远远要大于自然环境恶劣造成的痛苦！这些移民在北美的政治生活从一开始就表现出强烈的自治倾向，这点从"五月花号公约"上就能看得出来。移民们愿意结成一个自治团体，并愿意一起制定全体成员都要遵守的公约。这种自治精神是美国政治自由主义的原则和生命，直到今天我们还可以从美国生活的许多方面窥察得到。这种民间自治带来的影响涉及北美殖民地的方方面面，甚至可以说它是塑造美国政治结构的关键性力量之一。它确保了美国的政治必将是一种自下而上的，同时具有强烈的自由精神，而这样的一种环境又是培养新闻传媒的温床。

一、革命时代的鼓动家

在"五月花"号来到北美大陆的一个半世纪后，这里的人们又要为自己的命运做出一个重要的选择：是继续在英王的统治下苟活，还是彻底打破殖民的枷锁。一时间北美殖民地涌现出来许多杰出的政治鼓动家。这一时期的北美报业作为社会的第四等级——一个新生的社会力量——开始要在美国的政治生活中扮演极为重要的角色。美国的独立战争不仅使北美殖民地最终成为一个新型的国家，同时使这个国家的报业发展进入了一个新的阶段。

回顾这场伟大的革命，在有关殖民地的政治前途的讨论中，殖民地居民就已经大致形成了如下三种重要的政治见解。

首先是托利党政治势力，他们主张保持殖民地社会的基本结构。他们希望凭借着财产、门第、地位及传统来继续实行统治。虽然这种政治主张明显是与当时的殖民地事态相违背的，但是却拥有引人注目的政治鼓动家——詹姆斯·里文顿。这位著名的政治鼓动家是一个传统的英国圣公会宗教书籍出版商的后代。受家庭和宗教的影响里文顿认为，国王和主教代表着权威，通过这样的权威能够最有效地维持社会的秩序。因此他坚决反对殖民地的居民对母国权威的攻击，因为这样也会动摇教会的权威。1773年，里文顿在成功地成为美国第一位连锁书店老板后，创办了《里文顿纽约公报》。

抛开里文顿的政治理念是否符合殖民地发展趋势这一问题不谈，我们可以从他的办报活动中发现一些更让人深思的东西。长期以来，我们都认为美国是自由主义的天堂，所有的自由主义分子和行为似乎或多或少的都带有正面的、积极的色彩。然而，我们在里文顿的报业实践中却看到了这些自由分子狰狞的一面！作为报人的里文顿是负责任的，尽管他自己有鲜明的政治倾向，然而在他的报纸上仍然坚持对政治议题尽可能地讨论它的各个方面——这在今天是新闻行业最基本的原则，然而在当时却具有超前性，问题出在了这些争取自由的"爱国派"身上！

对于政治思想的考察人们常常会将自由主义与保守主义对立起来，两者似乎势不两立。然而在现实的历史中，这两者可以被看作一个钱币的两面。当保守主义者不能获得坚守自己思考权利而进行抗争时，他实际上就演化成了一个自由主义思想者；当一个自由主义者依靠手中的权力，对任何持有与自己不同思想的人都可以大加惩罚时，那么，这个自由主义者就是名存实亡的，实际上他已经成了一个暴君！就像在1789年法国大革命时期，雅各宾派的专政就是一种残暴的恐怖。虽然这些自由主义知识分子饱受启蒙主义的"自由、平等、博爱"思想影响，然而在掌握了国家政权后对待异己分子则是毫不留情的屠杀。有学者就指出，法国革命是用人头计算的。从这个意义上讲，法国的自由派、人权派并不比路易十六好到哪里。

里文顿在经营自己的报纸时就或多或少地遇到了类似情景。随着英格兰当局的权力在革命中逐渐落入殖民地当局手中，形势就对里文顿越来越不利了。因为，在这样的情况下对殖民地的新权贵们的指责很有可能被冠以"诽谤罪、煽动罪"论处。同时，里文顿还要面对许多的激进分子的袭击——针对他这样的印刷商有组织的暴力威胁和经济制裁越来越大。由此我们也可以看到，所谓的言论自由从来就不是绝对的，它也是一种权力，而这种权力天生具有排他性！没有了早期宽松的报业环境，里文顿的报纸在编辑方针上开始出现了明显的变化，客观报道原则不复存在。里文顿随着他的时代渐渐地从当地人们的视线中消失了，最后里文顿 1802 年死于纽约。

与托利党人针锋相对的是北美的"爱国派"，塞缪尔·亚当斯是这一政治势力中最具代表性的人物，他是杰出的政治活动家也是出色的新闻工作者，典型的民权派。他认为，美洲殖民地有正当的理由与母国断绝政治上的关系，因为英国政府已经背信弃义，置殖民地人民的合法利益于不顾，既然是这样一个局面，那么殖民地人民也就没有必要再向英国尽任何义务，由此产生的一切后果北美居民不应当负有任何责任。在 18 世纪 50 年代，亚当斯开始定期向《波士顿公报与乡村新闻报》（前身就是《波士顿公报》）撰稿。在他的努力下，许多反抗英国政府的文章以及重要的文件都在《公报》上进行刊发，这时的《公报》俨然成为"爱国派"的宣传阵地和神经中枢，与此同时在这份报纸周围还聚集了一大批政治活动家，如本杰明·埃德思、约翰·吉尔等。亚当斯不仅是一个政治宣传的高手，同时他还具有非常老练的新闻技巧。他在 1772 年成立了"通信委员会"，这个委员会在当时起到了类似于我们今天所熟悉的通讯社作用。亚当斯和他的助手将各殖民地的进步活动的消息迅速收集起来，然后进行一定的编辑处理再迅速传播出去。

这些聚集在《公报》周围的"爱国派"是美国独立运动的鼓动者和组织者，为了进一步加强"爱国派"的力量，尽可能地将殖民地的反英人民联合起来，他们积极联络其他的进步报纸，如《马萨诸塞侦探报》《纽约新闻报》《宾夕法尼亚纪事报》《马里兰新闻报》等。凭借这一革命的报业宣传网络，亚当斯发起了一场将近 20 年的通过新闻传播革命思想的活动，也称之为"大事记"活动。在亚当斯的领导下，各地的记者将涉及英国军队的重要活动都记载下来，发表在《纽约新闻报》上。这些稿件的内容主要都是揭露英军的一系列倒行逆施，这对于殖民地的居民在其后的日子里奋起反英发挥了巨大的鼓动作用。不过需要指出的是，在进行宣传的时候，这些革命之子们并不是都能很好地坚持新闻从业者的道德操守，因为不断有人投诉这些稿件中存在着不实的和夸张的报道。当然，在亚当斯经过 20 年不懈地反英宣传工作后，当他终于听到了莱克星顿的枪声响起时，那是对他的工作最好的报偿。

今天我们在谈到美国的成功之处时，有些方面让人印象深刻。其中一个很令人难忘的就是这个国家在成长的过程中有那么多坚持自己信念并始终为之奋斗的人。我们先不谈他们的理念是否符合时代发展潮流，其最值得敬佩的地方就在于他们对于自己和他人的真诚，就算这会让他们自己有时让人看上去充满矛盾。约翰·迪金森就是这样的一个人，在面对托利党和"爱国派"之争愈演愈烈的时候，他丝毫不想掩饰自己的观点。作为北美的新兴资本家的政治代言人，他并不想因为争取独立而导致战争，但是他为维护北美居民的正当权利也不愿向英国政府妥协，他的主张在客观上为独立战争的爆发做了舆论的准备工作，在这点上美国新闻历史学者埃默里认为他仅次于亚当斯。这位具有绅士风度的革命者对待暴力还是很不情愿，从政治理念上来说，他所代表的辉格党仅仅将自己的斗争范围陷于经济领域，他们还不愿意看到在北美发生结构性的政治权力体制的变更，因为革命的暴力无疑将给这些新兴的资本家带来巨大的风险，他们所处的中上层社会地位也使得他们对中下层的民权并不是太关心，然而他们在反对英国印花税的问题上却从不含糊。在整个革命的过程中，约翰·迪金森将自己的政治观点发表在以《宾夕法尼亚一农夫来信》为题的一组文章里，这些文章在 1767—1768 年的两年中陆续发表在《宾夕法尼亚纪事报》上，这些文章被广为转载，在他所代表的阶层中产生了很大的影响。

二、汤姆·潘恩

汤姆·潘恩是美国独立战争时期著名的政治活动家和思想家，激进的资产阶级民主主义者。他生于英国一个基督教教友会信徒家庭，1774 年到北美，投入独立战争运动，历时 23 年，担任过报刊编辑、格林将军副官、大陆会议外交委员会秘书、宾夕法尼亚议会秘书等职。1776 年出版了《常识》一书，擂响了北美殖民地人民争取民族解放和国家独立的战鼓，促使那些还在观望的人最终拿起了武器。潘恩以浅显易懂的文笔，充满激情的语句在革命最紧迫时期向人们传播进步的理念。以今天的观点来看，潘恩是独立战争时北美政治革命思想的集大成者，他把握住了北美时代发展的潮流，因此他理应是属于"爱国派"的阵营。另外他的思想也吸收了许多其他政治派别的合理之处，正是因为这样，所以潘恩的主张在革命时期才会影响那样广泛。他的政治学说为美国的建国理论奠定了重要的基础。

他以天赋人权论作为国家学说的基石。很明显他继承和发挥了洛克、卢梭等人的人权思想，系统地阐述了自然权利和公民权利及其关系。潘恩认为人权是天赋的，是上帝赋予的，人类是从造物主手中诞生的，权利也是这时由造物主赋予人类的。从人类诞生以来就存在着人权，人们过去、现在和将来都应享有这一权利。今天，人们订立契约建立国家，转让了一些个人虽然充分具有但没有能力行使的权利，而保留了一些个人既充分具有又能充分行使的权利，例如，人们决不会放弃思想上的权利。这一点也是美国宪法第一修正案的要义所在，在此基础上，所有的人生来都是平等的。《常识》这本小小的宣传册子发表后很快就在北美走红，在头 3 个月中就印发 12 万册。当时只要稍微有一点文化的人都知道潘恩的政治观点，由此可以看出他的影响有多么大。

在论述天赋人权的时候潘恩很自然地要谈到国家的概念。在此，潘恩进一步明确了一个非常重要的政治理念，即政府和社会是两个不同范畴，因此公众有必要采取不同的方式处理与两者的关系。潘恩在《常识》中说到，政府和社会不是一回事，二者的起源和目的不同。他说："社会是由我们的欲望所产生的，政府是由我们的邪恶所产生的；前者使我们一体同心，从而积极地增进我们的幸福，后者制止我们的恶行从而消极地增进我们的幸福。一个是鼓励交往，另一个是创造差别。前面是一个奖励者，后面是一个惩罚者。"因此，"社会在各种情况下都是受欢迎的，可是政府呢，即使是在其最好的情况下，也不过是一件免不了的祸害；在其最坏的情况下，就成了不可容忍的祸害"①。这里，他明确地把政府和社会区别开并纠正了前人把政府和社会混为一谈的错误。潘恩认为，国家的起源有三种：迷信、暴力、契约。他继承了洛克、卢梭等人的思想，主张社会契约论。他认为国家应当是由于维护天赋权利的需要而建立的，因此一旦它起到了破坏作用，那么它就没有了存在的根据。所谓契约，应当是人民与人民签订，不是统治者与被统治者签订；人民在订立契约时，把一部分权利交出去，而不是把全部权利交出去，自己还留下一些不可剥夺的权利（如言论自由的权利）。

潘恩继承了卢梭的人民主权思想，认为"国民是一切主权之源"。只有人民才是主权者。他说："主权作为一种权利只能属于国民而不属于任何个人，一国的国民任何时候都具有一种不可剥夺的固有权利去废除任何一种它认为不合适的政府并建立一个符合它的利益、意愿和幸福的政府。"② 这是因为，国家是由人民订立契约建立的，人民建立国家之后，就掌握了国家权力，成了主权者。每一个公民都成了主权者的一分子。他说："国家主权基本上属于全民，每个公民都享有共同行使国家主权的同等权利"③，而选举权则是主权行为的重要表现。而保障这种制度的最好方式就是代议制民主共和制政体，从前的英王君主政体在北

---

① 本段所引潘恩言论参见《潘恩文集》，北京：商务印书馆，第3页。

② 《潘恩文集》，北京：商务印书馆，第213页。

③ 菲·方纳编：《潘恩全集》第2卷，北京：商务印书馆，第558～560页。

美是专制独裁的温床！

随着独立战争的进行，潘恩作为革命鼓动者的气质更加表现得淋漓尽致。战争初期"爱国派"一度在战场上出现非常被动的局面，士气低落。在这个生死存亡的时刻，潘恩发表了以《危机》为题目的一组战地宣传文章。他将革命的激情融入诗歌般的篇章中，激励士兵不要为眼前的困难所屈服，因为只有品尝尽痛苦才能最终体会到成功的甜美与快乐。这些文章发表在《宾夕法尼亚邮报》上，成为独立战争中的号角，并在最需要的时刻吹响！美国独立后，潘恩于1787年回到欧洲，往返于英法两国，积极参加反对封建专制的革命斗争，并参与了法国《人权宣言》的起草，后来还出版了《人权论》《理性时代》两本著作。这些文字都成为反封建斗争中宝贵的精神财富，从某种意义上讲它们具有世界意义。

三、《独立宣言》的发表

1775年莱克星顿的枪声终于敲响了英国在北美殖民地最后的丧钟。在战争爆发前后，帕特里·亨利、奥列佛·布兰奇和汤姆·潘恩等人即已多次呼吁北美13个州的人民宣告独立，以摆脱英王乔治三世的残暴统治。1776年6月10日，大陆会议决定采纳弗吉尼亚代表理查德·亨利·李的议案，指定一个5人委员会起草《独立宣言》，以明确"这些殖民地是自由和独立的国家，并且按其权利是自由而独立的"①。实际的起草工作由托马斯·杰斐逊担任，富兰克林与亚当斯两人提出了修改意见。同年6月28日，宣言草案递交大陆会议，经过三天的连续辩论后于同年7月4日获得通过，并分送13个州的议会签署批准。

《独立宣言》是美国资产阶级革命的纲领性文件，也是100多年来美国政治思想发展的总结，汇集了许多前人和同时代杰出

---

① 赵一凡主编：《美国的历史文献》，北京：读书·生活·新知三联书店，1989年版，第18页。

思想家和革命家的智慧和勇气，例如，潘恩的《常识》就对《独立宣言》的产生起到了重要的作用。在这篇简短却充满力量的文章中，作者代表美国的进步力量阐明了自己的政治哲学，即民主与自由的思想，内容深刻动人。他再一次强调了天赋人权的观念，认为"人生而平等。造物主赋予他们若干不可剥夺的权利，其中包括生命权、自由权和追求幸福的权利，为了保护这些权利，人类才在他们之间建立政府，而政府之正当权力，是经被治理者的同意而产生的。当任何形式的政府对这些目标起破坏作用时，人民便有权力改变或废除它，以建立一个新的政府"① ——这也是英国殖民当局必然会被推翻的历史要求。

北美的报业在革命时期为传播革命思想起到了重要的作用。从某些方面来看，美国的新闻事业从来都是和这个国家的政治紧密结合在一起的。美国新闻事业的发达是这个年轻的国家政治繁荣的重要表征。因为新闻事业本是一个意识形态的事业，没有一个自由、宽松的政治环境，它是很难取得长足的进步的；同时，一旦这个事业能够良性发展，那么它对一个社会的发展所起到的推动作用也是空前的。我们从美国新闻事业的发展就能看到这一点。早期，老富兰克林的独立办报方针的确立为北美言论独立、为自由的发展做出了良好的榜样，正是由于这样的一点一滴的进步，在促成北美本地政治意识的觉醒上，起到了积极的作用。同样的事情也发生在《独立宣言》起草之后。在《独立宣言》起草完成后，《宾夕法尼亚邮报》的印刷商约翰·邓拉普就承担了这个重要历史文献的印刷工作。1776 年 7 月 8 日《独立宣言》就登载到了报纸上，到月底，至少有 29 家报纸刊登了这条新闻。随后，这则消息很快传遍了西欧国家，成为反对英国及其他封建专制的精神象征。

独立战争对于美国报业的影响是巨大的，其中一个重要方面

---

① 赵一凡主编：《美国的历史文献》，北京：读书·生活·新知三联书店，1989 年版，第 21 页。

就是由于国内的急剧变化使得北美的报纸商业性减退，政治性得到空前加强。不过近期学者通过对 18 世纪美国报业的研究发现，政治性其实一直就没有减弱过，这与战前殖民地与英国殖民当局关系长期紧张是分不开的。在这个时期报纸的内容上出现大量的政治新闻，在战争期间则是战事报道，本地新闻在报纸上并不多见，那个时候充满人情味的报道还很少。并且由于技术的局限，当时的报业在时效性上相对较慢。以国外新闻为例，从事件发生到殖民地见报，其中的时间间隔将近 6—11 个星期。但是就在这样的一个报业环境下，美国新闻业依然义无反顾的担负起了在独立战争中宣传启蒙的历史使命，它为人类的进步贡献了自己的力量。

第四节　新闻事业的一场革命

一、君主制与共和制之争

美国建国之初的时候处于一个典型的过渡时期，虽然这个国家已经从英国殖民政府的统治下解放了出来，已经解决了独立自治问题，但随之而来的便是由谁统治、如何治理国家的重大决策。

此时的美国政体上还是邦联制，即由十几个殖民地组成的松散联盟，由于各种政治势力相互交织，所以当时的矛盾错综复杂。那个时期的北美虽然不存在年长日久的封建传统，但拥护君主制的势力与思潮依然存在。当时对美洲发生重大影响的欧洲国家大都在君主专制制度统治之下，这种国际环境对美国的政治当然不无影响。在美国国内，独立以前各殖民地的总督、官吏、业主、特权商人都是英国王室在殖民地的代理人，他们一直企图以某种形式在北美建立君主政体，甚至预言独立后的美国必然要由君主统治方能立足。在领导革命的大资产阶级、大种植园主中也不乏君主政体的拥护者，他们把独立战争仅仅看成一场反英起义，憎恨国内的民主化进程。大陆军的军官阶层也是滋生军事独裁思想的温床。当时，军队是美国最有组织的政治力量，比较容易成为实现由军事统帅变为君主的工具。所以独立战争期间，美国的民主力量竭力反对建立正规军。国内一些具有民主思想、受过教育的人士，虽然强烈反对君主制，但对共和制度在美国的可行性也有某种担心。他们一方面缺乏建立共和制的实践经验，另一方面又从历史上取得教训，认为共和制搞得不好常常会导致君主专制。因此，他们在一些重要文件如《邦联条例》和《独立宣言》中都没有使用"共和"这个提法。虽然，美国的民主派占有优势，但是在战争结束前后，邦联政府无财无权的软弱状况以及它与军队的关系日趋恶化的形势，却给君主政体的拥护者提供了机会。为此民主派们感到美国必须尽快在邦联制与联邦制之间做出抉择。

在 1871 年至 1788 年间，美国各州的治理是按照《邦联条例》进行的，这部法律可以被看成是美国的早期宪法。尽管在这一法律之下，各州都认同一个统一的国家符合北美人民的利益，但是这部法律却在操作上存在巨大的漏洞——对各州没有约束作用。因此，在选择究竟是继续实行邦联制还是联邦制时，如何处理《邦联条例》就成了政治风向标。在经过不懈的努力后，1787 年 5 月 25 日—9 月 15 日，在费城召开了美国历史上有重要意义的制宪会议。会议以修改《邦联条例》开始，以重新制定联邦宪法告终。制宪会议为美国提供了第一个治国方案，用法律的形式巩固了独立战争的胜利成果，也是共和制战胜君主制的一次重大胜利，美国三权分立的政体框架就此形成，标志着美国的最终形成。

二、《宪法》《权利法案》与新闻出版自由

伟大的政治都是现实的政治。在美国制定宪法的时候有一些关乎这个国家往后是否可以健康成长的议题被暂时搁置了，其中最为重要的就是如何实现和保障促成这场革命发生，并激发无数

仁人志士为之奋斗的东西——天赋人权。是政治家们背叛了革命吗？不，那是因为在美国建国之初维护国家的统一远比维护天赋人权更重要。因为如果没有 13 个州在实行联邦制问题上达成协议，那么等待这个年轻国家的可能是重新回到独裁和专制的噩梦中去。所以，在美国新宪法的制定中关于保障人权的条款并没有写在上面，诸如蓄奴等问题仍然存在。因此，从历史的联系来看，虽然《美国宪法》是对以前《邦联条例》的修改，两者具有继承性，但是从内容上来看《美国宪法》在民主性方面远逊于《邦联条例》，甚至于连公民的权利未提一字。

由于《美国宪法》存在着巨大的缺陷，所以很快就引起了人民的疑虑，尤其是那些社会中下层，他们是这场革命的主要参与者，对社会变革有着强烈的渴望。因为北美的居民对思想自由的渴望和对政府强力的恐惧由来已久，这甚至可以追溯到早期的移民历史中。在独立战争爆发前人们就已经开始尝试将自由的理念付诸立法的实践中去。在 1774 年第一次大陆会议召开时，约翰·迪金森所起草的《人权宣言》就提出了表达自由的基本原则。到 1787 年，13 个州中已经有 9 个规定了这样的宪法保护。1776 年的弗吉尼亚《权利法案》称："新闻出版自由是自由的重要保证之一，任何政府，除非是暴虐的政府，决不应加以限制。"[1] 马萨诸塞 1780 年的《权利法案》第 16 条表达了类似的精神，其他各州也以类似的方式表达了同样的原则。正是因为这样的情形，那些制定《美国宪法》的人认为这个问题并不是非常重要，所以在制定《美国宪法》时就把这个问题轻视了。而后来这个看似并不重要的问题差一点使《美国宪法》无法通过，只是在制定者们承诺尽快完善《美国宪法》以补上出现的漏洞后，才使危机得以化解。

在世界近代史的发展历程中，把保护人权的法案以宪法的形

---

[1] 赵一凡主编：《美国的历史文献》，北京：读书·生活·新知三联书店，1989 年版，第 25 页。

式确立下来唯美国第一。1791 年获得批准的《权利法案》中第一条最为引人注目，即"国会不得制定下列法律：确立宗教或禁止宗教自由；剥夺人们言论或新闻出版自由；剥夺人民和平集会及向政府请愿申冤之权"。它是美国新闻事业在今后 200 多年里繁荣发展的护身符，也是美国引以为荣的新闻自由的基石。我们甚至可以用不同的标准来衡量美国的独立战争：如果用思想的标准来衡量，其实早在战争爆发之前就已经完成了，因为主权在民、天赋人权的观念已经深深地印在殖民地人民的心中了；如果用传统政治的观点来衡量，那么当然是以莱克星顿的枪声为标志；然而，在新闻事业发展史上我们将要以《权利法案》的颁布为准则来衡量，可以说法案就是美国新闻事业发展史上的《独立宣言》！

美国以《美国宪法》的形式将新闻出版与言论的自由确立下来绝非偶然，她的政治文化中有一些核心的概念深深的表现在其政治行为中，其中之一就是这些北美的"普洛米修斯"坚信力量的相互制约与平衡是实现民主、防止专制与独裁的理想方式，至少不是最坏的方式。而独立思考和自由的言论就是这种力量制衡的基础，尤其是报业通过促成公众舆论已经成为一股独立的力量出现在社会的舞台上。就像潘恩在《常识》中所言，只要是政府都存在引起祸乱的根子。《权利法案》就是在通过明确保护这种天赋于人的权利，来维护社会力量的制衡法则，从而限制政府利用中央集权实行对社会的专制统治。与此相对照，欧洲的历史乃至世界的历史已经上演了多少次以独裁反抗独裁，以专制反对专制的悲剧，其结果是历史的车轮几乎是在原地疯狂地旋转着，人民的生气因此磨蚀殆尽，最终还是臣服于暴政之下。

三、两党政治的初显

在《美国宪法》制定和批准过程中，围绕对待联邦制和州权、民权的不同态度，在资产阶级不同利益集团之间产生了政策分歧。接着它们在对英法政策上分歧进一步扩大。18 世纪末逐渐形成了两大派：以汉密尔顿为代表的联邦党人，对内反对大幅度民主改革，对外亲英，这个政治派别就是后来共和党的前身；以杰斐逊为代表的反联邦党人、民主共和派对内主张争取更多的资产阶级民主权利，保护州权，对外亲法，最终成为今天的民主党。在1787年10月至1788年4月间联邦党人将自己的政治观点刊登在周二刊《纽约独立新闻报》上，这些文章在国内的报纸上相继转载，产生了一定的社会影响，后来被汇集成册，它们被统称为《联邦党人文集》。从历史学和政治学的角度来看，联邦党人与反联邦党人的分歧集中在是否应该进一步进行权力的分配上。其实在200年后的今天，这个问题也没有得出一个完整的答案，而且还在不停地争论着。分权还是集权，哪个方面都有优点，同时哪个方面又都有缺陷，就像一场永无止境的博弈。然而对这两者的关系的探讨充满了价值，它让我们深入地了解了美国国家政治中最根本的问题——权力问题的实质，使我们更清楚地看清这个亦黑亦白、亦正亦邪、亦侠亦盗的混合体自身的机制。

联邦党人的领袖人物汉密尔顿在政治上以建立和巩固强有力的联邦政府为己任，甚至倾向君主制和藐视人民群众。当时美国尚处在资产阶级革命的初创时期，正处在由邦联向联邦的转化阶段，联邦主义者代表了大资产阶级的利益，这是与美国建国之初的中央政府软弱无力、行政职能低下分不开的。

联邦党的对立面是民主共和党。它虽然形成较晚，但较联邦党有更广泛的群众基础。它是在各地民主团体的基础上建立起来的。从成员的组成结构看，这个党包括技工和农民、爱尔兰商人，代表了中小资产阶级和种植园主及边地农民的利益，同下层人民有较广泛的联系，是资产阶级的民主派。这个党形成于1791年夏，杰斐逊和麦迪逊赴纽约旅行，正式筹组民主共和党，杰斐逊为该党的领袖。民主共和党曾被反对派称为"反联邦党"，这是不符合实际的歪曲，因为它的领袖支持1787年的《宪法》，倾向于争取和保卫人民的民生权利，限制联邦政府的权力，以免它蜕变为君主政体。1791年5月—6月间，杰斐逊和麦迪逊在纽约州赴新英格兰地区植物考察旅行途中，商议由麦迪逊的同学菲利普·弗雷诺主办一份反联邦党人的《国民公报》，以揭露汉密尔顿的君主制意图。1789 年 4 月 15 日，由约翰·芬诺等人主编的联邦党人报纸《合众国报》出版。1791 年 10 月 31 日，《国民公报》创刊，从而出现了两份对立的报纸，并且充满党派谩骂的语言，使汉密尔顿和杰斐逊直接卷入了一场激烈的论战。随着双方矛盾的进一步加剧，就连开国元勋华盛顿都不得不出面来进行调解，希望各方能够保持克制，相互理解。不难看出，开国元勋们那时均未认清政党政治对巩固政权的作用。随着美国政治进程的发展，这种两党竞争的政治架构就开始逐渐显现出它的优势，它可以在国内引起竞争，同时又不会让权力落入其他阶级的手中。

四、政党报纸的相互谩骂与《煽动法》的颁布

联邦党人和反联邦党人在这场激烈的争辩中都充分运用了自己的舆论机器。由于双方的分歧导致的矛盾如此激烈，以至于双方的报纸也表现出非常强烈的火药味道，甚至不惜相互谩骂。一些历史学家将这一段时期的美国新闻事业称作是"黑暗的时代"，这个时期的报纸表现出强烈的政治色彩，由于内容集中，所以报纸的议题就变得非常单一，而且报纸的读者群也有所缩小。毕竟这在美国新闻事业史上只是一个短暂的过渡时期。然而，有学者就指出，早期的政党报纸为政党体制的稳定做出了积极的贡献，而这种稳定对一个新兴国家非常重要。同时，政党新闻的相互监督与批评对于揭露政党政治中的欺骗性也有巨大的作用，在这样的环境下最终享受到自由的将是广大的人民。

联邦党人与反联邦党人利用新闻传媒进行的相互谩骂最终引起了政府的干预。为了制止这种敌对情绪进一步蔓延下去，1798年，美国政府颁布了《外侨法》和《煽动法》，后者的作用就是专门为报纸的编辑们准备的，从而约束反联邦党人在新闻界的势力。该法律宣布只要是在人民中煽动针对合众国政府或国会中任何一院或在职总统的反对情绪，都将受到惩罚。

这个法律出台后遭到许多人的强烈抨击，认为这是美国民主的倒退。《宪法第一修正案》已经明确规定人民有权享受言论自由。但是，从某些方面来说，《煽动法》在美国新闻事业发展史上还是具有一定的积极意义。因为它明确指出，将会受到惩罚的是不负责任的谎言，人们可以用事实来为自己辩护；另外陪审团可以就适用法律与否和事实两者做裁决。这就是早先"曾格案"留给后人的财富。只是这个法律在操作层面上非常容易被人利用来打击对立的一方，现实中也的确出现了这样的事情，最后，在以杰斐逊为代表的民主派的斗争下，这部法律终于在 1801 年走到了尽头。

五、美国报业进入高速发展期

在 1800 年，杰斐逊成功地当选为美国新一届总统。这是一个重要的政治事件，它意味着共和民主派势力将成为美国的主流力量，尽管这时联邦党人还是近乎疯狂地反扑着。杰斐逊的当选对于年轻的美国来说又是一次难得的民主思想洗礼。作为著名的民主思想家，杰斐逊以身作则忠实地实践着自己的民主理念，这点特别表现在了新闻方面。

杰斐逊是个典型的自由主义新闻观的拥护者。他"相信人民的判断力——那是公共自由的唯一保障——民意是这个国家赖以存在的基础——若要我来决定是要一个没有报纸的政府，还是要一个没有政府的报纸，我会毫不犹豫地选择后者"①。在面对联邦党人疯狂反扑的时候，他说他要以自己作为一次试验的对象，看一看不借助强制、光凭自由讨论，是否不足以宣传和保护真理，是否不足以使政府在行动和观点方面保持纯洁和正直。为此他宁愿保护那些诽谤他的人的权利。

美国革命的成功，言论自由的最终确立，为美国的报业发展

---

① 〔美〕埃默里父子：《美国新闻史》，展江、殷文主译，北京：新华出版社，第 91 页。

提供了根本的政治保障。早期的英国殖民当局的枷锁终于被打破,北美的印刷出版再也不用受《印花税》的骚扰。同时战后美国的经济进入了一个稳定发展期,这些都是报业发展的必要条件。

美国的第一份日报《宾夕法尼亚晚邮报》是由本杰明·汤于1783年在费城创办的。到1800年,美国大多数商业港口都有了自己的日报。费城甚至出现过一份全天候的报纸——《新世界报》,这份报纸分为晨报版和晚报版,由此可见人们对于有时效性的新闻需求与日俱增。在1820年印行的512份报纸中,有24份是日报,66份是周二报和周三报,还有422份周报。这些报纸主要还是面向比较富裕的公民,因为报纸的售价还不是普通人能够承受得起,因此1 500份在当时都算是一个比较大的发行量了。

就在这段时期,边远地区也开始兴旺起来。城市郊区边缘以外的报纸的数量增加了6倍。尤其是广告业的繁荣也促进了报业的大发展;这段时间里,邮政系统发展也是报业大发展的促进力量,1782年和1792年制定的《邮政法》规定,教育信息类材料将用更低的邮费运输。这段时间里传媒样式也发生了很大的变化。革命时期殖民地共有5家杂志,罗勃特·艾特肯在费城出版的《宾夕法尼亚杂志》使美国公众第一次欣赏到了汤姆·潘恩的风格;而政党报纸时期涌现出新闻杂志的先驱《农夫博物馆周刊》,比较有名的还包括《奈尔斯纪事周刊》。这些杂志在内容上的重要特点就是可以报道当时政府的活动。

就在18世纪初期的这段时间里,美国赶上了世界范围内进行产业革命的浪潮。工业革命对美国报业的转变提供了一次战略上的机遇:首先是商品的大量生产导致了广告业的繁荣,而广告业向来都是与新闻联姻的。其次,印刷设备在此刻也得到了技术支援,印刷速度得到了空前的提高。所有这一切都似乎在预示着一个新的报业时代即将来临!

第五节 廉价报纸时期

19 世纪 30 年代前后，工业革命使美国的社会生产力产生了大的飞跃，商品大大丰富，市场得以扩大，导致与新闻传播事业相关联的许多社会行业都产生了一系列剧变：大都市的形成、运输的日渐快捷、邮政通讯业的发达、造纸和印刷技术的提高。再加上大量增加的移民，以及新兴的劳工阶层的需要，客观上促使以往的政论报向大众化报纸转变，于是，廉价报纸应运而生。

廉价报纸（Penny Press），也称便士报，每份报纸售价 1 便士。其特点不仅在于空前的廉价，而且还因其内容、形式、发行的创新体现出不同于以往的特色。与前时期的报纸相比，它内容通俗、琐碎，多刊登暴力、犯罪或色情的社会新闻和刺激性消息，并大量刊登广告；形式上文字浅白、情节夸张，常用配以大字标题和图片的显著头版以招人注目。不管是售价的低廉，还是内容、形式上的一味通俗以至于低俗，无不显示出迎合受众的一种新意识，可以说，廉价报纸的目标受众第一次定位在广大的中下层群众身上。

从此，美国新闻业的一个新时代开启了。

一、早期三大廉价报

（一）第一份成功的廉价报纸：《纽约太阳报》（*The Sun*）

1833 年 9 月 3 日，世界上第一份成功的便士报《纽约太阳报》在纽约创刊。该报为日报，创办人是本杰明·戴（Benjamin H. Day）。

这是一份四页小报，大量刊登轻松幽默的社会新闻、当地消息和色情、暴力内容；文字通俗、夸张而富戏剧性；版面上突出大字标题，强调煽情处理；发行上以街头零售为主，不再是传统的预先订阅；每份售价仅 1 便士。

6 个月后，该报发行量达 8000 份，比当时最大的正统报多一倍，很快引起广告商的注意。大量刊登的广告又为该报带来丰厚的收入，使其迅速成为美国第一家不需要政党和财团支持的独立的、赢利的私人报刊企业。

《太阳报》虽在内容、形式和发行上都有所革新，但为招揽受众，甚至不惜编造耸人听闻的假新闻。比如1835年8月25日开始连载的报道：在月球上发现了生命，其形象如怪异的人形蝙蝠。正如曾任其编辑的约翰·博加特所言："狗咬人不是新闻，人咬狗才是新闻。"《太阳报》本着这一宗旨，致力于挖掘种种荒诞离奇的社会新闻，以引人入胜的生动笔法招徕读者，获取了巨额利润。

1950年，该报与《世界报》《电讯报》合并，称为《世界电讯太阳报》(*World Telegraph ＆ The Sun*)。

（二）《纽约先驱报》(*New York Herald*)

1835年5月6日，詹姆斯·戈登·贝内特（James G. Bennet）在纽约创办日报《纽约先驱报》。创办人贝内特是一个专业记者出身的编辑发行人，因而赋予该报极强的个人色彩和独到之处。

该报在内容、形式、发行各方面都全面模仿《太阳报》，在刊登耸人听闻的暴力与色情消息方面，甚至有过之而无不及。1836年，贝内特对纽约妓女艾伦·朱厄特女士被杀一事，进行了一次在当时是为数不多的新闻调查和新闻访谈，并用头版详细报道此事及各种内幕新闻，他的报纸发行量因而飙升。

1840年，纽约及远至英国的报纸发动了一场抵制《纽约先驱报》的"道德战"。所有"令人尊敬的人们"都被召唤到抵制《先驱报》的行列中，由此，该报发行量下降了三分之一。但到1850年，贝内特的《先驱报》每天卖出3万份，比美国其他任何一家报纸的发行量都大。

1848年2月，《先驱报》发行人贝内特从巴黎发回文章，预言法国的王朝将垮台。文章发表7天后，法国国王路易·菲利浦即被废黜，迅速验证了贝内特的预测性新闻。

贝内特以其顽强的专业进取精神，不仅在猎取独家新闻上不遗余力，对传统的报道手法、方式及印刷传播技术、新闻人才方面也追求创新。他首创商业"金融版"专栏，对华尔街金融投机活动进行报道；此外，还在《先驱报》上提供体育、宗教新闻，开辟读者来信专栏等等，逐渐奠定了美国廉价报刊的基本风貌。

1860 年该报销售量为 6 万份，是当时美国销量最高的报纸。1924 年，该报与《论坛报》合并，称为《纽约先驱论坛报》。

（三）《纽约论坛报》（New York Tribune）

1841 年 4 月 10 日，另一份廉价报纸《纽约论坛报》创刊。原为周报，后改日报。不同于前两份刻意追求耸人听闻和煽情的廉价报纸，《论坛报》较为严肃、开明、正派，着重揭露社会问题，提倡进行改革，要求废除奴隶制、注意工农福利、反对酗酒，不登违背社会公德的新闻和广告，而这一切，与其创办者的个人人格和新闻思想是分不开的。

创办人霍勒斯·格里利（Horace Greeley），为人端庄、严肃、正派，在政治观点上倾向于共和党（当时叫自由党），提倡建立一个能兼顾劳资双方利益的"有益的、合理的资本主义"，希望以翔实的内容、公正的评论做一份"正派的便士报"。格里利还创立了新体制，与报社职工共同分享该报的股份、红利。

格里利主张报纸应向不同观点开放。马克思受聘为该报的欧洲编辑，从 1851 年 8 月到 1862 年 3 月，马克思、恩格斯为该报撰写文章 500 多篇。

格里利因其自身的道德力量和崇高的新闻理念，被美国新闻界尊为"报业之父"。

二、1833—1877 年间报业其他大事

1833 年，《纽约人杂志》创刊。该刊存在到 1865 年，是美国第一家大型综合性月刊，该刊文章的文学水平较高。

1836 年，美国两家成功的便士报《费城纪事报》和《巴尔的摩太阳报》分别于 1836 年和 1837 年由威廉·M·斯温、阿鲁

纳·S·埃布尔和阿扎赖亚·H·西蒙兹创办。

1844 年 5 月 1 日，《巴尔的摩爱国报》刊登用电报传送的新闻。这是世界上最早的电报新闻。

1846 年，《加利福尼亚人报》在蒙特雷创刊，数月后迁往旧金山，这是美国西海岸第一家报纸。1849 年，该报与旧金山的另两家报纸合并，改名为《上加利福尼亚报》。

1847 年，《芝加哥论坛报》创刊。该报为日报，创办人是斯克里普斯（John L. Scripps）和另两个实业家。同年，《北极星报》在纽约创刊，创办人是黑人领袖道格拉斯（Frederick Douglass），道格拉斯在报上提出解放黑奴的口号。1851 年，《北极星报》与另外几家小报合并，改名为《弗雷德里克·道格拉斯报》，该报存续到 1863 年。

1848 年，纽约 6 家报纸合办"港口新闻社"。该社于 1857 年改组为"纽约报联社"。1892 年，又改名为美联社（Associated Press，简称 AP）。

1850 年，《哈泼斯月刊》（*Harper's Monthly*）在纽约创刊。该刊连载英国狄更斯等著名作家的小说，木刻插图较多。21 世纪初，该刊被摩根财团收购，但仍为高级杂志。

1851 年 9 月 18 日，《纽约每日时报》创刊。创办人是雷蒙德（Henry J. Raymond）等三人。1857 年，该报改名为《纽约时报》（*New York Times*）。该报在风格上模仿英国《泰晤士报》，一开始就是高级报纸。该报在黑奴问题上支持林肯，帮助林肯两次当选总统。雷蒙德于 1863 年任共和党全国委员会主席。同年，《葛利生客厅良友画报》在纽约创刊，是美国最早的大型画报，每页都有木刻插图。该刊发行百余年，于 1959 年停刊。

1852 年，周刊《革命》在纽约创刊。创办人是马克思的战友魏德迈（Joseph Weydemeyer）。该刊发表很多马克思的著作，是美国第一家马克思主义的杂志。

1857 年，《大西洋月刊》（*Atlantic Monthly*）在波士顿创刊。该刊是高级杂志。著名作家郎费罗、海明威等人的诗和小说，都在该刊连载。

1863 年，第一台两面印刷卷筒机在美国制成。

1865 年，《民族》（The Nation）周刊在纽约创刊。创办人是戈德金（Edwin L. Godkin）。戈德金最早提出改革民政机构以结束政党分赃制的主张。该刊经常发表揭露政府丑闻的文章。

1868 年，纽约《论坛报》编辑主任达纳（Charles A. Dana）购入濒于破产的《太阳报》。达纳革新版面，注意刊登趣闻，以庄谐并用的手法处理政治新闻。几年内，销数由 4 万份增至 12 万份。

1875 年，李·莱恩在旧金山的瓦基出版了据称是美国第一家的中文报纸《华记报》，该报为周报。

1877 年，《华盛顿邮报》（The Washington Post）创刊。该报为日报，创办人是哈钦斯（Stilson Hatchins）。该报原为民主党报纸，1888 年脱离民主党成为独立报纸。同年，《波士顿环球报》第一次发表记者从外地发回的电话新闻。此后，用电话发回新闻的做法迅速在美国普及。

第六节　向现代报纸演变时期

廉价报纸开始的报业大众化进程，至 19 世纪末趋于完成。当时具有重大影响的《世界报》《纽约新闻报》和《纽约时报》，是美国现代资产阶级报纸的开端。在这一时期，资本主义自由竞争的市场机制已完全成熟，经济、技术发展迅猛，贫富分化加剧，社会生活各方面均面临巨大变革，既产生了以《纽约世界报》和《纽约新闻报》为首的"黄色新闻"现象，又有《纽约时报》这样的"揭露丑闻运动"。

一、"黄色新闻"

1870 年到 1900 年间，美国一般性英文日报从 489 份增加到 1 967 份，发行量从 260 万份增加到 1 500 万份。同一时期，周报数量也增加了两倍，由约4 000份增加到12 000份。而从报纸内容来看，大多以"黄色新闻"为主，这是指以极度夸张和捏造情节的手法来渲染新闻事件，尤其是关于暴力、犯罪、色情的新闻故事，达到耸人听闻、扩大报纸销量的目的。对于这一现象的兴起和发展，有两个人起了至关重要的作用：普利策和赫斯特。

（一）普利策与《纽约世界报》（*The World*）

约瑟夫·普利策（Joseph Pulitzer），1847 年出生于匈牙利。1864 年加入美国林肯骑兵团到美国参加内战。战后，1868 年底，他成为圣路易斯德语报纸《西方邮报》记者。1878 年，普利策买下两家圣路易斯的日报《圣路易斯邮报》和《圣路易斯电讯报》，并把它们合并为《圣路易斯邮讯报》。普利策在 1878 年到 1883 年间，《圣路易斯邮讯报》的办报经历为他积累了宝贵的经验。他创造性地发展了廉价报刊的许多报道和版面技巧，逐渐形成了其后被称为"黄色新闻"手法的一些理念和技巧。

他认为，可以在社论版中抨击时弊，推动改革，而在其他的版面，着重趣味和刺激。"你可以写下最崇高的哲学思想，但是如果没有人来读它，那有什么用处？你应该首先发行几百万份报纸，那么在关键时刻，你就可以左右读者的心愿和选票。"这成为他终生的信条。

于是，在他 1883 年买下《纽约世界报》后，新闻思想和技巧日趋成熟，《纽约世界报》获得了巨大的成功。有很多人分析过《纽约世界报》的成功，原因大致有这么一些：

第一，市场定位准确。普利策清楚地知道他的目标受众和潜在读者群：移民、大众，所以售价要低廉，文字要通俗有趣，甚至不惜"煽情"以至于用耸人听闻的"黄色新闻"来吸引受众，但同时只有这样也是不够的，所以还需要高质量的社论版和经常性的社会改革来树立威望。这样，《纽约世界报》既有了"人民斗士"的华丽外衣，又有了家长里短的亲近和娱乐。

第二，层出不穷的技巧和噱头。广泛运用各类新闻图片，突出或套红的大字标题，彩色印刷，连载漫画，营造出活泼而富有视觉冲击力的版面。典型的推销噱头比如 1889 年派女记者伊丽莎白·科克兰只身环游世界，以挑战凡尔纳的科幻小说《八十天环游地球》。而各种各样的社会改革运动，对时弊不公的讨伐，也同样起到了不断制造高潮，吸引眼球的目的。比如 1885 年，为了募集资金建造自由女神像的底座，普利策的《纽约世界报》发动了一次典型的吸引公众的运动，由此自由女神才得以竖立起来。普利策是廉价报纸成功经验的集大成者，同时又极善于推陈出新。他推出了《纽约世界报》的晨报、晚报和周日报，把严肃性版面和娱乐性专栏集于一身，将两者都发挥到了极致。

第三，善于用人。普利策特别注意网罗一流的人才，物色能干的帮手，把众多才华出众的杰出人物集合到他的麾下。他分析每一个雇员，了解每一个人的才干、兴趣、弱点、虚荣，使他们在工作中扬长补短。他对工作要求完美，但对最好的新闻内容、新闻缩写、最好的标题和社论都予以奖赏，他的员工可以获得当时最好的工资。他对员工的工作成绩总是报之以欢迎和奖励。

1911 年 10 月 29 日，普利策去世，遗嘱中留 25 万美元设立基金，奖励每年的优秀新闻、文学、历史、音乐和戏剧作品，这就是美国新闻界最负盛名的普利策奖。

（二）赫斯特与《纽约新闻报》（New York Journal）

威廉·伦道夫·赫斯特（William Randolph Hearst），1863 年出生于加利福尼亚州旧金山的富豪之家，求学哈佛大学被开除后，1887 年，接管了其父行将倒闭的《旧金山考察家报》，并把它转变为一张煽情的、积极参与各项社会运动的、自筹资金的改革报纸。到 1890 年，它成为一家成功的报纸，每年获利 35～50 万美元。

1895 年，他买下纽约的《新闻晨报》，改名为《纽约新闻报》，决意和普利策争雄。他在竞争中往往不惜代价，不择手段。当时《纽约世界报》的星期日版极受读者欢迎，有彩色印刷，有连环画专页，赫斯特用重金把该报星期日版的主编和许多记者、画家挖了过来，其中包括连环画作者理查德·奥特考尔特。此人是《纽约世界报》上极受欢迎的连环画《霍根小巷》的作者，这一连环画的中心人物是一个逗笑的"黄色小孩"（Yellow Kid）。赫斯特依靠他们创办了《纽约新闻报》的星期日版，并且连载"黄色小孩"的漫画。普利策被迫应战，另外请人主持星期日版，又请乔治·卢克斯继续画"黄色小孩"。一时间"黄色小孩"就成了这两份报纸的象征，人们称它们为"黄色报纸"（Yellow Press），又把当时流行的耸人听闻的新闻手法称作为"黄色新闻"（Yellow Journalism）。

赫斯特的报纸在采用这种新闻手法时更为低级庸俗，内容上离不开犯罪、色情、灾祸；标题常用红色或黑色的特大字号，加强刺激性煽动性；为了寻求轰动的效果不惜在文字或图片处理上弄虚作假。所以史家称赫斯特为"黄色新闻大师"。

1898 年，纽约的报纸发行大战中，赫斯特和普利策报道西班牙在古巴的暴行和美国战舰缅因号在哈瓦那港口被炸事件，相互竞争，耸人听闻地进行报道，导致美国卷入"西班牙—美国战争"。赫斯特亲率记者赴前线采访。在古巴海岸，赫斯特本人俘虏 26 名西班牙海军官兵。此事在其所办报纸上大肆渲染后，赫斯特的《纽约新闻报》销量猛增至 150 万份，超过《纽约世界报》，居当时美国第一位。战争的狂热和对美西战争的报道，使《纽约新闻报》和《纽约世界报》当时的销量都超过了 100 万份。

美西战争和赫斯特、普利策的黄色新闻大战使得美国的黄色新闻也达到了顶峰。当时在美国 21 个报纸集中的城市里，约有一半的报纸是不折不扣的黄色报纸。1895 年，塔曼（Harry H. Tammen）购入亏损严重的《丹佛邮报》（Denver Post），并将该报办成充满色情和刺激性的报纸。《丹佛邮报》被认为是美国最黄色的报纸。

但到 20 世纪，赫斯特的《纽约新闻报》日益不得人心，后来改名为《美国人报》（American）。黄色新闻日渐衰落。

（三）20 世纪 20 年代的"小报时期"

第一次世界大战后，黄色新闻的余波尚未平息，一股新的

"黄色"浪潮再次席卷美国新闻界。这次是以许多当时出现的小型报刊（约相当于普通报纸的一半大小）为主要代表，因而美国新闻史称其为"小报时期"，称当时流行的新闻手法为"小报新闻手法"。其特点是以暴力色情文字加大幅照片，运用耸人听闻手法，偏重消遣性。可以说是黄色新闻的旧手法在新形势下的继续，甚至恶性发展。

在美国，20世纪20年代是一个荒唐、怪诞、疯狂的年代。为了忘却第一次世界大战的"疲劳"和"噩梦"，发了横财的大亨与一般民众，都渴望回到正常的生活轨道上去。政治上，威尔逊总统希望美国成为世界领袖的指望，也因国内"恐赤病"和俄国十月革命的胜利而化为泡影。在此背景下，美国全国进入一种心灵空虚、醉生梦死、极度迷惘的状态之中，抒写"迷惘的一代"的文艺作品，各种先锋派、野兽派的绘画，节奏强劲的"爵士音乐"，以及好莱坞所谓的"浪漫、喜剧电影"风行一时。小报正好迎合了这一风尚，并起了推波助澜的作用。

第一张出名的小报是1919年6月26日出版的《纽约插图每日新闻》。创办人是麦考米克（Robert R. McLormick）和他的表弟派特森（Joseph M. Patterson）。创刊号即用头版刊登了一张即将访美的英国王子威尔士亲王（即后来著名"爱美人不爱江山"的爱德华八世、逊位后改称温莎公爵）的大幅照片，同时还宣布要举行选美比赛。该报不久改名为《纽约每日新闻》（*New York Daily News*）。大量推出暴力、色情消息，刊用大幅照片以制造轰动效果，是该报的最大特色。1926年，该报销量突破百万份。这是美国第一家长期保持销量百万份以上的日报。

很快，赫斯特在1924年跟风出版了《每日镜报》，伯纳德·麦克洪登也于同年发行了臭名昭著的《每日写真报》。一时间，此类庸俗、污秽的小报比比皆是。

此后，20世纪20年代末30年代初，美国发生经济大萧条，工厂倒闭、百业凋零，公众对小报的低级趣味日渐厌恶，甚至反对和抵制。"小报新闻手法"逐渐失势，但并未完全消失。《纽约每日新闻》至今仍是美国销量较高的日报。

二、《纽约时报》的崛起

1851 年 9 月 18 日,《纽约每日时报》(*New York Daily Time*)创刊。创办人是亨利·雷蒙德(Henry J. Raymond)、乔治·琼斯(George Jones)、爱德华·韦斯利(Edward B. Wesley)三人。1857 年,该报改名为《纽约时报》(*New York Times*)。

雷蒙德原为《纽约论坛报》记者,因对当时廉价报刊的煽情手法不满而希望创办一份既不同于危言耸听的《纽约先驱报》,又不同于过分说教的《纽约论坛报》的真正的报纸。他希望有一份像伦敦《泰晤士报》那样"庄重严肃、详尽迅速"的"纯正的"新闻纸。终于,在 1851 年,雷蒙德联合两位好友共同创办了《纽约每日时报》。雷蒙德确立的编辑方针是:客观、公正、冷静。创刊号为一大张 4 版,每版 6 栏,售价 1 美分。风格上模仿《泰晤士报》,一开始就是高级报,观点保守,新闻力求客观,极少人身攻击的报道,资料丰富,特别注重国际新闻。很快,以其不同于其他廉价报纸的新风格而获得读者的支持。创刊一年内,版面由 4 版扩大到 8 版,售价增至 2 美分,发行量也不断上升。

1869 年雷蒙德逝世,琼斯出任《纽约时报》发行人。1870 年,《纽约时报》开始对控制纽约市政府的民主党"坦幕尼派"首领威廉·马希·特威德进行调查,揭发"特威德集团"特大贪污案件,最终使特威德等人受到法律的制裁。此举大大提高了该报的声誉,销量也增至 4 万份。

1891 年,琼斯逝世。该报转入查尔斯·米勒(Charles R. Miller)家族之手。随着普利策和赫斯特先后打入纽约,黄色报刊日趋泛滥,《纽约时报》趋于衰败。1896 年,该报销量已跌至 9 000 多份,亏损严重,濒临破产。

1896 年 8 月,一个德国犹太移民的后裔——阿道夫·奥克斯（Adoph S. Ochs）入主该报。他在《纽约时报》8 月 19 日发表的接办宣言中声明："《纽约时报》要用简明动人的方式，用文明社会中慎重的语言，来提供所有的新闻——即使不能比其他可靠途径更快地提供新闻，也要一样快；要不偏不倚、无私无畏地提供新闻——不论涉及任何政党、派别和集团的利益，要使《纽约时报》的篇幅成为探讨一切与大众有关的重大问题的论坛，并为此目的而邀请各种不同见解的人参加明智的讨论。"

奥克斯接管《纽约时报》后，对其进行全面改革。在内容方面，大力加强商业金融等经济新闻的报道，对社会新闻则以严肃的态度加以报道，并增加了星期日增刊和书评专栏。印刷上则力求精美、清晰，它的广告词是"本报不会玷污早餐桌布"，以表明其印刷质量之高，同时也表示其坚决反对黄色新闻之意。1896年 10 月，奥克斯拟定一句简短的广告语来表达其办报方针，这就是迄今《纽约时报》第一版仍然宣称的，并且已是美国家喻户晓的一句成语："所有适宜于刊印的新闻"（All the News that's fit to print）。奥克斯凭借其全面详尽的新闻、稳健严肃的社论，在当时泛滥的黄色新闻、黄色报刊中闯出了一条新路。在他接手一年后，该报销量回升到 7 万份，1901 年突破 10 万份。奥克斯成功地使其起死回生，并且使其成为美国最受尊敬、最有影响的报纸。

如果说，普利策的《纽约世界报》和赫斯特的《纽约新闻报》选择了娱乐性作为制胜法宝，奥克斯接办的《纽约时报》则选择了真实性作为吸引读者的手段。按照夏德森（Michael Schudson）在《挖掘新闻——美国报纸的社会史》（*Discovering the News：A Social History of American Newspapers*）中的说法，这两种新闻模式，分别称之为"故事模式"和"信息模式"。前两种报纸以讲述煽情故事为其长项，而《纽约时报》则以提供准确、公正的信息为其最终诉求。《纽约世界报》奠定了现代大众新闻的基础，但 1896 年以后，奥克斯的《纽约时报》为现代报业确立了新的标准。夏德森引用 1902 年《记者》杂志上的文章《美国新闻的标准》中的话来说明这种标准："只有那些准确而充分地报道事件的报纸才能生存，才能拥有越来越多的固定的读者群。"这是"信息模式"的主要含义。《纽约时报》挑战了只有煽情才能成功的观点，令竞争对手们明白了"高雅意味着赚钱"。刊登"所有适宜于刊印的新闻"，保守、高雅而且准确，正是有良好教养又富有的阶层想要的东西。"信息模式"的新闻总是与公正、客观、审慎而不动感情相联系，因而看起来比故事模式的报纸"更值得信赖"。

1935年，奥克斯逝世，他的大女婿亚瑟·海斯·苏兹贝格（Authur H. Sulzberger）接掌《纽约时报》。他改变了由奥克斯确立的过于僵死的客观中立风格，强烈的反对法西斯，在第二次世界大战中坚决地站在民主国家一边，谴责法西斯战争。在业务上，坚持奥克斯一贯的稳健创新方式，保持其高雅、准确，并开始发行欧洲版。1959年，销量达60万份，星期日版增至120万份。

1961年，苏兹贝格将《纽约时报》交其女婿奥威尔·德莱福斯（Orvil Dryfools）主理。然而两年后，即1963年，德莱福斯故世。苏兹贝格之子小苏兹贝格（Authur Ochs Sulzberger）接任社长。他对报社内部制度进行改革，网罗人才任该报专栏作家和记者，还成立了纽约时报公司，致力于向外发展。在报纸内容方面，除继续保持原有的政治、经济、文化、科技新闻外，在20世纪70年代还增加一系列与日常生活有关的专刊，如《周末》《家庭》《体育》《生活》等，获得读者的一致好评。

在小苏兹贝格时代，《纽约时报》继续保持了其在国际新闻报道方面的优势，并坚持其号称为独立于政府的自由主义报纸的传统。这期间，最为轰动的一事是：1971年，《纽约时报》收到一份有关越南战争历史的美国国防部秘密文件的复印件。这份文件全称为《关于越南问题的美国决策过程史》，《纽约时报》慎重考虑后披露了这份"五角大楼密件"，立时轰动全美。当时的司法部部长施压勒令其停载，在禁止《纽约时报》刊登这一"五角大楼文件"后,《华盛顿邮报》进一步做了报道,接着《波士顿环球报》也参与报道。《纽约时报》迅速向法院上诉,最高法院最后判决,政府在这一案中限制新闻报道的理由不充分,新闻界有权公布历史记录而不管这些记录是否有"绝密"标记。

《纽约时报》的胜诉,被美国新闻界视为新闻自由的再一次体现。按照历史学家查尔斯·比尔德的说法,出版自由就意味着"在新闻专栏和社会专栏拥有公正或不公正、偏向某一党派或不偏向任何党派、正确或错误的权力"①。《纽约时报》认为在这一事件中,他们是公正、不偏不倚并且正确的,他们以行动捍卫了美国新闻界由来已久的新闻自由的传统。

可以发现,在美国,政府的权力没有欧洲其他国家那么明显。因为美国是直接由殖民地进入资本主义社会,并没有封建集权钳制思想的传统,结果报刊、阶级、政治的相互关系,在美国表现为一种欧洲传统看来无法理解的模式:似乎是"报刊操纵政府、报刊玩政治"。而实际上,是实用主义统领一切,实际利益决定报刊、政府的导向。

三、1878—1920 年间报业其他大事

1881 年,《洛杉矶时报》(*Los Angeles Times*)创刊。该报为日报。创办人是奥提斯(Harrison G. Otis)。后来,奥提斯的女婿钱德勒(Harry Chandler)任该报发行人。钱德勒家族拥有该报最多股份。该报在 21 世纪初成为美国西部最大的报纸。第二次世界大战后,该报平日平均 124 页,星期日 512 页,是世界上篇幅最多的日报。

1883 年,《妇女家庭杂志》(*Lady's Home Journal*)在纽约创刊。该刊为月刊。创办人是柯蒂斯(Cyrus H. K. Curtis)。

---

① Charles Beard: *St. Louis Post − Dispatch Symposium on Freedom of the Press*, 1938. 引自 William L. Rivers、Wilbur Schramm 和 Clifford Christians: *Responsibility in Mass Communication*, 3d ed., New York: Harper and Row, 1980, P47.

创刊后不久销数达 50 万份。这是美国最早的而且办得较成功的妇女杂志。

1885 年，《好管家》（*Good Housekeeping*）在纽约创刊。该刊为月刊。创刊后一直畅销至今。1930 年，该刊设广告品试验室，以检验广告是否具欺骗性。

1888 年，《全国地理杂志》（*National Geographic Magazine*）在华盛顿创刊。该刊为月刊。是美国地理学会创办的。该刊刊登的世界各地原始社会的报道和画片特别珍贵。它后来成为世界上最畅销的一家专业性杂志。1978 年，销数超过 1 000 万份。

1889 年，《华尔街日报》（*The Wall Street Journal*）在纽约创刊。该报是记者道（Charles Dow）和琼斯（Edward Jones）经营的道—琼斯公司创办的。以公司经理和高级职员为对象，报道各类经济新闻。

1890 年，纽约《太阳报》的记者雅各布·里斯出版了一本考察纽约贫民窟的书——《另一半人怎么生活》，其目的是唤醒富裕阶层去关心生活在城市的另一角的人们的悲惨生活。

1892 年，斯克里普斯（Scripps）家族拥有底特律《新闻报》等 5 家报纸。这是美国最早出现的报业垄断组织。同年，采用"何人、何事、如何、何时与何地"（即 5W：Who、What、Why、When、Where）的新闻导语，在报界变得更为流行。西奥多·德莱塞在《芝加哥环球报》的第一篇新闻报道中就采用了这种形式的导语。

1907 年，斯克里普斯报团在纽约创办合众通讯社。该社在 1930 年左右打破了美联社的垄断地位，成为美国第二大通讯社。

1908 年，《基督教科学箴言报》（*Christian Science Monitor*）在波士顿创刊。该报为日报。创办人是埃迪夫人（Mrs. Mary B. Eddy）。该报以抵制黄色新闻为宗旨。后来成为美国著名的高级报纸之一。同年，密苏里大学创办了第一家单独的新闻学院。

1909 年，赫斯特在纽约创办"国际新闻社"。该社当时是仅次于美联社和合众社的美国第三大通讯社。

1910 年，《危机》（Crisis）在纽约创刊。该刊为月刊。创办人是黑人运动领袖杜·波依斯（Du Bois）。该刊作为美国全国有色人种协进会的机关刊，全面抨击美国的种族歧视政策。同年，美国已有 2 600 家日报，达到顶峰。

1913 年，美国已有 323 家社会主义者的报纸，总发行量 200 万份。

1914 年，美国的外文报纸达到了顶峰，有 160 家。爱德华·W·斯克利普斯于 1895 年组建了美国第一个现代报团，此时已拥有 33 家"链接"报纸。

1915 年，美国有 2 200 家以上的英文日报。

1916 年，拥有《纽约新闻报》的弗兰克·A·孟西兼并了著名的《纽约太阳报》，并把它们合并为一家。

1917 年，纽约时报新闻社（New York Times News Agency，简称 NY-TNA）成立。该社在 1958 年后成为仅次于美联社和合众国际社的美国第三大通讯社。

1918 年，11 月 7 日，合众社社长霍华德根据误传的消息，下令发布停战协定已签字的新闻。由于当时停战协定尚未签字，所以造成重大误报。四天以后，即 11 月 11 日停战协定才正式签字。

1920 年，霍华德辞去合众社总经理职务，接任斯克里普斯报团主管人。同年，考克斯报团创始人詹姆斯·考克斯（James M. Cox）被提名为民主党总统候选人，参加竞选。竞选失败后，考克斯继续从事报业活动。

第七节　现代报业

竞争与垄断的加剧，成为美国现代报业发展中的主要特征。1982 年美国的新闻与娱乐业（包括电视、广播、有线电视、电影、报刊和出版业等）控制在 50 家大公司手里，1996 年集中到 10 家公司，而到了 2000 年美国的传媒娱乐业几乎被五大财团垄断。①

一、报业集团的出现

随着报业竞争的加剧，美国开始出现报业垄断，其主要形式为报业集团的出现。一个公司在两个以上城市拥有两家以上的报纸，称为报业集团。

（一）第一家报团：斯克里普斯报团

美国历史上第一家报业集团是由爱德华·斯克里普斯建立的。

1878 年，斯克里普斯在克利夫兰开始了他的报业生涯，经营《克利夫兰新闻报》。1883 年，买下辛辛那提一家濒临破产的便士报，改为《辛辛那提邮报》。1889 年，与米尔顿·麦克里组成斯克里普斯—麦克里报纸联盟。

1892 年，斯克里普斯（Scripps）家族已拥有底特律《新闻报》等 5 家报纸，成为美国最早出现的报业垄断组织。至 1914 年，该报团在全美拥有 23 家报纸。同年，麦克里退出，罗伊·霍华德进入报团领导核心。

1922 年正式更名为斯克里普斯—霍华德（Scripps－Howard）报团。

1950 年，斯克里普斯—霍华德报团收买纽约《太阳报》和《世界电讯报》，并将两报合并，改名为《世界电讯太阳报》。

（二）赫斯特报团

继斯克里普斯之后，威廉·赫斯特也建立起一个庞大的报业帝国。

1887 年，赫斯特在旧金山执掌其父的《旧金山考察家报》，

---

① 《美国传媒业摆脱束缚 迎来竞争更激烈新时代》，《经济观察报》，参见 http://purple.nj.gov.cn/gb/content/2003－07/16/content _ 3760. htm.

开始其报业生涯。稍后于 1895 年，买下纽约的《新闻晨报》，改名为《纽约新闻报》，形成美国第二个报业垄断组织。

1900 年后，不断扩张兼并，至 1935 年，已在 19 个城市拥有 26 家日报和 17 个星期日报；同时还控制了全美最大的金氏特稿辛迪加，以及《美国人周刊》等 14 家杂志；旗下还有国际新闻社、宇宙新闻社、国际新闻社图片社，8 家广播电台、2 家电影公司，成为当时全美最大的报业集团。

（三）当今全美最大报团：甘尼特报团

创始人弗兰克·甘尼特（Frank E. Gannett），1900 年在伊萨卡的《新闻报》任编辑，后升任经理。1906 年，购入《埃尔迈拉明星公报》的一半股权，甘尼特报团从此登上历史舞台。1918 年，买下罗彻斯特的两家报纸，合并后改名为《时代联合报》。同年，建立甘尼特公司。

1923 年，甘尼特在纽约创办了 4 家小报，形成报团。

1957 年，甘尼特逝世。该报团旗下共有 22 家报纸，4 家广播电台，3 家电视台，由其家族第二代接掌。

1976 年，甘尼特报团买下新墨西哥州和宾夕法尼亚州的 4 家日报和一家晚报，为以后成为美国最大的报团奠定了基础。

1979 年，甘尼特报团所控报纸销量为 358 万份，超过奈特—里德报团，跃居美国第一大报团。此后，一直保持其第一位至今。

（四）奈特—里德报团

里德家族是德国移民的后裔。1915 年，赫曼·里德（Herman Ridder）逝世，将其拥有的德文报纸《纽约公报》传给了三个儿子。里德兄弟又陆续购入几家英文日报。1940 年，里德兄弟已拥有 7 家日报，形成报团。

奈特（Knight）家族形成的报团稍晚于里德家族，1973 年，奈特家族用 1.7 亿美元买下里德家族的 17 家日报。奈特报团改名为奈特—里德报团。该报团控制的日报总销数超过 300 万份。从 1973 年到 1978 年，奈特—里德报团是美国最大的报团。

（五）纽豪斯报团

创始人纽豪斯（Samuel L. Newhouse），犹太移民的后裔。16 岁开始管理新泽西州的《贝荣时报》，开始进入报业领域。1922 年，购入《斯太腾岛前进报》。之后，又购入纽约州的《旗帜邮报》《先锋报》《新闻报》等。1955 年，纽豪斯家族买下《圣路易斯环球民主报》等 3 家日报，形成报团。

1959 年后，该报团开始向杂志业投资。购入贡德那斯杂志社出版的《时装》《魅力》等 4 家杂志，后又收购纽约的斯特里特和史密斯出版公司的大部分股票，从而控制该公司旗下的《小姐杂志》《魔力》等 6 家杂志。

1979 年，纽豪斯逝世，报团由家族第二代人接掌。当时该报团拥有 13 家报纸、7 家杂志、5 家广播电台、6 家电视台和 20 个有线电视系统。

1985 年，该报团掌门人小纽豪斯（S. L. Newhouse Jr.）以 1.4 亿美元购入纽约著名杂志《纽约客》（*New Yorker*）。

（六）"独立"报纸所发展成的报团

美国一些著名报纸，如《纽约时报》《华盛顿邮报》等，不属于任何报团的报纸，称为"独立"报纸。但它们不断发展壮大，逐渐也形成报团。

1917 年，《纽约时报》自办了一家通讯社——纽约时报新闻社。1963 年，小苏兹贝格接任《纽约时报》社长后，成立纽约时报公司，并向佛罗里达州的一些中、小城市投资办报，形成报团。1978 年，该报团已在 3 个州拥有 10 家日报。此后，该公司旗下除报纸外，还增加了杂志、出版社和广播电台。

类似的，《华盛顿邮报》也成立了华盛顿邮报公司，并于 1961 年购入《新闻周刊》，1974 年购入新泽西州的《特兰顿时报》。1978 年，该公司旗下已有 3 家日报。

（七）外资报团

第二次世界大战后，外资开始进入美国报业。

1967 年，加拿大报业大王汤姆森成功打入美国，这一年他大举收购了 12 家美国报纸，形成汤姆森报业公司。1983 年，该公司拥有 84 家日报，38 家星期日报，在全美报业集团中以每日发行量 129 万份而排名第十。

1974 年，澳大利亚报业大王默多克收购得克萨斯州的一家日报和一家星期日报，成功进入美国报业市场。1976 年，收购《纽约邮报》。此后，又收购了多家日报和周报，并向电视、电影业渗透。该报团以美国新闻出版公司名义管理报业，1983 年平日发行量 208 万份，排名全美报团第 7 位。

二、当今重要报纸

根据世界报业协会 2003 年公布的"全球日报发行前 100 名"排行榜：《今日美国》日发行 260.3 万份，排名第 9 位；《华尔街日报》日发行 182.1 万份，排名第 20 位；《纽约时报》日发行 167.3 万份，排名第 23 位；《洛杉矶时报》日发行 139.6 万份，排名第 32 位；《华盛顿邮报》日发行 104.9 万份，排名第 41 位；《芝加哥论坛报》日发行 101.6 万份，排名第 47 位；《纽约每日新闻》日发行 81.1 万份，排名第 64 位；《丹佛山新闻》第 67 位；《达拉斯晨报》第 68 位；《费城问询报》第 71 位；《休斯敦纪事报》第 76 位；《底特律新闻》（免费）第 77 位；《波士顿环球报》第 80 位；《明尼阿波利斯明星论坛报》第 83 位；《长岛每日新闻》第 84 位；《亚特兰大新闻》第 85 位；《纽约邮报》第 90 位；《纽瓦克明星纪事报》第 92 位；《亚利桑那共和报》第 100 位。[①]

公认为最有声望的几家日报如下。其中，《纽约时报》《华盛顿邮报》和《洛杉矶时报》号称美国三大报。

（一）《纽约时报》（*The New York Times*）

由"纽约时报公司"在纽约市出版，是美国最有影响的报纸。内容详尽、态度严肃，对国内外新闻都给予充分报道，而且

---

① 资料来源：http://tech.sina.com.cn/me/2003-06-27/1917203273.shtml

常全文刊登重要演说和政府文件，自 1913 年起还定期编印曾刊载过的全部文章的索引，故此有"档案记录报"之称。读者定位为知识分子和政府官员等社会中上层人士。《纽约时报》还与《华盛顿邮报》联合在巴黎出版《国际先驱论坛报》。

《纽约时报》版面繁多，平日 80～100 版，星期日 400 多版。平日版（周一到周五）分 ABCD 四个部分（section）：A. 国际、国内新闻及评论。评论部分包括社论版和"社论版对页"（Op-Ed Page，指报外人士的言论，包括与社论观点相左的不同意见）。B. 纽约本地新闻。C. 经济新闻。D. 专题报道：星期一体育，星期二科技，星期三生活，星期四家庭，星期五周末。周末版还多两个副刊：纽约时报杂志、纽约时报书评。

该报在美国各报中获得普利策奖次数最多。

（二）《华盛顿邮报》（*The Washington Post*）

由华盛顿邮报公司在华盛顿出版。由于地处首都，因而消息灵通，对国会消息和政府活动报道较多，在政界很有影响。读者定位类似于《纽约时报》。

1877 年，由斯蒂尔森·哈钦斯创办。1933 年卖给犹太人尤金·迈耶，1948 年由其女凯瑟琳·格雷厄姆和女婿菲利浦·格雷厄姆继承。1961 年，收购《新闻周刊》，建立华盛顿邮报公司。1963 年，菲利浦去世后，由凯瑟琳掌管。1976 年，凯瑟琳将权力移交其子唐纳德·格雷厄姆。

《华盛顿邮报》平日约 100 版，星期日 200 版。版面类似于《纽约时报》，也分 ABCD 四个部分：A. 国内外新闻和评论。B. 文艺、文化生活。C. 华盛顿当地新闻。D. 体育、商业新闻。

该报在 20 世纪 70 年代前并不出名，但 1972 年的"水门事件"使该报一举成名，从此跃居有影响力的大报行列。1972 年 6月 17 日，华盛顿警察在民主党总部所在地水门大楼里捕获 5 名盗窃嫌疑犯。《华盛顿邮报》记者伍德沃德（Bob Woodward）和伯恩斯坦（Carl Bernstein）对此案追踪调查，发现在总统竞选期间，共和党人在民主党总部安装了窃听器。后来又发现尼克松总统卷入了掩盖窃听罪行的活动。《华盛顿邮报》对"水门事件"的连续报道使全世界感到震惊，1974 年，尼克松总统被迫辞职。震惊世界的"水门事件"从开始揭发到尼克松下台，历时26 个月。《华盛顿邮报》因对此事的连续报道而获得了普利策奖。

1981 年，该报又因编造假新闻而成为焦点。该报一女记者珍妮特·库克写了一篇调查性报道，描述一个 8 岁的孩子吸毒成瘾的故事，获得该年度的普利策奖。但很快被揭发这篇报道纯属虚构，该报不得不做出"公开检查"，并声明退回普利策奖。《华盛顿邮报》的公信力因此事而受到极大损害。

（三）《洛杉矶时报》(*Los Angeles Times*)

由洛杉矶时报—镜报公司在加利福尼亚州洛杉矶出版，原为美国西部一家大报，后发展成为美国三大报之一。

1881 年，由托马斯·加德和内森·科尔创办。8 个月后，哈里森·格雷·奥提斯（Harrison G. Otis）购入该报部分股份。1886 年，奥提斯买下该报全部股份，成为该报唯一业主，奥提斯的女婿哈里·钱德勒（Harry Chandler）任该报发行人。1917年，奥提斯逝世，产权从此归属于钱德勒家族。1960 年，钱德勒第三代奥提斯·钱德勒成为发行人后，对该报进行了一系列改革：扩大报道面，增加国内国际新闻及其他专栏；改变过去地方保守主义色彩，对政府的一些政策持自由主义的批评态度，如1971 年，在美国各大报中第一个提出美军应立即撤出越南。一改其"最不公正和最不可靠"的旧形象，得以跻身于三大报行列。

平日约 100 版，星期日 400 版。平日版分 5 个部分：A. 国内外新闻；B. 地区新闻、社论和社论版对页；C. 体育、商业、经济；D. 文艺、影视、社交等；E. 娱乐材料和分类广告。

（四）《基督教科学箴言报》(*The Christian Science Moni-*

1908 年，由科学基督教创始人玛丽·贝克·埃迪在波士顿创办。现为"基督教科学协会"(Christian Science Monitor Society）出版。略带宗教色彩，但并不或很少直接宣讲教义，而希望通过对事件的正面报道来启示和感化他人。该报的创办初衷并非为劝人信教，而为抵制当时泛滥的黄色报纸。因此，该报一般不刊登犯罪和灾祸性新闻，即使报道也以分析事件的前因后果为着重点，回避细节渲染。

该报发行量一直不大，但严肃正派，关于文艺科教和国际新闻的报道尤为其长项。其国际报道尤负盛名。该报在世界各大城市派有驻外记者，侧重写评述性报道，对国际时事的分析、评论，比较客观、公正，因而不仅受到美国国内中上层人士的重视，而且为世界各国研究国际问题的机构、人员所倚重。自1976 年起，改为 4 开形式，每期 24 版～28 版，印刷精美，文笔、图片都很讲究。广告较少，且拒绝刊登烟、烈性酒、色情影片之类的广告。

在政界、知识界和文化界有很深的影响，读者多为受过良好教育并有一定社会地位的人士。

（五）《华尔街日报》（*The Wall Street Journal*）

1889 年，由道—琼斯公司在纽约出版。以报道经济新闻为主，大量刊登美国财政、银行、股票、投资、税收、物价等消息和评论，读者多为公司经理和高级职员，是美国第一家办得成功的专业性日报。

1870 年左右，两名金融记者查尔斯·道（Charles Dow）和爱德华·琼斯（Edward Jones）创办道—琼斯公司，原是为顾客提供交易所消息的金融新闻通讯社。1899 年，整个公司连同《华尔街日报》出售给该报驻波士顿记者克拉伦斯·巴龙。1976 年，该公司在中国香港地区出版《亚洲华尔街日报》。1983 年，在布鲁塞尔出版《华尔街日报》欧洲版。该公司拥有《远东经济评论》49％的股权，旗下还有道—琼斯新闻社，合资经营的"美联—道-琼斯经济报道通讯社"，以及一家商业周刊、一家电台和 20 家报纸。

1940 年以前，该报只报道金融新闻，后逐渐将内容扩大到国内外政治、社会、文化、科技、娱乐等各方面重大事件。其新闻特写常以一个具体的人或事开头，然后逐渐引出主题，写法生动，被称为"华尔街日报体"。第一次世界大战后，道—琼斯公司汇编的 30 种工业股票平均价格开始在《华尔街日报》发表，成为预测美国经济的重要资料，后演化为著名的道琼斯指数，成为显示美国经济涨跌的一个风向标。

（六）《今日美国》（U. S. A. Today）

美国第一张全国性综合日报，1982 年在华盛顿创刊，甘尼特报团出版。1987 年开始即成为美国发行量最大的日报。其特点是新闻简短，多用彩色照片，不似其他大报的详尽或深度报道，而着重汇编全美各地以及世界新闻摘要。此外，卫星传版可以使其在全美甚至海外同时印刷。读者以旅游者和商务人员居多，街头零售为主。

本章参考书目：

(1) 李磊．外国新闻史教程．北京：中国广播电视出版社，2001

(2) 陶涵主编．世界新闻史大事记．北京：人民日报出版社，1988

(3) 刘有源．美国新闻事业概况．北京：人民日报出版社，1984

(4) 张允若编著．西方新闻事业概述．北京：新华出版社，1989

(5) 〔法〕皮埃尔·阿尔贝，费尔南·泰鲁著．许崇山，果永毅，李峰译．世界新闻简史．北京：中国新闻出版社，1985

(6) 陶涵主编．世界十国新闻史纲要．中国台湾地区：文津出版社，1989

(7) 〔美〕迈克尔·埃默里，埃德温·埃默里著．展江，殷文主译．美国新闻史．第 8 版．北京：新华出版社，2001

(8) 张隆栋，傅显明编著．外国新闻事业史简编．北京：中国人民大学出版社，1988

(9) 张允若、高宁远．外国新闻事业史新编．成都：四川人民出版社，1996

本章参考书目：

(1) 〔美〕房龙著．何兆武等译．人类解放的故事——为思想权利而斗争．
北京：社会科学文献出版社，1999

(2) 〔美〕I. F. Stone 著．董乐山译．苏格拉底的审判．北京：三联书
店，1998

(3) 〔法〕让·斯托策尔著．陆象淦译．当代欧洲人的价值观念．北京：社
会科学文献出版社，1988

(4) 〔美〕卢塞·S·利德基主编．龙治芳等翻译．美国特性探索·社会和
文化．北京：中国社会科学出版社，1991

(5) 〔美〕加里·沃塞曼著．陆震纶等译．美国的政治基础．美国研究丛书
．北京：中国社会科学出版社，1994

(6) 英国"经济学人"杂志编．美国政治．北京：三联书店，1981

(7) 徐志森编著．美国史纲·从殖民地到超级大国．上海：华东师范大学
出版社，1992

(8) 〔美〕詹姆斯·M·伯恩斯等著．谭君久等译．北京：中国社会科学出
版社，1993

(9) 〔法〕托克维尔著．董果良译．论美国的民主．北京：商务印书
馆，1991

(10) 〔美〕埃默里父子著．董乐山译．报业与美国——大众传播媒介的解
释史．北京：新华出版社，1982

(11) 〔美〕埃默里父子著．展江等译．美国新闻史（第八版）．北京：新
华出版社，2001

(12) 〔美〕布尔斯廷著．谢延光译．美国人．北京：三联书店，1997

第六章
现代美国新闻传播史研究（上）

第一节　美国新闻传播业的宏观描述

信息技术革命于突飞猛进的 20 世纪下半叶至 21 世纪初，美国作为信息革命的引领者，无论是在政治、经济，还是文化等方面，一直处于不可撼动的强势地位。作为综合国力最强的资本主义国家，美国的各个行业在世界各地的市场中占据着极其重要的位置。美国的新闻传播业依托其强大的经济和政治优势，在全球居于领先地位。美国新闻传播业可以大致分为报业、广播、电视以及网络。现在将其从纵向发展和横向分类两个角度做一个宏观描述。

一、美国新闻传媒产业结构发展的三个阶段

美国新闻传播媒体的迅速成长与以下三个因素有关。

（1）先进的信息技术。信息技术是推动新闻传媒产业结构变化的主要动力之一。现代信息技术为新闻传媒的发展提供了无限的空间。它不仅改变了新闻传媒产业结构，还改变了传媒产业的功能。利用现代信息技术，保证信息传播物质手段的有效性、先进性是促使美国传媒产业跨世纪变革的动因之一。从传统印刷技术的发展，到无线电、卫星、网络、数字和多媒体等技术的运

用，美国传媒产业随着信息技术的进步飞速地发展。

（2）健全的法律制度。美国新闻传媒产业的发展壮大与法制的推动密不可分。美国是世界上法制最完善的国家之一，作为整个法系下一个分支的信息传播法律也较为完善。从广播业之初的《1927年广播法》到《1934年通信法》，直到传播业相当发达的今天的《1996年联邦电信法》，美国信息传播业法律规范已经逐步成熟。美国的传播产业政策经历了一个由管制到放松管制的变革过程。每一部新法的颁布都直接影响到传媒产业的发展与变化。法律随着产业发展需要适时而变，同时为产业的发展壮大提供政策支持，从而促进国内竞争、提高全球竞争力、拓展21世纪的美国国家利益。

（3）完善的市场机制。美国新闻传媒产业拥有完善的市场运行机制。首先，集团化带来了规模效益。美国传媒业集中同业优势，联合兼并，降低了运作成本，提高了经济效益。其次，跨行业整合也给传媒业带来新的发展机会，优势互补，相互促进，共同发展。最后，美国传媒业运作结构与管理模式有相当的先进性。美国广播电视业在长期的竞争中积累了丰富的经验，如运作观念、运作方法、运作程序、运作要素等，同时也建立了一套较为有效而务实的管理体系。

按照以上三个因素，可以把美国新闻传媒产业的发展大致分为以下三个阶段。

（一）第一阶段：报业为主体的单一传媒产业结构

发展阶段（18世纪初——20世纪20年代）

18世纪初，美国还处于殖民时期。由于人口受教育的比例快速增长，成为报业发展的重要社会因素。这一时期，新闻传媒以报业为主体。虽然早在20世纪末，美国就有科学家和无线电爱好者从事无线电广播试验。1906年12月25日被定为无线电广播的诞生日，但美国第一家广播电台（KDKA）开始播音是在1920年11月2日，这被公认为世界上第一家广播电台。KDKA电台的播音标志了广播事业的正式诞生，掀开了世界新闻传播历史新的一页。因此，1920 年成为美国传媒产业结构开始产生变化的分水岭。

美国在近代资产阶级革命取得胜利后，打破了西欧对书籍和报刊实行严格的集权管制和审查制度的封建传统，建立起了新的新闻法。这些法律充分体现了资产阶级的意志，资产阶级的利益得到了最大程度的保障。美国 1789 年召开的制宪会议，《权利法案》作为宪法修正案获得通过，其中的第一条（后来成为的宪法第一修正案）规定：“国会不得制定以下法律：确立宗教或禁止宗教自由；剥夺人民言论或新闻出版自由；剥夺人民和平集会及向政府请愿申冤之权。”该条款作为第一修正案于 1791 年获得批准，成为美国管理大众传播的源泉。

有了法律的推动，美国报业不断繁荣，报业集团兴起，报业内部不断兼并重组，形成报业垄断的格局。1794 年出现了美国报业集团的雏形；1836 年和 1837 年美国出现了第一家跨地区的报业集团；1878 年，全国第一家真正现代意义上的报业集团诞生于斯克里普斯家族；1887 年成立普利策印刷集团（Pulitzer Publishing）；1900 年，赫斯特组建赫斯特集团（The Hearst Corporation）；1896 年奥赫成立纽约时报集团（The New York Times Company）；1906 年，当今全美最大报业集团甘尼特公司（Gannet Co.）正式成立。报业集团的兴起，使发行量较大的报纸迅速被少数大公司掌握，报业垄断的局面逐渐形成。到 1929 年，59 家报业集团已控制了全国 325 家日报。当时全国 106 个 10 万人以上的城市中有 84 个城市有集团控制的报纸，其中，斯克里普斯—霍华德、赫斯特、布拉克和甘尼特 4 大报业集团拥有全国近半数 10 万人以上城市的 60 份日报。

（二）第二阶段：广播电视为主体的多元传媒产业结构
　　　发展阶段（20 世纪 20 年代
　　　——《1996 年联邦电信法》颁布）

这一时期，信息技术大大进步。从无线电技术的发展到卫星、网络、数字和多媒体等技术的运用，信息技术日新月异，广播电视成为传媒业的主体。

这一时期的法律主要有两部。1927 年，国会通过了《无线电法》（*Radio Act*）。该法要求建立一个受权管理一切无线电通信形式的 5 人联邦无线电委员会。联邦政府继续控制着一切频道，由委员会对具体频道的使用颁发为期一年的执照。只有在"有利于公众、方便于公众，或者出于公众的需要"的前提下"提供公正、有效、机会均等的服务"的电台才能获得执照。1934 年通过了《通讯法》（*Commettee Act*），建立了 7 人联邦通信委员会，于是联邦的权力得到了扩大。委员会不仅有管理无线电的权力，还有执掌管辖一切电信网络的权力。执照持有人经营电台必须有利于公众的义务也更加明确地规定下来了。如果有电台公然违反广播责任的，委员会有权拒绝更新其执照。不过法律禁止委员会对节目进行任何审查，委员会无权命令任何电台播放或者取消任何特定节目。

技术进步促进了产业结构升级，法律则有效规范了行业的市场秩序，以广播电视为主体的多元传媒产业结构稳步发展。美国的广播电视出现于 20 世纪 20 年代。20 世纪 30—40 年代是广播的"黄金时代"。美国三大广播公司——全国广播公司（NBC）、美国广播公司（ABC）、哥伦比亚广播公司（CBS），成为无线广播电视业的骨干。自 20 世纪 50 年代，彩色电视进入快速发展时期。进入 60 年代后，无线电技术与空间技术相结合而产生的通讯卫星，提高了电视信号的传输质量，使电视广播冲破了单纯依靠微波中继传递的局限，电视信号通过太空传遍了地球的每一个角落。1975 年 12 月，美国无线电公司发射了"通讯卫星一号"，创办了卫星直播电视和有线电视网。20 世纪 70—90 年代是美国有线电视迅速发展的时期。美国的电视台大多以商业性为主，这种体制必然会引起各电视台之间的激烈竞争，而竞争的结果必然导致垄断和兼并。1985 年大名鼎鼎的 ABC 被名不见经传的首都广播公司吞并。1989 年，时代公司和华纳传播公司合并为时代-华纳公司,成为当时世界最大的传媒巨头。1995年,世界最大的娱乐业集团——美国迪斯尼公司以190亿美元兼并了美国广播公司(ABC)。同年,西屋电气公司以54亿美元与哥伦比亚广播公司合并,时代-华纳公司以75亿美元与特纳广播公司合并。

(三)第三阶段:跨媒介、跨行业、跨国界为特征的整合型
   传媒产业结构发展阶段(《1996年联邦电信法》颁布至今)

这一时期,信息技术变化不大,但《1996年联邦电信法》的颁布却进一步放宽了对媒体的管制,促进了美国传媒产业的进一步升级。1996年2月8日颁布的《联邦电信法》的主要特点是:首先,放宽了对广播电台、电视台所有制的限制,例如,废除了以往一个公司最多只能拥有12家电视台的限制;其次,打破了媒介种类的限制和隔绝,允许电话公司参与有线电视市场的节目竞争,促进电话行业和有线电视业之间的相互渗透和合作。以上规定反映了在信息时代取消规则,促进竞争的政策指向。

《1996年联邦电信法》颁布后,典型的跨行业、跨媒介兼并重组案是:大西洋电报电话公司(AT&T)于1999年年中以466亿美元购买美国第二大有线电视公司——电信公司(TCI),这次整合成为袭击美国电信业、有线电视业和媒介公司的巨浪;2000年1月10日,时代华纳与美国在线(AOL)以互换股票的方式实现了合并,其交易价值达到了1830亿美元,创下了全球迄今并购案之最。受《1996年联邦电信法》的鼓舞,1996年开始,兼并风潮便席卷了整个广播电视业。该产业进入了一个前所未有的超级集团和以数十亿美元计的兼并交易的年代。1996年,美国广播电视业兼并交易额达253.6亿美元,其中广播业交易额148.7亿元,电视交易额104.9亿元。而1995年,整个产业交易只有83.2亿元。1996年,有线电视兼并交易额达230亿美元。1997年,兼并交易较上一年下降319亿美元,但是其繁忙

程度却是前所未有的，广播业的主要市场 80％都已被大公司兼并。当代美国的媒介集团都是集广播电视业等多种产业于一身的巨型集团。名列前十位的有：时代华纳、迪斯尼、索尼、维亚康、新闻集团、TCI、Seagram、西屋、通用电器、CoxEnterprises。

日益加剧的竞争，不论是同业的竞争还是跨产业的整合，也使得美国广播电视在跨世纪变革过程中，抓住市场机会，主动适应市场变化，积极开拓新的海外市场。例如，作为世界第一媒体集团，美国时代华纳加紧了全球扩张的步伐：CNN 已经以多种语言向世界 200 多个国家和地区播放，CNN 国际频道在全球电视新闻频道中占据了霸主地位；家庭票房（HBO）也是全球性的有线电影公司，其订户已经成功地扩展到了西欧、拉丁美洲、东欧和整个亚洲；华纳兄弟电影公司已经同澳大利亚、德国、法国以及西班牙的公司建立了联系——联合制作电影，而且这些电影中有相当部分不是英语电影；以往始终以美国本土为大本营的时代华纳的诸多杂志出版公司，现在也正在走向世界，它们出版了国外版，并准备收购欧洲的杂志出版公司。美国在线－时代华纳在努力打开中国市场的同时，它也看中了拉丁美洲广电市场的高额利润，致力于拉美市场的开发。到 2001 年，时代华纳的互联网服务已有 100 万订户。预计，其 2002 年的广告收入（其中超过 60％是电视广告）将增长 6％。一位美国的分析家说，美国广电媒体巨头未来竞争 99％的胜利都来自海外市场的成功。美国广电媒体巨头未来的竞争将更加依赖于海外市场，媒介巨头正在加快全球化扩张的步伐。

二、美国新闻传播媒体现状

（一）美国报业媒体现状

尽管当前报业形势变得越来越严峻，美国仍然是世界上报业最发达的国家。报业是美国第 10 大企业，雇佣劳动人数约 40 万，在所有企业中名列第 5 位。在早年美国报纸协会 2001 年公布的数据中就可以看到，2000 年美国各类报纸的总数就达 9 169 家，其中日报（包括晚报）1 480 家，周报 7 689 家。这一数据还不包括美国各大报单独发行的 917 家星期天刊。发行量超过 5 万份的日报约有 250 家，而发行量超过 25 万份的则只有 7 家。发行量超过百万的只有 4 家：《华尔街日报》《今日美国报》《洛杉矶时报》《纽约时报》。美国平均每千人拥有日报 206 份，每户订报数约 0.6 份。在美国，现在新闻传媒由大财团控制的现象比较普遍。这 1 480 家日报中有 600 至 700 家由 25 家大公司经营着。

美国报纸销量从 1990 年以来持续下降。1990 年日报总销量为 6 232 万份，1992 年降至 6 016 万份，1994 年又下滑到 5 931 万份，1996 年进一步下降至 5 699 万份，1998 年跌到 5 618 万份，到 2000 年日报总销量又进一步下降，只有 5 577 万份。目前美国报业仍呈现衰退现象，虽然出现了一丝"回暖"的迹象，但整体下滑和式微的态势没有根本改变。纳斯达克股票泡沫的破灭至小布什上台时期，出现了美国的经济在持续多年快速发展之后少有的盛极而衰的迹象。此经济大势令美国的报业经济从 2000 年第四季度起表现不佳。美国报业经济的黄金时期是 2000 年上半年。但到 2000 年第三季度，报纸广告增幅就开始放缓。当年上半年全国报纸广告收入平均增幅为 5.5%，第三季度即降低为 4.3%，第四季度特别是 12 月，不少报纸已出现负增长。2001 年 1 月，美国报纸广告收入全面下跌，其中零售商广告下跌 21%（均较上年同期，下同），全国广告下跌 12%，分类广告和插页广告下跌 10%。此后的几个月，广告市场持续恶化，其中与经济环境关系最直接、在分类广告中占大头的招聘广告跌幅最大。9·11 事件虽然刺激一些大城市报纸的发行量上升，但却令所有传媒进入近 10 年来广告收入的最困难时期。随着网络技术发展以及读者需求的不断改变，越来越多的美国人开始通过网络特别是社交媒体平台获取新闻。美国报业平面广告收入随之下滑，美国麦克拉奇报业集团（MNI）的平面广告收入在 2017 年第一季度下降了 17％，第二季度下降了 15.6％。纽约时报公司的平面广告收入 2017 年第一季度下降了 17.9％，第二季度下降了 10.5％。（数据来源：《2017 年美国传媒产业发展报告》——社会科学文献出版社 2018 年 4 月）

（二）美国广播业现状

21 世纪初，美国大约有 12 000 座广播电台在运营，其中商业调幅电台（AM）大约有 5 000 座，商业调频电台（FM）有 5 000 多座，非商业调幅电台有 1 800 座。调频电台（FM）的听众占总听众的 70％，商业电台的广告收入每年达 120 亿美元。美国广播业者按听众人数集中程度将全国分为 263 个广播市场，最大的广播市场是纽约市场（包括周边地区）。此市场有 1400 多万 12 岁以上的听众。最小的市场是北达科地州（NorthDakota）的米诺市场，只有 45 600 听众。

广播讯号的覆盖率达 100％，听众数量居其他任何种类的传媒受众数量之首。由于电台辐射面很广，收音机价格便宜、便于携带，它受到大众的普遍青睐。根据美国广播广告局（Radio Advertsing Bureau）的调查，在美国，人口与收音机之比为 1∶2，即平均每人拥有两台收音机，9 110 万个家庭有收音机，每个家庭平均有 6.6 台，占美国家庭总数的 99％。95％的汽车有收音机，汽车中每 5 个成年人里有 4 位每星期至少听一次广播。67％家庭的起居室里有收音机，58％家庭的卧室里有收音机，50％的家庭在起居室和厨房里摆放收音机，7％的浴室有收音机。40％的美国人在上午 6 点到午夜 12 点之间收听广播，上午 6 点到 10 点为收听高峰期。青少年和成人的广播收听率为每周平均 22 个小时。广播听众在大、中学生中的比例特别高。广播一直是美国所有媒介中最普遍、最个人化的一种媒介，它无处不在，在汽车里，在办公室里，在卧室里，在卫生间里，在飞机上，在沙滩上……

然而，如今面对报纸、杂志、电视，尤其是移动互联网和新媒体的竞争，美国的"广播"已变成"窄播"。电台的传播指向单一化，听众单一群体化。在地域概念上，全国性的广播网已消失，电台已变成纯地方性，只安排为当地人收听的节目。在内容上，广播趋向专门化。综合性电台大多已分割为全新闻台、全音乐台、全教育台等专门化电台。全音乐台还分为古典音乐台、现代流行音乐台、爵士乐台、摇滚乐台等。尽管美国广播的黄金时代已经过去，但实际上电台的听众还是比电视观众多。

（三）美国电视业现状

21 世纪初，美国联邦通信委员会向 1 202 家商业电视台签发了许可证，另外还有 360 多家非商业电视台。现在全美国有 2 000 多个电视频道、有线电视用户近 7 000 万，入户率为 70%，平均每个城市用户可以收看 100 个左右的电视频道。按地域可划分为 209 个电视市场，最大的市场是纽约市，拥有近 700 万电视用户；最小的在密歇根州的阿匹那，有 15 600 户。现在美国电视机用户达 9 940 万户，98% 家庭拥有电视机，其中 65% 的家庭拥有 1 台以上的电视机。在所有拥有电视机的家庭中 97% 有一台彩电，80% 的家庭有录像机，60% 家庭接入了有线电视系统。有线电视用户可以收看到 100 个左右的电视频道，其中有 10 个左右是无线电视频道，近 60 个有线电视频道，20～30 个按次付费频道（Payperview），即每收看一部影视节目要付一次收视费。商业广播电视中传统的三大广播公司，即全国广播公司（NBC）、美国广播公司（ABC）、哥伦比亚广播公司（CBS），又居支配地位。如今，福克斯电视公司（Fox）、华纳兄弟电视公司（WB）、联合派拉蒙电视网（UPN）和有线电视新闻网（CNN）等众多无线和有线网日益强盛和壮大，共同构成了美国商业广播电视体系的主体。在世界电视 100 强中，美国有 29 家，收入总和为 856.965 1 亿美元。

现代美国的广电产业，尤其是电视业，在新媒介技术包括卫星技术、数字化技术和网络化技术的渗透下，在日趋激烈的国内、国际市场中，其形式、内容乃至基本理念都产生了根本的变化。在面临着新媒体挑战的同时，电视作为"第一媒体"的地位仍然无法撼动，但与新媒体平台之间的差距在逐渐缩小。仅就获取新闻的渠道而言，虽然越来越多的美国成年人通过社交网络获取新闻，但许多人仍保持收看电视新闻的习惯。皮尤的报告显示，43％的美国成年人通过网络获取新闻资讯，比 2016 年增加了 7 个百分点，这比通过电视获得新闻的 50％的人只低 7 个百分点，而 2016 年初，两者之间的差距为 19 个百分点。（数据来源：《2017 年美国传媒产业发展报告》——社会科学文献出版社2018 年 4 月）同时，借助这些新技术进一步促进了美国媒体影视产业向全球扩张。美国国家政府支持跨国公司的政策，特别是它在 1996 年打破广电产业诸多限制的举措更是促成了美国广播电视产业的资本迅速集中到少数媒介巨头手中。这种集中带来的雄厚经济和技术实力赋予了美国媒介产业在全球化竞争中无可比拟的优势。

（四）美国互联网发展状况

美国是第一个结束工业时代而进入"电子技术时代"的国家。美国以先进的信息网点布局、优秀的科技人才和大量的资金储备主宰世界信息霸权。它控制着世界信息传播总量的 65％。早在 2003 年 9 月份，美国的互联网用户首次突破 1.5 亿人，占全国人口的一半。2000 年底共有 60％的家庭拥有电脑，因特网用户占全世界的 46％。

无论是以研究高精尖电子科技著称的贝尔实验室，还是伯克利地区出现的世界上第一个"网络社区"的构想，美国一直执电子信息革命之牛耳。比尔·盖茨创建的微软帝国引领着计算机和互联网的潮头。微软早年拥有 300 亿美元的巨额现金，这比北美大陆上的任何一家企业都要多。在 Windows 系统方面，分析家们预测 2003 年计算机生产商将推出 1.6 亿台使用 Windows 操作系统的个人电脑产品，如今仍在捍卫 Windows 操作系统的主导地位。在互联网方面，微软公司的 MSN 接入服务已经超过 500万注册用户，每月访问 MSN 门户网站的网民也更是超过了 5000 万，而微软公司的 Hotmail 免费电子邮件用户数量已经突破了 1 亿大关。此外，微软公司的即时信息传递服务也已超过 3 000 万用户。

1996 年美国网上购物总额为 5.36 亿美元，到 1997 年猛增至 26 亿美元。网上广告也越来越受到商家看好，1997 年美国网上广告的收入为 11 亿美元，1998 年达 20 亿美元，1999 年增长至 44 亿美元。据美国弗雷斯特研究所预测，从 2000 年开始的 4 年内，互联网将吸收 270 亿美元的广告收入，这就意味着传统媒体将有 10％的广告收入被互联网抢走。到 2004 年，美国网络的收入将达到 220 亿美元，相当于美国传统媒体广告收入的 8％，从而超过杂志、电话黄页和电台广告收入的总和。

第二节 美国报业组织管理及 报业集团化研究

一、美国报纸的分类及发行量

报纸分类多种多样。根据办报目的，报纸分为综合性报纸和专业性报纸；根据发行频率，报纸分为日报、周报、半周报、双周报；根据发行时间，报纸分为晨报、午报和晚报；根据发行量，报纸分为大、中、小三类；根据地理范畴，报纸分为全国性报、地区性报、都市报、郊区报和乡村报五类；根据版式，报纸分为大报和小报；根据质量，报纸分为高质量、质量较好、质量较差、质量差四类（见表 6－1）。

表 6－1 美国十大报纸平日刊发行量
（2001 年 3～9 月平均数）

序号	报纸名称	发行量	比上年增长
1	今日美国	2 149 933	−0.7％
2	华尔街日报	1 780 605	1.0％

序号	报纸名称	发行量	比上年增长
3	纽约时报	1 109 371	1.1%
4	洛杉矶时报	944 303	无数据
5	华盛顿邮报	759 864	−0.7%
6	纽约每日新闻	734 473	4.6%
7	芝加哥论坛报	675 847	1.9%
8	长岛新闻日报	577 354	0.1%
9	休斯敦纪事报	551 854	1.1%
10	纽约邮报	533 860	22.2%

（据 *Editor Publisher November* 2001）

美国报纸大致可以分为以下 9 个类别：第一类是全国性日报，但美国真正意义上的全国性报纸并不多，仅有《今日美国》《华尔街日报》《纽约时报》和《基督教科学箴言报》等少数几家；第二类是城市及地区报纸，主要指中等以上城市，以《洛杉矶时报》《华盛顿邮报》《波士顿环球报》和《芝加哥论坛报》为代表；第三类是地方及社区报纸，以《斯坦顿岛前进报》为代表，该报是大型对开日报，已有 116 年的历史，但发行范围局限于纽约市的一个区；第四类是非每日出版的综合类报纸，主要指周报，此类数量庞大，但无著名报纸，很多还是免费发行的；第五类是少数民族报纸，但仍是英语；第六类是外语报纸，去年统计全国共有 152 家，其中发行量最大的是中文《世界日报》，其他著名的中文报纸还有《星岛日报》《侨报》《明报》等；第七类是宗教类报纸；第八类是军事类报纸；第九类是其他专业报纸。

二、美国日报的组织管理结构分析

(一) 美国日报的组织结构

美国报社内的机构分为两大块：一块是行政和经营管理，另一块是编辑部。报纸除广告以外一切与内容相关的事务，归编辑部管理，其余归属行政经营方面管理。

美国报社的第一号人物称作 Publisher，即"发行人"或者"出版人"，通常由报社老板兼任。少数报社的发行人由老板选聘。发行人一般并不过问报社具体事务。

发行人之下的第二号人物——总裁（小型日报称总经理）负责日常全面工作。总裁负责的主要是行政和经营管理，基本无权过问编辑部事务。行政经营方面由总裁负责，设副总裁若干，通常兼任各方面主管，有的兼任部主任。典型的行政经营部门有：广告部、发行部、财务部、计划发展部、人事部、对外关系部（或称公关部）、印刷厂、总务部。

总编辑通常兼任副总裁，直接向发行人负责，无须向总裁报告工作，因此总编辑可视作报社的准二号人物。在很多报社，社论版主编与总编辑平级，也直接向发行人报告而不受总编辑节制，以体现评论的独立性（不受新闻和广告业务影响）。

编辑部由总编辑负责，再分为两块，一大块是新闻编辑部，一小块是社论评论部。社论评论部下设社论版和评论版，各由一名主编负责。很多情况下，社论评论部的总负责就是社论版主编。社论版日常最高业务管理机构是社论委员会，由主编和主要评论家组成，负责确定社论或重要评论的选题。

新闻编辑部由总编辑负责，设执行总编、副总编、助理总编若干。新闻编辑部采取分类制，实行采编合一，即将同类的编辑记者置入一个部门，不设单独的记者部。这就是美国报纸编辑部门机构设置的最大特点和最统一的做法。新闻编辑部通常设本市新闻部、版面编辑部（负责版面设计和具体稿件文字修改）、国内部、国际部、经济部、艺术与娱乐部、体育部、副刊部（负责各类专版）、星期天刊部、摄影部（通常包括美术组）、网络部（负责本报互联网站）、图书馆（或称图书资料中心，负责图书资料保存、查询和业务研究，《洛杉矶时报》就拥有近50人的大图书馆，也有些报社的图书馆归属行政经营部门管理）、各记者站。上述部门中，以本市新闻部、体育部、副刊部和星期天刊部较为庞大。本市新闻部通常负责对本市各主要领域的采访。但有些报社的本市新闻部还包括新闻评论，设有专栏作家。美国城市日报，特别是那些4开的城市日报都很重视体育，因此体育部较庞大，且体育记者分工很细。副刊部包括了各类专版，如生活、食品、科技、健康、教育等专版，拥有自己的编辑和作家。星期天刊包括大量的副刊、专版、周刊之类，所以很多报社专设一部门来运作该刊。在没有星期天刊部的报社，其副刊部会更加庞大。

（二）美国日报的编辑部管理

1. 编辑部日常运作

美国日报编辑部（指晨报）新闻方面的运作程序大体如下：

（1）回顾夜间新闻。早班新闻编辑早晨6时左右即到达办公室，随即阅读各通讯社、特稿社发来的本地、全国、全球夜间电讯稿，收看早间电视新闻节目，了解警察局及其他紧急救援机构夜间的重要活动。这些工作大约在8时结束，然后他们会列出当天需跟踪或重点采访的清单交给各部主编。

（2）选题初定。美国报纸的记者，特别是负责报道罪案、险情及其他突发事件的记者，基本是全天候工作。一名记者每天给警察局打五六次电话或多次造访是很普遍的。上午是记者一天内的首次工作高峰。他们通常于上午8时至10时到达办公室，立即与警察局、消防局、法医、地区律师办公室、海岸警卫局、边防局、联邦调查局等单位联系，以获得上次接触以来的最新情况，然后将值得报道的事项写成提要，交给本部白班编辑。其他非突发新闻记者，如经济、教育、科技、政府其他部门、文化、宗教、城市管理等领域的跑线记者，一般也需在上午10:30之前将当天计划报道的简要内容提交有关编辑或主编。此后,记者们纷纷外出采访。

(3)编辑计划。各部白班主编或编辑审核记者的新闻提要和通讯社发来的电讯稿,与记者做必要的沟通,列出当天第一个菜单,同时将一些特别报道任务或某分工领域记者难以完成的部分任务分配给综合记者。

(4)第一次编前会。美国的日报每天召开两次编前会,其中第一次是在上午,通常11时开始,为期半小时。参加者为总编辑、执行总编及各有关采编部门的负责人。会上,由本市新闻主编、经济主编、副刊主编、图片主编、电讯稿主编等报告和讨论当天各部的稿件安排、上一版的稿件或新闻线索。由于这时大多数稿件还在采访中,会议也会就某些新闻的采写角度及可能衍生出的新闻提出建议,由有关主编会后转达给有关记者。

(5)第一次截稿。到了下午,编辑部就开始进入繁忙和紧张的工作阶段。这时候,采访归来的记者在忙着赶稿,并通过电话向被采访者了解更新的情况;编辑及时处理写好的稿件,确定头版推荐稿件。而副刊编辑必须在下午5时之前将所有专版和副刊定版,以不误首批版面的开机印刷。副刊部每天的最后截稿期定在下午,具体时间各报略有差异,但通常必须赶在5时前完成所有编辑工作,送交印刷厂。

(6)第二次编前会。这是最重要的一次编前会,通常在下午4时举行,也有报纸5时举行,与会者主要是正副总编、各部主编及当日要闻版面设计等。会上,除各部报告稿件安排外,还要听取驻外记者站,特别是驻华盛顿记者站当日的选题报告。会议的重点是确定次日报纸头版新闻及排序。有的报社会将各部拟推荐的头版新闻打印分发给与会者,并注明各条新闻的字数和段落数。图片主编推荐的新闻图片也在会上展示。这次编前会通常开半小时到50分钟。会后,一些报社的总编辑或执行总编还会和城市新闻主编、图片主编、版面设计等商量具体稿件在头版的安排。

（7）最后截稿期。一般情况下，总编辑无须上夜班，而由执行总编、副总编、助理总编甚至新闻主编负责晚间编辑部的工作。由于在下午的编前会之后还会有新情况发生，有时夜间总值班也会召集主要新闻部门的主编商量新的稿件安排，相当于又开了一次小型的编前会。美国报纸新闻版的截稿期，一般要求晚上11时完成大多数新闻版编辑工作，仅留少数几个版等待突发事件和体育赛事的最后消息。如无重大突发事件，最后的编辑部工作一般也在12：30前结束。美国报纸要求编辑工作结束与印刷厂开机印刷之间的空隙，至少为1小时①。

2. 编辑部管理特点

综合前述编辑部机构设置及管理流程，可发现美国日报编辑部的管理，以采编直接见面、指挥迅速到位、管理高效准确见长，其主要特点有：

（1）崇尚"扁平"管理，讲究运作效率。在20世纪中叶现代化大型日报发展成熟和技术更新加快后，报纸日常工作的分工就更加严密精细，老板或发行人根本无暇顾及各类具体事务，而将主要工作交由总经理、总编辑等高层管理人员负责。但层层向下分类的结果，也会导致管理链条增长，影响效率。近年来在美国企业界流行的"扁平式"管理模式，其主要特点就是拉近最高管理层与基层一线的距离，减少管理的中间环节。相对于"纵深式"模式而言，"扁平式"增加了横向的部门设置，使高层管理者控制面增宽，穿透力增强。体现在报纸的编辑部，就是总编辑直接管理的部门多，而部门以下尽量不再设机构。老总们可就选题策划等业务事项直接与一线采编各部门商量，听取意见，各部主编也随时可将想法上达编辑部最高层。美国报纸早已纷纷将大饼摊薄（二级部门增多）。美国同行的实践证明，这种管理模式对于每天生产不同产品（不同内容）、随时要对外界变化做出判断并进行决策的报纸来说，是合适的。

---

① 辜晓进：《美国日报的编辑部管理》，《新闻记者》，2002年第7期。

（2）编辑指挥记者，不设中间环节。就编辑部而言，美国的日报严格实行总编辑负责制下的主编（编辑）责任制，编辑部所有事务（有的报纸社论另有主编负责）由总编辑一人统管，发行人通常不再过问。就位于采编第一线的各部而言，由主编或编辑决定记者的工作方向、工作任务，并对其工作质量和勤勉程度予以评价。记者将任何采访线索或选题想法直接告诉本部主编或编辑，主编或编辑也直接将自己的编辑意图和选题策划下达给记者，并随时跟踪记者完成任务的进度和质量。当需要决定一名记者的去留时，其直接上司——本部主编的意见是极其重要的。

（3）记者没有定额，实行动态管理。美国日报一般不给记者制订按月或按周计算的发稿数量定额。记者干得如何，编辑心里有数，否则编辑就失职，报纸的重点是管编辑。编辑认为，为所有记者制订一套统一的"干活"标准是很难的，例如，跑警察局的记者可能会一天写 3 篇稿，而跑工业环境的记者可能会 3 天写 1 篇稿，并不能因此就认为后者懒惰。过于明确的定量，会将记者的注意力转移到应付工作而不是创造性地劳动上来。美国报社的管理层承认记者工作会有忙闲不均的情况，但认为差异不会很大，因为有编辑在调节。更重要的是，美国的日报，特别是影响大的优秀报纸，对记者的选聘要求很严。目前各大报编辑部基本上不从学校直接进人，而要求应聘者有职业经验。如《纽约时报》《华盛顿邮报》等一流报纸，只聘用有 5 年以上新闻工作经历的人当记者；《巴尔的摩太阳报》《费城问讯报》等著名报纸也要求应聘者的实际从业经验不少于 3 年。总编辑们认为，他们选择的是热爱新闻事业并擅长新闻事业的人，想发财或心有旁骛者不会来当记者，报纸也不会要他们，这一点只要考察他们以往的经历就可看出。事实上，美国日报，特别是那些较为知名的日报的记者，都很珍惜自己这份工作，谁也不愿给人以偷懒的印象。

（4）专业分工细化，要求熟知本行。美国报纸编辑部各部门的分工很明确，并要求其带头人熟知相关领域的情况。例如，经济部的主编或记者大都有财经方面的教育背景，一位经济部主编如果没有财经方面的学位，在美国同行看来是不可思议的。科技、教育、文化等部门也大体如此。但这并非表明一个学经济的或学科技的学生就可以干好新闻。美国的报社要求采编人员掌握相关领域的新闻报道规律和特征，他们应成为这方面的新闻专家而不是经济或科技专家。美国著名高校的新闻学院普遍开设科技和经济新闻的硕士、博士研究生班，其目的就是为了满足新闻界这方面的需要。很多大报在各部门内部也做进一步的细分。如《纽约时报》的艺术部，就有音乐、舞蹈、美术、建筑等各类记者，在音乐方面还再分为流行音乐和古典音乐，由不同的记者去完成。记者一旦分工，就不会轻易改变。记者被要求熟知有关领域的专家或著名表演艺术家的详细情况，一旦报道起来，各种背景应用得心应手，使报道具有很强的说服力。实际上，记者专于一行，既是报纸利益所系，也是记者本钱所在———一个好的专业记者是不愁找不到饭碗的。

（5）提倡业务讨论，民主气氛浓厚。在美国各报编辑部，听得比较多的一个词是讨论（discuss）。各部主编和自己的副手们每天要就上版的稿件"讨论"几次，编辑和记者之间更常常就选题"讨论"。社论的选题通常由社论委员会决定，而社论委员会每周至少召开三次会议"讨论"各类选题，这时社论版主编只是一个召集人，各委员（由本报主要评论家组成）可自由发表自己的看法，有时发行人也会参加会议，倾听意见。会后则由评论作者与社论版主编商讨临时产生的选题。即使在时间很紧迫的编前会上，总编辑也设法让所有与会者都发表意见。[①]

三、美国报纸发行体制与机制

美国报纸广告价格制定的最主要依据就是发行量，因此发行在报纸中的地位很重要。美国报纸的发行在历史上得到过两种环

---

① 辜晓进：《美国日报的编辑部管理》，《新闻记者》，2002 年第 7 期。

境的支持：一是文盲减少，刺激发行。据统计，1870年美国10岁以上公民不识字者占20%，当年的人口数量和报纸发行总量分别为3 845万人和260万份，平均每15个人拥有一份报纸；1960年全国10岁以上文盲下降至1.9%，当年人口数量和报纸发行总量分别为17 932万人和5 830万份，平均每3人拥有一份报纸。二是农村人口向城市的转移。1910年，美国农村人口约为5 000万人，占总人口的53%；到1960年，只有20%的人口住在农村。这两种环境变迁，促进了美国报纸的发行。但从20世纪中叶以后，各报的发行与上述两种环境变化已无甚关联，全凭各自的功夫去占领读者市场。

美国报人公认报纸发行量的扩大必须依赖三大条件：一是向读者提供及时全面的本地、全国和世界新闻，以及令读者满意的副刊和评论；二是报纸内容在发行范围内易于理解并令读者感到亲切；三是有一个组织完善和管理得法的发行部。这第三大条件，就是对发行部的检验了。

（一）报纸发行三大渠道

美国报纸的发行渠道与中国相似，即家庭投递、街头零售和邮寄三种，但比重略有不同。

（1）家庭投递。美国报纸发行量中，家庭投递占绝大多数，只有少数4开城市日报以零售为主。很多报纸，大如《纽约时报》《华盛顿邮报》《芝加哥论坛报》《洛杉矶时报》《波士顿环球报》，小如长岛《新闻日报》《奥兰多前哨报》《斯坦顿岛前进报》，其家庭订户都占70%以上，有的达85%。这部分报纸因滞留在读者手中时间长，订户多为拥有自家住房的中产阶级，因而也被视为最有价值的发行。《纽约时报》的发行有两种形式：零售和家庭订阅。零售占总发行量的40%，家庭投递占60%。这与20年前比有很大变化。那时零售占90%，家庭投递仅10%。现在星期天和平日的家庭订户分别有100万户和70万户，遍及全国。报纸易主时，这部分发行的数量常常直接决定报纸的转让价格。

（2）街头零售又分为报摊销售、超市代销和售报机销售。其中又以售报机为主要特色。美国很多报纸都有自己的专用售报机，因此大街闹市常可见一排七八个甚至十多个铁制售报机，读者只需往里投币，即可开箱取报。《今日美国》在沙漠等渺无人烟的地方也能发行报纸，功在售报机。该报最多时拥有13万台售报机，如今大约还有4万多台，原因是零售摊点大大增加。

报摊销售是指在城市街道旁书报摊或书报店销售。

超市销售泛指在商场、咖啡店、超市等商店里销售的报纸。到美国大型超市购物，常见各类报纸摆放在收银台附近或靠近入口的地方，人们购物时顺带取一份报纸，一并付账。在一些小的食品超市，通常一进门也可见到零售的报纸。美国报纸的发行人员很重视在超市的零售。

（3）邮寄。美国报纸都是自办发行，邮寄报纸仅限于没有分印点的外地，这部分的数量很少。如《斯坦顿岛前进报》每天大约有500份报纸需邮寄，这与其9万份的发行量相比只是个零头。这些外地订户很多远在佛罗里达州和加利福尼亚州，是退休后迁居南方或调往南方工作的原本地居民，还有一些是在军队、警方等部门服役或执行公务的本地人士，少量订户是在外地监狱服刑的罪犯。那些在全国建立起自己庞大发行网络的报纸，如《纽约时报》，则完全不依靠邮局发行。

（二）发行工作自成体系

由于是自办发行，美国报纸都有一个较为庞大和复杂的发行部，人数常达数百人，且发行部的头常由公司副总裁或副总经理兼任。

发行部主要由住户投递、零售、市场拓展、客户（读者）服务等部门组成。其中最大的部门是住户投递和读者服务。住户投递的任务通常签约给社外公司做，这种情况下最大的部门就是读者服务部门了。读者服务的职责，既包括接受各类投诉、联系现有订户，也有通过电话向住户推销报纸。《芝加哥论坛报》的读者服务部有100多人，专做电话推销。

发行工作的起点从印刷车间开始，有的报社发行部门的主体干脆设在印刷厂内。《芝加哥论坛报》发行部的一多半员工就在远离报社总部的印务中心。

（三）发行任务时兴"外包"

美国报纸发行部门的主要职责，是征集订户、投递到户（或零售点、售报机）和回收报款。三者中投递的工作量最大，也是最耗费人力的工作。以一家发行量 30 万份以上的报纸而论，把发行工作全部揽到自己手里的报纸，发行部员工数会超过编辑部和广告部的总和；把投递其他部分工作"承包"出去的报纸，发行员工人数一般也在百人以上。另外，根据美国有关法规，发行工作各环节员工大都属于蓝领工人，其在工资待遇和解聘辞职等方面受到报业工会的保护。因此，为降低人工成本和减少不必要的麻烦，美国报纸普遍将发行工作尽可能多地包干给其他公司去做。

《纽约时报》在发行工作的"外包"方面做得最为彻底。该报把所有的投递工作、客户服务工作、零售分销工作、自动售报机投放工作乃至电话推销工作统统包给其他公司，发行部只剩下市场部、财务部、经理部等部门，总共 150 人左右。《纽约时报》在全国报界的工资最高，工会要求该报工人的待遇也应维持在较高水准，他们只好将发行、广告等很多较为简单的工作以协议形式包给其他公司做，而在那些公司，工人的工资水平通常较低，因而成本也低，报纸还可少交大笔税金，这比他们自己干合算得多。不过，与很多报纸委托业余投递员回收报款的做法不同，该报发行部门将所有报款回收工作牢牢抓在自己手中，一律统一由总部办理，且办理效率很高。另外，该报拥有自己庞大的运输部门，以确保每天大量报纸及时、安全、可靠地送往各地。①

---

① 辜晓进：《美国报纸发行体制与机制》，《新闻记者》，2003 年第 1 期。

四、美国报业集团化

（一）集团化发展

美国报业集团的雏形出现于 1794 年。一家名为"费城印刷商公司"（The Company of Printers of Philadelphia）的"集团"合并了该市早期两家日报。1836 年和 1837 年，三位纽约报商先后创办费城《公众纪录报》（*Public Ledger*）和巴尔的摩《太阳报》（*Sun*），从而组建了全国第一家跨地区的报业集团。1878 年，大名鼎鼎的斯克里普斯家族组建全国第一家真正现代意义上的报业集团。随后，《圣路易斯电邮报》（现发行量排行第 31 名）的老板普利策收购了纽约《世界报》和《世界晚报》，于 1887 年成立普利策印刷集团（Pulitzer Publishing）；《旧金山检查报》的老板赫斯特于 1900 年前分别在纽约、芝加哥等大都市收购或创办若干报纸，组建赫斯特集团（The Hearst Corporation）；奥赫于 1896 年收购《纽约时报》后成立纽约时报集团（The New-York Times Company）；当今全美最大报业集团甘尼特公司（Gannet Co.）则正式成立于 1906 年。

报业集团的兴起，使一大批报纸，特别是发行量较大的报纸迅速被少数大公司掌握，报业垄断的局面逐渐形成。到 1929 年，59 家报业集团已控制了全国 325 家日报。当时全国 106 个 10 万人以上的城市中有 84 个城市有集团控制的报纸。其中，斯克里普斯—霍华德、赫斯特、布拉克和甘尼特 4 大报业集团拥有全国近半数 10 万人以上城市的 60 份日报。到 1985 年，全国 156 个报业集团已拥有 1 186 家日报，占日报总数的 71%。在 1994 年至 1996 年期间，美国共有 140 家报纸易手，仅 1996 年一年就有 84 家更换门庭（见表 6-2）。

表 6-2 美国主要报业集团一览

(单位:份)

报业集团名称	报纸数量	日报发行量	星期日报数量	星期日发行量
甘尼特股份有限公司 (GannettCO. Inc.)	83	5 843 238	67	6 094 266
奈特·里德股份有限公司 (Knight-Ridder Inc.)	28	3 678 200	24	5 183 032
纽豪斯报业集团 (Newhouse Newspapers)	26	2 983 429	21	3 847 953
时报一镜报公司 (Time Mirror CO.)	11	2 713 742	8	3 427 089
纽约时报公司 (The New York Time CO.)	25	2 471 587	17	3 394 598
道琼斯股份有限公司 (Dow Jones & CO. Inc.)	22	2 377 538	13	528 786
汤姆森报业有限公司 (Thomson Newspapers Inc.)	109	2 072 649	78	1 910 958
论坛公司 (Tribune O.)	6	1 355 630	6	1 995 680
考克斯企业有限公司 (CoxEnterprises Inc.)	19	1 312 239	17	1 757 110
斯克里普斯·霍华德集团 (Scripps Howard)	19	1 300 391	12	1 334 788

(二)报业垄断的形式

美国报业垄断呈现两种趋势:整个地区性垄断和大公司兼并家族报业。

1. 整个地区性垄断

20 世纪 90 年代出现的趋势是集团垄断某一地区的所有报纸。比如:伊利诺伊州的自由报业有限公司(Freedom Newspapers Inc.)在 1997 年至 1999 年期间买下该州 300 家报纸,从而控制了该州很大范围的报业。美国一家报业中介公司总经理埃森（Owen Van Esen）曾预言："美国将很快出现拥有一个州半数以上报业的集团。"他还坚信：到 2015 年美国州报业集团的报纸发行量将占全国半壁江山。而如今看来，美国报刊业已达到被富豪的"收购重组"的境地，重现了一个世纪以前由几位商界巨贾掌控几家最有影响力的全国性报刊的局面。

2. 大公司兼并家族报业

近些年，美国大型媒体公司兼并家族报业情况不断增多。造成这种趋势的因素有两个：其一是家族报业主去世后继承财产的分散造成竞争能力的削弱，这类报业比较容易被兼并。其二是美国的税法有利于大集团公司兼并家族报业。美国国内收入署（IRS）规定：报业财产税按报纸当前市场价值，而不是按每年实际收入评定。而市场价值被愿出高价买进的大公司哄抬得过高，许多家族报业主不愿意或是无能力支付过高的财产税便决定出售报业。

对于大公司而言，购买报业是项有利可图的投资。据统计，1980 年，集团所拥有的报业平均利润为 8.5%（扣除纳税），相当于一般企业平均利润的两倍。另据报业经济学权威机构莫顿中心学者约翰·莫顿的调研，美国报业的利润率是《财富》杂志列入的 500 强公司平均利润率的 2～3 倍。

（三）报业集团化优势分析

报业集团具有以下优势：

1. 资源共享

主要体现在以下三个方面。

（1）新闻资源共享。报纸一旦互相联合而组成集团，其域外采集新闻的战线便有了缩短的可能，而且集团越大，这一特征越明显。事实上，当今世界新闻信息量的增加和新闻传递速度的加快，已使任何一家报社都不可能仅仅依靠自己的力量而包揽天下，联合已成必然，这也是报业集团形成的主要原因之一。不仅如此，许多大集团还建有自己的特稿社或新闻服务中心，负责采集和制作各类特稿、新闻特写、电视片等，有偿向成员提供，甚至以更高价钱向集团外新闻媒体供稿以获利。

（2）培训资源共享。利用集团内优秀媒体专家，经常展开各类业务培训，提高集团报纸员工的整体素质，这也是很多报业集团的一种日常工作。

（3）设备资源共享。集团内各报，集中于同一地区的，可建造现代化的大型印刷中心，供各报共享；分散各地的，可互为分印点。另外，以集团为单位向新闻纸、油墨、机器设备等大供货商购货，可获得大宗销售折扣，比报纸单独去买便宜得多。

以上三种资源共享可以降低报业经营成本，体现了报纸集团化运作的极大优势。

2．扩大财源

报业垄断研究学者雷蒙德·尼克松认为，报业集团资金充足，有财力提高办报质量，而分散经营的报纸却无力做到这点。报业集团扩大财源的主要方式是扩大广告销售。美国报纸广告的销售除分类广告外，大都在报社和广告代理公司间进行。广告代理公司受大客户委托，常常需要在多个城市寻找广告媒体并尽量压低广告成本。报业集团投其所好，积极与大代理公司合作，以优质服务、套餐策划、大宗优惠等手段将广告吸引到集团在各地的报纸、广播、电视公司去，并使代理公司足不出户，就可将某一广告通过报业集团刊登到全国各主要城市的报纸上；代理公司则可通过报业集团在某大城市的大报、社区报纸、电视等多种媒体刊出广告，以达到在该地区密集覆盖的目的，同时可获得折扣优惠。论坛公司甚至组建零售商广告集团，专门针对全国或大地区连锁商店的需要组织广告，以争取更大广告份额。纽约时报集团与某大公司签约，让其包揽集团内各报在纽约地区的所有广告，与其他报纸竞争。

3．合作经营

这里所谓合作经营，特指美国近些年来出现的一种报业集团间合作经营某特定报纸的管理方式，英文原译"合作经营协议"（Joint Operating Agreement，简称 JOA）。它的根据是美国 1970

年颁布的《报纸保护法》。该法律旨在维护社区的舆论多样化，当一个市场的两家报纸可能因过度竞争而导致其中一家消亡时，允许两报合作而免于反垄断法的制裁，但两报的编辑部必须完全独立。这种合作方式最早由甘尼特公司和奈特—里德集团于1990年在美国工业重镇底特律实施。这一模式很快在全国推开，目前已有7个报业集团的24家报社实施JOA合作，最长的协议签至2090年。

（四）美国报业集团的跨国、跨媒体经营趋势

美国报业集团在21世纪初已经趋向稳定，报业集团在国内报界扩张的空间越来越小。一些实力雄厚的大集团开始向海外和其他媒体扩张。

甘尼特公司于20世纪90年代中期大举进军英国，收购了英国最大的地方报业集团——新闻公众股份有限公司，从而在英国拥有了15家日报和一批周报，其中包括收购了世界现存连续出版时间最久的报纸《沃尔塞斯特日报》（*Worcester Journal*），该集团在英国的日报发行总量至2006年已达60万份。同时，甘尼特还以旗舰《今日美国》的名义向外扩张，其《今日美国》国际版迄今已在5个国家和地区设有分印点，每日向世界60个国家发行25万份报纸。道·琼斯集团向外扩张的步伐更早，于1976年和1983年先后创办了总部设在布鲁塞尔的欧洲《华尔街日报》和总部设在中国香港地区的亚洲《华尔街日报》，在14个国家和地区设有分印点，两报2001年的期发行量分别为95 000份和82 000份。

相对于向海外扩张而言，各报业集团涉足其他媒体的势头更猛。20世纪90年代以美国三大广播电视网络公司为代表的广电业和以互联网为通道的电子传媒的蓬勃发展，特别是广电业吸纳广告的数量明显增加，使美国很多报业集团意识到单一媒体的危险，于是各集团争先恐后地开始了跨媒体经营。被美国新闻界公认跨媒体步伐最快也最成功的报业集团是论坛报公司。总部设在芝加哥的论坛报公司是在《芝加哥论坛报》的基础上发展起来

的，素以报纸少而精著称，1996 年以报纸发行量计在美国报业集团中排行第十。后来该集团有两大举措使之成为美国新闻界的重要新闻，其一是 1999 年，该集团"小鱼吃大鱼"，买下当时排行第五的老牌报业大亨钱得勒家族的时报镜报集团公司，使《洛杉矶时报》等一批大报归已所有；其二就是其近年来轰轰烈烈的广电化运动。从 1996 年开始，论坛公司在原有少量电台、电视台的基础上加速进入广播电视领域，先后在华盛顿特区、费城、波士顿等城市收购了 16 家电视台，使其拥有电视台的总量达到 22 家，在全国 12 个最大电视市场城市的 10 个城市中拥有自己的电视台。2001 年，该集团已成为全美仅次于三大广播电视网络公司的第四大广播公司，也是非广播网络公司所有的全国最大广电集团。同时，论坛报公司向电子网络进军的速度也十分惊人，至 2001 年已建有 30 个新闻服务和特殊服务网站，每月吸引上网人次逾 500 万。多媒体战略的实施已使集团在覆盖全国新闻、吸纳全国和地方广告等方面的能力大大增强，2000 年集团的经营收入达到 60 亿美元，仅次于 62 亿美元的甘尼特集团，一举跃居全国报业集团第二把交椅（按发行总量计排列第三）。不仅如此，该集团意识到电子报纸取代印刷报纸的最终趋势，还斥巨资发展数字电视和改进型互联网服务，因而被认为是最具后劲的报业集团。其他如甘尼特、赫斯特、奈特—里德等大报业集团，也不同程度地涉足跨媒体经营，其中甘尼特拥有的电视台数量也于去年达到 22 个。霍林格国际公司为腾出资金发展电子媒介，去年夏天一下子卖掉了 28 家加拿大日报。

第三节　美国广播业体系及特色分析

一、美国广播的发展

美国的广播媒介 20 世纪 20 年代开始出现，20 世纪 30 年代政府的法规管理出台，20 世纪 40 年代至 50 年代，美国的印刷媒介才真正意识到广播电视拥有的影响力。美国的第一座广播电台是 1920 年 11 月 2 日在匹兹堡开播的 KDKA 电台，它当时以迅速及时播出哈定总统竞选而轰动一时。在此前后，美国出现了许多电台，大西洋电话电报公司（AT&T）在纽约开办了 WN-BC 电台；西屋公司（Westinghouse）也在波士顿、芝加哥、纽约和费城开办了电台；通用电气公司（GE）在纽约也开办了电台。这三家公司于 1919 年组建了美国无线电公司（RCA）。大西洋电话电报公司后来撤出。RCA 于 1926 年创办了全国广播公司（NBC），它有两个广播网，红网发展成了今天的全国广播公司（NBC），蓝网于 1943 年由美国联邦通信委员会指定卖出，于 1945 年发展成美国广播公司（ABC）。1937 年，联合独立广播人公司和哥伦比亚图片公司系统公司联合开办哥伦比亚广播公司（CBS）。

至此，美国三大广播公司——全国广播公司（NBC）、美国广播公司（ABC）、哥伦比亚广播公司（CBS）——全部成立并播出。三大广播公司成了美国迄今为止无线广播电视业的骨干。20 世纪 30 年代—40 年代是广播的"黄金时代"。当时的广播电台基本上都是综合性电台，即节目包括娱乐节目、肥皂剧、探险系列剧、新闻及体育报道各方面内容。但是，20 世纪 50 年代早期电视台大量出现后，广播便面临着最严峻的挑战，这一挑战持续了至少 20 年。20 世纪 70 年代，广播在经历了 20 年的冲击之后，不断调整自己，重新定位，将面向广大听众的综合服务转向为面向特定听众的专业化服务，向这些特定听众提供专门形式的音乐和新闻。

二、美国无线电广播的体系

美国的广播分为两个体系：一类为私营商业广播电台，这一类是主体，占全国电台总数的 93%。美国广播电台基本上属于民营。商业广播电台的生存百分之百靠广告收入。没有听众，就没有广告；没有广告，广播电台就无法生存。对广播来说，听众就是上帝。如果听众不喜欢哪一类消息、哪一类内容，他们就换台。电台一换，收听率就下降，广告商就跳槽。市场这只无形的大手就是这样无情地操纵、控制着广播。要别人听你的广播，你就得迎合他们的口味、满足他们的要求。为了在最大范围内赢得最多数量的听众，有些电台不得不用通俗节目取代高雅节目，因此其内容就难免低俗。

另一类为公共广播体系，1967 年 11 月，美国成立了公共广播公司（Public Broadcasting Service，简称 PBS）。另外，国会还授权拨款建立统一的公共广播体系。这个体系包括国家公共广播（National Public Radio，简称 NPR）和国际公共广播（Piablic Radio International，简称 PRI）。1970 年，全国非商业性和教育性广播电台通过 PBS 设立的公共广播处联合起来，自称为"第四广播网"，保证其节目体现"公众利益，方便及需要"的精神，反对重商主义。公共广播网不属于政府所有，是非营利性的。它虽然成立时间不长，但发展迅速。它的节目没有广告，大都情趣高雅，富有教育意义。在美国公众中，尤其是受过良好教育的群体中，这个广播网有很高的声誉。然而，由于经费经常不足，它所制作的节目不能吸引中下层群众，尚不能和商业广播电台竞争。但它以其品位高雅的节目制作方针独树一帜，既为美国大众传媒吹进了一股清新之风，又为美国广播听众提供了一个有益的选择。

三、美国主要广播电台、广播网与国际广播

（一）美国主要广播电台

威斯汀豪斯－哥伦比亚广播电台（Westinghouse－CBS）、威斯汀豪斯－无线广播公司（Westinghouse－Infinity Broadcasting Company）、克里尔广播公司（Clear Channel Communications lnc.）、常青媒介公司（Ever－green Media）、迪斯尼大都会美国广播公司、钱塞勒广播公司（Chancellor Broadcasting）、全国广播公司（NBC）、福克斯广播公司（FBC）、全国公共广播

电台（National Public Radio）等。

（二）美国主要广播网

美国广播公司（ABC）、美联社广播网、商业有线网、哥伦比亚广播公司（CBS）、有线新闻网（CNN）、琼斯广播网、美国广播网、华尔街日报广播网等。

（三）国际广播

国际广播是 20 世纪二三十年代才出现的。美国是西方发达国家中进行国际广播较晚的一个国家。它的国际广播开始于 1942 年 2 月成立的美国之音。在第二次世界大战期间，美国的国际广播在规模上相对小于一些西方国家。第二次世界大战结束以后，特别是冷战开始之后，美国的国际广播得到了迅速的加强和发展。如今美国已成为世界上进行国际广播规模最大的国家之一。美国对全世界进行广播宣传的规模很大，共有 18 座国际广播电台，分属政府、军队、商业等系统。其中居于政府系统的官方电台共有几座，即对全世界广播的美国之音、对东欧各国广播的自由欧洲广播电台、对苏联广播的自由电台、对古巴广播的马蒂电台。非官方电台只有一座，即自由亚洲之声电台。

1. 自由欧洲电台（Radio Free Europe）和自由电台（Radio Liberty）

这是美国政府于 20 世纪 40 年代末 50 年代初以私人机构名义设立的两个宣传情报机构。"自由欧洲电台"成立于 1949 年 12 月，它名义上由"自由欧洲委员会"主办，对东欧各国广播。它的指导思想是"开展反对中欧和东欧 6 个共产主义统治的卫星国的宣传"。"自由电台"成立于 1951 年 2 月 8 日，同年 3 月 1 日开播。它名义上由美一私人机构"自由电台委员会"主办，主要对苏联广播。其广播宗旨是为"彻底摧毁共产主义专政而进行顽强的斗争"。两座电台广播中心均设在慕尼黑。最初，它们的活动经费主要由美国中央情报局提供。1971 年以后，改由国会公开从联邦预算中拨给。1976 年 10 月 1 日起，两座电台合并成立了自由欧洲电台—自由电台公司，在行政上合并为一个机构。

但在宣传上仍由原有两个电台分别对苏联和东欧广播。

冷战结束后，两台进行了调整。它们名义上仍然为私营电台，但经费由美国新闻署提供，总部由德国的慕尼黑迁至捷克共和国的首都布拉格。虽然两台自称是"自由"的电台，但其政策是由美国政府制定的。其宗旨和任务就是从美国的国家利益出发，通过向苏联、东欧国家的人民特别是青年灌输美国的思想和价值观念。

2. 马蒂电台（Radio Marti）

"马蒂电台"于1985年5月20日正式开播，该台的播音室设在华盛顿，发射台设在佛罗里达州的马拉松，办事处设在迈阿密、纽约和华盛顿。"马蒂电台"的广播节目包括新闻、公共事务、美国之音的社论、科技、文化、音乐、娱乐节目等。"马蒂电台"是美国政府为加强对古巴的意识形态战而建立的，其使命就是美国政府利用这一传媒工具对古巴进行颠覆和煽动活动。

3. 自由亚洲之声（Voice of Free Asia）

"自由亚洲之声"开办于1996年9月。它是根据美国国会1994年通过的新的广播电台——自由亚洲之声议案建立的。这座电台向中国内地、缅甸、柬埔寨、老挝、朝鲜和越南播出新闻和其他节目。这家电台仿效自由欧洲之声和自由之声电台的模式创立，每年有3 000万美元的拨款。

4. 美国之音

"美国之音"（The Voice of America，简称VOA）是美国政府直接控制的对外广播机构，也是世界上最具影响力的国际广播电台。它成立于1942年2月24日，该日凌晨2点30分，"美国之音"第一次从纽约正式向欧洲广播。第二次世界大战期间，"美国之音"隶属于美国战时情报局（Wartime Information Office），并参加该机构诸如自称为"黑色宣传"之类的特别业务活动。客观说来，"美国之音"在第二次世界大战期间发挥了重要作用，它为打败法西斯势力做出了一定的贡献。1953年美国新闻署（The United States Information Agency，简称USIA）成立之后，它是该署所属机构中最大的和最重要的一个部门。

"美国之音"现有 126 个广播系统、39 套播音录音室、10 个剪辑室、1 个录音控制中心和总控室，还有几十个编辑室。在纽约和国外的慕尼黑、曼谷、蒙罗维亚、开罗等地设有节目制作中心。"美国之音"在国内共有 5 个发射台、47 个转播站；在国外亚、非、欧三洲 8 个国家设有 10 个发射台，另外有 86 个转播站。

"美国之音"目前用 53 种语言对世界各地广播，其中英语、法语、西班牙语、汉语、阿拉伯语为主要播音语种，每周播音达 1 300 多个小时，在全世界估计有听众 1.2 亿。全世界有 103 个国家的 2 300 多家电台或电视台播放"美国之音"的节目。

"美国之音"的新闻来源主要是西方各大通讯社，美国主要的报纸和杂志，美国中央情报局的外国广播情报处监听各国电台广播的资料以及"美国之音"驻世界各地记者发回的报道。一般情况下，"美国之音"每天编发新闻 280 条左右，每隔 1 小时向各语言组发一次要闻目录，每次 12 至 15 条，几乎每刻都有最新消息。

"美国之音"的中文广播于 1939 年在旧金山开办，主要用广东话播送新闻和特写。第二次世界大战爆发之后，它隶属于美国政府新闻协调局，开始每天半小时广东话和半小时普通话的广播。"美国之音"中文广播主要以新闻节目为主。它全天播送新闻达 20 多次。"美国之音"的英语教学节目是吸引听众的重要手段，最初开办《听和学英语》，后来又增加了《英语 900 句》《中级美国英语》等。

"美国之音"所播放的内容，主要分为两大类。

一类为新闻和新闻性节目，占 60% 左右。这类节目被称为其广播节目的"脊梁"。它主要包括国内国际要闻、新闻分析、时事报道和评论。美国政府非常重视这类节目，因为它代表着美国官方的观点，起着向外国介绍和解释美国政府政策的作用。因此，"美国之音"在选择这类节目时，除了考虑到维护美国的国家利益，不与美国对外政策发生矛盾外，重点报道社会主义以及第三世界国家的"阴暗面"的东西和持不同政见者的活动与言论，并对这些国家进行反共和所谓的"民主""自由""人权"的宣传。

另一类为专题性节目，主要是介绍美国社会文化和政治经济等各个方面的情况。这类节目虽然不像新闻节目那样直接宣传美国政府的政策，但其目的仍然是服务于美国的战略利益，旨在通过介绍美国社会文化和政治经济制度，使外国听众理解美国政策所产生的社会背景，从而赢得他们对美国政策的理解与支持。由此可见，专题节目广播具有间接性和长远性。为了吸引更多的听众，"美国之音"改变了以往赤裸裸的反共叫嚣，在节目制作上注意知识性和趣味性，并表现出"友善"和"客观"的面孔。

"美国之音"具有以下主要特点。

（1）高度重视新闻时事节目。"美国之音"主要播放的内容是新闻，该台主要负责人曾说过："VOA 节目的基本组成部分就是实质性新闻加背景介绍。"

（2）标榜所谓"客观""公正"，强调所谓"事实性"新闻。该台把新闻和评论分开，新闻只讲事实，评论才加观点。这样做的目的在于增加可信性。其实，这只不过是个幌子，在它们认为需要对，比如苏联解体和东欧剧变期间，这个幌子就被抛到九霄云外去了。因此有时更具有欺骗性。

（3）立足于争取听众的长远战略，注意所谓平衡性原则，有限度地报喜又报忧。例如，既宣扬美国社会的所谓民主自由，夸耀其物质文明，又对其社会阴暗面给予适当报道。对社会主义和第三世界国家，既污蔑它们"专制""独裁""侵犯人权"，又报道它们在经济建设方面取得的成就。其目的无非是要给人们造成一种客观、公正的印象。

（4）注重发挥广播的特点

在新闻报道中，"美国之音"注重发挥广播的特点，以短、快、新、活见长，每条新闻一般不超过 1 分钟，尽可能多用短句、短段落，方便收听，满足受众"先听为快"的心理，并注重现场报道，增强节目的感染力。文字运用通俗易懂、生动活泼。

1976年7月12日，美国国会通过了《美国之音章程》。整个章程充斥了"准确""客观""全面"等字眼，但同时又明确地规定"美国之音"必须为美国的长远利益服务。那就是在不违反美国国家利益的前提下，进行所谓"客观公正"的报道。该台自诩为向各国人民提供准确消息来源的新闻机构，但实际上是美国政府向世界各国实行文化渗透的工具，是一个推行美国全球战略的宣传机构。其评论节目更是美国政府的喉舌。一方面，它以貌似客观公正的态度来宣传美国政府的立场、西方价值观和生活方式，如对第三世界所取得的成就和进步避而不谈，一旦出现动乱和失误，它就连篇累牍地报道。另一方面，对自己及其盟国所出现的侵犯人权的情况却视而不见，在新闻报道中采取双重标准或多重标准。

该台一直受总统和国务院严格控制，台长由总统直接任命，宣传受国务院"政策指导"。副台长、各部组的第一把手必须由外交官担任，工作人员必须"不反对政府的观点"。2001年9月11日，美国发生了震惊世界的"9·11"恐怖袭击事件。恐怖分子劫持民航客机撞击纽约世界贸易中心大厦（World Trade Center）和华盛顿美国国防部五角大楼，致使世贸大厦坍塌、五角大楼部分受损，死亡与失踪人员达5 000多人。事件发生后美国多家新闻媒体各显神通，争先恐后播报有关新闻。美国政府一方面频频举行新闻发布会，引导新闻媒体按政府的口径报道；另一方面施加各种影响，限制发出不同的声音。"9·11"事件之后，由于"美国之音"广播电台未能与政府步调保持一致，播出了对支持恐怖分子的阿富汗塔利班领导人奥马尔的专访，美国政府解除了台长惠特沃恩以及国际广播局局长的职务。与此同时，"美国之音"在欧洲一个发射台约200多万元经费预算已被取消。

"美国之音"主要是一个国际广播电台，但自 20 世纪 90 年代中期以来，它开始尝试利用广播和电视同时播送节目。1994年 9 月 18 日，它通过卫星向中国播送"中国论坛"（China Forum）。1996 年，它的阿拉伯语部与世界网电视部和中东广播中心联合播出"与西方对话"。在此之后便一发而不可收，播出了汉语、英语、阿拉伯语、西班牙语等的广播与电视联播节目。"美国之音"同时还借助电脑网络的发展为其新闻广播提供新的良机。1994 年它成为世界上首家利用国际互联网的国际广播电台。它在国际互联网上开辟了自己的网址和网页，以 19 种语言为读者和听众提供新闻、广播节目表、频率表以及其他音频资料。

四、美国广播业的特色

（一）地方化、专业化和多样化

地方化就是美国绝大多数广播电台是商业电台，由私人所有，为当地听众和各阶层服务。专业化是指多数广播电台的节目内容非常专一，集中于某一特定内容，如新闻、谈话、音乐、体育和天气预报节目等。多样化是指既有全天专门播送一般新闻、娱乐新闻、体育新闻或经济新闻的电台，也有全天播放古典音乐或流行音乐的电台，还有专门播讲福音书的宗教电台。每一种电台都有一群固定的、忠实的听众，形成了与受众之间相互依存的关系。另外，节目中间安插着各种商业广告。广告成为美国商业广播电台的唯一经济来源。电台通过特定内容的节目吸引和维系着一群有着某些共同点的听众，从而使广告商做广告时更有针对性。

（二）口语化

美国广播电台的节目大都是口语直播，因而使听众具有一种亲切感。电台还经常举办广播谈话、辩论会、讨论会、现场直播报道、电话采访等富有真实感、现场感的节目，不仅向听众提供了有用的信息，满足了听众对某方面知识的需求，同时还使听众体验到一种真实的参与感。

五、美国广播的发展趋势

　　无线电广播问世已有90多年的历史，在它的发展过程中，经历了报纸、电影以及电视的挑战。当人类进入21世纪以后，它又遇到了被称为"第四媒体"——互联网的强有力挑战。在全球数字化、网络化、信息化的背景下，广播事业的生存与发展将面临的不仅是挑战，同时也是机遇。互联网为广播的发展提供了又一新的思路。正因如此，近几年来，美国许多广播电台纷纷在互联网上建立自己的网站，以新的形态扩大自己的影响力，争夺受众市场。

　　总之，信息渠道多元化、大众传播"小众化"、广播网络化以及由此产生的"窄播"化已成为美国广播发展的新趋势。对于广播的未来，人们依然充满了信心。

本章参考文献：

（1）《今日美国》1996年—1998年

（2）《洛杉矶时报》1998年12月

（3）《美国前景》1998年9月—10月

（4）《美国人口统计》1998年11月

（5）《卫星通信》1998年8月

（6）《电子商务》1998年9月

（7）《公告牌》1996年—1998年

本章参考书目：

（1）〔美〕埃默里父子著．展江，殷文译．美国新闻史（第八版）．北京：新华出版社，2001

（2）李良荣．当代世界新闻事业．北京：中国人民大学出版社，2002

（3）张隆栋，傅显明编著．外国新闻事业史简编．北京：中国人民大学出版社，1988

（4）陶涵主编．世界十国新闻史纲要．中国台湾地区：文津出版社，1989

（5）陈力丹．世界新闻史纲．福州：福建人民出版社，1988

（6）张允若，高宁远．外国新闻事业史新编．成都：四川人民出版社，1996

（7）刘有源．美国新闻事业概况．北京：人民日报出版社，1984

（8）李磊．外国新闻史教程．北京：中国广播电视出版社，2001

第七章
现代美国新闻传播史研究（下）

第一节　美国电视业的发展、产业结构及节目供应体制

一、美国电视产生及发展简史

（一）起步阶段（1925—1945）

美国电视发展的历史很早，它开始于 20 世纪 20 年代。1925 年美国发明家 C. F. 杰肯斯使用一个新发明的扫描系统，把电视信号传送到 5 公里外的一个原始接收器。1928 年通用电气公司设在谢奈克塔 Q9 的 WGY 电视台播映了第一部电视剧《王后的信使》。此后，设在纽约、波士顿、芝加哥等地的早期电视台纷纷效仿，较为固定地播放节目。

1930 年，全国广播公司开始了电视的试验播出。至 1937 年，美国已有 17 家试验电视台广播节目。1939 年 4 月 30 日，主题为"明天的世界"的纽约世界博览会开幕。无线电公司在博览会上展出自己的产品。美国总统富兰克林·罗斯福在开幕式上致辞，他成为第一个出现在电视屏幕上的美国总统。1941 年，美国第一家商业电视台 WNB 领取了联邦通讯委员会颁发的许可

证，正式开播。同年 7 月 1 日，NBC 在纽约的电视台播出了有史以来第一个电视广告。这是一个布洛伐时钟广告，时钟图像在屏幕上停留了整整一分钟，为此，布洛伐付了 4 美元广告费。到年底，全美有 32 家商业电视台获得执照，独立营业。正当电视业似乎就要起飞的时候，美国卷入了第二次世界大战，电视的发展被迫中断。珍珠港事件爆发后，哥伦比亚公司的试验电视台WCBW 对这一事件进行了 9 个小时的实况报道。

（二）发展与冻结时期（1945—1952）

第二次世界大战结束后，电视业的发展速度开始加快。电视机生产供不应求，申请执照的电视台越来越多。1945 年，美国联邦通讯委员会（FCC）为适应战后"电视热"，先后出台了一系列规定：把 FM 调频信道优先分配给电视，取消战时对电视台的禁令。1946 年，美国有 8 000 个家庭有电视机，两年后已达17.2 万户。1948 年 9 月，FCC 担心电视台过多会导致彼此信号干扰，下令暂时"冻结"频道的分配。所以，1950 年全美只有105 家电视台在播出节目。大多数城市只有一家电视台，24 个较大城市有两个以上的电视台。FCC 花三年时间引来重新规划和分配频道。1952 年，对新增电视台的"冻结"才终于冰消雪化。

（三）快速发展时期（1953—1962）

1950 年，美国首次播放彩色电视节目，但联邦通讯委员会1953 年才正式批准。自 20 世纪 50 年代，彩色电视才进入快速发展时期。电视在创办之初大量地借鉴了广播的节目形式。广播中的传统节目如肥皂剧、情景喜剧被移植到电视上。电视又利用图像的优势使节目青出于蓝而胜于蓝。随着电视网的扩大和电视的普及，广播网的重要性大为削弱。受众的兴趣日益转向电视。广告和流行节目也迅速弃广播而从电视。1953 年—1962 年这 10年间，美国电视业出现了史无前例的发展势头。统计数字表明，1952 年，美国有 108 家电视台，家庭电视机的普及率为 34％。10 年以后，美国电视台增加到 541 家，家庭电视机普及率上升到 90％。

（四）稳定发展时期（1963—1975）

进入 20 世纪 60 年代后，无线电技术与空间技术相结合而产生的通信卫星使电视的传播技术发生了质的飞跃。它提高了电视信号的传输质量，使电视广播冲破了单纯依靠微波中继传递的局限，使电视信号通过太空传遍了地球的每一个角落。新闻报道的时空距离也几乎缩小为零。1962 年，美国发射了地球同步卫星"电星 1 号"（Telstar 1），开始利用太空通信卫星进行远距离的传播。这是世界上第一颗用来传送电视节目的通信卫星，开创了全球广播电视传播的新纪元。1963 年 11 月 22 日，"转播一号"（Relay 1）向全世界转播了美国总统肯尼迪国葬的实况。1975 年 12 月，美国无线电公司发射了"通信卫星一号"，创办了卫星直播电视和有线电视网。

（五）竞争重组时期（1975 年至今）

20 世纪 70 年代至 90 年代是美国有线电视迅速发展的时期。有线电视的发展开始于 20 世纪 30 年代。通过与卫星和计算机技术的联姻，有线电视得到迅猛地发展。20 世纪 70 年代初，美国的有线电视台只有 2 600 多家。20 世纪 80 年代以来，有线电视日趋普及。1993 年 8 月底，有线电视系统多达 11 385 个。1976 年，电视机用户中只有 1 506 的人安装有线电视，而到 1993 年，这个百分比跃升到 62.5％，全国约有 6 000 万用户收看不同内容的有线电视节目。

1994 年，哈伯德广播集团拥有的"直接电视"——休斯卫星发射公司与美国卫星广播的附属机构发射了自己的卫星。美国观众第一次看上了能够提供 180 多个节目的数字电视。到 1996 年，两个频道（直接电视和美国卫星广播）共拥有了 300 多万的用户。1998 年 10 月底，美国电视台总数 1 576 家，全国约有 800 万家庭接收卫星直接转播的电视节目。

这一时期美国电视业的一个最重要的特征是竞争和兼并。美国的电视台大多以商业性为主，这种体制必然会引起各电视台之间的激烈竞争，而竞争的结果必然导致垄断和兼并。1985 年大名鼎鼎的 ABC 被名不见经传的首都广播公司吞并。1989 年，时代公司和华纳传播公司合并为时代华纳公司，成为当时世界最大的传媒巨头。1995 年，迪斯尼公司以 190 亿美元，西屋电气公司以 54 亿美元，时代华纳公司以 75 亿美元，分别与大都会——美国广播公司、哥伦比亚广播公司、特纳广播公司合并。

二、美国电视业的产业结构

美国的电视产业主要由三大板块组成，即无线电视、有线电视和企业电视。以下将着重论述前两种类型。

（一）美国的无线电视

1. 按获得资金的方式划分为商业台和非商业台

无线电视台可以按照各自获得资金以保持运转的方式分成两大类：商业台和教育台。商业台占电视台总数的 76％，它们通过广告来挣钱。教育台不允许播放有偿广告。它们是为教育、社会和宗教团体而设立的，必须遵守联邦通信委员会不出售广告时段的规定。其生存完全依赖于个人和公司的捐款以及政府的拨款。

2. 按播出频道划分为甚高频电视台和超高频电视台

那些用 2～13 频道播出节目的电视台被称为 VHF，或称甚高频电视台。那些用 14 频道或其以上频道播出节目的电视台被称为 UHF，或超高频电视台。

VHF 历来就是为广播业者所喜欢的频道。在 20 世纪五六十年代的大部分时间，电视机通常没有能力收到 UHF 的信号，而且，UHF 信号的质量也被认为要比 VHF 信号的质量差。有线电缆技术抹去了 VHF 和 UHF 在电视广播中的许多差别。有线电视提供给用户同样质量的画面，而不论电视台是 VHF 还是 UHF。有线电缆也使得选择 UHF 台与选择 VHF 台无甚区别。在有些有线电视系统中，UHF 台被安排进了 VHF 频道。当今电视台最通常的类型（将近 600 个电视台，或 39％）是用 UHF 设备的商业台。差不多同等数量的电视台（37％）是 VHF 商业台。约有 250 个教育台用 UHF 设备（16%），另外还有 8% 为 VHF 教育台。

3. **按播出范围划分为全国性电视网和地方电视台**

（1）全国性电视网

①三大电视网

A. 全国广播公司（简称 NBC）。全国广播公司成立于 1926 年，原是美国无线电公司的子公司，总部设在纽约。NBC 目前拥有自营电视台 5 座，电台 8 座。另外，它还在美国拥有 300 座下属电台和 200 多家下属电视台，并在中国香港地区、日本、印尼、英国、法国、德国、意大利、奥地利、墨西哥和以色列等地设有办事处。1985 年 NBC 被通用电气公司收购，并把广播电台售出，成为专门经营电视传播的广播公司。

全国广播公司的特点是勇于开拓，锐意革新。它最早组建了全国性的广播网，使广播新闻四通八达，促进了美国的"广播热"。20 世纪 30 年代它积极支持电视研究，发动了一场推销家庭电视机的大规模运动。1939 年 4 月，全国广播公司运用电视报道在纽约举行的世界博览会，罗斯福总统成为第一位出现在电视上的国家元首。1941 年全国广播公司和哥伦比亚广播公司的纽约电视台获得了政府颁发的营业执照，成为美国第一批商业电视台。1954 年，美国政府正式采纳 NBC 在 20 世纪 40 年代发明的"NTSC 彩色电视制式技术标准"（又称兼容制），成为全美使用的技术标准，1954 年，全国广播公司又最早正式播送彩色电视节目。

在电视节目中，NBC 善于举办大型娱乐节目，拍摄电视系列剧。它制作的电视动画系列《彩色世界乐园》，连续播出 20 多年，一度成为取得最高收看率的王牌节目。在电视新闻节目方面，NBC 在 1952 年最早创办了早晨的新闻节目——《今天》，每天 7：00—9：00 播出。它的创办人帕特·威沃让一只惹人喜爱的黑猩猩在荧屏上做主持人戴维·加罗韦的助手，从而营构出一种活泼、温馨的氛围，吸引了许多家庭的收看，至今仍是观众喜爱的晨间节目。从 20 世纪 50 年代中期到 70 年代初，NBC 的新闻班子在报道美国两党预选会议及其他竞选活动方面一直处于领先地位，名盛一时。从 1947 年起，每星期日上午，NBC 有一个《会见报界》专题节目，邀请军政头目或知名人士就国际问题发表谈话颇受欢迎。1959 年赫鲁晓夫访美，NBC 专门作了系列跟踪报道。1972 年尼克松访华期间，NBC 也派记者随同进行跟踪报道，并多次中断正常节目及时播出毛泽东会见尼克松的电视新闻。同年，NBC 记者摄制了大型纪录片《紫禁城》（又名《故宫》），与先后拍摄的纪录片《卢浮宫》《克里姆林宫》一起，成为国际大型纪录片的楷模。

B. 哥伦比亚广播公司（简称 CBS）。哥伦比亚广播公司成立于 1927 年，由原联合独立广播公司和哥伦比亚唱机公司合并而成。总部设在纽约。有自营电视台 5 座，调幅广播电台 7 座，超短波电台 7 座，分布在纽约、华盛顿、芝加哥、旧金山、费城、圣路易斯和波士顿等地。它还为 200 多家电视台和 200 多家电台提供电视片和新闻。在美国、加拿大、拉丁美洲各国，它拥有 50 家广播公司的部分或全部股份，并拥有 4 个出版公司，出版各种书籍和 50 多种杂志。

CBS 创建之初，与实力雄厚的 NBC 相比，处于弱势。但它奋起直追，蒸蒸日上，不久便与 NBC 并驾齐驱了。因为哥伦比亚广播公司具有这样的特点：

一是具有人才优势。它能大胆起用新人，并不断网罗生气勃勃的富有创造活力的人才。自从年轻的威廉·佩利担任 CBS 总经理之后，破格录用了许多"小人物"。如聘任出身贫贱的刘易斯为副总经理，并放手让其施展才华。刘易斯设计出一个个新颖的节目，风靡美国。在广播方面，1938 年慕尼黑危机时，公司最早的新闻评论员汉斯·卡尔登邦不分日夜报道事态的发展，并加以简明、中肯的分析，开创了广播新闻评论的新局面。还有才华横溢的记者爱德华·默罗，电视新闻节目主持人克朗凯特、丹·拉瑟等。这一颗颗熠熠闪光的明星，为 CBS 赢得了巨大的荣誉。

二是它以硬新闻节目著称，倾注主要精力办好新闻节目，以此来与其他广播网抗衡、竞争。CBS一向重视硬新闻节目。在第二次世界大战前夕，CBS首创了广播的"新闻联播"节目。1938年9月，在历时18天的"慕尼黑危机"期间，CBS的新闻联播网转播了151次短波实况报道，85次新闻评论，加上其他广播公司的努力，使这一年成为广播史上最重要也最吸引人的新闻年。第二次世界大战期间，CBS驻伦敦记者爱德华·默罗"这里是伦敦"的新闻报道，成为国际广播界现场报道的楷模。第二次世界大战以后，CBS的主要精力转入电视。1948年，CBS电视台开办了世界上第一个定期的电视新闻节目《CBS电视新闻》，每次播15分钟。1963年，CBS又首先将每天15分钟的新闻节目延长到30分钟。后来，CBS又创造性地推出了杂志型的大型电视新闻节目《六十分钟》，对新闻节目的内容和形式都进行了大胆的革新，轰动了美国，扬名于世界。又如克朗凯特连续30小时报道美国"阿波罗"号登月新闻，通过卫星传遍了全球，在国际上引起了巨大的反响。这使得它在三大电视网"黄金时间"的竞争中，在收视率上占了优势。CBS的新闻节目敢于触及时弊，并能对某些新闻事件作出独到深刻的分析。CBS曾涌现过一些事业心强、具有强烈的正义感和政治勇气的记者。20世纪50年代，记者爱德华·默罗不顾个人安危，勇敢地与极右的麦卡锡参议员及黑暗势力较量；20世纪60年代，记者克朗凯特公开反对约翰逊总统的侵越政策；20世纪70年代，记者丹·拉瑟在水门事件败露前，就在白宫的记者招待会上公开顶撞总统尼克松。这些内容都在CBS的电视屏幕上如实地公之于众，让世界观众震惊。

在电视剧与娱乐节目方面，CBS成就不凡。1938年播出的广播剧《星际大战》，引起全国轰动。1948年开播后更名为《埃德·沙利文节目》的综艺栏目，久盛不衰。还有电视剧《飘》《鹰冠庄园》等。

C. 美国广播公司（简称 ABC）。美国广播公司是由全国广播公司分立出来的。1943 年，根据美国《广播联营条例》的规定，NBC 的两大广播网——"红色"广播网和"蓝色"广播网分家，蓝色广播网成立了一个新的广播公司——美国广播公司。1985 年美国都市传播公司以 35 亿美元买下美国广播公司，改名为"都市传播公司和美国广播联合公司"。ABC 的总部设在纽约。它有 8 座主营的电视台设在纽约、芝加哥、底特律、洛杉矶和旧金山等大城市，有 11 座调幅电台、10 座调频电台，还有223 座附属电视台以及 1 948 家广播电台，形成一个强大的广播电视网。同时，还经营有 1 家电影制片厂、266 家电影院、1 家唱片公司、1 家出版社、1 家野生动物园等各种企业。

在美国三大广播网中，ABC 起步最晚，力量较弱。到 20 世纪 60 年代，ABC 迅猛发展，与 CBS、NBC 形成鼎立之势。1959 年 10 月它拍摄的电视系列片《贱民》，首播后就跨入了收视率最高的节目行列之中。ABC 还注意电视剧等娱乐节目的拍摄和播出。1977 年播映了根据同名小说改编拍摄的电视剧《根》，连续 6 个晚上放映 12 小时，轰动一时，观众达到 1.3 亿人次，创造了美国电视史上观众的最高纪录。该剧还夺得 1978年度 9 项"艾米奖"。还有 1981 年获得"艾米奖"的电视巨片《豪门恩怨》，连续播映 8 年；1988 年 11 月播出的《战争与回忆》，耗资 1.4 亿美元，拍摄时间长达 4 年。

ABC 在电视新闻报道上也奋起直追，尤其在国际新闻的报道方面，已赶上甚至超过其他两家。ABC 精心办好早晨电视新闻节目"早安，美国"，播出时间在三大广播网中最长。如"美国犯罪问题"专题，连续播报几十天，尖锐地暴露了美国社会的弊端。著名新闻节目主持人彼德·詹宁斯所主持的"今晚世界新闻和 ABC 晚间新闻"，收视率不断上升。

ABC 注意报道中国的消息，态度也比较客观。在 1973 年就组成代表团访华，同北京电视台正式签订了交换电视新闻片的协定。中国乒乓球队、杂技团、体操队等访美时，ABC 都专门拍摄录像或现场实况转播在电视台播放。他们还派摄影队来中国拍摄《人民中国的人民》电视片。尼克松、福特、基辛格、里根等访华时，ABC都派记者随同采访，并经常与中国交流节目。

②第四电视网：福克斯广播公司。

福克斯广播公司（FOX）在1980年由澳大利亚媒体巨头罗伯特·墨道奇建立。墨道奇买下了前梅特罗米地的电视台，并有兴趣通过他刚得到的电视制片厂（20世纪福克斯）为这些电视台提供节目。他的计划是逐步地引进节目，开始，一个星期一天（星期天），然后，慢慢地扩展到整个星期。

今天，福克斯电视网的节目一个星期七个晚上都有，它现在有许多成功的节目吸引观众和广告商，包括《有孩子的婚姻》《辛普逊一家》以及《贝弗利山庄90210号》。但是，福克斯并不满足于每天黄金时段的节目。它进攻性地向前推进以得到更多和更强的电视台和会员台。它的下午儿童系列节目极受欢迎。它甚至计划推出一个全国电视网的新闻节目来对抗 ABC、CBS和NBC。

它和三大电视网竞争的能力在1994年得到了进一步的加强，因为它从CBS得到了转播全美橄榄球赛的合同。很明显，福克斯对全国电视网的生意形成了一个巨大的冲击。受福克斯的成功和全国电视网业务继续增长的潜力所鼓舞，两个新成员最近也进入了这场角逐。

③新的全国电视网

联合－派拉蒙电视网（UP）在1995年1月亮相，推出了《星际漫游旅行者》，这是其科幻系列的最新作品。和福克斯类似，UP电视网以每周两个晚上的节目开始，并计划扩展到其他日子和其他时段。在开始的时候，这个电视网由路希·沙尔汉尼领导，她曾是派拉蒙的执行总裁，最近又成了福克斯广播公司的执行总裁。背后支持这一计划的是法爱康公司，它是派拉蒙、票房炸弹录像带连锁公司、音乐电视及其他许多子公司的母公司。

第二个新全国电视网是华纳兄弟电视公司的"WB电视网"，

由法爱康的主要竞争对手时代华纳公司所支持。WB 电视网开始于 1995 年，以喜剧节目为其核心，包括《爸爸一无所知》和《从此以后不再快乐》。这些节目使人想起福克斯的系列节目，或许这是因为 WB 电视网在建立之初是由福克斯的两个奠基者杰米·凯尔纳和加什·安希尔所领导的。

尽管它们的老板有长期的制作经历和制作自己节目的"大钱包"，许多金融分析家预测这个市场只能够支持两个新电视网中的一个。这些全国电视网后起者的成功与否还有待于进一步观察。

（2）地方电视台

①电视网拥有的地方台

在商业电视台等级的顶端是那些直接由三个已牢固确立的电视网 ABC、CBS 和 NBC 母公司拥有的电视台。用电视业中的行话来说，这些台是"被（电视网公司）拥有和运作的"电视台，或简称"O&O"。

电视网拥有和运作的电视台历来就是所有电视台中利润最丰厚的。它们主要在 VHF 波长中，并被认为是它们所属电视网的旗舰台。它们通常都位于最大的电视市场（即大城市），并有值得炫耀的电视网背景。通用电气公司除了拥有 NBC，也是纽约市的 WNBC 和洛杉矶 KNBC 的母公司，另外在芝加哥、丹佛、迈阿密和华盛顿特区也有电视台。威斯汀豪斯拥有纽约市的 WCBS 和洛杉矶的 KCBS 以及其他在明尼阿波利斯、芝加哥和迈阿密等地的电视台。迪斯尼拥有和运作的公司包括 WABC（纽约）、KABC（洛杉矶）以及在芝加哥、旧金山、费城和休斯敦的电视台。购买自己的电视台是福克斯策略的基石，以取得和其他主要电视网平等的地位。它投入了几亿美元来购买纽约的 WNYW、洛杉矶的 KTFV、华盛顿的 WTYG 和芝加哥的 WFLD。

由一个主要电视网拥有这些电视台的所有权保证了这些电视台稳定的节目供应，并使这些电视台在潜在的广告商面前显示出强有力的形象。"被拥有和运作的"电视台在他们所在的地区通常是当地新闻的领袖。他们和他们的全国电视网公司总部或地区总部相联合的事实使他们拥有其他台不能匹敌的经济力量以及获得节目和人员的渠道。

由于这些原因，电视网拥有和运作的电视台历来是所有电视台中最有利润的。通常有 50％以上的年利润。甚至当他们的上级电视网的收视率下降时，"被拥有和运作"电视台仍然是他们公司的"金牛"。

②电视网结成的会员台

第二等最有利润的电视机构是那些和一个主要电视网结成会员关系的电视台。用电视业的行话来说，这些电视台是电视网会员台，或简称"会员"（affiliates）。历来，最理想的会员关系是和三个"老大哥"电视网 ABC、CBS 和 NBC 结成关系。像"被拥有和运作的"电视台一样，这些会员台大多数在地方新闻中和它们所在社区的公众服务中都是领袖。许多都是从电视业的黎明时期（20 世纪 50 年代早期）就开始运转，经过这么多年，它们已赢得了观众的极大好感。

但是电视台会员关系在近年来有了戏剧性的变化。例如，在 1994 年，福克斯向"新世纪传播"公司投资了 5 亿美元，这是个由 12 个电视台组成的集团，其中 8 个长期以来是 CBS 的会员台。这个交易的条件包括终止它们原来与 CBS、NBC 和 ABC 的会员关系而转到福克斯，这些电视台分布在达拉斯、底特律、亚特兰大、克里夫兰、坦帕以及圣路易斯。

当这次剧烈变化结束时，许多观众都不知道如何才能看到墨菲·布朗、戴维·莱特曼以及其他 CBS 的明星，因为他们被转到了新的频道去了（包括某些高频 UHF）。为了应付这种局面，CBS 和其他传统的电视网试图巩固与那些长期会员台的关系以防止会员台转向福克斯。例如，CBS 和威斯汀豪斯签署了一个史无前例的 10 年合作协议，以使它的节目能在旧金山的 KPIX－TV 和匹兹堡的 KDKA 台上播出。作为交易的一部分，NBC 的会员台 WBZ（波士顿）和 KYW（费城）转到 CBS 下面。这个十年协定只延续了一年，因为在 1995 年，威斯汀豪斯公司宣布它打算买下 CBS。

今天，大约各有 200 个电视台与 CBS，NBC 和 ABC 结盟。福克斯的会员台数字已超过了 150 个，并期望在 1995 年底和它的竞争者达到旗鼓相当的水平。联合和 WB 电视网在 1995 年初建立的时候，大约各自有 100 个会员台。

我们把 VHF 电视网会员台定为四星级，而 UHF 会员台定为三星级。这就是说，会员台，特别是那些在大市场地区并有波长优势的会员台可能是有高额利润的生意。确实，典型的三大电视网的大城市会员台在每个美元的销售额中有 20％或更多的利润回报。福克斯节目的收视率虽然仍然落后，但也开始接近三大电视网的节目。这使得更多的电视台把它们的会员关系转到福克斯。对于观众来说，找到并跟踪他们所喜欢的节目仍是一个挑战性的任务。

③落后的地方独立电台

独立电视台就是那种不与任何一个大电视网结盟的电视台。在有 6 个电视网可供选择的情况下，独立电视台显得像是被遗弃的一族。1995 年时，大约有 200 个电视台是独立的，靠它们自己的电影资料馆、辛迪加市场的节目以及地方的专业体育节目来排满它们的节目时间。今天，只有不足 100 个电视台没有与 ABC，CBS，NBC，福克斯或另外两个新的全国电视网结成会员关系。

由于这个原因，美国给 VHF 独立台定了三星级，而给 UHF 台定了二星级。在主要市场（大城市），独立电视台（特别是在低频的 VHF 频道的电视台）仍然能存活，特别当它是当地棒球、篮球或冰球队节目的播出者时。但是，在较小的市场里，这些电视台大多被定在高频 UHF 频道，苦苦挣扎以获得观众和广告支持。

④边远地区的低功率台

一支在电视业中相对不知名的新生力量是"低功率电视"

（LFFV）台。美国联邦通信委员会在 1982 年批准这一新项目，以便为少数民族拥有电视台创造一个机会并增加社区内的广播业数字。为了促进少数民族对这些电视台的投资，美国联邦通信委员会公布了有利于少数民族的法规。理论上说，低功率电视台增加了服务于社区的电视台的数目，这将会增加这个社区观众观看电视的选择。

为了确保低功率电视台的覆盖率被限制在被批准的社区内，美国联邦通信委员会对低功率电视台的功率加以了限定。一个低功率电视台可以传递 100 瓦特的 VHF 信号和 1 000 瓦特的 UHF 信号，普通电视台则可以传送比这个功率强 1 000 倍的信号。这个低功率（这也是它名字的由来）限制了信号只能传送到很小的范围。美国一些低功率电视台的拥有者希望美国联邦通信委员会改变这一规定：从通过限定广播功率来限制覆盖率到通过禁止互相干扰来加以限定。也就是说，电视台可以把其功率加大到它所希望的强度，只要它的信号不和在同一频道上的其他电视台的信号互相干扰。

到 20 世纪 90 年代中期，大约有 1 000 个低功率电视台在运作中。它们主要都在边远地区（阿拉斯加的低功率电视台最多），至今为止一直面临着财政困难。在大多数情况下，低功率电视台无法与大电视网的会员台和普通的独立台在有吸引力的节目上竞争。它们有限的广播范围使得低功率电视台难以吸引电视广告商的兴趣。这就是为什么把低功率电视台放在电视台分级的底层，将它们定为一星级[①]。

4. 公共电视

美国公共电视台一般由社区组织（占 51％）、大学（占 32％）、州政府（占 12％）创办，它们的全国性组织是 PBS（Public Broadcasting Service）。PBS 成立于 1969 年，现有 348 个成员电视台，面向美国各州，覆盖 99％的美国家庭，每周有

---

① 陈犀禾：《当代美国电视》，复旦大学出版社，2001 年 3 月版，第 45～47 页。

将近 1 亿人收看。这些公共台不以赢利为目的，旨在传播文化、知识和新闻，经费依靠政府拨款、经办者筹集和某些企业的赞助。有些时段会穿插少量赞助者形象宣传，或者推销本台制作的唱片光盘，或者号召公众给予经费资助，但是这类宣传一般每小时不超过 5 分钟。PBS 组织对成员单位提供多项服务：它的节目中心提供各种文献、艺术、儿童、新闻和公共事务节目，仅学龄前儿童节目（如著名的《芝麻街》等）每天就达 11 小时。这些节目是各成员台播送内容的主干部分。它的协调机构帮助成员台合作制作节目，或是在对等的基础上交换节目。它还为成员台的节目生产提供财政等方面的支持。总之，美国的公共台尽管不如商业台那样财大气粗，甚至还常常面临经费拮据的困难，但通过集体协作和扶持，它始终在整个电视事业中扮演着重要的角色。

（二）美国有线电视的分类

今天的有线电视节目可以分成三大类：基本有线电视节目、付费有线电视节目和专门节目。

1. 基本有线节目（Basic Cable Service）

基本有线电视节目是有线电视的支柱。这类节目价格低廉。它们又可分成两种主要类型：一种是当地的和地区的无线电视台的节目，一种是广告商支持的有线电视节目。

（1）地方无线台

多年来，有线电视系统有义务在它们的系统中为转播所在社区的地方无线电视台的节目留出空间。这个规则就是"必须播出"规则，但它在 1985 年被宣布为不符合宪法。

结果，有线电视业者可以不必贴钱转播在其社区之内或附近的无线电视台的节目。地方无线电视台在随后的几年中努力争取为有线电视转播它们的节目得到某种形式的补偿。在 1993 年，联邦通信委员会推出了新法规以解决这一争论。无线电视台被要求选择"必须播出"或者"同意播出"。如果选择"必须播出"，有线电视公司必须播出地方无线电视台的节目，但是地方电视台不能得到任何形式的经济补偿。选择"同意播出"的无线电视台则要求和有线电视系统协商，为它们的节目被有线电视播出得到某种形式的补偿。

在施行新法规的时候，主要的电视网和电视台集团一般都实行免费让地方有线电视业者转播它们节目的方针。作为回报，它们在有线电视系统上得到新的频道空间以播出新的节目，如地区新闻频道。新法规带来的后果是，大部分有线电视系统继续在它们服务的地区转播大多数无线电视台的节目。当地的和地区的无线电视台的频道仍然是基本有线电视节目中的支柱。

（2）广告支持的有线电视网

基本的有线电视节目第二个类型是广告商支持的有线电视网，其节目是专门为有线电视观众而设计的。它们像无线电视网（ABC，CBS，NBC 和 Fox）一样，播出全国性的广告。它们也给地方有线电视系统插播广告留出空当。

由广告支持的主要有线电视网包括有线电视新闻网（CNN）、头条新闻（Headline News）和特纳电视网（TNT），另外还有黑人娱乐网（BET）、艺术和娱乐网（A&E）、那希维尔网（TNN）、镍币影院（Nickelodeon）、气象频道以及 MTV。某些基本有线电视频道的主题集中于健康（生活频道），一些主题集中于教育（教育频道）。有线新闻和商务频道（CNBC）专注于消费者和商务新闻，而法庭电视网（CTN）则提供犯罪和法律问题的深入报道。

超级电视台（Super Stations）是美国在大都市地区的独立电视台，并被准许通过卫星公司向全国转播。它们也向有线电视的基本频道提供带广告的节目。地方有线电视系统和卫星节目发行者签订合同，在它们有线系统上转播这些台的节目。超级电视台有许多电影和体育节目，某些甚至还有地方和全国新闻。由于超级电视台的存在，在阿拉斯加的有线电视观众能够密切地跟踪芝加哥的棒球赛况，在关岛的观众能够评论来自纽约市的晚间新闻。主要的超级电视台有亚特兰大的 WTBS、芝加哥的 WGN、洛杉矶的 KTVT、新泽西州西考卡斯的 WWOR 以及纽约的

WPIX。

下面主要介绍美国有线电视台新闻广播公司（CNN）。

CNN 的创办者是特德·特纳，1980 年 6 月 1 日正式开播。特纳认为：既然有新闻广播电台，就应该有新闻电视台。经过10 多年的发展，CNN 已经成为世界上新闻与信息的主要来源之一，在美国拥有 5 400 万订户，在全球 210 个国家和地区拥有1.13 亿用户。它全天 24 小时播出新闻，全球有 400 多家电视台使用它提供的新闻资料，一举成为与三大广播公司并列的美国第四家广播公司。

特纳以"抢到独家新闻，我们就能击溃任何一家广播公司"作为经营之道，并实行 24 小时新闻电视播出制度。如"挑战者"号航天飞机的不幸爆炸，把 CNN 推上了独家现场实况报道的宝座。从此，CNN 越来越重视对突发事件的报道，可以随时中断其他节目来播出突发事件新闻。如 1989 年 12 月美国入侵巴拿马并逮捕诺列加的消息，也是它首家进行报道的。1985 年，它做的美国环球航空公司劫机事件的报道，是最长的连续报道，不间断地报道了 17 天。1990 年海湾战争期间，它又因能在伊拉克进行报道而扬名天下：当 1991 年 1 月 16 日多国部队突然攻击伊拉克时，它第一个发出现场报道。当时，CNN 留驻巴格达的 3 名记者连续 17 个小时报道了空袭的情景。随后，在巴格达与外界中断联系的时间中，只有 CNN 的 3 个记者向全世界提供新闻消息，一时形成 CNN 的新闻独霸天下的局面。

从新闻理论的角度而言，CNN 的新闻实践观念，如与事实几乎同步的报道速度，有闻必录、有事必报的做法，对同一问题提供多方、甚至是互相矛盾的消息和反馈等等，都对传统的新闻观念造成了一种冲击。

CNN 的新闻节目题材广泛，但对事件缺乏深层的报道，时有一些不良倾向的报道。如 1992 年 CNN 实况转播棕榈滩审理参议员爱德华·肯尼迪的外孙威廉·肯尼迪·史密斯强奸案时，大肆渲染这件社会新闻的细节，泄露了受害者的隐私，并频繁地插播商业广告以赚大钱，就显示其类似于黄色小报的庸俗口味。

CNN 在 1989 年 9 月开设了《新闻教室》节目，免费在中小学播放，以中小学生为收视对象，每天播 15 分钟，不插播任何广告。现在，这一节目已列为美国全国教育工作者协会和美国全国家庭教师协会向各中小学校推荐的教育性节目。CNN 还办有电影频道。1978 年，CNN 在世界上设立了三个分台：欧洲台、亚洲台、拉美台。它宣称，只要有重大事件发生，三个台将同时向世界广播。

2. 付费节目频道（Pay Service）

在 20 世纪 70 年代，付费节目作为在家里观看剧场上映的电影、重大体育赛事以及特别娱乐节目的一个方法，逐渐流行起来。它们之所以称为付费节目频道，是因为观众必须支付额外的费用以收看这些节目。作为回报，付费节目频道一般不带广告。它们的销售特点是提供在无线电视中没有的原版节目，并且没有人们在"免费"电视中经常遇到的节目被广告打断的情况。

主要的付费有线电视频道有：家庭剧院、开演时间、电影大观、电影频道。付费节目频道中的巨人是家庭剧院（HBO），它的节目出现在 9 000 个以上的有线电视系统中，超过 1 800 万户，大约 1/5 的美国家庭订购了这个频道。HBO 的母公司时代华纳公司还拥有电影大观（Cinemax），略少于 700 万的家庭是它的用户。其他重要的付费节目频道包括开演时间（Showtime）和电影频道（Movie Channel，两者都为 Viacom 所拥有）以及适合家庭的迪斯尼频道。

3. 专门节目（Speciahy Service）

这是一个有线电视节目的"混合组合"，但它有一个重要的共同特征：每一个专门节目是特意为少量的、"瞄准了"的观众设计的。音频节目通过电缆提供立体声的收音机类型的节目。把电视电缆接上家用立体声收音机，保证能收到没有杂音的高保真音响。今天有线音频节目包括"有线收音网""数字音乐快递""超级音频"和来自芝加哥的"超级收音台"WFMT。专门节目预告频道的一个特别的类型是电视文字广播（Teletext）。这个节目频道播放字幕新闻。这是发布新闻和气象预报、旅游信息、金融报告等等的一个有效途径。

今天的一个重要的电视文字广播节目频道是电子节目指南（EPG）。这个频道列出在该有线系统中所有频道的节目单，以帮助观众决定看哪一个频道的节目。EPG（以及它的孪生兄弟EPGJr.）可以被200万户以上的家庭收到。就像电缆可以被用来接收立体声音乐的信号，通过使用适当的硬件和软件，有线电视可以把新闻和商务的电信服务带到观众的电视屏幕上或家用计算机上。此类电信服务机构主要有 X * Press、路透社的新闻综述（News View）以及新闻观察网（Story Vision Network）。

（三）美国的企业电视

1. 企业电视的定义

由于种类繁多的公司和组织将电视作为一种交流手段，要为企业电视下一个包罗万象的定义或者甚至起一个名字几乎是不可能的。类似于非广播电视、私用电视、工业电视、机构电视、商务电视、公司电视、社团电视等名字，都在某种程度上流行。为了简明起见，我们采用"企业电视"（CV）。但是要说明的一点是，这个名字也包括了其他严格说来不是企业的社团组织所使用的电视。就像这个定义包罗一切一样，企业电视包括任何种类的电视节目，它服务于生产性单位的特殊需要，针对特定的观众，一般通过和普通公众没有直接关系的渠道发行。这些节目的内容通常是有关人员训练、内部交流、公共关系和市场推销的。虽然这个定义可能有所帮助，但是了解这个领域的最好办法是了解企业电视的使用者。

谁使用小到地方卫生部门内的一个人的制作组、大到大保险公司内有几十个雇员的电视部的企业电视？服务行业是最大的企业电视使用者。在服务行业中，大多数是公用事业单位和保险公司。对于这两种以传播交流为特征的行业，把信息传达给雇员和顾客是一个重要的任务。

小的和中等规模的公司现在是企业电视的主要使用者。这个变化始于 20 世纪 70 年代以后，此前大公司（那些拥有 2.5 万个雇员以上的公司）是企业电视的主要使用者。以下事实可说明这一点：1973 年一项有关企业电视使用者的调查显示，41％的使用者有 2.5 万个或更多的雇员，19％有 5000 个或以下的雇员。在 1985 年，情况正好相反。拥有 5 000 个以下雇员的机构占据了企业电视使用者的 40％，而大公司只占 24％。统计显示，典型的使用企业电视的公司具有以下特点：有一个高度多样化的职工队伍，包括科学家、技术员、经理、文书人员和非技术人员；地理上分散化，工厂和分部分布于全国或全世界；有一个相信传播交流有助于达到企业目的的管理层。

在 1995 年，企业电视产值达 60 亿美元，有大约 1.2 万个企业制作了大约 6 万小时的节目。而三大主要电视网每年只制作大约 1.8 万小时的节目。

2. 企业电视的功能

企业电视应用于许多方面，归纳可起来主要有 5 个范畴：训练和指导、雇员层和经理层之间的内部交流、教育、对外公共关系以及市场销售。

3. 企业电视网的类型

企业电视不像商业电视网那么严密和广泛，但其功能是一样的：把节目发行到分散的雇员或顾客观众的手里。公司的电视网实际上覆盖该公司使用企业电视的所有地方。1995 年，大约 70％的公司在 5 个以上的边远地点放映它们的节目。一些大公司，例如普天寿保险公司、威斯汀豪斯、IBM，它们的电视网有成千上万个点。大约 1/3 的企业电视向国际发行它们的节目。到目前为止，录像带是最常使用的发行手段。90％的公司制作 1/2 英寸 VHS 盒式像带。大约 10％的企业电视用内部的闭路电视发送它们的节目，另外大约有 38％左右使用卫星或微波系统。

（1）单向网（one－waynetwork）。最简单的企业电视网是单向网（one－waynetwork）。录像带在一个中心部门制作和复制，然后寄到装备有回放系统的边远地区，录像带在那里播放给计划中的观众看。如果录像带复制太昂贵，那就会只做一个拷贝，然后把录像带从一个地方送到另一个地方。这就是所谓的"自行车"网。

（2）真实时间网（real－timenetwork）。真实时间网（real－timenetwork）较为复杂一点。在这个系统中，一个中心的办公机构通过卫星（或者通过地面上的微波信号）连接到边远的接收地点。来自始发中心的画面和声音在所有的边远地区被同时显示，这就像传统的商业电视网的操作方式。如果一个或者更多的边远地点装备有音频设备，并被连接到卫星上，那就可能形成一个双向网，不同的地点可以互相直接地交谈。这种安排称之为电视会议。

美国使用电视网的公司有美国第二大的零售连锁店 Kmart 公司，它使用一个私人卫星网来改进位于密歇根州特洛依的连锁店总部和它在全国 2 000 多个零售店之间的通信交流。这个系统有单向传送的能力，用以传送主管的指令、销售会议、培训和新商品介绍等节目。它的信号被加密，以便公司可以传送机密材料。另外，Kmart 也复制录像带并把它们发送到所有的商店。联邦快递（Federal Express）建立了一个类似的电视网，在全国有 500 个点。Wang 实验室有一个单向视频和双向音频卫星网，在北美有 70 个左右的接收点，在欧洲有 10 个，在太平洋群岛有 3 个。公司使用主管电视网来培训人员、更新技术及为顾客提供服务。

这些公司电视网至少在一个地方开始像它们的商业电视网同行——它们中的许多现在开始接受广告业务。例如，IBM 资助了由 Computerland 公司拥有的在实播时间电视网上的节目。全国各地的 Computerland 零售商可以从他们的企业电视中了解到他们可能想批发进来的 IBM 的硬件和软件产品。

三、美国电视节目供应体制

（一）美国电视节目供应体制的变迁

美国是商业电视占主导地位的媒介大国，它的节目流通，基本上是通过买卖进行的商业市场行为，美国人认为，广播电视是追求利润的工具；但他们同时承认，广播电视频道是公共资源，核心的问题是利益均沾。

在世界上，美国广播最早进行节目的市场经营。美国广播最早经历过业余者自娱自乐，专业演员无偿奉演的短暂非商营时期，随后便进入广告赞助者承包栏目和广播电视所有者控制媒介经济的商营时期。美国电视采用了广播商业经营的现成体制。

历史上，传统的广播电视网曾经自制大量节目。但从一开始，电视网就不是包打包唱的。在电视节目的直播时期，最早是由承包栏目的广告商组织戏剧演播。自20世纪50年代电影介入电视后，好莱坞电影迅速取代舞台剧的地位。不过，电视网不仅拥有自己制作节目的版权，还控制着节目销售和发行公司，代理电视网上播放的其他节目的版权，包括独立制片人的节目版权。

20世纪70年代早期，美国司法部指出，广播电视网对电视黄金时间的控制近于垄断，判决它们退出娱乐节目制作；除了新闻节目和时事节目之外，禁止电视网全部地或部分地拥有节目版权。从此，电视网被迫遵守一定的限制，承诺：①不再在国内发行任何节目，也不在国外发行非自己制作的节目；②在播放其他方制作的娱乐节目时，限制自己获得的利润比例。此后，电视网基本停止自己制作娱乐节目了。

有线电视网（包括卫星频道）的运行机制不同于传统的广播电视网，它们几乎从一开始就是制播分离的。大量节目的制作是媒介自身所无法承担的。

美国电视节目体制一步步成熟，在经营上非常成功，并逐步推广到全球各地。目前，美国电视的许多经营方法成为"西方化"的标准模式。但是，自20世纪80年代后期以来，特别是进入 20 世纪 90 年代以后,美国电视节目体制再次发生变化。模糊经营的方式变为更加精确的计量方式——按需付费,计次付费。这也是值得注意的动向。

(二)美国电视节目的发行渠道

美国电视节目的供应来源主要有三类:电视网(广播电视网、有线电视网包括卫星频道传送网)节目、辛迪加(即节目销售和发行公司)节目和地方制作的节目。这三种节目也不是截然分开的,例如,地方制作的和广播电视网播过的节目都可能进入辛迪加。活跃在美国电视节目市场,起枢纽与核心作用的是电视节目辛迪加。

1. 电视网节目

通常,电视网向附属台提供全部节目中 75% 的内容,但是,在这 75% 中,只有 25% 是电视网自己制作的,主要是新闻节目和与新闻有关的时事节目,例如 ABC 的 "20/20",CBS 的 "60 分钟" 等,还有直播的体育节目。其余戏剧与娱乐节目则均由好莱坞大约 25 家制片公司制作,其中 5 家最主要的公司制作大约一半的电视网节目。由于电视网无权保留节目版权,这些节目在广播电视网用过之后回归著作权人或版权所有公司,由辛迪加代理,在全国展示销售。

2. 辛迪加(Syndicates)

电视节目辛迪加是企业间资源共享的一种合作组织,是节目储存、流通的商业运作中心和媒介,类似节目库。辛迪加面向公开的市场,活动的范围更广。辛迪加与电视网提供节目方式的区别是,电视网同步,而辛迪加不同步。

不同行业的辛迪加发行各种类型的节目,有些专业辛迪加又联合为更大规模的辛迪加,经营全方位的节目。辛迪加的节目主要分三大类型。

(1)经售电视网播出过的节目。广播电视网在与节目制作人交易时通常只付部分节目成本。制作人要通过辛迪加的节目发行才能获取剩余回报。当然,低价卖给电视网的节目常在发行中获得意料不到的大笔利润，因为在电视网露面后，它们往往吸引大量求购者。例如《考斯比节目》播出后通过维尔科姆公司向国外发行，第一个季度便销售了 5 亿美元。

（2）故事影片。最初是为电影院制作的，主要是旧电影，也有未用过的影片。一般是好坏搭配着卖，如黑白搭配彩色。在有线电视和广播电视中，黑白影片经常填充很少人看的夜间时间。也销售好莱坞专门为电视制作的电视电影，这种影片像电视一样制作迅速，但又有电影的刺激因素（情节，戏剧，人物，技巧）。辛迪加还负责配音制作外语影片。

（3）原创节目。首播的辛迪加节目通常分别向各自独立的电视台推销，而不经过广播电视网播出。这是针对电视的大量需求特地制作的系列节目，其中包括软性新闻时事类杂志节目（如《硬拷贝》），娱乐界新闻和媒介名人的特写故事（如《今晚娱乐业》），游戏节目（如《幸运之轮》），体育杂志节目，音乐电视，特别节目（如重大事件和活动的特别报道），少数民族和外语电视等。原创节目是针对市场需求而制作的，一般都是演播室低成本的小制作，收视率却相当高。辛迪加的操作过程是完全的市场行为。

辛迪加面向一切市场和一切电视台。电视台购买播放权的价格基础除了节目本身的价值，还有电视台的收入，它所拥有的市场规模及覆盖面等。电视网播出后的节目，可以整部或部分转让播放权（每一集有收视率统计数字）。向每个市场出售的多是独家播放权。出售时，通常出示以下信息：

①题目。②对节目的说明，如首播，广播电视网播放过，故事情节或者开头。③表演者，主持人或者参与者。④时间长度，如 30 分钟，60 分钟，90 分钟。⑤集数，包括新创的集数和重播的集数，有时规定购买最少或最多的集数。⑥授权播放次数，一般规定最高次数。⑦规定开始和结束的日期，特定的时间有 6 个月，1 年，3 年，5 年，7 年不等。⑧广告形式，每一节目规定固定的广告条数，一般半小时的节目中可以播放 7 分钟广告，分两

次 2 分钟，一次 3 分钟播出；节目结束后可有 92 秒钟跟在节目后的广告。⑨付费方式，分现金，以物易物（以广告时间换节目的方法称"贴片"方式）或者现金加上以物易物。⑩预付款，在签署合同时，发行者通常要求电视台付 10％～20％的预付款。有时预付时距离获得节目还要等几年时间。⑪开始播出后，就要求付款。一般都是分期付款，类似于房屋和汽车付款的方式。

（三）地方制作的节目

地方节目主要是新闻和信息，如天气预报。这些本地节目大多是在演播室中制作。

对于电视台的节目主管来说，最大的挑战就是计划节目，具体包括：（1）通过调查研究寻找目标观众；（2）通过调查研究获取节目信息。节目经营者必须了解市场，懂得市场，选择适应目标观众需要，适应节目编排需要和适应自己收支实际的节目①。

第二节　美国互联网的发展与前景

网络把美国推入一个全新的时代。网络给美国带来了巨大的经济效益，网络文化给美国社会造成了深刻影响。

一、网络的形成与发展

1969 年，因特网（Internet）问世。这是继 1867 年贝尔发明电话以来信息界最激动人心的大事件。

它源于美国的阿帕网（ARPANET，Advanced Research Projects Agency）。当时苏美冷战正酣，核战争的阴影笼罩在每个人的头上。美国国防部高级研究计划署决定：为全美的科技人员建造一个日常使用的网络，让科学家们能相互通讯，共享信息，并且能保证网络在运行中任一机器被炸毁时，依然能够照常

---

① 郭镇之：《扫描美国电视节目供应体制——也谈制播分离》《海外新闻掠影》，http://www.chuanmei.net

运行。

最初的网络只有 4 台主机。30 年后已发展成为拥有 300 万台主机，包含来自 130 多个国家的 1.5 万个子网的庞大无比的信息网络——Internet。

从 1969 年到 1993 年，Internet 主要用于科学研究、学术交流和新闻传播。1993 年，美国总统克林顿上台以后，立即任命了以副总统戈尔为首的国家信息基础顾问委员会，指导建设美国信息高速公路，即"国家信息基础设施"（NII，National Information Infrastructure）。从此，网络便发生了根本性的变化。

美国已经掀起网络化浪潮。现在全世界有 3 亿人在使用因特网获得信息，其中美国就有 1.4 亿，占全国人口的一半。美国电脑十分普及，2000 年底共有 60％的家庭拥有电脑，因特网用户占全世界的 46％。许多人从小接触电子媒体，社会学家称这些在电脑、电视伴随中长大的一代为"屏幕代"（screenagers）。

网络的发展使得美国经济近些年来保持强劲的发展势头，网络已经成为现代美国社会生活的一部分。它影响并改变着美国人的工作方式、学习方式以及娱乐方式。人们通过电脑收发电子邮件、网上购物、在家里办公、娱乐等。网络的使用存在着严重的群体差异。不同的性别、年龄、职务和专业的人对网络的使用的频率也各不相同。

当然，网络的广泛使用也存在其负面影响。

美国在知识产业中占支配地位。与竞争对手相比，美国在新经济领域的研究与开发方面的花费要大得多。美国在因特网上占有 90％的网址。信息时代所需的硅芯片主要是美国公司提供的。1990 年以来，美国计算机和其他信息设备的投资，已经占到全部生产投资的一半以上。信息技术和服务业的发展，还对美国的出口产生了巨大的推动作用，2000 年，美国信息技术在国外的销售额为 1 600 亿美元，远远超过了被称为美国出口业"明星"的飞机制造业。

二、网络与美国经济

美国自 1993 年以来，将科技工作重点从军用转向民用，大力发展信息高速公路（Information Highway）等知识经济时代的支柱技术和产业。1994 年，比尔·盖茨凭着他的知识而不是依靠遗产或自然资源成为世界首富，财富开始向有知识的人集中。据统计，美国微软公司 1.6 万名雇员中，百万富翁超过 2000 人！

进入 20 世纪 90 年代以来，美国经济进入快速增长期。自 1991 年 4 月份开始至 2000 年第二季度末，美国经济持续健康发展，成为美国 20 世纪第三个最长的增长期。这期间，美国失业率是 24 年来最低的；美国的经济高速增长持续了 111 个月。这一切都同网络造成的新经济（New Economy）密不可分。

美国的经济近年来保持强劲的发展势头，是同美国网络科技的先进性分不开的。网络是知识经济中起骨干作用的一种信息获得手段。信息产业已成为美国最大的产业，其重要性排在建筑业、食品加工业和汽车制造业之前。据调查，美国的经济已经逐步转向了高科技轨道，也就是我们现在所说的知识经济。美国经济增长有 25% 以上归功于信息技术，无论是信息技术还是信息服务，美国既是世界最大的市场，也是全球最大的供应国。美国在因特网上的商业活动已居世界领先地位。2000 年在因特网上的 240 亿美元的商品买卖中，美国企业和消费者约占 80%。美国企业在全世界所有的网址上占 70%，而这些企业的收入占所有网上收入的 93%。据国际数据公司估计，到 2002 年时，美国在总共 3 330 亿美元的网上市场中将占有 64% 的份额。

网络广告是支撑庞大的网络系统的主要收入来源。广告收入的高低，取决于网络规模的大小。美国最大的三家网络公司（美国在线、雅虎、微软）吃掉了 3/4 的广告份额，剩下的无以计数的小公司只好互相倾轧或等待被收购。网络公司要想生存，最终依靠的是公司的扩张性发展。一家公司越大，点击这家公司网站的访客也就越多，公司的利润也就越丰厚。美国网络广告收入

2000 年达到了 60 亿美元，比 1999 年的 64 亿美元稍有下跌。

因特网的广泛使用，给美国带来了巨大的经济利益。美国商务部的报告特别指出了互联网对经济持续增长的作用："由互联网增长驱动的信息技术进步，也对创造这个比预期更健康的经济做出了贡献。"信息技术产业一直以超过整个经济增长率 1 倍的速度增长，对信息技术的投资现在已占所有商务设备投资的45％。据美国商务部报告，美国经济连续多年呈现高增长及低失业率，同时通货膨胀率全面下降，根本原因在于信息技术产品价格下降及信息服务价格的下降。

总之，美国作为新技术革命的策源地之一，它不仅有人才、资金、科学技术等方面的优势，而且为其他国家树立了榜样。目前，美国正在进行一场信息革命带动的经济革命，并通过这场革命彻底改变人们的生活、工作和交往方式。可以说，网络是新经济的先行人和最重要角色。

三、美国主要网站简介

（一）美国在线（AOL，America Online）

2000 年 1 月，世界最大的网络服务商美国在线（AOL）同时代华纳（Time－Warner）公司合并，成为新的 AOL 时代华纳（AOL Time Warner）公司合并后的新公司总资产被估价为 3 500 亿美元，年销售额在 300 亿美元。时代华纳在新闻发布中称新公司为"世界第一个互联网世纪的完全整合的媒体通讯公司"。

1985 年创办的美国在线现拥有 2 100 万付费用户。今天，它已经发展成为集新闻、娱乐于一体的超级网络媒体。美国在线的内容是从他的合作伙伴的内容里精选而来的。这些合作伙伴包括哥伦比亚广播公司、Salon. com，全国公共广播电台、天气预报和《纽约时报》等媒体巨人。这些媒体巨人之所以愿意与美国在线合作，主要原因是通过美国在线的链接，它们获得了无数的点击。

美国在线 2000 年 1 月宣布与时代华纳合并后，大大增加了与美国在线链接的网站的点击率。时代华纳拥有美国第二大有线电视系统，它的宽带系统将给美国在线的用户带来深入每个家庭的高速上网。而美国在线从这次合并中获得了高质量的新闻和娱乐内容。正式合并后，美国在线还将与《时代周刊》《财富》《体育画报》和美国有线新闻电视网（CNN，Cable News Network）结成联手制作内容的团队，参与新闻市场的竞争。

（二）雅虎（Yahoo）

1993年，杨致远（Jerry Yang）和大卫·菲洛（David Filo）编写了互联网目录分类网页，并命名为雅虎。他们当时还在斯坦福大学（Stanford University）攻读博士学位。他们每天工作超过20小时，用来编辑整理雅虎，很快雅虎便大受欢迎，使斯坦福的电脑网络应接不暇，因此斯坦福校方在1994年底，要求他们另寻公司，为雅虎提供电脑网络服务。

杨致远宣布寻找商业伙伴之后，网景（Netscape）、AOL及MCIWorld.com等多家大公司都和他们洽谈，而多家创业投资基金公司更争相拉拢他们。最后，他们同美洲杉（Sequoia Capital）公司合作，获得了100万美元的风险投资。

创业9年以来，杨致远不但带领雅虎从一家只提供互联网目录分类的小公司，发展为今天提供电子商贸、拍卖及电子邮件等多元化服务的网上企业，并且证明了网上广告可获得丰厚利润。雅虎成了网上企业获利的典范，其股票大受市场追捧，市值于2000年已达700亿美元，杨致远和菲洛也因而各自拥有75亿美元巨资。

雅虎公司目前80％的销售收入来自在线广告，并未同其数千万的用户建立信用金融关系。尽管如此，雅虎公司2000年第二季度的净利润也高达6550万美元，每股收益为0.11美元。但随着在线广告的举步维艰，雅虎公司表示将对其经营战略进行调整，力求收入多元化，避免过分依赖在线广告收入。雅虎甚至表示将推出一系列收费服务以实现商业模式的转变。但到目前为止，雅虎公司对在线广告的依赖仍未有大的改观。

雅虎两位创办人起用专门人才，如制作副总裁布雷迪（Tim Brady）和行政总裁库格（Tim Koogle）等，让他们全权管理公司，而自己则可站在更高处制定长远发展目标，以确保雅虎能够始终领导互联网的潮流。

（三）微软（MSNBC. com）

微软（MSNBC. com）是一个典型的报纸、电视和网络的结合体。MSNBC. com 为 Microsoft 和 NBC 共同拥有。这种结合主要体现在新媒体（微软）与旧媒体（《华盛顿邮报》和全国广播公司）对内容的分享上。

微软拥有 800 万用户，影响范围遍及整个互联网络，尤以西方国家为盛。2000 年广告收入达到 10 亿美元。每天提供多达 4 000 页的信息，其内容随时更新。

《华盛顿邮报》只提供有限的稿件在 MSNBC. com 网页上出现，其结果是将 MSNBC 的 670 万读者诱惑到《华盛顿邮报》上浏览。《华盛顿邮报》的记者还经常出现在 MSNBC 和 NBC 的有线电视节目里。微软为了报答《华盛顿邮报》，使《华盛顿邮报》的读者可以透过《华盛顿邮报》的网站看到 NBC 音像资料和新闻。从将来看，NBC 和《华盛顿邮报》将可能联手采访、制作新闻节目，特别是在重大独家新闻方面，可能会携手。《华盛顿邮报》允许 MSNBC. com 在它的网页上登出该报采写的突发新闻，换来了 NBC 的电视节目。

在《华盛顿邮报》与 MSNBC 合作的事例中，二者在各自的站点上相互推广。《华盛顿邮报》在 MSNBC. com 这个知名站点获得亮相，而 MSNBC. com 从《盛顿邮报》那里获得了高质量的新闻稿件，结果赢得了更多的广告。《华盛顿邮报》与 MSN-BC. com 的合作，给 MSNBC. com 套上了一层新的光环，使其在不到 4 年的时间里，成为一家令人羡慕的品牌。今天，这家网站的月访问量已经超过了它最大的竞争对手 CNN. com。作为一家报纸，《华盛顿邮报》无法在美国国内和国际市场上与《纽约时报》竞争。《华盛顿邮报》在网络时代的未来，取决于与新媒体公司结成合作伙伴关系。在 21 世纪前夕，有 122 年历史的《华盛顿邮报》与 MSNBG 公司结成了合作伙伴。《华盛顿邮报》需要通过 MSNBC 进入网络世界展现的富有诱惑前景的美国国内和国际市场。《华盛顿邮报》还由此获得了上千个小时的音像内容和有线电视观众。

（四）亚马逊（Amazon. com）

1994 年，杰夫·贝索斯来到美国西部的西雅图，创办了亚马逊公司，在国际互联网上零售图书、音乐及其他以信息为基础的产品。亚马逊公司所提供的服务是传统同类零售商所不能及的，它以其价位低、信息产品丰富而广受人们的欢迎。现在，亚马逊书店已经发展成为一个拥有 500 万用户，营业额在 2000 年超过 20 亿美元的网上书店。

亚马逊称得上是网际网络商务上货真价实的革新者。亚马逊在拥有 3 万个"关系机构"时，这些"关系机构"在各自的网站上，为亚马逊推出的书籍进行推荐工作。当上网的访客在它们的网站上以点选的方式购买推荐的书籍时，这些"关系机构"可以向亚马逊抽取 15% 的佣金。这种运作方式，现在已被广泛地模仿。

亚马逊书店同时还协助设立了一个以购物网站为中心的网际网络社区。这个社区的编辑内容每天都会更新，不过亚马逊特别以读者书评这个部分为荣，也通过电子邮件提供客户来购买新书，同时还提供了一种"互动式小说"（Interactive Fiction）的服务，小说的开头章节是由 John Updike 起笔，接下来则由网上访客来完成它。

美国是一个出版大国，每年出版的图书有 5 万种，年销售额高达 200 多亿美元，但美国最大的连锁书店的年销售额，也仅占其中的 12%。显然，利用因特网来销售图书应该大有用武之地。亚马逊为读者提供了 310 万个可方便查找的书目，这一数字比地球上最大的书店还要多 15 倍。读者只要用鼠标在网上轻轻点击几下，他所选中的商品就会以最快的速度送上门来。

如今，亚马逊已是拥有 1 600 名雇员，人均销售额为 33.75

万美元的世界上最大的网上书店。亚马逊的顾客来自世界 120 个国家，每年的交易次数达 500 万人次以上，每周就有 700 万人光顾亚马逊网站。2000 年仅第四季度的销售额就达 6.5 亿美元。

四、美国网络发展前景

互联网是通向信息高速公路的重要桥梁，信息化和数字化的发展，深刻地影响着人类生活的方方面面，我们正在进入一个智能信息化时代。信息技术对人类生产和生活的影响主要有个性化、集成化、智能化和移动化等方面。目前，这种发展还主要表现在其全球化、商业化和移动智能化等。

（一）全球化（Globalization）

全球化是全球各个事物发展的必然趋势。与因特网连接的国家中，不仅包括高度发达的信息化国家，也包括越来越多的发展中国家。任何一个国家都意识到如果不在最大的全球资源传播和共享系统中立有一席之地，那么它们就会在未来的经济和社会发展中没有立锥之地。所以，这种全球性的网络的互联使不同国家、民族、文化和语种背景的人联系在一起，不同的地理位置界限已经变得很模糊。尽管由于技术、资金、文化和教育程度等方面的原因，这种全球化的趋势还是表现得越来越明显。网络集团的日益全球化扩张，不仅仅是市场的扩张，而且是政治和文化的扩张。它们借助先进的信息技术不遗余力地将自己生产的产品——各种信息——传播到世界上其他国家。在当今世界信息流动不平衡的格局中，凭借日益集中的财富和力量不断巩固和加强自己的价值观，建立在这个价值体系上的现行政治体制也因此得到了不断的巩固和加强。

（二）商业化（Commercialization）

同样，商业化似乎是商品经济社会里任何事物的必然归宿。尽管网络出现的时间不长，但已呈现出一种势不可挡的商业化趋势。这种发展是人们始料未及的。目前，信息产业和数字经济已经形成一套完整的体系，其中，电子商务在其中占有绝对的优势。信息技术产业在总体上还处于方兴未艾的阶段。商务的规模与上网的人数有关。随着上网人数的增加，新经济的发展规模就会扩大。目前，这种发展还有很大潜力。网络的商业化不仅体现在网络本身的商业应用上，也体现在网络的经营方式上。在美国，因特网主干网的经营方式已经在很大程度上转向了私营方向。美国三大电信公司已经取代了美国国家科学基金会的经营。这也符合一种共识：私营部门的行动灵活快捷，买卖自由，比政府更能适应因特网的迅猛发展，技术革新受到的阻挠也更小。

网络越来越将受众当成消费者而不是公民。追求利润、服务于广告商使得网络经营者越来越少考虑公众利益，越来越多地提供娱乐、暴力和耸人听闻的内容。美国网络千方百计地找角度、找联系，尽可能把自己的服务内容同用户的兴趣、口味挂钩。

世界上大多数网站没有固定资产，没有房地产，更没有印刷厂。它们最有价值的商品是其网站访问量，那是它们与广告商和投资者讨价还价的最重要的砝码。对于网站的老板来说，掌握准确的网页阅读量是为了吸引广告商和确定广告价格。而对于网络记者们来说，网页阅读量能够使他们了解有多少读者读了他们的文章，可以促进网络新闻的繁荣和记者间的竞争。这就是商业化网络的运作机制。

（三）移动智能化（Mobile intelligence）

移动智能化是当下网络技术发展的主要趋势，过去支撑互联网发展的基础设施早已经发生了新的变化。超大规模和容量的网络运作的投入，下一代网络将来的速度更快，资源更丰富，需要人工操纵的事物更少，上网从而也变得更加便捷，技术也会变得更简单易操作。随着网上信息资源和用户的不断增加，过去的通信设施不堪重负、网上信息传递缓慢、线路拥挤等问题已得到了很好的解决。通过宽带网的媒体集成、交互性以及实时合作功能的开通，移动智能化表现在利用高科技提高网络的实用性和便利性的方面。美国互联网发展正是利用其通信技术上的领先，科学技术上的全面优势，设计并维护先进方法的有效性和可用性，明确地规划和创造一个连续性极强的宏伟规划。

互联网的最大特点之一是信息的公开、及时和信息的双向交流，使漫游于因特网中的人获得极大量的信息，同时也可以将自己的信息自由地发送出去，让其他人共享，实现了信息社会所追求的任何人、任何时间、任何地点都可以自由获取和发布信息的梦想。移动智能化进一步加强了相互之间信息的传播和交流，这些，与美国社会的特点显然吻合，美国人又特别适应这种社会形态。①

第三节　当代美国新闻传播媒体的兼并重组与重大并购案例分析

一、美国新闻传播史上的兼并重组

（一）美国广电业的整合

美国的电视台大多以商业性为主，这种体制必然会引起各电视台之间的激烈竞争，而竞争的结果必然导致垄断和兼并。1985年大名鼎鼎的 ABC 被名不见经传的首都广播公司吞并。1989年，时代公司和华纳传播公司合并为时代华纳公司，成为当时世界最大的传媒巨头。1995年，世界最大的娱乐业集团——美国迪斯尼公司以 190 亿美元兼并了美国广播公司（ABC）。同年，西屋电气公司以 54 亿美元与哥伦比亚广播公司合并；时代华纳公司以 75 亿美元与特纳广播公司合并。1999 年维亚康（Viacom）出资 406 亿美元收购了 CBS，加上 Viacom 收购的两个最大的广播网——无线广播网和 W 集团，维亚康成为拥有电视台和电台数量最多的公司。

（二）美国广电业与网络媒体的整合

1996 年，美国全国广播公司（NBC）与世界最大的电脑软

---

① 端木义万：《美国传媒文化》，北京大学出版社，2001 年 12 月版。

件生产商微软公司（Microsoft）联合开办了微软全国广播公司电视频道（MSNBC）。MSNBC的出现标志着美国商业电视全新形式的出现，也标志着美国广播电视业与其他产业整合的开始。

全国广播公司（NBC）还购买了Snap的控制权（Snap是互联网先驱公司CNET的一个刚刚创办的网址）。哥伦比亚广播公司（CBS）也以低成本开办了网上"CBS体育"和"CBS市场观察"，两者都已有了上亿美元的资产价值。默多克的新闻公司所属的福克斯电视台与美国电信公司MCI的网上合作效果不佳，但是默多克对未来的整合充满信心。

（三）美国广电业与电信产业的整合

1998年12月4日的《纽约时报》报道，大西洋电报电话公司（AT&T）将于1999年年中以466亿美元购买美国第二大有线电视公司——电信公司（TCI），这次整合成为袭击美国电信业、有线电视业和媒介公司的巨浪，这将意味着所有这些产业越来越依赖于计算机数字技术。AT&T收购TCI的目的在于利用TCI的有线电视网络，将有线电视和电话服务合并，用户可以在家里通过一根有线电视电缆在电视上看电视、在电脑上高速接入网络服务、接听使用电话。这样的整合使得消费者一次性地解决了有线电视、电话以及其他新的信息服务相互分家、使用不便的麻烦和问题，也使得AT&T向使自己变成集合数字传播系统（An All-in-one Digital Delivery System）的理想迈进了一大步。

受1996年《联邦电信法》的鼓舞，1996年开始，兼并风潮便席卷了整个广播电视业，该产业进入了一个前所未有的超级集团和以数十亿美元计的兼并交易的年代。1996年，美国广播电视业兼并交易额达253.6亿美元，其中广播业交易额148.7亿元，电视交易额104.9亿元。而1995年，整个产业交易只有83.2亿美元。1996年，有线电视兼并交易额达230亿美元。1997年，兼并交易较上一年下降319亿美元，但是其繁忙程度却是前所未有的，广播业的主要市场80%都已被大公司兼并。1998年，人们的关注点集中在兼并后公司、集团的自我经营与发展上，因为有了前两年轰轰烈烈的兼并，这些巨大的媒介公司将如何运作成为焦点。另外，1998年，美国联邦通信委员会将会干预广播电视业的兼并，特别是电视业的兼并。

经过几年的兼并、联合，美国广播电视业变得越来越集中和垄断。前面介绍的美国最大的25家媒介集团，都是包括了广播、电视、有线电视、卫星广播电视、报纸、杂志、出版、电影、唱片、娱乐、电话、互联网、体育、零售、广告等众多产业在内的超级信息传播集团。1997年，世界最大的时代华纳公司的年收入是246.2亿美元，最小的梅里迪特公司年收入也在8.55亿美元。值得注意的是这些媒介集团，已经不单纯是美国的媒介集团，而逐步发展成为跨国、跨行业的全球化的信息产业集团。一方面，它们通过兼并、购买其他国家的广播电视业及其他信息传播产业，进入全球市场；另一方面，通过信息技术，如卫星电视、互联网直接进入其他国家。它们正在寻找有效的方法扩大网上信息传递，不仅传递文字，而且传送声音和画面，要将它们迅速而可靠地传遍全球。

二、美国主要的媒体公司及跨媒体集团

1998年7月19日，美国《公告牌》（*Billboard*）杂志公布了美国最大的25家广播集团，现我们列出前10位：

（1）哥伦比亚广播公司（CBS） 175家电台 10.1亿美元
（1997年总收入）（下同）

（2）钱斯勒媒介公司（Chancellor Media） 108家 7.8亿美元

（3）雅克传播公司（Jacor Communication） 140家 4.25亿美元

（4）清晰频道传播公司（Clear Channel） 163家 4.01亿美元

（5）美国广播网 96家 3.88亿美元

（6）美国广播公司（ABC Radio） 26家 3.06亿美元

（7）开普斯塔广播伙伴公司（Capstar）　241 家　2.96 亿
美元

（8）SFX 广播公司　71 家　2.79 亿美元

（9）考克斯广播公司（Cox）　49 家　2.18 亿美元

（10）海夫塔广播公司　37 家　1.38 亿美元

美国主要的电视集团有：

福克斯电视公司（FOX）　　　　24 家台　覆盖 35％

帕克森传播公司（PAXON）　　55 家台　覆盖 33％

哥伦比亚广播公司（CBS）　　18 家台　覆盖 31％

全国广播公司（NBC）　　　　13 家台　覆盖 25％

美国广播公司（ABC）　　　　10 家台　覆盖 25％

2001 年 8 月 27 日在纽约出版的《广播电视与有线电视》公布了全美最大的 20 家媒介集团，它们都是集广播电视业等多种产业于一身的巨型集团。我们简单介绍美国前 10 位的媒介集团（见表 7—1）。

表 7—1　美国前 10 位媒介集团

排名	公司名称	2000 年度销售收入（亿美元）
1	美国在线—时代华纳（Aol/Time-Warner）	362
2	沃尔特·迪斯尼（Walt Disney）	254
3	威文迪环球（Vivendi Universal）	243
4	维亚康姆（Viacom）	200
5	新闻集团（News Corp）	138
6	美国电报电话宽带公司（AT&T broadband）	96
7	索尼（Sony）	90
8	康姆卡斯特公司（Com cast）	82
9	美国全国广播公司（NBC）	68
10	甘乃特（Gannett）	62

我们考察三个最主要的媒介集团——美国在线－时代华纳、迪士尼和新闻集团。

1. 美国在线－时代华纳（AOL/Time－Warner）

时代华纳脱胎于 1989 年时代公司与华纳通讯公司的合并。1996 年时代华纳收购了特纳广播公司从而超过迪士尼一跃成为世界最大的媒介公司。1997 年，其市值是 240 亿美元，到了 1998 年其市值增至 260 亿美元。它在世界各地设有 200 多个分支机构，其美国以外的收入占总收入的比例已经从 20 世纪 90 年代初的 15％，增加到了 1997 年 35％。2000 年 1 月 10 日，时代华纳与美国在线（AOL）以互换股票的方式实现了合并。交易价值达到了 1 830 亿美元，创下了全球迄今并购案之最。

从时代华纳现有的主要资产中我们就可以窥见其全球化的实力与成绩。

美国最大的杂志发行集团拥有《时代》（*Time*）、《人物》（*People*）、《体育画报》（*Sports Illustrated*）、《娱乐周刊》（*Entertainment Weekly*）、《钱》（*Money*）、《财富》（*Fortune*）等著名杂志及其网站；

美国最大的有线广播系统所有者，控制着最大的 100 个市场中的 22 个。

其控股的有线电视频道有：有线电视新闻网（CNN），CNNfn，CNN 国际频道（CNN International），CNN 网站，头条新闻（Headline News），TNT，TBS，特纳经典电影（Turner Classic Movies），CNNSI，卡通网（The Cartoon Network），Court TV，家庭票房（HBO），家庭票房国际频道（HBO International），Cinemax；

部分持股的有线电视频道是喜剧中心（Comedy Central）；

少量入股美国卫星电视公司（Prime Star）；

华纳兄弟电影公司（Warner Brothers film studios），是主宰全球电影市场的 6 个电影公司之一；

华纳兄弟电视节目制作公司（Warner Brothers TV production studios），是世界上最大的电视节目制作公司之一；

新线影院（New Line Cinema）；

华纳音乐集团（Warner Music Group），控制世界音乐唱片产业的 6 家公司之一；

世界第二大图书出版商，42％的收入来自美国以外的国家和地区；

150 家华纳兄弟零售商店；

6 个连锁主题公园；

Atlanta Hawks 和 Atlanta Braves 职业运动队；

Hanna－Barbera 动画制作室；

持有法国数字电视机构 Canalsatellite 10％的股份；

世界最大的影院公司之一，拥有 1 000 多个放映屏幕，而且全部在美国之外；

持有 Atari 23％的股份；

持有 Hasbro 14％的股份；

在以下美国以外的合资广播公司里持有少量股份：德国的N－TV，新西兰的空中电视网（Sky Network Television），欧洲音乐频道 VIVA，以及亚洲音乐频道 Classic V；

美国在线（AOL）各网站以及寻路者（Roadrunner）、计算服务（Compu Serv）等网站；

与各地区贝尔公司达成协议，以提供 DSL 服务；

美国在线在 Direc TV 中拥有股份。

2. 沃尔特·迪斯尼（Walt Disney）

迪斯尼在全球拥有无与伦比的娱乐以及新闻品牌优势。其麾下有 590 家遍布全球的迪斯尼零售商店。它同成千上万家制造和零售商有买卖和特许关系。一位分析家认为，迪斯尼正在成为"一个全球消费品的最终制造公司"。迪斯尼野心勃勃地进入了中国市场，在中国香港地区建立了 7 家零售店，并计划在中国内地开设数家分店。迪斯尼已经成功地将其媒介品牌同零售品牌结合在了一起，并且这一切都是在全球化的基础上完成的。除了美国，它在日本和法国也建立了主要的迪斯尼主题公园，而在这些迪斯尼公园、乐园中有一系列的迪斯尼品牌宣传。迪斯尼甚至在奥兰多、佛罗里达紧挨着迪斯尼乐园，建立起了计划已久的社区，其中有迪斯尼办的学校和提供的社区服务。迪斯尼深谙"合作增效"之道，每吸纳进一个媒介品牌就能尽其所用，发挥出该品牌的最大价值潜能。它制作的卡通电影通常都能通过广告效应和其他途径赢得比电影票房收入高得多的利润。1998 年，迪斯尼建立了 ESPN 体育周刊（ESPN Sports Weekly）杂志以同时代华纳的体育画报竞争，并建成了 ESPN Grill 连锁饭店，目的是将 ESPN 这一品牌变成商业资本。

迪斯尼全球化的实力及成果也不落美国在线－时代华纳之后，其主要资产有：

美国广播公司（ABC）的电视网、广播网；

10 家美国电视台和 21 家电台

美国和全球的有线电视频道：迪斯尼频道（Disney Channel），ESPN，ESPN2，ESPNews，ESPN 国际频道（ESPN International），以及持有生活（Lifetime）、A&E 和历史（History）等频道的大部分股份；

持有 Americas 的股份，Americas 是一家同美国多家电话公司合资建立的电视公司；

Miramax 公司和 Walt Disney Pictures 公司，是世界上主要的电影公司；

通过 Buena Vista 公司制作和分销电视节目；

通过 Fairchild 和 Chilton 分公司进行杂志出版发行；

音乐唱片公司，包括好莱坞（Hollywood），Mammoth 和沃尔特·迪斯尼（Walt Disney）等品牌；

世界上最大的主题公园和游乐场，包括 Disneyland，迪斯尼乐园（Disney World）以及持有 Euro Disney 的股份；

由它控股的有 Anaheim Mighty Ducks 和 Anaheim Angels 两支职业运动队；

590 家迪斯尼商店遍布全球；

持有 Super RTL 50％的股份，这是一家迪斯尼与德国贝塔斯曼集团（Bertelsmann）建立的合资公司；

在以下国外媒介公司中持有 20％～33％的股份：Eurosport 电视网（Eurosport TV network），西班牙 Tesauro SA 公司，德国地方电台 RTL2，德国有线电视频道 TM3，斯堪的纳维亚广播系统 SA，巴西付费电视公司 TVA。

迪斯尼同美国在线－时代华纳一样，已经将其产品推向全球，并已经同法国、日本和拉丁美洲等的多家公司签订了产品生产和销售协议。迪斯尼的 Miramax 公司在欧洲建立了以英国为基地的电影公司。迪斯尼对全球电视市场发起了全面的攻势。它是斯堪的纳维亚广播系统（SBS）最大的持股者，SBS 公司是挪威、瑞典、丹麦、芬兰、比利时和荷兰的主要地方商业电视的所有者和运营者。SBS 的目标是分别垄断以上每一个市场 25％～40％的电视广告收入，它在挪威、比利时已经成功地实现了这一目标。迪斯尼也将它的迪斯尼电视频道推广到世界各国，并按照当地文化以及语言将其本地化。迪斯尼的 ESPN 国际频道已经成了世界体育电视频道的领头羊，用 21 种语言向超过 165 个国家播放。1998 年，迪斯尼总赢利中有 38 亿美元即 17％来自美国本土以外的国际市场，主要来自创意内容、广播电视节目和主题公园与商品零售业。其中 ESPN 由于广泛开发国际市场，1998 年的赢利增长了 20％，达到约 17 亿美元，现金流动则增长了 17％，达到 7 亿美元。

3. 新闻集团（News Corp）

新闻集团在美国组建的福克斯电视公司（Fox TV）已经成为 ABC、NBC 和 CBS 强有力的竞争对手，而其能在短期内崛起的关键就在于它将体育节目作为重头戏。新闻集团的首席执行官鲁伯特·默多克相当看重体育节目——体育节目是全球媒介产业中最挣钱的领域。体育节目是他创建的英国空中广播（BSkyB）最核心的节目内容，而 BskyB 已经成为全世界最成功的卫星电视公司。在所有大媒介集团中，新闻集团鲸吞全球市场的野心是最明显的。新闻集团在澳大利亚发家，它控制了澳大利亚 70％的日报订户，随后又向英国发展，成为英国最大的报纸出版商。新闻集团以其报业集团为基础，向全球的电影、出版，特别是电视市场进军。默多克在澳大利亚建立了一个主要的电影公司致力于满足全球市场的需要。默多克也是最具扩张天才的媒介巨子，他往往采取与其他公司合资的方法扩大自己的势力，这样相对于总资产而言，他在每个公司中投入的资本并不是太大，其投资风险也相应降低。1997 年，默多克在一次小范围的投资商会议上说，"我们并不认为自己是一个大公司。相对于全世界的媒体市场而言，我们只是很小的一分子"。虽然新闻集团的主要收入来自美国，而且这一趋势还将持续至少 10 年，默多克仍然在亚洲和拉丁美洲市场投入了相当多的资本。一位证券分析家认为"他（默多克）看中的是这些投资数年甚至数十年后的回报。"

让我们看看被 CNN 创始人特德·特纳比作"传媒界希特勒"的默多克带领着他的新闻集团在全球打下的江山：

美国福克斯电视网；

美国 22 家电视台，覆盖到美国 40％的人口；

持有 fx、fxM、福克斯运动网（Fox Sports Net）、福克斯儿童频道（Fox Kids Worldwide）、家庭电视频道（Family Channel TV）等频道 50％的股份；

20 世纪福克斯电影公司；

Twentieth 电视公司（Twentieth Television），美国乃至世界的电视节目制作和销售集团；

130 多家日报，包括伦敦的《泰晤士报》（*The Times*）和美国的《纽约时报》（*New York Post*）；

25 家杂志，包括《电视导读》（TV Guide）；

HarperCollins 出版社以及另外 7 家出版社；

控股 BskyB（British Sky Broadcasting）卫星电视公司；

大量的空中电视（Sky TV）频道包括空中新闻（Sky

News)，覆盖了英国以及欧洲的部分地区；

拉丁美洲电视频道，包括 El Canal Fox 和 Fox Sport Noticias；

部分持有与 Televisa、Globo 合资的拉丁空中广播（Latin Sky Broadcasting）的股份，该公司以卫星电视覆盖整个拉丁美洲；

持有新西兰自然历史单元公司（Natural History Unit）80％的股份，该公司是世界顶尖级自然和野生纪录片制作公司；

传统媒介公司（Heritage Media），美国一流直销公司，1996 年的利润达 5 亿美元；

持有同美国主要的有线电视公司合资的 Primestar 卫星电视公司 30％的股份；

亚洲卫星电视公司 Star TV；

多个覆盖亚洲的频道：ESPN，卫星体育频道 Star Sports（在亚洲有 4 个频道），同主要唱片公司合资的 Channel V 音乐频道（在亚洲有 4 个频道），以及在亚洲有 9 个频道的 Star World、Star Plus、Star Movies 频道；

持有印度电视频道 Zee TV、El TV 和 Zee Cinema 50％的股份；

部分持有印度有线电视公司 Siti Cable 的股份；

部分持有印度尼西亚付费电视公司 Indovision and Film 付费电视频道的股份；

与索尼、Fuji TV 电视公司等共同持有日本卫星电视系统——空中广播（Sky Broadcasting）的股份；

卫星中文频道（Star Chinese Channel），在中国台湾地区播出；

持有凤凰卫视中文台（Phoenix Chinese Channel）45％的股份，该台是主要面向中国内地广播的卫星电视台；

持有与我国台湾运动发展公司合资的 Golden Mainland Pro-ductions 电视公司部分股份；

澳大利亚电视频道 Fox Tel；

部分持有与《中国日报》合资的 China Byte 网站的股份；

印度卫星电视公司——印度空中广播（India Sky Broadcasting）

在新闻集团的大张旗鼓地扩张过程中也遇到了不少困难，这种困难主要来自其他国家对外来资本的限制，如 1997 年，当默多克雇用了多位印度政府前雇员作他的地方高级顾问后，印度政府压缩了外国资本在印度国内媒体市场的持股量。但是新闻集团在世界各地获得的数之不尽的胜利果实才是其事业的主流。

默多克全球化扩张的鲜明特点是与各电视台合作建立卫星电视系统，并制作节目通过卫星电视播出。1998 年，当新闻集团在拉丁美洲、日本和印度建立了卫星电视系统后，默多克宣称他的电视网和电视系统已经覆盖到了全球超过 75％的人口。他对记者说，"没有边界的世界市场是向我们敞开的，这个数字信息时代将带来巨大的挑战和无限的机遇。"首先向无边的世界市场发起攻势的是 BskyB 公司，它不仅垄断了英国付费电视市场，而且建立电影、电视节目制作公司，其电视频道不仅面向英国广播，还打入了欧洲电视系统，其最终的目标是让全世界都能看到它的节目。新闻集团还有另外两个主要的电视品牌——福克斯（Fox）和卫星电视（Star TV）。福克斯是新闻集团在美国的电视网、有线电视频道和主要的电影电视节目制作公司的名称。而卫星电视是新闻集团于 1993 年购买，面向全亚洲播出的电视公司。新闻集团在亚洲的扩张速度是惊人的。在印度，它已经拥有 8 个电视网 50％或者 100％的股份。这 8 个电视网覆盖到了印度 45％的卫星和有线电视观众。在中国内地和中国香港地区，新闻集团已经入股了 6 个电视网，它的凤凰卫视已经赢得了 3 600 多万个订户。在中国台湾地区，新闻集团拥有 7 个电视频道，已经控制了整个中国台湾地区的市场。

三、美国广电业跨世纪变革的基本动力
——市场与信息技术（IT）

几年来，美国广播电视业同业兼并、跨业整合的经验与教训

已经证明美国广播电视业进一步发展必须依靠市场的推动和信息技术（IT）的刺激。

市场是广播电视业生存和发展的场所。研究市场、适应市场、开发市场是广播电视业发展的前提条件。信息技术是广播电视生存和发展的物质基础。广播电视只有利用当代信息技术，提高质量、拓展领域，才能够加入更广阔的信息产业中。

美国广播电视业是自由竞争的市场经济支配下运行的产业，这种体制根本上就决定了美国广播电视业的每一步发展都离不开市场。它们利润驱动、广告支持的经营模式和节目模式必须依靠市场才可运转。

日益加剧的竞争，不论是同业的竞争还是跨产业的整合，都使得美国广播电视在跨世纪变革过程中，抓住市场机会，主动适应市场变化，积极开拓新的市场。前面提到的各种兼并和整合都是广播电视业在激烈竞争的残酷的市场的重压下的必然选择。兼并和整合使得美国广播电视业及信息产业对利润的追求比以往更加执着。

从长远看，美国传统的广播电视业仍然会有相当的发展，但是它与其他相关产业整合之后，开拓出的新市场前途更为光明。美国已经进入信息时代，人们收集获取、消费使用、传递储存信息的方式、方法、程度等都将发生重大的变化。因此，广播电视业会在市场利润的驱动下，去寻找创造更多的机会。

现代信息技术向广播电视的发展提供了无限的空间和可能。它不仅可以改变广播电视的产业结构，还可以改变广播电视产业的功能。因此，利用现代信息技术，保证信息传播物质手段的有效性、先进性也是促使美国广播电视跨世纪变革的动因之一。

如今，传统广播电视业所使用的技术已经受到很大的挑战。数字化、网络化已经成为广播电视技术的基本走向。在众多的信息技术（IT）中，广播电视业发展亟须的有卫星技术、网络技术、数字技术和多媒体技术等。

卫星技术就是利用通信卫星、广播卫星传送广播、电视信号。卫星传播日益成为世界主要的传播方式。它可以解决地面通信带来的诸多问题。借助数字技术，卫星传送信息能力大幅度增强。卫星传播的信号通过直接入户（DTH）和地面站借助光纤网络再入户两种方式到达用户手中。1998 年 9 月，美国直接入户卫星（DTH）用户达到 960 万人。1999 年初，预计可达 1 060万户。这些受众的家中装有卫星电视天线，直接接收来自卫星的电视节目、广播节目。直接入户卫星（DTH）利用数字压缩技术可以使观众在家中收看到的频道大增，达到 300 个之多。

网络技术大大刺激了美国广播电视业。它们发现了一个新的发展天地。网络已经使得美国的电视业成了传统媒介竞争中的佼佼者。美国三大广播公司都已在互联网上开发了网址。而有线电视新闻网（CNN）在很多人还没有听说"网络浏览器"之前就已经在互联网中了。全国广播公司（NBC）与微软合办的微软全国广播公司电视台（MSNBC）既有一个有线电视频道，又有一个网址进行 24 小时在线服务。网上的在线服务每月有 500 万受众。它的受众数相当于美国第 5 大报纸的读者数。现在全美国已经有 3 000 多家报纸、800 多家电视台、1 000 多家电台提供网上服务。美国的有线电视公司和电信公司还在努力合作，开发利用现有的有线电视网络，将电视、电话、互联网及其他信息服务结合在一根电缆上，接入到用户家庭。

1998 年 10 月 29 日是美国电视史上的重大的日子，这一天美国正式播出高清晰度电视（HDTV）。首次节目便是实况转播美国第一位太空人约翰·格伦再度返回太空的现场。截至 1998年 11 月底，美国已有 82 家电视台播出高清晰度电视节目。这些电视台多在纽约、洛杉矶、费城、波士顿、达拉斯、华盛顿等主要城市。美国联邦通信委员会正在着手制定必须传递数字式高清晰度节目的法令，一旦获得通过，现有的广播电视制式将受到巨大的威胁。

高清晰度电视节目播出后，观众接收仍然是一个问题。现有的高清晰度电视接收机是 55 英寸以上大屏幕投影式家庭影院系统,每台价格至少在7 000美元。另外,有线电视网是否愿意传送数字信号以及高清晰度电视在制式、标准等方面尚未确定等众多因素将在一定程度上影响美国高清晰度电视的成长。

多媒体技术也给广播电视业的发展带来了新的契机。多媒体技术出现后,媒介—印刷出版、电子出版、广播电视及娱乐业开始整合。各传统媒介之间的界限变得模糊。消费者在电脑屏幕上读杂志,通过互联网听广播,购买制成 CD–ROM 的书和电影,播放具有交互功能的 CD 盘……

对受众来说,多媒体这种交互媒介的最大好处就在于将文字、图片、动画、图像和声音结合在一起,创造出一个新的整体,它大于各部分简单之和。美国广播电视媒介在互联网上的网站服务就利用了多媒体技术,如前所述的 MSNBC 的网络服务就是交互式的多媒体。

美国的有线电视台正试图利用其光缆或电缆带宽的优势开发交互式服务。微软公司总裁比尔·盖茨便决定投资 10 亿美元给有线电视开发有线电视的交互式服务。美国最大的 5 家有线电视公司计划在 3 年内能向观众提供交互式服务。观众可以在家通过与电视机匹配的数码盒向电视台发出指令,点播节目或要求电视台提供其他服务。美国第二大有线电视公司 TCI 表示它的用户中有 70% 现在已经具备了数字能力,即电视台与观众家庭两端均有接收设备,只要在家中装一个数字盒就可以向受众提供交互式服务。

当代信息技术已经全方位的影响,甚至是改变着传统的广播电视传播手段、方式、结构等。从更加广泛的意义讲,这些新的信息技术不仅仅影响包括广播电视业在内的信息产业,其实也开始潜移默化地影响我们的观念与行为。

现在,在美国麻省理工学院的媒介实验室里正在研制的技术成果不仅会改变我们的广播电视等媒介业,也会改变我们的生活。麻省理工学院媒介实验室不是一个我们通常理解的只研究媒介技术、信息技术等的纯粹的技术实验室,它还是一个将人文、社会科学认识与现代信息技术手段结合，探索人类当前及未来社会信息传播形态的世界著名的实验室。实验室主任尼古拉斯·尼葛罗庞帝写作出版的《数字化生存》风行全球，将人们带进入一个数字化社会的图景中。其实，数字化、多媒体等不是虚幻的、高不可攀的技术，而是每个人生活、工作、学习的基本手段与方式。值得我们关注的是该实验室进行的一项研究，即"未来的新闻"（The News In The Future，简称 NIF）。这项研究是麻省理工学院媒介实验室与成员企业合作进行的，主要是研究和探索如何将计算机技术应用于新闻的采集、编辑、加工、传递、储存、查找、检索、出版等各个环节。其研究目的在于增强新闻生产的有效性，新闻传递的时效性，新闻表现的方便性以及新闻内容和广告内容与消费者的相关性。"未来的新闻"集中于 4 个领域的研究：由计算机叙述新闻和为计算机叙述新闻，新闻消费者行为的观察与模型，新闻表现与界面设计、应用。它们研究开发管理数据的技术，建立新闻提供者与新闻消费者之间联系的技术，创造表现新闻内容和感受新闻内容的新方法。该媒介实验室一方面在实验室进行实验，一方面到合作企业实地试验。与它们合作的成员企业有美国广播公司广播网（ABC Radio Network）、公共广播公司、甘尼特集团、赫斯特集团、国际商用机器公司（IBM）、国际奥委会、柯达等等。他们的这项实验及其相关实验最终是为了使新闻及其他信息的收集与传播、受众接触使用信息更加便捷而有效，促进大到人类范围内，小到社区范围内的沟通、交流与有机互动。其最终的成果之一便是创造出全新的电子纸张和电子墨水以取代传统的纸张和墨水，创造出全新的便捷而有效的电子媒介。目前，电子纸张已经研制出来，他们正在全力研究电子墨水。

四、当代美国广播电视业发展的启示

作为当今世界最发达的国家，美国的广播电视业的发展有着多种经验与尝试，其中有不少成功之处，也有相当多的问题。通过了解美国广播电视业发展过程中的经验与教训，分析其存在的问题，将会引发我们的思考，特别是对我国广播电视及其他信息传播业发展的思考。

（一）当代美国广播电视业发展的经验

美国广播电视业的历史是世界上最长的。考察它的发展，可以发现有不少经验值得借鉴。

1. 美国广播电视业的发展继承了美国法治（Rule of Law）的传统

这说明两方面的问题。

一方面，美国有关广播电视等信息传播业的法律体系相对比较健全，以法治业已经成为整个信息传播业的历史传统。同时，法律随社会、产业的发展变化而适时修正。从广播业之初的1927年《广播法》到1934年《通信法》，直到传播业相当发达的今天的1996年《联邦电信法》表明了对包括广播电视在内的信息传播业法律规范的逐步成熟。最新的1996年《联邦电信法》尤其带动了广播电视、电信、电脑等信息传播产业的跨世纪整合。从一定意义上讲，又保证了美国的电子传播产业在相当长的时间内仍能居世界的领先地位。没有完善、有效的法律体系和执法体系，是不可能保障信息传播产业正常发展的。

另一方面，广播电视业的运行都必须依据法律进行，有法必依也成了美国广播电视业的一个传统。即使在20世纪90年代末期，同业之间的兼并、联合、跨产业之间的整合这样巨大波动的时期，广播电视及其他产业的运行都保持在正常的状况中。

2. 较为完善的市场机制

经过70年的发展，美国广播电视业拥有完善的市场运行机制。市场提供了发展的机会，也锻炼了美国广播电视业；同时集团化带来了规模效益。在当今的产业发展中，追求规模效益已成了基本要求之一。当代美国广播电视业集中同业优势，联合兼并，在一定意义上，降低了成本，提高了效益。另外，跨行业整合也给广播电视业带来新的发展机会，优势互补，相互促进，共同发展。

美国广播电视业运作结构与模式有相当的先进性。如果说机制是宏观的，是广播电视业的硬件。那么，运作则是微观的，是广播电视业的软件。所谓广播电视业运作的结构与模式是指广播电视运作观念、运作方法、运作程序、运作要素等。当代美国广播电视业在长期的竞争中积累了丰富的经验，如成熟的受众观点、市场观点、节目及传播观点等，同时也建立了一套较为有效而务实的管理体系，电台、电视台内部机构简单、效率高。人、财、物的流动都较通畅；善于开拓市场、推广节目、销售广告时间；经过调查研究制定节目计划，保障实施并适时修正调整等等。

3. 先进的信息技术

美国广播电视业积极引进卫星技术、有线电视技术、数字技术、网络技术及多媒体技术，为自己的跨世纪发展奠定了坚实的物质基础。

（二）当代美国广播电视业发展中的问题及引发的思考

不可否认的是美国广播电视业在其发展的过程中，必然产生和遇到问题，甚至一些重大问题。这些问题有的已经引起了美国政府、美国广播电视业自己和美国学术界、批评界的关注，有的正处在萌芽和发展之中。

近年来，美国广播电视业发展出现的问题主要有以下两点。

1. 兼并与整合带来了产业集中和垄断日益加剧

越来越多的电台、电视台、有线电视台、电信服务项目、娱乐业等渐渐集中到了少数几家超级信息产业集团手中。可以说，它们垄断了美国的广播电视业及其他信息传播业。

这种垄断带来的结果是众多而严重的。美国人关心的是垄断使得广播电视业的竞争减少，同质性增强，多元化的声音会越来越少。有人指出：媒介权力的日益集中是对公民参与公共事务、理解公共问题的明显而直接的威胁，也是对民主的有效性的威胁。经济上的结果便是财富的日益集中。垄断公司不会满足于美国国内的市场,在全球化的今天会逐步扩张到世界各地。以美国为主的西方媒介集团渴望垄断全球的媒介市场。文化上的结果是以美国为主的大众文化将借其媒介优势传遍全球,这种文化扩张是美国传播媒介集团及其背后的政治力量、经济力量梦寐以求的,但也正是美国以外的国家所担心的。因为美国媒介集团不仅仅提供产品和服务,还要推销世界观。

2. 广播电视业的利润驱动和广告支持的特征日益明显

20世纪90年代,美国有关广播电视业法律的放宽,成了广播电视业进一步市场化的兴奋剂。广播电台、电视台将越来越把受众当成消费者而不是公民。为追求利润服务于广告商使得广播电视业越来越少考虑公众利益,越来越多地提供娱乐、暴力。美国广播电视中暴力、娱乐、耸人听闻类内容的增多已经引起了美国国内人士的强烈批评。如何应对这一趋势也已经成了近来美国社会讨论的热点问题之一。

在众多的问题中有一个特别值得我们注意和思考,即美国媒介集团的日益全球化扩张,这不仅是市场的扩张,而且是政治、文化的扩张。他们借先进的信息技术如卫星电视、互联网络不遗余力地将自己生产的产品——各种信息——传播到世界上的其他国家。在当今世界信息流动不平衡的格局中,这些巨型媒介集团借日益集中的财富和力量渐渐成为加重不平衡、维护不平衡的主体。①

---

① 胡正荣:《竞争·整合·发展——当代美国广播电视业考察(下)》,http://www.chuanmei.net

附录：美国媒体并购经典案例分析

整而不合，大而不强，缘何

——美国在线－时代华纳并购案例分析①

2000 年 1 月，美国在线与时代华纳宣布合并组建世界最大的跨媒体集团，人们惊美地称之为传媒界的"超级航母"。有人说，美国在线为时代华纳装上了腾飞的羽翼，时代华纳则成为美国在线飞跃的发动机。可两年间，这艘"超级航母"就难以浩荡世界，甚而还显示出随时沉没的兆头。美国在线－时代华纳从令人称美的"美满婚姻"演变为"失败的婚姻"。本文通过对两年以来美国在线－时代华纳集团的分析，试图找出个中缘由。

美国在线－时代华纳当前的主要问题表现在以下 4 个方面。

（1）巨额亏损。美国在线－时代华纳公司在截至 2002 年 3 月 3 日的财政年度里出现了 542.2 亿美元的大幅亏损，创下了美国历史上季度亏损的最高纪录。虽然美国经济不景气是大环境，但这一数字依然使业界大为震惊，因为美国报业一年的收入总和也不过 550 亿美元。

（2）股价缩水。在 2000 年 1 月公布两家公司合并前，美国在线的股票价格为每股 73 美元、时代华纳为 64 美元。一个月后，时代华纳的股价却上升到了 81 美元，美国在线的股价下降到了 58 美元。此后，在股东大会批准合并前的 2000 年 6 月，美国在线的股价格恢复到 60 美元。但此后美国在线的股价就开始出现了持续下跌，到了当年 10 月已经下降到了 43 美元。2001 年 1 月合并结束后，新诞生的美国在线－时代华纳的股价徘徊在 39～45 美元之间。但"9·11"事件发生后，其股价一下子跌到了 34 美元。此后，一直未恢复。2002 年 1 月，该公司在发表的

① 殷瑜、汤莉萍：《整而不合，大而不强，缘何？——美国在线－时代华纳并购案例分析》，人大复印资料《新闻与传播》，2003－7，第 38～39 页。

财政结算报告中宣布公司赤字额将进一步扩大。由此，股价下跌到了 26 美元。之后，去年 4 月公司公开了 542 亿美元的巨额亏损，于是乎股价跌破了 20 美元大关。此后，公司股价持续下滑，在各种丑闻的冲击下跌落到 10 美元左右。

（3）假账丑闻。去年出版的《经济学家》杂志披露了一个内幕消息：当年的并购案中，美国在线的股票价格大大超过了其实际价值。当年为了确保并购成功，美国在线公司开出了每股近 50 美元的加价来购买时代华纳的股票（当时交易价为 65 美元）。如果在财务报告中公布了真实的资料，美国在线当时的股价要低得多，根本没有能力以如此之高的价格并购时代华纳公司。而《华尔街日报》在去年 10 月下旬披露，美国在线在与时代华纳合并前 3 个月夸大了在线广告收入。美国在线一时代华纳称该公司当时将几笔广告收入错误地记入了美国在线分公司的账上，从而导致 2000 年 9 月以来的收入虚增了 1.9 亿美元，利润则增加了 1 亿美元。据美国媒体报道，关于美国在线在并购时代华纳前做假账的消息已经引起了美国证券交易委员会的注意。该监管机构已经计划对上述指控开展相应的调查。随着调查的展开和深入，当年并购案的各种幕后交易和非法行为将逐渐浮出水面。

（4）人事变动。2001 年美国在线一时代华纳首席执行官李文因与董事长凯斯意见不合而去职。2002 年 11 月份据《南方日报》报道，美国在线一时代华纳中三位与公司前首席营运官皮特曼亲近的高层管理人士即将离开公司，这再次表明美国在线的影响力正日渐式微。这三位高级管理人士分别是马约·斯顿兹、马歇尔·柯亨及肯尼斯·利勒，他们都是与皮特曼亲近的管理人士中最具知名度的人物。但皮特曼在去年 12 月与联席首席营运官帕森斯竞争李文留下的首席执行官位置失败后，其派系的影响力就开始逐渐减弱。据悉，其他一些亲近皮特曼的人也决定在几个月内离开公司。美国在线一时代华纳 2003 年 1 月 12 日宣布，斯蒂夫·凯斯已决定辞去公司董事长的职务。作为网络媒体美国在线与传统媒体时代华纳"世纪婚姻"的缔造者，凯斯被一路下滑的业绩和始终未停的内部斗争搞得筋疲力尽。在忍受董事会和股民的白眼数月之久后，他终究还是没能坚持到底。不过凯斯将继续担任公司董事及战略委员会联席主席，希望能为公司走出困境再做些什么。

当初美国在线—时代华纳在宣布合并之时，无论是媒体业还是网络业都普遍看好这种新旧媒体结合的模式。其道理显而易见：网络公司需要具有吸引力的内容。而传统媒体则需要互联网21世纪最具潜力的新媒体平台，然而，合并两年后，这一对"天作之合"不但没有实现业界所期待的 1＋1＞2 的双赢局面，反而出现了 1＋1＜2 的负面效应，其整合不力的原因究竟何在？我们从 5 个方面进行分析：

（1）业务资源整合不力。合并前的时代华纳公司是全球最大的媒体公司，它的旗下有着巨大的内容资源：如《时代》《财富》、CNN、华纳兄弟、华纳唱片、时代生活出版公司等等。而美国在线则是全球最大的网络公司。美国在线与时代华纳合并时曾为互联网用户描述了一个美妙的前景：电脑、电视、音乐、杂志以及电影等媒体都可以通过网络平台为用户共享。但目前，在业务方面，两家公司仍基本上表现为合并前的状态，极少有互相渗透的业务。由于受到网络带宽、传输等技术方面的限制，美国在线即使有了像时代华纳这样强大的内容资源也难以将其转化为高额的收入。时代华纳的内容没有通过美国在线的网络服务出售给消费者，并建立成功的赢利模式。被誉为全球经济重组格局下的战略并购的这次合并，并没有成为缔造新经济的战略并购。

（2）企业文化整合不力。从企业文化角度看，由于企业内部外部的发展环境不同，经营理念、经营方式不同，不同的企业形成了不同的企业文化。所以业并购中除了存在融资、债务和法规等风险因素外，还存在着由于文化的不相融而带来的企业文化风险。美国在线是一个年轻的互联网公司，其企业文化更注重以用户接入服务为导向，以快速抢占市场为第一目标，它的操作灵活、决策迅速。而作为传统企业的时代华纳在长期的发展过程中，积累了深厚的传统媒体文化底蕴，拥有着受人拥护的诚信之道以及准确把握市场需求的能力，善于从经验中吸取教训，不断地推出新产品，其热忱的创新精神使其诚信之道得以延伸。合并后，美国在线—时代华纳没有很好地解决两种企业文化的冲突，集中两种企业文化的演绎，构造更优秀的新企业文化。

（3）组织管理整合不力。并购是为了提高资本运作效率，而管理则是实现目标的手段。美国在线是现代媒体的代表，时代华纳是传统媒体的老将，两家企业的经营方式与企业文化存在较大差异。再加上集团管理层缺乏跨行业管理及整合的经验，双方一直存在着隔阂与冲突。合并之初，美国在线的股东持有新集团55％的股权，其管理人员在新集团中占据了主导位置，就好像美国在线吞并了时代华纳。时代华纳的员工痛恨美国在线的同事，美国在线的人开始时还能反唇相讥，但随着美国在线亏损越来越大，他们也越来越抬不起头来。2002 年 5 月 16 日上任的 CEO帕森斯已经开始着手对美国在线—时代华纳进行资源重组，他重新调整了公司的结构，把公司分为两大事业群：一是媒体和通讯集团，旗下包括美国在线、时代公司以及时代华纳有线公司、时代华纳图书出版公司以及互动视频公司；另外一个是娱乐和广播集团，旗下包括 HBO、华纳兄弟、特纳广播网、华纳唱片等。这种按照媒体属性归类管理的尝试，在半年多运作后，据目前新的财务报表分析，它起到了一定的积极作用，但这些作用的影响力非常有限。

（4）经营策略整合不力。公司合并后，美国在线急欲利用增强的财力和名气在全球开花，摊子铺得太大，步子迈得太急。2000 年欧洲业务亏损 6 亿美元，今年亏损减少了，也要达到 2亿美元。美国在线还想将网络、电视、电话服务一体化，但这些有的是技术不过关，有的是政府有限制，有的是市场需求不旺，结果因投入太多而损失巨大。为了保持赢利，美国在线将看家的拨号上网服务月费从 21.95 美元提高到 23.90 美元；没能适时抓住机会发展宽带技术，本想收购的美国电报电话宽带网被别人抢了头筹；自身推出的 DSL 高速上网服务比别人慢了半拍，技术、名气也没有过人之处。这样，在网络用户增势减缓的情况下，美国在线部分老用户被宽带网吸引走了，部分新用户被竞争对手抢了去，过去依赖的"用户生命线"出现了险情。虽说美国在线目前仍有 3 500 万全球用户，但两年前的红火光景已经不再。

（5）人力资源整合不力。由于组织管理上存在大量内耗和摩擦，美国在线－时代华纳的管理层一直貌合神离，处于一种不稳定的游离状态。从 2002 年 7 月，以美国在线首席执行官皮特曼辞职为标志，集团元气大伤，业务结构随之调整为媒体传播和娱乐广播两部分。美国在线实际上成为集团下属的媒体传播分部下的一家子公司。在这种情况下，许多皮特曼的老部下纷纷离任，美国在线的很多中高层管理人员也因为觉得没有前途而辞职。时代华纳公司是一家保守、拘谨的传统媒体，拜占庭式的管理结构非常具有传奇色彩。相比之下，美国在线的管理模式开放而充满活力，是新技术、新经济的典范；合并后的公司规模急剧扩大，管理的复杂性也随之提高，然而新公司未能随着外部环境的变化，及时调整企业的决策机制、组织结构，管理方式，也没有将两公司的管理融为一体，而是听任两种不同管理模式各自为政，结果两家公司的员工没有相互合作，公司内部的猜忌气氛很重。美国在线－时代华纳 2003 年 1 月 12 日宣布，斯蒂夫·凯斯已决定辞去公司董事长的职务。以此为分水岭，美国在线－时代华纳的世纪并购实际已成败局。

美国在线－时代华纳的整合案例在传媒经济学领域里具有研究价值。它是我们分析以下问题的蓝本，能为我国传媒集团的发展起到镜鉴作用。①经济学上的"马太效应"是否在传媒经济领域有其自身的边界？通过研究，我们看到，两个"巨无霸"整合后的"传媒航母"并没像人们所预期的那样形成"规模效应"，而是在机制内部出现大量摩擦和内耗，它证明了做大≠做强的结论。整合媒体应该走怎样的机制创新之路，这个问题也是我国正在进行的传媒集团进程中必须面对的重要课题。②媒介管理应该追求"垂直管理模式"还是"扁平管理模式",或是创新媒介管理模式?美国在线-时代华纳的案例告诉我们,在现代传媒产业中,单一管理模式治理媒体集团的时代已经结束,探索以产业特征为出发点的人性化、科学化管理模式是在传媒管理中必然的价值取向。③如何认识媒体道德观?我们看到:美国在线-时代华纳"假账丑闻"严重影响了该集团的公信力,导致股民丧失信心和股价下跌。这从反面告诉我们:成功的资本运营是建立在媒介诚信基础上的,树立正确的媒介道德观是建设和发展传媒集团必须高度重视的核心因素。④美国在线-时代华纳失败的主要原因还包括原有核心竞争力的丧失。并购之前,美国在线和时代华纳各自依托主营战略建构出了超越其他媒体的核心竞争力,然而这种竞争力在并购后由于管理机制的部分失效或运作失灵,以及管理层凝聚力的丧失而逐渐消解。这告诉我们:按照媒体自身产业规律确定主攻方向和主营战略是建构跨媒体集团核心竞争力的关键环节;以此为基础,制定符合跨媒体特征的产业制度来激励和约束员工,不断提升组织的凝聚力和战斗力是跨媒体集团成功运行的前提和机制保障。

"前事不忘,后事之师"——我们在尊重国情,实事求是的前提下,应该提倡国际视野,把参照系放在世界这个坐标中,从别国的经验或教训中获得有益的借鉴和启示。我国在加入 WTO 的背景中进一步加强了媒体集团的宏观调整和战略布局,跨媒体集团的出现和逐渐走强是我国也是世界传媒发展的方向。通过对"美国在线-时代华纳并购案"的分析,我们能够跟踪一个动态发展的跨媒体经营管理的经典案例,"不以成败论英雄"——借鉴和反思都是我们需要的。

本章参考文献：

(1) 报刊资料：

《美国新闻评论》 1998 年 5 月

《广播电视与有线电视》 1996—1998 年

《美国前景》 1998 年 9 月～10 月

《信息周刊》 1998 年 9 月 17 日

《美国企业》 1997 年 9 月～10 月

《卫星通信》 1998 年 8 月

《公告牌》 1996—1998 年

(2) 互联网资料：

NBC / MSNBC

ABC

CBS

FOX

CNN

本章参考书目：

(1) 端木义万 . 美国传媒文化 . 北京：北京大学出版社，2001

(2) 陈犀禾 . 当代美国电视 . 上海：复旦大学出版社，2001

(3)〔美〕埃默里父子著 . 展江，殷文译 . 美国新闻史（第八版）. 北京：新华出版社，2001

(4) 张隆栋，傅显明编 . 外国新闻事业史简编 . 北京：中国人民大学出版社，1988

(5) 陈力丹 . 世界新闻史纲 . 福州：福建人民出版社，1988

(6) 张允若，高宁远 . 外国新闻事业史新编 . 成都：四川人民出版社，1996

(7) 徐志森 . 美国史纲·从殖民地到超级大国 . 上海：华东师范大学出版社，1992

(8) 李磊 . 外国新闻史教程 . 北京：中国广播电视出版社，2001

(9) 刘有源 . 美国新闻事业概况 . 北京：人民日报出版社，1984

第八章
俄罗斯及苏联新闻事业史

第一节　俄罗斯帝国时期的报业

一、报业开端

彼得大帝以前的俄国地广人稀，贫穷荒凉，较为封闭。彼得大帝时期（1682—1725在位），他随"高级使团"出国到西欧考察，积极学习西方先进文化，回国后进行全面深入的改革，包括对国家行政机构、军事、工业、科学、教育等领域进行改革。经过改革，俄国开始逐渐摆脱原始色彩，慢慢西化。

彼得一世的改革中包括了创办报刊这一项。1703年，他下令在莫斯科创办《新闻报》，自任主编，开始了俄国定期刊物的历史。宗旨是报道战争消息。俄国无产阶级革命时期，该报经常发表文章，对俄国社会民主工党进行攻击、诽谤。《新闻报》慑于革命的威力于1917年底停刊。《新闻报》是俄国近代报刊史上创办最早、存在时间最长的官报。它为沙皇专制制度的巩固、发展和延续做了大量的舆论工作，是沙皇政府得力的统治工具。在彼得一世统治时期，另外还创办了官方报纸《圣彼得堡公报》。1728年，俄国科学院创办了《圣彼得堡新闻》，是《新闻报》的续刊，1728—1874年由科学院出版，1875年起由国民教育部出版，1917 年底停刊。该报是一份双周报，设有科学评论栏。著名科学家罗蒙诺索夫等常在该刊发表文章。1756 年，在莫斯科大学校园内开设了一所印刷厂和一家书店。同年，莫斯科大学创办了第一张非官方报纸《莫斯科新闻》，每周两期，版面仿照《圣彼得堡新闻》样式。内容偏重于传播科学知识和西方的新思想、新观念，深受知识阶层的欢迎。由于报纸编辑权的更易，该报政治立场也常发生变化。

早期俄国近代的报业是由沙皇封建专制政权扶植起来的，处在集权主义的严格控制之下，报刊的内容要接受审查，记者也受到警察的监视，报业发展缓慢。1796 年，女皇凯瑟琳二世下令建立报刊的出版前检查制度。1804 年，沙皇亚历山大一世公布第一个书报审查法，规定报刊上的文章要由书报检察官预审。该法第二条说明检查的目的在于给社会提供有益于道德和心灵的书籍著作，但也规定要严厉惩罚在印刷品里发表反宗教、政府、社会道德和损害个人名誉的言论的作者和检查人员认为有辱及沙皇者。1826 年，尼古拉一世废除了 1804 年的较宽大的书报检查法，制定新的书刊检查法（被称为铁的法典），规定："无论有意或无意，均不得攻击宗教、君主、政府当局、法律、道德以及国家和个人的荣誉。"根据该法典，由教育、内政、外交三大臣组成书刊检查委员会，各地设检查所，职责是使舆论与现实政治形式及观点相符合。1834 年，《莫斯科电讯报》（创刊于 1825 年，半月刊，创办人是波列伏依）批评一部剧本，触怒沙皇尼古拉一世，被查封。所以，很长一段时间俄国的报业一直处在政府的监管之下，发展缓慢。

二、资产阶级报刊的产生和发展

1858 年，沙皇亚历山大二世宣布放宽对报纸讨论政治问题的限制，于是，各报纸广泛讨论农奴制问题。1861 年俄国政府迫于社会现实和舆论进行了自上而下的农奴制改革，资本主义在俄国逐步发展。1865 年，政府公布新的报业法：取消预先检查，仅限于彼得堡和莫斯科已有的报刊，新出版的报纸和其他城市的报刊仍须送审；设立警告制度，书籍、报纸和杂志若印行恶意文字，将受到 1 至 2 次的警告，第 3 次便停止其发行；行政处分，内政部长有权颁布行政命令，停止任何刊物 3 至 6 个月，也可禁止报纸刊登广告或在街头出售。与此前相比，报业的外部环境变得宽松，报业也逐渐发展起来。这时期总的特点是：报纸出现了新类型，政论性报纸和政党报纸不断创办，数量上也增加不少；报业具有了资本主义企业的特征。当时，有俄国报业大王之称的彼得堡出版商苏沃林出资办有几家报纸，靠办报纸成了百万富翁。他 1876 年出任《新时报》① 主编，政治上保守，报纸编排上有特点，很快该报成为俄国最大报纸之一。

早期的资产阶级报刊分为两部分，即革命民主主义派报刊和民粹派报刊。

（一）革命民主主义派报刊

主要有《同时代人》②《祖国纪事》和《钟声报》等。革命民主主义派在 19 世纪 40 年代到 60 年代成了影响俄国社会的主要力量。他们代表广大人民群众尤其是农民的利益。代表者有革命民主主义思想家维·格·别林斯基（1811—1848）、亚·伊·赫尔岑（1812—1870）和尼·加·车尔尼雪夫斯基（1828—1889）。

1836 年普希金在彼得堡创办了《同时代人》，这是一份文学和社会政治杂志。1843 年前是季刊，之后改为月刊。最初两年登载过普希金的《吝啬的骑士》《上尉的女儿》和《青铜骑士》，

---

① 《新时报》：1868 年创刊于彼得堡。该报为日报。出版人多次更换，政治方向也随之改变。1872 年—1873 年采取进步自由主义的方针。1876 年—1912 年由反动出版家阿·谢·苏沃林掌握，成为俄国最没有原则的报纸。1905 年起是黑帮报纸。1917 年二月革命后，该报完全支持资产阶级临时政府的反革命政策，攻击布尔什维克。1917 年 10 月 26 日（俄历 11 月 8 日）被查封。列宁称《新时报》是卖身投靠的报纸的典型。

② 《同时代人》另译《现代人》。

果戈理的《马车》和《鼻子》，莱蒙托夫的《波罗金诺》。1837年普希金逝世后，由文学评论家彼·普列特尼约夫接办，主要刊登文学作品，脱离了政治斗争，订户锐减。1847年，涅克拉索夫和伊·帕纳耶夫取得《同时代人》的发行权，别林斯基为刊物制定了抨击农奴制度、宣传革命民主主义和"自然派"作品等纲领。

由于赫尔岑1847年迁居国外、1848年别林斯基逝世，以及1848年法国革命后在俄国持续多年的政治逆流，《同时代人》遭到严重挫折，但大体上仍能坚持现实主义方向，登出托尔斯泰的《童年》和《少年》、屠格涅夫的《木木》和《猎人笔记》中的新作、格里戈罗维奇的《渔夫们》、冈察洛夫的《奥勃洛莫夫的梦》。但同时，德鲁日宁的唯美主义文章也占有显著地位。19世纪50年代开始，车尔尼雪夫斯基（1853年起）和杜勃罗留波夫（1856年起）主持《同时代人》编务，不断地发表论文、书评和小品文，坚决捍卫农民的利益，进行革命的宣传鼓动，揭露并抨击沙皇政府和地主的罪恶行径，指出沙皇政府废除农奴制的条件对农民来说是极为苛刻的。这份刊物成为革命民主派的主要论坛，其社会影响空前扩大。杜勃罗留波夫创办的讽刺专栏《口哨》（1859—1863），更加强了杂志的战斗力。托尔斯泰、屠格涅夫、冈察洛夫和格里戈罗维奇对这种局面极为不满，相继与编辑部决裂。1859至1861年，《同时代人》批评赫尔岑的《钟声》向自由主义倒退，对沙皇抱有幻想。1861至1865年同陀思妥耶夫斯基的《当代》和《时代》论战，指责对方认为俄国应走和平发展道路的保守观点。1861年杜勃罗留波夫病逝，1862年夏，政府对革命民主主义运动进行镇压。车尔尼雪夫斯基被捕关押后又被流放西伯利亚。《同时代人》被勒令休刊8个月。1863年由涅克拉索夫复刊，谢德林（翌年离去）、马·安东诺维奇、格·叶利谢耶夫和亚·佩平加入编辑部，陆续登载过车尔尼雪夫斯基的《怎么办?》、斯列普佐夫的《艰难时代》、列舍特尼科夫的《波德利普村的人们》和《矿工》、格·乌斯宾斯基的《遗失街风习》、谢德林的短篇小说和涅克拉索夫的诗。1866 年亚历山大二世遇刺案以后被迫停刊。

《祖国纪事》1839 年创办于彼得堡，是文学和社会政治月刊。前期由安·克拉耶夫斯基发行，别林斯基主持文艺评论栏目，撰稿人有莱蒙托夫、柯里佐夫以及稍晚的自然派——赫尔岑、涅克拉索夫、陀思妥耶夫斯基、屠格涅夫、格里戈罗维奇等。由于别林斯基的指引，积极宣传唯物主义和空想社会主义理论，同保守派做斗争。1846 年别林斯基同克拉耶夫斯基决裂，评论栏改由瓦·迈科夫负责。此后将近两年，许多老作者仍继续供稿，但因受 1848 年以后反动政局影响，它逐渐带上学院派色彩。19 世纪 60 年代初更从温和的保守派立场攻击车尔尼雪夫斯基的《同时代人》，订户锐减，克拉耶夫斯基被迫于 1868 年将发行权转让给涅克拉索夫。从 1868 年开始，涅克拉索夫再度与谢德林合作，接办《祖国纪事》。他们继承《同时代人》的革命民主主义传统，继续暴露政府的反动统治、自由派的空谈和伪善，揭示俄国资本主义发展的特征和农村中的阶级分化。《祖国纪事》成了 19 世纪 70 年代俄国最进步的杂志，成了俄国先进的民主思想的合法讲坛，并且同西欧的社会主义运动建立了广泛的联系。1877 年涅克拉索夫逝世后，谢德林继任主编，民粹派理论家尼·米哈伊洛夫斯基加入编辑部。编辑部内除涅克拉索夫和谢德林外，大多数撰稿人都信奉民粹主义，认为俄国可以通过农民村社直接进入社会主义社会。《祖国纪事》对革命地下工作表示同情，猛烈抨击了《俄国导报》①等反动刊物，经常受到审查机关迫害，1884 年被查封。

《钟声报》是亚·伊·赫尔岑和尼·普·奥加辽夫在国外出版的俄国革命刊物，1857 年创办，最初为月刊，后来为不定期刊。1857 年—1865 年在伦敦、1865 年—1867 年在日内瓦。共出了 245 期，印数达 2 500 份。通过秘密的方式运回俄国，散发给广大读者，在俄国国内传播甚广。《钟声报》杂志除刊登赫尔岑和奥加辽夫的文章外，还刊载各种材料和消息，报道俄国人民的生活状况和社会斗争，主张解放农民，反对废除农奴制的苛刻条件，揭露沙皇当局的秘密计划和营私舞弊行为，受到很多人的喜爱。

《钟声报》杂志最初阶段的纲领以赫尔岑创立的俄国农民社会主义理论为基础，极力鼓吹解放农民，提出废除书报检查制度和肉刑等民主主义要求。但它也有自由主义倾向，对沙皇抱有幻想。1861 年农民改革以后，《钟声报》杂志便坚决站到革命民主派一边，奥加辽夫在上面发表了《人民需要什么？》，提出了"人民需要土地和自由"这一口号，推动了革命运动。《钟声报》杂志编辑部协助创立了土地和自由社，积极支持 1863—1864 年的波兰起义，从而与自由派最终决裂。

（二）民粹派报刊

19 世纪 70 年代是俄国民粹主义的兴盛时期。民粹派报刊宣传的内容是：消灭沙皇专制制度和农奴主特权制，废除土地私有

---

① 《俄国导报》：俄国一种文学和政治杂志。1856 年由政论家和文学评论家米·卡特科夫创办于莫斯科。原为半月刊，1861 年改月刊。1856 至 1861 年间倾向温和的自由主义，主张自上而下的改革。1862 年起，卡特科夫投奔反动阵营，《俄国导报》成为贵族阶级的喉舌，公然要求官府镇压革命派。其文艺栏发表了皮谢姆斯基的《浑浊的海》、列斯科夫的《结仇》等"反虚无主义"小说，但又登载过屠格涅夫的《父与子》、列·托尔斯泰的《哥萨克》及《战争与和平》、陀思妥耶夫斯基的《罪与罚》等优秀作品，因而在当时很有影响。1887 年卡特科夫死后，主编和出版地点几经变易，至 1906 年停刊。

制，分土地给农民。这几点是同革命民主主义派相同的。但是民粹派否认农奴制废除后资本主义在俄国发展的必然规律，提出为了保护小生产者必须遏止资本主义的发展。还认为农民是实现社会主义的主要力量。这一时期最有影响的是民粹派思想家尼·康·米哈伊洛夫斯基。代表的刊物有《俄国财富》《欧洲通报》《俄国劳动》和《周刊》等。

《俄国财富》于1876年在莫斯科出版，同年迁至彼得堡，是俄国科学、文学和政治刊物。1879年以前为旬刊，以后为月刊。《俄国财富》是民粹派宣传自己主张的重要讲坛，刊登许多研究经济的文章。米哈伊洛夫斯基对它有很大的影响。1892年，他来到《俄国财富》工作，1894年至1904年任主编。1892年以后由尼·康·米哈洛夫斯基和弗·加·柯罗连科领导，成为自由主义民粹派的中心，在其周围聚集了一批后来成为社会革命党、人民社会党和历届国家杜马中的劳动派的著名成员的政论家。19世纪90年代起，米哈伊洛夫斯基在《俄国财富》上发表文章，公开攻击俄国马克思主义者。后来，列宁对其发表的文章的观点进行了剖析，重申了马克思主义的立场。1906年它改变了编辑方针，成为人民社会党的机关刊物。1914—1917年3月以《俄国纪事》为刊名出版。1918年被查封。

《欧洲通报》杂志是俄国资产阶级自由派的历史、政治和文学刊物，1866年3月—1918年3月在彼得堡出版，1866—1867年为季刊，后改为月刊。先后参加编辑出版工作的有米·马·斯塔秀列维奇、马·马·柯瓦列夫斯基等。

无论是革命民主主义报刊，还是民粹派报刊，虽然在观点上有分歧，但是它们都在俄国社会变革的进程中起了不可忽略的作用。它们鼓舞着人们反对专制和农奴制，在俄国传播欧洲的许多学说和思想，比如：唯物主义，空想社会主义，以及翻译《资本论》[①] 等，对当时的俄国社会前进起到推进作用。但是由于资产

---

① 1872年，《资本论》第一卷俄文译本在彼得堡出版。

阶级自身原因和历史条件的限制，两派都不能解决俄国社会的根本问题。随着历史的前进，面对无产阶级，民粹派向沙皇政府妥协，成为阻碍社会进步的力量。

三、无产阶级报刊（从产生到十月革命）

（一）产生背景及工人报刊的出现

1872 年，沙皇政府修订了 1865 年的报业法，使得原法仅有的一点宽松荡然无存。而亚历山大三世登基后更加严厉。于1882 年颁布《暂时出版条例》，除规定三次警告停刊外，还规定报刊发行人或主笔因死亡或脱离报社时，政府可以拒绝提名后继者，而使该报自动停刊停业；所有印刷人员都必须事先登记申请执照，而行政官员可以不说明理由拒绝颁发执照。俄国报业的发展受到越来越严格的限制。这种情形直到 1905 年才有所改变，当局在形式上废除了对报纸施行的出版许可制度。

俄国 1861 年农奴制的改革是一场自上而下的不彻底的改革，与英美等国相比，资本主义发展的速度缓慢，程度不高。在 19世纪 60 年代和 70 年代，俄国社会的主流思想仍是革命民主主义派和民粹派的思想，"无产阶级民主主义的支流还不能从总的民粹主义的洪流中分离出来"①，因为无论是阶级基础，还是理论基础，都是不充分的。从 19 世纪 70 年代起，群众性罢工斗争蓬勃发展，工人阶级逐渐壮大。在 19 世纪 90 年代，俄国资本主义大工业迅速地发展，工人的数量大大增多，他们的生活异常痛苦。1875 年，敖德萨成立了俄国第一个工人组织"南俄工人协会"，1878 年，在彼得堡成立了"俄国北方工人协会"，领导工人罢工，开展宣传教育活动。工人阶级正在逐渐凝聚。1880 年 2月 15 日，"俄国北方工人协会"创办了俄国历史上第一个工人刊物《工人曙光报》。协会的领导人哈尔图林亲任编辑，通过《工

---

① 参见《俄国工人报刊的历史》，收入杨春华、星华编译：《列宁论报刊与新闻写作》，北京：新华出版社，1983 年第 1 版，第 40 页。

人曙光报》宣传协会纲领，指出工人阶级的历史使命，主张工农联合起来，争取共同的政治权利，推翻沙皇的专制统治。该刊创办不久，哈尔图林被捕（1822年被绞死），《工人曙光报》停刊，协会也遭到破坏。

"俄国北方工人协会"的活动为工人运动的深入开展准备了条件，引导了一些知识分子脱离民粹主义而走上信仰马克思主义的道路。

19世纪80年代，马克思主义开始在俄国传播，社会民主主义组织也开始萌芽。1883年，普列汉诺夫①在日内瓦创建了俄国第一个马克思主义团体——劳动解放社。劳动解放社出版刊物，把马克思、恩格斯的经典著作翻译成俄文，从国外运回俄国。在理论上为工人运动的开展做了准备。同时，国内许多地方出现了马克思主义小组。1885年，保加利亚社会主义运动奠基人布拉戈耶夫在彼得堡成立俄国第一个马克思主义小组——俄国社会民主党，同时创办了《工人报》，又名《社会民主党人报》。该报是俄国最早宣传社会民主主义的报纸，它同"劳动解放社"保持密切联系。《工人报》第2号曾刊登普列汉诺夫的文章《俄国工人的当前任务》。1885年3月，布拉戈耶夫被捕，仅出版两期的《工人报》就停刊了。该报的创办"几乎是1883年—1895年这12年中在俄国创办社会民主主义工人报刊的唯一一次尝试"②。这是因为在这12年中社会民主主义组织在实践上与工人运动缺乏联系，各个组织规模小、零散。没有群众性的工人运动，工人报刊就不可能广泛地发展起来。

---

① 普列汉诺夫（1856—1918），出身于贵族家庭，1875年他结识了民粹派活动家米哈伊洛夫斯基，开始阅读马克思著作。1976年，加入"北方革命民粹派小组"。同年12月，在彼得堡领导民众大示威，遭沙皇政府缉捕，1877年初逃亡国外。1879年，民粹派分裂，他领导成立"黑色土地平分社"，次年创办秘密机关刊物《土地平分》杂志。1880年，再次受政府通缉，流亡国外37年。流亡期间，大量接触马克思学说，转变成马克思主义宣传家。后来站到什维克一边。

② 参见《俄国工人报刊的历史》，收入《列宁论报刊与新闻写作》，第41页。

　　从 1895—1896 年的彼得堡工人罢工起，社会民主派开始参加群众性的工人运动，真正的俄国工人报刊也开始出现。这时期主要的出版物是没有经过审查的胶版印制的传单。

　　1895 年，列宁把彼得堡的 20 多个马克思主义工人小组联合起来，成立了"工人阶级解放斗争协会"，提出密切联系工人运动，从政治上领导工人运动的任务。它第一次把马克思主义和工人运动结合起来，奠定了俄国马克思主义革命政党的基础。在此之前，列宁潜心学习《资本论》和其他的马克思主义著作，并把理论和俄国具体实践相结合，还系统地批驳了民粹派，有利于马克思主义的传播，在思想理论上为建立无产阶级政党扫清障碍。1895 年底，俄国其他大城市相继出现了名为"斗争协会"的社会民主主义小组，它们也出版传单和宣传品。

　　彼得堡"斗争协会"出版的这些传单和宣传品（79 种），是俄国工人阶级报刊的先驱。这些传单和宣传品把工人争取经济要求的斗争同反对沙皇的政治斗争结合起来，在政治上启发和组织工人，指出了实现工人要求的方法和手段，促进工人运动的发展。俄国社会民主主义运动由此进入了新的发展时期。

　　这些传单和小册子的作用毕竟是有限的，工人运动的发展呼唤着工人报刊的出现。"斗争协会"决定扩大出版活动，创办了机关报《工人事业报》。列宁写了社论《告俄国工人》和《我们的大臣们在想什么？》《弗里德里希·恩格斯》两篇文章。出版工作一切就绪，但 1895 年 12 月 8 日晚，警察逮捕了列宁和协会的其他领导，创刊稿件被沙皇警察没收，《工人事业报》未能问世。"斗争协会"并没有因此停止宣传活动，接着彼得堡"斗争协会"出版了自己的机关报《圣彼得堡工人小报》。该报是不定期的秘密报纸，共出过两号：1897 年 2 月出版第一号，印了 300 份～400 份；第二号于 1897 年 9 月在日内瓦印刷①。该报反映了无产

---

　　① 《列宁全集》中文版第六卷，北京：人民出版社，1986 年第 2 版，第 448 页。

阶级的经济斗争，刊登了一些传单，号召反对专制，要求建立强有力的工人党。另外，1897 年 1 月，基辅社会民主主义小组出版了《前进报》，是油印的秘密报纸，一共出版 4 期。编辑部号召工人给报纸写通讯，散发报纸。该报辟有《地方消息》《俄国通讯》和《零讯》专栏，刊登诗歌、小说和小品文。该报说明经济斗争的材料很多，关于政治斗争和社会民主主义策略的文章极少。

1897 年 8 月，在基辅秘密出版了全俄社会民主主义报纸《工人报》。辟有《俄国通讯》《国内评论》《最新消息》《祖国各地》等栏目。共出过两号：第一号出版于 1897 年 8 月，第二号出版于 1897 年 12 月（报上印的是 11 月）。该报编辑巴·卢·土查普斯基在国外活动期间结识了普列汉诺夫等"劳动解放社"成员，在稿件上得到他们协助。这样，《工人报》有更明确的政治色彩。报纸编辑部主张建立一个统一的工人社会民主党，并明确指出，社会民主党的长远目标是为社会主义而斗争，目前任务是争取政治自由，同沙皇专制做斗争，但是没有揭露当时已在地方社会民主主义组织中出现的机会主义观点。《工人报》的任务是教会工人自觉地为自身的利益而斗争。该报广泛地报道俄国各大工业城市的工人斗争和西欧无产阶级运动。

1898 年 3 月，由 6 个"斗争协会"小组、基辅《工人报》小组和崩得[①]等组成的共 9 名代表，召开了俄国社会民主工党第一次代表大会。代表在明斯克召开大会。会上宣告了俄国社会民主工党的成立，指定《工人报》为党的正式机关报。但是，大会

---

① 崩得，是立陶宛、波兰和俄罗斯犹太工人总联盟的简称，1897 年 9 月在维尔诺成立。主要参加者是俄国西部各省的犹太手工业者。初期，曾宣传社会主义，后来在争取废除反犹太人特别法律的斗争中滑到了民族主义立场上。1898 年俄国社会民主工党第一次代表大会召开时，崩得作为只在专门涉及犹太无产阶级的问题上独立的"自治组织"，加入俄国社会民主工党。1903 年，在第二次党代会上，他们要求承认崩得是犹太无产阶级的唯一代表，在遭到否决后退党。1906 年，在第四次党代会上，又重新入党。

没有制定党纲和党章。不久，中央委员会成员就被逮捕了，《工人报》第三期的稿件也被警察搜走，只出版了两期就被迫停刊。所以，明斯克大会实际上并没有完成建党任务。1899年，《工人报》试图恢复出版，但有人企图把它变成崩得分子的中央机关报。该报编辑部建议列宁参加编辑部工作，后来又请他撰稿。列宁为此写了《我们的纲领》《我们的当前任务》和《迫切的问题》。但是该报未能复刊。

俄国群众性的工人运动从诞生之初就分为马克思主义派和机会主义派①。二者在19世纪90年代的工人报刊中都有反映。机会主义派别即"经济派"出版的主要机关报是《工人思想》和《工人事业》杂志，另外还有《我们的话》杂志和《无产阶级斗争报》，这两种刊物是尼古拉耶夫和乌拉尔社会民主主义组织出版的"经济派"立场的刊物。《工人思想报》于1897年10月至1902年12月先后在彼得堡、柏林、华沙和日内瓦出版，共16期。第一号由"独立工人小组"发行，从第五号开始为彼得堡工人阶级解放斗争协会的机关报。该报号召工人阶级为经济利益斗争，把经济斗争同政治斗争对立起来，认为政治斗争不在无产阶级任务之内，反对建立马克思主义无产阶级政党，主张成立工联主义合法组织。《工人事业》杂志是国外俄国社会民主党人联合会的机关刊物。1899—1902年2月在日内瓦出版，共12期，它的编辑部在巴黎。该报以巧妙和伪装的形式宣传"经济派"观点，在俄国社会民主党的策略和组织问题上持机会主义立场。另外，它还有不定期附刊《〈工人事业〉杂志附刊》，1900年6月—1901年7月在日内瓦出版，共8期②。

---

① 机会主义即"经济主义"，经济主义派是19世纪末—20世纪初俄国社会民主工党内的经济派这一国际机会主义的俄国变种。主张工人阶级只进行争取提高工资、改善劳动条件等等的经济斗争，认为政治斗争是自由资产阶级的事情。否认工人阶级政党的领导作用，崇拜工人运动的自发性，反对建立集中的工人阶级政党。

② 《列宁全集》中文版第五卷，北京：人民出版社，1986年第2版，第374页。

19 世纪 90 年代末俄国工人报刊发展的特点是：在工人报刊中表露出了手工业方式，涣散和动摇。没有政治意义的报纸，地方报纸大多数原则不坚定。还有沙皇政府的残酷迫害，许多社会民主主义组织和报刊都遭到破坏，阻碍了俄国工人报刊的发展，无法满足工人运动的需要。

（二）第一份全俄政治报——《火星报》

1. 创办经过

1900 年 12 月 24 日，第一份全俄政治报——《火星报》在德国莱比锡创办，先后在慕尼黑、伦敦（1902 年 7 月起）和日内瓦（1903 年春起）出版。《火星报》的编辑部成员有列宁、普列汉诺夫等。实际负责整个编务工作的是列宁和克马尔托夫。

2. 《火星报》在建党过程中发挥了重要的作用

首先，同经济派论战，确立革命路线，为建党奠定思想基础。19 世纪 90 年代，在俄国，以马尔丁诺夫等人为代表的经济派利用《工人思想报》和《工人事业》杂志宣传机会主义思想主张，反对马克思主义，并且，经济派逐渐取得了大多数社会民主主义组织的领导权；反对无产阶级革命，提出走资产阶级改良主义道路；反对革命理论对工人阶级的指导作用，崇拜工人运动的自发性；反对建立集中统一的无产阶级政党，赞美涣散的小组习气和手工业方式。

针对这些机会主义观点，列宁在《火星报》上发表了大量的文章，运用马克思主义对其进行了批判。通过《火星报》的宣传，经济派的机会主义观点被彻底粉碎，确立了俄国社会民主主义中的革命路线，大力宣传了马克思主义，许多工人和地方组织改变了对经济派的态度，摆脱了"经济派"的影响，转到《火星报》方面来，为建党奠定了坚实的思想基础。

其次，制定并宣传党的纲领。《火星报》从创刊到 1903 年 10 月，发表了 300 多篇论党的工作问题的文章。"党的生活"栏目，集中介绍各地党组织的工作、学习，并围绕关于党的组织建设问题发表了 100 多篇文章来说明：应当建立什么样的党、怎样建党、党的纲领和任务是什么，等等。

《火星报》的工作中重要的一项就是制定党纲草案。围绕这个问题，编辑部内部曾发生严重的意见分歧。主要分歧发生在列宁与普列汉诺夫之间。列宁在被捕和流放期间曾起草了两份党纲草案，都分别送给了"劳动解放社"和国外的社会民主党人。《火星报》创办后的一年中，列宁把制定党纲作为编辑部的中心工作来做。列宁对普列汉诺夫起草的两个草案都不满意，认为它们有严重的改良主义倾向。列宁对草案作了原则上的修改，加入了无产阶级专政等条文。1902 年 6 月，修改的党纲草案在《火星报》上刊登。还发表了大量文章，强调党纲应当代表党的集体思想，希望每个委员会、党小组和个人都参加讨论。

通过《火星报》的宣传鼓动，列宁的建党思想深入人心，许多地方组织表示同经济派断绝关系，拥护党的纲领。这样，《火星报》又完成了制定党纲的任务。

第三，《火星报》为建党奠定组织基础。《火星报》通过代办员网把各地方组织联络起来，从组织上巩固火星派在思想上的胜利，为建立统一集中的马克思主义政党奠定了组织基础。

《火星报》的组织作用表现在两个方面：一是用无产阶级的纲领、政策去动员无产阶级和党员投入建党工作；二是通过代办员网，做实际的组织工作。

《火星报》的代办员网是列宁亲自建立的。他们是革命运动的参加者，基层党组织的骨干，负责了解各个地方的情况，征集稿件，供应地方组织文件，运送、翻印和分发报纸。《火星报》通过代办员和各地委员会联系，并通过他们同俄国劳动人民保持联系。这样，报纸就能及时地报道和评述俄国革命运动的重大事件。

代办员通过运送报纸把各个地方组织联系起来，在没有组织的地方建立新的组织。他们在极其困难的条件下工作，不但沙皇政府残酷地迫害他们，而且"经济派"还从中破坏和捣乱。《火星报》在国外出版，要秘密地运回俄国。为了避开警察的追踪和搜索，他们不得不经常改换运输路线，一期报纸往往几经周折才能到达读者手中。代办员还为《火星报》筹集出版活动经费。

艰苦繁重的工作锻炼和考验了代办员，他们当中许多人都成为职业革命家，有的甚至献出了宝贵的生命。伊凡·巴布什金是代办员中最突出的一个。他根据列宁的指示，到马克思主义者和经济派斗争最尖锐的彼得堡工作，参加火星派的地方组织。巴布什金在工作上认真负责，他把莫斯科附近几个大工业区工人写的几百篇通讯转交给《火星报》，并和其他同志一起进行了大量的组织工作，把莫斯科的大部分社会民主党人团结在《火星报》周围。他自己也给报纸写通讯和政论文章。巴布什金不畏艰险，一再被捕入狱，1906年惨遭杀害。

除巴布什金外，还有巴乌曼、加里宁、克尔日然诺夫斯基、乌里扬诺夫、乌里扬诺娃等优秀代办员。由于他们所进行的大量的实际组织工作，使一个接一个的地方组织脱离了"经济派"，转到《火星报》方面来，承认《火星报》是自己的领导机关。

正是由于编辑部和众多代办员的共同努力，《火星报》胜利完成了统一全党思想、联合各地分散的组织、筹备召开党代会的任务。1903年7月17日至8月10日俄国社会民主工党第二次代表大会先后在布鲁塞尔和伦敦召开。大会通过了《火星报》所提出的党纲，宣告了俄国社会民主工党的成立。为表彰《火星报》在建党过程中的功绩，宣布它为党中央机关报。

第二次党代表大会确定由列宁、普列汉诺夫和马尔托夫组成编辑部。马尔托夫拒绝参加。《火星报》第46至51期由列宁和普列汉诺夫编辑出版。后来，普列汉诺夫转到孟什维克方面去，竟要求被大会否决的原来的全体孟什维克参加编辑部。列宁反对这种做法，于1903年11月1日退出了编辑部。从52期起，孟什维克掌握了《火星报》的领导权。此后，党内称52期以前的《火星报》为"旧《火星报》"，把51期以后的《火星报》称为"新《火星报》"。

孟什维克在《火星报》上大力宣传机会主义观点，鼓吹党派自由，攻击列宁。新《火星报》于 1905 年停刊。

《火星报》在近 3 年的时间里，坚决反对"经济派"，不懈地宣传党的纲领和路线，把各个零散的社会民主主义小组和团体联络起来，统一了思想，培养了骨干，建立了马克思主义新型政党，在领导俄国革命工人运动中起了巨大的作用，是俄国社会民主工党形成时期马克思主义报纸的典范。它表现出坚定的党性、高度的思想性和大无畏的战斗风格。

（三）《火星报》后的布尔什维克报刊

布尔什维克为了反击孟什维克的进攻，捍卫无产阶级政党的组织原则，在列宁领导下决定创办自己的布尔什维克报刊。

1905 年 1 月 4 日，布尔什维克在日内瓦创办了《前进报》，这是布尔什维克的第一份机关报，是一份周报。《前进报》于 1905 年 5 月 18 日停刊，一共出版了 18 期。它继承了《火星报》的革命传统，并同新《火星报》做斗争。《前进报》批判了孟什维克的机会主义观点，指出无产阶级必须联合一切力量，抓住有利时机，准备发动推翻沙皇政府的武装起义。该报在捍卫和进一步制定新型政党的思想、组织和策略原则，在阐明革命提出的问题和准备第一次俄国革命方面起了重要的作用。

在《前进报》出版前，列宁提出把机关报办成俄国运动的机关报的想法。为此，他做了很多工作。他认为重要的是要有国内同志参加写作，摈弃了认为只有职业作家才能办好机关报的错误见解。他强调革命的报纸应该是俄国整个革命运动的机关报，不是国外小组的机关报。号召所有的社会民主党人，特别是工人，都给报纸写东西。1905 年 1 月 10 日，列宁在给亚·波格丹诺夫的信中，就《前进报》出版问题谈到如下六点。

第一，报纸出版期限问题。他认为必须按期出版，否则多数派的整个阵地会遭受巨大打击。第二，组织写作力量问题。要尽一切力量组织国内的写作力量，要亲自约稿、取稿和寄稿，不能等稿。第三，稿件内容问题。报纸最需要的稿件是：有关俄国生活问题的短文、同一主题的短评、各种问题的通讯、俄国地方出版物和专门出版物的摘要及引文、对俄国出版的报刊文章的评论等。第四，与编辑部联系问题。要求大学生小组和工人小组与编辑部直接联系，投稿。第五，扩大订户问题。坚决扩大订户，抓好这一工作，可以使"非法文献"在俄国传播的工作革命化。第六，文章题目的来源问题。文章题目主要不应来自报社编辑部，而应存在于事实之中。物色优秀的实干的撰稿人。①

从这些论述可以看出列宁对《前进报》的创办出版作了全面周到的考虑，其中也包含着列宁的办报思想。

布尔什维克还通过《前进报》动员各地方组织为召开第三次党代表大会而斗争。1905 年 4 月 25 日至 5 月 10 日，布尔什维克在伦敦单独召开第三次代表大会。会上制定了党在民主革命中的策略路线，选举了以列宁为首的新中央委员会，并决定创办布尔什维克新的中央机关报——《无产者报》。《前进报》正是因此停止出版的。

1905 年 5 月 27 日，《无产者报》在日内瓦创刊，同年 11 月 25 日停刊，共 26 期。列宁被任命为主编。《无产者报》继续执行列宁主办的旧《火星报》的路线，完全继承了布尔什维克的《前进报》的传统。列宁为该报写了 90 多篇文章和短评。《无产者报》对俄国工人运动和国际工人运动中的重大事件反应迅速，与孟什维克分子和其他修正主义分子进行无情的斗争；针对当时俄国革命运动中的主要问题论证和阐明了马克思主义策略，动员党和群众共同贯彻"三大"决议，为准备武装起义而斗争。

在布尔什维克的影响和推动下，1905 年下半年爆发了有 200 万人参加的全俄政治总罢工，工人代表苏维埃在各大城市和工业中心普遍建立。在这种形势下，沙皇不得不于 10 月底发表立法宣言，宣布公民可以享有言论、集会、结社等自由和人身不受侵犯的权利。这样就有了创办合法报刊的机会。

---

① 赵永福、傅显明：《列宁与新闻事业》，北京广播学院出版社，1986 年版，第 55 页。

《新生活报》是布尔什维克第一份合法日报，1905 年 11 月 2 日出版于彼得堡。1905 年 11 月初，列宁从国外回来亲自领导编辑部的工作。《新生活报》实际上是俄国社会民主工党的中央机关报。高尔基也积极参加了其中的工作，给以巨大的物质支持。报纸深受广大群众的欢迎，每日出 4～6 版，发行 8 万多份。《新生活报》多次遭到沙皇政府的迫害。1905 年 12 月 15 日第 27 号出版后，该报被查封。该报发表了许多指导性文章，配合了党准备武装起义和开展大规模宣传活动这一中心任务。列宁在《新生活报》上写了许多文章，其中论述新闻出版物党性原则的论文《党的组织和党的出版物》在该报的第 12 期上发表。

《新生活报》是俄国社会民主工党中央委员会各项决议和措施的宣传者。它同党组织和革命工人保持密切联系，在党和革命工人中享有很高的威望。

其他的布尔什维克合法报刊有：《浪潮报》①（1906 年 5 月— 6 月，共 25 期）、《前进报》（1906 年 6 月 8 日—6 月 27 日，共 17 期）、《回声报》②（1906 年 7 月 5 日—7 月 20 日，共 14 期）、《视觉报》（1907 年 2 月 7 日—2 月 17 日）、《新光线报》（1907 年 3 月 5 日—3 月 12 日，共 7 期）。这些报纸都是在彼得堡出版，常常是一份被查封，立即改名再出版，列宁直接领导了这些报纸的编辑和出版工作。

1905 年 12 月，布尔什维克在莫斯科领导工人武装起义，因寡不敌众而失败，革命进入低潮，开始了斯托雷平统治时期。斯托雷平统治时期实行白色恐怖，宪兵、特务残酷迫害革命者。在这样的形势下，布尔什维克将报刊出版转入地下。这一时期，布尔

---

① 《浪潮报》是布尔什维克的日报，在彼得堡公开出版，共 25 号。从第 9 号起由列宁编辑。该报在布尔什维克领导群众的革命斗争、提高无产阶级的觉悟和组织性方面都起了巨大的作用。沙皇政府多次迫害《浪潮报》，审讯编辑，查封报纸。

② 《回声报》是布尔什维克的合法日报，出版于彼得堡，共 14 号。列宁事实上是该报的编辑。它的每一期几乎都遭到迫害。

什维克秘密出版了三份报纸：《无产者报》[①] 《社会民主党人报》[②]
《工人报》（1910 年 11 月在巴黎出版，1912 年 8 月停刊）。在列宁
的领导下，这些报纸在革命低潮时期发挥了重要作用。其中的
《工人报》（1910 年 11 月在巴黎出版，1912 年 8 月停刊），它起到
了布尔什维克司令部的作用，并完成了筹备召开俄国社会民主工
党第六次全国代表大会的任务。此次大会宣布《工人报》为俄国
社会民主工党中央委员会正式机关报。

　　1910 年下半年，斯托雷平政府改变统治手法，放宽对报刊
出版的管制。在新形势下，社会民主工党在国内创办了《思想》
（哲学和社会经济杂志，1910 年 12 月创刊，1911 年 4 月被封，

---

　　① 《无产者报》是俄国布尔什维克的秘密报纸。该报由列宁主编，在不同时期参
加编辑部工作的有亚·亚·波格丹诺夫、约·彼·戈尔登口格、约·费·杜勃洛丈斯
基等。在斯托雷平反动时期，《无产者报》在保存和巩固布尔什维克组织方面起了卓越
的作用。根据俄国社会民主工党中央委员会 1910 年 1 月全体会议的决议，《无产者报》
停刊。

　　② 《社会民主党人报》是俄国社会民主党秘密发行的中央机关报。1908 年 2 月在
俄国创刊。总共出了 58 号，其中 5 号有附刊。根据俄国社会民主工党第五次代表大会
选出的中央委员会的决定，该报编辑部由布尔什维克、孟什维克和波兰社会民主党人
的代表组成。实际上该报的领导者是列宁。在反动年代和新的革命高涨年代（1907 年
—1914 年），该报同取消派、召回派和托洛茨基分子进行了斗争，宣传了布尔什维克的
路线，加强了党的统一和党与群众的联系。第一次世界大战期间，该报同国际机会主
义、民族主义和沙文主义展开了斗争，反对帝国主义战争，团结了各国坚持国际主义
立场的社会民主党人，宣传了布尔什维克在战争、和平和革命等问题上提出的口号，
联合并加强了党的力量。该报在俄国国内和国外传播很广，影响很大。

共 4 期)、《启蒙》和《明星报》。①

（四）群众性工人日报——《真理报》

1912 年 4 月 4 日，沙皇军队残酷镇压了西伯利亚连纳金矿的工人罢工，史称"连纳惨案"。这一事件引发了全国性的大罢工。1912 年 5 月 5 日，布尔什维克在彼得堡创办了群众性工人日报《真理报》。在布拉格党代会结束后，列宁和中央委员斯潘达梁在德国莱比锡会见《明星报》出版人波利塔耶夫，要他回国筹划出版《真理报》。不久，斯大林也参加了《真理报》的创刊号筹备工作。创刊号为对开大报，共 4 版，不登照片和插图，只有文字稿。报纸的第一位主编是斯大林。他所写的创刊词指出《真理报》的政治纲领是，在劳动群众中，散播关于工人阶级的朋友和敌人的真理，保卫工人事业的利益。参加《真理报》编辑部工作的还有雅·米·斯维尔德洛夫、尼·尼·巴图林、维·米·莫洛托夫、米·斯·奥里明斯基、康·斯·叶列梅耶夫、米·伊·加里宁、尼·伊·波德沃伊斯基、马·亚·萨韦利耶夫、尼·阿·斯克雷普尼克、马·康·穆拉诺夫等。第四届国家杜马的布尔什维克代表积极参加了《真理报》的工作。列宁在国外领导《真理报》，他筹建编辑部，确定办报方针，组织撰稿力量，设定

---

① 《启蒙》杂志是俄国布尔什维克的合法的社会政治和文学月刊，1911 年 12 月—1914 年 6 月在彼得堡出版，共出了 27 期。该杂志是根据列宁的倡议，为代替被沙皇政府封闭的布尔什维克刊物——在莫斯科出版的《思想》杂志而创办的。《启蒙》杂志作为布尔什维克机关刊物，曾同取消派、召回派、托洛茨基分子和资产阶级民族主义者进行过斗争，登过列宁的 28 篇文章。第一次世界大战前夕，《启蒙》杂志被沙皇政府封闭。1917 年秋复刊后，只出了一期合刊号。登载了列宁的《布尔什维克能保持国家政权吗?》和《论修改党纲》两篇著作。

《明星报》是俄国布尔什维克的合法报纸，1910 年 12 月 29 日—1912 年 5 月 5 日在彼得堡出版。初为周刊，1912 年 3 月 21 日起每周出版三次，共 69 号。1911 年 6 月 24 日停刊，10 月复刊，编辑部进行改组，已经没有孟什维克护党派参加，成为纯粹的布尔什维克报纸。在列宁的领导下，《明星报》成了战斗的马克思主义的报纸。密切联系工人。1912 年，由于工人运动的高涨，它的作用大大增强。1912 年 5 月 5 日因创办《真理报》而停刊。

与改动副刊和专栏，并经常给编辑部以工作指示。此外，他还为报纸撰稿，1912年—1914年，《真理报》刊登了300多篇列宁的文章。在列宁的领导下，《真理报》改正了开创初期工作中的错误，成了布尔什维克全俄性的政治讲坛，成为真正的工人报纸。

《真理报》大量刊登工人通讯，介绍工人生活情况及所受的剥削和压迫等。它的出版全是靠工人们的捐款。捐款者既有彼得堡和其他城市的产业工人，也有其他行业的劳动者。工人们把《真理报》当作自己的报纸，提供稿件，组织订阅，扩大发行。《真理报》平均每期出4万份，个别日子出10万份~13万份，每份报纸不是一个人阅读，而是十几个人在一起讨论。可见，它深受广大群众的欢迎。

《真理报》经常受到沙皇政府的迫害。1912年—1914年出版的总共645号报纸中，就有190号受到种种阻挠和压制。报纸被封8次，每次都变换名称继续出版。1913年先后改称《工人真理报》《北方真理报》《劳动真理报》《拥护真理报》；1914年相继改称《无产阶级真理报》《真理之路报》《工人日报》《劳动的真理报》。1914年7月8日，即在第一次世界大战前夕，沙皇政府下令禁止《真理报》出版（二月革命推翻沙皇政府后复刊）。

《真理报》虽然只存在了两年多的时间，但是它在革命高涨的年代为布尔什维克奠定了坚实的群众基础，造就了新一代的工人革命者——真理报派。随着《真理报》成长起来了一代革命的无产阶级，正是这一代人后来进行了十月社会主义革命。"《真理报》无疑是俄国无产阶级未来光荣胜利的先驱者。"[1]

（五）二月革命后的报刊

1917年，莫斯科和巴库的政治罢工转变成反对沙皇制度的

---

[1] 斯大林：《纪念〈真理报〉创刊十周年》，收入《斯大林论报刊》，北京：新华出版社，1985年版，第178页。

政治示威游行，2月27日，起义群众逮捕了沙皇政府的大臣和将军，取得了二月革命的胜利。此次革命后出现了"两个政权并存的局面"——资产阶级临时政府的中央政权和各地苏维埃的地方政权并存。在这样的局势下，专制主义的报刊限禁已不复存在，俄国新闻事业进入了一个繁荣时期。1917年4月27日，临时政府通过了《新闻出版法》。该法规定，各种政治派别的出版物都可以自由出版、发行和在市场上出售。这样，地区刊物明显增多，士兵报刊网逐渐形成，用民族语言出版的刊物也出现了。

1. 资产阶级、小资产阶级报刊

临时政府成立后，就出版了自己的机关报——《临时政府公报》①。临时政府是由资产阶级和资产阶级化的地主代表组合而成的，是反革命的，不可能使人民获得和平、土地、面包和一切自由权利。这样性质的政府的机关报自然同样不会涉及与国家和人民利益密切相关的问题。《公报》一味宣传二月革命的"光荣胜利"，欺骗人民。《公报》还把矛头直接指向列宁领导的布尔什维克党。

1917年4月21日，临时政府创办了另一份新机关报——《人民报》。在这期间，资产阶级报刊不断出现。从1917年5月起，立宪民主党人开始出版自己的杂志《人民自由党报》，继续出版《白昼》《言论》《交易所新闻》② 以及苏瓦林的《新时报》。

---

① 《临时政府公报》前身是《政府通报》（1869年1月—1917年3月，出版于彼得堡）。《政府通报》登载政府命令和公告、大臣会议和国务会议开会的综合报道，国内外消息，各种文章和书评等。《政府通报》的前身是沙皇政府内务部的机关报《北方邮报》（1862年1月—1868年底，日报）。

② 《交易所新闻》是俄国资产阶级温和自由派报纸，1880年在彼得堡出版。1885年起改为日刊。1905年成为立宪民主党人的报纸，曾改用《人民自由报》和《自由人民报》的名称。1906年起，它表面上是无党派的报纸，实际上继续代表资产阶级利益。1917年二月革命后，恶毒攻击布尔什维克党和列宁。1917年10月底因进行反苏维埃宣传被查封。

1917年8月，苏瓦林又创办了《莫尔瓦报》，明确表明他对临时政府的忠诚。

孟什维克和社会革命党人等小资产阶级党派在二月革命后也出版了自己的报刊。1917年3月7日，孟什维克在彼得格勒出版了机关报《工人报》，4月在莫斯科出版《前进报》，三四月间，孟什维克在基辅、第比利斯、巴库等城市出版了自己的报纸。社会革命党人在莫斯科出版了《土地与意志报》，在基辅出版了《人民意志报》，在沃洛格达出版了《北方自由之声报》等。社会革命党人报刊中最引人注目的是政治文学日报《人民事业报》，其领导人在上面发表了不少文章。

另外有《消息报》。它是由各级苏维埃创办的机关报，名称各有不同，有《工人士兵和农民代表消息报》《彼得格勒工兵代表苏维埃消息报》等。不同地区《消息报》编辑部的领导权被不同利益集团掌握，有的被孟什维克把持，有的编辑部中孟什维克党人和布尔什维克党人共存。1917年8月，《消息报》变成了中央执行委员会的机关报，并转到布尔什维克手中。

这时期的小资产阶级不断向资产阶级靠拢，其报刊也竭力主张与临时政府合作，反对布尔什维克提出的建立无产阶级专政主张，甚至把矛头指向布尔什维克党和列宁。

2. 布尔什维克报刊

二月革命胜利后，布尔什维克党走出地下，公开领导俄国的革命。

1917年3月18日，《真理报》复刊，成为俄国社会民主工党中央委员会和彼得堡委员会的机关报。由莫洛托夫、叶列麦耶夫和加里宁三人组成的编委会领导。列宁于4月16日回到俄国，18日加入了编辑部，直接领导报纸工作。

二月革命后，政权被资产阶级窃取。因此布尔什维克党面临的任务是：领导俄国人民推翻资产阶级临时政府，把革命推进到社会主义阶段。《真理报》为此发挥了重要的作用。

（1）揭露临时政府的本质，号召将革命进行到底。在《真理报》恢复的同时，布尔什维克党中央还通过了《策略任务》的决议，为党的机关报制定了行动纲领。《策略任务》中要求，《真理报》要揭露临时政府的反动本性。报纸指出，二月革命只是取得的初步的胜利，政权掌握在资产阶级临时政府手中，人民仍然得不到和平、土地和面包。要把革命继续推向前，把政权交给苏维埃。还号召工人阶级组织起来，成立近卫军。《真理报》也批评了孟什维克和社会革命党人的投降妥协主义。

（2）宣传"四月提纲"，统一全党思想。1917 年 4 月，列宁在布尔什维克党的会议上做了报告——《论无产阶级在这次革命中的任务》，这就是著名的"四月提纲"。指出布尔什维克党的新任务是把资产阶级民主革命转变为社会主义革命。在《真理报》的第 26 期刊登了"四月提纲"，并引起了强烈的反响。资产阶级攻击其内容，党内的一部分人也不能理解。针对这种情况，《真理报》做了大量宣传解释工作，发表了许多相关的文章，从而在很大程度上统一了全党思想，促进了革命运动的发展。

（3）宣传四月代表会议精神，促进苏维埃改组。1917 年 4 月 24 日（俄历），布尔什维克党第七次代表大会（四月代表会议）召开。列宁在会议报告中进一步阐述了"四月提纲"的原则。提出"全部政权归苏维埃"的口号。《真理报》对四月会议的工作及内容做了广泛详细的报道，向工农兵群众做了大量的宣传、教育和组织工作。《真理报》5 月倡导并发起"改选苏维埃代表"的群众活动，目的是使苏维埃真正成为布尔什维克党的坚固阵地。另外，在加强工人阶级的组织纪律性，争取农民和加强对军队的政治工作，掌握军队领导权方面，《真理报》都进行了大量的宣传教育工作。

（4）宣传武装起义的方针。1917 年 7 月，彼得格勒 50 万工人和士兵举行示威游行，抗议临时政府推行的帝国主义战争策略。400 多人在游行中被打死，《真理报》编辑部也被捣毁。"七月事变"后，俄国政治形势发生了根本性的变化，两个政权无法继续并存。布尔什维克党秘密召开了第六次党代表大会，全力准备发动武装起义。

1917 年"七月事变"中，《真理报》编辑部于 7 月 18 日被士官生捣毁。7~10 月，该报不断受到资产阶级临时政府的迫害，先后改称《〈真理报〉小报》《无产者报》《工人日报》《工人之路报》。

《工人之路报》是公开发行的，所以不能公开进行武装起义的动员工作。它首先从理论上宣传马克思主义关于武装起义的思想；其次宣传"全部政权归苏维埃"的口号，从思想上为武装起义做好了准备。

1917 年 10 月 10 日（俄历），布尔什维克党中央通过了关于武装起义的决定。但党内的反对派加米涅夫、季诺维也夫在孟什维克的报纸上发表声明，指责武装起义是冒险行为，从而泄露了计划。因此，党中央决定提前起义。10 月 24 日，政府派部队查封《工人之路报》，为了保卫自己的宣传阵地，布尔什维克派赤卫队和革命士兵保护报社。这样，报纸得以顺利出版。10 月 25 日晨，《工人之路报》在第一版用大字通栏标题写道"全部政权归苏维埃""我们需要和平、面包、土地！"当天，发动了武装起义。25 日深夜，临时政府的最后堡垒——冬宫被攻克。接着，第二次全俄苏维埃代表大会胜利闭幕，产生了世界上第一个无产阶级国家政权。次日，《工人之路报》刊登了列宁的《告工人、士兵、农民书》，革命取得完全的胜利。

1917 年 10 月 27 日（俄历），《工人之路报》恢复原名出版。1918 年 3 月 16 日起，《真理报》改在莫斯科出版。《真理报》成为世界上第一份执政的无产阶级政党的中央机关报。

《真理报》在十月社会主义革命时期的特点是：宣传目的明确；阶段重点突出；紧跟党的方针政策，报道集中连续，使党的声音深入民众之中。充分发挥了无产阶级政治报刊指导性作用。

第二节　苏联时期的报刊事业

十月革命的胜利，是震撼世界的历史事件。在俄国建立了世界上第一个无产阶级专政。与此同时，俄国的新闻事业也进入了一个新的历史时期。这一时期内，资本主义报刊被取缔，社会主义的新闻体系建立起来。

一、取缔反革命报刊

十月革命后，孟什维克和社会革命党人仍在出版自己的报刊，共有 89 种之多。这些报刊对革命的胜利心怀仇恨，一些报刊还发表言论反对苏维埃政权。鉴于此，列宁领导的布尔什维克党立即采取了强有力的措施。

苏维埃政权建立不久，列宁签发了一系列关于新闻出版的法令，剥夺资产阶级的出版自由。法令有：《关于出版问题的法令》（1917 年 11 月 10 日，《真理报》刊登）、《关于成立报刊革命法庭的法令》（1918 年 2 月 22 日，《工农政府报》发布）、《关于查封破坏国防的孟什维克报纸的决定案》（1919 年 2 月 22 日）。"报刊法令"规定以下机关报刊予以封闭：（1）煽动公开反抗苏维埃政权或不服从苏维埃政权者；（2）公然诽谤、歪曲事实以扰乱治安者；（3）煽动犯罪行为，应受刑事处分者。

在这三个法令下被查封的报刊有：《新时报》《言论》《俄罗斯意志》《交易所新闻》《新俄罗斯》《白昼》《我们的心声》《晨报》《我们的统一报》《工人报》《人民意志报》等。到 1919 年底，除布尔什维克的报刊外，其他政治派别的报刊全部停刊或被查封。

二、建立无产阶级报业体系

苏维埃政权在取缔反动报刊的同时，也积极为社会主义报刊的创建创造条件。1917 年 12 月 8 日《临时政府报》第 6 号上发表了《关于国家统一管理广告业务的法令》，对广告实行国家垄断；下达关于征用资产阶级的印刷厂和纸库的命令以及拨款给印刷厂。这些措施为苏维埃报业的发展提供良好的条件。

1917年11月9日，《真理报》作为俄共中央机关报在彼得格勒恢复出版。同年12月12日，俄共中央委员会召开会议，专门研讨如何办好《真理报》。最后决定，布哈林任主编，编委会由布哈林、斯大林和索科里尼科组成。《真理报》编辑部于1918年3月随苏维埃政府迁往莫斯科。

布哈林主持《真理报》以后，按照党中央的指示做了许多有益的工作，但是未能尽快使报纸工作得到显著的改进。初期，他爱在报上刊登冗长乏味的文章，常常整版刊登法令和决议的全文，而不用浅显的文字去说明。针对于此，列宁写了《论我们报纸的性质》，刊登在1918年9月20日的《真理报》上。要求"少谈些政治，多谈些经济"；希望多"注意工厂、农村和部队内部的日常生活"；号召多贴近生活，重视实际经验和生活中的典型。列宁的论述对于加强和改进《真理报》的工作，起到了积极的作用。布哈林也逐渐接受了列宁的建议，报纸面貌随之有了改进。

列宁提出报刊要把经济报道放在首位，还补充到要注意政治方向。《真理报》在努力报道经济的同时也发表一系列文章，对无产阶级文化派的观点进行了批判，消除了经济建设中的障碍。此后，《真理报》的经济报道显著增加，"经济""工人生活""帮助饥饿者""祖国各地""劳动人民的信"等栏目相当活跃，与人民的生活紧密联系在一起，威望越来越高。

对《消息报》的改造。《消息报》的前身是1917年3月在彼得格勒创办的《彼得格勒工兵代表苏维埃消息报》。1917年8月，《消息报》从孟什维克和社会革命党人手中转到布尔什维克手中，成为中央执行委员会的机关报，紧接着10月改名为《工兵代表苏维埃中央执行委员会消息报》。1917年11月9日，全俄苏维埃第二次代表大会召开后，它成为苏维埃政权的正式机关报。1918 年 3 月，其编辑部迁往莫斯科，改称《全俄工农兵哥萨克代表苏维埃中央执行委员会消息报》。1923 年 7 月 14 日，《消息报》成为苏联执行委员会和全俄执行委员会的机关报。

十月革命后，列宁对《消息报》尤为关注，经常为其写稿。他指出报纸应该有自己的面貌。于是，要求《消息报》着重做好以下几点：（1）系统刊登苏维埃和政府的法令。（2）把生产宣传放在首位。（3）严格监督政权机关的工作人员。① 这样，《消息报》在众多报纸中有独特的作用和地位。

创办《贫农报》。1918 年 3 月 27 日，俄共中央创办《贫农报》，该报是农民的日报，在莫斯科出版。此时是苏维埃俄国粮食恐慌最严峻的关头，富农握有余粮，反革命分子发动叛乱。为了维护新政权，争取广大农民群众的支持，在《士兵真理报》《农村贫农报》和《农村真理报》的基础上创办了该报。1931 年 2 月 1 日，《贫农报》与《社会主义农业报》合并。

《贫农报》在宣传党在各个时期对农村提出的主要任务方面总是走在前头，因此在读者中的影响越来越大。1924 年，农村订户达 6 万。它为巩固工农联盟，为把农村里的贫农和中农群众组织和团结在共产党和苏维埃政权的周围积极地进行工作；《贫农报》还对劳动农民阶层进行政治教育和提高他们的文化水平，从他们当中提拔社会活动家和培养农村记者，为实现农业合作化做了大量的工作。

1918 年 11 月 6 日，创办了《经济生活报》。它是苏维埃政权创办的第一份经济报纸，最初是苏维埃俄国最高国民经济委员会的机关报。1920 年 9 月 1 日，改为最高国民经济委员会、粮食人民委员部、财政人民委员部、交通人民委员部、农民人民委员部、外贸人民委员部和中央统计局的联合机关报。国内战争结束后，1921 年 6 月 30 日，《经济生活报》又改为劳动国防委员

---

① 赵永福、傅显明：《列宁与新闻事业》，北京广播学院出版，1986 年版，第 157 页。

会的机关报。列宁亲自领导,该报坚持党性原则,坚决执行党中央的路线、方针、政策;积极运用表扬和批评这对武器,提高编辑部的人员的经济理论修养,出色地完成了经济宣传任务。该报一直出版到1937年11月,后来改名为《财政报》,作为苏联财政人民委员部、国家银行和苏联其他财政部门以及银行工作者联合会中央委员会的机关报出版。

1918年11月9日,《民族生活报》在莫斯科创办,编委会由斯大林、别林特科夫斯基和阿瓦涅索夫组成,该报是民族事务人民委员部的机关报。它的任务是宣传无产阶级国际主义,促进各民族的友谊和革命合作。这样的报纸在当时世界报刊史上还没有见过。后来,《民族生活报》的职能逐渐被地方民族报纸取代,1924年1月停刊。该报在宣传民族政策方面的经验是:(1)吃透政策精神,全面准确宣传;(2)善于捕捉时机,抓住实质问题;(3)适应对象特点,力求通俗具体;(4)运用社外力量,依靠党和群众办报。[①]该报被誉为列宁民族政策的忠实宣传员。

另外,从1921年到1925年,苏联又创办了一批新的报刊。其中,有《工人报》《农民报》《红星报》《共青团真理报》等报纸;杂志有《星火》《红色的田野》《科学与技术》《鳄鱼》《农妇》《草鞋》《新世界》等。

这样,一个以中央报刊为主,以地方报刊为补充的报业网初步建成了。据记载,到1925年,苏联出版报纸共589种,其中农民报纸141种,少数民族报纸153种。这些报刊在保卫新政权、打击反动势力、进行社会主义经济建设方面,发挥了重要的作用。

1923年4月,俄共十二大通过《关于宣传、报刊和鼓动问题》的决议,指出:"应当为每一个重要的读者层创办一种特别类型的报纸。"随后,20年代中后期,苏联创办了一批为不同类

---

① 赵永福、傅显明:《列宁与新闻事业》,北京广播学院出版社,1986年版,第205页。

型读者服务的专业报。"十二大"是苏联报业发展史上的一个里程碑。

三、第二次世界大战中的苏联报业

1941 年 6 月 22 日，德国对苏联发动战争。苏联全面转入战时状态，报刊的结构也做了调整。报刊从为社会主义建设服务转到保卫祖国的事业上来。在整个战争期间，苏联报刊的主要任务是动员和团结全国人民打击敌人，保家卫国。"一切为了前线，一切为了胜利。"

苏联报刊转入战时体制的明显变化是：民用报刊减少；许多行业专业报纸停办；研究性的刊物和科学理论、政治、文艺杂志也减少篇幅和出版数量。《真理报》和《消息报》也缩小为 4 版；军事报刊增加；还有，1941 年 6 月 24 日成立了苏联情报局，从 6 月 25 日起，所有报刊都刊登情报局的通报。情报局最初从塔斯社、中央报纸编辑部和红军总政治部获得新闻，后来依靠自己的特派通讯员。

为了集中搞好军事宣传，联共（布）中央决定把新闻工作的重心放在发展军事报刊上。除了原有的《红星报》和《红海军》两种中央级军事刊物外，又创办了《斯大林之鹰》（1941 年 9 月）、《红色的鹰》（1942 年 10 月）、《前线画报》和《伟大卫国战争》等等。此外，在前线还出版了前线报。这是一种新型的军事报纸，由前线指挥部和政治部出版，包括兵团报、军团报、师报和旅报。不仅报道前线的新闻，而且还报道全国和国际的局势。读者是各级指挥员和士兵。到卫国战争结束时，全国共出版了 827 种军事报刊，发行量超过 300 万份。

这时期，军事记者的队伍迅速扩大。许多党报记者在战争开始后转到军报工作。苏联作家协会派 1 000 多名会员以军事记者的身份上前线。他们勇敢、认真地履行职责，不惜生命，写出了许多广为流传的军事报道。

1941 年 7 月，著名作家肖洛霍夫作为一名军事记者奔赴前线，为《真理报》《红星报》和其他报刊写下许多优秀的文章——《在顿河》《在南方》《卑鄙行为》《战俘》等。他在《真理报》上发表的《他们为祖国而战》长篇小说节选深受前线战士的欢迎。

文学大师法捷耶夫在战争期间多次到前线采访。1941 年 7 月 11 日，《真理报》发表了他的第一篇特写《游击战争的英雄》，此特写成了他的《青年近卫军》的原始素材。

总之，在伟大的卫国战争时期，苏联报业经历了残酷的战争洗礼，鼓舞人民的抗敌斗志；报道重要战事；号召后方支援前线和揭露法西斯的侵略本质，做出了不可磨灭的贡献。

作为旗手的《真理报》在这次战争面前一如既往地站在最前沿。苏联最高苏维埃主席团主席加里宁称赞《真理报》是卫国战争年代一份最先进的前线报刊。

《真理报》在战争初期，毫不隐瞒祖国面临的巨大危险，为了使祖国免遭法西斯的蹂躏，它为苏联人民做出了唯一的选择是"只有活下去，只有胜利""为祖国战斗到流尽最后一滴血"。战时，《真理报》打破了严格的版面布局，经常在不固定的位置刊登领导人的战斗动员令，为了最大限度地集中人民群众力量。1941 年 11 月 8 日，报纸刊登了斯大林在阅兵式上发表的演说词，以及国家领导人检阅红军的巨幅照片，鼓舞了前线的士气。《真理报》的宣传和号召，为莫斯科保卫者注入了巨大的力量。

《真理报》是卫国战争历史的忠实记录者，记载了红军从莫斯科走向柏林的光辉历程。它对重大的战役都做了详细的报道和战争形势分析，同时也介绍了许多为国捐躯的英雄的事迹。

《真理报》号召后方民众，调动全部的人力物力支援前线。提醒农民保卫劳动成果；呼吁工人提高工作效率，要求工人学会珍惜时间，在每一分、每一秒里生产出更多的大炮和炮弹，粮食和衣物；报道苏联人民支援前线的事迹——义务劳动，捐钱捐物；报道工人的劳动竞赛。在《真理报》的宣传和倡导下，苏联后方的爱国主义运动此起彼伏，有力地推动了战时经济的发展，给苏联军队很大的支持。

《真理报》还深刻揭露了法西斯的侵略本质，愤怒声讨了法西斯在苏联土地上犯下的罪行。同时揭露了德国法西斯的欺骗宣传，有效阻止了谣言的扩散，稳定了人民的情绪，赢得了战争的胜利。

总之，在这时期，《真理报》是全党全国的舆论中心，是思想上反法西斯的前沿阵地。它在团结人民，教育人民，打击敌人方面的作用是不可低估的。《真理报》成了其他报刊所学习的榜样。它被授予列宁勋章。

四、战后苏联报业的发展和变化

第二次世界大战给苏联带来了极大的损失和破坏。卫国战争胜利后，开始了经济建设的新时期，同时，也拉开了"冷战"的序幕。1946 年起开始实行第四个五年计划，恢复和发展工农业。在这一阶段，报刊也开始了新的发展，显示了它的宣传、鼓动作用。大力宣传国民经济五年计划的法令，阐明党的各项政策和措施的实质，鼓动人民完成和超额完成五年计划的任务。

《真理报》在这方面为苏联其他报刊做出了榜样。《真理报》支持工人开展全国性的社会主义建设的竞赛，指出顺利完成竞赛任务的道路，鼓励每个企业挖掘自己的潜力，发挥自己的力量。《真理报》开辟专栏"报纸巡礼"，采用专题评述、一般评述和个别评述等形式支持地方报纸在发展社会主义竞赛新形式方面的首创精神，对地方报纸的报道内容给以指导和评价。苏联报刊在《真理报》的带领下为人民完成经济和文化建设提供了巨大的精神支持，还加强了爱国主义和民族友好思想的宣传。

战后，各报建立了编辑委员会，为了从组织上巩固报纸编辑部和提高报纸的质量。1946 年根据党中央关于《锤报》《伏尔加公社报》和《库尔斯克真理报》三个州报的工作决议，这些报纸编辑部成立编辑委员会。1948 年，党中央通过决议，要求各个加盟共和国共产党中央、党的边疆区委员会和州委会，在所属的各报编辑部中选5~7名领导工作人员成立编辑委员会。以总编辑为首的"委员会"根据加盟共和国共产党中央、党的边疆区委员会和州委会的指示，对报纸进行经常的思想政治领导和组织领导，指导编辑机关、出版处和印刷所的工作。"委员会"每周召开一两次生产会议，讨论已经出版的报纸。编辑委员会的建立促进了报纸工作的改进，但也显现出明显的弊端，作为报纸，本身的一些职能无法体现。

经过战后的发展，苏联报刊从种类到发行量有了很大增加，制作技术和发行业务方面也有不小的进步，但报刊结构体系没有发生多大的变化。

苏联是当时世界上主要的报业国家之一。全国有53个地区性报刊发行中心，每年通过邮局订阅的报刊达34 000多万份。最主要的中央报纸仍然是苏共中央机关报《真理报》和苏联最高苏维埃机关报《消息报》。《真理报》1975年日发行量1 060万份，在国内有42个城市印刷，世界上有120多个国家订阅该报。它还出版新闻业务杂志《工农记者》。另一大报《消息报》，1971年日发行量约850万份。该报在30多个国家派有常驻记者，每周六出刊。自1959年起，星期日出版带有插图的增刊《一周》。《劳动报》1921年2月19日在莫斯科创办，苏联工会中央理事会机关报，每周六刊，日销830万份。《共青团真理报》1925年5月24日创办，每周六刊，是苏联共青团中央机关报，日销900万份。苏联报纸和杂志的出版情况见表8-1。

表 8-1　苏联报纸和杂志的出版情况

年份	报纸		杂志	
	种类	每次发行份数（万份）	种类	全年发行总册数（亿册）
1940	8 806	3 800	1 822	2.45
1950	7 831	3 600	1 408	1.81
1955	7 246	4 900	2 026	3.61
1960	9 544	6 900	3 761	7.79
1965	7 687	10 300	3 846	15.48
1970	8 694	14 100	5 968	26.22
1975	7 985	16 800	4 725	30.43
1980	8 088	17 600	5 236	32.62

资料来源：陆南泉、张础、陈义初等编：《苏联国民经济发展七十年》，机械工业出版社，第 625 页。

（一）斯大林时期

斯大林时代，一方面苏联国家实力不断增强，另一方面又带有灾难性。在党的报刊领导上，斯大林将列宁的具体历史条件下的报刊思想发展到极端，成为教条，并以此奠定了苏联新闻事业体制的基础和整体风貌。

斯大林认为，"报刊的鼓动作用虽然有极大的意义，但是它的组织作用在目前是我们建设工作中最迫切需要的因素"[①]。他多次强调报刊的组织作用，过分夸大这一点，在此基础上逐渐形成了斯大林的新闻理论，现实表现是直接用新闻工具号令全国。

关于新闻自由问题，斯大林也做了权威的阐述。列宁对新闻传播自由问题有着清醒的认识。他认为在革命危险的环境中，奢谈新闻自由是对革命的犯罪，但不是完全否定。列宁签署的报刊法令指出："一旦新闻制度确立起来，对报刊的各种行政干预就必须停止，而将依照最开明、最进步的法律，并在对法庭负责的

---

① 斯大林：《报刊是集体的组织者》，收入《斯大林论报刊》，第 197 页。

范围内，对出版实行充分的自由。"① 因此，苏联报刊在 20 年代相当活跃，有私人出版社和一些遵纪守法的资产阶级报刊存在。斯大林只强调"党的利益高于形式上的民主"，片面宣扬和发展列宁的新闻自由思想。随着他个人专制主义统治的加强，以及战后个人威望继续提高，报刊成了他对付异己力量的工具。从 20 世纪 20 年代后期开始，在他的领导下，开展了一个又一个意识形态领域的批判，波及整个文化界、知识界，后来又发展为肃反扩大化。在此间报刊起到了推波助澜的作用。1946 年 8 月 14 日，联共（布）中央通过《关于〈星〉和〈列宁格勒〉两杂志》的决议。谴责它们刊登反对苏维埃的异己作品，并责令停办《列宁格勒》，撤换《星》杂志主编，改组编辑部。还有，把学术问题和政治斗争牵连在一起的现象进一步强化。经过一系列的批判运动后，苏联报刊变得信息来源单一、言论高度集中、实行新闻检查、建立编辑委员会。这样只剩下了一个声音，报纸死板僵化。

这一时期，苏联报刊在发展国民经济建设上做出了巨大贡献，但在政治生活中却充当了不光彩的角色。

（二）赫鲁晓夫时期

1953 年 3 月 5 日，斯大林逝世，赫鲁晓夫担任苏共中央第一书记。他极力反对对斯大林的个人崇拜，借此对苏联的内外政策进行了改革。他把报刊作为推进改革的重要工具。有限度地开放新闻自由。苏联意识形态领域的僵局被打破，一些禁区问题，报纸可以讨论。同时，在知识界，出现了一批向往西方社会的所谓"自由派"记者和作家。他们借揭露斯大林之机，攻击苏共和社会主义制度，引起领导层的不安。1961 年，苏共"二十二大"通过党的新纲领，提出要同资产阶级意识形态做斗争。

这一时期北约和华约两大集团继续全面对抗。赫鲁晓夫在 1956 年苏共"二十大"上提出了社会主义和资本主义国家间

---

① 李磊：《外国新闻史教程》，中国广播电视出版社，2001 年版，第 457 页。

"和平共处、和平竞赛、和平过渡"的"三和"论点，而对小国和其他社会主义国家，又表现出霸权主义和大国沙文主义倾向，这些都在报刊上明显地反映出来。

赫鲁晓夫在执政后期，集党政大权于一身，个人决定党和国家大事，政策多变，主观性大，造成一系列混乱现象。

（三）勃列日涅夫时期

1964 年 10 月，勃列日涅夫上台。他首先对赫鲁晓夫时期的各项政策做了修正和调整，提出"新经济政策"的设想。经过几年的努力，国力大为增强，缩小了同美国的差距。但 70 年代以后，"新经济政策"逐渐失去作用，经济滑坡，政治和社会生活各方面停滞僵化，因循守旧、安于现状的风气笼罩了全党。

在第二十五次代表大会上，勃列日涅夫说，党组织领导报刊，应使其言论的效能得到提高。他还说："有人喜欢接受赞扬，不善于倾听批评，并从中做出正确的结论。因此，党组织不得不纠正那些企图对实事求是的批评置之不理，对报刊提出的重要问题和报刊发表的劳动人民来信不予理会的人。"① 这一时期的苏联报刊在数量上有增多（参看前面表格），但作风上又走回到 40年代末 50 年代初的老路：掩盖问题、粉饰太平、阿谀奉承，报纸远远脱离了人民。勃列日涅夫的建议在现实中没有得到体现。在对外政策上，这一时期苏联奉行"勃列日涅夫主义"，打着社会主义、国际主义旗号，出兵捷克斯洛伐克和阿富汗，干涉他国内政。苏联的报刊在这些问题上一方面掩盖真相，封锁消息，不让苏联人民了解世界舆论对苏联侵略扩张行径的反对和谴责；一方面为苏联领导人的错误路线张目，鼓吹"有限主权论""国际专政论"和"社会主义大家庭论"等，给苏联的国内外形象造成了极坏的影响。

1982 年 11 月，勃列日涅夫逝世，安德罗波夫（1983—

---

① 〔苏〕E·普罗霍罗夫等：《新文学概论》，赵永福、郑保卫、许恒生译，新华出版社，第 232 页。

1984）和契尔年科（1984—1985）先后上台。在这期间虽有改革，但只是初步的，不可能触动传统体制的根本问题。他们的执政时间都很短，他们当政时，苏联报业没有发生大的变化，一如往昔。这一时期，苏联新闻界的状况是，新闻媒体完全成了国家的宣传工具，失去了娱乐和告知功能；媒体对各级政府的权力监督作用日益"软化"，而成为国家官僚阶层的利益工具，远离人民大众。整个新闻事业停滞不前。

第三节　苏联广播电视与通讯社事业

一、广播的创立与发展

苏联广播事业的开始和发展是与世界同步的。十月社会主义革命胜利不久，列宁预见到无线电技术的广阔前途，责成邮电人民委员部成立无线电工程委员会，筹建有关建设和使用常设电台网的工作。

无线电广播发展的技术是基于无线电通讯的发明。俄国物理学家波波夫（1859—1905）从1891年从事无线电通讯的研究，1895年5月7日，他在彼得堡物理化学协会物理学部年会上展示了研究成果，无线电接收装置——雷电指示器。1900年又研制了发射和接收范围可达148公里的无线电收发报机。这些成果为无线电广播事业的发展奠定了技术和物质基础。

1918年，人民委员会建立了制定发展无线电广播事业计划的委员会，同年8月在下新城（后称高尔基城）成立了无线电实验室。1918年12月，该实验室制成了一台功率20瓦的无线电广播发射机。在距离300公里的辛尔比斯克，可以直接收听，在相距400公里的莫斯科，使用放大的接收机可以收听。1919年12月，无线电实验室技术领导人米·亚·邦契布鲁耶维奇研制出第一台无线电话发射机。1920年1月，通过无线电话成功地进行了从下新城到莫斯科的远距离语音广播实验。列宁闻之写信说："关于你在无线电广播方面所做的重大发明成功，我借此机会向你表示深切的感谢和赞同，您所创造的不用纸张，没有距离的报纸，将是一件伟大的事业。"1920 年 3 月 17 日，列宁通过劳动国防委员会做出决议："1. 委托邮电人民委员部下新城实验所于最短时间——不超过两个月，建成一座作用半径达 2 120 公里的中央无线电话台。2. 建立地点确定在莫斯科。"

1920 年秋，在莫斯科建立了第一座无线电话发射台——"火登卡"电台。该台将苏联政府的法令文告，外交照会及政治新闻发射到国外。当时，在柏林都可以清晰地收听到。1922 年 5 月 27 日，莫斯科中央无线电话台建成并试播。发射功率为 12 千瓦，是当时世界上功率最大的广播电台。9 月 17 日，该广播台第一次成功举行了大型音乐会。这一天是苏联广播事业的诞生日，苏联广播事业从此走向了发展的路程。1920 年 11 月 7 日莫斯科中央无线电台被命名为"共产国际广播电台"。

接下来几年，广播电台在许多城市如雨后春笋一般的建立起来。1924 年，全国有广播电台 10 座；1926 年有 48 座；1928 年有 65 座，广播覆盖面积达 294 万平方公里。收音机的数量 1925 年 10 月为 25 000 架，1928 年 10 月增长到 33 万架。

广播电台不断建立，国家政府也同步加强对广播事业的组织管理工作。1924 年 10 月，无线电广播股份公司成立，它负责建立无线电台，装置无线电设备和组织广播宣传。1928 年 7 月，成立全苏广播委员会（属邮电人民委员部），代替无线电广播股份公司。为了充分发挥广播委员会的管理效能，1933 年 1 月将全苏广播委员会改为苏联人民委员会直属的全国广播委员会。11 月政府颁布条例来规定"全国广播委员会"的职权，包括对全国广播事业的设计、指导和监督。各加盟共和国接连建立地方广播委员会。全苏广播网在全国广播委员会的领导下逐步组建。

苏联政府对广播事业非常重视，要求大力发展广播业，建台、扩网，增大发射功率，在物质方面给予极大支持。1940 年底，全国广播电台 100 多座，收音机 100 多万架，有限广播站

1 100多座。

从 20 世纪 20 年代起，苏联广播的内容主要有新闻、国务活动家的演讲、名作家参加制作的文艺节目、文学作品、古典文学评述以及音乐等。30 年代，又出现了新的广播形式和体裁，增加了广播汇报、全苏广播会议、实况广播等，同时也扩大了文艺广播的主题形式和体裁，还形成了体育广播报道体裁。1932 年，苏联广播电台开始经常广播"最新消息"，1936 年，广播委员会广播第五套节目，组织各共和国电台间的节目交换。

1941 年 6 月，苏联卫国战争爆发。广播业同样转入战时状态，在战争期间发挥着自己的独特威力。苏联许多党政领导人通过广播发表讲话和号令，及时发布来自前线的战报和后方的群众来信。据统计，全苏电台一共播出 2 000 多份战报，2 300 多条最新消息，8 000 多封信件以及 7 000 多篇战地通讯。这期间，苏联的对外广播对象有四类：对敌国广播、对盟国广播、对纳粹占领国家广播、对中立国广播。苏联的广播给全国军民带来极大的鼓舞和精神力量。

第二次世界大战给苏联带来的破坏也波及了广播业，战后，广播业开始迅速恢复和发展。1945 年，政府决定把 50 年前波波夫发明无线电的日子 5 月 7 日定为无线电节，可见国家对广播非常重视。1946 年，全国的广播设施和居民收音机数量已经超过战前水平。20 世纪 50 年代中期，广播电台发展到 130 座，收音机 740 万架。60 年代中期，电台 407 座（已有调频台），收音机 1 350 万架，广播喇叭 3 050 万个。70 年代，收音机 5 000 万架，广播喇叭 7 000 万个。到 80 年代末期，全苏有地方电台 176 座，转播台 6 270 座，同全苏广播电台一起组成庞大的，用 77 种民族语言的国内外广播。

全苏中央广播电台下设有 9 个编辑机构：（1）节目总编辑部；（2）宣传总编辑部；（3）新闻总编辑部；（4）对青年广播总编辑部；（5）对少儿广播总编辑部；（6）文学戏剧节目总编辑部；（7）音乐节目总编辑部；（8）体育部；（9）政治评论小组。

每天播出 13 套节目（实际制作的只有 5 套，其余的是为适应不同时区作息情况复制的），播音累计时间 214.2 小时。

苏联广播一套播出综合性节目，覆盖全国 98％ 的人口，昼夜播放 20 小时，包括新闻（每天 9 次）、政治和文艺等，由三个同步卫星发射网同时播出。这套节目每天向莫斯科、西伯利亚、远东、中亚地区等地，按照时差情况广播 5 次。

二套又称"灯塔广播台"，每天播 24 个小时，覆盖全国 80％ 的人口，每隔半小时广播一次 5 分钟的新闻，其余播出的是文艺节目。该套特点是报道灵活。此外，每月广播两次"寻人"节目，问候第二次世界大战中失踪的人们。苏联介绍广播节目的报纸，不刊登二套节目的预告。

三套是文艺音乐节目，每天播出 17 小时，覆盖全国 40％ 的人口，主要对苏联欧洲地区广播。不设新闻报道节目。安排较多的节目是读书指导、点播音乐会。

第四套是调频广播，也用中波发射。覆盖全国 16％ 的人口，播送调频音乐节目，每天 8 小时（星期六、星期日 15 小时）。服务区域为莫斯科市和莫斯科州。

第五套是综合性节目，对象是苏联国境外的苏联人，如海员、渔民、南北极勘察站工作者，24 小时播出。

地方广播是由州级地方广播电台和各加盟共和国首都的广播电台承担的。盟国电台每天广播约 15 小时，对本国内播送自己制作的节目，另外还转播莫斯科的广播节目。州级地方广播电台每天播 1~3 小时，其余时间转播莫斯科共和国广播节目。地方广播一般包括三套节目，用俄语和各地区民族语言广播。地方广播台的优秀节目也由莫斯科的中央广播电台向全国播送。

苏联在发展无线广播的同时也极为重视有线广播。1925 年，莫斯科开设了有线广播站。它把接收到的中央和地方广播台的节目，通过有线广播网络传给家庭、工厂、俱乐部和旅馆。1962 年前，有线广播收音机的数量一直高于无线广播的收音机数量，其后一个时期，二者数量大体相等。到 1983 年底，有线广播接收机再次超过普通收音机。原因是有线广播音质好，操作简单，经济实惠，质量稳定。

卫国战争期间，有线广播同样发挥了很大的作用。号召和鼓舞人民为战胜德国法西斯而战。另外一点是有线广播在传输信息时保密性较好，可以防止一些重要的消息外泄。

苏联有线广播的普及率和覆盖率很高，达到全国人口的97％。共有3 600多个广播站，总功率达5万千瓦，线路长达约200万公里。最初，有线广播只有一套节目，接收机也只能接收一套节目。从1962年起，经过改装，接收机可以接收多套节目。

二、对外广播

20世纪20年代，苏联在广播业起步的时候，政府就开办了对外广播。1926年，苏联第一次对外国际广播，使用的是德语。1929年开办了法语、英语和希伯来语广播，每24小时内大约播音3小时。1940年，广播语种达13种，每昼夜播音31小时。1984年以81种语言对外广播，每周广播2 167小时。对外广播的主要电台有莫斯科电台和"和平进步电台"。

莫斯科电台。1929年10月29日开始对外国际广播，最初用德语，每星期播2个小时的新闻和斯大林言论摘录。后来逐渐发展，1978年，开办了以世界各地为对象的英语广播，24小时播音；20世纪80年代末，语言种数达77种，每天播音300多小时。发射机超过200部，综合实力位列世界之首。该台是官方电台，经费由政府承担。播音内容以新闻为主，另外有时事评论、专题节目、音乐、体育等。

和平进步电台。1964年11月以民间组织名义开办，播音对象最初是拉丁美洲地区，后来扩大到北美和大洋洲以外地区，但播音语言种数和时间比莫斯科电台少得多。节目由苏联新闻工作者协会、苏联新闻社、和平委员会等团体提供。

此外，苏联周边城市和盟国也对移居国外者和邻国居民广播。

三、电视

苏联的电视业起步于 20 世纪 30 年代。1931 年，苏联进行了静止图像和活动图像电视节目的实验。1932 年 4 月 29 日，第一个活动图像的电视节目在莫斯科播出。1938 年，莫斯科电视中心和列宁格勒电视中心开始实验性播放，次年，两电视中心用超短波发射机定期播放电视节目。第二次世界大战爆发后，电视中心停播。1945 年 12 月，莫斯科电视中心先于欧洲其他国家恢复了定期的电视广播，当时莫斯科市有电视机 420 台。

苏联电视业从 20 世纪 50 年代有了较快的发展。1951 年，莫斯科电视中心改建成中央电视台，面向全国播放节目。同时，各地也大力兴建电视台，发展电视机产业。苏联 20 世纪 50 年代至 70 年代电视发展情况见表 8－2。

表 8－2　**苏联** 20 **世纪** 50—70 **年代电视发展情况**

年份	电视台（座）	电视机（万架）
1954	10	70
1958	67	300
1965	400 多（含转播台）	1 300
1970		3 000

1957 年，苏联发射了世界上第一颗人造地球卫星。这一重大科学技术为电视业的发展提供了强有力的技术支持，开辟了极为广阔的新空间。1965 年 4 月 23 日，苏联成功发射"闪电 1号"通信卫星，该卫星可承担苏联全境和东欧国家之间的电视转播，同时还可以转播彩色电视节目。1967 年 1 月，莫斯科新的电视中心奥斯坦金诺建成并启用，电视塔高 530 米（后又增高到540.74 米），是当时世界上最高的电视塔。同年，苏联第一个卫星转播系统投入使用，使得中央电视台的节目传送范围显著扩

大。1975 年起，又建立"荧光屏""莫斯科""地平线"三个卫星系统，使电视基本覆盖苏联的全境。到 1982 年，苏联中央电视台和大部分地方台实现了彩色化。20 世纪 80 年代中期，开办卫星直播电视，用于解决边远地区收看电视的问题。同时，有线电视也不断发展，1990 年，有 200 多个城市 150 万户入网。

苏联中央电视台是全国电视网的中心。中央电视台有基本节目 4 套，复制节目 8 套，共 12 套，每天播放 159 个小时。

中央电视台一套节目是综合性节目，内容有全苏新闻、社会政治、经济、文化教育等，覆盖苏联 95％的人口。第二套节目是为文化水准较高的观众编排的新闻时事、文艺、体育节目，覆盖面为 63％。第三套节目以莫斯科地区为对象，每天 19：00 开始播放，内容包括首都和莫斯科州的政治、经济、社会新闻、科学、文艺和体育节目等，并有广告。第四套节目是教学与科普节目，其中有语言、科学和文化讲座。1982 年，中央电视台将四套节目改为第二套全国性电视节目。

在苏联的电视节目中，新闻占有很大比重，如"时代""今日世界"和"国际纵览"等栏目。"时代"是一套晚间新闻栏目，全国电视台都要按时转播，除了时政新闻外，还播放大量地方台的新闻，收视率很高。"国际纵览"是苏联观众了解外部世界的一个重要窗口。苏联电视台的文化教育节目注重思想性、知识性和趣味性，有特色。娱乐节目也比较健康，绝大部分由本国摄制。电视台还经常转播各种文艺演出和体育节目，以丰富荧屏。中央电视台的技术中心是世界上最大的广播电视中心之一，1980 年建立，发射塔高 536 米，仅次于加拿大蒙特利尔电视塔，功能齐全，设备先进。

截至 20 世纪 80 年代末，全苏中央和地方有电视台 120 座，转播台 5 500 座，形成统一的微波、电缆、卫星传送交织的网络，覆盖全国 95％左右的人口，大部分地区可看到两套节目，居民拥有电视机 3 500 万架。

苏联的电视业一直处在苏共领导下，由国家统一管理和经营，业务上忠实贯彻党的宣传方针，是政府的和党的喉舌。其体系由中央、加盟共和国和地方（边疆区、州）三级组成。1957年，成立了部长会议直属的国家广播与电视委员会，1970年更名为国家电视与广播委员会，来统一领导全国的广电事业。电视的经费由国家拨给，中央台不播广告，地方台有少量广告收入。

四、通讯社事业

塔斯社。早在沙俄时代，1904年，尼古拉二世下令建立官方通讯社——圣彼得堡通讯社。1914年，该社改名为彼得格勒通讯社。十月革命胜利后，1917年12月1日，列宁签署法令，宣布彼得格勒通讯社为全俄苏维埃政府的中央通讯机构。1918年4月17日，全俄苏维埃中央执行委员会和俄罗斯苏维埃联邦社会主义共和国人民委员会做出决议，将彼得格勒通讯社和全俄苏维埃中央执行委员会所属的新闻局合并成俄罗斯电讯社，简称"罗斯塔"。1925年7月10日，苏联部长会议正式颁布法令，成立苏维埃社会主义共和国联盟电讯社，简称塔斯社。随即，取消了俄罗斯电讯社。

塔斯社是苏联的中央通讯机构，属苏联部长会议领导，社长由部长会议任命，并由社长领导全社的工作。塔斯社的职责在《关于苏维埃社会主义共和国联盟电讯社（塔斯社）的条例》中明确规定：向全苏联和国外发布有关苏联和外国的政治、经济、贸易以及其他一切能够引起共同注意的消息。

到20世纪三四十年代，塔斯社发展成为世界性通讯社。1938年，塔斯社在苏联各大城市设有50个分社。在国外也有众多的分社记者，向国内供稿，也向国外发稿。塔斯社和各加盟共和国通讯社在国内组成了一个统一的新闻通讯系统，在国外也不断开设分社。

卫国战争前和战争期间，塔斯社积极报道国家经济建设和为国内报纸提供新闻，起到了很好的宣传鼓动作用。战后，塔斯社的业务和规模不断扩大，在世界上的地位也逐渐提升。20世纪

50 年代中期，塔斯社有 815 名国内记者，国外工作人员 200 名。每天发 200 多条消息，约 22.5 万字。

1971 年 12 月，塔斯社升为部级单位，直属部长会议领导。下设国内、国际、社会主义国家、对外、图片五个总编辑部。人员曾达 5 000 人。塔斯社有 14 个加盟共和国通讯分社，俄罗斯联邦 3 个分社、72 个记者站和驻 126 个国家的记者站和分社。

新闻通讯社。1961 年 2 月 21 日，苏联新闻工作者协会、作家协会、对外友好和文化联系协会、全苏政治科学知识普及协会联合创办了新闻通讯社，简称新闻社。从此，苏联有了两家通讯社。该社同时向国内外提供苏联的政治、经济、社会和文化等方面的消息，有时根据国外用户的不同要求提供不同的服务。它的国外部用 56 种语言向 110 多个国家发稿，在国外发行 50 种画刊、7 种报纸和 100 多种新闻稿，它的出版社每年用 30 种语言出版 200 多种书籍。

第四节　苏联解体前后及俄联邦的新闻事业

一、苏联解体之前的新闻改革

20 世纪 80 年代，苏联陷入了一种内外交困的局面。在国内，落后的生产关系已经成为生产力发展的严重阻碍，苏联经济几乎完全陷入了停滞。1981 年至 1985 年，苏共"二十六大"提出的国民经济第十一个"五年计划"的各项主要指标皆告落空，国民收入年平均增长率仅为 3.6%，跌到了历史最低点。各种社会矛盾也日益突出。在国外，阿富汗战争让苏联付出了惨重的代价，而美国的"星球大战"计划又使苏联面临新的危机。1985年 3 月 11 日，戈尔巴乔夫接替了契尔年科苏共中央总书记的职务，开始全面推行其较为大胆与激进的改革，期望通过改革使苏联病态发展着的经济、政治正常化。在经济上，戈尔巴乔夫提出了"加速国家经济社会发展战略"和"对经济体制进行根本改革"的方针；在政治上，戈尔巴乔夫则提出了"民主化"和"公开性"的原则。在这场声势浩大的改革中，苏联新闻媒体担负了"准确及时地反映改革的进程和结果"的任务，苏联高度集中、极端封闭的新闻体制受到前所未有的冲击，开始发生一些显著的变化。

（一）新闻业务方面的变化最为明显

长久以来，苏联的新闻媒体都被视作党和政府的宣传工具，党和政府通过制定各种政策、发布各种文件来规定新闻宣传的方针、路线及任务，并通过国家保密局等机构对新闻宣传的内容进行严格的审查，从而实现其对新闻事业的领导。这种形势下的新闻事业完全服务于党和政府、服务于政治，新闻媒介的信息渠道单一、舆论一律；媒体之间根本不存在竞争，新闻报道公式痕迹重、教化意味浓，千篇一律，趋同化现象严重；新闻传播多为单向灌输，缺乏信息的反馈。尽管在改革的过程中，新闻媒体的主要任务仍是为党和政府服务、为改革宣传，但上述情况发生了变化。

1. 舆论一律向舆论多元转变

如前所述，在苏联，新闻媒体被长期视为党和政府的"传声筒"，媒体的活动以政治风向为准绳，按上级指令来操作，这里不存在新闻事件新闻性的传播，只有对政治利益的考虑。媒体一味地歌功颂德、粉饰太平，党内不同观点、境外不利言论甚至于天灾人祸皆视作报道的禁区，新闻舆论始终保持惊人的一致。

新闻改革中，新闻报道逐渐突破这些"禁区"，报道领域得以拓宽。批评性报道大为增加，不同的观点、意见也开始通过媒体进行表达与交锋。

媒体开始大量公布对苏联历史人物及历史事件揭秘、评述的材料并就各种历史问题组织讨论。讨论的焦点集中在勃列日涅夫、斯大林等领导人身上，有相当一部分讨论对他们进行了重新审视并提出了尖锐的批评，例如1987年底，苏联电视台就曾播出一部名为《再揭露》的纪录片，用大量的历史镜头暴露了斯大林一些残暴的举动，对勃列日涅夫时代某些不切实际的政策也进行了嘲讽。讨论还深入到一些悬而未决的重大历史问题上，例如，斯大林个人崇拜时期一些党政干部遭到了错误对待，要求恢复这些人的名誉和党籍。

关于党内事务的报道也有所增加。以前，苏共中央召开重要会议的时候，公众很难从媒体的报道中详尽地了解有关会议的议题及通过的决议等内容。改革中很长一段时间，对于苏共中央政治局每周一次的例会，《真理报》都发表会议公报，向读者通报会议议题、发言、结论等情况。《真理报》《莫斯科真理报》等报纸甚至还公开刊登暴露党内严重分歧的讲话与文章。

新闻报道的触角还开始涉入一些颇为敏感的领域，例如，外交、军事等。媒体开始对苏联的外交政策进行评论，对外交上的一些失误进行批评。例如，1988 年《真理报》《消息报》《文学报》《共青团真理报》等主流报纸就连续发表了许多文章批评苏联出兵阿富汗、在东欧部署 SS-20 导弹等举措。对上述重大军事问题，媒体也进行了公开报道。这在改革之前是很难想象的。

对于重大的灾害和事故，媒体也开始有所反映。1986 年 4 月 26 日苏联切尔诺贝利核电站发生爆炸，苏联曾在 1957 年、1974 年和 1983 年先后发生过三次核电站爆炸事件，苏联新闻媒体皆无动于衷。切尔诺贝利核电站发生爆炸后，苏联媒体总算有了反应，塔斯社（ТАСС）和苏联中央电视台都发布了事故的消息。同年 10 月，苏联导弹核潜艇在大西洋发生火灾沉没的所谓"黑海沉船"事件，苏联新闻媒体进行了更为及时的公开报道。

这时候的国际报道也比从前真实一些、客观一些了。苏联的国际报道一向被视为政治斗争的一种手段，媒体对资本主义国家的报道充满了偏见和敌意，一味地暴露并刻意放大这些国家存在的一些社会问题和不良现象。这种情况在改革期间发生了变化。国际新闻有所增加，对于国际事件的评论也较为公正。苏联中央电视台甚至播出了几部介绍西方国家城市风光的纪录片。

　　苏联新闻媒体的监督职能在改革期间也总算得以发挥，突出的表现之一就是批评的广泛与深入。改革之前苏联的报刊上也有批评性的稿件，但主要针对一些"边缘人群"，例如，酗酒者、吸毒者、投机取巧者等。改革期间，报纸不仅继续对上述消极现象进行批评，还开始不断将批评的内容拓展到经济、政治、社会生活的方方面面。它们批评妓女卖淫、批评党内腐败、批评制度中的严重缺陷……州委、边疆区委、中央各部、加盟共和国党中央等各级领导成为批评的对象，在当时非常普遍。有些批评文章言辞还非常尖锐。苏联各家电视台也开始改变从前基本不发表批评的做法，曝光并谴责社会上的不良现象。这些批评性的稿件由新闻机构自身把握，无须经过上级监管部门或各级党委的批准。

　　舆论多样性的转变还表现在苏联对于西方新闻活动与新闻理念的态度有所转变。苏联开始允许意大利的《团结报》、英国的《晨星报》等一些资本主义国家的报刊在苏联境内发行。从1987年开始逐步停止用"克里斯蒂安妮诺娃广播服务"对英国广播公司（BBC）、美国之音（VOA）等境外广播电台进行干扰，接受针对本国国民的境外广播。苏联还开始放宽对外国记者获取消息的种种限制，美国的广播电台开始派遣赴苏记者向国内发回实况报道。此外，苏联的报纸还开始效仿西方新闻媒介的一些做法，刊登国内外一些公司的商业性广告，此前的苏联报纸是从不刊登商业广告的。

　　此外，值得一提的是，苏联在解体前出现了许多不同的政治党派和非党群众团体，这些过去一直受到压制的持不同政见者也利用"民主化"和"公开性"的原则创办自己的报刊，这类报刊没有取得合法地位，一般视为非正式报纸。这样的报刊其时有数百种之多，例如，激进民主主义者的《自由之声》、社会民主党的机关报《新生活报》、立宪民主党的《基督教民主党公报》等。持不同政见者利用这些报刊传播不同的思想，争夺舆论阵地。

2. 单向灌输向双向交流的转变

改革之前，苏联一贯奉行"精神导线"的理论，这种理论视新闻媒体为党向群众进行宣传、鼓动、灌输的渠道。新闻媒体主要进行自上而下的指令性宣传、无视民意的单向灌输，群众的疾苦、群众的呼声、群众的意见很难通过新闻媒体表达出来。党的干部闭目塞听，了解不到源自基层的实际情况，制定的政策难以针对实情；接受不到自下而上的群众监督，腐败现象也易于滋生。戈尔巴乔夫启动全面的改革之后，这种理论逐渐被抛弃，党和国家开始重视通过新闻媒体与群众建立双向的交流，听取群众的意见和建议，以检验、评判、修订所制定的政策。

报社开始收到越来越多的读者来信。《真理报》在1986年这一年就收到62万封读者来信，其他中央报纸如《消息报》《劳动报》等收到的读者来信也不下40万封。当时，《劳动报》报社最大的部门就是群众来信部。报纸重视这些读者来信，用一定的版面来刊登这些来信，许多报纸开设有读者来信的专栏，《劳动报》常常用一个整版来刊登读者来信。读者来信的内容也从个人问题的申诉逐渐转向对于关乎国家前途、命运和存在于社会生产、生活各个方面的问题的思考。此外，《真理报》《消息报》等报纸还组织各种形式的读者调查、民意测验，征求读者对于改革过程中一些政策的意见，并将结果刊登在报纸上。

由于电视这种媒体本身的特性，电视台的双向交流显得更具实时性。以苏联中央电视台开设的一档直播节目《问题—探索—解决》为例，这个节目由电视台的政治评论员来主持，节目选取衣食住行等与人民生活息息相关的问题，邀请政府有关部门的领导及专家、学者参加讨论。在节目播出的过程中，观众可以直接拨打电话参与讨论或提出问题，并可要求嘉宾当场作答。此外，苏联国家广播委员会和加盟共和国、州、边疆区的电视广播委员会也设置了群众来信和社会调查总编辑部、编辑部、处和室对受众进行经常性的调查，听取他们的意见。

3. 传播形式呆板单调向灵活多变的转变

一直以来，苏联报纸的版面都为一些宣传教化的文章所充斥，这些文章大多八股腔调十足，从文章内容到论证逻辑到写作手法都套用既有模式，精神生产的创造性未能体现。随着新闻报道挣脱指令性宣传的束缚，深入人民经济、政治、社会生活的各个方面，媒体进行传播活动开始讲求一定的形式、手法和艺术。报刊上评论、小品文、小说等各种体裁的文章多了起来，新闻图片、漫画也常常刊登在报刊上，新闻报道也比以前生动有趣一些。电视台的传播形式也生动活泼了起来，例如苏联中央电视台创办的《120分钟新闻音乐》节目，这个节目几经改版，发展成了一个将严肃的时事新闻与轻松的音乐歌舞巧妙结合的节目，节目中既播出国内、国际时事新闻和新闻评论，又穿插歌曲、舞蹈和主持人的谈话，可谓别出心裁。

（二）在新闻管理方面，党和政府放松了对新闻媒体的
　　　严格控制，新闻机构被赋予一定的自主权

1990年6月，苏联《出版与大众传播法》的诞生更为新闻活动提供了一个总的规范，结束了苏联新闻活动无法可依的局面，新闻媒体获得更多自主权。

苏联的新闻事业之前一直置于党和政府的严格管制下。新闻媒体都为党和国家所有，为苏共中央统一领导，接受各级党委及党所领导的社会团体的监督、管理，媒体的主要领导人由党和政府任免，创建、停办新闻媒体必须经过党和政府的审查、批准。

推行全面改革之后，苏共中央逐渐放松对新闻界的控制，新闻媒体获得了更多的独立处理内部事物的权利。首先，在传播内容的选择上，除了涉及国家机密的相关内容，其他内容都可由新闻媒体和相应的新闻机构全权负责。其次，新闻媒体在人员的任免和奖惩等具体管理事物上也有了相当的自主权。新闻媒体的总负责人开始有权聘请、录用合格的新闻工作者，奖励业务水平高、工作效率高的工作人员，惩罚或解雇不合格的员工。媒体内

部的平均主义被打破，工作人员的竞争意识得以养成。

苏共中央还放松了对地方电视台的限制。20 世纪 70 年代后期，由于地方电视台节目质量低劣且干扰到苏联全国电视集中化的进程，政府对地方电视台进行了一次整顿，关闭了一系列的电视台。到改革之前，苏联的地方电视台从 1975 年的 130 余座减少到 115 座。1985 年 4 月，苏共决定一切大众传媒包括地方电视台都必须发展。第二年，苏共通过一项决议，决议的内容是在苏联各个州的中心城市和各个民族自治共和国建立 67 座自办节目的新电视台。地方电视台获得了一定的发展。

苏联第一部新闻法的出台。

1985 年，苏联最高苏维埃立法院首先提出制定一部新闻法的提议，试图通过新闻法将新闻出版活动纳入法制的轨道。1990 年 6 月 12 日，苏联最高苏维埃通过了《出版与大众传播法》，这是苏联第一部全面论及新闻出版的法律。《出版与大众传播法》总共 7 章 39 条内容，这 7 章分别是："总则""舆论工具活动的组织""舆论的传播""舆论工具同公民和各种组织的关系""新闻工作者的权利与义务""新闻领域的国际合作"和"违反新闻出版法的责任"。该法令承认"公民享有以任何形式，包括通过报刊和其他舆论工具发表意见和见解以及寻找、选择、获得和传播信息的权利"，明确规定了"舆论不受检查"。承认"人民代表苏维埃和其他国家机构、社会团体、政党、群众运动、创作协会、合作社、宗教团体及年满 18 岁的公民都享有创办舆论工具的权利"，但同时强调"不允许垄断任何一种舆论、不许滥用新闻自由"，对不适用言论自由的内容还做出了具体规定，这些内容包括：国家机密、以暴力颠覆国家体制的呼吁及宗教性的、民族主义的排外宣传等。法令还包括了公职人员对阻碍新闻工作者从事职业活动、对迫使他们发表或者拒绝发表消息的刑事责任以及对新闻工作者实施权利的具体保障等的内容。《出版与大众传播法》颁布后自 1990 年 8 月 1 日起生效。新闻法正式生效后，苏联出现许多商业性的、非国有的广播电台，上文中提到的"非正式报纸"大多也登记获得了合法地位。

《出版与大众传播法》的效果如何呢？它有没有很好地保护新闻媒体的合法权利呢？事实上，在 1991 年 1 月 16 日，苏联最高苏维埃就通过了戈尔巴乔夫提出的关于"使取消审查的'新闻法'的效力事实上中止的决议"。1991 年的"8·19"事件发生之后的第三天，叶利钦就签发命令声称苏共中央的一些报刊是该事件的参与者，中止了《真理报》《苏维埃俄罗斯报》《公开性》《工人论坛报》《莫斯科真理报》和《列宁旗帜报》等 6 家报刊的出版，并将俄罗斯境内苏共的出版社和印刷厂收归俄新闻部管辖。后来迫于国内外舆论的压力，《真理报》等 5 家日报最终得以复刊，但皆在办报方针上有所改变，成了所谓的"同仁报纸"，此事方告一段落。《出版与大众传播法》生效仅一年半的时间，苏联就宣布解体，这部存在时间极其短暂的法律也随之失去了效用。

苏联解体之前的这场新闻改革应该说是苏联新闻事业发展史上的一次进步。始于斯大林个人崇拜时期的封闭型新闻体制的种种弊端当时已经暴露无遗，这时候对这种腐朽的新闻体制进行恰如其分的改革是必要的，是顺应历史发展的潮流的。

报刊总数和发行量的不断攀升是这种进步的有力佐证。1983年，苏联出版 8 273 种报纸、年发行 409 亿份，出版杂志 5 308 种、年发行 33 亿份；1987 年，出版报纸 8 622 种、年发行 492 亿份，出版杂志 5 413 种、年发行 43 亿份；1989 年，出版报纸 8 811 种、年发行 505 亿份，出版杂志 5 228 种、年发行 51 亿份。《消息报》《共青团真理报》《劳动报》《星火》画报等许多报刊在改革期间发行量皆呈现上升的轨迹。

进入 20 世纪 90 年代的苏联经历了一系列错综复杂的政治风波，苏共 28 大上叶利钦宣布退出苏共并在不久后当选为俄联邦的总统，1991 年的"8·19"事件，波罗的海三国（立陶宛、爱沙尼亚、拉脱维亚）独立，俄罗斯、乌克兰和白俄罗斯三国"独立国家联合体"的成立等。苏共的垮台和苏联的解体已经不可逆转。

终于，1991年12月21日，除格鲁吉亚外，苏联其余11个共和国的首脑在哈萨克斯坦首都阿拉木图签署了《建立独立国家联合体协议书》，并发表了《阿拉木图宣言》，宣布将"以均等原则建立"独联体，1922年12月建立的苏维埃社会主义共和国联盟解体了。

苏联的解体同时意味着新闻改革事实上的失败，改革中试图革新的新闻体制随之土崩瓦解。苏联新闻事业的这场悲剧值得我们反思。我们曾沿袭苏联的许多操作方法，新闻体制一度非常接近苏联。故而苏联新闻体制中存在的诸多问题、诸多弊端在中国过去的新闻体制中几乎同样存在。虽然我们后来选取与苏联截然不同的方式对这种落后的新闻体制进行了渐进式的改革并卓有成效，但应该看到旧的新闻体制中的某些顽症至今仍阻碍着我国新闻事业的进一步发展。所以，总结苏联新闻事业的经验、教训并引以为戒是非常有必要的。

教训一，新闻改革之前，旧的新闻体制对新闻活动管得太多、统得过死抑制了媒体除"宣传教化"外的诸多基本功能的实现，致使媒体这些功能的蜕化。丧失正常功能的媒体反作用于它赖以生存的社会，对社会造成一定的破坏。

在苏联，新闻传播最基本、最重要的功能——信息传播让位于宣传教化。党的媒体完全按照政治的需要来选择传播的内容，官方常常封锁消息，建立人为的信息屏障。人民从媒体看到、听到、感觉到的一直都是一派和平气象的苏联社会，这个社会没有军事侵略、武装镇压，没有厂矿罢工、农民闹事，没有天灾人祸、杀人放火，任何社会皆不可避免的矛盾、弊端被隐藏起来，人民的知晓权受到极大的蔑视。而一旦当社会提供了可能性与条件，例如戈尔巴乔夫推行的全面改革，这些积蓄已久的矛盾一下子暴露在毫不知情的人民面前，引起人民的恐慌与愤怒，执政当局也将失去民众的信任、支持，最终被民众所离弃和颠覆，丧失赖以存在的基础。

新闻媒体的另一个功能——舆论监督在苏联的新闻活动中也长期流于形式。媒体的财产属国家所有、媒体的经费由国家调配、媒体的领导由党和政府任免、媒体传播的内容由党和政府决定并审查，媒体和政权步调高度一致，根本不敢评政、议政，更别说批评和监督了。权力不受监督就容易滋生腐败、容易犯错，当执政当局执行错误路线的时候，媒体非但不能矫枉，相反还会为错误路线的推行、实施推波助澜、创造条件。

教训二，"全面改革"期间媒体的负面报道过多，苏共在舆论的引导上不得法，使得舆论最终失去控制。

由于推行"民主化""公开性"，苏联的新闻媒体获得了突如其来的宽泛的自由，之后通过的《出版与大众传播法》还为这种自由提供了可靠的法律保障。苏共反对派不失时机地创办自己的媒体，建立自己的舆论阵地。他们在自己及苏共的媒体上疯狂地揭露社会问题，煽动反共情绪，将一个个爆炸性的消息与言论抛向所谓的"舆论的自由市场"。为了达到某种政治目的，他们夸大其词甚至不惜造假。境外媒体此时也加入进来，在一旁"煽风点火"。

对于情况的危急与事态的严重，苏共显然没有一个清醒的认识，在适当地控制与引导舆论的良性发展上，苏共一直无所作为。舆论终于渐渐失去控制。1990年下半年，"如梦初醒"的苏共终于采取了一些补救措施，在人事上进行了一系列的调整，原塔斯社社长克拉琴科调任国家广播委员会主席。克拉琴科出任国家广播委员会主席后，苏联中央电视台的节目立即发生了变化：宣扬激进派思想的节目《观点》被中止播出，全国新闻联播节目《时代》的内容被严密控制，许多政治节目也被改为文艺节目。

然而，这种挣扎已经无力回天了，激进派已经控制了局面。"8·19"事变后，俄联邦政府接管了苏联广播电视公司，克拉琴科被解除职务。苏联包括塔斯社、全苏电台电视台在内的最重要的媒体几乎都被以叶利钦为首的激进派所掌握。苏共最终丧失了自己的舆论阵地。

二、苏联解体后俄联邦的新闻事业

苏联解体后，俄联邦走上了资本主义私有化的道路，并选择了一种激进、高速而非渐进、温和的变革方式。新闻媒体被转瞬抛向市场，经历了私有化、资本化，经历了集中、整合和垄断，艰苦跋涉、命运多舛。

（一）新闻事业情况[①]

1. 报刊

1998 年，俄联邦出版报纸 4 800 种，每期印刷发行 11 000 万份；出版杂志 2 700 种，共发行 38 000 万份。

主要的报刊如下。

《劳动报》（*TRUD/Labour*），1921 年 2 月 19 日创刊，苏联工会中央理事会机关报，苏联解体后统称工会报纸，出版地是莫斯科，日发行量为 158 万份。

《共青团真理报》（*Komsomolskaya Pravda/Komsomol Pravda*），创刊于 1925 年 5 月 24 日，苏联共青团中央机关报，出版地是莫斯科。苏联解体后成为一份独立报纸，现发行量为 76 万。

《俄罗斯报》（*Rassiskaya Gazeta/Rassian Newspaper*），俄罗斯联邦最高苏维埃出版物，1990 年 11 月创刊，出版地是莫斯科，日发行量为 39 万份。

《消息报》（*Izvestiya/News*），1917 年 3 月 13 日创刊于彼得格勒（现圣彼得堡），苏联最高苏维埃的机关报，"8·19"事件后改为独立报纸出版，现发行为 23 万份。

《真理报》（*Pravda/Truth*），1912 年 5 月 5 日创刊于彼得堡（现圣彼得堡），前苏共中央机关报，"8·19"事件后改为独

---

① 主要资料来源：张允若主编：《外国新闻事业史》，武汉大学出版社，2000 年版；新华社国际部编撰：《世界新闻出版大典》，中国档案出版社，1994 年版；《世界知识年鉴 2001/2002》，世界知识出版社。

立报纸出版，1991 年发行量高达 1 300 多万份，是苏联发行量最大的报刊之一。现日发行量为 19 万份。

《俄罗斯新闻报》，总统办公厅主办，创刊于 1992 年，日发行量为 10 万份。

《红星报》（*Krasnaya Zvezda/Red Star*），1924 年 1 月 1 日创刊，出版地在莫斯科，苏联解体前一直是国防部机关报，1992 年 6 月 6 日改为俄罗斯军队和俄罗斯国防部机关报，日发行量为 10 万份。

《独立报》（*Nezavisimaya Gazeta/Independent Newspaper*），1990 年 12 月创刊的独立报纸，日发行量为 4.6 万份。

《苏维埃俄罗斯报》（*Sovetskaya Rossiya/Soviet Russia*），1956 年 7 月创刊，由苏共中央和俄罗斯联邦部长会议合办，"8·19"事件后改为独立报纸出版。

《工人论坛报》（*Rabochaya Tribuna/Workers Tribune*），前身是 1969 年创刊的苏共中央日报《社会主义工业报》，"8·19"事件后改为独立报纸出版，1992 年 5 月 19 日起该报由工业家、企业家联盟和独立工会联合会接管。

《莫斯科新闻》（*Moskovskiye Novosti/Moscow News*），1930 年创刊，苏联新闻社刊物，面向外国读者的综合性周报，用俄、英、法、西、阿拉伯文出版，发行 140 个国家。苏联解体后，用俄、英、德文出版，现发行量为 14 万份。

《经济与生活》（*Ekonomikai Zhizn/Economics and Life*），1918 年创刊，前苏共中央出版物，周报，苏联解体后成为独立报纸。经济性报纸，内容丰富，是研究俄罗斯和其他独联体国家的重要依据。

《文学报》（*Literaturnaya Gazeta/Literanry Newspaper*），创刊于 1929 年，苏联作家协会机关报。苏联解体后自称是"作家的自由论坛"，观点激进。每周三出版，每期 16 版，前 8 版主要刊登文学艺术作品及有关论述，后 8 版发表有关国内外社会政治、国际关系、经济、历史、教育等方面的文章。现发行量为 26 万份。

《星火》(*Ogonek*),1923 年 4 月 1 日创刊,综合性周刊,出版地是莫斯科,1990 年发行量曾经达到 400 多万份,现发行量仅为 5 万份。

《新时代》 (*Novoye Vremya / New Times*),1943 年创刊,俄罗斯国际政治时事周刊,出版地在莫斯科。主要刊登有关国际问题和政府对外政策的文章和评论,用俄、英、法、德、西班牙、葡、意大利、捷克、波兰文出版,1988 年发行量曾达到 120 万份,现发行量为 2.5 万份。

2. 广播电视

俄罗斯目前唯一的全国性官方广播电视机构是全俄国家电视和广播公司,下辖俄罗斯广播电台、俄罗斯电视台(第二频道)、"俄罗斯大学"电视台(第四频道)和全俄国营的 80 个地方电视台、96 个地方电台联合成的全国广播电视网。私营的广播电台、电视台到 1995 年有 300 多家。

主要的广播电台如下。

奥斯坦基诺广播电台(Ostankino Broadcasting Station),国营广播电台,全天 24 小时面向独联体各国播送综合性节目。

俄罗斯广播电台(Russia Broadcasting Station),1990 年 12 月 10 日开播,国营广播电台,开播之初全天共 6 小时节目,在全苏广播电台的节目中播出。现全天 24 小时面向全俄罗斯播送综合性节目。

青春广播电台,每天播出 18 小时以音乐为主的节目。

灯塔广播电台,每天播出 18 小时综合性节目。

莫斯科"回声"电台,1990 年 8 月开播,私营广播电台,归属古辛斯基的"桥媒体"集团,全天 24 小时面向莫斯科地区播送节目。

俄罗斯之声,俄罗斯主要的对外广播电台。前身是 1929 年创办的莫斯科广播电台。苏联解体前使用 75 种语言,每天播音 270 个小时,使用的发射机在 200 部以上,综合实力居世界之首。苏联解体后,该台归俄罗斯联邦政府领导,1993 年 12 月,根据总统令，改用现名。现使用 30 个语种，每天播音 60 个小时。

主要的电视台如下。

俄罗斯公共电视台（第一频道），1995 年 4 月根据俄罗斯总统令创办，主要继承了苏联中央电视台的资源，每天播出 20 小时的综合性节目。是公私合营的电视台，国家控制有"俄罗斯公共电视公司"51％的股份。

俄罗斯电视台（第二频道），1990 年设立，1991 年 5 月正式开播，国营电视台，每天播出 17 小时的综合性节目。

俄罗斯还有一些重要的、具有全国影响的私营电视台，如：独立电视台、第六电视台等。

3. 通讯社

俄联邦 1994 年有各类通讯社 300 家，其中最主要的通讯社如下。

俄罗斯通讯社（ITAR－TASS），简称俄通社，又称俄通社—塔斯社，俄国家通讯社。根据俄总统叶利钦 1992 年 1 月 22 日签署的命令，原塔斯社和俄罗斯新闻社（苏联解体前称苏联新闻社）合并而成（后俄新社分离出去）。为继承塔斯社世界性通讯社的权威，俄通社从 1992 年 1 月 30 日开始正式以俄通社—塔斯社的电头发稿。1993 年 12 月 22 日叶利钦签署命令，将俄通社作为国家通讯社，直属政府领导。1994 年 5 月，俄国政府总理又签署了俄罗斯通讯社的章程，再次明确了俄通社的国家通讯社性质。俄通社现有 3 500 余名工作人员，在俄罗斯各地有 70 多个分社和记者站。

俄罗斯新闻社（Press Agency－APN），俄国家通讯社。前身是 1961 年 2 月成立的苏联新闻社，"8·19"事件后归俄罗斯联邦领导，改用该名。如前所述，俄罗斯新闻社在 1992 年并入了俄通社，但 1994 年又独立出来。由俄罗斯联邦政府主办，领事会主席、副主席等主要负责人皆由政府直接任命。该社在国外设有 70 多个分社，有 1 500 余名工作人员，业务范围广泛。

国际文传电讯社，俄私营通讯社。1989 年成立，主要向外国使馆、公司、银行、企业家和记者播发独立采写的新闻，苏联解体前后一直是外国媒体在俄罗斯的重要新闻来源。

（二）发展历程

按新闻媒体私有化的进程，苏联解体后俄联邦新闻事业的发展大致可分成三个时期。

1. 从1991年苏联解体到1996年叶利钦连任总统之前

这个阶段里报纸、杂志等纸质媒体和广播、电视等电子媒体进行了大规模的私有化改造，俄金融—工业集团开始进入传媒市场。这个阶段表现出的总的特征是：混乱、投机、颓唐，整个媒体市场一片混乱。

苏联解体后的第四天，戈尔巴乔夫宣布辞去其苏联总统的职务。两天后（1991年12月27日），莫斯科克里姆林宫易主，俄联邦总统叶利钦入主了克里姆林宫。同一天，俄联邦议会就通过了俄罗斯《新闻法》，取消报刊出版审批制，实行出版登记许可制。根据该项法律，俄罗斯任何合法存在的政权机构、政党、社团、教学科研院所、企业等组织，以及年满18岁以上的俄罗斯公民个人（无精神病史和刑事犯罪记录），皆可向俄联邦出版委员会提出创刊申请（程序是先向出版委员会递交一份申请，内容包括要创办报刊的名称、内容、语种、发行范围、篇幅规模等等，约一个月后，交纳一定的费用便可获取许可号）。俄罗斯报刊获得了法律上广泛的自由，然而与此同时，它们也陷入了前所未有的经济危机。它们在苏联时期的主要经济来源——国家财政拨款被一下子切断了。

俄罗斯大部分报刊进行了股份制的改造。一些报刊改造的过程可谓一波三折，例如苏联最高苏维埃主席团机关报——《消息报》。苏联解体后，该报决定进行股份制的改造。在一家俄美投资公司进行了相关咨询后，报社向国家财产委员会提出了申请并获得了许可。改制过程中，最高苏维埃（议会）进行了阻挠。1992年7月17日议会以多数赞成通过将《消息报》作为议会机关报的法案，遭到抵抗后，议会于同年10月27日派警察强行接管了《消息报》的大楼并更换了报社总编。尽管这样,《消息报》仍于 1992 年 11 月正式成立了股份制公司。1993 年 5 月 19 日,俄宪法法院判决议会将《消息报》定为机关报的决议侵犯了报纸的独立权,违反了宪法,编辑部才争取到了报社大楼的产权和其他财产,获得了独立。

1992 年初,叶利钦总统支持在俄罗斯经济领域实施盖达尔所提出的"休克疗法",即在短时期内迅速实现价格自由化、企业私有化,废除计划经济、建立市场经济。激进的"休克疗法"非但没有对俄罗斯严重的经济危机起到任何的缓解作用,相反这种经济危机变得全面恶化了。在俄罗斯新闻出版领域,这种激进、不负责任的改革带来的恶果之一便是报刊成本的大幅上涨,纸张、印刷、邮电发行、铁路航空运输等费用都有所上涨且涨幅惊人。由于成本的大幅上涨,报刊定价只好随之不断提高。与此同时,俄罗斯的通货膨胀不断加剧,卢布的疯狂贬值使俄罗斯新闻业形成一种独特的现象——报纸议价。许多报纸在报头印报价的位置印上"议价"的字样。直到现在,在俄罗斯还常常能够看到这种"议价报纸"。平均收入、购买能力急剧下降的俄罗斯普通公民再也不能像苏联时期那样一个人订阅好几份报纸了,一向喜爱阅读的俄罗斯人迫于生活的压力,开始将电视、广播等消费成本低廉的电子媒体作为获取信息的主要渠道。俄主要报刊的日发行量由此急转而下,如表 8-3 所示。报社的经营举步维艰。

表 8-3 俄主要报刊的日发行量

单位:万份

主要报纸 (日发行)	《劳动报》	《真理报》	《消息报》	《共青团真理报》	《文学报》
1989 年	1 960	966.4	990	1 758.5	590
1996 年	158	19	61	166	26

数据来源:《变化中的苏联报纸和读者》,《新闻大学》,1991 年春季号;《世界知识年鉴 1997/1998》,世界知识出版社。

　　俄联邦政府通过各种方式对困境中的报刊予以经济上的援助。其一，颁布对报刊有利的法律，例如，1995 年通过的《国家对大众传媒及图书出版经济扶持法》就规定：1996 年 1 月 1 日至 1999 年 1 月 1 日国家对所有报刊图书出版社增加的收入及利润免于交税，对报刊图书等出版物的进出口不再征收关税（这个法律的有效期后延至 2002 年 1 月 1 日）。这项法律还规定：印刷企业必须进行股份制改造，改制后 50% 的股份转给本印刷企业印刷出版产品的报刊图书出版社，这些股份根据报刊图书出版社在该印刷企业印刷出版物的数额在出版单位之间按比例进行分割，这在一定程度上打破了印刷行业的垄断，遏制了印刷费用随意上涨的不正常经济现象。其二，直接向一部分提出补贴申请的报刊发放财政补贴，按照政府规定，这笔补贴只能用于购买纸张和补偿印刷服务的费用。1994 年俄联邦政府对俄 20 家非国有报刊提供了共 12 553 百万卢布的财政补贴，其中《劳动报》5354 百万卢布、《共青团真理报》3990 百万卢布、《苏维埃俄罗斯报》40 百万卢布。但是这种规模的援助相对于报社的庞大的成本费用来说显得微不足道，更何况报社提出的申请是要经过严格审核的，获得政府财政补贴的报刊只不过占报刊总数的少数而已。

　　俄联邦的广播电视事业基本上继承了苏联的"遗产"，而苏联广播电视事业的发展水平并不高，电视事业的发展尤其如此。一方面，与西方发达国家相比，苏联的设备、技术非常落后；另一方面，由于长期限制地方电视台的发展、忽视少数民族地区电视事业的发展，苏联 40% 的行政中心没有自办节目的电视台，苏联中央电视台第一、二、三套节目的覆盖率分别为 96%、88% 和 33%。俄罗斯的广播电视事业站在了一个较低的起点上。苏联解体后，广播电视业也开始了私有化的改造，到 1996 年这种改造基本完成。总体说来，俄罗斯广播电视方面的经营状况略好于报刊，但仍面临种种困难。

　　难以为继的俄罗斯媒体急于寻找资本的支持，一些拥有雄厚资本又颇具眼光的俄金融—工业集团也预见到了掌控新闻媒体的重要性，于是他们开始以通过收购、买断旧的媒体的上市股份、创办新的媒体的方式进入俄罗斯传媒领域。

别列佐夫斯基和古辛斯基是这些投资商的代表。

科学院通信院士别列佐夫斯基在戈尔巴乔夫时期创办了伏尔加汽车营销股份公司，私人资本迅速膨胀。苏联解体之后，别列佐夫斯基敏锐地意识到控制大众传媒的重要性，捷足先登，大举"进军"俄传媒市场。

与别列佐夫斯基一样，古辛斯基在俄传媒业起步也很早。古辛斯基原系苏联共青团干部，1989 年他与美国"阿尔诺德—波尔特尔"公司一起成立了名为"桥"的合资企业，双方各控股50％。一年后他收购了美国公司的全部股份。1989 年古辛斯基在该公司基础上成立了股份制商业银行——"桥"银行，自任董事长。1992 年古氏成立了桥集团控股公司，下辖 42 家企业。1993 年古辛斯基开始涉足传媒业，这年 2 月他组建了《今日报》编辑部，同年又创立了独立电视台，1994 年 1 月，桥银行又通过提供贷款方式控制了"莫斯科回声"电台 51％的股份。

俄罗斯当时尚处在社会转型的初期，法律制度还不完善、不健全，加上政府许多官员与财团互相勾结，别列佐夫斯基与古辛斯基等俄罗斯新贵在资本积累的过程中都不同程度地违反了法律，留下了无法抹去的历史污点，这为俄罗斯新闻媒体的发展打下了不坚实的根基。

国外资本也通过各种各样的方式流向了俄罗斯传媒市场。根据 1991 年俄联邦《新闻法》的规定，非俄罗斯本国公民和没有取得在俄长期居住权的外国人不得在俄境内申办报刊。因此，国外资本进入俄传媒领域多采取间接、隐蔽的手法，例如：找一个俄罗斯本国公民充当法人申办报刊，外国投资者在幕后操纵；与俄媒体业主合办媒体；购买媒体公司上市股份等。在俄首都莫斯科，外国资本进入的报刊主要有《丽莎》（德）、《她》（法）、《综述》（美）、《财政消息》（英）、《总结》（英）、《莫斯科观察》（英）等。

2. 从 1996 年叶利钦连任总统到 2000 年普京当选

由于认识到新闻媒体在政治领域的重要作用，传媒市场的分割、争夺越来越激烈，传媒资源的重组、整合越来越频繁，新闻媒体越来越为少数几个实力雄厚的大财团所垄断，并且由于利益驱动，不同利益集团所拥有的媒体之间经常相互攻击。这一阶段总的特征是：垄断和无序竞争。

1996 年 6 月 16 日，俄罗斯民众进行了俄历史上第二任总统的选举。在俄罗斯中央选举委员会核准的 11 名总统候选人中，俄共代表久加诺夫对叶利钦的连任构成了最大的威胁。选举之前的民意调查显示出叶利钦的民众支持率一直低于久加诺夫，直到大选前两个月，叶利钦仍落后于久加诺夫 4.2 个百分点。在严峻的竞选形势下，叶利钦采取各种策略，加大了竞选力度，其中之一就是动用新闻媒体大造舆论。

叶利钦在联邦、州和地区各级新闻媒体刊登了大量猛烈攻击、恶意中伤久加诺夫和俄共的文章，大肆宣扬俄共并非一个全新的党派，不过是苏共的直接继承者；俄共内部不团结、党内各派斗争严重，没有凝聚力；俄共及其议会党团在国家杜马中起着破坏作用等。在选举前的关键时刻，叶利钦更是让新闻媒介大造舆论说久加诺夫和戈尔巴乔夫就支持自己作为候选人进行了谈判，从而引起了俄共的党内危机，造成了一定程度的混乱。和叶利钦一样不愿看到俄共领导久加诺夫当选俄总统的金融巨头们将资金、人员、信息等资源联合起来，全力支持叶利钦连任总统。

1996 年 7 月 3 日，俄罗斯进行了第二轮投票，有 67.25％的选民参加了投票，叶利钦终于以 53.8％的支持率胜出（久加诺夫为 40.3％），获得了总统的连任。为叶利钦宣传、造势、笼络民心的新闻媒体功不可没。媒体的所有者们开始要求回报，回报的内容包括在国家财产新的私有化进程中获得较大的份额，在国家机构中分割政治权力等。俄著名的"媒体寡头"别列佐夫斯基便是在 1996 年总统选举之后"荣幸"地当上了俄联邦安全会议的副秘书。

新闻媒体在政治领域的这番"表演"深深地刺激了从前对投资传媒领域不以为意地金融－工业集团，他们开始意识到媒体在分割政治权力、扩大政治影响、捞取政治资本上是大有可为的。于是，俄"信息领域的圈地运动"的争夺、扩张变得越发激烈了。大量资本介入以后，俄罗斯新的出版物、电台、电视台不断出现，旧媒体的兼并、重组非常频繁。俄传媒市场经历大规模的改组后，最终形成了几个传媒领域的"超级霸主"。普京总统上台之前，俄罗斯大部分的新闻媒体都被他们的传媒集团所掌控。俄罗斯主要的传媒集团及其控制的大众传媒的具体情况如下。①

①克里姆林宫、政府及中央银行：全俄广播电视公司、俄罗斯公众电视公司台，《俄罗斯报》《莫斯科晚报》（通过党政所有的银行），俄罗斯通讯社、诺沃斯蒂通讯社。

②莫斯科市政府（卢日科夫）：中央电视公司、电视 6 台公司，《莫斯科晚报》《特维报》《莫斯科真理报》及市政府的报纸，普希金广场出版社（报纸 Versty 及其他）。

③桥媒体集团（古辛斯基）：独立电视公司及其附属公司、地区 TNT 电视公司网络、莫斯科回声广播电台，七日出版社（《今日报》《七日》周刊、《结论》和《旅行队》杂志）。

④别列佐夫斯基：俄罗斯公众电视台、电视 6 台、"我们的广播电台"；《独立报》《最新消息报》，杂志《火种》《斗牛士》，商业出版社（《商业》《电力》《货币》《自动驾驶》《家庭》杂志）。

⑤盖兹罗姆媒体公司（雅克希列夫）：普罗米修斯电视公司，《论坛报》《劳工报》，杂志《电影》，地方新闻媒体（大约 100 家）。

---

① 资料来源：〔英〕卡瑟琳・丹克斯著：《转型中的俄罗斯政治与社会》（Russian Politics and Society），欧阳景根译，北京：华夏出版社，2003 年版，第 207 页～209 页。

⑥Megapolis 集团（Yevtushenko）：《都市报》《文学报》，杂志《俄罗斯》《文化》，中央电视公司。

⑦布坦宁联合进出口集团：《消息报》《共青团真理报》，杂志《触点》《时事特快》《周刊》《计算机世界》《专家》。

⑧独立媒体：《莫斯科时报》、杂志《世界主义》《花花公子》等。

⑨Sovershenno Sekretno（Borovik）：《绝对秘密》月刊、Versia 周刊。

⑩原子能部与 Konvers Bank：《世纪报》。

由于新闻媒体大多控制在金融工业集团手中，俄罗斯新闻事业的发展出现了一系列的问题。

（1）经过 1991—1996 年连续 6 年的经济滑坡，俄联邦经济在 1997 年首次出现了小幅增长，国内政局也因为总统、议会、政府间对话、妥协强而相对稳定，1997 年被叶利钦总统称为"和谐和解年"。然而 1998 年的金融危机随即给了这个国家一个重创，俄各项经济指标全面恶化：国内生产总值增长率为－4.6％、通货膨胀率为 84.4％、失业率高达 12％。受其影响，俄罗斯 1998 年政局动荡，政府两度更迭，朝野对抗激烈。在这种形势下，俄罗斯大部分新闻媒体生存艰难。报刊发行量与 1996 年相比还略有下降，表 8－4 显示了部分报刊的发行情况。广播电视方面的情况也大抵如此，俄独立电视台、公共电视台和影视电视台等主要电视频道都没有给股东们带来利润。独立电视台近几年一直债台高筑、亏损经营。拥有俄罗斯公共电视台 49％的股份的别列佐夫斯基还公开宣称想将这些股份归还给国家，因为整个媒体生意给他造成了很大的损失，他不得不用其他领域的利润来填补巨大的亏空。

表 8-4　俄政府部分报刊的发行情况

单位：万份

主要报纸（日发行）	《劳动报》	《俄罗斯报》	《独立报》	《共青团真理报》	《消息报》
1996 年	158	53	5.7	166	61
1998 年	158	39	4.6	76	23

数据来源：《世界知识年鉴1997/1998》；《世界知识年鉴2001/2002》，世界知识出版社。

别列佐夫斯基终究没有放弃他对公共电视台的控制权（公共电视台第一频道的电视广播俄罗斯全国各地包括最偏远的地区都能收看得到，获得该电视台的股份曾是别氏最得意的一笔买卖），尽管如他所说这让他损失了不少钱财，但媒体给他带来的诸多利好却让他欲罢不能。别列佐夫斯基代表了这个领域大多数的金融、工业巨头的普遍心态。对他们来说，媒体不过是诸多产业中的一项而已，媒体能否赢利并非事关全局，他们对媒体所寄予的希望与其说是巨额的利润回报毋宁说是巨大的政治影响力。换言之，新闻媒体不过是这些金融集团用以干预、影响政治的一种工具而已。他们向他们所控制的媒体提出促使社会认识和政治精英的情绪向自己有利的方向发展，唤起政权通过对某公司有利的政治和经济决策，在国家机关游说自己利益，帮助与本公司友好相处的政治活动家进入联邦级和地区级政权，公布竞争对手各种"黑材料"，封锁对自己集团不利的材料等等诸多任务。[①] 金融媒体利用媒体参与政治活动的做法打破了新闻传播这个领域的"游戏规则"，打乱了这个领域本该具有的秩序，阻碍了新闻媒体"独立""自由""公正"的实现。背负了太多政治任务的俄新闻

---

① 〔俄〕罗伊·麦德维杰夫：《普京时代——世纪之交的俄罗斯》，王桂香等译，世界知识出版社，2001年版。

媒体成了"政治家—政党—政治派别—财团—院外游说团体—新闻媒介—保安机构等组成的多层次政治实体"的一部分,新闻媒体的公信度急转而下。

对于富商巨贾们通过新闻媒体干预政治的现象,叶利钦政权并未进行强硬的干涉。自从获得连任后,叶利钦总统的身体状况每况愈下,肺炎、支气管炎、胃溃疡、心脏病……各种病症困扰叶利钦,他只好在病床长卧不起。从某个角度来说,叶利钦政权对这些金融—工业集团有着一定程度的依赖,他们对媒体干预政治的现象可以说是听之任之甚至于纵容的。几乎所有的传媒巨头都同政权建立了某种联系。例如别列佐夫斯基,他同权力中心的亲密关系在俄罗斯路人皆知。别氏是叶利钦的亲信之一,同叶利钦的女儿塔季扬娜·季亚琴科关系尤为密切,他曾两度出任俄联邦的正式职务——安全会议副秘书和独联体代理秘书。普里马科夫任俄总理期间曾试图打击传媒巨头的嚣张气焰,签发了对别列佐夫斯基的逮捕令,别氏躲到了巴黎,后来逮捕令撤销,普里马科夫旋即离任,对传媒巨头的打击实际上毫无成效。

金融—工业集团要干预政治,而他们的政治立场、政治观点、所支持的政治派别又不尽相同。于是,1999年俄罗斯刚开始走出上一年金融危机的阴影,隶属不同利益集团的新闻媒体就与不同的政治实体结成联盟,围绕俄联邦这一时期错综复杂的政治事件诸如:弹劾总统、修宪、议会选举、总统选举等等,开始了激烈、持久地相互攻击。

(2)由于一家媒体往往为几个股东同时控制,股东们不可避免的利益冲突常常会引发媒体的内部矛盾,当这种矛盾发展到不可调和的程度时,媒体就走向了分裂。

俄罗斯三家《真理报》、两家《消息报》同时并存的现象就是一个典型的事例。

苏联解体后,苏共中央机关报《真理报》的财产被全部没收,《真理报》在苏联时期各个加盟国的财产也都流失了。在将办报宗旨改为"坚持中派立场,支持社会的民主改革"的独立报纸后,《真理报》获准恢复出版。1992 年 3 月,经营困难的《真理报》停刊 20 天,后得希腊实业巨子耶尼柯夫的资本支持又得以复刊。复刊后的《真理报》资本构成为耶尼柯夫 55%、原《真理报》集体 45%,由耶尼柯夫出任社长。复刊后的《真理报》一度改为周三刊后又恢复日刊出版,并同时出版《真理报-5》在每周五出版。后来因为报社与耶尼柯夫之间的矛盾,报社分裂,俄罗斯出现分别由维克多·李尼克和伊林主编的两份《真理报》。1994 年,在耶尼柯夫的支持下,《真理报-5》作为独立出版物出版。1997 年这三家《真理报》终于对簿公堂,法庭最后裁定伊林主编的《真理报》为正宗。根据这一裁决,1998 年 11 月,维克多·李尼克主编的《真理报》更名为《言论报》出版,主要反映左派的观点。耶尼柯夫也撤出在《真理报-5》的资本,《真理报-5》停止出版。

1997 年初,"卢克伊尔"石油公司购买了《消息报》41% 的股份,由于不满该报转发的一篇披露切尔诺梅尔金的巨额私人财产的文章,"卢克伊尔"石油公司要求撤换报社职工大会选举产生的总编辑伊戈尔·戈连比奥夫斯基。报社起初进行了抗争,但最终屈服。戈连比奥夫斯基是带着 10 多个人离开报社创办了《新消息报》。两家报纸现在互不相干。

(3)追求利润的最大化是商人的天职。新闻媒体被主要地掌握在了一群商人的手中,他们在取得媒体所有权的同时也就获得了对媒体监督检查、发号施令的权力。于是,报刊为了吸引读者、扩大发行不惜在报纸版面上刊登耸人听闻的社会新闻和低级庸俗的娱乐消息。广播电视方面更是推出什么赤裸节目(如俄罗斯 M1 电视台女主持人裸体出镜的新闻节目——《赤裸的真相》)、偷窥节目(类似于真人生活秀的节目,展现洗澡、上厕所、性生活在内的所有生活细节)等等稀奇古怪的节目形式来迎合观众的低级趣味以笼络受众。此外,如前所述,媒体之间经常因为利益之争而进行舆论对攻。这种非常时期,报纸、电视台铺天盖地都是一些互揭黑幕、互相谩骂的内容。

（4）新闻工作者的职业道德呈总体下降的趋势，俄罗斯新闻媒介的权威、信誉发生危机。尽管俄联邦有《俄罗斯记者职业道德准则》对记者的职业操守做出规范，包括：（A）记者应遵守国家法律，但在履行其职业天职时，不应屈服于来自国家或其他任何方面的压力与干预；（B）记者应只传播与评论他认为可信并知道来源的消息，应努力避免由于不充分或不准确，或因重大新闻的隐瞒及明显错误消息的传播带来的损失；（C）记者应把自己职业置于独立于行政、立法、司法之外的地位等等内容。俄广电系统的工作人员还有专门的《电台电视台从业者宪章》，强调广电系统的新闻工作者要捍卫公民的合法权益、保护社会的健康。此外，俄记者协会还设有处理涉及新闻道德问题纠纷的专门的大评议会。尽管有这样那样的行为规范，发布有偿商业和政治新闻在俄罗斯仍是蔚然成风。根据俄罗斯新闻工作者协会在1999年杜马选举期间进行的一次社会调查显示，俄罗斯当时各种媒体每天发表的"预定的文章"多达几千篇。2002年2月俄罗斯新闻界的一桩丑闻将这一问题暴露无遗。这桩丑闻牵涉到俄罗斯《俄罗斯报》《共青团真理报》《独立报》《莫斯科共青团报》等14家媒体。事情的经过是：俄罗斯一家通讯社故意提供一条关于一家豪华电器商店即将开张的假消息，事实上这家所谓的豪华电器商店的所在地是一所堆满垃圾的破房子。这14家媒体都发布了这则煞有介事的假新闻，并从中获得了500至1 732美元不等的报酬。事后，这家通讯社向俄罗斯新闻出版部报案，要求政府在对其违反俄广告法进行处罚的同时，严肃处理那些发表有偿新闻的媒体。俄政府并未做任何表态。

3. 从2000年3月普京当选俄总统至今

这个阶段最引人注目的事情是普京政权运用合法的手段对一些肆无忌惮的媒体巨头进行了毁灭性的打击，如古辛斯基、别列佐夫斯基等等。表现了普京政权改造金融集团所控制的媒体，加强政府对媒体的监督、控制的决心。

1999年12月31日，叶利钦出人意料地签署了第1761号命令，宣布辞去总统职务，将总统权力交由普京代理行使。普京任代总统期间，在"车臣事件"中表现出来的强硬、务实的作风赢得了许多俄罗斯人的好感。接着，经过一段时间卓有成效的争取选民的竞选活动，普京在 2000 年 3 月 26 日的总统选举中以52.94％的选票击败了其他 10 位候选人，成了俄罗斯第二个民选总统。

普京上台之后，提出了"建设强大有效的国家政权和自由、充满活力的市场经济"的治国思想，围绕这一治国思想，普京提出了一系列的政治主张和改革思路，凭借当选后高支持率的有利条件，依靠个人权威推进了一系列的改革。排除"寡头"对政治的干扰——消除财团利用财富干预国家政治进程和利用所控制的媒体对政府施加影响的现象就是改革的一项内容。

2000—2002 年的"古辛斯基案"与"独立电视台风波"被普遍视为普京政权打击"寡头政治"的开端。古辛斯基在议会和总统选举期间与普里马科夫和卢日科夫结成联盟，成了普京的反对派。古辛斯基指使他的媒体对普京进行攻击，例如指责在车臣问题上俄军的行动等等。普京执政之后，古辛斯基仍不断抨击普京政权、批评政府的政策，最具代表性的一次是抓住 2000 年 8月的"库尔斯克"号事件向普京政权发难，指责他们掩盖真相、延误救援等等，叫嚣着让普京引咎辞职。普京政权开始反击。俄联邦总检察院开始对古辛斯基进行调查取证，并在 2000 年 6月 13 日根据所掌握的证据，以"涉嫌侵吞巨额国家财产"的罪名将古逮捕并查封了其财产。6 月 17 日，俄司法机关迫于压力，释放了古辛斯基。此后，俄联邦法院对古辛斯基进行了多次正式指控，指控的内容包括"侵吞巨额国家财产""洗钱"等等，古辛斯基逃匿国外。就在"古辛斯基"一案闹得沸沸扬扬的时候，古辛斯基控股的（49.5％）独立电视台发生了股东争夺所有权的"独立电视台风波"。由于无力偿还由俄天然气石油公司担保的巨额贷款，古辛斯基的独立电视台陷入了债务危机。天然气石油公司将古辛斯基的"桥媒体"集团告上了法庭，法庭的判决让天然气石油公司成了独立电视台最大的股东（古辛斯基试图将在该电视台的大部分股份卖给美国 CNN 集团来偿还由天然气石油公司担保的贷款，遭到了俄罗斯各界的反对）。4 月 3 日，独立电视台召开会议改选了董事会，天然气工业公司的科赫被推举为董事长，古辛斯基和原电视台总经理基谢廖夫皆被"踢"出了董事会，古辛斯基丧失了独立电视台的控制权。独立电视台控制权的丧失是对古辛斯基致命的一击，这之后，这位红极一时的传媒"霸主"只剩下"莫斯科回声"电台及一些影响力微薄的小媒体尚在维持。

与之同时，俄罗斯传媒领域的另一位昔日"霸主"——别列佐夫斯基也在普京政权的打击下被迫"亡命天涯"。别列佐夫斯基在议会和总统选举的时候支持和帮助了普京，普京上台之后一再公开表示要与各财团"保持等距离"，对别列佐夫斯基的要求不予理会。别列佐夫斯基于是放弃国家杜马议员的资格，公开反对普京政权。2000 年 10 月 19 日，俄总检察院对别列佐夫斯基提出了"洗钱、藏匿外汇收入、怂恿金融诈骗"等三项正式指控，并在全国范围内对其进行通缉。正在国外的别列佐夫斯基拒绝回国接受总检察院的传讯。2001 年 10 月，俄总检察院又以"涉嫌盗用俄罗斯民用航空公司资金"的罪名，签署了对别列佐夫斯基的逮捕令。别列佐夫斯基只好继续流亡海外。"独立电视台风波"之后，原独立电视台台长基谢廖夫带着一些工作人员离开了电视台，别列佐夫斯基接纳他们到旗下的"TV－6 台"，为他们提供了继续反对普京政权的新阵地。2001 年 5 月 31 日，该台另一股东卢克石油公司（控有 15％的股份）向莫斯科仲裁法院提出起诉，以电视台连年亏损为由要求关闭电视台。案件后来提交俄联邦最高仲裁法院裁决。2002 年 1 月 11 日俄联邦最高仲裁法院主席做出关闭电视台的判决。1 月 23 日，电视台信号被终止。

普京政权采取经济手段，依据法律程序对古辛斯基和别列佐夫斯基等财团的打击是其加强舆论控制、削弱财团影响的第一步，这一步是成功的、有效果的，财团及其媒体干预政治的现象不似从前那样猖獗了。但是应该看到，财团手中还是掌握着大量的媒体，他们的力量依然强大，普京政权与传媒巨头的较量会是长期的、曲折的。

在反对垄断、打击寡头的同时，普京政权还及时地推出了一系列鼓励小企业发展的措施，对小企业提供财政、税收、信息、销售等诸多方面的支持，把发展小企业提高到了改善经济结构、活跃投资、迎接经济全球化挑战、解决就业的战略高度。这些政策为小媒体的发展提供了有利的环境。

由于改革的卓有成效，俄罗斯的经济、政治形势开始全面好转。2000 年俄罗斯国内经济强势增长，国内生产总值增长 7.5%；2001 年俄继续保持增长势头，国内生产总值增长 5%。政治局势因为普京政权与各党派对话与合作的加强而保持平稳。在这种社会背景下，俄罗斯的新闻事业迎来了新的发展机遇。

这时期，俄罗斯的互联网建设有了一定的发展。根据《2001 年世界发展数据手册》（中央财政经济出版社）提供的数据，1998 年，俄罗斯的网民已达到 120 万户，而 1999 年这个数字增加到了 270 万户。表 8-5 和表 8-6 分别是俄罗斯个人计算机和国际互联网站普及率的统计数据。当然，与许多国家相比，俄罗斯的信息规模还是偏小。于是，俄联邦政府在 2002 年 1 月批准了"2002 年至 2010 年电子俄罗斯"目标规划，并在 4 月，正式启动了这个规划。俄政府将在 8 年内拨款 771.791 亿卢布以保证该规划的实施。如果"电子俄罗斯"的规划得以顺利实施，相信俄罗斯网络将取得长足进展。

表8—5　俄罗斯国际互联网站普及率

单位：个/万人

年份 国家	1995 年	1996 年	1997 年	1998 年	1999 年	2000 年 7 月
俄罗斯	1.5	3.9	5.5	8.9	13.1	19.5

表8—6　俄罗斯个人计算机普及率

单位：台/千人

1990	1995	1996	1997	1998	1999
3.4	17.6	23.6	29.9	34.7	37.4

数据来源：《2001 国际统计年鉴》，中国统计出版社。

　　随着俄罗斯互联网的发展，俄罗斯的许多传统媒体先后建设起了网络版，独立于传统媒体之外的网络媒体也出现了。www.kp.ru——《共青团真理报》的网站现在是俄罗斯点击量最多的新闻媒体网站。广播方面，1996 年莫斯科广播电台 RADIO101 第一个做出了将节目放到网站同步播出的尝试，此后，俄罗斯出现数十家这样的网络广播电台，其中大多数依附着传统的电台，独立经营的网络广播很少。独立经营的网络广播中较有特色的有：www.radio.ru，主要播放音乐。在上文中提及的"2002 年至 2010 年电子俄罗斯"计划中，有一项重要的内容就是用信息技术促进媒体的发展。俄政府将设法让媒体从业人员学习信息技术设备的使用，从联邦预算中拨款帮助媒体使用国际信息资源，帮助传统媒体创办网络版。这项举措无疑将促进俄罗斯网络媒体的进一步发展。

本章参考书目：

（1）各国通讯社介绍．北京：新华通讯社印

（2）赵永福，傅显明．列宁与新闻事业．北京：北京广播学院出版社，1986

（3）日本广播协会编．中国国际广播电台研究室编译．世界各国的广播电视

（4）〔法〕彼·阿尔贝，弗·泰鲁著．世界新闻简史．北京：新华出版社，1985

（5）陶涵主编．世界新闻史大事记．北京：人民日报出版社，1988

（6）苑子熙．外国广播电视事业史简编．北京：新华出版社，1990

（7）郑超然，程曼丽，王泰玄．外国新闻传播史．北京：中国人民大学出版社，2000

（8）该书编辑室编．外国新闻界概况．北京：新华出版社，1982

（9）张隆栋，傅显明编著．外国新闻事业史简编．北京：中国人民大学出版社，1988

（10）张允若，高宁远．外国新闻事业史新编．成都：四川人民出版社，1996

（11）新华社北京分社主编．中外新闻知识概览

第九章
日本现当代新闻传播史

第一节　日本新闻传播业的宏观描述

从政党新闻时代到现代新闻传播时代，日本的新闻事业经历了漫长的历史时期，而新闻传播业的产业化历程相对较短而又复杂。随着世界市场产业的重大变化，知识经济开始主导市场，精神产品和服务的产业化越发显得重要。在这个大背景下，新闻传播的产业化出现两种新的趋势，一是跨国的综合性媒介集团急剧扩展；二是新闻传播作为信息产业的一部分，酝酿着新的更大规模的重组。目前，日本新闻传播业在世界传媒市场竞争日趋激烈的环境中逐步发展壮大和成熟。

一、日本传媒业的主体构成

（一）报刊

1.《朝日新闻》

《朝日新闻》是日本全国性综合报纸之一。以中上层读者为主要对象，以政论、政治新闻为主，在知识分子中影响较大。

1879 年 1 月 25 日在大阪创刊。1888 年 7 月 10 日又创办《东京朝日新闻》。1889 年大阪《朝日新闻》改名《大阪朝日新闻》。1935 年 2 月 11 日又分设了西部支社（北九州市）和名古屋支柱、出版日刊和晚刊。1940 年 8 月将大阪、东京、西部、名古屋各社都定为"本社",同年 9 月,四本社出版的报纸统一名称为《朝日新闻》。

《朝日新闻》社是股份公司,其股票有 40%掌握在村山家庭手中,30%以上掌握在上野家庭手中。主要股东为村山美知子、上野淳一、村山於藤、村山富美子。社主是村山美知子和上野淳一。

《朝日新闻》分别在东京、大阪、小仓、名古屋、札幌出版发行。除重要消息通过综合刊统一编排,内容基本相同外,其他消息则是各自采写,各自编排,其版面各有自己特色。

《朝日新闻》社的主要机构有:总合企划室、外事部、调查研究室、读者广报室、百年史编修委员会、研修所、电算本部、关连企业室、国际本部等。

东京总社的编集局下设有整理部、政治部、社会部、外报部、通信部、运动部、摄影部、调查部、学艺部、科学部、世论调查室、电流报道部、编集业务部等。

《朝日新闻》社除办报外,还兼办其他文化出版业和非文化企业。出版的定期刊物有周刊:《周刊朝日》《朝日评论》《周刊朝日百科世界的历史》;月刊:《科学朝日》《朝日摄影》《朝日》《朝日画报》;季刊:《日本季刊》《朝日亚洲论坛季刊》和年刊:《朝日年鉴》《朝日新闻报道画片集》《民力》《朝日现代用语(知惠藏)》等。仅 1990 年一年间出版的新刊有 270 册,重版 569 册,总发行数达 901 万册。与该报社有关联的企业和团体有:英文朝日、朝日学生新闻社、日刊体育新闻社、神奈川新闻社、森林文化协会、朝日兴发公司、名古屋朝日开发公司、朝日广告公司等约 60 家。全国朝日广播公司也是《朝日新闻》系统的商业电视台。

该报在国外设有 4 个总局(美国"华盛顿"、欧洲"伦敦"、中东非洲"开罗"、亚洲"曼谷")和 31 个支局,在世界主要国家和地区常驻 35 名左右的海外特派记者。

《朝日新闻》还与国内外 20 多个报纸、通讯社等新闻机构建立了特约通讯和合同关系，其中包括美联社、路透社、中国通讯社、塔斯社、共同社、时事社、朝鲜通讯社、《纽约时报》《泰晤士报》等。

2002 年 4 月，《朝日新闻》早报平均每天的发行量达到 832 万份，晚报为 406 万份。6 家本社每天发稿量共为 148.5 万字，共有员工 6890 名。国际卫星海外版发行 4.5 万份，英文版发行 3 万份，发行量居日本第二位。

2.《读卖新闻》

《读卖新闻》是日本全国性综合报纸之一。1965 年 10 月在纽约世界博览会上当选为世界六大报纸之一。

2003 年 6 月 25 日世界报业协会公布了"全球日报发行量前 100 名名单"，前 5 名都是日本报纸，排名第一的是日本《读卖新闻》。

该报以一般市场和中、小企业为主要读者对象，文字比较通俗浅显，在报道社会新闻方面有一定特点，故被认为是"群众性""庶民性"比较突出的"大众性报纸"。

1874 年 11 月 2 日由三井财阀的乡诚之助在"日就社"的基础上创刊。1940 年先后，先后与《九州日报》《山阴新闻》《长崎日日》《静冈新报》等报纸合并。1942 年 8 月，与《报知新闻》合并后，改名《读卖报知》。1946 年 5 月改名为《读卖新闻》。

1950 年 6 月改组为股份有限公司。《读卖新闻》分别在东京、札幌、高冈、福岛、横滨、鸟栖、名古屋、青森等地印刷发行。从 1986 年 11 月起，纽约读卖新闻社开始发行读卖卫星报，同年 12 月，开始在洛杉矶印刷发行。

1959 年 5 月，《读卖新闻》社首先使用"汉字电传打字机"与全自动的"单式自动排字机"的联运方式，稿件由东京总编集部发往各地，就地排版、印刷和发行。从 20 世纪 60 年代起，《读卖新闻》社用电子计算机编印报纸。

《读卖新闻》社在国内设有 4 个总社（东京、大阪、西部[北九州]、中部［名古屋]），2 个支柱（北海道［札幌]、北陆［高冈]），2 个总局（东北、金泽），57 个支局和 176 个通信部。在国外设有美国（华盛顿）、欧洲（伦敦）、亚洲（曼谷）3 个总局和 31 个支局。东京总社下设有论说委员会、调查研究本部、读卖文化中心委员会、总务局、管财局、广告局、贩卖局、制作局、事业本部、电波本部等 20 多个部门。

该社还拥有 6 架配有无线电和传真输送设备的双引擎飞机和直升机，一旦有事便能迅速飞赴现场进行采访。

《读卖新闻》社还编辑出版各种杂志和书籍。周刊有《周刊读卖》《读卖图片新闻》；月刊有《读卖新闻缩刷版》《大相扑》《This is 读卖》（1990 年 3 月创刊国际情报招杂志《This is》以替代《This is 读卖》）；年刊有《读卖新闻总览》《读卖年鉴》《读卖报道图片集》和书籍：《日本的历史》《读卖科学选书》等。此外，从 1955 年 4 月起，还出版了英文版《读卖时报》。

与《读卖新闻》社有关系的企业和团体很多，它们有：新闻、出版机构：《报知新闻》社、《福岛民友新闻》社、日本电视广播网公司、读卖电视广播公司、旅行读卖出版社、读卖日本电视文化中心；文教机构：读卖理工学院、读卖情报开发中心、读卖光和爱事业团、读卖电影社、读卖日本交响乐团、巨人棒球队；以及读卖旅行公司、读卖观光公司、读卖不动产公司、读卖国际经济恳话会，并经营一处占地 150 英亩的读卖游乐园。

据 1997 年对参加日本新闻协会的 98 家报社的统计，发行收入比例为 63.8%，其中，著名的《读卖新闻》的发行收入占到 60%。目前，《读卖新闻》日发行量为早刊 1031 万份、晚刊 430 万份。

3.《日本经济新闻》

《日本经济新闻》是日本全国性综合报纸之一，也是全国最有影响的经济类报纸。主要侧重于经济方面消息报道，以经济信息为中心，带有一定专业性。读者对象主要是大、中企业、公司、银行等财经部门的中上层职员。该报是反映财界主流派意的报纸,故而特别受到财界的重视。

1876 年 12 月 2 日创立,当时是三井物产公司为提供商业行情在东京成立的《中外物价新闻》周刊,1885 年改为日刊。1889 年改名《中外商业新报》。1942 年,与《工业新闻日刊》《经济时事新报》合并,改名《日本商业新闻》。1946 年 3 月起改为现名。

日本经济新闻社是股份公司。《日本经济新闻》分别在东京、大阪、福冈、仙台、松本等国内 20 个城市印刷出版。1987 年 5 月和 7 月,《日本经济新闻》国际版还由卫星传送分别在纽约、洛杉矶、海牙、新加坡等 4 个海外城市印刷出版。

东京总社设有:论说委员会、经理局、总务局、编集局、电算机管理本部,事业局等。编辑局中负责经济报道的机构很多,除从事宏观经济报道的经济部和经济解说部外,还有从事微观报道的产业部、金融部、流通经济部、证券部、商品部、科学技术部。

该报社在国外设有美洲编集总局(纽约)、欧洲编集总局(伦敦)、亚洲部(新德里),并在华盛顿、巴黎、日内瓦、开罗、北京、雅加达等地设有 27 个支局。

从 1976 年开始,该报社逐步实行了利用电子计算机进行编印的全自动编印报纸的新技术,由电子计算机程序控制完成。整个制作过程,总共只需 1 个多小时。

日本经济新闻社拥有 68 家子公司和合办公司的日经集团。与日经集团有关联的公司有:日经麦格劳-希尔公司、日经家庭出版社、日经科学出版社、日经 BP 社、日经事业出版社、日经美国公司、日经欧洲公司、日经贩卖开发公司、日本经济广告公司、日经新加坡公司、日经新闻中心等。这个集团还拥有东京电视台和 4 个地方电视台(大阪、爱知、濑户内、北海道)以及日本唯一的短波广播电台——日本短波广播电台。

日经集团经营的项目大致可分为 5 大类:报纸、出版、电信媒介和信息库、社会公益事业和广播电视。

报纸有：《日本经济新闻》《日经流通新闻》《日经产业新闻》《日经金融新闻》和英文报《日经周刊》等近 70 种。

出版有 34 种杂志、定期刊物，如《日经商业》《购物》《个性》《日经金钱》《科学》《消费与流通季刊》等。每年出版书籍达 300 种、300 万册，从经济专业书到经济小说、美术书、年鉴、手册、内容十分广泛。其中有《会社（公司）年鉴》《流通会社年鉴》《外国会社（公司）年鉴》《日经金融年报》《日经经营指标》《经济新语辞典》等。1990 年出版新书达 233 种。

日本经济新闻社数据库局建立了可联机检索大量信息的综合经济数据库系统 NEEDS，积累有超过 250 万系列的数据和超过 300 万条报道信息，可向特定用户提供专业信息和通过个人计算机的联机提供日本经济新闻快报。

《日本经济新闻》社还有"日本经济研究中心""日本经济数据开发中心""日本会社债研究所""日本产业消费研究所"和"日本广告研究所"等经济调查研究机构。《日本经济新闻》每日出日报和晚报，早刊 311 万份、晚刊 168 万份。

4. 《每日新闻》

《每日新闻》是日本全国性的综合报纸之一。是日本最早的报纸，1872 年 2 月 21 日创刊，最初称《东京日日新闻》，1911 年同《大阪每日新闻》合并，后几经变迁，于 1943 年 1 月正式定名为《每日新闻》。

《每日新闻》的读者对象主要是农民，但随着战后农村人口向城市的大量集中，其读者也随之大减。

每日新闻社是股份公司。《每日新闻》分别在东京、札幌、大阪、北九州、名古屋等地印刷发行。该社在全国设有 4 个总社（东京、大阪、西部［北九州］、中部［名古屋］）、一个支柱（北海通）、2 个总局（福冈、北陆）和 89 个支局。东京总社下设有：经济企划室、总务室、论说室、编集局、综合推进本部、事业本部、制作局、地方机关、出版局等。

编集局下设有：编集委员室、读者室、整理本部、政治部、经济部、社会部、生活家庭部、外信部、地方部、摄影部、情报开发部、情报调查部、航空部、世论调查部等。

《每日新闻》驻外机构有 2 个总局：北美总局（华盛顿）、欧洲总局（伦敦）；18 个支局（北京、中国香港地区、新德里、开罗、莫斯科、日内瓦、新加坡等）。它还和合众国际社、法新社、中国通讯社、塔斯社、新亚通讯社、朝鲜通讯社、无线电通讯社、日本电波新闻、中央通讯社（中国台湾地区）等 17 家国内外报纸、通讯社有特约通讯关系。

除出版《每日新闻》外，该报社还出版日刊：《每日新闻》（英文版）、《每日小学生新闻》《每日中学生新闻》；周刊：《每日儿童新闻》《每日星期日》《经济学人》《每日盲文》《每日周刊》（英文版）；月刊：《每日生活》《每日新闻缩刷版》；双月刊：《佛教艺术》及《日本统计年鉴》等。还出版由日中经济协会赞助出版的中文刊物《日中经济》季刊。

与每日新闻社有关系的企业约有 50 家，其中有：每日电影社、《下野新闻》、东都春阳堂、每日新闻出版赎卖公司、每日广告社、亚细亚调查会、每日书道会等。每日发行量为早刊 401.5 万份、晚刊 300 万份。

5. 《产经新闻》

《产经新闻》是日本全国性的综合报纸之一。1933 年 6 月 20 日在大阪创刊。前身是 1913 年的《日本工业新闻》，后陆续合并了大阪每夕新吓社和爱知县以西 33 个有关产业经济的新闻社，1942 年改名为《产业经济新闻》。1948 年改东京支社为东京总社。1958 年 7 月东京总社和大阪总社统一出版后改名《产经新闻》，从而成为全国性的综合报纸。

《产经新闻》社为股份公司。《产经新闻》分别在东京、芝浦、千叶、浦东、崎玉、所泽、大阪、北摄、松原、大淀、冈山、仙台等地印刷。从 1991 年 2 月开始，在每月第一、第三个星期日发行漫画新闻《诙谐产经》，这在日本新闻界是首创。

《产经新闻》社在东京和大阪设有 2 个总社。东京总社下设有 4 个总局（仙台、横滨、浦和、千叶）、20 个支局、37 个通信部和 50 个特别通信部；大阪总社下设 3 个总局（中部、冈山、九州）、27 个支局、62 个通信部。

东京总社下设有：电波本部、综合企划室、读者服务室、总务局、论说委员室、编集局、工程管理室、正论调查室、《产经体育报》编集局、《富士晚报》编集局等。

该报社在伦敦、巴黎、柏林、华盛顿、纽约、莫斯科、汉城、中国台北、中国香港等地设有 14 个支局。并和美联社、路透社有特约通讯关系。

除出版《产经新闻》外，该报社还出版《产经体育报》《富士晚报》《大阪新闻》《日本工业新闻》《产经周刊》等。富士电视公司也是《产经新闻》社系统的电视台。与之有关联的企业、机构还有日本制版公司、产经总合印刷公司、产经广告社、产经新闻开发公司、产经新闻图片中心等。每日发行量为早刊 200 万份，晚刊 66 万份。

（二）广播电视

1. 日本广播协会

日本广播协会（简称 NHK），是日本最大的广播、电视机构，是根据日本广播法成立的半官半民的特殊法人组织，它的会长必须由首相任命、日本参众两院批准。

NHK 拥有日本最大的广播、电视网。NHK 广播电台于 1925 年 3 月 22 日成立，当时为日本全国独家经营的电台。1953 年 2 月 1 日又开创了电视台，现有 5 个电视频道。

NHK 广播电台每天对国内用 3 个频道播音：一是综合节目，二是教育节目，三是调频广播。播音时间各为 19 个小时。在电台停播时，遇有重大事件，如地震等，电台可在几分钟内立即向全国广播震情，震中及各地的震情，并陆续报道地震发展情况。

NHK 广播电台的对外广播，使用 21 种语言向全世界广播，每天共播送 37 小时。播送的节目以新闻、评论为主，约占总节目量的 66.4％，各类信息教育节目占 27％，娱乐节目占 6.6％。对各地区的广播，充分考虑了收听对象的语言、政治动态、风俗习惯和宗教等特殊性。

NHK 电视用两个频道播出，一是综合台，另一是教育台，全天各播放 19 小时，综合台的节目，娱乐节目只占五分之一，其余都是和信息有关的新闻、教育和文化类节目。其中新闻节目占播出时间的 38％，占重要地位。新闻报道及时，讲究时效，很多是现场转播。1986 年，实现了两个频道的电视卫星播放，使日本成为第一个开办卫星直播电视的国家。1989 年 6 月还开设了两个频道的卫星电视广播。从 1985 年开始，NHK 还增加了文字电视广播和紧急警报广播。

NHK 的所有电视节目都是用电子计算机编排的，其演播系统也由电子计算机控制。资料中心把所有资料分成 6000 个种类，根据需要可立即取出节目所要的有关文字、磁带、唱片等资料。NHK 还设有独立的电视节目制作中心，它拍摄的电视剧《阿信》和《三国演义》木偶剧等吸引了许多观众。

NHK 的电台和电视台从来不登广告，其经费来源有 98％来自收听、收看费。按日本广播法规定，收听广播和收看电视必须向 NHK 交纳收听、收看费。1987 年至 1988 年度，NHK 的收看费收入就达 3348 亿日元，平均每个电视用户 1 万日元。其对国外广播的经费则接受国家拨款，NHK 的预算需经日本国会批准。

NHK 总部在东京，国外设有 27 个支局。

NHK 的其他机构还有：广播总局、编成局、报道局、节目制作局、制作业务局、卫星广播中心、国际局、技术局等。还设有广播文化研究所、广播技术研究所等研究机构。

（三）通讯社

1. 共同通讯社

共同通讯社是日本最大的通讯社。1945 年 11 月 1 日成立。前身是 1936 年成立的同盟通讯社。它是社团法人，但其报道在一定程度上反映了官方意图。

总社在东京，在日本国内设有 5 个支社（札幌、仙台、名古屋、大阪、福冈）、1 个总局（关东）和 48 个支局。总社下设社长室、总务室、业务局、经理局、编集局、国际局、电台和电视台局、联络局等。

编集局负责报道业务。下设整理本部和内政、经济、社会、运动、文化、摄影、外信、国际报道等部，还设有论说委员室、预定中心、体育情报中心、资料室等，整理本部为发稿中心，每天发稿 28 万字，传真照片 170 张。

共同社的对外广播只有英文和日文两种。英文广播每日 7 小时，约 20 万字。日文广播每日 20 个小时，约 12 万字。

共同社在国外设有 37 个总支社。在世界各国和地区常驻的海外特派员、记者共有 70 多人。使第一线记者能了解到总社的要求，总社的编辑也能了解第一线记者的实际情况，以加强国内外的密切合作。

共同社与国外 65 个通讯社有业务联系，其中有路透社、法新社、合众国际社、朝中社、安塔拉通讯社、新华社等。并在世界各主要城市设有 30 条国际专用线。

共同社除发布新闻外，还出版《世界年鉴》《海外论说速报》《金融经济速报》《世界情势特别资料》等定期刊物和《记者手册》、棒球介绍等小册子。还编辑外文宣传刊物，向国外读者提供服务。

2. 时事通讯社

时事通讯社是日本第二大通讯社。1945 年 11 月 1 日在前同盟社的海外局、经济局的基础上成立的。它是一个由社员持股制的股份公司（授权资本为 4.95 亿日元），但与官方有一定的关系。

总社在东京，下设有 6 个支柱（大阪、名古屋、福冈、札幌、仙台、广岛）、4 个总局（横滨、静冈、京都、神户）和 72 个支局。

总社下设综合企划室、编集局、经理局、总务局、联络局等。编集局负责报道业务，下设整理部、经济部、内政部、英文部、摄影部等。

时事社和日本全国 140 家报社和广播公司订有合同，除每天向它们发布国内外新闻外，还提供各种经济、金融、证券情报以及文化、艺术、家庭问题等特稿和解说。时事社还通过国外 13 个城市的总、支局每天向当地发行日本国内新闻的日文速报，并受外务省委托，向日本各驻外机构提供英文、中文、西班牙文的日本国内新闻。

时事社定期出版《世界周报》《周刊时事》《时事年鉴》《家庭的医学》等刊物。还出版各种专题速报和通信，如官厅速报、时事解说等。

时事社在国外设有 29 个支局，并和法新社、路透社、合众国际社、塔斯社、新华社等 16 个外国新闻机构有特约通讯关系。

二、日本传媒的特征

(一)哑铃式传媒集团结构

日本最先出现的是报纸，随后，在 1925 年开始有了广播，1953 年又开始了电视的播放，这段时期日本的传媒结构是以报纸为中心的一点多面的结构。报纸、广播、电视和出版在表面上看似乎是各自独立的，但实际上它们之间都有着联系。总体来考察，日本传媒界是以报纸为中心，以报纸作为领头人来进行广播、电视等产业，进而再进行出版事业。这其中，出版业的参与度更高，尤其是报纸经营杂志比较普遍。但是，日本传媒经过几十年的发展，尤其是电视产业的发展和新媒体（包括因特网、手机短信息和数码播放）的兴起，"信息传播"产业已成为日本文化产业中的"重头戏"，它包括电视、报纸、图书出版、电脑网络、手机信息等，但目前最重要的信息传播媒体是电视。这样，由原先以报纸为中心的传媒结构转变为"哑铃式"结构，即电视台和报纸集团式经营，又各为核心，分别统领众多子公司。这种集团式经营，最大好处是扩大了媒体的整体实力。

（二）公司化运作，民营化经营

日本的媒体都是公司，大都是一些民间的、民营的企业，按照民营企业的模式进行运营。其中只有一个特例——即 NHK。NHK 是公共放送，公共性很强，但它并非国营。它的费用是靠从公众中收费而取得的，而不依赖国家的税金。由此可以看出，日本媒体的产业特性就是多数为民营企业。

（三）媒体拥有报道自由

保障新闻报道的自由，有利于社会的发展，有利于国家利益的增进和国民生活的安定。新闻报道的自由在宪法上受到保护，它是基本自由的重要组成部分，民间企业可以把言论作为一种商品进行生产。但仅仅有报道的自由和言论商品化常常会使事情走向另一个极端，为读者所唾弃。因此在进行新闻报道时还需要责任和伦理道德。如日本新闻协会在 2000 年 6 月新制定了一个报纸伦理纲领《日本新闻伦理纲领》，以适应 21 世纪以及更远的未来日本报业的发展。这个纲领是所有报纸都应遵守的一个纲领，同时，每一个报社自己还有内部应遵守的一些纲领。如日经新闻社社内的宗旨是中正公平，以使日本国民生活的基础——经济——得到和平民主的发展。又如朝日新闻社的宗旨是立足不偏不倚的立场，贯彻言论自由，为把日本建成民主国家和确保世界和平而努力。再如读卖新闻社的宗旨是要尊重个人的尊严，要推进国际合作和国际主义，要为世界和平做出贡献。

第二节　日本文化产业模式及发展趋势[①]

在日文中并无"文化产业"一词。日本东京经济大学传播学资深教授八卷俊雄先生，将其归纳为传播、电影和艺术等等产业。

---

① 感谢日本东京经济大学终身教授八卷俊雄先生提供本节数据。

一、日本传媒产业基本数据

表 9—1   日本传媒产业基本数据一览

传媒产业 （2003 年）	数量	销售额 （亿日元）	广告 收入	从业人员人数 （人）	
1. 报纸产业	116 家报社	20 500	10 500	53 216	1861
2. 出版产业 （含杂志产业）	1 000 家出版社 92 家杂志社	23 000 10 000	4 025 4 025	43 500 13 500	1721 1867
3. 电视产业	198 家电视台	27 943	21 287	39 296	1923
4. 广告产业	3 000 家广告公司	57 000	—	100 000	1650

二、日本报业

日本"新闻"（报纸）一词始于 1861 年。在那时日本划分为 100 多个国家和地区，称为江户时代，它们之间竞争激烈但相互贸易被禁止。江户时代结束后，政府敞开贸易渠道。日本报业始于 1867 年，最早英国将报纸带入日本新九州的长崎，经历 6 年时间，日本报业开始发展。1900 年，全日本报纸发行量达 100 万份，分为东京报系和大阪报系。东京报系以政治报道为中心，后随其威信降低而发行量减少，大阪报系受西方影响，以社会、经济为中心，发行量渐增。1900 年，大阪系报纸被兼并。1943 年到 1944 年间，由于报纸用纸缺乏，以及言论控制，全国 51 个地区的 51 种报纸（每个地区一份）整合为 4 份。1945 年以降，报业开始自由竞争，但少数报纸垄断的状况仍旧持续。目前，日本报纸协会共有 116 家报社加盟，全国性的报纸主要有朝日、每日、读卖、日经、产经等 5 家，占报纸总发行量的 40%。东京的日经、读卖、最高量到 1000 万份，后来也转向时事与经济报道。

三、日本出版业

日本出版业中小企业居多。属于报社系列的有五家：朝日、每日、读卖、日经、产经。

主要的杂志有（按发行量排列）：

周刊：NONNO・女性自身・AN－AN・周刊ポスト・现代周刊・文春周刊・朝日周刊（报社系列）・女性周刊・新潮周刊・SPA（报社系列）・每日 SUNDAY（报纸系列）・读卖周刊（报纸系列）・商业志・日经商业（报纸系列）

月刊：ピア・MORE・FOCUS・主妇之友・主妇与生活・ミセス・LEE・ELLE－JAPON・文艺春秋・SPORTS GRAPHIC NOMBER・女性俱乐部・女性生活・中央公论（历史最为悠久）・现代。

四、日本广播业

日本电视产业除 NHK 属于公共机关外，其余全部属于报社系统。日本报的垄断状况也反映在广播电视业。报纸的经营状况和电视台的经营状况紧密相关。NHK 是公共频道，没有广告，是收费的，每个月每户家庭 3000 日元。消费与广告收入的差额是 NHK 的收入＝27943 日元－21287 日元，NHK 的收入 6650 亿日元。全日本 39296 人中 12000 多人在 NHK 工作，故 NHK 是龙头企业。其余的频道主要靠广告收入。

其他，如：CATV，即 Cartoon Network（24 个频道）；Animal Channel，MTV（Music TV），CNN 新闻频道，Movie Channel（34 个频道），KARAOKE（24 个频道），Wowow，Star Channel 等。

表9-2 日本主要频道

报 社	电视台（东京的频道数）	BS放送	广播放送
读卖新闻	日本TV（4）	BS日TV	—
朝日新闻	朝日TV（10）	BS朝日	朝日放送
每日新闻	TBS（6）	BS－I	TBS广播
产经新闻	富士TV（8）	富士BS	
日经新闻	东京TV（12）	日本BS	广播短波
独立系	东京MXTV TVKTV	WOW－WOW 卫星频道	文化
NHK	NHK	NHK－卫星1 NHK－卫星2	NHK

五、日本SP产业（广告业）

SP的英文Sales Promotin为促销之意，见表9-3。

表9-3 日本广告业情况一览

广告种类	制 作 费 （亿日元）		开始年份 （年）
户外广告	2 500（制作费）	户外广告协会	710
P.0.P（销售 现场广告）	1 725（制作费）	P. O. P 协会	1241
插页广告	4 600（插页广告费）	插页广告服务	1673

广告种类	制作费（亿日元）		开始年份（年）
展示影像	3 200 展览会、博览会、PR（Public Relations 公共关系、宣传广告活动）会场的制作费，广告用影像的制作费、上映费。	—	1656
交通广告	2 400（登载费）	交通机关	1872
D. M（direct mail 邮件广告）	3 300（邮费）	D. M 协会	1880
电话簿广告	1 500（登载费）	N. T. T（日本电报电话株式会社）	1952

六、日本文化产业

（一）音乐产业

据日本レコード协会（日本唱片协会）统计，2003 年度日本音乐产业的总销售额为 17，547 亿日元。其中，卡拉 OK：9 085 亿日元；音乐 CD：5 398 亿日元；音乐会：1 970 亿日元；音乐 CD 出租：629 亿日元。

（二）电影产业

2003 年日本电影产业总收入为 1 490 亿日元（日本电影年鉴）。

（三）戏剧

2003 年日本戏剧业收入为 964.7 亿日元（日本经济产业省）。

（四）体育产业

2003 年日本体育产业总收入为 663 亿日元，其中，棒球业收入为 439 亿日元（日本经济产业省）。

（五）美术鉴赏

2003 年日本美术鉴赏收入为 590 亿日元（日本休闲开发中心数据）。

（六）竞赛业

2003 年日本竞赛业收入为 59 亿日元（日本经济产业省）。

（七）动画产业

2003 年日本动画业收入为 300 亿日元，包含卡通形象商品，则为一兆日元。

（八）东京迪斯尼乐园

2003 年总收入为 2 000 亿日元。

七、日本传媒产业的历史

710 年　户外广告（木简）

712 年　古事纪出版

954 年　实物看板

1241 年 Ｐ・Ｏ・Ｐ（御馒头所）

1260 年 插页广告（護符）

1550 年 象征性看板（杉の酒林）

1653 年 广告公司（口入屋）

1700 年 音声广告（歌舞伎）

　　海报（歌舞伎、相扑、杂耍）

1749 年 竞赛（吉原）

■ 1791 年 景物本

■ 1861 年 报纸

■ 1866 年 海外报纸

■ 1867 年 杂志（西洋杂志）

■ 1872 年 交通广告

■ 1878 年 PR 法（芳谭杂志）

■ 1880 年 DM（信件广告）

■ 1952 年 电话贴

■ 1923 年 收音机

■ 1953 年 TV・CATV

■ 1990 年 互联网

八、日本文化产业的历史

12 世纪	狂言	1700 年	滑稽故事
13 世纪	歌舞伎·能	18 世纪	相扑
1600 年	阿国歌舞伎	1873 年	棒球

第三节　日本报业组织构成与
经营管理模式

日本是名副其实的报业王国，目前，在这个弹丸之地的岛国，全国性报刊及主要地方性报刊达 120 多家，其发行密度堪称全球第一。在日本几乎每一家都订报纸，几乎每个人都看报纸。按世界上通行以每千人日报拥有量来衡量一个国家报纸普及率的标准，世界的平均水平约 90 份，而据日本新闻协会统计，日本的每千人日报的拥有量为 578 份。

除了发行密度之外，全球发行量最大的报纸在日本，而且全世界报纸发行量排在前 10 位的，有 5 家在日本，这是世界第一。这 5 家报纸分别是《读卖新闻》《朝日新闻》《每日新闻》《产经新闻》《日本经济新闻》，它们的发行量从 1000 多万份到2000 多万份不等，占该国报纸发行量的 1/2 强。其特有的报业组织构成与管理模式，为报业发展与研究提供了有价值的参照。

一、机构设置

日本报社的机构设置一般包括以下三个有机系统：编辑系统、经营系统、管理系统，共同构成日本某一报社的统一体。

（一）编辑系统

日本报社的机构比较庞大。全国性的大报社，其机构设置一般有总局、支局、通信部和特别通信部，同时在国外重要城市设有多个支局，和各大通讯社保持密切通讯关系。在总社中，编辑局（在日本也称为"编集局"）是很重要的部门，局下设若干部，一般设有：编辑委员室、读者室、整理本部、政治部、经济部、社会部、生活家庭部、外信部、地方部、摄影部、情报开发部、情报调查部、航空部、世论调查部等。许多报社把撰写社论的"论说室"设在编辑局外，以便保障不同于报道文章的社论的撰写。

（二）经营系统

这个经营系统主要是科学销售与发行网络。报社为了维持健全的运营，使报纸不受外界的影响，因而是自立的，所以如何确保报社的收入是很重要的。一个来源于销售，另一个来源于广告。只有得到读者的支持，报社才能生存，读者是办报的生命线。日本的大报，销售与广告的比例，一般是5∶5或4∶6这个幅度。日本的报社在经营中，逐步建立了一种新闻贩卖制度，即推行复合型报纸营销网络，也可以称为贩卖整合营销。根据各地实际情况，报业经营者设置专卖店（只销售某种报纸）、复合店（销售多种报纸）、合卖店（该地区所有的报纸都在该店销售，合卖店多设在山间，或比较偏僻的地方）这三类报纸销售点。在日本全国，建立报纸销售店达两三万个，有数十万从业人员。平均每个都道府县有几万个销售店。在大城市，到处都设有报刊亭销售各种报刊。

（三）管理系统

日本的报社几乎就是一个股份公司，但不上市。从制度上来说，日本限制报社股份的转让。日本很多大报，都采取了"社主制"，即社长是这个报社的所有者，经营方式基本上是按家庭所有来经营的。最高领导人是社主，但社主并不直接参与日常经营管理。日常业务与经营管理工作，实际上是由社主聘任的社长及取缔役（董事）组成的最高领导层负责。这些董事会成员分别担任报社各方面的具体领导工作，比如朝日新闻社在日本国内设有东京总社、大阪总社、西部总社、名古屋总社，这4家总社都有各自的法人代表资格及相对独立的权限。朝日新闻社的编辑局（核心部门）由包括驻30多个国家和地区的记者在内的数千人组成。编辑局由多个部门组成，各部门每天及时将新闻稿件送到整理部，整理部根据消息的重要性来判断和决定刊登在第几版，然后由各版面的编辑再决定稿件编排。编辑局负责人每天都要定时召集各部门负责人开会，各部门之间的负责人每天要碰两次面，安排各项工作并决定早刊、晚刊各个版面的编排。报道文章审查部每天都要向编辑局及新闻社主要领导提交如何提高报纸质量的批评建议报告。另一些报社则采用员工持股制度。日本的报社之所以实行这些制度，主要是为了防止外界资本对报社施加压力，从而保证言论的自由。在报社，最高管理者本身也是股东之一，而其他员工，虽然是最高管理者的部下，但同时也是报社的股东。

此外，日本还专门建立了全国性的日本新闻协会。该协会成立于1946年7月23日，下设若干委员会、部门和研究所。该会为法人团体，其目的是提高全国新闻、通信、广播的伦理水平，维持共同利益。其具体业务包括新闻伦理的发扬和新闻教育的普及，有关新闻、通信广播事业的调查研究，同国内外进行有关新闻、通信、广播事业方面的联系以及发行会刊和资料。协会制定了《报纸伦理纲领》《报纸推销原则》《报纸广告伦理纲领》以及《广告刊登准则》等几项文件，用来指导和约束会员的行为。该协会的会员主要是一般性、综合性的报刊发行单位以及通信、广播单位等。参加日本新闻协会的会员报纸包括全国性报纸、区域性报纸和地方性报纸，发行范围遍布城乡。

二、报纸分类

按是否专业来划分有两大类，一类是一般报纸，一类是专业报纸。除一般报纸外，专业报纸所占比重较大。专业报纸的内容以应用技术为主，比如化纤、钢铁等行业发行的报纸；也涉及社会科学和自然科学，以及体育、娱乐等专门性报纸。以上这些就构成了日本报纸发行的大的结构。

按区域范围或发行影响可以分为全国性报纸和地方性报纸。

全国性报纸主要包括《读卖新闻》《每日新闻》《朝日新闻》《日本经济新闻》和《产经新闻》这五大报纸。地方性报纸更多，明治4年，是当时日本地方报纸发行最多的一年。《大阪日报》《京都新闻》《名古屋新闻》《开化新闻》以及《新闻杂志》等地方报纸都是在这一年创刊的。

对报纸按定位来划分，可以分为都市类报纸、财经类报纸和综合类报纸。对于日本的全国五大报纸的发行地位及其社会影响，本节将重点进行分析。

（一）都市类报纸

都市类报纸以《读卖新闻》和《每日新闻》为代表。《读卖新闻》以一般市场和中、小企业为主要读者对象，文字比较通俗浅显，在报道社会新闻方面有一定特点，故被认为是"群众性""庶民性"比较突出的大众化报纸。《读卖新闻》1874年11月2日由三井财阀的乡诚之助在"日就社"的基础上创刊。1940年先后与《九州日报》《山阴新闻》《长崎日日》《静冈新报》等报纸合并。1942年8月，《读卖新闻》与《报知新闻》合并后，改名《读卖报知》，1946年5月改名为《读卖新闻》，1950年6月改组为股份有限公司。从此，《读卖新闻》由一家销路不大的报纸变成为日本全国性的大报纸。读卖新闻社还出版《读卖日报》（英文版）、《读卖年鉴》等10多种杂志和《人权须知》等单行本，还经常举行丰富多彩的文化体育活动。

《每日新闻》原来的读者对象是农民，但随着战后农村人口向城市的大量集中，其读者也随之大减，现在转为争取市民读者。它是日本最早的报纸，1872年2月21日创刊，最初称《东京日日新闻》，1911年同《大阪每日新闻》合并，后几经变迁，于1943年1月正式定名为《每日新闻》。每日新闻社还拥有每日画报社、每日新闻东京社会事业团、大阪高速印刷和富民协会等事业和企业。

（二）财经类报纸

财经类报纸以《产经新闻》《日本经济新闻》为代表。《产经新闻》1933 年 6 月 20 日在大阪创刊。1942 年改名为《产业经济新闻》。1948 年改东京支社为东京总社。1958 年 7 月东京总社和大阪总社合并后改名《产经新闻》，从而成为全国性的财经类报纸。

《日本经济新闻》70％左右的版面为经济报道，内容包括市场行情和产业、企业、证券、商品信息，家庭和个人经济信息等，为各类读者广泛地提供所需要的经济信息。它以经济信息为中心，具备一定专业性。它的读者对象主要是大中型企业、公司、银行等财经部门的中上层职员。该报是反映财界主流派意识的报纸，故而特别受到财界的重视。该报于 1876 年 12 月 2 日创立，当时是三井物产公司为提供商业行情在东京成立的《中外物价新闻》周刊，1885 年改为日刊。1889 年改名《中外商业新报》。1942 年，与《工业新闻日刊》《经济时事新报》合并，改名《日本商业新闻》。1946 年 3 月起改为现名。《日本经济新闻》的办报宗旨：尊重中正、公平，期望作为日本国民生活基础的经济的、和平的、民主的发展。

（三）综合类报纸

综合类报纸以《朝日新闻》为代表。该报以中上层读者为主要对象，内容以政论、政治新闻为主，在知识分子中影响较大。1879 年 1 月 25 日在大阪创刊。开始时仅仅是份小报纸，但仅仅用了 4 年时间就发展成为遥遥领先于全国各报的大报纸。《东京朝日新闻》于 1888 年 7 月 10 日创办。1889 年大阪《朝日新闻》改名《大阪朝日新闻》。1935 年 2 月 11 日《朝日新闻》又分设了西部支社（北九州市）和名古屋支社，出版日刊和晚刊。1940 年 8 月《朝日新闻》决定，大阪、东京、西部、名古屋各社都为"本社"，同年 9 月，4 本社出版的报纸统一名称为《朝日新闻》。

三、经营管理模式

日本报纸的发行量和普及率，早在 20 世纪 80 年代就居西方发达国家榜首，现在的数字也表明这一地位仍未改变。日本报业发达的重要原因，除其经济与交通相当发达、国民生活水平和文化素质较高等因素外，报业本身经营管理机制的革新，是日本报业迅猛发展的助推器。日本是世界上报纸普及率最高的国家之一。2002 年，日本报纸的日发行量为 7660 万份，高居世界第一，人均拥有的报纸数量也居于世界前列。[①] 研究表明，除了报纸发行的专卖制、家庭订阅制和投报到户外，重视自我推广是日本报纸发行的重要策略。

（一）多元化营销

成熟的报刊发行体制促进了日本报纸发行量的庞大。1930年，日本就出现了发行专卖制。专卖制指报社与发行销售店签订专营合同，它有专营性质，为特定的报社提供专一的发行服务。专卖制经过几十年的发展愈加成熟，日本全国有近两万个专卖店。为报纸销售打下了坚实的基础。[②] 日本报纸的普及率高有很多制度基础，诸如宅配式发行制度、再贩制度、营业权制度、地域制度等。有这些制度作前提，使日本报纸的普及率非常高。

宅配制发行。目前，日本报纸市场已趋于饱和状态，但发行量却一路飙升。日本报纸高发行量原因存在于很多方面，就社会大环境而言，主要因素包括日本国民的平均教育程度较高及其长期读报的传统和发达的交通传送工具等。就报纸本身而言，除了不断提高报纸质量吸引读者外，独特的"宅配制"发行方式有效提高了报纸影响力。20 世纪 40 年代，日本就开始推行"宅配制"（相当于我国现在报界奉行的"敲门发行法"），所以，日本报纸的直接投递网非常健全。日本报社的经济来源，一是靠报纸的征订费，二是靠广告费。广告费的计算标准，是根据报纸发行份数的多少来决定的。发行量是广告收入的基础，发行量越大，

---

① 张子让：《酒香也怕巷子深——日本报纸的自我推广策略》，视网联新闻中心。

② 谭军波：《日本物流业与报刊发行观察与思考》，http://www.cjr.com.cn

收的广告费越高。报纸的发行份数直接关系到广告收入。日本的报社一般既发行日报也发行晚报。地方上的一些报纸只发行日报不发行晚报，或者只发行晚报而不发行日报。日本报纸发行绝大部分是靠订户，零售份额很少。日本全国建立了报纸销售网，遍布城乡的发行网络，使得绝大部分的报纸销售量由宅送实现，零售仅占极少量，而邮送更是微乎其微。庞大的发行店和投递员与报社之间完全是一种契约关系，按合同履行各自的职责。发行大军每天投递报纸，又承担巩固发展新老订户的任务，上门收订报纸，订户一般一个月支付一次报款，极为便利。这样报纸的发行不是集中在年底突击进行，而是细水长流真正做到家。① 日本报纸发行销售网具有很多特点。一是有庞大发行量的全国性报纸。发行量最大的《读卖新闻》已经达到1 000万份，《朝日新闻》800万份，《每日新闻》将近400万，《日经新闻》300万。二是家庭订阅报纸的比率非常高，日本4 000多万个家庭，而报纸的发行量达到5 300万份，报纸的发行量远远超过家庭的数量。三是送报上门率比较高，报纸是送到每个家庭。四是禁止降低订阅报纸的费用。五是日报和晚报的配套投递。如世界上发行量最大的读卖新闻社，拥有遍及全国的八千多家发行店，有十多万投递员活跃在各地的大街小巷，每天准时把日报和晚报送到读者家中。发行报纸既有利可图，也为社会提供了很多的就业机会，不少大学生通过投递报纸作为自己的重要兼职实践。

再贩制度。全称叫作"再贩卖价格维持制度"，实际上是指维持出版物、报纸定价的这样一种制度。虽然日本的《反垄断法》规定，生产厂家不能对价格过多干涉，即商店以什么价格销售这个商品是可以由商店自由做出决定的；但该法律不涉及报纸和一些出版物，由此也提高了日本报纸的普及率，同时消除了一些没有意义的竞争，使报纸销售点的经营得以维持。尽管日本社

---

① 江潜：《报业王国启示录——来自日本报界的最新报告》，http://www.cd-dc.net/chuanmei/41.htm

会关于这个再贩制度有很多的争议，近年来日本公平交易委员会也考虑是否废除该制度，但悬而未决。根据日本新闻协会的一项调查，日本绝大部分读者需要这样的制度。①

营业权制度。这是关于报社与销售店交易而建立的制度。日本报纸的一个特点是在任何场所都能读到报纸，这是因为销售店发挥了巨大的作用。销售店要销售报纸，必须取得营业权，报纸的销售店是个自主的经营体，办理这个业务要付一定的费用，即在日本所称的"代偿金"，也叫"营业权"。报社与销售店要签订契约，如果店主不善经营，出现亏损或负债，那么报社负责报纸销售店经营权的转让，日本所有的报社都采取这样的制度。

地域制度。所谓地域制度，是指每个销售店都规定了自己的销售地区。销售店的一个重要作用是迅速地把报纸送到每户人家，每月从读者那里将定购费收回来，其中部分费用交给报社。销售店通过增加更多的读者来增加自己的收入。根据地域制度，销售店销售量越大，收入越多，这样可刺激报纸的销售。如《日经新闻》一个月定价（早报和晚报一起），其中40％是属于销售店收入的手续费，60％返还给报社。也就是销售店用销售收入的40％雇佣投递员进行投递，如果报纸的销售量增多，报社将给销售店发些奖励，所以报纸销售方面的竞争非常激烈。因为规定了销售的地域，所以可以把每个地区的广告临时地放到报纸里，这部分成为销售店的重要收入。

同时，为了抑制低价恶性竞争，日本公正交易委员会于1955年公布了《报业非公正交易禁止办法》，禁止四项不公正销售方法：（1）使用金钱、物品、招待券、抽奖券等赠品；（2）散发免费报纸和样品报纸；（3）对不同的地区和个人改变定价目或打折扣制造差价；（4）将超过定购数量的报强行摊派给专卖店。1977年7月1日，全国性报纸共同刊登《销售正常化共同宣

---

① 岛田昌幸：《日本各媒体的现状和报业的特征》，http://sjc.pku.edu.cn/freely/view.asp?ID=10

言》，郑重向读者许诺：（1）再次正式重申为报界正常发展和防止非法销售而制定的特殊规定以及公平竞争协议，并严格执行这条法律，力求销售公平化。（2）杜绝免费赠送报纸，减价销售、附加赠品等不公平的销售方法，严格处理违法现象。1994 年10 月，日本新闻协会再次召开新闻大会，重申严禁报纸不公平销售的《销售正常化共同宣言》。日本的报纸发行竞争日趋规范。

（二）渗透型拓展

日本除了五家全国性大报外，还有众多地区性的报纸，这些地方性报纸，主要是在日本的县（相当于中国的省）内发行的报纸，叫"县报"。比如在北海道地区发行的《北海道新闻》《中日新闻》《西日本新闻》。《北海道新闻》发行量近 200 万份，《西日本新闻》的晨报与晚报的总发行量也达 100 万份。在日本中部发行的《中日新闻》是主要报纸，发行量在 200 万份左右。

日本报纸发展有两个明显的特点：全国性报纸强化对地方的渗透，地方性报纸努力以全国性眼光拓展市场。像《读卖新闻》除了在东京、大阪、中部、西部四个总社以外，东京总社还管辖着北海道分社和北陆分社。各分社在县厅所在地和主要城市都设有总局、支局和通讯部，以挖掘地方新闻，利用现代发达的通讯传输技术，及时制作成地方版在当地发行。这样，即使是远离首都的北海道读者，也既能看到海内外的重要新闻，又可以看到发生在身边的新鲜事，让不同的读者充分满足对不同新闻的需求。而地方性的报纸一方面要与那些全国性大报抢发当地新闻，在贴近本地读者方面抢占有利市场；另一方面，地方性报纸也努力把发生在日本的重要新闻放在显著位置，除了利用通讯社的稿件，地方性报纸或让自己特派记者常驻东京等地，或是和几家规模相当的地方性报纸联合派驻记者，以突出地方报的特色，稿源共享，减少开支。报纸既要有效、充分地报道发生在国内外的新闻，同时，又必须贴近当地的读者生活。因此，日本全国性报纸强化地方版与地方性报纸触角不断向全国乃至世界延伸，都是从不同的视角来取悦当地的读者。日本报纸的竞争虽然十分激烈，但结果表明：全国性报纸与地方性的报纸都有自己的市场，很难由一二家全国性报纸完全垄断整个市场。①

报业渗透竞争方面还有个特点，就是在一个地区，全国性发行的报纸与该地区的地方性报纸竞争。全国性大报在地方扩大发行，它们出版了地方版，增加了地方的内容，从而使它们增强了同地方报纸竞争的筹码，这对地区性报纸构成严重威胁。地区性报纸只得采取种种措施加以防御。地方报纸主要以本土化社会新闻取胜，大量刊载的有关商品信息、生活信息的社会新闻，涉及读者的衣食住行和身边的大小事情。由于地方报纸只在县内某一地区发行，报道范围就在这个特定地区内，因此与读者生活密切相关的芝麻粒大的小事都可以引起读者的兴趣。因其新闻题材在重大国内国际新闻之外，人们形象地称之为"豆"新闻。这样，关注身边日常琐事，从而让日常化的素材成为"豆新闻"，成为日本地方报纸的着眼点。② 地方性报纸之间竞争并不激烈，因为它们发行的区域不同，所以合作大于竞争。

（三）跨媒体联姻

日本报纸作为日本最为悠久的传统媒介，它的发展不可避免地受到新兴媒体的冲击。它一方面感受到新媒体给媒介传播带来的机遇，同时遭遇了新的挑战：报纸订数持续停滞不前，报纸读者群体日趋减少。日本报界开始思考并探索利用因特网开辟新的赢利渠道。目前，日本报纸在网上的收入来源主要还是广告，一些报纸已开始意识到：报纸拥有庞大的信息资源，在经营上应当充分考虑挖掘自己在这方面的潜力。在利用信息服务赢利方面，不少报纸网站已摸索出一些模式。任何一家报纸，经过多年的积

---

① 江潜：《报业王国启示录——来自日本报界的最新报告》，http://www.cd-dc.net/chuanmei/41.htm

② 刘斌：《以"豆"新闻取胜的日本地方报纸》，《国际新闻界》1999（6）第77页。

累，其拥有的信息资源无疑是惊人的，有的甚至已经成为重要的历史资料。许多报纸网站在经营中首先瞄准了这一点，将本报多年的报道建立数据库，供使用者在网上查询。其中有代表性的是朝日新闻社。如《朝日新闻》在一些重要新闻发生时，日访问量达到2 000万次。电子传媒传播的迅速、形象的立体的优势很明显，所以许多报纸如《读卖新闻》《朝日新闻》《静冈新闻》等报社都积极筹备或者建立自己的立体传播媒介，利用立体媒介多渠道而又迅速地传播新闻信息。不仅如此，在日本不同地域的主要报纸都与主要的广播电视之间建立着新闻联动关系，并且这些媒体之间互相整合，共享新闻资源。比如，日本的《朝日新闻》与全国朝日广播、北海道电视的联动以及《读卖新闻》与日本广播电视网等电视的联动等，它代表着新闻信息全球化的一个方向。

日本的大多数报纸都在互联网上建立了网站，有些是纸质报纸的翻版，每小时更新内容，随时提供最新的信息。一些报纸电子版的访问量也相当可观。提供收费信息阅读、向用户定期发送信息、向门户网站提供信息等。有些则是在报纸媒介采访功能的基础上，建成了具有服务和娱乐性质的网站，很多大报则有专门电子版编辑人员，比如朝日新闻社就有近百人从事电子编辑工作；有些报纸的采编人员则通过下载互联网上的信息，来扩大报纸的新闻信息量；而日本官方对于报纸采用互联网上的信息，也从来不加以限制。以《朝日新闻》为例，有时编辑采用互联网上的信息，占报纸信息的 1/10，并且每小时都更新内容，随时向访问者提供着最新的新闻信息，其访问量也相当可观。尤其在一些重要新闻发生时，它的日访问量更大，例如，报道雅子怀孕事件时《朝日新闻》当天的日访问量就达到了 2500 万次。但是日本的这些电子报与我国一样没有一家是盈利的，靠网上少量的广告不能弥补巨大的投入，需要报社财政补助。①

---

① 张向东：《东瀛一去闻翰墨——感受日本报业》，《军事记者》2001 (2)。

2001 年 1 月 4 日，日本报业巨擘《朝日新闻》和《日本经济新闻》对外宣布，两家报纸将合作发展网络媒体事业。这种合作在日本报业界主要媒体之间尚属首次。合作后，这两家公司向使用手机的个人用户和客户群体提供新闻报道。《朝日新闻》将其报纸上的新闻故事提供给《日本经济新闻》名为"电讯 21"数据库的服务系统使用。两家公司还联手通过数码新闻板发布新闻。此外，《朝日新闻》和《日本经济新闻》都表示要动员各自的发行商们一齐来参与上述合作。

第四节　日本电视产业的发展与盈利模式

日本电视从诞生之日起，经历了几个发展阶段，产业规模逐步扩大，盈利模式逐步成熟。

一、历史沿革

在日本，广播电视事业发展迅速。其电视产业发展到今天，经历了几个历史时期。

（一）广播发展和繁荣期

这个时期是 20 世纪 20 年代到 60 年代。1950 年，日本颁布了《广播法》，该法明确规定：（1）政府不得将日本广播协会用于政治目的；（2）私营企业不得将日本广播协会用于商业目的；（3）广播节目必须符合大众的要求。该法确立了 NHK 的公共广播特殊法人地位，同时批准了 16 家商业电台开播。这时期，日本的电视主流是公营商业二元体制，但起主导作用的中坚是公营机构日本广播协会。

（二）电视发展和繁荣期

这个时期是 20 世纪 70 年代。日本是第一个进行高清晰度电视广播的国家，从 1970 年开始研制，到 1989 年 6 月通过卫星定时试播，1991 年 11 月，播出时间增至 8 小时。NHK 的电视开播于 1953 年，商业电视机构也发展很快，目前，日本除 NHK

仍是唯一的公共电视机构外，还有数百家商业电视台，其中最著名的有所谓"五大民放"，即日本电视网公司（NTV）、富士电视台（FUJI TV）、东京广播公司（TBS）、全国朝日广播公司（ANB）和东京电视台（12 频道）。

（三）多种电子媒体的发展繁荣期

这个时期是 20 世纪 80 年代。录像技术产生并对电视业造成巨大影响（节目制作、市场交换、政府控制）；有线电视在 20 世纪 80 年代大发展，图像更清晰，频道更多，功能更全。1981 年，日本 NHK 首次播出扫描线数为 1125 线的高清晰度电视，由于画面清晰度直逼电影而震惊世界。

（四）卫星电视时期

这个时期是 20 世纪 90 年代起至今。日本电视业的最大特点是对卫星广播的开发。1984 年，日本即成功发射世界上第一颗直播卫星 BS－2A。同年成立民营的日本卫星广播公司，1987 年 NHK 即开办 24 小时卫星广播。日本放送协会（NHK）为解决国内各岛偏远地区的电视收视困难，将 NHK 综合和 NHK 教育两套地面节目通过直播卫星同时放送。到 1991 年底，日本大约有 600 万用户使用家庭碟形天线收看直播卫星电视节目。所谓直播卫星（Direct Broadcasting Satellite，DBS）指的是采用高频率、大功率同步卫星电视直接向广大个体用户传送电视节目信号的电视系统。它是专门或主要转播电视的卫星。1989 年试验播出高清晰度电视。

日本优先发展卫星电视是出于多方面的考虑：一是其为岛国，铺设微波线路有种种不便之处；二是其拥有先进的技术，不必依赖外国；三是日本急于改善自己在国外的污点形象，为自己树立正面形象。在发展卫星广播的总方针下，日本以优先发展卫星直播电视为手段，并以委托广播的手段，对世界各地进行节目覆盖。卫星电视的发展给电视的传播带来巨大变化，尤其是近年来，数字压缩技术在卫星电视中的使用，更使电视空中大战越发激烈。在无线电视基本上取消了电视机执照费之后，公营电视更要依靠公司的其他经营收入,而民营电视则完全依靠广告,这使得其进一步的发展较为有限。因此,另一种满足观众特别需求的有线电视和卫星电视作为产业发展了起来,在20世纪80年代以后具有强劲的优势。日本对境外广播的卫星电视频道主要是1998年4月开播,以海外日本人为主要对象,覆盖全球的NHK世界电视频道(NHK World)和以故事片及娱乐性节目为主的NHK经典频道(NHK Premium)。

二、盈利模式

日本电视的实力举世瞩目,1999年广播业的收入达到了206亿美元。在当年世界电视百强中,日本的NHK位居第五,电视收入高达52.757亿美元。在强手如林的世界电视市场上,日本电视能取得这样的成绩实属不易。其盈利模式主要有以下方面:

(一)公私并举的双轨制运作模式

随着世界市场经济的发展,信息服务(包括新闻信息,特别是财经新闻)越来越成为支柱产业。于是从20世纪50年代起,广播电视民营化的呼声渐强。1950年日本国会根据盟军总部的意见通过了有关无线电管理的三项法案,即《电波管理委员会设置法》《广播法》《电波法》。三法共同确立了战后日本广播事业自主经营和广播自由的原则,确立了公营和私营并存的双轨体制。

在日本,是公营的NHK和四大私营电视网——东京广播公司(TBS)、日本电视公司(NTV)、富士电视公司(FTV)、全国朝日广播(ANB)角逐日本电视市场。既有强大的公营台NHK(在20世纪80年代以前拥有80%以上的市场占有率),也有私营台。也就是以公营为主,私营为辅。在20世纪80年代以后,伴随着全球经济私有化的风潮,广播电视也掀起一股私有化浪潮。在私有化浪潮推动下,日本的四家私营电视台实力大大加强。不但私营台,而且公营台(公共台)都转向商业化运作,从追求社会效益为主变成追求经济效益为主,收视率成为各台的生命线。在利润的驱动下，电台电视台都纷纷迎合受众偏好，使得节目的娱乐化、生活化倾向加剧，广告时间增多。公营台和私营台的实力基本相当，双方为争取受众展开竞争。但公营台以视听费作为主要收入来源，私营台则以广告作为主要收入来源。两种类型的电视台"分灶吃饭"，以避免在广告市场上恶性争夺。收费频道是日本的普遍做法，一是提供普通频道上看不到的精品，二是提供普通频道难以提供的信息服务。收费频道以个性化的服务为主要吸引力，比如，日本的卡拉 OK 频道，娱乐功能和社交功能二者兼备，许多人愿意加入这种频道，同时，这也是创收的主要来源，有的是频道收费，有的是节目收费，据统计，2000年以来，日本付费电视增长 30.4％，而同期广告的增长率仅为 4.8％。

（二）结构调整与媒体整合

电视的出现，进一步带动了大众媒介的娱乐化，人们对政论的关注减少，以致有的日本新闻学者提出新的问题："关键是怎样确定新闻业的概念。如果说，只要不是报道性节目，就不能发挥新闻业的作用，那么，电视的报道性节目确实很少见，能否成为新闻业是有疑问的。"1975 年，日本电视业的广告费首次超过报刊业，这标志着电视开始成为大众传播的首要媒介。1980 年，日本人看电视的行为率超过 95％，看的时间每天超过 3 小时，电视日常化成为现实。借助新传播技术，日本电视巩固了其在大众传媒中的老大地位。在媒体整合上采取了两个大的举措：一是异质媒介的融合。日本的民营广播和电视，其最初的财力支持借助了大报纸的力量，因而形成了一种报业与广电业之间的特殊关系，西方国家曾经出现的广电与报业之间的对立，在日本并不明显。民营无线广播的全国网最早建于 1965 年，随后形成两大体系：日本广播网和全国广播网。1974 年，为了理顺民营广播电视公司与各大报纸之间的股权关系，提高效率，各报社对于在各广电公司的股份进行了适当的交换，将五大广播电视公司中的报社股份分别集中于一家报社，由于日本不存在全国性民营电视台,于是以这五家位于东京的较大公司的电视台为中心,再联合各地的电视台,形成全国民营系统的电视网,其格局如下:东京广播公司与《每日新闻》、日本电视网公司与《读卖新闻》、全朝日广播公司与《朝日新闻》、富士电视网公司与《产经新闻》。经过二十几年的发展,这些广电公司基本上独立动作,与各大报只存在传统的合作关系,各大报对其经济上的控制力很小,掌握其股份的还有其他许多非传媒公司。作为不同的新闻传播载体,纸质媒介与广播载体虽然初期有过矛盾冲突,但是几年内就形成一种联姻关系,许多广播电台的创办者就是报刊。在战后日本,20世纪50年代起,主要的民营广播电台和电视台都是由报刊集团创办的。

目前,日本的传播媒体都在走与互联网相互融合的道路,它们纷纷搭乘网络快车,努力提高新闻播报时效,增加内容的可读性,提供多方面的服务。如日本广播协会在互联网上播出广播电视节目,取得了受众的认同。在同质媒介的结构调整方面,日本最大的民间电视台日本电视播放网于2000年5月23日宣布,6月1日开始进行结构调整。此次调整主要是将过去的各部门进行汇总,重点设置"媒体战略局"和"信息事业局"。日本电视已宣布加入位于东经110度的卫星数字电视播放业务,可以说此番调整便是为开展多媒体业务做准备。新成立的媒体战略局,将现在的媒体企划局与社长室经营调查部、网络部、国际部与海外电视局合作业务等融为一体,下设"媒体战略部""集团战略部""网络战略部""国际战略部"等部门。媒体战略部负责BS数字电视及数字CS电视等新媒体业务,网络战略部则负责数字地面节目播放系列的战略方案等。另一方面,信息事业局除了负责目前的节目制作业务外,还将全面负责国际部的节目销售业务等工作,承担起销售日本电视所制作的各种电视节目的重任。

(三)双赢的网络化运作

无论是公共广播还是民间广播都是网络化运作。电视方面公共广播及民间广播各有全国性的电视覆盖网。其中民间广播的日本广播电视网、TBS 电视台（东京广播公司）、富士电视台、日本朝日放送、东京电视台等在东京设总台，分别通过所属系列加盟台将各自的节目向全国覆盖。比如日本中部富山县有四家电视台：NHK 放送局、北日本放送、郁金香电视台、富山电视台，这些地方电视台分别属于日本广播协会、日本新闻网、TBS 东京广播公司、富士电视网，各有其属，各成体系，如同这种布局组成遍布全国的大网络。富士电视网是日本最大的电视网，其中包含了国内各县 28 个地方加盟台，另有 19 个海外支局，共同组成一个富士联合体。联合体之间实行新闻、节目、广告联网，以协议确定各自的权利和义务，维持之间的关系，这包括新闻、娱乐等节目地提供、节目委托销售和电视网的收入分配的协议，基于权利和义务的关系协定，总台和地方加盟台之间形成了长期稳定的相互密切合作的关系，也是一种双赢的关系，对总台来讲通过地方播出、销售自己的节目，制作费相对减轻，而地方台能以较小的规模和与此相匹配的节目游刃有余，在分配的固定时间段上播出地方性节目，其余播出所属电视网提供的全国性各类型的节目。例如，日本富山电视台，总台和地方台之间互通有无，内容互为补充，这样节约了节目成本，丰富了各自的节目源；再者地方台在同平行对手的竞争中，往往从总台那里获得人才培训和营销等方面的支持，在竞争中获得优势，提高了自身在本地区的知名度和美誉度。

近来，由于网络技术的发展，日本的有线电视网络也获得了非常大的发展。随着宽带高速上网技术的发展，对因特网内容需求的激增，广播电视、电讯和因特网经营商意识到只有联手才能满足高速上网后网民对因特网内容的需求。目前因特网硬件技术已经取得快速发展，如何解决高速上网所带来的海量内容需求就成为一个巨大问题，日本东京电视台 12 频道和日本电信电话公司（NTT）东部集团发起兴建了一家宽带因特网内容供应公司——东京电视宽带娱乐公司，填补这一领域的空白。参加投资的公司还包括日系电机公司、夏普公司、日本电气公司（NEC）

下属跨频道有限公司、独立的因特网内容供应商"日本内容"公司以及日系电机公司下属提供金融信息服务的子公司 QIUCK。即将投入使用的宽带因特网能够提供网民一直梦寐以求的超高速上网，把上网速度提高到目前最快的上网速度的 40 倍，使通过因特网传输电影电视音乐节目以及因特网电脑游戏成为可能。东京电视宽带娱乐公司今后将提供包括音乐、电视节目和游戏等多彩纷呈的内容。

日本有线电视工业开始寻求合并扩展，电视台正在寻求经济规模，以实施新的宽带互动式服务。

同时，信息时代的信息终端多样化逐步导致用户的分流成为一种趋势。在日本，人们对手机信息的依赖程度惊人，尤其是第四代手机的出现，无疑将改变目前人们所依赖的"四种基本媒体形态"，并预示着信息终端多样化的加速。这种手机，不仅能接收文本信息，还能接收声音和动画的图像。日本的朝日电视台，现在每天向大约一万个用户发送十分钟的流媒体新闻。同时，这些手机的用户，还利用它来处理各种复杂的信息，当然它还可以玩生动逼真的各类游戏。

（四）合理的角色分工

针对多媒体、多频道环境下偏重传播商业信息的情况，广播协会较以往更积极倡导自身的公共性，把它作为追求的目标，保持传播主流文化的品质，在社会生活中发挥主导地位。公共广播的节目如大型企划节目、新闻报道节目、教育教养节目尤为引人注目，看起来比较正统，风格朴实，保持了不施彩绘的传统格调。

与公共广播相对的是商业广播电视，由商业广播电视业者为会员所组成的社团法人是日本民间广播联盟，简称民放联，其前身是最初取得广播资格的民间 16 家广播电台在 1951 年 7 月成立的任意团体，取得社团法人资格后正式成为日本民间广播联盟，到 2002 年 4 月共有会员 203 家。民放联以处理商业广播涉及的共同的问题，完成商业广播的共同的使命为宗旨，各会员台私营广播的性质决定了广告收入作为事业运营的主要财源，收入大部分来自广告。民间台节目相比之下表现了轻松和娱乐的通俗化、大众化的特点，注重反映身边的地域生活信息，强调为地区经济服务。公共广播和民间广播二者在广播电视大格局中扮演的角色不同，节目类型有所偏重，但遵循"媒体对受众影响重大"的共识，以谋求"公共福祉"为广播使命，充分关照受众的传播价值取向是相同的。通过播放丰富、优秀的广播电视节目，通过播放各种类型的人气节目适应近年来日本社会由均一性向个性、多样性转变的潮流变化，满足不同视听者的需求。公共广播和民间广播相互竞争，相互监督，营造了一个有张有弛的舆论环境，社会效益和经济效益得到了统一。

（五）依法管理与媒体自主规制的有机结合

日本广电媒体伴随着经济的快速增长而发展壮大，但它持续健康地发展关键是有法规管理，依法规经营，内省自律，这些包括日本出台的一系列法规，如《广播法》《电波法》《有线电视广播法》《通信、广播卫星组织法》《有线无线广播业务活动组织法》等。近年来，日本多次对广播电视法规进行修改，使之对广播电视事业的限制逐步有所缓和，例如《日本民间广播联盟广播基准》。这些法规章程在战后新闻体制的改造中诞生，充分反映日本新宪法的民主主义基本精神，并随着社会经济的发展，不断根据新媒体和现代新兴技术的潮流予以调整和修改，对振兴日本广播电视事业起到了规范、推进和保障作用。日本广电媒体根据法律，在行业内部设立自律章程，体现了媒体对视听者负责的播出伦理。日本民间广播联盟在1951年10月制定了《日本民间广播联盟广播基准》，1958年，又制定了《日本民间广播联盟电视基准》。1970年，民放联将广播和电视两个基准统合在一起，制定并实施了《日本民间广播联盟放送基准》（以下简称《基准》），它从1970年到1999年之间不断修改，前后共修改了9次，不断完善了各项条款，形成了较为完善的民间广播条例。本《基准》共有18章内容。它阐述了民间广播的宗旨，以提高公共福利，促进文化、产业及经济的繁荣，推动实现和平为广播使命。同时它指明，广播电视应该正确迅速地报道新闻，提倡健康的娱乐，推进教育、教养，对青少年施加良好影响，进行有节制的真实的广告宣传，在这些方面发挥积极作用。《基准》涵盖了广播电视涉及的各个方面：人权、法律与政治、家庭与社会、教育教养、报道责任、宗教、暴力表现、犯罪表现、性表现、广告播出等内容。同时，依照国家法规设立节目审议机关，审视监督活动日常化、制度化，是日本电视的一大特征。无论公共广播还是日本商业广播业务都有一个突出的方面，即节目审议，无论是哪一家广播电视机构都毫无例外地坚持这一工作，这是依法制作播出节目，强化监督的重要内容。除实行行业规章制度之外，电视台内部章程也较为明确。

关于跨媒体的竞争与合作，《日本有线电视法》规定，开办有线电视业务需要依照有线电视法向有关部门申办执照，任何产业不得兼营有线电视业务，否则被视为不正当竞争。在日本虽然允许有线电视公司经营电信业务，同时允许电信公司经营有线电视业务，但是相互之间的关系是一种补充的关系。所谓补充的关系是指有线电视公司开办电信业务或是电信公司开办有线电视业务，都必须受到规模和前提条件的限制。由此可见，日本政府鼓励的是电信行业与有线电视行业的竞争，而不是他们之间的相互替代。

第五节　日本互联网的发展与盈利模式

经过数年的低迷徘徊之后，日本终于在浩浩荡荡的互联网浪潮的冲击下觉醒。而网络文明所携带的巨大动力正是日本经济重振的基础。近年来，随着信息通信业的发展，日本网络经济活动剧增，网络经济正成为促进日本经济发展的重要动力。日本因特网事业发展时间虽然不长，但速度很快，各种网络公司蜂拥而起，网络用户的剧增使各种网上服务内容不断增加。

一、网络产业的振兴

几年前随着世界范围内网络泡沫的破灭，日本的网络产业也遭到了沉重的打击，日本网络股的崩溃势头比世界上任何国家都要强烈，风险投资市场受到了沉重打击。但是，随后不久，日本国内互联网的普及率迅速上升，2000 年底，日本 1.25 亿人口中互联网用户达到了 4780 万人，其中 23.6％是通过移动电话上网的。一些日本的业内人士认为，日本国内的发展机遇很大，日本的政策与经济现状需要改革，很多公司将会倒闭，但前景还是非常乐观的。

（一）信息化催生网络经济

截至 2001 年底，日本使用因特网的人数达 5593 万人，仅次于美国居世界第二位，网络人口普及率上升到 44％。截至 2002 年 2 月底，日本加入高速宽带通信的人数达 387 万人，一年中增长 4.5 倍，居美国、韩国之后列世界第三位。与此同时，日本上网手机的登记数达 5193 万部，普及率达 72.3％，居世界第一。日本经济、国民生活、行政系统终于开始进入真正运用 IT 技术的阶段，日本开始成为 IT 大国。据统计，日本民间企业 2000 年信息化投资总额达二十兆八千亿日元，占全部民间设备投资比例的 23.5％。信息化投资的经济波及效果达三十八兆六千亿日元，创造了 149 万个就业机会。信息化投资牵引和支撑了日本经济增长。硬件环境来说，日本网络发展速度目前堪称快速，而日本较亚太各国的教育体系健全，就文化层面而言，日本人热衷模仿西方文化，并善于改良西方产品的特质，也有助于网络与电子商务的引进与吸收。

（二）宽带用户骤增

宽带网络意味着：从任何地方、利用任何设备接入您感兴趣的任何东西。宽带网的接入平台包括无线、电缆、卫星、光纤；多种接入设备包括个人电脑、PDA、数字电视、游戏机、冰箱。而电影、音乐、游戏与实时转播都将会成为宽带网上的传送内容。日本虽然是亚洲经济与技术的强国，但在接受宽带技术方面是落后的，是宽带方面的迟到者。在 2000 年 1 月，日本只有9732 个数字用户线（DSL）用户。而后，为了国家利益日本政府决定发展宽带，于是情况发生了急剧变化。日本政府于 2001年 1 月宣布了其"e－Japan"战略，总的目标是到 2005 年使接入高速连接的家庭达到 3 000 万户，使接入特高速连接的家庭达到 1 000 万户。这样，用户数立即开始猛增，线缆 Modem 用户也稳步增长。到 2002 年 6 月底，日本的宽带用户已达到近 500 万户，这包括 DSL、电缆和光纤到户。

（三）增值业务拓展迅速

1999 年 2 月日本电讯集团移动网株式会社（NTT DoCoMo）推出了基于 GPRS 的 I－MODE 增值服务，使手机用户可以阅读以 HTML 语言为平台的互联网站。通过使用色彩炫目亮丽的 I－MODE 手机，使用者可以一直保持联网状态，可以浏览 9000个专门为 I－MODE 手机设计的网页，随时收发电子邮件，查看星座运势，聊天，查账，或阅读个人专属的新闻公布栏。截至2000 年 3 月，在短短一年内 I－MODE 的订户已达 500 万人次（超出先前预测的 350 万人），根据日本大和证券的资料，在2001 年已达到 2 100 万户，和美国在线（AOL）的规模不相上下。现在，日本的许多公司都开始转向增值业务，特别是较高速业务，以作为不同的竞争手段。

（四）内容市场高速增长

日本野村综合研究所发表研究报告指出，由于在线互动式多人游戏、网络音乐等互联网内容市场的规模的急剧增加，到2006 年，互联网内容市场规模将达到 5530 亿日元（46 亿美元），年均增长速度超过 60％。互联网内容市场分为在线游戏、音乐传输、出版服务、视频服务等四个领域。其中，由于宽带网的发展和移动互联网的急速渗透，在线游戏将出现高速增长趋势。同时，日本影视及音乐等流式媒体信息内容的市场调查结果显示，在过去，由于通信线路的带宽不足，对于流式媒体信息内容的需求主要以网上广播等声音信息为主。不过，随着近年 ADSL 等宽带线路的普及，对于影视信息内容的需求正在急剧增加。在流式媒体市场方面，现阶段将从教育信息等著作权问题相对较少的信息内容开始普及。在流式媒体市场增长最快的将主要是动态广告市场。

（五）网络文化产业迅速崛起

日本正在致力于建设网络无所不在的社会，让人无论何时何地都可以自由使用网络。利用这个契机，日本网络文化产业迅速崛起。近年来，日本网络文化产业产值大幅提高。2002 年，市场规模为 2 503 亿日元（1 美元约合 117 日元），比上一年度增长了 24.5%。其中，个人计算机网络文化产业市场为 1 675 亿日元，手机网络文化产业市场为 828 亿日元。有关专家预测，随着宽带网的进一步普及，到 2007 年，网络文化产业市场规模可达 5 975 亿日元。随着宽带网走入千家万户，专门为宽带网制作节目的活动在日本日益活跃，适合宽带网用户享用的电影、电视剧、动画片、音乐会实况转播等音像内容在网上急剧增加。许多电视台已经开始在网上播放 20 世纪 80 年代至 90 年代人们喜爱的节目和好莱坞大片。据统计，从 1998 年至 2002 年，网络信息内容增加了 16 倍。网络文化产业作为一支生力军，拥有巨大的包容性，可以在推动其他文化产业发展的同时，不断扩大自己的阵地，最终利用最先进的传播手段超越其他文化产业。在文化产品出口方面，日本已经有成功的经验。以动画片为例，2002 年日本向美国的动画片出口额是钢铁出口额的 4 倍。现在，日本计划使网络成为推广动画片等文化产品的一条新渠道。不过，日本扩大网络文化市场也存在一些制约因素，比如培养网络文化专门人才，发掘更好的题材，创造更适合网络的艺术形式，制作更有魅力的节目等。网络文化发展面临的最为棘手的问题是保护著作权。为此，日本商家正在全力开发新技术，希望能够识别合法用户，控制非法复制，确保收费系统万无一失。

作为这个世界上第二大的经济体，日本正在形成全球最令人兴奋的互联网市场。互联网，迫使日本经济进行重组，其强大的动力推进了日本的经济结构调整。无论在银行业、零售业或是医疗保健业，互联网都能降低交易成本，减少工人数目和改善通胀方式，同时为经济提供巨大的增长潜力，重组后的日本经济在各行业上都将成为强有力的竞争者。互联网，也为日本企业提供了便利的融资机会。许多投资商纷纷以私有股权资本的形式向互联网投入了数千亿美元的资金，且投资范围不仅局限于日本国内。同时，外国资金也大量地涌入日本国内。日本在网络发展过程中，虽失去先机，但随后日本酝酿的网络爆发力量，确实印证美林证券亚洲网络调查报告所说："阻挠日本网络市场发展的因素，并不难排除。"I－Mode 的市场性便是最好的批注。

二、网络产业的盈利模式

从某种角度上说，日本分享了世界性的互联网狂潮。但与其他国家不同的是，日本的互联网公司都是高赢利性质，并且其股市的上涨行情主要是因为采取了两项重要措施：一是放松对电信的管制，增加开放和竞争；二是降低电信服务费。20 世纪 80 年代的美国正是在贝尔系统解体后才赢得了互联网业的领头位置。电信业的发展历程证明，对这两点障碍的消除是促进互联网革命的动因。因此有理由相信，日本的网络热潮少了一点泡沫，更多了几分良性互动。

（一）有线电视与宽带网络的有序竞争

在日本，有线电视与互联网的竞争，从一开始就针锋相对、寸土不让。日本国内大约有近 700 家有线电视台，多数有线台规模较小、用户较少、财力较弱。早在 2000 年底，日本使用有线电视上网的用户就突破了 60 万，而 NTT 各地区公司的 ADSL 用户加在一起也只有 9 723 户。由于有线电视用户每月固定收费在 6000 日元左右，且随时可以使用数百千兆字节/秒的线路，所以，在日本宽带接入的起始阶段，有线电视上网远远领先于 ADSL 上网的比例。随着 ADSL 的后来居上，有线电视网在网络服务功能上依然拥有明显优势。一方面，它连接千家万户，频带宽，容量大，多功能双向性，抗干扰能力强，能支持多种业务；另一方面，视频节目源丰富，这对宽带用户最具诱惑力，数字传输业务有可能迅速增加，并将大大超过传统的电信业。目前，日本的有线电视网络业发展迅猛，日本业界一些公司对此反应很快，纷纷组成联盟，计划在帮助网络运营商建设、开办和运营宽带和数字网络服务的同时，进军日本有线电视网络业。同时，为推动日本的有限公司进入宽带时代，日本许多电信运营商需对其基础设施进行大规模投资，将其网络升级为光纤系统，提高性能，以便传输业务种类比原来多得多的服务，如电视频道、数据流和其他服务。

（二）无线互联网的有效运营

进入 2000 年以来，日本企业一方面进行大规模的企业重组，一方面重拳出击，多次成倍地追加高技术产业的设备投资，而且国内国外两个市场同时并举。在国内，为移动电话能随时上因特网的服务已经开始，服务对象迅速增至 900 多万人。同时，第三代移动电话的研制、生产已经取得决定性进展。在海外，日本企业采取收购或参股方式，动用上万亿日元的巨资，分别在美国市场和欧洲市场与世界 IT 大国开始了竞争。其中，日本的 I－mode 已经取得了极大的成功，自从 I－mode 在 1999 年 2 月推出以来，它已把日本由一个互联网的落后国家转变为世界上发展最快的互联网市场。I－mode 何以如此成功？并不是因为 I－mode 的技术如何先进：实际上 NTT DoCoMo 的网络速度很慢，并且由于用户过多，一直处于超负荷运行状态。I－mode 成功的原因在于它可以避免不同公司间不同技术和服务标准的冲突。另外日本没有短消息服务，而日本的青年人又追求时髦，热衷于尝试新事物，所以年轻人就直接转向 I－mode。更重要的是 I－mode 有一种成功的商业模式和营销策略。NTT DoCoMo 有一个很好的商业模式，使得内容提供商可以获利，因此日本有众多的 ICP 向 I－mode 提供内容和服务，丰富的内容和新颖的服务又吸引了众多的用户。

（三）最优化的功能服务

在继续提供免费内容和服务的同时，对网站的一些精华部分进行收费，这样既可以挽留住原有的用户，又可以提高网站的收入，一举两得。但收费服务是有价的服务，其更多地应体现出多功能的优质服务。因为，互联网用户已日趋走向成熟，只要是他们所需要的或是认为值得的，都不在乎付费。因此，互联网经营者更应该抓住机会获得发展。实际上，推出类似收费的功能化服务已经成为互联网的发展趋势。目前，日本的一些网站也都在以各种手段谋求服务功能的最优化。服务因其对网络发展的特殊价值将成为互联网行业的生命。只有服务有价，才能为用户提供更多更好的服务。

日本网络的快速成长使政府及各行各业都受到了不同程度的影响。随着日本社会中高层次人员转向网络行业，传统公司面临着人才流失的危机，有可能失去最具创造力的职员，从而在不久的将来丧失竞争力。"新兴网络业不断渗入传统行业物色挖掘人才，这令老牌公司不得不设法还击，采取废除论资排辈体制、招聘其他公司职员、提供高额工资、让员工持有股份、改革养老补贴和公司集体住房等措施。在管理制度方面，大公司也开始向网络企业学习。在网络行业的压力下，日本企业严格的等级制度崩溃瓦解。"① 正是这些新兴的网络企业，它们调整了日本企业的结构，彻底地改变了其面貌。

① 姚岚编译：《近看日本网络新经济》国际金融报 2001-04-10。

本章参考书目：

（1）张隆栋，傅显明．外国新闻史．北京：中国人民大学出版社，1988

（2）顾潜．中西方新闻传播：冲突·交融·共存．上海：复旦大学出版社，2003

（3）张允若编著．外国新闻事业史教程．北京：高等教育出版社，2003

（4）张允若．外国新闻事业史．武汉：武汉大学出版社，2000

（5）陈力丹．世界新闻史纲．福州：福建人民出版社，1988

（6）张允若，高宁远．外国新闻事业史新编．成都：四川人民出版社，1996

（7）陈力丹．世界新闻传播史．上海：上海交通大学出版社，2002

（8）李良荣．外国新闻事业概论．上海：复旦大学出版社，1997

第十章
第三世界若干重要国家新闻传播简史

第一节　印度新闻传播简史

　　印度国土面积 297.4 万平方公里，居世界第七位，是南亚次大陆最大的国家。人口约 10.27 亿，首都为新德里。印度社会是多宗教的社会，世界上各大宗教在印度都有其信徒。主要宗教信徒所占人口比例分别为：印度教徒 82.7%，穆斯林 11.2%，锡克教徒 1.89%，佛教徒 0.7%，耆那教徒 0.47%，波斯袄教徒 0.4%。

　　种姓制度是印度社会的一种封建等级制度，与印度教教义紧密相连。四大种姓分别为：婆罗门、刹帝利、吠舍、首陀罗。在四大种姓之外，还有被称为"不可接触者"（或称"贱民"）的人。虽然印度宪法已在名义上废除了种姓制度，但截至目前，实际上它仍在印度的政治、经济、社会各方面起作用。

　　印度是一个多民族的国家，有印度斯坦族（占全部人口的46.3%）、泰卢固族（占全部人口的 8.6%）、孟加拉族（占7.7%）、马拉地族（占 7.6%）、泰米尔族（占 7.4%）等十多个较大的民族，此外还有几十个较小的民族。

　　印度各民族都有不同的语言，其中印度宪法承认的民族语言就有 15 种，全国性的官方语言为印地语和英语两种。印度宪法曾经规定允许保留英语为官方语言至 1965 年 1 月 26 日，其后取消英语的官方语言地位，仅保留印地语为官方语言，但印南方及其他非印地语地区强烈抵制，印度议会下院不得不通过官方语言修正法案，允许英语继续作为官方语言之一。

印度是世界四大文明古国之一，公元前 2000 年前后创造了灿烂的印度河文明。约在公元前 14 世纪，原来居住在中亚的雅利安人中的一支进入南亚次大陆，并征服了当地土著。约公元前 1000 年，开始形成以人种和社会分工不同为基础的种姓制度。公元前四世纪崛起的孔雀王朝开始统一印度次大陆，公元前 3 世纪阿育王统治时期，疆域广阔，政权强大，佛教兴盛并且开始向外传播。中世纪印度小国林立，印度教兴起。自 11 世纪起，来自西北方向的穆斯林民族不断入侵并长期统治印度。1526 年建立莫卧儿帝国，成为当时世界强国之一。1600 年，英国建立东印度公司。1757 年爆发了印度和英国的普拉西大战，印度战败，开始逐步沦为英殖民地。1849 年印度全境被英占领。1857 年爆发反英大起义，次年英国政府直接统治印度。1947 年 6 月，英将印度分为印度和巴基斯坦两个自治领。同年 8 月 15 日，印巴分治，印度独立。1950 年 1 月 26 日，印度共和国成立，为英联邦成员国。

莫卧儿帝国时期，在当时的宫廷和贵族间开始流行手抄新闻信。印度的最终统一是由英国人完成的，可以说在全印度实现新闻传播，也是英国人所为，因此印度早期的新闻业即具有浓厚的殖民地色彩。

一、报业

1766 年，英国人博尔茨在孟买出版了一家没有报名的报纸，存在时间不长。1780 年，另一个英国人希凯在加尔各答创办了印度第一家较为正规的报纸《孟加拉公报或加尔各答大众广知者报》，这是一份英文周报，主要报道政治、商业新闻。随后该报还出版了供英国本土人士阅读的《孟加拉公报大陆新闻摘要双月刊》。此后相继出现了多家英文报纸，例如：1784 年的英国孟加拉管区官方机关报《加尔各答公报》，1785 年创立的《孟加拉新闻》《马德拉斯信使报》，1786 年创办的《加尔各答纪事报》，1789 年创办的《孟买先驱报》，1790 年英国孟买管区机关报《孟买信使报》，1791 年创办的《孟买公报》。1785 年，在加尔各答出版了印度第一家杂志《东方杂志》。

这些英文报刊以在印度的英国人为主要读者。由于殖民当局的新闻政策常常取决于当权者的个人观点，新闻工作者为争取新闻自由的斗争也不断出现。1799 年，当时的总督威莱斯莱发布法令，实行事先的新闻检查，未经许可不得举行公众集会。19 世纪初有了报纸和定期出版物，但是民族报刊一直受到殖民当局的限制和迫害，殖民当局对民族报刊实行管制和预审制。1818 年的总督哈斯丁斯取消了预审制，但批评殖民当局的编辑需负法律责任。当时创办《加尔各答报》的军队前大尉白金汉对官员进行批评，维护印度人的利益，于 1923 年被逐回英国。同年，通过了一项新法令，除广告性报刊，创办报刊均必须申请许可证。白金汉在英国创办《东方先驱报》，依然批评殖民政策，《加尔各答日报》因转载了部分内容而于 1824 年被停刊。1835 年，代理总督查尔斯·梅特卡弗宣布废除书报检查，实行新闻自由，但当政不到一年便被解职。

印度本地知识分子中最早办报的是巴塔查基，他在 1816 年创办了英文周报《孟加拉公报》，只出版了一年。印度当地文字的报纸，最早是由英国传教士们创办的，即 1818 年在加尔各答出版的印地文报纸《新闻之镜》。第二家印地文报纸是于 1822 年在孟买创刊的《孟买新闻》，创办人马兹班，他同年还在孟买创办同名的第一家古吉拉特文报纸。

在早期创办印度本地文字报刊的历史中，印度早期社会活动家和哲学家罗易占有重要地位。他创办印度第一个现代类型的社会组织"梵社"以及第一所现代类型的学校"印度学院"。1821 年，他在加尔各答创办了第一家孟加拉文的报纸《明月报》和孟文期刊《孟加拉使者》；1822 年创办最早的波斯文报纸《镜报》和《波斯文周刊》。其后几年，他还创办过数种英、孟文对照的期刊。他也是最早在报刊上从事政治和社会宣传的名人，主张天赋人权、公民权利、宽容异教，反对种姓制度、寡妇殉夫、多妻、童婚等野蛮风俗。另一印度作家伊绍钱德拉·古普塔于 1831 年创办的《仁爱报》及随后出版的《仁爱杂志》也较有名。到 1833 年，印度已有大约 20 种用本地文字出版的报刊。除政治性报刊外，商业报刊也悄然发展起来，如 1818 年创刊的《加尔各答行情报》、1838 年爱尔兰人布伦南创办的《孟买时报》等。

长期处于殖民统治下，英印之间的民族矛盾越来越激化，因而使得这一时期的报刊发展有着民族及党派斗争的深深烙印。

从 19 世纪 50 年代起，出现了一批较有影响的宣扬民族运动的本地文字报刊，如哈里什钱德拉·穆克尔吉编辑的《印度爱国者报》，高希兄弟 1868 年创办的《甘露市场报》，由孟加拉文作家邦基姆·钱德拉·查特吉 1872 年创办的《孟加拉评论》杂志以及《印度镜报》《考察》杂志、《月光报》《孟加拉人报》《婆罗门舆论报》等等。到 19 世纪 70 年代，英属孟加拉管区已经有约 80 种本地文字的报刊。

在孟买附近，出现了马拉提文的《马哈拉施特拉之友报》《德干明星报》等主张民族独立的报刊。著名印度民族运动领袖提拉克 1881 年在浦那创办马拉提文的《猛狮报》和英文的《月光报》。

在 19 世纪 60 年代至 70 年代的印度北部，著名印地文作家婆罗丹都·哈利什钱德拉在贝拿勒斯创办《贝拿勒斯报》和《觉醒者报》以及一些文学杂志，讨论政治、宗教、文学和历史问题，影响较大。

印度的西北部存在着印度教和伊斯兰教两大教派，但在对英民族运动方面双方有共同利益。1870 年，首家宣扬穆斯林复兴运动的乌尔都文周报《阿门新闻》出现，创办人是拉尔。1881

年，民族运动领袖奥罗宾多·高希来到拉合尔，用印地文、旁遮普文和英文出版的《论坛报》成为印度西北部民族报刊中心。

在南部的马德拉斯，1878年苏布拉马尼亚等六人创办英文周报《印度教徒报》，该报编辑部成为后来当地民族主义组织"马德拉斯士绅会"的中心。

1885年，印度第一次国民大会以及1906年穆斯林教联盟和印度教大会党的成立，标志着印度民族运动转向了全国规模活动，此后主要报刊的民族主义宣传均有全国性影响。民族运动的领袖中，甘地和提拉克的报刊活动影响最为深远。

"圣雄"甘地从1904年就通过报刊从事民族运动的宣传，他担任在南非德班用英文、印地、泰米尔、古吉拉特四种文字出版的《印度舆论》周刊的经营者和发行人长达10年，几乎每期刊物上都有他的文章。他1915年回国后成为国大党领袖，两位国内的出版者分别把英文周刊《青年印度》和古吉拉特文月刊《新生活》交给了甘地。1933年，他创办印地文周报《贱民》，为社会底层的人民争取公正的社会权利。

19世纪90年代，提拉克由民族运动的温和派转向激进派，成为国大党领导人之一，多次因反英斗争而获罪，他主编的《猛狮报》和《月光报》因其崇高的声望而非常畅销。

易德拉·包斯于1922年创办《前进报》，两年后被查封，本人入狱。贾·尼赫鲁于1938年在印北部城市勒克瑙创办国大党机关报《国民先驱报》。

来自爱尔兰的女社会活动家安妮·白山特夫人于1913年创办《新印度报》。

著名诗人卡恩在1910年创办乌尔都文《柴明达尔报》。穆斯林教联盟领袖真纳于1934年创办印度东方通讯社（POI），并协助创办多家英文和乌尔都文报刊，其中最著名的是该联盟机关报——以乌尔都文出版的《黎明报》。

20世纪初，反英情绪日渐高涨，除上述领袖人物创办的报刊外，孟加拉地区的几家报刊表现出更为激进的倾向，其代表是一个秘密社团于 1906 年以孟文出版的《新时代报》，20 世纪初的孟文《晚报》以及老报纸《印度爱国报》。

这一时期的商业报刊也随着经济发展而发展起来，原来属于英国人的政治或商业报刊所有权也逐渐转移到印度本地的金融、工商业家族手中。其中最重要的是《孟买时报》，该报 1850 年改为日报，1861 年与其他两家报纸合并，改名为《印度时报》，由贝内特·科莱曼公司经营。20 世纪初，印度大银行财团之一的达尔米亚购买下该公司，顺手也接下了该公司另一项资产——《印度时报》。该报当时在英属印度是商业大报。

《甘露市场报》则以加尔各答为大本营，在其他一些印度城市也以同样的名字发行了不同的城市版。1937 年高希家族再次创办孟加拉文《划时代报》，成为印度东北部一个较大的民族报团。

1875 年英国人罗伯特·奈茨在加尔各答创办大众化报刊《政治家报》（英文），该报创下当时印度报纸的最低售价，在政治上亲英。1922 年，印度的塔塔财团买下该报，以后又在此基础上创办了一些新报刊，形成印度东北部一个较大的报团，政治上依然亲英，但经营完全商业化。

1922 年，萨卡尔家族在已经报刊云集的加尔各答再次创办孟加拉文的《欢喜市场报》，该报以大众化内容吸引了相当数量的本地读者。1937 年，该家族又创办英文《印度斯坦旗帜报》，成为印度东北部最大的民族报团。

印度南部的《印度教徒报》原为周报，1883 年改为周三刊，1889 年成为每日出版的晚报，后又改为日报。1919 年卡斯图里·斯里瓦尼桑买下该报，发展成为有全国影响的报纸之一。

《印度斯坦时报》创办于 1918 年，1923 年创办首都新德里版后开始闻名。第二次世界大战后，比尔拉家族买下该报。

二、通讯社和广播

1908 年，印度联合新闻社成立，由于经营困难，该社于

1919 年成为路透社附属机构。独立前，路透社一直是印度各报刊的主要新闻来源。独立后政府筹建了印度报业托拉斯，它取代了印度联合新闻社的业务，于 1949 年正式发布新闻稿件。

1923 年 11 月，加尔各答一群无线电爱好者建立了一个广播俱乐部，是为印度广播事业的初曙。次年在孟买、马德拉斯也出现了类似的广播俱乐部，但仅属实验性质。

1927 年 7 月，获殖民当局颁发特许经营权的印度广播公司开始在加尔各答和孟买定时播音。1930 年，该公司因为经济原因倒闭后，被殖民政府劳工部接管，更名为印度国家广播服务处。1936 年 6 月，殖民当局将之改组为全印广播公司，专设一个政府部门来管理，此后又在各较大城市建立电台，至印度独立时全国仅有 9 家电台，面积覆盖率只有 25%，持有收听证的听众 24.8 万。

三、独立后的印度新闻业

1947 年，印度在政治和经济方面采取了一系列措施，限制了封建势力，帝国主义势力也受到削弱，新闻事业发展起来。1950 年，登记的定期出版物达到 7 000 多种。20 世纪 70 年代中期，出版的报刊达到 12 185 种，总发行量 300 多万份。其中全国性大报控制在垄断资本家手中。印度几家主要报纸联合组建印度报业托拉斯，几年内逐步接收了路透社和附属的印度联合新闻社在印的资产和业务。

独立后，大财阀掌握大报刊进行垄断经营成为印度报刊的显著特征。其中由印度三个最大的全国性家族财团控制的报系实际控制着局势。这三家财团是：

（1）达尔米亚家族财团和贾殷家族财团控制的印度时报系。这是历史悠久的报系，共辖有 41 种报刊，其中旗舰报纸是英文《印度时报》和印地文《新印度时报》。

（2）戈恩卡家族财团控制的印度快报系。这是印度历史最短但实力最强的财团报系，共有 36 种报刊，其旗舰报纸是英文

《印度快报》。

（3）比尔拉家族财团控制的印度斯坦时报系，共辖有 13 种报刊。旗舰报纸是英文《印度斯坦时报》。

另外，四个地方性的家族财团控制的报系在全国报业中亦不无优势。它们分别是：高希家族财团的甘露市场报系、萨卡尔家族的欢喜市场报系、塔塔家族财团的政治家报系、卡斯图里家族财团的印度教徒报系。20 世纪 80 年代后，印度建立了广泛的日报、周报和杂志网。1982 年，印度有日报 929 家，非日报 4 303家。

印度报刊的另一特色是语言文字繁多，到 1993 年底，全国共有 96 种文字的报刊33 612种，总发行量 6761.1 万份。

全印广播公司移交给独立后的印度政府信息和广播部。独立后，印度是亚洲国家中广播事业发展最快的国家之一，1951 年已经有 25 座电台，20 世纪 70 年代末增加到 84 座电台。1981 年，印度发射第一颗国内通信卫星，到 1983 年，建立了全国广播覆盖网。

1959 年 9 月，印度进行电视播出实验。直到 1965 年，印度正式开办电视台，属于全印广播公司。1972 年，在孟买建立了第二家电视台。1982 年，修建了 13 座电视发射塔。20 世纪 80 年代电视覆盖全国人口 15%。1984 年后发射了印度卫星，开办了电视卫星直播，到 1984 年底，电视覆盖全国人口 20%。

四、新闻业现状

（一）报纸

印地文、英文报刊分别占总数的 37% 和 16%。最大的三家日报依次为《印度时报》（1996 年发行 97.8 万份）、《马拉雅拉娱乐报》和《古吉拉特新闻》。主要印地文报纸有《旁遮普之狮报》《今天日报》《印度斯坦报》等，主要英文报纸有《印度斯坦时报》《政治家报》《印度快报》《印度教徒报》等。

需要指出的是，上述报纸中，就历史和现实的影响力而言，首推《印度时报》，其次则为《印度快报》和《印度斯坦时报》。

杂志。目前印度发行量最大的杂志是创刊于 1937 年的马拉亚拉姆文的《美丽的马拉雅拉》周刊。

在新闻类杂志中，英文新闻半月刊《今日印度》较有影响力，该刊 1975 年创刊，总部设在新德里，发行量 40 万份。另外该刊印地文和泰米尔文版的发行量亦均达到了 20 多万份。

其次是在孟买分别以英文、印地文、马拉提文、乌尔都文出版的《闪电新闻杂志》，创刊于 1941 年，发行量 42 万份。

非新闻类杂志中较有影响的，有英文的《读者文摘》(美国)和古吉拉特文的《电影世界》，新德里英文《妇女时代》、印地文《星期日邮报》、以及分别以英文、印地文和乌尔都文出版的《就业新闻》等。

(二) 主要新闻机构和通讯社

(1) 新闻发布署：相当于政府中央通讯社，拥有 1 100 多名国内和 180 多名国外特派记者，电传网覆盖全国各地，向 8 000 余家新闻单位供稿。设有 8 个地区总分社和 27 个分社。

(2) 印度报业托拉斯：印最大私营通讯社，半官方性质。现设有 136 个国内分社和 11 个海外分社，在北京派驻记者。

(3) 印度联合新闻社：印第二大通讯社，1961 年 3 月建立，实为报业同仁的合股企业。现有分社 100 多个，目前向海湾国家及新加坡、毛里求斯提供新闻服务，在迪拜、华盛顿等地有分社。

(4) 印度斯坦新闻社：主要以印地文、马拉提文、古吉拉特文和尼泊尔文编发新闻的私营新闻社。

(5) 印度新闻社，印度新闻处，印度新闻和特稿社，印度联合新闻特稿社，东印度新闻社，全国新闻社，出版辛迪加等通讯社机构。

(三) 广播电台、电视台

全印广播电台隶属政府新闻广播部，广播网覆盖全国人口的

95％，是世界上最大的广播网之一。收音机社会拥有量 1998 年为 7750 万架。对内使用 23 种语言播音。

全印电视台 1976 年脱离全印广播电台成为独立机构（Door-darshan India，简称 DDI），印度的全国性电视广播机构，通过所属电视台和转播台向全国广播，总部设在新德里，隶属新闻广播部。全国现有 18 家电视台，6 个邦开通卫星电视接收。1997 年，印度卫星电视占有量为 2.6％，有线电视占有量为 24％，电视网覆盖全国人口的 86％，现在已形成与有线—卫星 ZEE 台的竞争局面。ZEE TV 的拥有者 Subhash Chandra 与默多克的 STAR TV 合作建立了一个电视网络。1994 年，默多克集团获得了 ZEE 远程电视 50％的资产。除了 ZEE TV，默多克集团还拥有其他四个频道：ELTV，ZEE 电影台，明星电影台和五台。随着私有电视台的出现，公共网络改变了单一机制，又建立了 6 个地面频道。有线电视和卫星电视的激增促进了印度电视业的开放与发展，1993 年到 1996 年，有线电视用户从 40 万上升到 1 600 万。1995 年有 28 个有线电视网络在播出节目。

第二节　泰国新闻传播简史

泰王国位于东南亚，面积 51.3 万平方公里，人口 6 258 万。泰国有 30 多个民族，泰语为国语。佛教为国教，90％以上的人信奉佛教。泰国曾称"暹罗"，公元 1238 年建立了素可泰王朝。16 世纪先后遭到葡萄牙、荷兰、英国、法国的入侵。19 世纪末，曼谷王朝五世王大量吸收西方经验进行社会改革。1896 年，英法签订条约，规定暹罗为英属缅甸和法属印度支那之间的缓冲国，暹罗成为东南亚唯一没有沦为殖民地的国家。1932 年 6 月，人民党发动政变，建立君主立宪政体。1938 年，銮披汶执政，1939 年 6 月改称泰国，意为"自由之地"。1941 年被日本占领，泰国宣布加入轴心国组织。1945 年恢复暹罗国名。1949 年 5 月又改称泰国。

泰国最早的报纸（英文）是由一位美国传教士医生 1844 年创办的。第二次世界大战期间，泰国成为法西斯轴心国成员，日本战败后，泰国受到英法的间接统治。1957 年，沙立·他纳叻发动军事政变后，泰国的媒介长期处于军事管制下，许多媒介停业，记者被迫离开工作岗位或被投入监狱。1973 年泰国学生发动民主运动，一度获得新闻自由的环境。1976 年泰国发生的又一场政变，所有报刊停止出版若干天。20 世纪 90 年代起，随着东南亚经济的飞速发展，民主化的潮流兴起，新闻传播的政策开始趋向自由主义。

目前，泰国的新闻事业的状况是：主要泰文报纸有《泰叻报》《民意报》《每日新闻》《国家报》《沙炎叻报》《经理报》等。主要华文报纸有《新中原报》《中华日报》《星暹日报》《亚洲日报》《世界日报》和《京华中原日报》等。主要英文报纸有《曼谷邮报》《民族报》等。泰国 1931 年开办广播，泰国国家广播电台为官方电台，设有国外部，用泰、英、法、华、马来、越、老、柬、缅、日等语广播。20 世纪 80 年代以来发展较快，现在已经拥有世界广播通信的最高普及率。多数为私营商业台，国营的泰国国家广播电台办有 9 套节目。在曼谷设有中心台，在全国设有 60 个地方台，对全国广播。全国现有广播电台 400 多家，其余为军队、警察以及大学等民办广播电台。1955 年开办电视。泰国现有 5 套全国性电视节目，其中第三、第九、第十一频道节目属政府系统，第五、第七频道节目属军队系统。第十一频道节目的经费来自政府拨款和企业财团赞助，其余 4 个频道节目均以广告收入经营。这 5 套节目通过转播台、微波和卫星覆盖全国。1977 年泰国大众传播组织（Mass Communications Organization of Thailand，简称 MCOT）成立，以政府名义管理大众传媒。此外，泰国还有两家付费有线电视公司：国际广播公司（IBC）和泰国空中有线电视网（TCN）。泰国国家广播电台用泰语、英语、法语、汉语、越南语等 10 种语言对邻国以及欧洲、北美广播。

第三节 埃及新闻传播简史

阿拉伯埃及共和国地跨亚、非两洲,大部分位于非洲东北部,只有苏伊士运河以东的西奈半岛位于亚洲西南角。北濒地中海,东临红海,地当亚、非、欧三洲交通要冲,面积 100.2 万平方公里。海岸线长约 2 700 公里。人口 6 164 万,阿拉伯人约占87%。全国 94% 的人口集中在尼罗河两岸、苏伊士地峡区和沙漠中的少数绿洲上。绝大多数居民信伊斯兰教。阿拉伯语为官方语言。埃及是个具有悠久历史和文化的古国,公元前 3200 年出现奴隶制统一国家。公元前 525 年被波斯人征服。公元前 30 年罗马人入侵,从此罗马统治达 600 余年。公元 640 年前后,阿拉伯人进入埃及建立了阿拉伯国家,至 9 世纪中叶,埃及人的阿拉伯化过程大体完成。1517 年沦为奥斯曼帝国的一个行省。1798年被法军占领。1882 年成为英国殖民地。1914 年成为英国的"保护国"。1922 年 2 月 28 日英国承认埃及独立。1953 年废除君主制,建立共和国。1956 年 7 月宣布收回苏伊士运河。1958 年2 月,埃及同叙利亚合并,成立阿拉伯联合共和国(简称阿联)。1961 年 9 月,叙利亚脱离阿联。1971 年改国名为阿拉伯埃及共和国。1956 年 5 月 30 日同我国建交。

一、报业

埃及是北非国家中新闻出版事业历史最为悠久的国家。埃及近代的新闻业是随着 18 世纪末法国军队的入侵才开始的。法军在埃及组建学术委员会,1798 年创建了法文期刊《埃及信使》和《埃及旬报》,是埃及领土上最早的近代新闻性期刊。1800年,出版阿文报纸《短评》。19 世纪 20 年代,开罗布拉格地区出现了埃及第一家印刷厂。埃及总督穆罕默德·阿里在 1827 年创办《总督报》,次年改名《埃及事件报》。

1860 年以后,在埃及出现官报以外的报纸,如 1860 年出版的《埃及报》和《商业报》，1867 年出版的《尼罗河流域报》。后来塔克拉兄弟在亚历山大出版《金字塔杂志》，次年出版周报——闻名的《金字塔报》。1881 年改为日报，迁到开罗出版。三位叙利亚人 20 世纪 80 年代创办每日出版的晚报《穆盖塔木报》，是埃及第一家城市晚报。

1880 年，英国人在亚历山大创办英文报纸《埃及公报》，法国人在开罗创办《巴斯福尔报》，于 1890 年创办法文《埃及市场报》和《埃及进步报》。

1865 年，《蜂王》月刊出版。到埃及最后脱离奥斯曼帝国之前，埃及有杂志十余种。在英国统治时期的报纸中，发行量最大的是 1895 年创办的《埃及人报》。

1879 年 1 月，埃及成立第一个民族主义的党派祖国党，出版《祖国报》和杂志《埃及是埃及人的》。1889 年，阿里·优素福创办《坚强报》，此外还出现不少党派报刊如《支持者报》《旗帜报》《新闻报》。在法英殖民统治期间，埃及的进步报纸成为人民意志的表达者。

埃及 1916 年宣布脱离奥斯曼帝国，英国被迫于 1922 年宣布埃及独立，建立埃及王国，苏丹改称国王。王室拥有官报《埃及事件报》，英国人拥有《埃及公报》等英文报刊，非党派日报则以《金字塔报》为代表。1924 年，《图画》周刊在开罗创刊。1925 年艺术周刊《鲁兹·优素福》创刊，5 年后改为以时政为主的综合杂志。1934 年，《最后一点钟》周刊在开罗创刊。

这一时期最主要的是 1943 年由阿明兄弟创办的大众化报刊《消息报》。该报很快吸引了市民读者，发行量居前位。此外，各主要党派办有自己的报纸，如埃及党 1944 年办《胜利埃及报》，华夫脱党 1946 年办《乌玛之声》，赛义德党 1947 年办《基本报》等等。

1952 年，埃及自由军官团发动政变，国王法鲁克被迫退位。第二次世界大战结束后，爱国报刊在埃及报纸中占据优势。1952 年 7 月革命后，除了《金字塔报》和《消息报》等老报外，又出版了一些新日报、文学月刊和新晚报等等。到20世纪50年代中期，埃及报业已经处于先进国家的行列。

1953年成立埃及共和国，废除君主制。1954年11月，纳赛尔成为总统。1953年1月革命委员会宣布解散所有政党，新成立的"解放大会"成为唯一的政治组织。因此，王国时期的政党报刊不再存在。新政权在1952年9月成立解放出版社，出版《解放》杂志，同年12月，出版了革命指挥委员会机关报《共和国报》。

1954年，《埃及人报》因为发表批评纳赛尔和革命指挥委员会的文章，被政府查封。广播电台最早变为新政权的国营的新闻机构。1953年7月分别建立了短波的国际台和对阿拉伯世界广播的"阿拉伯之声"电台。20世纪50年代，整个阿拉伯地区都在收听埃及的广播。1956年2月，开罗的几家私营出版社联合创办了中东通讯社，这是埃及的第一家通讯社。

1960年5月，发布法令，将出版《金字塔报》的金字塔出版社，出版《消息报》的今日消息出版社，出版《图画》周刊的新月出版社，和出版《鲁兹·优素福》周刊的鲁兹·优素福出版社的所有权移交民族联盟，中东通讯社也被收归国有。同年埃及电视台开始播放节目，也是由国家直接控制。萨达特继任总统后，逐渐调整新闻政策，1974年，取消新闻检查并将各家报刊的所有权和经营收入的49%归本报职工所有，51%归阿拉伯社会主义联盟。1980年，政治协商会议接收了阿拉伯社会主义联盟的51%的报刊所有权，新闻机构的地位也得到宪法的确立。

1981年，萨达特被刺，穆巴拉克继任。埃及报刊仍然归国家公有，49%的报刊所有权变成职工的股份，在这样的形势下，各大出版社，包括"金字塔""今日消息""解放"等等都发展成大型的媒介集团，商业大报成为主体，政党报刊再也不复过去的影响力。

二、广播电视业

埃及的广播电视事业起步较早，也较发达。埃及的广播开始于 1928 年，由一些商人和无线电爱好者开办广播电台，1933 年政府委托英国马可尼公司在埃及建立非商业性的广播体系，1934 年 5 月，马可尼公司经营的电台开始播音。广播电台是 1952 年 7 月革命后重要的宣传机构。1964 年创建了中东广播电台。埃及广播电台和电视台是两个独立的宣传机构，受全国广播电视委员会领导。埃及属于较早拥有电视台的非洲国家之一，1960 年建立了"阿拉伯电视台"。

三、现状

目前，埃及有日报 9 家，各种期刊 200 多种。主要的报刊是各大出版社旗下的大报，其中重要的阿拉伯文报刊为《消息报》《金字塔报》（发行 77 万份）《共和国报》《晚报》《金字塔经济学家》（周刊）、《最后一点钟》（周刊）、《图画》（周刊）、《鲁兹·优素福》（周刊）。主要的法文报刊为《埃及前进报》和《埃及日报》。中东通讯社是唯一的国家通讯社，创立于 1956 年 2 月，原来是民办通讯社，1960 年收归国有后成为国家通讯社，该社每天用阿拉伯、英、法等三种文字发稿。国家广播电台用阿拉伯语和 30 多种外语向国内外广播。中东广播电台建于 1964 年，主要是为商业服务。亚历山大广播电台建于 1960 年，用阿拉伯语播音。现在，广播系统中有 7 个广播网，第 7 广播网是国际广播电台。埃及电视台（国营），用阿拉伯语播放节目，此外也用英语和法语播放。到 1997 年，在 6 400 万埃及本土人中，有 1 200 万拥有电视机，在阿拉伯国家中埃及拥有最发达的全国电视服务系统。1997 年，埃及广播电视联盟（ERTU）控制了埃及的广电事业，埃及电视台得到较大发展，ERTU 拥有 8 个公共频道，其中两个是全国性的，6 个是地方频道。1990 年，开通卫星电视节目，通过卫星接收外国节目在开罗地区发展起来，碟形天线用户已经达到 200 万，安装碟形天线的家庭可以收到 80 个以上节目。同时，埃及广播电视联盟努力通过卫星传送节目。自 1990 年，埃及空间频道开始向居住在外国的阿拉伯人播放节目。埃及空间频道和尼罗河电视台也向美国和欧洲的非阿拉伯人播放英语和法语节目。

第四节　南非新闻传播简史

南非共和国位于非洲大陆最南端，总面积 122 万平方公里。南非是一个多种族的国家，目前总人口约 4 460 万，分黑人、白人、有色人和亚洲人四大种族，分别占总人口的 76.7%、11.8%、8.9% 和 2.6%。南非主要语言为英语和阿非利加语（南非荷兰语）。官方语言有 11 种，除英语、南非语外，还有祖鲁语、班图语等，英语为通用语言。南非是非洲经济最发达的国家，也是非洲新闻传播业最发达的国家。南非有悠久的历史，早在西方殖民者到来之前，当地布须曼人、霍屯督人和班图人等已在此定居。1652 年荷兰人开始入侵，对当地黑人发动多次殖民战争。19 世纪初英国开始入侵，1806 年夺占"开普殖民地"，荷裔布尔人被迫向内地迁徙，并于 1852 年和 1854 年先后建立了"奥兰治自由邦"和"德兰士瓦共和国"。1867 年和 1886 年南非发现钻石和黄金后，大批欧洲移民蜂拥而至。英国人通过"英布战争"（1899—1902），吞并了"奥兰治自由邦"和"德兰士瓦共和国"。1910 年 5 月英国将开普省、德兰士瓦省、纳塔尔省和奥兰治自由邦合并成南非联邦，作为英国的自治领地。1961 年 5 月 31 日，南非退出英联邦，成立了南非共和国。南非白人当局在国内推行种族歧视和种族隔离政策，先后颁布了几百种种族主义法律和法令。为推翻种族隔离制度，南非人民在以曼德拉为首的非洲人国民大会（非国大）的领导下，进行了英勇的斗争，并最终取得了胜利。1994 年 4 月，南非举行了首次由各种族参加的大选，非国大在大选中获得胜利，曼德拉当选为南非首任黑人总统，这标志着种族隔离制度的结束和民主、平等新南非的诞生。1996 年 12 月，南非总统曼德拉签署新宪法，为今后建立种族平等的新型国家体制奠定了法律基础。1999 年 6 月，在南非举行的第二次全民大选中，非国大主席、副总统姆贝基接替曼德拉，成为新南非的第二位黑人总统。

一、报业

1795 年，一支英国舰队来到开普敦，战胜了南非荷兰人。随舰队来的一个英国人带来了一架印刷机，试验性地出版了《开普敦公报和非洲广告人报》，虽然传播的范围很小，却是南非乃至非洲大陆最早的近代新闻媒介。1806 年，英国人终于进入南非，之后是持续百年的冲突和战争。随着英国移民的增加，英国记者格雷格在 1824 年 1 月在开普敦创办了周报《南非商报》。这是南非第一家较正规的民营报纸，英文版，有非洲荷兰文的提要。格雷格聘请普林格尔任主笔。不久，因为格雷格不能容忍对报刊权利的侵犯而暂时停刊，被总督驱逐出境。普林格尔和费拜恩在同年另创了一家英文杂志《南非杂志》，是南非的第一家杂志。格雷格回国后被看作维护新闻自由的英雄而受到欢迎，被允许重返开普敦。民营《南非商报》的风波，奠定了南非新闻自由的传统。同年，开普敦出现了一家非洲荷兰文的期刊《编者报》，是第一家单独使用这种文字的刊物。

1830 年，后来存在了 100 年的《南非人报》在开普敦创刊，该报用英文和非洲荷兰文出版，是南非历史上第一家对开的商业大报。1835 年，布尔人被迫向南非东北方向迁移，建立了两个布尔人的共和国，奥兰治和德兰士瓦。

为防止被英国人同化，1876 年，一批布尔人的记者创办了《阿非里加爱国者》杂志。英国人夺取开普敦后，1857 年，出版了南非第一家晚报《开普守望报》，1876 年又出现了一家晨报《开普时报》。至此，开普敦成为南非第一个报业中心。南非中部和东部发现钻石和金矿后，大批欧洲人涌向南非，英国人迅速向东北方扩张,在德兰士瓦地区,形成南非另一新兴城市约翰内斯堡。1887年,在这里创办了英文晚报《明星报》,很快成为南非发行量最大的报纸。约翰内斯堡成为第二个报业中心。19世纪下半叶,亚洲移民来到南非,集中在东南沿海,形成第三个新兴城市德班。1887年,英文报纸《每日新闻报》在这里创刊。1884年,出现了南非黑人自己语言的报纸《黑人之声报》,不过影响很小。

1899年英国人和布尔人爆发全面战争,1902年英国人获胜,成立了英国自治领地南非联邦,形成现在南非的疆域。布尔人1912年建立南非国民党,南非黑人成立了非洲国民大会党。代表英国利益的几个小党联合为统一党。因此,20世纪南非的新闻业,基本以语言为分界线呈现一定程度的种族党派性。

1902年9月,黄金商人H·弗里曼·科恩在约翰内斯堡创办《兰德每日邮报》。1906年,该报出版星期日报纸《星期时报》,成为南非最大的星期日报纸。1935年,约翰内斯堡又出版了另一英文星期日报纸《星期快报》。

国民党1915年资助在开普敦创办的非洲荷兰文的《市民报》,接着又资助了非洲荷兰文的晚报《祖国报》和晨报《德兰士瓦人报》。各英文报刊,如《明星报》《兰德每日邮报》《开普守望报》和《开普时报》等,都站在统一党一边。

此时已经出现了种族歧视的现象,1912年议会通过了土著人土地法,限制黑人的居住地。1903年创刊的对黑人最有影响力的《纳塔尔太阳报》在1923年被当局查禁。1904到1914年在德班出版了用印度文字印刷的杂志《印度舆论》,1931年6月在约翰内斯堡出版了中文的《南非侨声报》。

1948年,国民党取代统一党执政,于1961年退出英联邦,建立南非共和国。从1950年起,该党和其控制的南非政府逐步实行极端的种族隔离政策,1960年宣布国大党非法。政府对新闻出版,舆论自由进行压制。南非英国人的统一党和英文报刊,大都同情或者支持黑人和有色人种争取自由的斗争。英文报刊分成两个报团。一个是以开普敦的老报纸《守望报》为基础形成的守望出版发行公司，除《守望报》外还拥有约翰内斯堡的《明星报》，德班的《星期论坛报》，以及约翰内斯堡主要为黑人创办的《世界报》。该报 1977 年被查封后改名《邮报》在比勒陀利亚出版，1980 年再次被查封，次年在约翰内斯堡改名《索韦托人报》出版。另一个是以开普敦老报纸《时报》为基础形成的南非联合报业公司。除《时报》外，还有《兰德每日邮报》《星期时报》和《星期快报》。非洲荷兰文的报刊在舆论上均是支持政府，主张种族隔离的。

英文报刊总体上力量是大于南非荷兰文报刊了。1976 年，南非政府秘密资助创办了《公民报》。由于出版登记制度对黑人办报有限制，为数不多的以黑人为对象的报纸经常被查封。

二、通讯社和广播电视

路透社 1910 年在南非建立分社，即南非路透社，是南非第一家通讯社。1938 年，各大报在此基础上建立报联社体制的南非联合新闻社，总部在约翰内斯堡。

1923 年，南非铁路公司创办第一家广播电台约翰内斯堡广播电台，1924 年又建立开普敦电台和德班电台。1927 年，三家合并为南非广播公司。1936 年，改组为公营南非广播公司。1937 年，该公司开办非洲荷兰语的第二套节目，1942 年开办第三套黑人语言节目。

南非的第一个广播电台建于 1923 年。南非广播公司从 1952 年起，才开办了几种班图语广播。南非当权者在 20 世纪 70 年代通过立法，规定南非联合新闻社在宣传上要为政府服务，同时使社会公营的南非广播公司变成政府直接管辖的机构。20 世纪 50 年代，南非大城市就有了有线闭路电视（只为白人服务）。1976 年南非才开办无线电视。1983 年博茨瓦纳政府与南非政府在两国交界处建立了地区性民营电视台博普塔茨瓦电视台。1986 年南非四大报团共同建立了商业的"媒介电视网"。

三、新闻业现状

1994 年，曼德拉的非国大新政府废除了《出版登记法》，南非报纸进入正常的商业化时期。南非报纸杂志经过合并和接管，形成了几大集团，即独立报业集团、时代媒介集团、纳斯珀斯集团、卡克斯顿集团、新非洲投资集团。国际社会解除对南非的制裁之后，非洲荷兰文的报刊处于停滞，南非各土著文字的报纸得到发展。经济类报纸发展较快，如《商日》《金融邮报》及独立经济类日报《WOZA》。1999 年，中文报纸《南非华人报》创刊。目前，南非全国有报刊 700 多种，其中日报约 20 种。南非1994 年每 1000 人拥有报纸 17 份。英文日报以《公民报》和《明星报》为代表。非洲荷兰文报纸以《印象报》为代表。最大黑人报纸为英文《索韦托人报》，星期日报纸以《星期时报》影响最大。南非新闻联合社是全国性新闻机构。

南非拥有非洲地区规模最大的基础设施与市场。现在南非的广播电视业，形成了公营和民营共存的局面。电视方面，主要有经营者多选择公司集团下属的 M－Net 有线电视台和卫星电视台，公营的南非广播公司的电视系统。其他民营电视台主要有BOP 台、特兰斯凯台、西斯凯台。南非电视观众约为 1 200 万。自从 1996 年 PAS－4 号卫星发射升空以来，南非成为非洲大陆上第一个采用数字技术的国家。拓展后的南非电视市场由国家公共广播公司南非广播公司（SABC）与私营的 M－NET 分享。1996 年 8 月，南非经营者多选择公司以付费节目的形式引进了数字电视。M－NET 也借助卫星从约翰内斯堡向非洲 30 多个国家播出节目。在这样的竞争背景下，公共电视频道南非广播公司的节目也趋多样化。为了开拓国际市场，南非广播公司于 1992年成立了非洲频道，向东部非洲地区英语国家播放节目。

民营广播电台从 20 世纪 80 年代末的 19 家发展到 2000 年的120 多家。但影响不大，仍旧以南非广播公司的电台为主导。现在该公司的电台分为特定对象广播和对全国广播两大部门。前者共 5 个台，用多种土著语言广播；后者 6 个台，用英语和非洲荷兰语广播。

第五节　墨西哥新闻传播简史

墨西哥合众国位于北美洲的西南部。面积 197 万多平方公里，是北美洲的第三大国，也是拉丁美洲西班牙语国家中新闻传播历史最久，新闻业最发达的国家。首都墨西哥城。墨西哥人口众多，1997 年统计为 9 470 万。其中印欧混血种人占 90％，印第安人占 7.8％。官方语言为西班牙语，少数人仍然使用印第安语。居民中绝大多数信奉天主教。墨西哥是一个具有悠久历史的文明古国。闻名世界的奥尔美加文化、玛雅文化、阿兹特克文化均为墨西哥印第安人所创造。3000 多年前，古代玛雅人就在墨西哥的土地上建立了众多的城市，创造了象形文字、历法和农业生产技术，特别是建筑和雕刻艺术达到了相当高的水平。9 世纪至 16 世纪印第安人阿兹特克族的文化已有相当的发展。

1521 年西班牙殖民者占领了墨西哥，统治长达 300 年之久。直到 1810 年 9 月 16 日，才由伊达尔戈神父发动起义，全国开始了独立战争，9 月 16 日也因此被定为墨西哥的国庆日。1821 年宣告独立。1917 年宣布国名为墨西哥合众国。现在全国划分为 31 个州和 1 个联邦区。

墨西哥的新闻事业相当发达，在拉美居于首位。它的新闻事业有悠久的历史，有民族主义的传统。

一、报业

墨西哥被西班牙征服后，1539 年传教士胡安·帕布罗斯将第一台印刷机运到墨西哥，用于印刷传教的册子。1541 年，出现了美洲第一份印刷新闻纸，此后各种新闻纸存在了大约 200 年。

1679 年，有些西班牙殖民当局的印刷新闻纸使用了"墨西哥公报"的名称。

1722 年，胡安·伊格纳西奥创办第一家定期报纸《墨西哥和新西班牙消息报》。同年在墨西哥城出现了神父斯多莱纳创办的《墨西哥公报》，接着各地相继出现所谓"官报"，《马德里公报》也在墨西哥发行。1788 年，第一家文学报刊《墨西哥文学公报》创刊。1805 年，第一家日报《墨西哥经济·思想日报》创刊，此后一些有新思想的报刊陆续出现。如《经济工作报》（1806 年）、《商业报》（1807 年）、《爱国周报》《墨西哥政治·商业邮报》。

1810 年 9 月，独立战争爆发。领导人伊达尔戈神父于 12 月 20 日创办了《美洲觉醒者报》，该报是第一份有着鲜明主张的政党报刊，虽然存在的时间不太长，但发挥了巨大的宣传鼓动作用。1813 年，墨西哥宣布独立，1824 年成立联邦共和国。但国家在此后的近百年中陷入长期的混乱，报业发展很不稳定，以政党报刊占主体。自由派的报刊有《19 世纪报》（1841 年）和《共和国箴言报》（1856 年），保守派的有《墨西哥政府报》《秩序报》和《国民思想报》等。1855 年，胡亚雷斯担任总统。1857 年制定了新宪法，言论性的期刊得到了发展，如《文艺复兴》和《蔚蓝评论》。1872 年，胡亚雷斯去世，墨西哥进入迪亚斯的独裁时期，残酷对待反对他的人，限制批评他的刊物的出版自由，甚至修改宪法以获连任。1896 年，创办了官办的综合性报纸《公正日报》，除不得批评政府外，经营上使用企业化的管理，内容适应市民口味，发行量 1905 年达到 7.5 万份。1892 年，全国有日报 28 种，周报 147 种。1910 年爆发民主革命，迪亚斯下台。1917 年公布新宪法，言论出版的自由得到保障，出现了一批新报刊。其中现在仍在出版的有 1916 年由菲利克斯·巴拉维西创办的《宇宙报》和 1917 年拉法埃尔·阿尔杜辛创办的《至上报》，此外，还有 1928 年创办的大众化报刊《新闻报》、1936 年的《消息报》、1947 年创刊的《欢呼报》等，商业报纸的特色更浓的大众化杂志也出现了，如《一切》（1933 年）、《冲击》

(1949 年)等。1929 年执政党国民革命党创办了官方报纸《国民报》。20 世纪 60 年代前后,商业报纸占主导地位,报业趋向垄断化。

二、广播电视和通讯社

1921 年 10 月,在墨西哥北部城市蒙特雷,民营的电台试播成功。1923 年,政府批准开办民营电台。公营电台最早建于1924 年。墨西哥电视的首次较大规模的实验播出是 1946 年,1950 年阿斯卡拉卡在墨西哥城创办电视四台,墨西哥于 1950 年成为拉美第一个开办电视的国家,这标志着拉美电视事业的开端。接着,《消息报》的所有人罗慕洛·奥法利尔 1951 年创办电视二台,冈萨雷斯·卡马利纳 1952 年创办电视五台。到 1959年,全国电视台有 20 家。20 世纪 80 年代,有线电视进入墨西哥。到 1997 年全国已经有 145 个有线台。1996 年 12 月,墨西哥电视公司参股的拉丁美洲空中电视公司在墨西哥开播卫星电视节目,阿兹特克公司与拉丁美洲银河电视公司联合创办了卫星电视。近年来,由于数字技术的应用,拉美的卫星电视事业更加兴旺,特别是卫星直播电视事业得到了迅速的发展。墨西哥的阿兹特克电视公司于 1997 年 12 月开始免费试播数字高清晰度电视,成为拉美首家播出此类电视的公司。

墨西哥第一家通讯社是 1935 年建立的美洲通讯社,1943 年停办。之后墨西哥长期没有大的通讯社。20 世纪 80 年代,1968年建立的墨西哥通讯社发展为墨西哥的最大通讯社。

墨西哥媒介垄断集团,出现较早的是 20 世纪 40 年代加西亚·巴尔塞卡的报团(墨西哥出版组织)。电视台方面,1973 年阿莱曼财团的墨西哥电视网和蒙特雷财团的独立电视台合并为墨西哥电视公司,是墨西哥最大的媒介财团。1974 年,墨西哥出版组织改组,后为阿拉尔贡家族控制,阿拉尔贡家族通过购买许多报纸的股权,实际控制了墨西哥 1/3 的报纸,是墨西哥最大的报团。阿兹特克公司在 1993 年买下墨西哥公营电视台,成为墨西哥电视公司的主要竞争对手。

三、现状

全国约有 300 家报纸和 100 多种全国性刊物，平均每百人订报 14.4 份。主要的报刊有 1929 年创刊的《国民报》，现为官方报纸，发行量 3.8 万份；1917 年创刊的《至上报》，是墨西哥历史较久、发行量最多、影响最大的报纸，以及《至上晚报》《墨西哥太阳报》《金融报》《呼声报》《新闻报》《宇宙报》《消息报》《日报》《墨西哥先驱报》，1953 年创刊的《永久周刊》《进程周刊》《冲击周刊》等。墨西哥每年出版 1.2 万种书刊，总发行量 2.5 亿册。

墨西哥通讯社为官方通讯社，隶属内政部。此外还有墨西哥新闻社和墨西哥新闻通讯社，以及私营通讯社"全国报业通讯股份有限公司"。全国建有广播电台 1 356 家，电视台 556 家（包括有线电视台），特莱维萨 Televisa 和阿兹特克 Azteca 为两大电视集团，拥有全国 95％以上的电视观众。其中特莱维萨和它北美的合作伙伴建立的联盟在拉美不断扩大，它向泛美卫星公司投资，以建立自己的卫星电视频道，同时它也是西班牙语节目的最大的制作商和出口商。1995 年，它控制了墨西哥 75％的市场，拥有四大国家级电视台和 200 个地方电视台，该频道还同时拥有几个广播电台、80 种报纸。在 1 850 万墨西哥家庭中，80％以上拥有电视机，还有 160 万个家庭装有卫星电视碟形天线，180 万家庭付费用户。

第六节　巴西新闻传播简史

巴西联邦共和国位于南美洲东南部，是南美洲最大的国家。人口 16390 万（1999 年）。葡萄牙语为官方语言。73％的居民信奉天主教，13％信奉基督教新教。首都是巴西利亚。巴西古代为印第安人住地。16 世纪 30 年代沦为葡萄牙殖民地。1807 年拿破

仑侵入葡萄牙，葡王室逃至巴西，巴西成了葡王国的中心，直至
1820年王室迁回里斯本。1822年9月7日独立，成立巴西帝国。
1888年5月13日废除奴隶制。1889年11月15日推翻帝制，成
立共和国。1891年定国名为巴西合众国。1969年10月30日改
现名。

一、报业

1808年，拿破仑军队占领了葡萄牙，葡王室转移到巴西。9
月，葡王室用随船带来的印刷机，出版了巴西历史上第一家报纸
《里约热内卢报》。同年，巴西商人，共和主义者何塞·马丁在伦
敦创办了政治报刊《巴西邮报》和文学刊物《文学艺术》，秘密
运回巴西散发。1821年，葡萄牙国王返回里斯本，其子次年宣
布脱离葡萄牙，建立巴西帝国。1824年制定的宪法对言论出版
自由，甚至宗教信仰自由都采取了宽松的政策。1828年，巴西
已经有报纸和期刊25种，其中多数是政党报刊。有代表性的是
自由派安德拉达兄弟创办的《塔莫约报》，中间性质的《曙光》，
主张有限的王权。《巴西帝国》则为国王辩护。在圣保罗的自由
派主要有1854年创刊的《圣保罗邮报》《公理报》，1875年创办
的《圣保罗州报》。1870年，除巴西保守派和自由派之外，出现
了共和派。同年在圣保罗创办了共和派的机关报《祖国报》。此
后，共和派报刊逐渐增多，如里约热内卢的《共和国》《新闻日
报》，圣保罗的《原野报》和阿雷格里的《联邦报》。

1871年到1888年，巴西废奴运动取得胜利，1889年11月，
巴西推翻帝制。巴西进入共和国时期，确立了共和国的新闻自由
体制。1891年鲁伊·巴尔博扎创刊的《巴西日报》成为他批评
政府的重要媒介。

20世纪初，商业报刊兴起。例如，1921年创刊的《圣保罗
报（晨报）》和《晚报》，1925年的《环球报》，1928年的《米纳
斯州报》，1929年的《莱维商报》，1928年的《首都人报》等。
此外一些老报刊仍然很受欢迎，如《商业日报》与《纪事报》。

第二次世界大战后，巴西出现 30 多家无产阶级报纸，影响较大的有 1945 年创刊的《今日报》。巴西 20 世纪 30 年代后的版面编排大有改进，诞生了一批新报刊。如 1951 年、1952 年在里约热内卢创刊的《日报》和新闻周刊《标题》。1968 年创刊的《阅读》是新一代的新闻周刊。

二、广播电视业

1906 年，里约热内卢出现了电影院。1922 年，政府建立了第一家实验性广播电台，此台命名为"索谢达广播电台"。到 1930 年，巴西已经有电台 18 家，多数为民营。政府台即 1936 年有索谢达台改组的"梅克－PRA－2"台，隶属于教育文化部。巴西的对外广播电台布拉斯广播电台用英、葡萄牙、西班牙和德语 4 种语言对美洲、欧洲和非洲广播。1931 年，巴西首先出现通讯社。是由 29 家报纸和 18 家广播电台联合建立的南方通讯社，后来在此基础上形成了联合日报集团。

1950 年 9 月，巴西首家电视台——图皮电视台在圣保罗开始播出。巴西电视台多是民营，国营电视台建于 1960 年。到 20 世纪 60 年代，形成环球电视、标题电视台、骑士电视台与图皮台四大民营电视网。图皮台 1980 年倒闭，形成国营教育电视网即巴西电视台。

1979 年，国家通讯社改称巴西新闻公司，于 1988 年和公共广播网即布拉斯公司合并为巴西通讯公司。在传媒竞争中，环球集团 20 世纪 70 年代后成为巴西最大的媒介集团。

1989 年，巴西第一座有线电视网"四月电视网"开播。随后，环球集团也开发了有线电视和卫星电视，它开办的巴西有线电视网以及该网与跨国的拉美空中直播卫星电视联营的数字化环球卫星频道拥有目前巴西有线电视和数字卫星电视的四分之三的用户。

三、现状

巴西是拉丁美洲拥有广播电台和电视台最多的国家。巴西现有全国性电视网 4 个，商业电视台 227 座，教育台 20 座。最大的电视台是环球电视台，此外还有图皮电视台和班德兰斯特电视台。巴西的国营电视台主要播出教育和新闻节目，影响不大。巴西最大的有线电视网是环球集团的巴西电视网，其次为阿布里尔出版集团的四月电视网。1985 年，巴西成为拉美大陆第一个拥有自己卫星的国家，现在，它是第八大电视广告市场和世界第五大电视组装基地，拥有大约 250 个频道。

巴西目前有广播电台 2695 家，多为商业台。影响最大的是环球电台，首都巴西利亚设有拉美最大的广播电台－巴西利亚国家电台。

巴西有数十家通讯社，但规模较小。主要是官方的巴西通讯社，1979 年 9 月改称巴西新闻公司。

巴西现有日报 299 家，还有非日报 788 家。代表性报刊有，《圣保罗州报》《圣保罗之页报》《环球报》《巴西日报》《日报》和《商报》，此外，巴西利亚最大的两家报纸为《巴西邮报》和《巴西利亚报》。

杂志，国际性的葡萄牙文的《读者文摘》与《视点》较有影响。国内出版的期刊，目前居首位的是圣保罗发行的《阅读》周刊，第 2 位的是《标题》，在里约热内卢出版。

第七节　阿根廷新闻传播简史

阿根廷共和国位于南美洲南部，东临大西洋，面积 278 万平方公里。人口 3 700 万（2000 年）。其中白种人占 97％，多属意大利和西班牙后裔。官方语言为西班牙语。87％的居民信奉天主教。1535 年开始沦为西班牙的殖民地。1816 年 7 月 9 日正式独立，1972 年 2 月 19 日与我国建交。

一、报业与广播电视业

阿根廷的第一份报纸出现在 1810 年革命后，是由著名的爱国者马里亚诺·莫雷诺创办的《布宜诺斯艾利斯公报》。1869 年著名作家何塞·克莱门特·帕兹在布宜诺斯艾利斯创办了日报《新闻报》，1870 年政治家巴特洛梅·米特雷创办了《民族报》。

1984 年，阿根廷出版 350 种报纸，1 360 种期刊，平均每 1 000 人拥有 180 份报纸。

阿根廷广播电台 1920 年开始广播，标志着拉丁美洲广播事业的开始。

1900 年，阿根廷建立了拉美最早的通讯社，现在的阿根廷国家通讯社"美洲通讯社"是 1945 年建立的。

二、现状

目前全国发行各类报纸2062种，周刊 96 种，还有 250 种外文出版物。首都及各省重要报纸 35 家，各报国内日发行量为 175.82 万份。主要报纸有：《民族报》，1870 年创刊，发行 21.28 万份，主要反映大农牧主的观点；《号角报》，1945 年创刊，发行 79.52 万份，标榜中立，反映"发展主义"的经济观点；《纪事报》，1963 年创刊，以社会新闻为主，发行 6 万份；《新闻报》，1869 年创刊，反映右翼保守势力的立场，发行 4 万份。杂志月销售量 460 多万份，重要周刊有《市场》《索莫斯》《人物》等。

美洲通讯社系阿根廷国家通讯社，直属于总统府新闻和宣传国务秘书处，1845 年建立。阿根廷新闻社和报联社均为私人通讯社。1920 年阿根廷第一家广播电台开始播音。1983 年民选政府上台后，恢复了新闻自由。现在有私营电台 160 多家，1996 年全国有收音机2 270万台，调幅电台 101 家，调频电台约1 500家。阿根廷私营广播联盟是私营广播电台的联合组织。阿根廷的国际广播为"阿根廷国际广播电台"，阿根廷国际广播电台用英语、法语、德语、西班牙语、葡萄牙语、意大利语和日语 7 种语言对美洲、欧洲、非洲和远东地区广播。

1951 年电视事业开始起步，目前全国有开放式电视台 46 家，超高频电视台 115 家，微波电视台 61 家，有线和闭路电视台 866 家。其中主要电视台有五家，仅阿根廷电视台是国营，第 2 频道、第 9 频道、第 11 频道和第 13 频道均为商业电视台。1996 到 1997 年，阿根廷卫星电视占有数为 4%，有线电视占有数为 55%。

第八节 古巴新闻传播简史

古巴共和国，国土面积 110 860 平方公里，是西印度群岛中最大的岛屿。人口 1124.34 万（2001 年 12 月 31 日统计），首都哈瓦那。官方语言为西班牙语。古巴是一个经济落后的农业国。1492 年 10 月 27 日哥伦布抵达古巴，1511 年，古巴沦为西班牙殖民地。1868 年—1878 年进行第一次独立战争。1895 年，民族英雄何塞·马蒂领导第二次独立战争。1898 年美西战争后，古被美占领。1902 年 5 月 20 日成立古巴共和国，实际上成为美国的附庸。1959 年初，卡斯特罗率起义军推翻巴蒂斯塔政权，成立革命政府。

一、报业

古巴革命前，古巴有 30 多种报刊，新闻界深受美国影响并且为美国的利益服务。古巴革命后全部收归国有，报刊事业有了崭新的开始。20 世纪 70 年代末，古巴出版日报 14 种，总发行量为 100 多万份。出版 70 多种杂志，其中《共产党人》《百倍警惕》《妇女》月刊等最流行。

目前报刊状况为如下。

《格拉玛报》，古巴共产党机关报，创办于 1965 年 10 月，前身是《今日报》和《革命报》。发行量 70 万份，同时还出版《格拉玛评论周刊》。

《起义青年报》，共青联中央机关报，1965 年创刊。

《流浪者报》，20 世纪初创办的周刊，是古巴发行量最大的西班牙文的杂志。

《劳动者报》，中央工会机关报。

《波希米亚》周刊，创办于 1908 年 5 月，每期发行 30 万份。

二、通讯社与广播电视业

通讯社有拉丁美洲通讯社，官方国际通讯社。创建于 1961 年，在全世界设有 37 个分社。国家通讯社，创建于 1974 年，主要负责国内新闻报道。

1922 年古巴开办无线广播，所有广播电台都是私营性质。1943 年人民社会党广播电台开始播音，1958 年 2 月"自由广播电台"在解放区播出，1959 年革命胜利后，政府对广播电视机构进行国有化改造。1960 年创建的"古巴哈瓦那电台"负责对外广播，是拉丁美洲最大的国际广播电台。古巴不仅开办国际广播，也开办了国际电视，现使用阿拉伯语、英语、法语、西班牙语、葡萄牙语、瓜拉尼语、克里奥尔语和克丘亚语共 8 种语言对美洲和欧洲广播。目前全国性广播电台 5 家：时钟电台、进步电台、起义电台、音乐电台和古巴哈瓦那国际电台。

1950 年电视试验广播开始，1951 年正式播出电视节目，1958 年全国有 27 座电视台，1962 年 5 月古巴广播电视台成立，隶属政府新闻部。1973 年在哈瓦那郊区建立了卫星地面站，接收"国际电视节目交换网"的节目。1979 年圣地亚哥、奥尔金、哈瓦那三个城市的演播中心合并为全国电视台。目前古巴全国性电视台有 2 家：古巴国家电视台和起义电视台。

本章参考书目：

(1) 陈力丹．世界新闻传播史．上海：上海交通大学出版社，2002

(2) 郑超然，程曼丽，王泰玄．外国新闻传播史．北京：中国人民大学出版社，2000

(3) 张隆栋，傅显明．外国新闻事业史简编．北京：中国人民大学出版社，1988

(4) 〔法〕洛特菲·马赫兹．世界传媒概览——媒体与新技术的挑战．北京：中国对外翻译出版公司，1999

(5) 中国社会科学院网站 http://www.cass.net.cn

(6) 五洲传媒 http://www.cn5c.com

第十一章
通讯社的产生与发展

第一节 通讯社产生及发展的最初阶段

通讯社，也称新闻社，是专门从事采集、加工和提供新闻信息，为其他新闻媒介和各类用户服务的新闻传播机构。大众媒体获得信息的来源是国内外通讯社、自己的记者以及直接的调查研究。通讯社一般拥有庞大的记者网、广泛的新闻来源、先进的通信技术，能够大量采集和加工新闻电讯、新闻图片、新闻资料、广播电视新闻等，主要提供给报纸、广播、电视、杂志等媒介，由它们采用后与普通受众见面。由于通讯社是一个大规模地收集和发布新闻的机构，是新闻流通的重要渠道，所以也被称为"消息总汇"。

通讯社的产生是工业革命和近代报业发展的历史必然。通讯社的产生晚于报纸，早于广播和电视，最早出现于19世纪30年代的欧洲。通讯社的产生，有其深刻的社会历史根源。首先，通讯社的产生与资本主义经济的对外扩张密切相关。随着资本主义的发展，本国市场已不能满足资本家对剩余价值无休止的追求，对外经济扩张成为历史之必然。而跨国的经济信息传播也就成了这种经济扩张的伴随物。早期规模较大的通讯社几乎都是从向工商界、银行界提供国际经济、金融信息开始自己的发家史的。

"通讯社对贸易和商业局面的进一步打开，把世界大大地缩小，起到了通讯社所独有的突出作用。但同时，由于当时是殖民地的全盛时期，通讯社助长了殖民国家的利益，帮助维持了当时的政治和经济秩序，并且扩大了宗主国的商业和利益。"① 正因为如此，西方早期的主要通讯社往往得到了本国政府的支持。其次，通讯社的产生适应了当时报刊事业迅速发展的需要。近代报业在工业革命后发展很快，报纸数量越来越多；廉价报纸的出现，使报纸以注重传播政治主张转而成为传播新闻的工具。"通讯社的创办，既有助于办起大宗发行的日报，同时也是继办起这种日报之后而出现的。"报刊业的发展，使得报刊对新闻的需求急剧增加，而许多报刊本身无力在国内外建立广泛的新闻收集网，况且建立各自独立的新闻收集网将大大提高新闻成本，于是，社会分工成为必然，以采集和向报刊提供新闻为专业的新闻通讯社应运而生。

就物质条件而言，通讯社的产生和发展更依赖于人类科学技术的进步和设备水平的提高。新闻失实，将使通讯社的威信扫地；新闻迟缓，新闻价值又会下降。因而，几乎同时发明和运用的电报技术为通讯社的产生和迅速发展提供了物质技术条件，它使新闻真实而迅速地传达到用户，以至于通讯社也有"电报通讯社"之称。

一、哈瓦斯通讯社及其历史地位

哈瓦斯通讯社（Agence Havas）是世界上第一家成功的新闻通讯社。它是法国人查理·哈瓦斯于1835年底在巴黎创办的。哈瓦斯是全球新闻学之父，哈瓦斯通讯社是现代通讯社的先驱。哈瓦斯曾经是个商人，拥有《法兰西新闻报》的部分所有权。他精通几门外语，利用这一优势，他及时翻译英国、德国、西班牙

---

① 联合国教科文组织编写，第二编译室译：《多种声音，一个世界》，北京：中国对外翻译出版公司，1981年第一版，第12页。

等国报纸、杂志上的经济、商业新闻提供给法国的报社、商业贸易和金融界人士。从 1832 年起，他建立了一个外国的报纸翻译机构。1835 年正式建立哈瓦斯社。建社之初，他一人兼任社长、记者和送稿员，后陆续在欧洲一些大城市聘请记者和通讯员，建起了自己的新闻收集网，开展采集新闻并翻译外国报纸新闻、文章的业务。一些廉价报纸，尤其是销量很大的《世纪报》《新闻报》都先后成为哈瓦斯社的订户。

为提高新闻时效，哈瓦斯社十分注重新闻传递手段的改进和发展。该社起初用骑马的信使传递稿件，后训练信鸽传递新闻。从 1840 年起，该社使用信鸽从伦敦、布鲁塞尔向巴黎传送消息，使巴黎的晚报能刊登这两地当天晨报刊发的新闻。1845 年，哈瓦斯社开始利用刚建成的巴黎—里昂电报线路传稿。1850 年起，该社把新闻网从已有的巴黎、伦敦、布鲁塞尔扩大到德国、意大利、西班牙、奥地利等国。1857 年该社与广告公司签约，合作代理法国国内外报纸广告业务。1859 年，该社又同英国路透社、德国沃尔夫社签订新闻交换合同。此后，哈瓦斯社的业务不断拓展，规模日益扩大，成为法国最著名的通讯社。法国大文豪巴尔扎克主编的《巴黎杂志》1840 年第二期发表的一篇文章曾描述了哈瓦斯社的经营盛况："一般人都认为巴黎有好多家报纸，但是说老实话，严格点说，全巴黎只有一家报纸，那就是曾在卢梭大街开过银行的哈瓦斯先生经营的'哈瓦斯通讯社'编发的新闻稿。……哈瓦斯先生比巴黎的任何人都要最先获知世界各地的消息。从这个意义来说，除了外交机密之外，哈瓦斯无所不知、无所不晓。""……报纸的编辑们已经失去了选择新闻的自由权，因为除了采用哈瓦斯提供的稿件外别无他途。"① 通讯社的发展与技术的进步密切相关。19 世纪中叶，发明了电报，其发展速度相当快，到 1872 年世界性的电报网就已初具规模，哈瓦斯社的业务也随着电报的普及不断扩大着。1879 年，巴黎银行家爱兰

---

① 袁军：《新闻事业导论》，北京：北京广播学院出版社，1997 年 4 月第一版。

奇接办该社后，改为股份有限公司，以扩大经济来源。

1921年"通用广告社"完全并入哈瓦斯社。第一次世界大战后，哈瓦斯社成了广告界最大的控制者，控制了法国报界广告总收入的80％以上。表面上哈瓦斯社是一家独立的民营通讯社，但大部分经费来自政府，它实际上是"半官方"的通讯社。

20年代后期，经济危机使其财政趋于恶化，亏空日益严重。1931年起，依靠政府补助维持，显现出明显的官方意志。第二次世界大战爆发后，哈瓦斯社被德军接管，成为纳粹的宣传工具。1940年12月，维希政府将其改组成三个机构：广告社、法国新闻社、世界电讯社，自此，世界上第一家通讯社在战火中消逝。①

二、通讯社发展的初期格局——三社四边协定

哈瓦斯通讯社是世界上第一家通讯社，继哈瓦斯通讯社后，1848年，美国纽约《太阳报》等6家报纸为了减少在港口向欧洲船只采集新闻的费用，联合创办了"港口新闻联合社"。这是美国第一家，也是世界上第二家通讯社。1857年，这家通讯社改组为"纽约联合通讯社"。该社后来几次同美国晚些时候成立的通讯社联合，到1892年建立了联合通讯社，即美联社。

1849年，德国《柏林民族新闻》报社社长伯纳德·沃尔夫在柏林创立了沃尔夫通讯社。这是世界上第三家通讯社。到1860年，该社已能每天向报纸和商业公司提供政治、经济新闻稿。

1851年，英籍德国人保罗·朱利叶·路透在伦敦创立了路透社。这是世界上第四家通讯社。1858年起，包括著名的《每日电讯报》《泰晤士报》在内的伦敦各报纷纷成为路透社的订户。

1870年，上述4家通讯社签订了一个采集与发布新闻的地

---

① 郑超然、程曼丽、王泰玄：《外国新闻传播史》，北京，中国人民大学出版社，2000年10月第一版。

区和范围的协定，从而开始了 4 家通讯社控制世界范围新闻发布的新闻垄断时期。协定把世界分为若干地区，由 4 家通讯社分别控制，掌握收集和分布新闻的专权。哈瓦斯社控制的国家和地区：法国、瑞士、意大利、西班牙、葡萄牙、埃及（与路透社合作）、中美洲、南美洲。路透社控制的国家和地区：英国、埃及（与哈瓦斯社合作）、土耳其、远东。沃尔夫社控制的地区：德国、奥地利、荷兰、俄国、斯堪的纳维亚、巴尔干各国。纽约联合通讯社控制的地区：美国。由于美国的纽约联合通讯社是这个协定的第四个参加者，它将美国新闻提供给欧洲的三大通讯社，三大通讯社向它提供美国之外的国际新闻，它采集和发布新闻的范围限于美国，而不能直接向国外发布新闻。鉴于美联社不是与欧洲三大社站在平等地位上缔订协定，仅是协定的一个参加者，因而称此协定为三社四边协定。

第一次世界大战后，"三社四边协定"失去约束力。1934年，协定正式被废除，开始了西方各大通讯社在世界新闻市场上自由竞争的时期。

第二节　20 世纪东西方抗衡
——西方四大通讯社及东方两大社

西方四大通讯社是英国的路透社（REUTERS LTD），美国的美联社（AP）和合众国际社（UPI）以及法国的法新社（AFP）。在东方从事新闻报道最重要的两大社，一个是 1925 年苏联的塔斯社（TACC），另一个是创建于 1931 年的新华社（XinHua Agency），它是中华人民共和国的官方通讯社。

一、路透社与合众社的发展及经验教训

（一）路透社

1. 路透社的产生与改组

路透社是英国最大的通讯社，国际性通讯社之一。1850 年

由保罗·朱利叶·路透在德国亚琛创办，1851 年迁址到伦敦。创办人路透原为德国人，后加入英国籍。起初，路透社不过是一个以迅速报道股票行情为主的经济通讯事务所，只限于发布商业新闻，订户多为银行家及证券经纪人，1858 年开始，取得了伦敦报界的合作，开始向报界提供各种新闻。1865 年，路透把他的私人通讯社扩展成为一家大公司。1870 年路透社与哈瓦斯社、沃尔夫社、纽约联合通讯社联合签订一项协定，共同垄断了全世界的新闻通讯事业。1925 年，英国报联社成为路透社的主要股东。1941 年 10 月路透社改组，报联社宣布，与伦敦报纸发行人协会联合共有路透社，从此，该社成为英国报业自己的合作通讯事业，并订立了各方须共同遵守的合同。合同规定：路透社不是一个盈利事业机构，在信托管理下，应努力促成下列目标的实现。(1) 路透社永远不得为任何个人、集团或党派所有；(2) 路透社永远保持其公正、自由与独立的精神；(3) 路透社依照契约，供给英国、英联邦、殖民地及世界其他国家的报纸、通讯社确实可靠、不偏不倚的消息；(4) 除维护新闻界的利益外，其他各界的利益也应注意；(5) 应努力发展业务，以保持该社在任何情形下居世界通讯社的领导地位。

路透社改组后，成立信托公司管理委员会，委员会由伦敦及地方报纸的代表组成。1946 年 12 月，澳大利亚报联社，新西兰报联社也参加了该社的经营管理。1949 年印度报业也加入路透社，1953 年退出。这样，路透社逐渐发展成为一家跨国公司①。1984 年改组成公众公司，该社向社会公开出售部分普通股股票，不过这并不影响四家握有优先股的集体股东的所有权。公司章程规定任何人不得拥有公司 15％以上的股权。路透社名义上的领导机构是董事会，但董事们并不过问日常工作，负责实际工作的是由总经理、总编辑等组成的执行委员会。到 19 世纪末，路透

---

① 郑超然、程曼丽、王泰玄：《外国新闻传播史》，中国人民大学出版社，2000 年 10 月第一版，第 102 页。

社已经成为世界上最有影响力的通讯社之一。

2. 路透社的发展与特点

路透社的业务主要有两项：一是向报社、电台、电视台提供时事新闻。路透社播发时事新闻始于 1858 年，素有"迅速、干练"之称。时事新闻涉及面广，主要是国际新闻。1985 年买下维斯纽斯电视新闻社 55％的股权，1992 年买下其全部股权，并改名为路透电视公司，目前，该公司向世界 400 多家电视机构提供电视影闻。二是向世界各地金融机构、工商企业提供经济新闻和商业信息。这是路透社的传统项目，内容十分广泛，包括货币、证券、股票、商品、航运、石油等六大类 90 余种专门信息。订户有几万家，遍及 100 多个国家和地区。路透社的总收入中，大部分来自出售经济新闻和商业信息。

路透社充分利用各种先进的科学技术手段，建立了以伦敦为中心的全球通信网络，拥有世界上最大的国际通信网络，包括连接 130 多个国家和地区的 300 多条国际专线，在英、美、阿根廷设三个卫星地面站，在伦敦、东京、纽约设三个技术中心，有 6 个卫星通信网、5000 多个卫星地面接收站。因此，路透社的新闻和商业信息十分迅速，"快"是路透社的成功秘诀。

路透社名义上虽然是私人企业主所有的托拉斯，但实际上是代表英国官方的通讯社；英国政府和所有宣传机构都通过路透社来发布官方和半官方的公报，传播政府人士授意的政治性消息，并配合英国外交政策反映国际事件。路透社新闻报道的主要对象是国外，它对体育新闻也很重视。该社的经济新闻主要是商情报告，为英国和西方大企业服务。无论在经营管理、技术设备、报道质量和数量上都雄居世界通讯社之首。

路透社现用英、法、德、意、日等多种文字向 150 个国家和地区播发文字新闻和经济信息，还提供图片、新闻照片、音像新闻等。英文新闻每天约 15 万字，周末数量略少。日发图片 75 至 90 张。

路透社在九十多个国家和地区设立有 207 个分社、记者站、办事处，其中分社 127 个，共有各类工作人员 1.4 万多人，其中记者、编辑、摄影人员、电视摄像人员 1 800 人，其他为技术人员和营销、市场预测分析、行政管理人员等。新闻专业人员和技术、营销、管理人员之比为 1∶7.7。路透社的国内外订户总数达 4.2 万家，包括新闻媒介、公司、银行、研究机构、代理人等。在全世界 130 个国家和地区设置 21 万台信息和新闻终端，其中有 1000 家报纸、700 家电台、130 家通讯社、40 家图片社。

路透社的稿件除一般新闻外，经济新闻和体育消息占很大比重。每天 24 小时，通过电子计算机控制，以电视、电传和油印稿形式，向世界各地银行、经纪人和工商企业提供经济、金融情报。在它的总收入中，85％来自国外，其中 80％又来自出售它的经济新闻。国内的收入占 15％，其中的 90％以上来自向伦敦金融城出售经济新闻的收入。路透社的经济新闻分六大类：（1）金融市场，向订户及时提供外汇、储蓄、黄金牌价方面的信息，（2）证券市场，向订户提供欧洲债券市场信息和股票以及期货牌价方面的消息；（3）黄金市场，提供黄金、金饰、贵重金属和期货交易等方面的最新信息；（4）商品市场，提供各种商品、期货和实际价格的情报并报道影响商品生产的种种社会因素和自然因素，如罢工、国会决策、政府预算和气象、天灾等；（5）海运市场，这是应国际油船业的需求而开设的专项服务，发布市场调查、运输工具等方面的信息和报道；（6）石油市场，提供快速的石油和石油制成品的市场消息。路透社由于设备先进，信誉较佳，所以各国政府的财政部、大企业、大银行、航空公司、石油公司、甚至海上大型石油钻井台都离不开它的新闻。同时，路透社的经济新闻采取分项服务，按项计价的措施，加上强有力的推销机构的努力，使得它的营业额逐年增长。但是，由于它的经济新闻价格太高，很少有机构能买得起它的全部新闻服务项目。①

路透社董事会由 1 名董事长、3 名常务董事和 8 名董事组成。董事会每半年召开一次会议，由董事轮流主持会议，讨论财政和经营管理方面的问题。日常行政工作由执委会（或称经理部）负责。执委会由总经理、两名副总经理、两名助理副总经理和总编辑 6 人组成。总经理由董事会任命，新闻业务工作由总编辑主持。

路透社的消息大致有特急快讯、急电和普通电讯三种。这三种电讯的时效按顺序递减，篇幅按顺序递增。特急快讯主要针对商业用户，快讯主要适用于政府机关及电子媒介订户，普通电讯则主要服务于其他新闻媒介订户。

路透社是与新华社最早建立新闻合作关系的西方通讯社，50 年代两社就签订了互相交换新闻的协定。1992 年 12 月 6 日，路透社的综合数据网络与中国最大的上海证券交易所的行情电脑系统正式联通，使得上海证券交易所的 A 股和 B 股的牌价可以通过路透社的网络传送到世界各国。

路透社关于英国国内事件的报道大部分由另一家通讯社——报联社提供，然后由路透社有选择地重编后发出。路透社和报联社同在一个楼办公，它们的分工是，路透社侧重国际新闻，报联社侧重国内新闻。报联社是路透社的股东之一，但它们之间互相供稿也属商业买卖，需付给稿费。

3. 网络时代的路透社

随着互联网的快速普及和日渐显示的巨大作用，路透社改变了几年前对网络的保守态度。路透社拓宽它的企业产品的范围，并且在媒介，金融和经济服务三方面扩展它的全球报道的网络。

在 1995 年，路透社在美国建立了它的"温室资金"，在起步技术公司的范围内进行少量投资。1999 年 7 月，TIBCO 软件在

---

① 十一院校编写组：《当代中外新闻事业》，兰州：兰州大学出版社，1988 年 4 月第一版。

NAS-DAQ 上完成了 IPO；路透社保留股票的实质的比例。在 2000 年早期路透社宣布了主要的行动范围，设计增加它因特网技术的使用，开辟新市场并且将它的核心商业移向基于因特网模式的企业。在 2001 年 5 月，因特网在 NASDAQ 上完成了 IPO；路透社保留股票的多数。

2001 年 10 月路透社购买讯桥信息系统的大多数资产，这是在它的历史上最大的收获。2003 年 3 月，路透社获得了为全球提供财经信息的 Multex. com，Inc。

自 1994 年该社在网上建立的第一个只有信息服务的公司网站以来，其网络发展速度惊人。如今，路透社通过网络提供各种各样为互联网设计的服务，包括：

（1）为特定的读者提供精心编排的新闻报道：涉及商业新闻、证券报道、金融市场、世界重大新闻和一个国家 10 条最重要新闻的报道，这类报道越来越多。

（2）中介产品和服务：过期的报价数据、历史价格图表、公司新闻、市场快报和证券组合追踪都可以纳入公司其他的传统产品中。对那些需要交钥匙式的互联网中介产品的客户来说，路透社可以提供客户分类、客户分组维护和更新。在 1997 年 11 月，有 19 个网上中介提供给客户。

（3）空中货运信息服务：路透社以每月 100 美元的订阅费向航空货物运输界的购买者和销售者提供影响空中货运市场的最新消息和信息。

（4）媒体世界：路透社的网上园地还可以让媒体购买者和出售者获得最新的广告，来自产业界的媒体和品牌新闻，让他们观看样品以及市场数据和服务零售商的购买需求情况。路透社已经宣布建立一个价值 5 000 万美元的全球技术中心，用以开发与互联网相关的产品。①

---

① 郑超然、程曼丽、王泰玄：《外国新闻传播史》，北京：中国人民大学出版社，2000 年 10 月第一版。

（二）合众国际社的产生与发展

合众国际社（UPI，简称合众社），是美国第二大通讯社。1958 年 5 月 16 日由合众新闻社与国际新闻社合并而成，目的是为了与美联社竞争。合众社总部设在华盛顿，其新闻图片传输网络中心设在纽约。合众新闻社由斯克里普斯报业集团于 1907 年创办，国际新闻社由赫斯特报业集团创办于 1909 年，两家新闻社均为私营商业性公司，向订户普遍供稿。1958 年两社合并后仍为营利性商业通讯机构，受斯克里普斯—霍华德报业集团控制。两社合并前均为国际性通讯社。合众新闻社创立时即有 369 家报纸订户，7 年后又增加一倍。1925 年开始发布新闻图片，1935 年向国内广播电台提供新闻，1951 年开始向电视台提供新闻。1945 年第一个开设体育新闻专线，是最先向拉丁美洲、远东和欧洲报纸供稿的美国通讯社。第二次世界大战时发展为国际性通讯社。国际新闻社也在第二次世界大战时发展为国际性通讯社。

与美联社不同，合众国际社系营利性商业通讯机构，因此，它的新闻十分注重趣味性，经常发布耸人听闻的消息。20 世纪 80 年代后期，着力扩大报道面，广泛涉及科技、法律、医学、卫生等领域，并侧重对商业、金融信息的传播和分析。

合众国际社十分注重现代化通信手段的运用，它拥有一个全球性的双向通信网络，线路总长达 320 万公里。1972 年建立起一个计算机信息存储和检索系统，连接各个分社，并在纽约、布鲁塞尔、中国香港地区三大中心分社设有大型计算机系统，汇集、处理、发布各大洲的新闻信息。1987 年 2 月，合众国际社建立了世界上第一套数字化彩色新闻图片系统。该系统的中心设在纽约，由计算机控制，可自动传送彩色图片，仅在美国、加拿大、墨西哥三国的线路总长即达 45000 英里。合众国际社还提供全计算机化的"数据新闻"服务业务，通过网络把一般新闻、经济新闻、市场信息、体育新闻、地方新闻和特稿直接输送给各用户的计算机终端，供用户选用。①

合众国际社公信度的建立基于许多开创性的事迹。20 世纪 60 年代至 70 年代，该社名声显赫，机构庞大，曾多次获普利策奖，与美联社、法新社、路透社并驾齐驱，被誉为世界四大通讯社之一。合众社的卢梭·琼斯因报道 1956 年匈牙利的革命赢得了合众社的第一个普利策奖。在 1963 年，合众国际社的汽车行列通讯员史密斯在第一时间将约翰·肯尼迪总统被暗杀的消息通告世界，随后又从公用场地医院等地发出一系列连续稳定的报道。史密斯的全面报道，为国家赢得了 1964 年普利策奖，被称为在第 20 世纪内报道的最杰出的范例。

合众国际社主要设有合众国际电视新闻机构、有声新闻部、股票行情部、专稿部、照片供应部和联合特稿辛迪加等。

20 世纪 80 年代中期，合众国际社设有 140 多个国内分社和 70 多个国外分社，在国内拥有 1000 多家报纸订户，3000 多家广播电视订户，在世界近百个国家有 7000 多家订户，后逐年下降。目前，仅有 50 多个国内分社和 40 多个国外分社，有 2500 多家订户。

但近十几年来，合众国际社经营不善，陷入财政危机，负债累累。1982 年 6 月，转归媒介新闻公司所有，1985 年 4 月宣布破产，1986 年 6 月出售给墨西哥报业主拉尼亚，之后数易其主，合众国际社的影响日益下降。

1995 年，该社建成了全球卫星传输系统，使得新闻的传输更加快速方便。

2000 年 5 月 15 日，该社被统一教会的一个拥有《华盛顿时报》的附属机构所收购。

（三）路透社与合众社的经验和教训

路透社自建立以来已经经历了一个半世纪的风风雨雨，却仍

---

① 十一院校编写组：《当代中外新闻事业》，兰州：兰州大学出版社，1988 年 4 月第一版。

旧保持着旺盛的生命力，尤其是进入 20 世纪以来，各种媒介的冲击使通讯社面临更大的困境，并且西方经济也逐渐出现了不景气。在此情况下，路透社巧妙经营，其利润可观。1993 年总收入达 18 亿多英镑，税前利润达 4.4 亿英镑；1994 年总收入23.09 亿英镑，税前利润 5.10 亿英镑；1995 年总收入 27.03 亿英镑，税前利润 5.99 亿英镑。与此同时，合众社的影响力却日渐消退。

路透社为何能比合众社积极地应对这种局面？

（1）创业的精神仍在。经历了一个半世纪，路透社始终保持着创业时的激情，审时度势，与时俱进。像"温室资金"的建立，讯桥信息系统资产的购买，都给路透社注入新鲜血液，凭着这种激情和不断的创新，路透社始终是世界通讯事业中不可忽视的重要力量。

（2）家族式经营方式。路透社采用代代相传的管理经营模式，使整个通讯社的运作具有其他通讯社无可比拟的向心力，团队合作意识强，从而带动路透社蒸蒸日上。

（3）积极适应环境。在新的媒介环境中，路透社积极进行调节，在电子技术出现的同时，进入了电子新闻传播体系。随着20 世纪中期广播电视的兴起，路透社的品牌即传统的文字、图片编辑已不能为自身带来很好的收益，在保持老品牌的基础上给电子媒体提供广播电视新闻，又弥补了这点的不足。

（4）经济效益与社会效益共存。路透社在坚持自己文字摄影报道优势的前提下，大力拓宽经济信息的供给，突出自身经济报道的强势。它始终坚定不移地把经济报道放在特殊重要的地位，它的经济新闻在世界上享有一定地位，被誉为路透社的骄子。

（5）发挥信息源的优势，进行集团化建设。事实上现代通讯社的概念已经发生了很大的变化。路透社实际上早就发展成了一个庞大的传播集团。目前它的新闻供稿只占收入的 6％左右，信息服务特别是金融信息服务占据它收入的 90％以上。比如提供股票的即时行情。以前，所有的外汇买卖平台都是由路透社提供的，现在又有了很多的竞争者，但是路透社的业务量还是其他人难以超越的。他的公司机构设置遍布全球。但是他的信息服务地域色彩却不是很浓。他们主要是按用户类型提供分类信息，特别是财经信息。他们分别给投资银行、经纪公司、企业、债券、国库券这样的客户提供信息。

（6）上市扩大其财经信息的优势。路透社在1984年上市时就已经是当时世界上最大的新闻信息集团之一，尤其是在财经信息领域具有很大的优势。上市以后，这种优势得到了巩固和扩展，在某些领域和许多地区甚至取得了垄断优势。由于有稳定的收入和雄厚的资金实力，路透社上市以后，一直实施"战略性收购"——通过连续的收购兼并，不断扩展自己的业务领域。到2000年，其业务范围伸展到新闻信息服务的各个领域——从面向媒体的文字新闻、图片新闻、图表新闻、电视新闻，到覆盖所有金融市场的财经信息；从单纯的新闻信息，到处理和加工信息的软件；从提供信息浏览和交易服务的硬件，到专家型的顾问咨询服务……几乎无所不包，业务遍及全球150多个国家和地区，员工总数最多时达2万多人。

但是，如此迅速而广泛的扩展，同时也存在弊端。在短短十几年的时间里，业务范围和公司规模扩展如此迅速，可以说无论是其高层决策人物，还是普通员工，都还没有足够的准备和能力适应这种变化。因此，业务范围和公司规模的快速扩张使路透社不但不能集中力量保持和扩大原有的优势，而且由于过多新业务的开展而增加了新的风险和成本；另一方面，摊子铺得过大，也使公司重复建设增多，管理水平和运作效率下降。这就从整体上削弱了竞争力，也使后来被迫进行的资源整合成本大大增加。2002年，路透社的子公司和参股公司几乎全部亏损，其中因斯蒂内特公司税前亏损3.7亿英镑，另外三家子公司亏损将近7000万英镑。从财务报表上可以看出，如果没有这些子公司的拖累，路透社是不会出现亏损的。

进入 21 世纪后，路透社意识到了战线过长带来的种种弊端，开始大力调整产品结构，在内部进行资源整合，仅 2002 年就有 56 个项目（产品）被关停并转；到 2002 年年底，在两年多的时间里共裁员 3000 多人。虽然，裁员会使公司的人员开支有所节省，但其效果要在下一年度甚至更长的时间才能显现出来，而在当期体现出来的则是大量的重组开支：2001 年为 9900 万英镑，2002 年达 2.08 亿英镑。

合众社在经历了长时间的衰退以后，也逐渐意识到自身存在的不足。创新是维系一个通讯社存在与发展的不竭动力。不主动适应环境，就会处于被动，甚至被淘汰。于是合众社采取了一系列的措施重整旗鼓。

（1）重视人才。受国际欢迎、有专家知识的记者一直是合众国际社最伟大的力量。他们通过自己作为企业、金融机关和政策机关的老手的经验提供独一无二的报告。

（2）重视市场需求。合众国际社最初的内容包括分析，研究报告，简述和评价。一直以来，合众国际社都在努力创造达到市场要求的内容，这在今天是重要的并且明天也是。

（3）重视用户定位。合众社的用户已经转移向在商业或政策社区的决策人，这些决策人通过多样的分发途径被联系到。合众社提供深邃和解析的故事，这些故事能帮助用户实现更好的商业运作或做出更令人满意的政策决定。合众社的记者努力通过与多种的消息提供者交谈和提供一个问题的若干个观点的方式，提供给读者判断事物，做出决定所需要的知识。

（4）重视与其他媒体的配合。合众社提供了通向世界范围几千个企业，政策团体和学术学院的途径。政策性杂志和专长网站的内容也是直接得到对深度内容分析感兴趣的观众的认可的。

（5）重视非英语观众。除了英语报告外，合众国际社为不同语言的观众提供不同语种的新闻。中东的通讯员采写新闻和分析故事使用阿拉伯语；拉丁美洲的分局采写区域的新闻用西班牙语。

在 2003 年的秋天，合众社在西班牙的美国社区建立了一项西班牙的语言服务。在今天,合众国际社仍然是整个世界值得信任的最主要的新闻来源。

二、美联社的发展壮大与特稿辛迪加

(一) 美联社

美国联合通讯社(AP 简称美联社),是美国最大的通讯社,也是世界上规模最大的新闻采访机构。

在所有的美国通讯社中,美联社的历史最悠久。它创办于1848 年,由当时的太阳报、论坛报、先锋报、快报、信使询问报、纪事商报等 6 家报纸组合而成。1851 年纽约时报创刊后,也加入了这一合作组织。促成这个组织成立的原因,是当时正值墨西哥战争,消息传递迟缓,电报收费昂贵。当时大西洋上的交通,仍然靠大帆船,从欧洲航行到美国,需要一两个月的时间才能到达。这些大帆船由欧洲开来时,带来许多欧洲的货物,也带来欧洲各地的报纸邮件。当它们快要到达纽约港时,各报为了争取时间,便分别雇小船去迎接大船,从大船上取到报纸与邮件后,便飞速送回,以便编辑人员加以选择刊登。而每次雇船费用很大,各报为节省开支,于是便协商停止竞争,成立一个合作机构来办理此事。美联社就是这样诞生的,最初名叫"纽约报联"或"港口新闻联合社"。这是世界最早的合作形式的通讯组织。到 1856 年,它由一个非正式组织发展为健全的机构,设立了收发新闻的"总社",1857 年,开始采用现名。1893 年成为联营公司,1900 年将总部迁到纽约(原设在芝加哥)。到 1979 年底,它的成员包括 1372 家报纸和电视台。按该社章程规定,作为成员有义务购买它的新闻,同时有权利向它索取各种专稿。①

由于美联社是所谓合作性的"非营利公司",所以它没有股东及财产所有人,一切权力在于会员,费用由会员分担,如果会

---

① 十一院校编写组:《当代中外新闻事业》,兰州:兰州大学出版社,1988 年 4 月第一版。

籍停止，则权力也随之终止。而实际上，该社实权操纵在几家大报阀手中，如麦考密克的《芝加哥论坛报》等。

美联社的编辑部门分设为以下几个部门：总编室，编审国内分社的新闻稿及国际部初审过的国外新闻，向国内报刊发稿；国际部，编审国外分社来稿；对外部，将重要的国际国内新闻编写后向国外不同地区播发；经济新闻部，编写国内外的经济专稿，编发股票、商品行情；体育新闻部；新闻图片部和特稿部，播发特写、专栏、知识性、娱乐性材料；广播新闻部，为电台、电视台提供每小时一次的文字新闻，提供现场报道和录音材料。针对广播电台和电视台的需要，特设一条全国日夜不停地广播新闻专线，这是世界上最长的电报线路，全长达 28.8 万公里。1970 年11 月，哥伦比亚城的美联社分社首次使用一种装有阴极射线管并配有一台电脑的自动系统，用来撰写、编辑和传递新闻稿件，阴极射线管部分包括一副类似打字机的键盘，打出的新闻稿同时在屏幕上显示，可用键码改写和校对。编好后的稿件可存在电脑里，也可立即用几条线路发出。此外，该社的电报传真系统使用一套复杂的有线、无线设备，可以把黑白和彩色照片传到全世界400 多个传递站和 700 多家报纸、电台和电视台。这个传真网有6.4 万多公里的特制高速传真电线，在 8 分钟之内就可以把照片传给任何一个接收站。从 1979 年开始，美联社又采用卫星线路传递新闻。1994 年起又新设电视部，工作中心设在伦敦，从 11 月 1 日起，通过亚洲、拉美、北美和全球服务四条专线，向全世界电视订户提供声像新闻。1998 年 9 月 21 日，美联社宣布它已经从广播公司新闻网手中购得全球电视新闻网，而且会将它与现存的美联社电视服务合并成为一个全球性的电视新闻机构——美联社电视新闻网（APTV）。此举将意味着世界性的电视新闻社已从三家减少到了两家：一家是美联社电视新闻社，一家是路透电视新闻社，预示着两者间更激烈的竞争。

美联社使用 6 种语言发稿（英语、德语、瑞典、荷兰语、法语和西班牙语）。每天 24 小时、每周 7 天发稿，每天发稿 2 000

万字、1 000 张照片。国内外共有 1 万多家订户（包括它的成员在内），是美国报纸新闻的主要来源。它和世界上 100 多个国家和地区的 5000 多家报纸、广播电台和电视台有交换新闻的关系。

美联社还和道·琼斯新闻社联营，办了美联—道·琼斯新闻社，向国内外发布美国和世界经济方面的新闻。美联社的分支机构报业联合社向一千多家私人订户提供美联社新闻，而它的另一个分支机构"广阔天地"则向非美联社成员的出版物和订户提供图片资料和新闻照片。

美联社坚定地相信公平和客观的新闻报告，到现在总共赢得了 47 项普利策奖，超过了其他任何能与他抗衡的新闻机构。其中，19 项是文字，28 项是图片。

2003 年 9 月，美联社将在保持其核心价值的同时进行大幅度改革，以适应互联网时代的挑战。这家已有 150 年历史的通讯社将被改造为互动式数据库以及与报纸在技术上、经济上和新闻业务上密切相连的新闻网。与此同时，美联社将保留其独特的企业文化。改革的目的是使从业人员更有效率。为了增加收入，并且增加驻外记者的数量、图片新闻以及来自因特网的收入，并且增强维护自身知识产权的力度，美联社的新闻机构——从纸质媒体到广播再到宽带——将会合并为一个部门，同时发布多媒体新闻产品。美联社是世界最大的新闻采集机构，拥有 3700 名雇员，在 121 个国家设有分支机构。

（二）特稿辛迪加

辛迪加对报纸非新闻方面的内容影响最大，它是一个供应各种专栏稿件的组织。美国有三百多家特稿辛迪加。第一个使报纸编辑不必从报纸和杂志上剪辑专栏文章、小说、诗歌和其他消遣性稿件的，是威斯康星州巴拉布的报人安塞尔·恩·凯洛格。他在美国内战时期在芝加哥建立了一个提供现成特稿的供应社，他发行的报纸一面印有特稿，另一面留着空白，供刊登地方新闻和广告用。到 1875 年，美国报业协会已经开始用铅版印刷报纸了。

1872 年在得梅因创办，1890 年后由乔治·乔斯林经办的西部报业联盟（Western Newspaper Union）是个很大的特稿社。到 1917，乔斯林已经淘汰了他的竞争对手，改进了"专利内页"（"patented insides"）业务，为编辑们提供预先印好的材料，供他们选择。这个在鼎盛时期为 7000 家报纸供稿的特稿社后来逐渐衰落了，最终于 1952 年停办。

在西部报纸联盟致力于为周刊供稿的同时，各家日报则由欧文·巴切勒（1883 年）、麦克卢尔（1884 年）和爱德华·博克（1886 年）的特稿社供应报业辛迪加的文学材料。麦克卢尔和博克由于意识到公众对消遣性读物的需要而成为杂志发行人，他们也因此更加声名卓著。赫斯特于 1895 年参加了辛迪加运动，1914 年创办了帝王特稿辛迪加。乔治·马修·亚当斯和约翰·恩·惠勒也分别于 1907 年和 1913 年进军这一领域。

早期的特稿辛迪加供应罗伯特·路易斯，斯蒂文森、拉迪亚德·吉卜林、马克·吐温、布雷特·哈特、亨利·詹姆斯、亨利·路易斯、杰克·伦敦等文学巨匠的作品。它们有时也能提供全国各地报纸上出现的，作品近似于诗歌的著名专栏作家和幽默作家的作品。辛迪加使得许多人物和报纸声名远播，其中包括《底特律自由新闻报》和《纽约先驱报》的"M 夸德"；怀俄明州拉勒米和《纽约世界报》的比尔·奈；《托莱多刀锋报》创造了"石油·纳斯比"的戴维·罗斯·洛克；《阿肯色旅行家报》的奥佩·里德；《亚特兰大宪法报》的乔尔·钱德勒·哈里斯和芝加哥报人芬利·彼得·邓恩（他笔下的"杜利先生"——一个对时事进行哲学探讨的人物——成了全国性的知名人物）。较老的报人，把专栏看成是一种"包罗万象"的东西，有智慧，有诗意，有情感，也有对新闻人物和事件的评论。尤金·菲尔德就是这样的专栏作家。他是圣路易斯和堪萨斯城的记者，在 1900 年以前，梅尔维尔·E·斯通就把他介绍到了《芝加哥每日新闻》写他的《聪明人与傻瓜》。伯特·莱斯顿·泰勒也是此类专栏作家之一，他于 1901 年创办了《芝加哥论坛报》

著名的《三言两语》专栏。还有富兰克林·P. 亚当斯，他于1914年开始在《纽约论坛报》上创办《瞭望塔》专栏，此前他曾为《芝加哥新闻报》和《纽约邮报》写稿。《纽约太阳报》有唐·马奎斯的《日晷》专栏，主人公是"阿奇"，一个不用大写的蟑螂的名字。沃尔特·温切尔首创了另一种专栏。温切尔是纽约人，随1920年小报（指那些版面比标准报纸小一半、多以浓缩形式并配以插图刊载犯罪、丑闻和色情等煽情故事来吸引大批读者的通俗报纸——译注）的兴起进入了新闻界。他担任小报《写真报》驻百老汇记者，创办了《闲话》专栏。1929年，他转到《镜报》工作，成为赫斯特的帝王特稿辛迪加的明星撰稿人。从来没有一个专栏作家能像温切尔那样煽情地报道私生活中的那些隐秘。但是，像劳埃拉·帕森斯和赫达·霍珀的好莱坞专栏作家也已经尽了他们最大的努力。厄尔·威尔逊、伦纳德·莱昂和多萝西·基尔加伦也是有个人特色的报道纽约社交界的专栏作家，而麦金太尔和马克·赫林格则以老式的文学风格描写大城市的生活。①

三、法新社的发展

法国新闻社（AFP 简称法新社），是法国最大的通讯社，成立于1944年，是与路透社、美联社和合众社齐名的西方四大世界性通讯社之一。前身是由夏尔·哈瓦斯于1835年创建的"哈瓦斯通讯社"。法新社是西方四大通讯社中资格最老的一个。

第二次世界大战期间，法西斯军队进占法国，世界上最早建立的通讯社——哈瓦斯社分裂瓦解。在沦陷区的部分被维希政府和德军控制，成为纳粹官方通讯社的分支机构。在伦敦、阿尔及利亚等地的哈瓦斯社记者先后建立起新的通讯社，沦陷区的部分记者也建立了地下通讯社，他们共同为反抗法西斯侵略军的抵抗

---

① 引自〔美〕迈克尔·埃默里，埃德温·埃默里：《美国新闻史》〔第八版〕，北京：新华出版社，2001年9月第一版，第288~289页。

运动报刊服务。第二次世界大战结束后，哈瓦斯社由法国政府接收，几方面的人员合并，在原哈瓦斯社的基础上建立起法国新闻社，即法新社。

新成立的法新社开始作为官方通讯社，经费由政府拨给，社长由政府任命。但很多国外订户由于对法新社的官方性质不信任，陆续放弃了订立合同。1957 年法国议会通过法案，重新确定法新社的法律地位，赋予法新社混合章程，规定该社为独立的民营企业，不受任何政治经济集团控制，社长由管理委员会任命，经费依靠向订户出售新闻取得。这样既保留其公共事业的性质，又控制新闻的自治权。法案中规定通讯社是"一个按照商业法则运转的自治机构"，其任务是"经常不间断地向法国和外国用户提供正确、不带偏见和可以信任的消息"。但实际上，政府作为法新社的最大订户，所付的订费目前仍占该社收入的一半以上，因此，有人将法新社称之为半官方通讯社。现在，法新社领导机构包括 3 个组织：管理委员会、高级委员会和财务委员会。管理委员会是法新社的最高领导机构，由社长兼总经理主持，高级委员会负责监督法新社章程的实施，财务委员会负责监督预算的执行和财务管理。

法新社业务上分为三大部：新闻部、总务部、技术部。摄影部较小，从属于新闻部。法新社拥有 2000 多名工作人员，其中巴黎总社有 590 名编辑记者，数百名行政管理和技术人员，国内有 18 个分社，专职记者 80 人，非专职的报道员 1100 人，在国外 160 多个国家和地区设有分社，在中国香港地区设有唯一的一个总分社，共有 600 余名工作人员，其中包括兼职的报道员。每天发行 400 000—600 000 的文字，700 张照片和 50 张新闻图片。

如今，法新社在新闻采集与播发方面进行"电子计算机——卫星革命"。1974 年继路透社、合众国际社、美联社之后开始用电脑处理部分稿件。到 1976 年 6 月便建成了计算机系统，全部稿件用电脑处理。1983 年，法新社装有 11 台第二代、第三代电子计算机，其中 7 台设在总社。拥有 32 条卫星线路和 15 万公里的电缆，使用 15 座发射机以 45 个不同频率对外无线广播。它每天 24 小时不停地以 6 种文字，向 8 个不同的方向发稿（100 多万字）。它已拥有 1.2 万家直接或间接的订户，约有 20 多亿人能听到或看到法新社的消息。

法新社的品牌是自从 1835 年机构建立时便创立起来，它代表编辑的质量和可靠性。今天，机构继续全球扩展它的合作，在巴黎的总部和在华盛顿、中国香港地区、尼科西亚和蒙得维的亚的地区性的中心已达几千个签署者（收音机、电视、报纸、公司）。所有这些都拥有同样的目标：为每个区域顾客的特殊需要保证最高的质量的国际服务。

四、东方两大社

（一）塔斯社—俄塔社（ITAR-TASS）

塔斯社是苏联的国家通讯社，成立于 1925 年 7 月 10 日。1894 年俄国在彼得堡建立了第一个通讯社——俄国通讯社，1902 年沙俄政府又成立了一个报道经济新闻的商业通讯社，1904 年改组合并为彼得格勒通讯社。十月革命胜利后不久，列宁于 1917 年 12 月 1 日签署了一项法令，宣布把原"彼得格勒通讯社"，改为人民委员会所属的中央新闻机构，同时全俄苏维埃中央执行委员会还成立了一个新闻局。到 1918 年 4 月 17 日，二者合并为俄国通讯社（属全俄中央执行委员会），简称"罗斯塔"。随着加盟共和国的建立，俄国通讯社负责全苏的新闻报道。1925 年 7 月 10 日。根据联盟中央执行委员会主席团的决定，正式成立全苏新闻通讯机构——苏联通讯社，简称"塔斯社"。1971 年 12 月，苏联部长会议决定，把塔斯社升格为政府部一级的机构。塔斯社总部设在莫斯科，塔斯社、各加盟共和国通讯社和塔斯社在国内外的通讯网组成一个统一的国家新闻通信系统。苏联解体前，塔斯社在各加盟共和国和各州、市设有 3 个分社和 72 个记者站，在国内进行采访的记者有 500 多人，另外还有不少特约记者和通讯员。塔斯社在国外设有 115 个分社和记者站，负责在 126 个国家采访。它在美国设有 3 个分社：华盛顿分社、纽约分社和旧金山分社。塔斯社常驻国外记者有 200 多人。

塔斯社总社的主要业务部门有：国内新闻、国际新闻、社会主义国家新闻、对外新闻和新闻图片 5 个总编辑部，还设有体育新闻编辑部、国际问题评论组、资料部、出版部、电讯联络管理部、新闻加工中心和总秘书室等。

国内新闻总编辑部负责搜集、编辑有关苏联国内的各种新闻，向国内新闻单位提供。国际新闻总编辑部负责编发国外记者发回总社的稿件，向国内各新闻单位提供。这个总编辑部下设美洲、欧洲、东方、亚洲和非洲编辑部，以及新闻服务处。由于对社会主义国家的报道比较重视，所以单设一个社会主义国家新闻总编辑部，负责这方面的对内报道。对外新闻总编辑部负责向国外编发苏联国内国际的全部新闻，下设国家动态、国外动态和经济等 3 个新闻综合编辑部，还有每日苏联报纸综述编辑部，为外国旅游者提供新闻的编辑部，另外还有 6 个外语编辑部。国际问题评论组（也叫政治分析组），现有政治观察家（即政治评论家）12 人，军事观察家 1 人，他们经常就国际上的重大问题、动态事件和苏联的对外政策发表评论，这些人是由新闻工作经验丰富、业务水平较高和对某方面问题有较深研究的记者与编辑担任，其政治和物质待遇相当于主要编辑部主任的待遇。塔斯社的国内电传线路网包括 400 多个站，同 41 个国家有着双向电传联系，国际线路的总长度达 30 万公里。现在塔斯社总社和国外分社正在向自动处理新闻的新技术过渡，在一些编辑部已开始实行，这将大大提高编辑和播发新闻的速度，提高报道的时效，由于采用新技术，塔斯社专门设立了新的服务部门——新闻加工中心，装有电子计算机和终极显示器等。[①]

---

① 十一院校编写组：《当代中外新闻事业》，兰州：兰州大学出版社，1988 年 4 月第一版。

苏联解体后，苏联国家通讯社名称未变。1992 年 1 月 22
日，根据俄联邦总统叶利钦的命令，塔斯社与俄罗斯境内的另一
家通讯社——俄罗斯新闻社联合组成俄罗斯通讯社，简称俄通
社。新的俄通社"将为俄罗斯，独立国家联合体和全世界服务"，
受俄罗斯总统、政府和议会的领导。为了保住塔斯社作为世界性
通讯社的地位，俄通社仍然保留着塔斯社原有的名字。从 1992
年 1 月 30 日起，该通讯社正式以"俄通社—塔斯社"的电头发
稿。1993 年 12 月 22 日，叶利钦发布命令，把俄通社—塔斯社
作为国家通讯社，直属政府领导。

尽管俄通社—塔斯社仍然是一家具有重要影响力的通讯社，
它的工作人员却大为减少——从 5000 人下降到大约 3500 人（其
中记者 900 人）。该社削减了驻外记者，特别是驻社会主义国家
的记者，驻外记者人数从 108 人减至 58 人。俄通社—塔斯社从
纳税上得到国家的优惠，使用国家提供的通信技术。它在向各国
广播电视公司出售新闻的同时，还向 120 多个国家和地区发行出
版物。此外，该社还建立了电子数据库、塔斯信息库。①

俄通社—塔斯社以前通讯社的资源只有一小部分的人可以获
得，而现在凡是对此感兴趣的，不管是国内还是国外，也不管是
大众媒体、学术院校、组织机构还是私人个体，都能获得。为更
好地为越来越多的签署者服务，机构已经发展了设计为流线型的
新集合并且改进操作中关键的方面：话题怎么被选择，新闻覆盖
如何扩张，电讯新闻如何适时传递。当新闻制作的天性继续演
变，机构将不断地利用最近可得到的技术使最新的新闻发布更快
更有效。

俄通社—塔斯社依赖于通讯员的广阔的网络。当前，它有
74 个局和办公室在俄国，国外有另外的 62 个 CIS 成员国和 65
个局。俄通社—塔斯社还与 80 多个国外通讯社合作。

---

① 郑超然、程曼丽、王泰玄：《外国新闻传播史》，北京：中国人民大学出版
社，2000 年 10 月第一版。

俄通社—塔斯社也操作一项照片服务，是俄国最大的类型。这项服务提供最新的图片，可以以数码形态迅速地播送。顾客们也能看到一个极端富有的照片档案，最早的可回到 20 世纪的开始；也可得到 INFO—TASS 电子的数据银行，它包含自从 1987 年来机构所有的资料，多媒体产品和在俄国和另外的 CIS 成员国的唯一最新的规则的参考书。每天，俄通社—塔斯社都向它的全世界签署者传播 700 页的报纸资料。

（二）新华社

新华通讯社（简称新华社）是中华人民共和国的国家通讯社，是中国最大的新闻信息采集和发布中心。

新华社前身是"红色中华通讯社"，创建于 1931 年 11 月，1937 年改现名。1949 年新中国成立以来，特别是 1978 年中国实行改革开放后，新华社的规模和业务范围不断扩展，目前正在为建设具有中国特色的社会主义现代化世界性通讯社而奋斗。全社从事新闻报道、经营管理和技术工作的职工有 7000 多人。

新华社总社设在中国首都北京。全社的新闻采集和处理系统由总社、国内分社、国外分社三部分组成。总社除总编辑室外，还设有国内新闻编辑部、国际新闻编辑部、对外新闻编辑部、体育新闻编辑部、新闻摄影编辑部、参考新闻编辑部、新闻信息中心和网络中心。在国内除中国台湾地区以外的各省、自治区、直辖市和中国香港特别行政区、澳门特别行政区设有 33 个分社，在 50 多个大中城市设有支社或记者站；在海外的 100 多个国家和地区设分社。同时，分别在中国香港地区、墨西哥城、内罗毕、开罗、巴黎设有亚太、拉美、非洲、中东及法语地区等五个可以直接向国外发稿的总分社。

新华社拥有多渠道、多功能、多层次、多手段的新闻报道和发布体系。在国内，每天通过专线分别向中央、省市、地县、晚报、专业报和电台、电视台播发各类新闻稿件，总字数为 40 多万字。对海外，每天用中、英、法、西、俄、阿、葡 7 种文字 24 小时不间断地向世界各地提供各类新闻，总字数为 40 多万字。此外,每天还向国内外发布经济信息约 30 万字,提供新闻图片近百张,并根据用户的特别需求向 130 多个国家提供多种文字的专稿和特稿。目前,新华社已在海内外建立起一个庞大的新闻信息用户网络,并与近百个国家的通讯社或新闻机构签订了新闻交换合作协议。成立于 1993 年的新华社音像中心,为各级电视台和广大音像制品订户提供多品种的新闻、专题类节目。

新华社编辑出版近 40 种报刊,包括《新华每日电讯》(日报)、《新华社外文电讯稿》(英、法、西、阿、俄)、《参考消息》(日报)、《经济参考报》(日报)、《中国证券报》(日报)、《上海证券报》(日报)、《瞭望》(周刊)、《半月谈》(半月刊)、《环球》(半月刊)、《中国记者》(月刊)、《摄影世界》(月刊)、《证券投资》(周二刊)、《农村大世界》(月刊)、《中国图片》(季刊)、《中国年鉴》(中、英文版)等。其中《参考消息》是全国发行量最大的日报;《半月谈》是全国发行量最大的杂志。新华社所属的新华出版社每年出版以新闻和时事政治为主的各类图书 400 余种。

随着世界科技的发展,新华社的通信技术已基本实现现代化,建成包括文字编辑、图片处理、新闻通讯、经济信息、资料检索等 10 多个计算机信息处理系统,拥有包括卫星通信和互联网在内的传输网络,卫星通信传输网络形成了以北京为中心,中国香港地区、纽约、巴黎、伦敦为转发中心,覆盖全国和世界 100 多个国家和地区的新闻通讯体系。

近几年来,新华社的经营事业有了较大的发展,业务范围不断扩大。新华社所属的中国经济信息社、中国新闻发展公司、中国广告联合总公司、中国图片社、环球公共关系公司、杭州国际公共关系公司等,在国内同行业中都处于举足轻重的地位。新华社还设有新闻研究所、世界问题研究中心、中国新闻学院等部门,致力于新闻业务研究和人才培养工作。根据中国政府的授权,从 1996 年开始,新华社又成立专门机构,负责对外国通讯社及其所属信息机构在中国境内发布经济信息进行归口管理。

2002 年 12 月 4 日，中共中央政治局常委李长春同志到新华社视察，传达胡锦涛同志关于宣传思想工作的六项指示精神，对新华社的工作提出了新的要求。中央领导同志的重要指示，为新华社指明了前进的方向。

2015 年 3 月 28 日，新华社首次在海外社交媒体平台上直播习主席活动。

2016 年 4 月 26 日，新华社中国经济信息社在北京正式挂牌。

五、西方通讯社带给我国通讯社改革的经验

与西方通讯社相比，我国通讯社还存在一定的差距。找出与西方国家通讯社的差距，借鉴其经营的成功经验，有利于我国通讯社的改革与发展。

（一）西方通讯社对于市场的把握、控制、开发力度大于我国

例如，在对互联网的把握上，我国通讯社比西方通讯社晚了半拍。路透社在 20 世纪 90 年代初期就已经开始互联网的商业运作了。他们意识到这是一个潜力很大的业务。开始只有一个自己的文本，然后是设计网页，到最后就是一整套的互联网产品。网络公司拿到手就可以立即用的。2000 年的时候，路透社的网络用户达到了 1000 多家，70%到 80%的网民都可以看到它的新闻。而我国从 1996、1997 年才开始向外界提供网络新闻，然后开办了自己的网站。西方对网络的认识更加深刻一些，他们既把它当作新媒介又把它看作技术平台，更重要的是把它办成了一个信息服务的新渠道。他们已经投入了巨额资金进行内部的网络通信建设，全球各地的通讯社分社或是成员都可以通过网络进行联络。如每年路透社由此节省的成本开支就是 1500 万英镑。而我国在这个方面，虽然在本部已经有了互联互通的平台，但是还没有建立起一个全球通联的平台。

（二）西方通讯社市场化意识强于我国，能适应媒体市场
　　不断开放的环境

我国产品的定位设计从内容到形式上都存在着很多的主观臆断，市场化步子迈得还不够大。2002年我国国家通讯社新华社提出了新的改革方案。业务改革方面，是参照国外，特别是路透社的成功经验，使我们的产品能够满足不同地区和媒体的需求。我国在以前往往给通稿，带有比较浓郁的行政色彩，现在倾向于建立"1＋X"这样一种供稿体系。"1"是指通稿，这是由中央授权发布的，重大国内外新闻；"X"就是不定样式的供稿网络。我国会按照稿件的内容或者体裁设定若干条专线。加强特稿的提供服务。只向某个区域的一家用户提供稿件，加强这一稿件的独家性。

（三）不断拓展业务范围

借鉴国外通讯社的成功经验，通讯社要发挥其是信息源的优势。过去通讯社的客户就是报纸，后来逐步发展到广播电视，现在国外通讯社已经开掘了不少非媒体客户的资源，其通讯社业务不再局限于单一的媒体。我国通讯社目前的规模也应该称得上是一个多媒体、跨行业的集团了，但西方通讯社集团化的建设仍是值得我们借鉴的。我们在进行多媒体集团发展的时候，就要走出以前通讯社发展的框界，必须要有新的眼光，新的思路。

（四）坚守对外新闻传播阵地

西方通讯社像法新社、美联社，无论他们的市场化程度高低，都没有放弃在国际新闻传播领域中的作为，利用新闻来维护品牌形象。路透社尽管他的新闻供稿收入只占总收入的6％，仍没有放弃这一业务。因为路透社品牌的建立就是依靠新闻，它的很多信息服务也是要依靠新闻发布的形式。更重要的就是，它不可能放弃这一对外传播的窗口和阵地。这实际上也给我们一个启示，无论发展到什么程度，新闻宣传这个根本的任务是不能丢的。新华社应当成为世界了解中国最明亮的窗口。

第三节　当代外国主要通讯社的
发展与前景分析

一、世界通讯事业的现状

（一）先进的传播技术推动通讯事业飞跃的发展

20世纪七八十年代，随着信息革命的兴起和扩展，电子计算机和卫星通信手段广泛地运用于新闻通讯领域。电子计算机和卫星通信将记者、分社、总社和客户紧密连接起来。现场采访的记者普遍使用录音机、移动电话机、便携式电脑和图片传送机，随时向编辑部传送稿件或图片。分社和总社之间经由地面或卫星线路保持双向传递。在编辑部里，普遍使用电脑接收、撰写、删改和编稿，自动播发。播发的稿件经由各地面或卫星线路又能直接传送到报社、电台或其他用户的电脑终端机上，任何重大新闻都能在瞬息之间传遍全世界。

20世纪90年代，随着信息高速公路的建设和国际互联网络的扩展，通讯社越来越广泛地依靠国际互联网络传送新闻，播发稿件，极大地提高了传播的时效、数量和质量。这场传播方式的变革把世界新闻通讯事业带入一个前所未有的新时代。

（二）世界通讯社的特点

通讯社是新闻事业的中心和枢纽，通讯社影响力的大小与国力的强盛有直接的联系。总的来说，国力越强盛，通讯社的影响力就越大，但他们也正设法改变这一现状。具体表现：

（1）西方四大世界性通讯社垄断着世界上80％的国际新闻的传播。美联社、路透社、法新社和合众国际社向世界发布的新闻中，关于发展中国家政治、经济和社会文化发展的报道比重很小，报道焦点往往集中在政变、灾祸、动乱、饥荒、犯罪和暴力等阴暗面。

（2）目前，世界上许多国家拥有国内通讯社，他们在国内有记者网，其中有一些通讯社各自或联合在国外设有自己的办事处或记者站，以采集或发布新闻。有的则向世界性通讯社预订，或签订交换协定，接收国外新闻和提供国内新闻。

（3）一些发展中国家由于经济、文化上的落后，没有力量各自建立起强大的通讯社。联合国教科文组织近年来提出一项计划，支持他们建立区域性通讯社。现已有亚洲太平洋通讯社组织、泛非通讯社、不结盟国家通讯社联盟、石油输出国组织通讯社、加勒比通讯社、拉美特稿社等。[1]

二、日本共同通讯社

（一）共同社的产生与发展

共同通讯社（简称共同社）是代表日本的国际性通讯社。于1945年11月1日成立，其前身是1936年成立的同盟通讯社。它是日本最大的通讯社，社团法人组织。该社实际上是半官方的通讯社，其报道在一定程度上反映了日本政府的意图。

共同社独立于政府，致力于为社会服务。共同社报道发生在世界各地的各种新闻，并将之提供给日本全国各报社、民营电视台以及NHK等新闻机构。同时，共同社将日本动态提供给世界上其他各新闻机构。共同社总社设在东京，在大阪、札幌、仙台、名古屋、福冈设有支社，在各府县厅所在地等47个城市里设有支局，此外，在世界36个主要城市中设有总支局，在10个地区配备了通讯员。共同社和世界各通讯社携手合作，共同报道发生在世界各个角落中的新闻。共同社通过网络联机系统，将采访、编辑的新闻迅速地提供给各新闻社、电视台和广播电台。在新媒体时代即将到来的时刻，共同社的"信息中心"作用将越来越重要。

如此这般，担负着日本传媒中枢重任的共同通讯社以促进世

---

[1] 郑超然、程曼丽、王泰玄：《外国新闻传播史》，北京：中国人民大学出版社，2000年10月第一版。

界和平、确保民主、实现人类幸福为原则，从 1945 年建社以来，作为"非营利社团法人组织"，与日本全国各报社、NHK 等新闻机构通力合作，努力、积极地进行着报道活动。

该社自称是"日本全国的报社、广播电台采取合作形式组织的、以收发消息为目的的共同组织"。正式加入该社的新闻机构——加盟社有 63 个（绝大多数是地方报纸，还有日本广播协会）。"准社员社"有 16 个，包括《朝日新闻》《每日新闻》和《读卖新闻》等。全国还有 100 个电台、电视台和其他新闻机构同它建立了合同关系。

共同社每天发稿 60 万字，传真照片 80 张。每天 24 小时工作，重大新闻随时播发"快讯"。除播发国内外重要消息外，还大量报道经济、社会新闻，体育新闻。并有为各新闻机构和企业服务的经济专线。此外还向各地方报纸发布特稿，内容包括评论、体育、文艺、家庭问题、儿童问题等，甚至还发连载小说、漫画和谜语。各报可根据合同选用和约稿。共同社对外广播只有英文一种，分有线和无线两种，有线每天发 40 条，无线每天发 110 条。此外还向航行中的日本船只广播日语新闻。

共同社还向日本总理府、内阁调查室、外务省、通产省、防卫厅、东京都厅、警视厅等 10 多个政府机构提供资料，并受外务省的委托向日本驻外机构播送国内新闻。此外，还出版《世界年鉴》等。

共同社在漫长的半个多世纪岁月中，一直致力于向日本国内各媒体提供海内外的各种新闻，在日本传媒界里发挥着不可替代的作用。同时，共同社还向海外新闻媒体不间断地发送英语新闻。近年来，以亚洲为中心的世界诸多国家与地区对日本社会、文化、娱乐的关心日趋增大。同时，由于以互联网为主的 IT（信息技术）的迅速发展，使得丰富多彩的新闻得以更简便，更快速的方式得到传送。

（二）网络时代共同社的新发展

作为 21 世纪多元化经营战略的一个组成部分，共同社于

2001 年 2 月建立了共同网。共同网的建立拓宽了共同社的影响力，它以网络特有的优势成为共同社继续发展并不断增强的重要因素。它是用中文报道日本信息，提供最大信息量的日本国内网站，是了解今天日本最好的新闻综合网站。作为代表日本的主要新闻媒体之一的共同社开设中文网站，在日本重要媒体中首开先河。每周除了双休日以外的 5 天，从共同通讯社每天向全国各家媒体发送的 1 000 多条新闻中挑选出一些进行翻译后发布到该网站上。

共同网的主页主要由两大部分构成。一个是把当天最新的新闻进行概括以后变成简短的"即时新闻"，每天 15 条左右，上下午两次更新（特大消息随时更新）。由于是基于共同社发送消息前的草稿，所以快速是最大的特点。中国媒体是在看到共同社报道以后发布中文稿件的，所以共同网的报道快半天也是常有的事。另外一个是专题报道，是对与中国相关的，或者中国人关心的新闻和分析作简要的报道。内容具体包括"日本与世界"（外交、国际交流等）、"社会万象"（国内主要的社会新闻）、"财经"（日本企业、日中贸易、IT、股票市场等的最新动向）、文化娱乐（演艺界、学术界、休闲娱乐等方面的新闻）、"体育"（主要以足球为中心）、"特集解说"（当前焦点新闻的评论解说、连载企划等）。网站所提供的新闻都是从共同社每天发送的大量报道里精选出来的，内容涉及日本社会与经济动态，在亚洲广为知名的日本演艺界近况，休闲度假信息等。内容与功能将进一步得到充实，将来还计划用朝鲜（韩国）语等亚洲其他语言进行新闻报道。

共同社把互联网的优势发挥到了极致，通过互联网，其作用主要表现在：

（1）更快更真实地提供本国信息。许多网站上登载的"日本消息"和日本媒体传播的日本形象往往有一定出入，共同社希望更加正确、更加全面地来报道日本的事情。对任何国家的媒体和研究者也都可以这样说，对一个国家的理解肯定会受到自己国家所受教育的影响，从而形成特定的印象，比如谈起日本就联想到军国主义。在中国媒体工作的记者不一定对日本的社会和文化有充分的认识。没有对日本社会进行深入了解，没有对日本国民进行深入接触，报道就无法深入。不同的国家有不同的看法，相互理解对方的立场就会减少误会与反感。当今通过互联网这个现代化手段，使得跨越国境即时而且低成本发送信息成为可能。共同网严格按照客观公正的原则进行报道，还提供一些外国媒体没有引起注意，或者说由于语言和文化上的差异而难以理解，依靠他们的力量不能充分传达的更大范围的信息，目的在于加深那些对日本感兴趣的中国各阶层人们更加全面、综合地了解日本。

（2）全方位报道日本的消息。在一定经济基础之上，共同社积极扩充网站的内容和功能，从演艺休闲等轻松的话题直到专业的报道。共同网努力充实各项内容，比如单独策划、登载了探寻日中文化摩擦根源的政策研究学院青木保教授和东京成德大学王敏教授之间的谈话录等，把网站建设成为能够使人们称颂"要了解当今日本的消息就看共同网"。作为业内的初次尝试，与其说以营利为目的，倒不如说为了促进国与国间的相互理解，为了这种社会效益而努力走下去。

（3）它在促进中日关系发展以及日本和亚洲诸国的互相理解中发挥着积极作用。共同社以各种语言，向亚洲诸国报道发生在日本的各种新闻，而开设中文网站就是此举的具体尝试。中日关系毫无疑问是日本最重要的双边关系之一，现在两国间的人员物资交流达到了历史上前所未有的活跃程度。然而消除两国间的认识差异、加深相互之间理解的信息交流相比之下显得比较落后，说得直白一点就是中日两国人们对对方的了解太少。共同社作为日本主要新闻机构之一，中文网站每天提供大量的日本国内消息，关于新闻的取舍问题，也以客观公正为最大原则，以有助于促进两国间的相互理解为基准，为增进两国间的友谊而做着不懈的努力。

共同网是作为"IT新企业"而起步的，与已经有半个世纪以上历史的共同社英文新闻服务一样，为了事业能得到发扬光大，需要确保一定的资金来源。由于现实上从中国终端用户收取费用很难执行，所以正在考虑条幅广告的登载，新闻的有偿提供，现在还正在跟日本国内大型公司商谈有关广告的事情，还有偿向日本的外语出版社的中文网站提供信息。

三、德国的德新社与德通社

德意志新闻社（PDA 简称德新社），是德国的全国性通讯社，联邦德国最大的通讯社。1949 年 9 月 1 日创建于汉堡。是在原美、英、法占领区的 3 个新闻社的基础上建立起来的。德新社是一个私营的股份有限公司。该社股份分属报纸、广播和电视等新闻媒介领域的 200 多家机构，其中绝大多数属于报纸出版社。

德新社每天播发约 6 万字的基础服务，内容涉及国内外政治、经济、科技、社会、文化和体育等各方面的新闻，其中 1/3 左右为政治新闻。几乎所有德国报纸都接收德新社播发的基础服务，其中 1/3 的日报靠德新社获得跨地区性的政治新闻，基础服务在日报中的采用率达 99％以上。除报纸外，德国的大多数杂志，以及政府各部门、工会和大型企业也接收德新社的基础服务。

德新社还通过电传、卫星和短波等各种渠道向外国播发基础服务。除了基础服务以外，德新社还把新闻分门别类，为各种专业领域提供特别服务。特别服务的专题有：文化政策、社会政策、环境保护、研究、科学和技术及大众媒介和媒介政策等。接收特别服务的主要是政府部门、工会、高等院校、研究所和各种专业协会。德新社设有图片服务中心，并在德国各主要城市派有摄影记者。德新社还与合众国际社建立了业务联系，接收和处理来自世界各地的照片。图片服务中心拥有一个存放着数百万张各种题材照片的资料库，供用户检索。

德新社播发的新闻主要有：对国内新闻、对外新闻和图片新闻。其中对国内新闻又分为基础新闻、对州广播的新闻、电话新闻和新闻专稿。

德新社的报道和经营由一个 17 人组成的监事会监督管理，监事会由持股人选举产生。1974 年，德新社与新华社正式签订了交换新闻和合作协议。1996 年 2 月新华社与德新社签订了新的交换新闻和合作协议。

德意志通讯社（AND，简称德通社）是原民主德国唯一的国家通讯社，1946 年 10 月 10 日根据各报刊和广播电台的倡议建立。成立之初，德通社是股份有限公司性质的企业，1953 年，政府将它收归国有，成为国家通讯社。德通社是民主德国境内唯一有新闻播发权的通讯社。总部设在柏林，在国内 14 个专区设有分社，在四十多个国家派有常驻记者，与七十多个国家的通讯社签有新闻合作协定。德通社每天以德、英、法、俄等六种文字，向国内外发布约 12 万字的消息，是当时社会主义国家中比较权威的新闻发布机关。两德统一之后，德通社改为自筹资金的独立股份公司，影响力骤减。与此同时，德意志电讯社（DDP）、美联社、路透社、法新社等在民德新闻市场上占据了重要的位置；原联邦德国的体育通讯社、联合经济通讯社、天主教通讯社等也纷至沓来，德通社一家称雄的局面一去不复返了。到 1992时，由于资金来源有限，德通社已把人员压缩到 200 多人。服务项目仅保留德文线，取消原有的俄、英、法、西和阿文等外语广播专线。1992 年 5 月，托管局将德通社出售给德意志电讯社最大的股东——明镜证券公司，合称德通社联合的德意志通讯社（DDP ADN），所属图片社由联邦档案馆接收。

四、其他国外主要通讯社概况

埃菲通讯社（简称埃菲社）于 1939 年 1 月西班牙内战结束前创建，是西班牙最大的通讯社，也是全世界所有讲西班牙语国家中规模最大的通讯社，被称为世界五大通讯社之一。总社设在马德里，在国内外均设有分社。

埃菲社于1939—1968年，先后收买了法夫拉、法罗、费布斯和真实等通讯社的股份，并始终保持股份公司的形式。

菲社设有董事会。董事长兼社长，直接领导由七个主要业务和行政部门负责人组成的主任委员会。其主要采编业务部门有：（1）埃菲社，即国际新闻部；（2）西弗拉社，即国内新闻部；（3）阿尔菲尔社，即体育新闻部；（4）格拉菲卡图片社，即新闻摄影部；（5）真实社，即特稿部。1978年2月以前，埃菲社以上述5个通讯社的名义发稿。后来，该社播发的一切新闻统一使用埃菲通讯社的电头。

埃菲社和路透社合资的孔特尔萨通讯社，专管经济、金融方面的报道。1976年9月，该社实现了全部采编、广播系统的现代化，稿件多为综述性新闻，很少有单独的国际评论。新闻主要通过电传和卫星线路播发。埃菲社在国外设立的分社分布于五大洲，主要分社有以巴拿马为总部的中美洲通讯社及在亚洲的北京、东京、马尼拉、新德里、中国香港地区和曼谷分社。至1995年，该社的总人数达2000多人，在世界上100多个城市派有该社记者。埃菲社的营业额位居拉美通讯社首位。

埃菲社还设立了每年颁发一次的西班牙国王国际新闻奖。

埃菲社与美联社、合众国际社、路透社、法新社、塔斯社以及拉美社都签有交换新闻的合作协定。

1977年12月31日，埃菲社与新华社签署了新闻交换合作协定。

印度报业托拉斯（简称PTI），是印度最大的通讯社，其前身为1910年成立的印度联合新闻社；1919年后成为英国路透社的附属机构。1948年印度各报社加入联合新闻社，遂改名为印度报业托拉斯，并于1949年2月正式发稿。1976年与其他3家通讯社合并为萨尔查尔通讯社。1977年11月，萨马查尔通讯社解散后印度报业托拉斯又恢复工作。

印度报业托拉斯为印度报业老板合股经营的企业，凡在印度出版的报刊并采用该社消息者均可购买其股票，股东不分红利。

印报托总部在孟买，新闻总编室在新德里。国内有 50 多个分社，在巴林、北京、科伦坡、达卡、伊斯兰堡、加德满都、吉隆坡、伦敦、莫斯科和联合国总部等处派有记者，订有路透社、法新社的新闻，与共同社、南通社、波通社、德新社交换新闻。[①] 印度报业托拉斯为亚通组织成员。

安莎通讯社（ANSA 简称安莎社）的全称是全国报纸联合通讯社，是意大利最大的通讯社。1945 年 1 月由意大利 57 家日报联合组成，实际是半官方通讯社。意大利政府部门和国家机关的重要新闻与消息，通常都是由它发布的。前身是法西斯统治时期的斯蒂法尼通讯社。

该社总部设在罗马，总社设有编辑部、行政部、人事部、商业部、技术部、电脑中心和摄影图片部七大部，每天 24 小时用意、法、英、西、葡 5 种文字向国内外播发新闻。此外还发行宗教专题新闻稿和其他专题材料。其主要供稿对象是中美和南美地区。

"客观"和"事实素材"丰富是安莎社新闻的主要特色，它很少播发评论性新闻，一般通过取舍内容来表达其观点。新闻内容包括政治、经济、外贸和市场信息、旅游、文化体育、科技、社会等方面。近年来安莎社对其新闻作了很大改革，加强了新闻预报、国内外简讯、报刊摘要、外贸与市场行情、出口商品形势分析、外汇汇率等栏目，并大大加强了经济新闻与信息的报道。

安莎社同世界 67 家通讯社签有交换和使用新闻的合同，包括法新社、合众国际社和路透社等。该社同新华社多年来一直保持着友好的合作关系。1963 年两社签订了互相提供图片的合同。1971 年相互派常驻记者。1978 年签订两社新闻合作协定。

中东通讯社（MENA 简称中东社），是埃及唯一的国家通讯社，1955 年 12 月创立，总社设在开罗。原为民办，1960 年由政府接管。它反映政府观点，着重报道埃及和阿拉伯国家事务。用

---

① 钱辛波：《新闻通讯员手册》，大连出版社，1992 年 8 月第一版。

阿、英、法 3 种文字发稿，每天总计发稿 10 万字左右，着重报道埃及、阿拉伯和不结盟国家事务，在阿拉伯国家以及伦敦、巴黎、华盛顿，纽约等地派有记者。出版《开罗报刊综述》《中东经济周刊》和《经济评论》3 种刊物。中东通讯社在国内又设 6 个分社；在伦敦、纽约、巴黎、华盛顿、波恩等地设有 15 个分社和记者站，与路透社、法新社、合众国际社、美联社等定有接受新闻的合同，并为卡塔尔、塞浦路斯、马耳他通讯社转播，同新华社有互换新闻的合同。

加拿大通讯社（简称加通社），是加拿大最大的通讯社，创建于 1917 年。该社由 110 家加拿大报纸联合建立，总部在多伦多，同时在温哥华、埃德蒙顿、温尼伯、渥太华、魁北克等设立了 18 个国内分社，并在伦敦、纽约、华盛顿、巴黎设国外分社。该社与美联社、路透社、法新社订有交换新闻的协议。它为 100 家会员报纸收集和提供新闻，其经费也由这些报纸提供。

1953 年加通社成立了一个附属机构——"广播新闻有限公司"（Broadcasting News Ltd），向三百多家电台和电视台提供新闻。加通社用英、法两种文字发稿，并向订户提供图片、特稿及股票行情等服务项目。

巴西新闻公司（EBN），1945 年巴西政府成立了官方通讯社巴西通讯社，1979 年改名为巴西新闻公司，是总统府的一个机构，总部设在首都，在各州首府有分支机构。其责任是向报界免费散发有关政府的消息和材料，并出版一种综合各地重要报纸动态，以供总统和政府领导了解当天新闻的内部刊物《概要》。此外还免费征用各地电台 1 小时，每晚 7 时至 8 时向全国广播它编辑的有关政府、法院和议会的重大消息，同时生产国内新闻纪录片。

安塔拉通讯社，印度尼西亚官方通讯社，由国家情报部管理。1937 年 12 月 13 日成立，1942 年日本占领印尼后，并入日本同盟社，1945 年夏创办。1949 年 12 月和 1950 年 2 月，被印度尼西亚临时国会和政府先后承认为国家通讯社。该社每天发行印尼文、英文新闻稿。总社设在雅加达，在印尼各大城市设有分社和常驻记者，在中小城市有兼职记者和通讯员。在国外一些地方设有分社和记者，同世界20多个主要通讯社（美联社除外）签订了新闻交换协议。是亚洲——太平洋组织，国际伊斯兰通讯社和不结盟国家通讯社联盟的成员国。

拉丁美洲新闻社，1970年1月14日，拉丁美洲七国（巴西、智利、哥伦比亚、厄瓜多尔、墨西哥、秘鲁和委内瑞拉）的13家报纸（巴西圣保罗的《圣保罗州报》《人民日报》、里约热内卢的《巴西日报》和《环球报》，智利圣地亚哥的《信使报》和《三点钟报》，哥伦比亚的《时代报》，厄瓜多尔基多的《商报》，墨西哥城的《至上报》，秘鲁利马的《商报》和《快报》，委内瑞拉加拉加斯的《国民报》和《真理报》）宣布联合创办拉丁美洲新闻社。

成立后扩大了拉丁美洲地区向世界其他地方提供的消息和改进消息的质量。同时，还为了促进拉美一体化和从拉丁美洲人的观点出发提出拉丁美洲的看法。

以色列联合新闻通讯社（简称联通社）由以色列一些主要报社和电台联合经营的一家报联社，成立于1950年。总部设在特拉维夫。

联通社在国内有一个记者网，但国外消息则完全靠西方几大通讯社和犹太电讯社提供。它每天将这些稿件的英文稿转发给用户。同时，它从中选出几十条新闻，译成希伯来文，加上自己记者采写的国内新闻 构成自己的大广播，用希伯来文发给用户。

联通社现在是以色列国内唯一一家向外国新闻机构提供国内新闻和照片的机构。

南斯拉夫通讯社（简称南通社）是南斯拉夫全国唯一的通讯社。1943年11月5日创办于南人民解放武装最高统帅部所在地亚伊策。该社创始人是已故的南共联盟中央执委、南国民议会议长莫·成雅杰。

南通社原系国家通讯社，后改为自负盈亏的企业单位。国家只发给部分经费，供对外宣传用。该社仍起南官方喉舌的作用。

五、当代世界通讯社发展趋势及前景分析

诞生于 19 世纪中期的新闻通讯事业，在 20 世纪经历了重要的兴衰演变。第一批问世的国际通讯社中，路透社、美联社继续发展壮大；而哈瓦斯社则在 1940 年德国入侵法国时瓦解，沃尔夫社则在 30 年代经希特勒的改组而消失。第二次世界大战结束后，法国成立了法国新闻社，联邦德国成立了德意志新闻社。在美国，1907 年建立了合众社、1909 年出现了国际新闻社，这两家通讯社在 1958 年合并为合众国际社。在苏联，十月革命之后先是组建了俄罗斯电讯社，1925 年改建为塔斯社，1991 年苏联解体后，塔斯社又被改组为俄罗斯通讯社。

当今世界主要的国际通讯社有美联社、路透社、合众国际社、法新社、德新社、俄罗斯通讯社、我国的新华社，还有意大利的安莎社（1945 年成立）、西班牙的埃菲社（1938 年成立）、日本的共同社（1945 年成立）等。它们同其他地区性通讯社、众多的国内通讯社一起，组成了 20 世纪世界通讯业的庞大网络。

经历了近两个世纪的风风雨雨，世界通讯社有过辉煌，也有过低谷。总的来说，世界通讯社的发展呈以下几个趋势：

（一）通讯社在国际社会中的作用有所减弱

通讯社的产生是社会的需要，历史的必然，从产生之日起，通讯社就成了新闻传播事业必不可少的重要组成部分。但在信息时代，网络媒体的异军突起对通讯社形成了强大的冲击。因特网技术的普及使信息采集、加工和传送变得更为简单便利，成本也更低廉，这大大降低了信息市场的准入门槛，为大量新竞争者的出现创造了条件。如今出现了很多提供基于互联网的信息产品和服务的中小型公司，他们凭借新技术、新机制，以灵活的销售策略提供性能价格比极佳的信息产品。相比之下，世界主要通讯社由于前期在技术开发方面投入大，人员成本高，产品的性能价格比优势下降，再加上运行机制没有新公司灵活，导致其市场影响

力降低，整体竞争力面临严重考验。

除此外，为了在眼球大战中取胜，从社会到财经，几乎每一个媒体都在追求自身的独家新闻，追求新闻报道的独特视角，不愿意千篇一律采用通讯社通稿，除非完全没有可能核实有关情况或添加新内容。加之媒体市场开放程度越来越高，国与国之间的稿件采用也不再是通过通讯社一条途径。例如美联社、路透社、法新社等通讯社对中国的报道常常自己写专稿。它们的驻京记者到中国各地，深入基层，就某个专题进行实地采访，写成专稿，从当地向世界进行报道。由于这些原因，使得通讯社所起的作用不再像以往那样举足轻重。

（二）通讯社的市场更为广阔了

伴随报纸上网的热潮，世界各地的通讯社也不甘落后。世界著名的通讯社，如美联社、法新社、路透社、合众社、俄通社—塔斯社等，也都在因特网上开辟自己的网站，发布文字、图片以及声像新闻，同时向外界介绍自己的业务情况。路透社在网站上开门见山地指出自己的特点是"提供最新的在线新闻"，声称要使自己的网页"成为在网上寻找新闻的终点站"。

新型网络媒体同样会像传统媒体那样，需要大量新闻源泉。只要通讯社有能力生产大量喜闻乐见、图文并茂、声画结合的好新闻，总的来说，通讯社的服务对象不是减少了，而是增多了；市场不是缩小了，而是扩大了。通讯社的报道，在互联网的世界里，更加及时、全面、生动地展现在广大受众面前，既不受传统媒体播发新闻的周期限制，也更加方便人们随时检索、调阅。信息时代赋予通讯社同时身兼新闻"批发商"和"零售商"的可能性，数字技术为之延伸触角拓展了更广阔的空间。2000 年年初，路透社宣布将斥资 5 亿英镑，把核心业务转至互联网。公司总裁乔布说："网络首次使我们能开始为无限广泛的市场服务，包括在家里和工作场所做出财务决定的个人"。通讯社上网，有力辅助了传统业务。

（三）通讯社仍然是新闻消息最主要来源

通讯社在新闻事业中所占的地位，所起的作用以及它的影响力都是不可替代的。许多小媒体，由于受设备技术以及规模的限制，它们不可能有很多渠道来获取消息，仍只能购买通讯社的稿件。而国与国之间进行新闻报道，尽管途径拓宽了，但最重要的消息来源仍只能是各国权威的通讯社。以我国为例，路透社驻中国首席记者罗朗曾说，新华社是路透社中国新闻报道最重要的消息来源，其中国新闻报道"非常依赖"新华社播发的中国新闻英文大广播，它的权威性是不可替代的。他认为，在中国官方的报道方面，新华社是最权威的，路透社在这方面必须依靠新华社的报道。国外的一些通讯社，即使在稿件中不直接采用新华社的稿件，仍会将新华社的报道作为他们新闻报道的信息和新闻素材的主要来源。

（四）通讯社不断拓展其发展空间，充分发挥自身优势

世界是丰富多彩的，信息时代要求通讯社加强服务功能。广大受众有权选择自己喜爱的媒体，通过获取新闻、信息，满足不断增长的文化需要，这是社会文明、进步、民主的必然要求和基本标志，也是不可阻挡的历史潮流。无论是传统媒体，还是新兴的网络媒体，都担负着提供优质信息产品、满足百姓求知权的社会责任；同时，世界的多样性决定，一报、一刊、一社、一台、一网"包打天下"，是不能完全成功的。邓小平曾指出："任何一个任务不是一家报纸所能完成的。各家报纸接触面不同。要各方面努力，才能把党和政府的声音普遍传播到各阶层群众中去。"这席话，对我国是有指导作用的。西方媒体的一些合作行动，也为我国通讯社的发展提供了借鉴。2000年年初，151年来一直是美国各大报刊重要新闻来源的美联社，与成立仅4年、以互联网及相关产业为内容的网站 CNET 签署合作协议。据此，美联社每天将采用 CNET 网站 5 至 10 则新闻，经编辑后由美联社的财经新闻网发稿给全球约 300 个订户，这些订户包括绝大多数发行量超过 10 万份的美国报纸。同时，CNET 网站可获得美联社提

供的网上即时新闻服务，范围包括美国国内新闻、国际新闻及体育娱乐新闻。通讯社本身是一座信息宝库，随现实发展，不断丰富信息和新闻资源，并资源进行再加工和分类，使之升值，是世界著名通讯社已经取得的成功经验。

本章参考书目：

(1) 张允若编著. 西方新闻事业概述. 北京：新华出版社，1989

(2) 陈力丹. 世界新闻史纲. 福州：福建人民出版社，1988

(3) 张隆栋，傅显明著. 外国新闻事业史简编. 北京：中国人民大学出版社，1988

(4) 张允若. 西方新闻事业概述. 北京：新华出版社，1989

(5) 袁军. 新闻事业导论. 北京：北京广播学院出版社，1997

(6) 〔日〕和田洋一著，吴文莉译. 新闻学概论. 北京：中国新闻出版社，1985

(7) 〔美〕迈克尔·埃默里，埃德温·埃默里著. 展江，殷文主译. 美国新闻史（第八版）. 北京：新华出版社，2001

(8) 十一院校编写组. 当代中外新闻事业. 兰州：兰州大学出版社，1988

(9) 郑超然，程曼丽，王泰玄. 外国新闻传播史. 北京：中国人民大学出版社，2000

第十二章
外国新闻传播法制史研究

第一节　外国新闻传播法制出现的
历史和社会原因

一、近代意义新闻事业的萌芽和封建统治者的严格管制

近代意义的新闻传播事业发轫于早期报纸的出现。随着资本主义生产的发展，产生了资本主义商业贸易。而经商的商人需要及时了解商品行情和船舶、道路的信息。因而 16 世纪在地处地中海贸易中心的威尼斯和欧洲的一些商业城市率先出现了特殊的人员，这些人员被称为"采访者"和"报道者"。这些人后来组织起来结成了"搜集消息的机构"，出版了早期的手抄报纸。它们的服务对象主要是商人，利用各种渠道为其提供包括各种商品的行情、航海情况等信息。当时德国奥格斯堡的"富格金融贸易所"的手抄报纸就由于商业信息灵通而闻名于世。

最早的手抄报纸都是私人办的、商业性的，后来还出现了官方办的手抄报纸，如威尼斯政府在与土耳其发生战争时就经常发布一种叫作《消息公报》的手抄报纸。起初是在公共场所朗读，并向听众收费 1 个威尼斯铜币（Gazeta）。其后，以印刷方式出

版的《消息公告》，售价亦为 1 铜币。于是"Gazeta"一词，就成为早期报纸的通称。英法等国都称报纸为 gazette。

早期的印刷报纸是在 15 世纪中叶，德国发明活字印刷后出现的。17 世纪初欧洲较有名的报纸包括：英国的《每周新闻》、法国的《报纸》、德国的《通告报》、荷兰的《新闻报》等。①

与西方早期新闻事业发展同步的是封建统治者对其管制的不断加强。早期的手抄报纸时期，由于各地的政局对商业有很大影响，所以报纸里就在纯粹的商业信息中加入了政治信息，"而且这种政治成分有时措辞十分强烈"。罗马教廷对此类信息极为反感，于是教皇对手抄报纸严加限制。教皇庇佑五世在 1569 年红衣主教会议上严厉指责手抄报纸诋毁教廷。一名手抄报纸记者因此被处以绞刑。教皇在 1572 年发布"谕旨"，查禁手抄报纸，严惩新闻记者。1587 年又有一名记者被断手拔舌后吊死。

欧洲各国在封建社会末期大都建立过严格的限制言论出版的法律。规定报纸属于王室，必须服从国家利益，支持王室的政策；通过官方特许才允许在民间出版书籍、创办报刊。统治者认为报纸的作用就是自上而下的传达、维护君主的思想，公众只能知道允许他们知道的事情和政策。由于特许权制度的存在，报刊所传播的信息必须有助于官方政策的维护，否则特许权可以随时取消。西欧在中世纪至资本主义初期，西欧对书籍和报刊实行了严格的集权管制，欧洲各国对于印刷出版业均建立了审查制度。以英国为例，其主要规定包括：将出版许可证发给忠于皇室的出版者的许可证制度；报刊发行人和出版商必须交纳保证金的保证金制度；规定一切出版物未经事前检查不得出版的出版物检查制度；王室授权发行官报，作为统治者麻痹人民的工具，建立津贴制度，以补贴忠于王室的报纸，收买报人以达到控制舆论的目的；实行事后惩罚制度，1557 年成立的皇室出版特许公司和

---

① 张隆栋：《外国新闻事业史简编》，中国人民大学出版社，1988 年版，第 6 页。

1570 年成立的皇室法庭均有权惩治异端邪说，处理叛国、煽动和诽谤性言论。

总之，早期近代报纸是社会生产力发展的产物，是在资本主义萌芽时期，为适应资本主义经济发展的需要而产生的。它们最初尽管具有为资产阶级服务的性质，但是并未自发成为资本主义阶级斗争的工具。即便如此，封建统治者仍然对其充满了警惕，从它们产生的那一天开始就对其始终严加防范，并且想尽一切办法使其成为维护自身统治的工具。

二、新闻传播法制出现的必要性和可能性

（一）新闻传播法制出现的必要性

1. 新闻传播法制的出现是社会进步的要求

（1）社会公器（意见自由、表达公意、第四权利、监督政府）

新闻是以记录新近发生的事实为基本功能的，而无数新近发生的事实则构成了社会的整体变迁情况。"今天的新闻就是明天的历史"，也是表达了这样一层含义。就整体意义而言，自从近代社会新闻事业产生后，新闻事业就成了社会不断进步走向文明和进步的记录。

在世界范围内，社会的每一次重大变故，都可以见诸新闻媒体。例如对世界历史进程产生重大影响的两次世界大战，其发端、过程、结束乃至局部的战役，都通过新闻报道得到了比较完整的记录。在资本主义的发展历史上，资本主义进程的每一个重大标记，都借助新闻事业的力量而在史籍中清晰地记录了下来。有的时候，新闻事业还会对政局的变迁产生举足轻重的影响。美国的"水门事件"，就是在新闻事业的作用下，才导致当任总统尼克松任期未满而下台的。这样的例子还有很多。

因此，在最普遍的意义上新闻首先是作为社会公共意志表达工具的面目出现的。新闻表达公共意志，记录民意，成为最常见的信息传播工具。

（2）保护新闻自由

思想、言论、出版等表达自由，历来是资产阶级革命和近代西方各国争取人权斗争中的核心问题。新闻自由也是资产阶级革命者和封建统治者斗争的焦点问题。封建统治者压制新闻自由的目的就在于通过对新闻的严格控制，控制舆论，维护封建统治。而西方新闻理论家爱默生、弥尔顿等抓住这一核心问题，认为思想、言论及表达自由，乃是"天赋人权"，真理只有在公开的"思想自由市场"中才能战胜谬误。新闻自由有助于个人的自我实现，有助于人们追求真理，有助于民众议政、参政，有助于社会安定。言论与新闻出版自由是民主主义政治进程中不可或缺的公民基本权利之一，只有立法保障新闻自由，才能防止独裁并能使民众参与到民主政治进程中来。

新闻自由是公民在法律范围内的平等权利，没有相应的新闻法制，就不会有名副其实的新闻自由。新闻立法和法制的理性是新闻自由健全的标志。西方各国在逐步建立资产阶级制度后，就把这种意识形态以宪法或基本法的形式加以具体化，明文规定保障公民享有言论、出版、集会、结社、通信、示威和罢工等自由权利。

（3）法制社会

西方社会在完成资产阶级革命后，建立起了一套体系化的法律制度。资产阶级法制是比封建制度先进的制度。资产阶级通过立法和司法的手段，规范社会运行的方方面面。

西方的资产阶级法治体系是建立在资产阶级专政的阶级基础之上的，是在与封建制度的长期斗争中逐步建立起来，逐步完善的，与封建制度的封建王权相比具有明显的进步性。资本主义法主要有这样一些基本特点。（1）维护以剥削雇佣劳动力为基础的资本主义私有制，确立了"私有财产神圣不可侵犯""契约自由""过错责任"等原则。（2）维护资产阶级专政和代议制政府，规范资产阶级民主制、政党制、代议制等法律制度。（3）维护资产阶级自由、平等和人权，确立法律面前人人平等原则，保障资产阶级法制。法是一种特殊的社会规范，即具有规范性、国家意志性、国家强制性、普遍性和程序性的法律规范或行为规范。

新闻事业作为社会有机体中的一个子系统，不可避免的也会受此影响，走上一条法治化的道路。资本主义国家建立了一整套的法律制度，用来对新闻事业本身及新闻事业所处的社会环境进行规范。尤其是在资本主义发展到了较高水平后，新闻传播事业的各个方面都处在法律制度的严格管理之下。新闻传播法制的建立对新闻传播事业的发展起到了极大的促进作用。保障新闻传播事业始终处在法律规范的保护下，有效地避免了外界的干扰。

但是在资本主义的社会背景下，新闻媒体对一切社会活动，尤其是社会的商业活动始终抱有一种异乎寻常的热情。这并不奇怪，一方面因为商业活动经常是人们心态流变的晴雨表，成为西方新闻媒体赢利的富矿。但是，如果当这种关注超过了必要的限度，甚至对商业活动横加干涉时，就有违于新闻的客观性要求，也成了法治社会的一种遗憾。另一方面，新闻媒体并非处于完全独立的理想状态，它们本身就是某一个或某几个资产阶级的私有财产。资本家开办、经营新闻媒体的目的和其他资本主义经济行为一样，首先就是追求利润的最大化。因此，新闻媒体在实际运作中不可避免地会受其经济利益驱动，在法制允许的范围内尽其可能的追求利润，这就违背了新闻法制的初衷。

2. 新闻法制的建立也是新闻事业自身发展的要求

首先是规范新闻竞争的需要。新闻传播业内部在长期的竞争中出现了大量的纠纷。不同新闻媒体之间出现的各种不正当的竞争行为，需要通过法律手段来进行调节。比如早期的同城报纸中就经常出现在报纸上相互诋毁、贬损对方的事件，报纸之间相互指摘对方的编造新闻，违背新闻道德等等。这些都使得读者十分厌倦和反感，对新闻业的发展也造成了非常不利的影响。

其次是规范新闻传播的需要。为了提高报纸的销量，报纸片面地迎合甚至培养读者的低级趣味，这就造成了各种色情、暴力和低级趣味的内容在媒体中大量传播，对社会的健康发展造成了严重影响。这种现象也引起了社会的不安。如美国《新闻报》为了扩大发行量，大量采用粗劣的新闻，结果销量持续上升，仅在1896年的一个月内，就猛增125 000份。当时典型的标题是，"货真价实的美国巨兽和大龙"——这是一条关于考古队发现化石的新闻标题，以及"狂风使儿童丧命"，"是什么使他偷窃"，"为了爱，女人怪事也做"等等古怪离奇的标题。尤其是在美国的"黄色新闻"时期，这种情况发展到了十分严重的程度。①

新闻传播法制的建立也是保证新闻传播正常运行的需要。新闻传播业在与外界的接触中不可避免地产生了矛盾和冲突。新闻媒体由于客观报道某一新闻事件，就可能触怒社会上的权贵，受到不公正的待遇。新闻媒体在报道新闻时，由于缺少法律规范的监督，在新闻实践中有时也很难把握报道尺度等问题。

新闻法制的建立可以最大限度地解决上述问题的出现，减少新闻事业发展的阻力，规范新闻事业发展的方向，促进新闻事业健康有序地发展。

（二）新闻传播法制出现的可能性

资产阶级革命胜利和资产阶级掌握国家政权为新闻传播法制的建立提供了最重要的客观条件，使新闻传播法制的建立从纯粹理论成为一种现实可能。经过17世纪至18世纪的一系列资产阶级革命，以英国、美国、法国等国为代表，资本主义制度在西方国家相继建立起来了，资本主义的生产方式代替了封建的生产方式。

在奴隶社会和封建社会，各种新闻传播方面的法令虽然也是某种法制形式，但是，这种法制不过是人治之下的法制（"专制的法制"），与近现代以民主制度为基础的法制（"民主的法制"）有着根本的区别。现代意义的法制指的是一国法律制度的总和，

---

① 埃默里等著，展江等译：《美国新闻史》，新华出版社，2001年版，第230页。

它包括立法、执法、司法、守法、法律监督的合法性原则、制度、程序和过程。

在新闻传播法制建立之前，法学研究和新闻学研究就达到了一定高度，新闻自由主义思想得到了广泛的传播，这一切都为新闻传播法制的建立奠定了坚实的思想理论基础。

16世纪下半叶到17世纪是西方自由主义新闻思想的时代，涌现出了大量的自由主义思想家，其中的代表人物是弥尔顿和洛克。17世纪40年代，英国爆发了资产阶级革命，开始了政治民主化的进程。1644年弥尔顿发表了后来成为西方新闻自由思想的奠基性著作——《论出版自由》。① 在这本书中，他认为，人的理性是高于一切的，是上帝赋予人类的灵性。出版和言论自由是天赋人权的首要部分。人依靠自己辨别是非。为使人的理性得以有效地发挥，就必须不受限制地了解别人各种不同的观点。洛克在1690年出版的《人类理解论》中论证了思想言论自由的合理性。他认为一个人如果有一种能力，可以按照自己内心的选择和知识去思考或不思考，行动或不行动，那么他便可以说是自由的。洛克通过考察人类知识的起源、可靠性和范围，进一步提出人民如果受到阻碍，不能自由探讨，就不易进步和觉悟。

从17世纪开始，随着资产阶级革命的深入发展和资本主义制度的逐步建立，西方自由主义思想从理论逐步进入了实践范畴，新闻传播法制建设开始驶入了全面建立的快车道。新兴的资产阶级和初生的资本主义制度建立起了整套的与资本主义制度相适应的政治、经济、文化法律制度，满足资本主义经济发展的要求。新闻传播法制作为其中的重要部分也逐渐从理论到实践，在西方资本主义国家建立起来了。各国纷纷立法保护和规范新闻传播业的发展。

西方新闻传播业自身的迅速发展也为新闻传播法制建设提供

---

① 张隆栋：《外国新闻事业史简编》，北京：中国人民大学出版社，1988年版，第17页。

了重要条件。西方新闻传播业的发展也经历了一个从无到有、从小到大的发展过程。在最初的手抄报纸时期，新闻传播业者不但社会地位比较低，从事的工作也只是手工作坊式的经营。直到印刷技术出现后，报纸的制作才有了更加有效的方式，才进入了工业化生产的阶段。18世纪至19世纪，在工业革命完成之后，报业进入了廉价报纸时期。廉价报纸是现代资产阶级报纸的先驱。报业正式成为了一项可以赢得高额利润的行业，大量资本开始涌入报业，商业的需要、教育的普及、城市人口的增加都给报纸带来了新的读者。19世纪末开始，西方各国的报业纷纷出现了大型的报业集团，第一个现代报团是斯克列浦斯报团和赫斯特报团。新闻传播业的迅速发展，使得新闻传播业的社会作用和社会地位日益提高，新闻传播业进入了成熟时期。

值得一提的是，大量新闻纠纷和新闻诉讼案例也为新闻立法提供了鲜活素材和现实基础。随着新闻传播事业的产生和兴起，新闻传播业自身和外部环境之间在现实中不可避免地出现了大量的矛盾和冲突。现实中出现的大量案例丰富了新闻立法的内容，也使新闻传播立法的必要性更加凸显出来。

第二节　新闻传播法制在西方各国不同的演进过程

西方新闻传播法制的建立和完善走过了一条漫长崎岖的道路。它随着封建统治的逐渐瓦解和资产阶级的日渐壮大而逐步发展起来。17世纪至18世纪一系列反对封建主义的资产阶级革命，推翻了封建制度，建立了资产阶级政权，资本主义的生产方式代替了封建的生产方式。新闻传播业也由封建统治工具变成了资本主义的统治工具。随着资本主义新闻传播事业的发展，与之相适应的新闻传播法制也相应建立起来了。

一、英国

(一)资产阶级革命前

尽管英国在新闻出版方面比其他国家发达，尽管是世界上第一个发生资产阶级革命的国家，但在资产阶级革命前，同世界上其他的封建国家一样，英国的封建统治者也建立了严格的新闻传播管制制度，对新闻传播业大加限制。

随着 1476 年印刷术的传入，英国几乎同时进行了宗教改革，此后出现了大量宣传反封建思想的小册子和书籍。面对新的阶级力量、新思潮和新的新闻传播形式的出现，英国封建统治当局建立了以皇家特许制为核心的出版制度，对其加以严格限制。从英王亨利八世于 1529 年公布了第一个禁书法案，1530 年建立了第一个特许制度开始，其后的各代国王均不断加强出版管制。

尽管最初，印刷业在传入英国后的大约前 50 年里尚未成为一股真正有影响的社会力量，但是，在以试图将一切可能的权力都抓在自己手里而著称的都铎王朝看来，出版业必须受到严密的控制。

1529 年，亨利八世正式公布了第一个禁书法案，开始了对出版业的控制，其目的就在于限制出版业，从而利用出版业，进而压制日益兴起的新教运动。在 1530 年的圣诞节，亨利八世又正式发布公告，规定印刷商在开张营业前必须先行获得皇家许可。这个公告的颁布标志着许可证制度的正式建立，"事前约束"（Prior Restraint）的思想也从此成为法律。

与此同时，枢密院的权利进一步扩大，从而削弱了国会和法院的权利。由于国会和法院对国王的权利有限制作用，而枢密院则完全听命于国王，所以这也有利于国王。枢密院的记录表明，从 1542 年起，枢密院就不断以"用词不当""煽动性言论"或其他借口，对某些个人提起诉讼。而早在 1540 年，枢密院就曾经以印刷有关政治性问题的街头歌谣为由逮捕了一些人。

英国封建统治者管制出版业最完整的条例是都铎王朝的星法

院颁布的星法院法令。声名狼藉的星法院（Star Chamber）最初是为保护广大公众而成立的，但后来却成了压制舆论的象征，在英国近代报纸诞生之前更成为禁止人民自由表达思想的一大障碍。1586 年星法院颁布的星法院法令对管制出版业做出了全面的规定，它一直实行到 1637 年。星法庭实际上成立于 1570 年，1641 年撤销。其内容如下：①

（1）所在印刷商须将印刷品送往书商公会注册；

（2）除牛津、剑桥大学外，伦敦市外一律禁止印刷。

（3）除非得到高等学院宗教事务委员会（High Commisson）同意，否则不理任命新的印刷商；

（4）印刷任何图书须事先申请许可；

（5）书商公会有权处罚非法出版行为；

（6）书商公会会长有权发布命令，搜查、扣留和没收以及逮捕疑犯；

（7）学徒人数限 1—3 人，视其成员在书商公会的地位；

（8）牛津、剑桥大学的印刷所限学徒为 10 名。

从条款中我们可以看出，封建统治者对新闻印刷出版业只规定了限制性内容，几乎看不到保护性、授权性内容。其限制性特征是显而易见的。

都铎王朝所采取的另一项控制措施是对印刷出版业实行垄断化管理。玛丽女王在 1557 年建立了文具商公司。"文具商"这个词在当时专指出版商和书商，以区别于印刷商。文具商公司实际上是一种印刷出版业的托拉斯，一方面它垄断了英国的印刷业，使得进入这一行业的门槛增高；另一方面，该行业的管理者必须对内部人员加以管理，当局通过这个公司可以更加方便地追查那些不属于贵族集团成员的反叛印刷商。

1557 年玛丽女皇成立皇家特许出版公司。根据这个条例，

---

① 张隆栋：《外国新闻事业史简编》，北京：中国人民大学出版社，1988 年版，第 11 页。

只有公司的会员和经女皇特许者才能从事印刷出版业。1559 年伊丽莎白女王甚至颁布禁止大主教管制出版的法令以进一步加强对印刷出版的管制。

具有讽刺意味的是，都铎王朝始终声称自己是出于维护公众安全的目的而对出版业实行控制的。而实际上，整个都铎王朝时期，从亨利八世到伊丽莎白一世之间，王室行事所依据的原则就是，"要确保安定，就必须对那些异见人士予以镇压"。

（二）资产阶级革命开始后

1603 年，都铎王朝结束，英国进入了斯图亚特王朝时期。由于斯图亚特王朝王室控制力的减弱，更由于英国资产阶级力量的兴起，王朝内部对印刷出版业的种种限制也逐步被打破了。

从 1642 年起，英国开始了资产阶级革命，英国也就此陷入了内战。1649 年，查理一世被处决。取而代之后的克伦威尔建立的英伦三岛共和国期间，新闻出版业甚至受到了更加严格的限制。克伦威尔的"圆颅党"夺走了皇家的特权。克伦威尔只允许那些政府的喉舌出版，即两家官方报纸：《政治信使报》和《公共情报者》。即使是弥尔顿负责检查的《政治信使报》，也曾经通过弥尔顿控制了《完整日记》和《公共情报者》。除此以外，未经官方批准的任何出版物均遭粗暴对待。[1]

1660 年查理二世复辟后，当局建立了独有的专利制度，即垄断制度。王室和国会平分了对新闻出版的最高控制权。同时，对新闻出版的限制和规定也减少了。但是这种限制却进一步成文化，并在新闻检查官的监督下有效地执行着。

1662 年 6 月，英国国会制订了许可证法（又称出版法案、"特许制法令"）即印刷管理法（Regulation of Printing Act）。[2]

---

① 张隆栋：《外国新闻事业史简编》，北京：中国人民大学出版社，1988 年版，第 11 页。

② 张隆栋：《外国新闻事业史简编》，北京：中国人民大学出版社，1988 年版，第 11 页。

该法案几乎就是 1586 年星法案的翻版。从此，英国的出版自由陷入历史的黑暗时期。直到 17 世纪末，随着英国资产阶级两党政治的形成和独立出版商的发展，要求废止出版法案的呼声越来越高。1679 年，许可证法被废止，而后又不时恢复，到 1694 年，出版法案正式废止。事实上，该法案的被废除不是因为当局认为许可证制度不对，而是因为它在政治上行不通。但无论如何，该法案的废止仍然标志着"事先约束"时代的结束。

此后政府主要采取两种新手段控制出版自由。首先是实行知识税制度（印花税、广告税和纸张税统称知识税）。从 1694 年起直到 1712 年通过了第一个《印花税法》（Stamp Act），规定了印花税税率，同时规定征收广告税和纸张税。印花税法案实行不到半年，英国报刊停刊了一半。其后，印花税法案的执行时松时紧。1794 年、1804 年、1851 年税率曾增加 3 次，每份报纸的印花税曾高达 4 便士。其次是实行津贴制度。为控制舆论，政府很早就对报人、报纸给予津贴，这种办法被证明是有效的。后来津贴费用逐渐被列入政府预算，形成"津贴制度"。最后是制定了叛国罪和煽动诽谤罪的法律。1792 年通过的"法克斯诽谤法案"规定陪审团对整个诽谤案有总体审判权，陪审团认为必要时，就可对诽谤罪做出裁决。政府采取以上种种手段的限制的结果就使得政党报纸占统治地位，而整个报业在 17 世纪后的一百多年间却发展缓慢。

19 世纪后，面对新兴资产阶级和工人积极要求出版自由，英国政府不得不在各方压力下逐步降低了知识税。并最终在 1853 年取消了广告税，1855 年取消了印花税，1861 年取消了纸张税。知识税的取消直接刺激了英国廉价报纸的产生和发展。

20 世纪以后，英国历届政府都把报纸看作一种"具有特殊政治重要性的企业"，对报业完全采取不干预的政策。直到议会在 1947 年设立第一次皇家报业委员会之前，政府甚至认为连对报业的活动进行调查都是不适当的。英国议会历史上曾设立过三次皇家报刊委员会。

第一次委员会设立于 1947 至 1949 年之间。第二次世界大战后，英国报业进一步垄断化。全国性报纸在报业占统治地位，高级报纸与大众报纸两极分化，联合企业控制了大多数的报团。一城一报现象十分严重。社会上对报业的高度集中极为不满，尤其是在第二次世界大战前，绝大多数的英国报纸，均支持政府误国的绥靖政策。第二次世界大战后在社会各方的压力下，议会于 1947 年设立了"皇家报刊委员会"对报业情况进行调查。委员会在 1949 年提出报告，不认为报业已经垄断化，只承认在地方报纸中存在垄断现象。它强调："自由企业乃是自由报刊（即出版自由）的先决条件。"

因此，不能改变现行报业的所有制，或由政府直接控制报业。它建议由报业自行组织"全国报业评议会"以改进报业。

第二次皇家报业委员会成立于 1961 年。当时英国报业频繁发生的大型兼并事件震动全国。第二次皇家报业委员会不得不承认英国报业垄断加剧，并认为报业集中日趋严重，对出版自由的潜在威胁加大。但是，报告又辩解到，在全国日报和星期日报中仍有相当大的选择余地。委员会建议设立"报刊合并法庭"。报业交易必须不违反公共利益，才能获得该法庭许可。

第三次皇家报刊委员会成立 2 年后。委员会在 1977 年的报告中大量引用了垄断的统计数字并承认了出版自由，减少了公众自由选择的机会。报业的兼并、集中威胁了出版自由，减少了公众自由选择的机会。然而报告的结论只是一句空话：希望报业老板们为了维护出版自由，继续经营不赚钱的报纸，不让他们停刊或被兼并。

（三）广播电视管理

英国是世界上兴办广播和电视较早的国家。1922 年 2 月，英国创办的世界第一座广播电台正式开播。1929 年在伦敦试播无声图像。1936 年建立了世界上第一座电视台。

英国在 1934 年成立电视委员会，负责规划全国电视事业的发展。1927 年 1 月，根据皇家约章，BBC 经改组，英国的广播

电台和随后发展起来的电视事业，均由它独家经营，直到 1955
年出现了另一家同类型的商业公司，这种局面才有所改变。

目前的 BBC 具有公共机构的性质。公司的最高领导机构是
董事会，有董事 12 名，由政府提名，女王任命，任期 5 年。其
由皇家特许而获得的特权地位，根据 1996 年 5 月的新法令将延
长到 2006 年 12 月 31 日。

1955 年，为了"打破英国广播公司的垄断"，根据 1954 年
议会通过的"电视法案"创立了"独立电视局"，只办电视。
1972 年改为"独立广播局"（IBA），经营范围扩大到广播电台。
IBA 属于商业企业，但实际上和 BBC 一样，也是由政府控制。
它的最高领导机构也是董事会，12 名董事也都由政府任命。其
与 BBC 的不同之处是没有政府津贴，也不收电视执照费，财源
主要依靠广告收入和出售电视节目。①

二、法国

（一）专制时期

与英国相类似，法国作为最早发生资产阶级革命的封建国家
之一，也在新闻传播业产生之初实行了严格的新闻检查制度和许
可证制度。早在 1474 年，法国封建统治者就开始了对出版事业
的管制。当时的报纸只是封建统治者手中的工具，其消息来源主
要是掌玺大臣公署，同时一般不发表国内政治消息。16 世纪宗
教革命发生后，法国正式建立出版许可制。1723 年及 1763 年，
法国政府两次颁布命令，严格限制书报出版。当时的"许可证
书"也只发给限定内容的报刊。

于是，当时精明的报纸出版人就把出版地点选在控制相对较
松的国外，以便掩护自己的行为而不受任何处罚。而且在国外出
版的法文报刊，只要缴纳一定的捐税，也被批准入境。

---

① 张隆栋：《外国新闻事业史简编》，中国人民大学出版社，1988 年版，第 345
页。

（二）大革命后

1789年5月初到8月24日，由于法国大革命爆发，当局无力过问新闻业，法国进入了新闻业最为宽松的时期。同年8月24日，国民代表大会通过了11条人权宣言，取消了一切新闻检查和任何形式的出版许可证。由于限制可能滥用出版权的法令很晚后才有，这个时期出现了各种期刊极度繁荣的景象。整个大革命时期有1 350种期刊出版，仅1789年就出版了250种。

1791年8月22日，法国通过了新闻责任法，从大革命开始以来第一次限制新闻自由。在雅格宾派执政后，又对新闻业增加了许多限制，其中首先就是打击保皇党记者和那些被认为是不可靠的人。发展到最后，整个新闻界都受到了打击。法国发生雾月政变后，拿破仑·波拿巴上台，进一步恢复并加强了对新闻出版业的管制。1800年1月17日的一项法令中规定，首都巴黎只能有13家报刊获准出版，并且威胁说，如果刊登颠覆政府的文章，将立即予以取缔。此外，1810年重新恢复了新闻检查制度，同时规定报社社长由政府任命。在第一帝国时代，整个巴黎最后只有4家报纸能够出版，但同地方报纸一样也只能转载政府日报的文章。其中的《辩论报》稍微表现出来一点独立性就立即被取缔。

不过，就在这个法国新闻史上的最黑暗时期中，却出现了一种十分有趣的现象：外省报刊出现了。拿破仑在其民法典中规定法院认证的文件和变卖不动产事宜必须予以公开，这项规定实际上也为各省办一份自己的报纸打开了通道。今日法国在发行量上占有重要地位的外省报纸即发源于此。

1814年5月2日，路易十八发表了圣·瓦恩宣言，保证尊重新闻自由。1814年宪章的第8条使人更相信他的诺言，但接下来的10月21日的法令借口整顿新闻自由实际上取消了新闻自由。规定所有的20页以下的印刷品出版前都要经过检查。此后的百日王朝期间的做法正好相反，几乎是绝对的自由。但是好景不长，路易十八复辟后虽然取消了规定最严厉的几项条款，但仍保留了需要事先获得许可的制度。1830 年 7 月 25 日甚至颁布了著名的波利尼亚克法令，规定取消报界所享有的一切宽容待遇，此举导致了七月革命的发生。

借助七月革命建立起来的七月王朝不得不郑重宣布取消一切新闻检查。尽管与恢复真正的新闻自由相去甚远，法国报业还是在相对自由的环境中取得了发展，报刊数量较前有了显著增加。

从 1836 年到 1881 年，法国在各个方面逐渐完成了工业革命。早期的印刷出版业也逐渐发展成熟。经过了几乎一个世纪的斗争，法国在 1881 年 7 月 29 日制订了《新闻出版自由法》，对新闻出版的权益做出了详细的规定，这是世界第一部完整的新闻法，也标志着世界新闻立法的真正开端。其法令虽经多次修改、补充，现在仍然是法国新闻立法的主要依据。当时立法人的主要根据是 1789 年人权宣言第 11 条提出的原则："任何公民都有言论、写作、印刷出版的自由，在法律规定的情况下，也可以对自由承担责任。"1881 年法令把新闻纳入司法界称为的"出版"活动之内，即与包括书、传单、标语和报刊在内的各种形式的印刷品相类似的范畴之中。1881 年法令的精神也是尽量减少强制性规定，全面彻底地贯彻自由化。它的制定也标志着法国自由主义新闻规范的完成。

在"印刷出版自由"的前提下，1881 年法令取消控制新闻的主要手段——新闻检查和申请出版许可证的手续，只允许在事后通过正常程序，在司法范围内进行可能的起诉。当然，1881 年法令同时也明确规定了对新闻业可能触犯的违法行为的制裁。如伪造消息，对共和国总统和外国元首进行侮辱和诽谤，伤害风化、煽动犯法、犯罪，尤其是危害国家安全等。

除了在战争期间，法国政府当局实行了不同程度的新闻管制，1881 年新闻法全部或部分暂停施行，在此以外的时间，1881 年法令一直在起作用。

如 1944 年法令规定，新闻企业在每期刊物上都要刊登总发行量，公布所有股东、合作者的姓名、地址和身份；每年公布账目和结算；禁止外国资本以任何形式加入企业。

第二次世界大战后，法国当局对新闻法又不断做出新的调整。1947年法令规定，在1944年获准出版的出版物的经理拥有刊物终身不可剥夺的所有权。出版经理代替原来的发行人成为实际负责人。1949年法令和1958年法令规定青少年报刊企业不能属于某一个人，而是属于一个商业性的公司或正式宣布的非营利性的团体，他们必须成立一个三人以上组成的领导委员会，对委员会成员的任命附有严格的道德品质的条件。1978年法令规定，报纸不再由邮局独家发行，完全有自由采取其他方式进行散发。

（三）行业自律

除了有国家法令进行新闻业管理以外，法国新闻界还出现了各种行业协会性质的组织进行行业自律，如出版商公会组织、印刷工人工会和记者协会等。

根据法令，"出版商"就是出版经理或称为期刊的代理人。根据1881年新闻法制定的"出版商章程"规定，一家刊物只能有一个出版商，一个人不能兼任几家刊物的出版经理。而全国各地的出版商自愿自由结合，组成行业工会，协调他们的共同利益，协商一致地对付当局和工会组织。全国的出版商公会很多，其中有一定地位的有12家左右。印刷工业发展初期，印刷工人就组成了行会。

早在1881年，比1884年颁布工会法还早，法国印刷工人总工会成立，几乎所有印刷业和附属行业的工人都参加了。今天，该工会的会员总数仍占法国本行业总人数的90％以上。

法国记者协会出现于1881年法令之后。最早的协会只不过是根据意识形态，关系或职能划分组合起来的。第一个协会是1881年成立的共和党记者协会（Association des Journalistes Republications）。后来又出现了很多不同派别和活动的组织（议员记者协会、外交记者协会、编辑秘书协会等），此外还有地方性组织，如1885年成立的巴黎记者协会和外省的类似组织。除了工会组织外，今天全国还有一百多个记者协会。实际上，真正的工会性组织是在第一次世界大战后出现的。1918 年 3 月 18 日，记者工会成立（后来改名为全国记者工会）。1920 年后，工会争取到了报业执行八小时工作制，每周休息一天。1926 年 6 月，工会又在巴黎集合了其他国家类似组织的代表，为国际记者（F. I. J.）的成立奠定了基础。1935 年 3 月 29 日，在工会的倡导下，法国正式颁布了至今仍在执行的法国记者职业章程（即"记者法"）。该法令规定了职业记者的定义，记者作为私人具有出版权利。其中的"良心条款"还确认了记者的特殊性，即虽然是雇员但是又与众不同，因为他们的职能是自由报道，独立判断。

（四）广播电视管理

对广播电视，由于 1881 年法令不适应于对非印刷媒介的管理，法国制定了专门的法令进行管理，并且从一开始就加以国家垄断。这种国家特权最早可以追溯到 1793 年法令对克洛德·夏普空中"电报"的规定，1837 年电报出现后又重申了这一规定。最后，1851 年把这一国家垄断扩大到"一切远距离通讯"。1911 年 6 月 22 日规定频率资源属于国家，由邮政部控制。1925 年后法国出现了大量的私人电台，1926 年 12 月 28 日法令要求政府逐渐取消以前颁布的执照，以建立一个"国家管理的协调的广播组织"。该法令规定全国只能有 11 家私人电台。法国政府赎买了最大的私人电台，并在 1933 年将其改组成国家电台，成为高度集中的国家广播系统的支柱。同时规定国营电台不能广播商业广告。1939 年法令规定成立直属议会主席的独立预算机构——国家广播管理局负责管理国家电台网，同时监督私人电台。1964 年法令成立了法国广播电视公司以取代法国广播电视局。法国现行的广播电视体系是根据 1974 年法令建立的。该法令再次重申国家垄断，但将原法国广播电视公司的职权全部转给了新设立的 7 家独立公司。

三、美国

(一) 资产阶级革命前

美国新闻传播业的产生和发展最初实际上是旧大陆新闻传播业在新大陆的自然延伸。它继承了来自旧大陆的曾经的殖民者们的许多历史遗产,其最初的新闻传播法制情况也是如此。其中,英国和法国对其影响最深。

美国独立前,英国殖民者对北美13州的印刷出版事业严加控制,任何人未经特许不得印刷任何出版物。1685年至1730年间,英国政府给其殖民地总督的命令是,鉴于该政府管辖境内印刷自由可能带来极大的不便,政府应采取一切必要命令,规定任何人不得拥有印刷机进行印刷,非先取得该政府特许及执照,不得印刷任何小册子或任何其他印刷品。

北美出版的第一个报纸《公众事件》,于1690年9月25日在波士顿出版仅一期后就被查封。北美殖民地英国总督的命令是"查最近有人未向当局呈报,亦未获批准,擅自印刷并向国内外分发一种小册子,提名为国内外的公众事件,1690年9月25日星期四于波士顿,本总督与行政会检阅该项小册子后发现其中有极其偏激的言论以及各种可能有不妥的报道。本总督与行政会对于该刊甚为愤怒,宣告不能允许印行,兹令该刊停刊,并严禁今后任何人不先取得政府所指派的人员的核准,取得许可证而印刷任何印刷品"。此后,所有成功的出版商都必须小心谨慎地通知当地公众,自己是"蒙当局许可"而出版的报纸①。不过,与旧大陆不尽相同的是,北美殖民地没有经过封建社会的过程,不少欧洲移民属于中产阶级,英、法启蒙思想家的书籍传入殖民地,人们不仅广泛传阅,而且加以印行,对北美殖民地人民产生了深远影响。

---

① 埃默里等著,展江等译:《美国新闻史》,北京:新华出版社,2001年版,第26页。

此间发生了关系新闻出版自由的著名案件，即 1733 年—1734 年的曾格案件。1733 年，纽约资产阶级和地主坚决主张要对该殖民地事物享有更大的发言权，但是当地仅有的一家报纸《纽约公报》是坚定的保皇派，他们无法将自己的意见传播出去。1733 年秋，商界的一个代表团请当时也开办了印刷所的曾格创办了《纽约周报》。该报的创刊号于 1733 年 11 月 5 日出版。该报出版后发布了大量不利于殖民当局的消息，如 12 月 3 日的报纸上攻击当时的总督科斯比听任法国军舰侦察南部海湾的防御工事。这样的新闻报道颇受读者欢迎，曾格不得不加印报纸以满足读者。然而，殖民当局对于这样的新闻机构充满了敌意。总督一方面指控曾格是"对政府进行无耻中伤和恶毒谩骂，试图煽动反政府情绪"，一方面命令法院想办法对曾格提起诉讼。1734 年 11 月 17 日，曾格以"煽动闹事"的罪名被捕。[①]

当时为曾格作辩护的是来自纽约的律师汉密尔顿。他所做的著名抗辩提出，"谎言才构成中伤，才构成诽谤"，他要求"证明这几篇被称作诽谤的文章是真实的"。通过辩论，汉密尔顿胜诉，曾格获释。两人都因此成了美国新闻界的英雄。

（二）革命时期

英国统治时期，官方报纸在北美殖民地占主导地位。进步报纸在种种限禁下进行斗争。1765 年为弥补七年战争所造成的国库亏空，英国总督颁行印花税法案，引起了人民的强烈反对。这项法案对报纸出版所需的纸张以及所有的法律文书课以重税。因此，通过言论左右人民的律师以及可以通过文字对人民产生更大影响的新闻业者都站出来反对这项法令。1776 年独立战争前夕，北美共有 37 种报纸。它们多为周报或双周刊、周三刊。其中 2/3 属于"爱国派"，近 1/3 属于"保皇派"。两派不仅在战前各自制造舆论，在战争中也都极力利用报刊进行宣传。战争前期，美

---

① 埃默里等著，展江等译：《美国新闻史》，北京：新华出版社，2001 年版，第 42 页。

军处于劣势，英军每占领一城就创刊或复刊"保皇派"报纸，该城的"爱国派"报纸就被停刊；而美军每收复一城，"爱国派"报纸或恢复旧报，或创办新报。

北美人民经过 6 年浴血奋战，于 1783 年取得了独立战争的胜利，建立了美国。资产阶级报刊在独立战争中发挥的独特作用受到了革命领导人的重视，华盛顿曾下令搜集破旧军毯，供印刷报纸的纸张之用。

（三）革命后

美国独立战争爆发后，《独立宣言》庄严宣告北美人民为争取自由，建立独立的合众国而战斗。但是在独立战争胜利后，宪法会议 1787 年指定的宪法草案，却没有将《权利法案》的精神包括在内，没有保障言论、出版、集会、信仰等自由的规定。宪法虽然确立了共和政体，但是根本没有保障公民权利的条款。宪法比独立宣言退了一大步。这种有明显缺点的宪法草案是资产阶级右翼操纵宪法会议的结果。[①]

不过在新闻出版最终得到宪法法律规定的保护之前，类似的先例早已有之。到 1787 年，13 个州中有 9 个已经规定了法律保护出版自由。如 1776 年弗吉尼亚州的《权利法案》称："新闻出版自由是自由的重要保障之一，任何政府，除非是暴虐的政府，决不应加以限制。"

在美国，较早涉及大众传播与司法活动之间关系的法律是古老的藐视法庭罪（the Contempt of court）和 1789 年的《司法法》（Judiciary Act）。藐视法庭罪渊源于英国的普通法，其惩罚范围极其宽泛：凡不服从或不尊重法庭或法官、可能影响司法运作之言行，皆可入罪。《司法法》的规定与之相类，法院对一切侮辱或妨碍司法的言行，处以罚金或监禁。

1789 年，美国召开制宪会议，《权利法案》作为宪法修正案

---

① 埃默里等著，展江等译：《美国新闻史》，北京：新华出版社，2001 年版，第 74 页。

获得通过，其中的第一条（即后来成为的宪法第一修正案），规定："国会不得制定以下法律：确立宗教或禁止宗教自由；剥夺人民言论或新闻出版自由；剥夺人民和平集会及向政府请愿申冤之权。"该条款作为第一修正案于1791年获得批准，成为美国管理大众传播的源泉。

美国政府1798年6月、7月分别通过了《外侨法》和《煽动法》。[1]"前者针对爱惹麻烦的外国人，后者则是要钳制讨厌的编辑们"。当时在美国住有5000名外国人，他们倾向于限制政府的权力，这样的人必然会与政府发生对立。《外侨法》的制定者希望此法能够有助于削弱外国人的力量。该法规定，把外国人的归化年限从5年延长到14年，授权总统把他认为有颠覆行为的外国人驱逐出境。《煽动法》则是为了约束反联邦党人在新闻界的代言人。该法以及《外侨法》尽管都在一定程度上束缚了新闻自由，但在某些方面来看，也可以说是通向新闻自由之路上的里程碑。《煽动法》并不禁止对政府的批评，而只是试图约束为了败坏政府官员名誉而发表的蓄意捏造的恶意言论。该法律还提供了两项保障：一是可以用事实作为辩护的依据，二是陪审团可就法律和事实两者做出裁决。

尽管美国政府宣称其保障新闻自由，但是在战争期间，也执行了严格的新闻检查制度。1917年6月15日颁布《间谍法》，规定故意制造企图干扰陆、海军军事行动的虚假或错误言论，企图在武装部队内部挑动不忠及妨碍征兵的，均处以高额罚款和监禁。其中受到打击最严重的是德文报纸和社会党的机关报。

1917年10月通过《与敌贸易法》认可对所有涉及海外的通讯进行检查。1918年5月通过的《煽动法》是对《间谍法》的修正和扩大，"任何侮辱、藐视、谩骂或破坏名誉"的言论，均以犯罪论处。

---

[1] 埃默里等著，展江等译：《美国新闻史》，北京：新华出版社，2001年版，第84页。

1942 年 1 月 15 日颁布的《美国报刊战时行为准则》规定，所有印刷品不得刊登有关军队、飞机、舰船、战时生产、武器、军事设施和天气的不适当的消息。类似的规定也适用于电台，同时还执行了军方新闻检查制度。

1964 年根据纽约时报公司诉沙利文案，法院做出规定，扩大了媒介免受诽谤罪起诉的保护。公制人员和公众人物不能从诽谤起诉中获得赔偿，除非他们能够证明蓄意编造或极端轻率地未经核实就予以发表。

1973 年，最高法院在审理"米勒诉加州案"时规定要判定作品是淫秽的，必须具体说明其缺乏"严肃的文学、艺术、政治或科学价值"。

1966 年 7 月 4 日，《信息自由法》通过；1977 年《阳光下的政府法》通过，它规定政府的公众信息必须予以公布。这两项法律进一步保证媒介和公众的知情权。

（四）对电子媒介的管理

美国是最早出现电子媒体的国家，也是最早对电子媒体进行法律管理的国家。[1] 美国是较早发展电台的国家之一，全美首家商业广播电台早在 1920 年就开播了。其后电台的发展速度惊人，到 1927 年初，电台数已增至 733 座。但是，这时的电台为了避免受到干扰，经常在频带上不断的移动，电台之间的干扰事件时常发生，这就给听众收听广播带来了不便。在大城市，这种现象甚至严重影响了收音机的销量。

1922 年的全国广播电台会议和 1923 年成立的全国广播业者协会相继提出要求政府解决这个问题。1927 年，国会通过了《无线电法》（Radio Act）。该法要求建立一个受权管理一切无线电通信形式的 5 人联邦无线电委员会。联邦政府继续控制着一切频道，由委员会对具体频道的使用颁发为期一年的执照。只有在

---

[1] 埃默里等著，展江等译：《美国新闻史》，北京：新华出版社，2001 年版，第 310 页。

"有利于公众、方便于公众或者出于公众的需要"的前提下"提供公正、有效、机会均等的服务"的电台才能获得执照。

联邦无线电委员会运用这一权力开始消除广播频带上的混乱。电台数减少了近 150 座，此后 10 年内，总数始终保持在 600 座左右。委员会建立了一组"清晰频道"，每个频道只允许一座电台在夜间使用。

1934 年通过了《通讯法》（Commettee Act），建立了 7 人联邦通讯委员会，联邦的权力于是得到了扩大。① 委员会不仅有管理无线电的权力，还执掌管辖一切电信网络的权力。执照持有人经营电台必须有利于公众的义务也更加明确地规定下来了。公然违反广播责任的，委员会有权拒绝更新其执照。不过法律禁止委员会对节目进行任何审查，委员会无权命令任何电台播放或者取消任何特定节目。

1938 年，电视逐渐普及后，联邦通讯委员会促进了电视制作和播出设备的标准化。1948 年联邦通讯委员会"冻结"电视业时分配了 108 个电视台。"冻结"是为了研究一些问题，特别是就彩色电视和适应未来需要的频道数展开辩论。1953 年批准美国无线电公司采用兼容式彩色系统，这种系统让彩色和黑白电视机都能收看节目。

联邦通讯委员会在 1941 年提出所谓的公正原则，广播业者可以而且应该"以公正的精神发表社论"。"公正"的要求基于两个论点：根据议会的法案，电波是公共财产，而联邦通讯委员会受权根据"公众利益、公众便利、公众需要"的原则向广播电视业者颁发营业执照。委员会认为，如果多种观点都有机会利用电波，公共利益就得到了维护。

1929 年 3 月，广播电视业同业团体全国广播业者协会制订并通过《全国广播业者协会道德准则》和《全国广播业者协会商

---

① 埃默里等著，展江等译：《美国新闻史》，北京：新华出版社，2001 年版，第 318 页。

业行为准则》，成为广播业者自愿实施的第一批规章。后来又增添了《全国广播业主协会电台准则》和《全国广播业主协会电视准则》。在所有商业无线电台和电视台中约有一半签署了这些准则。

《电信法》于 1996 年 2 月 8 日生效，新法是对美国 1934 年《通讯法》的重大修改。与 1934 年《通讯法》相比，1996 年新电信法的主要特点是：首先，放宽了对广播电台、电视台所有制的限制，例如，废除了以往一个关联公司最多只能拥有 12 家电视台的限制；其次，打破了媒介种类的限制和隔绝，允许电话公司参与有线电视市场的节目竞争，促进电话行业和有线电视业之间的相互渗透和合作。以上规定反映了在信息时代取消规则、促进竞争的政策指向。此外，最引人注目的是，对淫秽不雅节目加强了控制管理。例如，规定无线电视和有线电视节目制作者以及其他图像传播者一年后（1997 年 2 月 8 日）自行建立节目分级系统，对节目区分合法、暴力及有伤风化等各种分类标志，分级别播出，同时，责成电视机生产厂家将来在每架 13 英寸以上的电视机中安装"V 芯片"识别装置，以便观众通过分级技术消除所有"不宜观看"的节目，主要目的是保护儿童。

四、日本、瑞典、葡萄牙等国和国际新闻传播法制简况

除了上述的英国、美国和法国新闻传播法制发展历史十分重要以外，日本、瑞典和德国等国的新闻传播法制进程也有各自特点。随着各国之间交流的不断加强，与之相适应的国际新闻传播法制也相应建立起来。

日本早在 1869 年（明治二年）2 月 28 日，就公布了《新闻纸印行条例》，规定发行报纸须经官方批准，禁止擅自发表对政治和法律的批评，同时，这也是世界第一部新闻成文法。

瑞典早在 1776 年就制定了《新闻法》，最早提出知晓权的概念。1812 年制定《出版自由法》，对出版制度做出了极为详细具体的规定，例如：保护出版、言论、情报自由，版本记录、备查

制度，缴送样品制度，陪审制度，行政强制制度，损害赔偿制度等。

葡萄牙在 1975 年 2 月 26 日颁布的《新闻法》是西方发达资本主义国家新闻法中制定较晚的一部。除了同类法律的一般内容以外，该法案中提出了新闻权的概念，这是其他国家所没有的。新闻权包括传播新闻和获取新闻的权利，具体体现在：从官方获取新闻，保守职业秘密的权利，出版和传播的自由，经营自由，竞争自由。

第二次世界大战后期，美国新闻界提出国际新闻自由的口号。从 1946 年起，国际新闻自由问题列入了联合国议程。1948 年，由 51 个国家的新闻代表团参加的联合国新闻自由会议在日内瓦召开，通过了《国际新闻自由公约草案》，这个草案包括三个部分：《国际新闻采访及传递公约》《国际新闻错误更正权公约》《新闻自由公约》。[①]

第三节 外国新闻传播法制比较研究

一、大陆法系与海洋法系之辨

法系是在对各国法律制度的现状和历史渊源进行比较研究的过程中形成的概念。一般认为法系是根据法的历史传统对法所做的分类，凡属于同一历史传统的法就构成一个法系。西方法学界通常认为，当代世界主要法系有三个：大陆法系、海洋法系和以苏联的法律为代表的社会主义法系。其他法系还有伊斯兰法系、印度法系、中华法系、犹太法系、非洲法系等。对西方资本主义影响最大的是大陆法系和海洋法系。西方各国的新闻传播法制基础与各自的法律体系密切相关。

大陆法系，又称民法法系、罗马法系和法典法系，是以罗马

---

① 徐耀魁：《西方新闻理论评析》，北京：新华出版社，1996 年版，第 196 页。

法为基础而发展起来的法律的总称。大陆法系最早产生于欧洲，以罗马法为历史渊源，以民法为典型法典化的成文法为主要形式。大陆法系以法国和德国为代表，分别建立在1804年《法国民法典》和1896年《德国民法典》的基础之上。大陆法系强调个人权利为主导思想，同时强调国家干预和社会利益。属于大陆法系的国家和地区除了法国和德国外，还包括意大利、西班牙等欧洲大陆国家及其殖民地。国民党统治时期的旧中国也属于这一法系。

大陆法系的特点是：（1）全面继承罗马法；（2）实行明确的法典化，法律规范的抽象化和概括化；（3）明确立法和司法的分工，强调制定法的权威，一般不承认法官的造法功能；（4）法学在推动法律的发展中起着重要的作用。

海洋法系，又称普通法系、英国法系和英美法系，是以英国为代表的自中世纪以来建立的法律，特别是以普通法为基础而发展起来的法律的总称。1066年诺曼公爵威廉入侵后，随着土地转入诺曼贵族，在加强中央集权的同时，英国国王派官员至全国各地进行巡回审理，并逐渐建立了一批王室法院。这些官员和法院根据国王的命令，并参照当地习惯进行判决。在这种判决的基础上，逐步形成了一套全国适用的法律，通称为普通法。海洋法系主要包括英国和美国及原来的英国殖民地。

海洋法系的特点是：（1）以英国为中心，英国法为基础；（2）以判例法为主要表现形式，遵循前例；（3）变革相对缓慢，具有保守性，有"向后看"的思维习惯；（4）在法律的发展和运行中，法官的作用突出；（5）体系较大陆法系庞杂，缺乏系统性；（6）注重程序中的"诉讼中心主义"。

就西方法律对新闻自由的限制而言，海洋法系在宪法中不规定限制新闻自由的条文，而通过对宪法原则的司法解释制定单行法规，通常被新闻学者称为"直接保障式"。大陆法系在宪法中明文规定，新闻自由权的行使超过了某种限度，宪法便不予保障，并制定特别法令予以限制，被称为"间接保障式"。

正是由于两大法系的特点不同，新闻传播的法制情况在遵循不同法系的国家中便呈现出各自不同的特点，在内容和形式方面都有很多差异。

首先，法的渊源不同。在大陆法系国家，正式的法源只是指定法，如各种管理条例、章程等，法院的判例、法理等，没有正式的法律效力。在海洋法系的国家，制定法和判例法都是正式的法的渊源，遵循先例是其重要原则，承认法官有创制法的职能。

其次，法的分类不同。大陆法系国家新闻传播法的基本分类是以一个或几个法律组成核心法，同时不断辅之以各种条令条例。而海洋法系国家的做法则是针对具体的情况制定许多分类法律，同时更强调在法律实践中根据历史和现实的具体情况进行调整。

第三，法的编纂不同。大陆法系国家承袭古代罗马法的传统，一般采用法典形式，而海洋法系国家通常不倾向于法典形式，制定法往往是单行法律、法规。即使后来英美法系国家逐步采用法典形式，也主要是判例法的规范化。

第四，诉讼程序和判决程式不同。大陆法系国家一般采用审理形式，奉行干涉主义，诉讼中法官居于主导地位；法官审理案件除了案件事实外，首先考虑制定法如何规定，随后按照有关规定来判决案件。英美法系国家采用对抗制，实行当事人主义，法官一般充当消极的、中立的裁定者的角色；法官首先要考虑以前类似案件的判例，将本案的事实与以前案件事实加以比较，然后从以前判例中概括出可以适用于本案的法律规则。

在这里需要指出的是，两大法系之间的差别是相对的。进入 20 世纪后，这两种法系已相互靠拢，它们之间的差异已逐渐缩小，融合也在发生，如法国国家行政法院、德国联邦宪法法院也在采用判例法或承认判例有约束力。英国、美国等海洋法系国家中制定法的地位也在不断提高，但差异也还将长期存在，某些历史上形成的不同传统还将长期存在。

二、权利与义务之辨

1. 新闻自由的权利

保护思想、言论、出版等表达自由，历来是资产阶级革命和近代西方各国争取人权斗争中的核心问题。西方各国现行宪法或基本法中均明文规定保障公民享有言论、出版、集会、结社、通信、示威等自由权利。新闻自由权利属于民主与人权的范畴，从法理上看，主要由新闻媒体、公民和政府三方构成，表现为人类认识自然界、人生和社会的报道权。新闻自由中的三个主体，形成相互包容、相互渗透的关系，没有哪一方绝对地代表社会利益，也没有哪一方绝对地代表人民的权利。三方共同需要新闻自由，但也可能由于种种原因危害新闻自由，只有通过法律的制约和协调，才能使新闻自由权得以实现。[①]

（1）创办新闻媒介权。创办新闻媒介的自由是新闻自由的最基本权利。在封建社会，私人想取得办报的自由是难以想象的。但是在私有制社会中，创办新闻媒介是最重要的新闻自由权。列宁就认为，这是资本主义新闻自由的主要内容。

1881年，法国政府公布的《新闻出版自由法》第一条就规定："印刷和出版是自由的。"第五条规定："一切日报或定期出版物在旅行地契条规定的申报之后，即可出版，无须事先批准，无须交纳保证金。"该法作为世界上最早出现的完整的新闻法，就提出了保证办报自由，取消了政府不许某些个人、政党、团体办报的一切借口。资本主义国家关于办报自由的规定多是参照该法制定的。在西方国家，个人或公民团体具有法人资格，经过注册并付有章程，允许创办新闻媒介和销售新闻。一般要在创办前一定时间内向政府主管部门呈交申请书或通知书，随后领取营业执照，就可以从事新闻业了。

（2）发表权或报道权。发表、报道权指的是记者和公民有权

---

① 刘建明：《现代新闻理论》，北京：民族出版社，1999年版，第303页。

利利用新闻媒体发表消息和言论，是思想自由权的具体实现，称传播权、报道权或发表权。发表报道权是指在法律范围内发表言论，不受检查和阻挠。

1644 年，弥尔顿首次提出出版自由思想，认为读者有判断是非的能力，因而对出版物不应事先检查，给后世以深刻启迪。1789 年法国制定的《人权宣言》规定："自由表达思想和意见是人类最宝贵的权利之一。因此，每个公民都有言论、著述和出版自由。"

（3）答辩权和更正权。新闻记者、新闻媒介、国家行政部门和公民受到来自新闻媒介的违法的指责、诬陷和诽谤，有权在报刊、广播电视和书籍中予以驳斥、更正和说明。新闻报道损害他人正当利益或失实时，涉及的人依法享有进行答辩的权利。西方各国的新闻法中均设有专章专条规定如何行使这项权利，并做出了详细的具体规定。大多数国家的新闻法还规定了编辑部在何种情况下可以拒绝发表答辩或更正的条款。

1978 年联合国教科文组织大会通过的《关于大众交流媒介的宣言》对答辩权还做出了如下阐述："如果有人认为所发表的和选择的关于他们的新闻已经严重地损害了他们为加强和平和国际了解、为促进人权或反对种族主义、种族隔离和反对煽动战争所做的努力，那么他们提出的这些观点应当予以宣传。"

（4）知晓权和采访权。知晓权又称获知权、知事权、理解权，包括民众了解其政府工作情况及其他各种信息的权利和记者正当的采访权利。知晓权的概念在 18 世纪一些国家的法律文献中已经有所规定，如 1776 年瑞典的《新闻法》、1789 年法国的《人权宣言》。这一概念在西方国家出现主要指新闻记者了解政府工作情况的权利。20 世纪 60 年代后，这个概念被解释为一种广泛的社会权利。

最早提出知晓权概念的瑞典在 1776 年的新闻法中提出"公开原则"，指的是政府文件应向公民公开，任何公民都有权利看到。第二次世界大战后，美国记者库伯首先使用"知晓权"一词，1948 年，联合国公布的全球人权宣言指出"信息自由流通"的概念。宣言第 19 条规定："每个人都有权自由地发表意见和做出表示。"这种权利包括：不受干涉地保留意见，通过任何媒介超越国界寻找、接受和传送信息。

美国制订了一系列的法案来支持获知自由。1967 年通过了公布情报自由法，还规定了公民不能查询的保密资料。1977 年公布了《置政府于阳光下法案》，简称《政府公开法》。该法要求联邦政府所属的部局、委员会、董事会等，将属于讨论性质的会议内容公开。会议通知须于一周前公布，会议记录可公开发表。该法还规定有 10 类会议内容不能公开。

采访自由是记者知晓权的特殊概念，构成获知自由的有机部分，又称作采访权。最先由英国报界人士在 19 世纪初提出。1940 年英国公布议会文件法案，对进入议会采访的记者给予许多方便和保护，这是世界上第一个保护采访工作法律。1908 年英国公布地方行政法案。该法规定，地方长官召开的行政性会议，允许记者旁听和发布新闻。各国新闻法规都保障记者有采访自由，除军事和国家机密及个人隐私外，记者有权凭身份证进行采访，他人不得阻挠。

知晓权作为当代社会的一项基本人权，对社会的正常运行具有极其重要的作用。离开了对媒介信息的自由选择和获知，人就丧失了自身与社会联系的重要纽带，失去了自立于现代文明世界的资格。剥夺了公民的知情权，也就剥夺了受众的表达能力，而传媒从业者只有拥有采访权和报道权，才能保障人民的知情权。

（5）保护新闻来源权。保护新闻来源权又称隐匿权，"保护新闻来源的权利""保护职业秘密的权利"等。其含义是指，新闻工作者有权不向外界透露提供消息者的姓名和身份，也有权不公开消息的来源渠道。作为一种职业道德和新闻自由权，它在 19 世纪已经得到新闻界的公认，并写进了新闻法。这样做的目的是为了保证消息渠道的畅通，保护消息提供者的人身安全。20 世纪，不少国家的新闻法、刑法、诉讼法已经涉及隐匿权问题。

但还有少数国家，如英国不承认隐匿权，英国规定如果法官要求
记者公布新闻来源而遭到拒绝时，记者会被指控藐视法庭。

（6）使用新闻媒介权。主要指借助传媒发表言论、表演节
目、展示作品、传递讯息、点播节目等，其中也包括记者使用各
种通信工具传发稿件的权利。公民享有传媒使用权本应是平等
的，但由于种种条件的限制，这种平等权利被严重损害了。

（7）对新闻侵权的诉讼权。新闻侵权指的是以新闻手段侵害
他人合法权益的行为，一般包括名誉权、荣誉权、姓名权、名称
权等。新闻侵权一旦发生，公民有权依法抵制来自传媒的侵权行
为，维护自身合法权益。新闻侵权以侵害公民的名誉权和隐私权
较为多见，受侵害的公民、法人和组织可以随时向法院提起诉
讼，依法要求赔偿损失。

2. 新闻自由的义务

（1）不得危害国家安全。新闻报道要维护国家的主权和尊
严，不得发表分裂国家、出卖国家利益的消息和言论。在披露有
辱国家尊严和国际声望、报道叛国和间谍事件时要受到限制和监
管。不准发表鼓吹民族、种族和宗教仇恨的主张，破坏公共安全
和秩序。

（2）不得侮辱、诽谤他人。与媒介关系较多的习惯法案件也
是破坏名誉罪即诽谤罪案。大众媒介的诽谤主要是指出版物和广
播伤害了其他人的名誉。诽谤的根本后果是改变了他人对某人的
看法。由于媒介的舆论作用，对个人造成的伤害尤为显著。各国
法律均规定任何人不得损害他人名誉权。诽谤罪的主体媒介的记
者、编辑和投稿者等要承担法律责任。

（3）不得侵犯他人隐私。隐私是个人生活中涉及公共利益和
他人权益的各种活动，其中包括个人爱好、习惯、社交、家庭内
幕等私事。无论隐私活动是高尚的还是丑恶的，所有内容都允许
记者指名道姓的披露。侵犯隐私权主要有这样几种形式：擅用他
人的名称或肖像权，侵犯发表权，闯入侵权（指任何个人在独处
或从事其他个人事务时被他人无理打扰），非法获得资料，错误

曝光，滥用私人资料等等。

（4）不得猥亵。一般而言，西方社会的主流观点认为色情有可能起了一个在实际生活中对妇女实施暴力的"催化剂"作用。社会科学家也收集了证据，证明色情不是刺激对妇女的犯罪就是对妇女的暴力合法化。他们批评报刊电视中过多地描写了刺激性的事件和刊登女性的裸体等。以美国为代表，各州都制订了法律限制有关色情的信息通过大众媒介向公众传播。

（5）不得泄露国家机密。各国都纷纷出台法律严格限制新闻媒介报道有关国家安全的军事、经济、外交、政治情报。尤其是在战争时期，这种管制更加严格。以第二次世界大战和 2003 年的伊拉克战争为例就可以看出，西方国家对于涉及国家安全的领域，在新闻报道方面，管理的力度不断加强。

（6）严禁剽窃新闻作品。新闻媒介在报道新闻时，不得未经他人允许擅自使用他人的作品。剽窃、抄袭他人作品属于侵权行为，承担停止侵害、消除影响、公开道歉、赔偿损失的责任。[1]

三、各国新闻传媒经营、垄断、兼并等活动的规定

在西方大多数国家，传媒业都是政府管制较多的产业。传媒业具有非常突出的产业特殊性，政府对传媒业实施严格的进入管制和行为管制。在西方经典管制理论中，政府管制的起因是由于它具有纠正市场失效（Market Failure）的功能。如果管制被看作消费者、传媒集团和管制机构既相互依存又讨价还价的过程，那么这个过程的起点是市场失效。

媒介的技术特征和传播特征是其被政府作为基础性资源实施管制的基础依据之一。媒介是一种特殊的技术，通过传输物质的中介作用能使信号在传播者和接收者之间得以交流；同时，媒介是一种特殊的传播形式，具有传播速度快、传播范围广阔、传播

---

[1] 刘建明：《现代新闻理论》，北京：民族出版社，1999 年版，第 319 页。

影响力度大的传媒特征，因此媒介的应用关系到政府的政策法令能否得以顺利传达，关系到政府和民意的沟通能否畅通无阻，由此使之成为政府管制的特殊领域。

在传媒市场中，信息不对称现象是很常见的。比如报纸的发行量就是一个买方（读者和广告客户）难以确切了解的信息，迄今为止，还没有一个具有较强公信力的调查机构来发布各种报纸真实发行量的信息。因此，信息不对称就必然会使供求双方的行为发生各种变异。另外，在新闻媒体的各种委托－代理关系以及内部组织结构中，也存在信息不对称所引起的有偿新闻等各种复杂现象。信息不对称会降低市场效率，导致市场失灵。这为政府对信息不对称问题实行管制，以校正市场失灵提供了理论依据。政府管制具有权威性和强制性，政府可以运用其公共权力，弥补市场失灵。

政府对媒介的经营、垄断、兼并活动方面的规定主要包括产权管制、许可权限管制、数量管制和价格管制等方面。

自 20 世纪 80 年代以来，以美英为首的西方发达国家逐步放松了政府对传媒产业的管制。这一政策性的改变，是为了大幅度地吸引私有资本进入信息传媒产业，增强本国传播业的实力，以保证美英等国能在全球化进程中一直居于主导地位。

1996 年，美国颁布了新的《电信法》，这实际上成了对国际信息传播领域放松管制的宣言。在此之前，美国执行的《电信法》是 1934 年通过的。该法的内容之一是坚持广播电视是为公共利益、方便和需求服务的；内容之二是规定设立统管各州之间用有线和无线进行的通讯、电话、广播，以及管理国外通讯业务的单一机构"联邦通信委员会"（FCC）。1941 年 5 月，该委员会规定禁止一家广播公司拥有两个以上的广播网。它还规定，个人和团体拥有电视台不得超过 7 个，调频电台不得超过 7 个，电台、电视台的所有者不得在其台的所在地区再办有线电视系统。1975 年颁布了交叉所有制，目的是为了禁止在同一社区同时拥有报纸和电视台。在 1934 年《电信法》的框架下，美国广播业被分成广播、无线电视和有线电视三种媒体，对不同媒体的兼营有着严格的限制。

1994 年 1 月，美国政府正式发表了《国家信息基础设施》(NII) 又称《信息高速公路基本政策报告白皮书》，其主要内容是：铺设光缆所需的巨额资金主要从民间筹集，信息高速公路将向一切节目提供人开放，实行"无差别原则"，将之建成任何地区和任何收入水平的美国国民均可利用的普遍服务设施。1995 年广播电视、电子通信业的兼并重组愈演愈烈，加上新技术带来的媒介融合趋势，给联邦通信委员会制造了越来越多的法律难题。该委员会要管理 21 万家广播电台、有线电视、无线电视、陆地移动通信、私人和城市电台、微波、卫星、蜂窝通信、无线通信等，实在力不从心。鉴于以上情况，美国国会于 1996 年初通过了新的电信法。这部新的电信法的基本点是大大放宽了对广播电视的限制。比如：新法废除了一家公司最多只能拥有 12 家电视台的规定；把一家电视公司对全国的观众覆盖率的上限由原来的 25% 提高到 35%；撤销在同一地区不能同时拥有电视台和有线电视系统的规定；撤销一家公司不能拥有两个无线电视网的规定，即允许在已拥有一个电视网的情况下新建一个电视网，但不允许购买现成的电视网。电视台营业执照从 5 年延长到 8 年。撤销有线电视收费限额的规定。此外，新法还准许电话公司经营有线电视，有线电视网可以提供电话服务。这个新法一出台，全美所有广播公司、电话公司都闻风而动，立即掀起一股兼并、收购的热潮。ABC、NBC、CBS 全美最大的三大广播公司的易手都是新法的直接产物；而一些中、小型电台、电视台几乎在几个月时间内都被大公司兼并。

20 世纪 80 年代中后期，法国开始了非国有化运动。1982 年，法国议会通过新的广播法，允许私人办广播；1985 年 1 月，法国总统密特朗签发命令，同意设立私营台。随即，法国最大的电视台——电视一台以及电视五台、新频道三家电视台转让给一些大公司，变成私营台。从此，私营电台和电视台逐步出现并发展起来，打破了法国广播电视业由国营电台和电视台一统天下的格局，法国的广播电视业步入国营私营并存发展的时期。目前，法国有全国性国营广播网 1 个，商业广播网 11 个；全国性的国营电视台 3 家，私营电视台 4 家。

法国报业同样经历了非国有化过程。从 20 世纪 50 年代起，《世界报》逐步摆脱政府控制，改组为非营利的合作型机构，股权归本社员工所有，经营和编辑保持独立性。20 世纪 80 年代后又进一步改革体制，规定报社股份 49％归本社职工，11％归社长，其余 40％由个人认购，社长由持股人选举产生。其他西方国家的做法也大体如此。

四、不同媒介的不同管理方式（报业、广电、互联网）

由于历史起点的不同，更由于不同的媒介特点，西方大多数国家对报纸、广播电视和互联网纷纷采取了不同的管理方式，制订的法律法规也呈现出许多不同的特点。

1. 对传统纸制媒体的管理

在诸种大众传播媒体中，传统的纸质媒体是出现时间最早的。在古代的中国和欧洲国家，就已经出现了各种以纸为传播介质的新闻出版物，如中国的"杂报"等。因此，针对报纸、期刊等纸质媒介的新闻立法也是各种大众传播媒介中最早的。

欧洲各国在封建社会末期大都建立过严格的限制言论出版的法律，这些也是针对报纸的。这一时期的法律规定报纸属于王室，必须服从国家利益，支持王室的政策；通过官方特许才允许在民间出版书籍、创办报刊。统治者认为报纸的作用就是自上而下的传达、维护君主的思想，公众只能知道允许他们知道的事情和政策。由于特许权制度的存在，报刊所传播的信息必须有助于官方政策的维护，否则特许权可以随时取消。西欧在中世纪至资本主义初期，西欧对书籍和报刊实行了严格的集权管制，欧洲各国对于印刷出版业均建立了审查制度。

这一情况直到近代才得到彻底的改变。随着近代资产阶级革命在欧美各国取得胜利，针对报业的新闻立法也得到了根本性的改变。取得了政权的资产阶级立刻废除了旧的封建法规，建立起了新的新闻法。这些法律充分体现了资产阶级的意志，在这些新的新闻法中资产阶级的利益得到了最大程度的保障。比如法国，由于大革命的爆发，当局无力过问新闻业，法国进入了新闻业最为宽松的时期。1789 年 8 月 24 日，国民代表大会通过了 11 条人权宣言，取消了一切新闻检查和任何形式的出版许可证。这个时期出现了各种期刊极度繁荣的景象。整个大革命时期有 1350 种期刊出版，仅 1789 年就出版了 250 种。美国 1789 年召开的制宪会议，《权利法案》作为宪法修正案获得通过，其中的第一条（后来的宪法第一修正案），规定："国会不得制定以下法律：确立宗教或禁止宗教自由；剥夺人民言论或新闻出版自由；剥夺人民和平集会及向政府请愿申冤之权。"该条款作为第一修正案于 1791 年获得批准，成为美国管理大众传播的源泉。

2. 对广播电视业的管理

欧美各国均将广播电视业作为非常重要的具有特殊性质的产业对待，并制订了比报纸更加严格的措施加以规范管理。

以美国为例，1927 年，美国国会通过了世界上第一个《无线电法》（Radio Act）。该法要求建立一个受权管理一切无线电通信形式的 5 人联邦无线电委员会。联邦政府继续控制着一切频道，由委员会对具体频道的使用颁发为期一年的执照。只有在"有利于公众，方便于公众、或者出于公众的需要"的前提下"提供公正、有效、机会均等的服务"的电台才能获得执照。

1934 年通过了《通讯法》（Commettee Act），建立了 7 人联邦通讯委员会，联邦的权力于是得到了扩大。委员会不仅有管理无线电的权力，还执掌管辖一切电信网络的权力。执照持有人经营电台必须有利于公众的义务也更加明确地规定下来了。公然违反广播责任的，委员会有权拒绝更新其执照。不过法律禁止委员会对节目进行任何审查，委员会无权命令任何电台播放或者取消任何特定节目。

1938 年，电视逐渐普及后，联邦通讯委员会促进了电视制作和播出设备的标准化。1948 年联邦通讯委员会"冻结"电视业时分配了 108 个电视台。"冻结"是为了研究一些问题，特别是就彩色电视和适应未来需要的频道数展开辩论。1953 年批准美国无线电公司的兼容式彩色系统，这种系统让彩色和黑白电视机都能收看节目。①

值得一提的是，美国的宪法第一修正案并不保护广播电视业播出的内容。由于宪法第一修正案的权利保护原则，法律禁止 FCC 审查节目的内容，但由于广播电视传播方式单向输出和观众成分广泛普遍的媒介特点，报纸和杂志可以刊登任何未被法律禁止的内容，而广播电视却没有这样的自由。但是其中，有线电视又不受这样的限制。

3. 对因特网的管理

作为诸种大众传播媒体中，出现时间最晚的因特网，从出现的那一天开始，就得到了各国在立法方面的高度重视。应该说，新的媒体的出现，不但给信息的传播带来了新的可能，同时也带来了不少新的法律问题。比如，网上的知识产权侵权问题、网上色情暴力信息传播、网上诈骗、计算机网上犯罪、网上侵权等。

美国政府为解决因特网上的不良信息传播对儿童的危害问题，限制那些使用因特网发布对儿童有害信息的行为和个人，美国国会在 1998 年修正了《美国联邦通信法》，制订了《儿童在线保护法》。随着计算机和网络犯罪活动的猖獗，许多国家都成立了专门的网络警察来对付这些犯罪活动。

在个人信息网上安全方面，英国在 1984 年就制定了《数据保护法》，这是比较具有代表性的一部保护个人数据的法律。规定了在保护个人数据方面的八项基本原则。

早在 1973 年，瑞典制定了《数据法》（*Data Act of 1973*）

---

① 郭镇之：《北美传播研究》，北京：北京广播学院出版社，1997 年版，第 188 页。

和《瑞典资料库条例》（*The Swedish Date Bank Statute*），与此同时，瑞典还成立了"瑞典数据库监督局"。1982 年，瑞典又制定了《瑞典情报法案》（*The Swedish Date Bank Act*）。这些几部法律对计算机数据库可以搜集的数据种类、数据库系统的设计、数据的存储、数据的安全、数据的开放等都做了详细的规定。

1978 年，法国也通过了一个有关资料处理、档案及有关权利的立法（*The French Data Processing，Files and Liberties Law*）。它要求资料的处理不能损害个人身份、私生活、个人及公众的自由。规定数据库必须公布其搜集资料的授权、目的和种类等，同时还规定私人接触计算机数据库必须首先经过专门委员会的审查，以决定该数据库是否应予开放。

五、当代西方新闻法制的研究重点

自 20 世纪 60 年代以来，新闻的"社会责任理论"观念受到越来越多的学者的重视，有关学者在坚持保障言论和新闻出版自由的原则前提下，开始把研究的重点转向新闻媒介与公众的关系，核心问题是如何更好地运用新闻自由权利去保障基本人权。越来越多的学者站到维护公民权利一边，反对新闻媒介的垄断化发展趋势，对新闻媒介滥用新闻自由侵害普通公民名誉权、隐私权的现象进行分析批判。此外，有关知晓权、接近权、传播权等新概念的兴起和深入研究，也反映了当代西方新闻法制理论研究的重点和理论取向。

1. 关于知晓权和接近权

第二次世界大战后，西方新闻界在反思法西斯主义得以猖獗的原因时认为，由于新闻业和广大受众被剥夺了知悉政治情况的权利，一小撮独裁者便有机会欺骗人民，为所欲为。1945 年美国记者库柏提出了知晓权（The Right to Know）的概念，指的是民众相应通过新闻媒介了解其政府工作情况的法定权利。此后，知晓权的概念在西方新闻学中被大量使用。

与知晓权密切相关的另一个概念是接近权的问题。接近权（Right of Access to Mass Media）的概念主要是指作为信息接收者的公民有权接近和利用大众传播媒介表达自己的主张，有权要求大众媒介刊登或播放其意见、广告、声明、反驳等，有权要求大众媒介传播自己想要传播的有关信息。所以，接近权的提出，对于不拥有表达手段的普通民众来说，有助于保障一般公民的自由表达权利，并有助于提高民众有效利用媒介手段和信息来表达自身意见的公民权意识。

2. 关于传播权

传播权（Right to Communicate）又译为"交流权"。最早是由法国学者达尔西提出的。1969 年他提出："我相信，总有一天人们将会承认一种比之《世界人权宣言》中阐述的基本人权更加重要、更全面的权利概念，那就是传播权。"1980 年，联合国教科文组织下属的世界交流问题研究委员会的最终报告《多种声音，一个世界》中就专有一节来谈及传播权的问题。

3. 关于名誉权、隐私权

新闻报道与侵害公民的名誉权、隐私权的关系，学术研究中虽然早已多有涉及，但在 20 世纪 60 年代后，西方新闻法制研究领域更加重视维护普通公民的名誉权与隐私权的课题。

名誉权是新闻侵权诉讼中数量最多的一类诉讼，目前大多数新闻官司属于这类纠纷。名誉权早期多发生在欧洲国家的皇室、政府高官中。当代西方理论界一般将其划分为刑事侵权罪和民事伤害责任来加以研究，并在罪与非罪、有责与无责的界定上对司法机关的有关判决加以具体分析。这些研究在不同程度上都有助于新闻法制的完善，也有助于新闻报道活动的改进。

隐私权（Privacy）概念，最早是在 19 世纪末美国"黄色报纸"泛滥时期提出的，原意指"不得随意公开他人私人生活"。后来这一权利主张在其他西方国家也得到了法制上的普遍承认，司法机关在审理有关案件中也正式确认了隐私权的正当性与合法性。所谓隐私权是指任何法律主体所享有的"与他人毫不相干的权利"。西方学术界多数学者对报道侵害普通公民的名誉权、隐私权的民事案件，基本上赞同司法机关的见解和判决，认为为保障公民的基本人权限制某些新闻报道，并不违反宪法保障言论与新闻出版自由的原则精神。同时，他们还主张新闻界应对名誉权、隐私权受害者承担赔偿、补救责任。

4. 关于记者的职业道德规范

西方新闻理论界认为，新闻工作者履行其职业道德规范以及同国家权力机构之间的矛盾冲突仍是学术界在研究新闻法制及新闻工作者职业道德规范问题时经常关注的重要内容。许多涉及职业道德意识的明文规定，事实上已成为西方新闻历史形成过程中的职业性信念、习惯和职业活动方式，如坚持新闻自由的信念，保守信息来源秘密，采访得到的消息、资料不得用作报道以外的目的，尊重他人著作权，采访中要注意证实消息的可靠性等等。

如前所述，尊重人权问题在西方各国日益受到重视，有关新闻采访报道活动中尊重基本人权的内涵也有了较大扩展，为此，学术界也结合保护他人名誉权、隐私权等问题，进一步探讨新闻工作者的职业意识问题，试图从新的角度来强调职业意识的重要性和当前的主要倾向。

六、新闻自律

新闻自律是第二次世界大战后西方国家新闻界普遍实行并逐步完善起来的一种自我约束机制。尽管严格地说，新闻自律并不属于新闻法制的范畴，而是属于新闻道德的范畴。因为法律强调的是他律性，而新闻自律，顾名思义，是以自律为要求的。但是，新闻自律和国家法制管理有密切的关系，是新闻法制理论研究的一项重要内容，并将新闻自律也视为新闻法制的一种表现形式。

新闻自律是指新闻工作者及媒介机构对所从事的信息传播活动进行自我限制或自我约束的一种行为。

西方新闻自律的发祥地是瑞典，因为早在1766年，瑞典就制定了世界上最早的《新闻法》。1916年，瑞典的报刊发行者协会、记者工会和新闻出版俱乐部三个组织又共同成立了"报刊评议会"。该会在处理新闻媒介机构与各方纠纷和维护新闻自由上有着很大作用，被称为新闻界的"名誉法庭"和"道德法庭"。

1923年美国报纸主编协会发表"新闻法规"，第一次明确地界定了新闻自律的基本要素，它包含责任、新闻出版自由、独立、真实、公正和品位等原则，不仅奠定了美国新闻界的伦理基础，而且对后来其他国家的新闻自律也产生了较大的影响。在美国的影响下，英国、德国、加拿大等欧美国家也在第二次世界大战后相继成立了不同形态的新闻自律组织，并遵循共同通过的声明、宣言和纲领等自律准则。不过，欧洲的多数国家是仿照瑞典的模式成立了"报刊评议会"组织，并建有"报刊检察员"制度，以更有效地进行新闻自律。

各国新闻自律机构又不断完善其组织功能和自律准则，逐步增强处理新闻媒介之间以及新闻媒介与受众之间发生的种种矛盾的能力，特别是对有可能发生或已经发生的损害公民名誉权、隐私权等滥用新闻自由的表现，进行监察、调解、处理，力争在发展为诉诸法律手段的新闻案件之前加以解决。

第四节　新闻传播法制对社会民主进程的推进研究

一、主体的分化与独立（人权的扩大）

近现代的西方新闻传播法制的建立是在资本主义与封建主义进行了长期斗争的历史背景下的。因此，与封建主义相比较，从一开始就具有明显的进步性。

在中世纪的欧洲，集权主义观念极为盛行，集权政治无情地摧残人们的思想自由。君权神授论把人民视为封建统治者的思想奴仆，而皇帝、国王和世袭贵族则是权利的天然享有者。他们自称是万民的主人，是历史或天命选择了他们，平民只能听命于他们，服从他们的意志。公元 306 年，罗马皇帝君士坦丁大帝定基督教为国教，罗马皇帝利用宗教的绝对权威压制真理，反对教义以外的一切思想。后来的欧洲数个王朝，无不宣扬"君权神授"，压制言论自由。与之相适应的是一种集权主义理论，其核心是，人本身是无足轻重的，只有通过国家个人才能实现目的，个人的言论、行为都应服从国家的需要。人的智慧和运用智慧的能力具有很大的差异，真理只有少数"聪明人"才能掌握，他们就是国家的领导者和贵族思想家。其余的大多数人应该受这些精神领袖的指导，不能接受的，自然就是一种反叛行为。

在漫长的中世纪和资本主义萌芽时期，主张这种"绝对权利"理论的奥古斯丁、马基雅维里、霍布斯等集权主义思想家甚至提出，"奴隶必须服从主人，全心全意为他们服务"，"人民的道德如此彻底败坏，以至法律无力约束他们，这就必须建立具有完全的与绝对的某种最高权力，这种权利就像给野马带上了'嚼口'"。在这种理论背景下，欧洲各国在封建时期都建立过苛刻的限制言论出版的法律，各王朝都宣称报纸属于王室，必须服从国家利益，支持王室的政策；通过官方特许才允许民间出版书籍、创办报刊。书籍、报刊上表达的意见和传播的新闻必须有助于官方政策的推行，若王室及其代理人认为报刊没有支持统治者，特许可以随时取消。因此，报刊出版实际上是权力机关与出版人之间的一种协定，在这个协定中，前者赐给后者以独占权，而后者则给予前者以支持。权力机关保留指定政策和改变政策的权力——颁发许可证的集权管制。

专制主义时代政治形成的报业、出版制度、剥夺了公民的言论自由及对掌权者的监督权，由此建立的新闻出版法规不过是专制制度压制自由的枷锁。封建统治者扼杀了人的智慧、剥夺了人的权利，严重阻碍了社会进步。

这种情况直到 14 世纪，文艺复兴的斗士们给黑暗的欧洲思想界投下了第一束理性之光，新兴市民阶层的代表人物摆脱了专制的铁钳，向人类发出了自由的呼声。弥尔顿、洛克、杰弗逊等资产阶级思想家政治家相继提出了反封建的主张。

经过 17 世纪、18 世纪的资产阶级革命，资产阶级在各国相继上台。随着资本主义制度的正式建立，必然要求建立与经济基础相适应的政治上层建筑。曾经深受封建专制之苦的资产阶级在自由主义新闻理论的基础上，废除了一切与资本主义精神不适应的封建制度，建立起了一套以人权为核心的资本主义自由出版制度。在新的新闻出版法律法规当中，尽可能地保护新闻出版业的正常运行，保障公民和新闻出版机构的言论出版自由。以《人权宣言》的发表为标志，自由主义新闻思想在与封建主义的斗争中取得了胜利。几乎与此同时的是，美国也通过了保护新闻自由的宪法第一修正案。杰弗逊提出了后来成为新闻学史上的一些经典名言："如果由我来决定是要一个没有报纸的政府，还是要一个没有政府的报纸，我会毫不犹豫地选择后者"；"离开了对新闻出版自由的保障，就无其他自由的保障可言，当公众言论允许自由表达时，其力量是不可抗拒的""没有监察官就没有政府。但是，哪里有新闻出版自由，哪里就不需要监察官"。此后，各国的法律和法规都相继对保护新闻出版自由做出明文规定。

在资本主义新闻出版法的保护下，公民和新闻出版机构的自由权力前所未有地扩大了。与封建社会压制人权，限制新闻出版自由的情况相比，是一种明显的进步。

二、第一自由与第四权力（权力的制衡）

新闻自由在西方又被称为是第一自由，西方自由主义新闻思想在其传播中较一致认定：新闻自由这种自由是人类的"第一自由"。这是对新闻自由地位的充分肯定。认识到这一点我们就不难理解新闻传播法制建设在现实层面的更大的意思，还在于充分肯定了媒介独立于政府的特殊地位，使得媒体获得了与立法权、司法权和行政权完全不同的第四权力。这种特殊的社会地位，给予了新闻媒介监督政府、议会的权利，有利于通过对权力进行制衡来有效地减少由于权力过于集中所带来的某种独裁专制的出现。同时这种权力制衡的作用也并不妨碍新闻机构发挥新闻传播的社会功能。新闻机构作为上层建筑的重要部门，不断反映社会状况，报道社会的各种变化，给上层建筑输送准确而有价值的信息，成为社会有机运动的中介。

资产阶级从相互制衡的原则出发，认为除了立法、司法和行政这三种权力的相互制衡外，"舆论"无疑是具有重要约束力的"第四种权力"。这种"第四种权力"的理论，就构成了西方自由主义报刊理论的基本原则。

从理论上讲，民选政府是由人民选举并代表人民利益的，所以政府的利益和人民的利益是相一致的。但是，在现实运作的层面，这种政治体制并不能完全保证民选的政府在任何条件、任何时候都不会出现重大的决策失误，都不会对人民实施犯罪活动。基于这种认识，西方的一些政治家就提出要对政府的权力进行监督。在监督的诸多工具和手段中，新闻舆论监督无疑是一种不可忽视的重要力量。

1974年1月2日，美国联邦最高法官斯特瓦特在演讲中根据新闻媒介在现代社会的重要作用，从法学角度提出了"第四权力理论"。他认为，宪法之所以保障新闻自由，其目的就是保障一个有组织的新闻媒体，使其能够成为政府三权之外的第四权力，以监督政府，防止政府滥用权力，发挥制度性功能。其后，美国最高法院进一步明确了这一精神。最早制定法律专门保护新闻自由的法国，在《人权宣言》第11条规定"思想和意见的自由是人类最宝贵的权利。每一个公民都享有言论、著作和出版自由，但在法律的限制内，须担负滥用此自由的责任"。《出版自由法》第一条规定"印刷和出版是自由的"。由于有了法律的保证，法国的新闻业在19世纪20世纪初得到了飞速发展。到了1910年，巴黎报纸的发行量达到了500万份。

事实上，从各种监督机制看，舆论监督的确也具有其他监督机制所不具备的特殊优势。新闻监督因其具有的公开性和及时性，往往可以对政府形成极大的监督力量。许多政府行为因为新闻机构的介入而发生改变的情况屡见不鲜。1972 年"水门事件"中，美国共和党尼克松竞选班子刺探民主党的竞选政策，在民主党总部水门大楼安装窃听器被华盛顿邮报揭发，而掀起弹劾尼克松的浪潮。结果导致美国历史上破天荒第一次的总统辞职就是一个最好的新闻监督力量的说明。时至今日，享有第一自由之称的新闻自由仍然在发挥新闻监督的功能。

第十三章
西方新闻传播理论发展史

　　西方新闻传播研究日积月累，已累积了一段丰厚而繁复的历史。综观这段历史，它并非是一幅和谐统一的图景，不同时期的研究结论因研究取向的不同而往往导致出一种修正或颠覆效果。在本章中，限于篇幅，我们无法对于西方新闻传播理论进行全景式的仔细梳理，而只就其中的几个核心方面做一个粗略的叙说。

第一节　制度理论

　　这里所谓的"制度理论"，指的就是新闻传媒的制度理论。制度理论主要关注的是，作为一种特定组织形态的新闻传媒在某一特定的国家体系中的生存、发展的制度性安排问题。自20世纪四五十年代以来，影响较大的新闻传媒的制度理论研究主要有：（1）赛伯特、彼德森、施拉姆的"传媒的四种理论"（旧译"报刊的四种理论"）；（2）阿特休尔的"新闻媒介交响乐：三种模式"；（3）威廉·哈森的"新闻多棱镜：五种理念"。下面分别简述之。

一、"传媒的四种理论"

　　这是一种被奉为经典的制度理论。

赛 伯 特 （ Siebert ）、 彼 德 森 （ Peterson ） 和 施 拉 姆 （Schramm）合写的著作名为 "*Four Theories of the Press*"。在 "绪论"中，赛伯特他们开门见山就指出，本书所使用"the Press"一词，其实指的是一切大众传播媒介，而并非仅仅局限 于"报刊"。可见，"the Press"的使用体现出了一种过渡性色 彩。当传播学的"集大成者"施拉姆单独撰写《大众传播的责 任》（*Responsibility in Mass Communication*）时，第 5 章就题 为《大众传播的四种理论》。可见，他已自觉地以"news media" "mass media""mass communication"来取代"the press"，使之 能够更准确地指称所要论述的对象。

赛伯特他们指出，"本书的论点是，传媒总是带有它所属社 会和政治机构的形式和色彩，特别是传媒反映一种调节个人与社 会关系的社会控制的方式。我们相信，了解社会的这些方面，是 系统地了解传媒的基础。"因此，"我们想要全面地了解各种传媒 体系中间的差异，必须考察传媒活动于其中的社会制度。但要知 道不同社会制度与报刊的真正关系，我们还得注意社会所固有的 某些基本信念和假设。"这里所指的基本信念和假设主要涉及这 样几个方面：①对人的本质之假定；②对社会与国家的本质之假 定；③对人与国家之间的关系之假定；④对知识、真理与道德行 为之假定。他们通过分析论证，努力表明，传媒体系之间的差异 既是一种社会制度的差异，也是一种哲学的差异。

具体而言，四种理论就是：集权主义理论（我国台湾地区学 者也译作"极权主义理论"）、自由主义理论、共产主义理论和社 会责任理论。但又可以做进一步的归并，合为两种。一种是集权 主义理论，一种是自由主义理论。他们认为，"后两种理论只是 前两种理论的发展或修正"。换句话说，共产主义理论就是集权 主义理论的一种现代形式，或曰：新集权主义理论；而社会责任 理论则是自由主义理论的一种现代形式，或曰：新自由主义。这 种认识表面看来是一种学术上的推理逻辑，而实质上，他们的学 术逻辑浸透了当时特定的政治思维，即"冷战"思维。因为资本主义社会制度是得到肯定的一个大前提,因此,存在于资本主义制度之中的新闻传媒的自由主义理论(新旧)相应地也就是一种值得肯定的。类似地,社会主义/共产主义的社会制度以及生存于其中的新闻传媒制度都是应该予以否定的。

(一)集权主义理论

集权主义理论(Authoritarian Theory)是最古老、最有普遍性的一种新闻传媒制度理论。对于"最古老"这一点,赛伯特他们指出,"它是在印刷术发明之后不久的文艺复兴后期的集权主义气候下的产物";对于"最有普遍性"这一点,赛伯特认为:"在报刊与社会关系或与政府关系的四种理论中,从历史上和地理上来说,集权主义理论是最为普遍。当社会和技术充分发展到足以产生我们今天叫作大众传播媒介的时候,这一理论就为许多国家所自动采纳了。在许多现代社会里,它奠定了报刊制度的基础。"更具体而言,在 16 世纪、17 世纪,英国的都铎王朝、法国的波旁王朝、西班牙的哈布斯堡王朝,事实上整个西欧,都采用集权主义的基本原则作为报刊控制制度的理论基础;而在现代,许多国家如日本、俄国、德国、西班牙、南美以及许多亚洲国家,都自觉不自觉地采纳了集权主义理论。

集权主义理论的基本假设为:其一,人只有作为社会一员的时候,才能发挥其全部潜在力量,而单只是个人,作为有限。其二,集体组织的最高形式——国家——在价值尺度上,代替了个人。唯有将个人置于国家的统驭之下,才能达到他的目标,并使自己成为一个文明人。因此,国家是人类充分发展的基本要素。其三,真理来自神的谕示,来自领袖的优越能力。这样一来,不仅真理是限制性的,即并非人人可得而有之,而且,真理一变而成为一种标准,社会成员非加以遵守不可。因此,集权主义国家的一种功能就是:保持社会成员在思想和行动上的统一,而同时又维护其自身的领导权永恒不变。

新闻传媒的集权主义理论集中地表现为对于新闻传媒的控制。因为,当集权主义者注意到新闻传媒的职能时,政府已经制定好了自身的基本目的。这样，政府必然要求新闻传媒支持和促进政府的政策，以便政府能够实现其政府统治目标。集权主义的控制制度在策略上有消极和积极两个阶段。对此，赛伯特指出：在新闻传媒的发展时期，政府统治目标一般是从消极的方面来实现的，那就是，通过对新闻传媒的控制，以阻止其妨碍实现国家的目的。在后期，则采取一种较积极的政策。根据这种政策，国家积极参加新闻传播事业，并利用新闻传媒作为完成目的的一种重要手段。这样一来，新闻传媒只不过是国家用以维护统一与持续的另一种工具而已。这指的就是，17世纪、18世纪的集权主义政府创办的"官方"报刊，它们代表政府的意志，奉命把政府活动的真相告诉给人民大众，纠正来自政府的控制之外的新闻传媒的误解。

具体而言，集权主义国家采用的控制方法主要有以下4种。

（1）特许权。保证新闻传媒拥护政府政策的最早的方法是特许权（或"专利权"）。政府凭借颁发特许权或执照的手法，决定谁是印刷主或报刊发行人，谁有权经营这一行业。在英国，这个方法及时地发展成了一个周密的印刷业管理制度。那些驯服的印刷商被授以专利权，而他们为了报答这种独占权，完全同意只刊登、出版那些推动国家政策的东西。根据这种管理方法，英国的专利人或特许的印刷商们组织了一个"出版业公会"。公会的成员可以监督印刷业，而国家几乎可以不用承担开支。皇家许可这个组织有权接受或开除会员，并对轻微违犯行规的人施以较轻的处罚。

（2）检查制度。这是指对个别印刷品的许可制。这种管理办法是受16世纪的非宗教界人士赞助而发展起来的，因为，当时独立的或官方印刷商经常不能够或者不愿意遵循政府政策。出版商通常不能参与国家事务，因此，不能正确判断一些有争议的问题。为了补救这种欠缺，国家要求将一些特殊方面的出版物如宗教的或政治的出版物，送交国家的代表人检查，而这些人被认为是熟悉国家意图的。在16世纪，检查制度的实行似乎不难，因为当时的出版物数目较少；而到 16 世纪末叶，检查制度则较难实行了，原因在于：这种管理办法过于笨拙，太费力气；送审的内容十分繁杂，读不胜读；聪明的报人又迂回出击，防不胜防。

（3）诉诸法律。这就是，法院对于违反公认的既定法律条例之行为提起公诉。这种方法的实行表现了一种进步，因为法院允许被控有罪的人利用合法的保障。对散步不利于政府的消息或意见的人，提起公诉的法律根据是法律上的两个传统范畴：叛乱罪和煽动罪。叛乱罪是用以制裁那些企图动摇国家基础的活动，而煽动罪是用来对付反动派和持异议的人们的较轻罪行。在法律上对叛乱罪和煽动罪的制裁，便利了集权主义政府控制报刊。比如，在英国司徒王朝时期，对煽动诽谤罪的起诉是对付印刷商和出版人的主要武器。王室发动起诉，任命法官，并且提供证人。凡属当局所不喜欢的事情，都可以当作煽动罪起诉的根据。

（4）收买、津贴或特别税制度。18 世纪时，政府中的许多集权主义原则废弃了，政党兴起了，民主主义学说传播了，这样一来，集权主义就处于防守地位。这时候，政府就想出了间接控制新闻传媒的办法。一种方法是收买私营报刊或用公款给予津贴。在英国第一个首相瓦尔波里执政时期，政治作家经常被秘密地列入薪俸册中，把报刊与政府联系起来；对于反对政府的编辑，不是用起诉来恫吓，就是用贿赂来引诱。第二种方法是规定一种特别税制度，来限制印刷品的发行和利润。具体措施上，经常采用对报刊征收广告税、发行税等，这样就可以不必干涉报刊的内容，而直接使报纸减少利润。英国的"知识税"就是这种控制方法的一个典型范例。

（二）自由主义理论

自由主义理论（Libertarian Theory）发端于 17 世纪末期，实际成立于 18 世纪，盛行于 19 世纪。施拉姆指出，自由主义理论的出现依赖于促成它诞生的母体力量——国家政体和民权思想这两项伟大的革命。

首先，这是一个大变动的时期。地理与科学两方面取得惊人的进展，向传统的知识挑战；继而出现宗教改革，向罗马教会展开了挑战，结果带来另一种讨论与辩难的方式，与原有的集权主义势不两立；中产阶级与资本主义迅速成长，向固定身份的陈旧观念发起了挑战；最后，以英国的资产阶级革命为代表的政治革命向专制统治的权力提出了强有力的挑战。

其次，对于自由主义理论的出现，有三种"市场观念"（经济市场、社会市场和观点市场）起到了巨大的合力推动作用。亚当·斯密（Adam Smith）顺应时世，提出了古典经济学原则，主张政府绝不应对市场进行干预，最好的办法是让市场自行管理。这就是斯密提出的自我营运、自我控制的经济市场观念；查尔斯·达尔文（Charles Darwin）提出了进化论，强调适者生存。这是社会市场中的"适者生存"观念；约翰·弥尔顿（John Milton）发表《论出版自由》（*Areopagitica*），抨击集权主义。他认为人们运用理性就可以辨别正误，而要运用这种才能，人们就必须不受限制地去了解别人的观点和思想。他相信真理是肯定的，是可以表达出来的，并且只要让真理参加自由而公开的斗争，真理本身就具有战胜其他意见而生存下来的无可比拟的力量。这就是"观点的公开市场"和"自我修正过程"观念。这几种市场观念具有精神上的一致性。

经过长期斗争，到 18 世纪末，自由主义原则已经通过保护言论和出版自由的宪法条文而被认为是各国基本法的神圣原则了。美国学者卡尔·贝克尔（Carl Becker）认为，至少有三个英国人和一个美国人对于这一转变做出了卓越的贡献：英国的约翰·弥尔顿、约翰·密尔（John Mill）、美国人约翰·厄斯金（John Erskine）、托马斯·杰弗逊（Thomas Jefferson）。后几位都对弥尔顿的观点进行了补充或详细阐述。厄斯金在为触犯法律的发行人辩护时，提出了关于言论自由和新闻自由的自由主义原则。密尔从实用主义的观点来考察权威和自由之间的问题，提出了思想表达自由的四大论点：（1）如果我们压制某种意见，那么就我们所看到的结果来说，就等于压制真理；（2）错误的意见可能包含着为发现整个真理所必需的那一点点的真理；（3）即使大家接受的意见是全部真理，但是他们往往习惯于作为一种先入之见而不是在理性基础上来掌握的，除非他们被迫来维护这种真理；（4）如果大家接受的意见不是常常和别的意见发生争执，就会失去活力，对于行为和性格不起作用。杰弗逊认为，政府的主要任务是建立并维持一种制度，在这种制度下，个人能够追求各自的目标。新闻传媒的任务是参与对个人的教育，同时防止政府背离初衷。

施拉姆将新闻传媒的自由主义理论简明地归纳为：我们信赖理性有其辨别真伪的能力；我们所以需要一个观点的自由市场，乃在于使理性有其用武之地；新闻传媒的功能，即在监督政府的施政。

（三）社会责任理论

社会责任理论（Social Responsibility Theory）主要是在传统的自由主义理论上一个新思想的分枝。

西奥多·彼德森（Theodore Peterson）指出，社会责任论是从好几件事情中产生出来的。（1）技术和工业革命。它改变了国家的面貌，改变了人们的生活方式，也影响了新闻传媒本身的性质。（2）各方面的尖锐批评。批评主要集中于这样几方面：新闻传媒运用其巨大的力量是为了满足自身的目的。所有者特别在政治、经济问题上传播自己的意见，损害反对派的意见；新闻传媒为大商业效劳，不时让广告商控制编辑政策和编辑内容；新闻传媒抵制社会变革；新闻传媒的时事报道过分注意肤浅和刺激性的事件，而忽略了当前的重要事件；新闻传媒已危及社会道德；新闻传媒无端地侵犯个人隐私；新闻传媒已被商业阶级所控制，后来者无法投身这一事业，自由而公开的观点市场已岌岌可危。（3）出现了新的知识气候。形成20世纪的世界观的是达尔文—爱因斯坦的革命，它使社会知识界发生了深刻的变化。这种新的知识气候似乎适宜于社会责任理论的成长，而使自由主义枯萎。（4）因为传媒业吸收了一些有原则有教养的人（比如普利策），他们给自己的行业定下了很高的标准，并且力求达到这些标准。这些人给他们的记者和编辑制定了道德法规，新闻传媒的职业精神也日渐增长。

彼德森指出，社会责任理论有一个大前提：自由是伴随着义务的；报刊在宪法保护下享有一种特权地位，因此就有义务乃完成大众传播的主要功能，以对当今社会克尽其责任。如果新闻传媒能够确认自身的责任，并以此作为营运政策的基础，那么，自由主义制度就不难满足社会的需要；但如果新闻传媒无法克尽其责任，那么，就必须要有其他机构出来干预，使大众传播的主要功能得以完成。

第二次世界大战以后，美国成立了一个由赫金斯（Hutchins，又译作"哈钦斯"）领导的新闻自由委员会（Commission on Freedom of the Press）。彼德森认为，对于社会责任理论特别重要的著作是新闻自由委员会的《自由和负责的新闻业》（*A Free and Responsible Press*）和一个叫威廉·霍京（William Hocking）的委员所著的《新闻自由：原则的纲要》。新闻自由委员会提出了现代社会对于新闻传媒的五项要求。这五项要求合起来就构成了新闻业的准绳。这些要求是：（1）第一项要求，就是新闻传媒应当供给"真实的、概括的、明智的关于当天事件的记述，它要能说明事件的意义"。这就要求新闻传媒必须准确地报道，不能撒谎；（2）第二项要求，是新闻传媒应当成为"一个交换评论和批评的论坛"。这一要求意味着，新闻传媒应把自己看作是公众讨论的公共传递者，而不要仅仅表达出版者或从业人员所同意的观点；（3）第三项要求，是要描绘出"社会各个成员集团的典型图画"。它要求新闻传媒正确地描绘每个社会集团，一幅不正确地图画会影响正确的判断。（4）第四项要求，就是新闻传媒要负责介绍和阐明社会的目标和美德。这是好的社论版所能行使的社会职能。（5）第五项要求，就是报刊要使人们"便于获得当天的消息"。对此，委员会解释说因为现在公民比过去任何时期都需要更多的最近消息，所以，新闻和意见必须广为传播。

虽然新闻传媒似乎接受了这些准则，然而委员会发现，新闻传媒对于这些准则的承认和实践之间还有一大段距离。为了改进新闻传媒的实践，委员会指望着这样三个方面：新闻传媒本身、公众和政府。具体而言就是：新闻传媒在提供公众所需要的消息和讨论的内容、数量和质量时，应当具有职业精神；公众对于报刊业有一定的义务，他们应该行动起来，以改进新闻传媒；政府虽然承认新闻传媒必须继续作为私人企业，但政府却不能只允许自由，它还必须积极促进自由。也就是说，在必要时，政府应当采取行动，以保护公民的自由。霍京就提到了政府可以采取的几种步骤，例如，政府可以制定法律，禁止新闻传媒的造谣诽谤，或者政府参加传播事业，来补充现有的传播媒介。不过，社会责任论主张，政府的手段不应过激，政府只在特别需要和利害攸关的时候，才能出头干涉。政府不应当以与私营传媒相竞争或是消灭它们为目标。

自由委员会还指出，自由主义理论的自由是一种消极的自由，即"免于……的自由"或"不受外界限制的自由"。而社会责任理论是以积极的自由即"有做……的自由"为基础的，它要求有能达到所希望的目标的必需手段。在社会责任理论看来，纯消极的自由是没有实效的。这时候，消极自由就只是一项空洞的自由，就好像告诉一个人，他可以自由走路了，可是没有首先弄清楚他是不是瘫子。真正的自由必须是有实效的。霍京认为，真正的自由必须具有消极和积极两个方面。委员会指出："像一切自由一样，新闻自由意味着'免于……的自由'和'有做……的自由'。"一个自由的新闻传媒应该可以不受限制地争取达到它的道德意识和社会需要所指出的目标，而为了达到目标，它必须拥有技术条件、经济力量以及取得消息的权利等。

根据社会责任理论，言论自由是以个人对于他的思想、对于他的良心的义务为基础的，即言论自由是一项附有义务的道德权利。在权利的性质上，就与自由主义理论有所不同。在自由主义理论下，言论自由是一项自然权利，一项人类与生俱来的权利，一项无人能剥夺的权利，即是一项"天赋人权"。根据自由委员会的论证，社会责任理论所主张的言论自由不是一项绝对的权利，而是有条件的。一个人只有负起相伴随的道德义务时，他才有道德权利（道德不是主要对一个人自己的义务，而是对于社会利益的义务）。同时，一个人的言论自由权利必须与别人的个人权利以及主要的社会利益相平衡。

社会责任理论对人的德行作了较低的评估，这反映了 20 世纪现代社会学和现代思想对于人类理性的怀疑。在传统的自由主义理论那里，人在一般观念上是道德行为的恪守者，他倾向于寻求真理，服从真理。但在社会责任理论那里，人虽然能够运用他的理性，但是他厌倦这样做。结果，他就变成了野心家、广告商以及那些为达到自私目的而操纵他的人们的俘虏。

（四）苏联共产主义理论

施拉姆指出，新闻传媒的苏联共产主义理论（Soviet－totalitarian Theory）是 1917 年 10 月革命后的一种现象。这与政府所发生的令人触目的改变同时发生，来势急骤。共产主义理论可以追溯到马克思那里，后来得到了列宁、斯大林等的进一步阐述。

施拉姆对于苏联的新闻传媒持有这样几点基本看法。

新闻传媒是被作为工具——就是说，作为党和国家的工具——来使用的。

新闻传媒是与国家政权的其他工具及党的影响密切结合在一起的。

新闻传媒是在国内和党内实现统一的工具。新闻传媒是布尔什维克在国内达到认识上统一的最迅速的工具。

新闻传媒是国家和党发布指示的工具。

新闻传媒几乎是专用于宣传和鼓动的工具。

新闻传媒的特点表现在严格地强制的责任。

施拉姆对于苏联对于印刷媒介、广播和电影的监督和控制也进行了论述。其一，报刊。控制苏联报刊的主要责任在党，具体而言就是由党的宣传鼓动部来负责。党对报刊的统制有三种方式：（1）由各级宣传鼓动部任命编辑，并由中央委员会的宣传鼓动部批准这些任命；（2）党通过它的宣传鼓动部对于哪种材料应该在报刊上发表以及处理方法，发出大量的指示；（3）党审查并批评报刊。党的各级组织都有一个专门检阅和批评其相应一级的报刊的委员会。在论述了苏联报刊的内容和控制之后，施拉姆得出的结论是：这是一种受到严密控制的报刊，不是用来为人民服务，而是给人民工作的，不让人民选择和决定，而是代人民做出决定，然后又说服他们，不给他们任何选择的机会。其二，广播。与报刊一样，广播的任务是被视为一种工具性的而非服务性的任务。苏联大部分的广播是对其听众讲话，那是在家里听到的党和政府的声音。它虽然也播送好的音乐，但它主要是教师和演讲者。广播处在全盟无线电广播委员会的监督之下，该委员会又受党的控制。具体的控制手段与控制报刊的三种手段是一样的。其三，电影。施拉姆指出，虽然布尔什维克一开始就认识到了电影本质上的艺术性质，但是，苏联的宣传者和制片人设法使电影中的审美要素服从于一切苏联的传媒所应尽的马克思主义责任，强调电影的教育性质。列宁就称电影是"图片政论家""一种图片的公开演讲"以及"以一种吸引人的图片形式为我们的观念作艺术的宣传"。换言之，电影的基本任务与报刊、广播的任务是相同的，即要成为宣传者、鼓动者和组织者。党控制电影的手段与报刊、广播是一样的。

在施拉姆看来，新闻传媒的苏联的共产主义制度和古老的集权主义制度之间具有显而易见的不同：苏联的制度消除了出版和广播的谋利动机，因此，报刊即可自由地尽其作为国家和党的工具的职责。苏联的制度积极地和明确地规定传媒的作用，重点是要求报刊去做某些事情；而旧式的集权主义却是消极地限制它，即报刊不允许做许多事情。苏联的传播事业是变革的一部分，而且要协助完成这种变革；旧式的集权主义的传媒主要被用以维持现状。苏联的传媒是整个政府的一部分，受到政府的整合与计划，为国家的某些目标效劳；而旧式的集权主义制度是一种受管制的制度，传媒很少被拧在一起。上述结论是在资本主义意识形态立场上做出的，西方人在无产阶级传媒理论体系中审视施拉姆这一结论，是不符合无产阶级传媒历史和实践的。

在《大众传播的责任》一书中，施拉姆对于四种理论做了一番共时态的总结：①旧式的集权主义还在不少国家内残存，不过，常常敷以自由主义的色彩，使外观稍得改变；②自由主义在世界若干部分继续存在；③鼓吹苏维埃式社会主义的新的集权主义在一些国家存在着；④在西方世界，尤其是在英、美，社会责任理论脱颖而出，但仍处于试验阶段，尚未深植根基。

二、"新闻媒介交响乐：三种模式"

赫伯特·阿特休尔（Herbert Altschull）在《权力的媒介：新闻媒介在人类事务中的作用》（*Agents of Power：The Role of the News Media in Human Affairs*）一书的最后一章论述到了"新闻媒介的交响乐：三种模式"理论。

阿特休尔指出，在一个相当真实的含义上，我们可以说世上的新闻媒介是一个单独的单位，犹如一首交响乐也是一个单独的单位只是由多种不同主题和旋律组成。交响乐并不要求和谐一致；实际上，它可以是任何音响的交织——充满各种和谐音和不和谐音。在新闻媒介的这首交响乐中，我们可以把它划分为三个乐章。其中，每一个乐章都包含一个基本主题，而这个基本主题中又有不少变奏。在为三个乐章命名时，阿特休尔经过慎重考虑，决定以经济状况作为划分的根据。但他又指出，尽管各乐章的名称所反映的是经济思想含义，但它们的主题绝对不仅仅局限于经济方面的内容。每一乐章包罗了新闻媒介所处环境的全部现实，包括历史的、政治的、社会的、文化的以及心理的现实。明确说来，新闻媒介交响乐的三个乐章分别名为：市场经济乐章、马克思主义乐章和进步中世界乐章。与赛伯特、彼德森和施拉姆不同,阿特休尔认为,使用民主自由的、共产主义的、集权主义的之类的词语容易妨碍正确的理解。

阿特休尔以图表的形式从不同的角度对全世界的这部新闻媒介交响乐进行了比较。

表 13—1 关于新闻事业的目的

市场经济乐章	马克思主义乐章	进步中世界乐章
追求真理	寻求真理	服务于真理
尽社会责任	尽社会责任	尽社会责任
以非政治方式进行告知(或教育)	(以政治方式)教育人民并争取盟友	(以政治方式)进行教育
公正地为人民服务,并拥护资本主义学说	通过要求拥护社会主义而为人民服务	通过寻求与政府合作为人民服务,为各种有益的目的进行变革
作为监督政府的工具	统一观点,改变行为	作为争取和平的工具

表 13—2 关于新闻事业的信条

市场经济乐章	马克思主义乐章	进步中世界乐章
新闻传媒不受外界干涉	新闻传媒改变错误的意识,并教育工人使之具有阶级觉悟	新闻传媒是一支联合力量,而不是一支破坏力量
新闻传媒为人民的知晓权服务	新闻传媒满足人民的客观需要	新闻传媒是有益于社会变革的工具
新闻传媒力求获得真理并反映真理	新闻传媒促进实际变革	新闻传媒是社会公正的工具
新闻传媒公正、客观地进行报道	新闻传媒客观报道事物的现实	新闻传媒旨在用来沟通记者与读者之间的双向交流

表 13-3 关于新闻自由的不同观点

市场经济乐章	马克思主义乐章	进步中世界乐章
新闻自由意味着新闻记者不受外界控制	新闻自由意味着全体人民的意见得以发表，不仅仅是富者的意见	新闻自由意味着新闻工作者的心灵自由
新闻自由是指新闻传媒不屈从于权力，不受权力操纵	新闻自由必须反对压迫	新闻自由的重要性仅次于国家存亡之重要性
新闻自由不需要国家新闻政策来保证	需要一项国家性的新闻政策，以便保证新闻自由采取正确的形式	需要一项国家性的新闻政策来对自由提供合法保障

三、"新闻多棱镜：五种理念"

威廉·哈森（William A. Hachten）在《世界新闻多棱镜——变化中的国际传媒》（*The World News Prism*：*Changing Media of International Communication*，我国台湾地区的版本译为《世界新闻学》）一书中指出，全球新闻好像是一块透明的水晶石，世界各地不同的、有时甚至相互对立的政治和社会体系在水晶石上面切割并打磨出不同的侧面，而国际新闻交换领域里令人瞠目的技术进步，并没有为新闻编播人员在了解新闻透过这块水晶石之后将会被如何理解方面，提供任何有益的帮助。随着代表新闻的光线穿过这块水晶石，一位记者认为真实和客观的报道，到了身处世界其他地方的另一位记者眼里，也许就变成了失实的报道或宣传。

哈森认为，有关新闻和大众传播的性质与作用的种种不同理解，实际上来源于种种不同的政治体系与历史传统，而这些不同的理解实际上也都体现在当今世界现有的五种不同的新闻理念中，即（1）集权主义理念；（2）西方理念；（3）共产主义理念；

(4) 革命理念; (5) 发展理念。这些带有规范性的理念体现了传媒在某种特定的政治环境与社会价值下将如何运转。哈森的看法与经典的"新闻业的四种理论"和阿特休尔的"新闻媒介交响乐：三种模式"理论都不同。其中，需要特别指出，阿特休尔将新闻媒介交响乐的第三乐章命名为"进步中世界乐章"，他有意避免使用"发展中世界乐章"，而哈森则选择了"发展"一词。阿特休尔避免使用"西方""东方"和"南方"这样的概念，而哈森却愿意使用"西方理念"一语。

（一）集权主义理念

集权主义的政治体系决定了新闻传媒的集权主义理念。哈森简明扼要地归纳出了集权主义理念的特征，如下所述：

媒体应该永远顺从于国家或君王或明或暗的控制。新闻传媒不能用来向君王提出挑战或批评，也不能用来挖君王的墙角。传媒实行的是自上而下的管制：由国王或统治者决定传媒的内容，因为，从根本上说，获知信息和真相只是当权者的专利。

对于集权主义者而言，观点的多样性不仅毫无用处，而且是不负责任的。政治上的歧见不仅让人恼怒，而且经常具有颠覆性。这显然不利于集权主义者对于现状的维持。集权主义者认为，一致与统一才是新闻传媒合乎逻辑、合情合理的目标。

在传统的集权主义下，传媒通常在政府以外运作。它们可以采写、播发新闻，但一切必须以国家利益为重。只要传媒不以任何形式批评统治者或对领导阶层提出挑战，政府通常都会让媒体自得其所。但如果媒体真要对统治者进行攻击，统治者就会对其加以干预，实行新闻审查，甚至关闭出版机构，并将记者、编辑投入监狱。在新闻传媒的集权主义理念下，存在着多种多样的新闻审查方式，比如事前审查，事后追查，还有已被记者、编辑内化为一种畸形的从业素质的自我审查等。他们必须安于现状，不能提倡任何变革，不能批评国家统治者，也不能对处于主导地位的伦理和政治价值表现出不敬。

哈森说，只要一个地方的政府专断地干预和压制独立的报纸与新闻播发机构，那里就是新闻传媒的集权主义理念盛行的地方。当然，他也特别提到，实际上，经常很难分清什么才是集权主义理念。因为，战时或处于危机中的民主国家有时也会采取集权主义式的控制，比如第二次世界大战时的英国即是。有的国家的政府不断在军政府和民主政府之间更迭，由此导致传媒也在控制与自由之间来回摇摆，比如一些拉美国家即是。

（二）西方理念

哈森指出，西方理念最看重的，就是任何政府，无论是本地的还是国外的，都不应对新闻的采写和播发横加干涉。传媒从理论上说应独立于统治阶层之外，因此，它也应存在于政府之外，并受法律法规的保护而不受政府的任意干预。哈森接着指出，一家独立的传媒意味着它应处在一个民主的、实行资本主义经济的国家当中，而它也应享受与其他私人商业企业一样的自主权。

虽然哈森是在"美国宪政理论"的框架内指称下面这些与自由媒体一道与生俱来的价值观的，但显然，这些价值观在哈森眼里正是新闻传媒的西方理念之典型价值观。这些价值观包括：（1）通过收集公众信息以及审视政府，传媒使自主与民主的实现成为可能；（2）只有不受羁绊的传媒才能保证有更多的观点与新闻被传播；（3）言论自由使公众自主选择一种自由而富有成效的生活成为可能；（4）独立的传媒由此也能起到对政府滥用权力的现象进行监督的作用。

尽管哈森在书中的一处说西方理念"同时包括了 18 世纪的政治自由主义与 20 世纪的社会责任观点"，但是显而易见，他眼里的"西方理念"的正统还是前者，即传统的自由主义理念。因为，他在其他地方则将社会责任观点（为求表述上的一致，我们还是称之为"社会责任理念"）、民主社会主义理念和民主参与理念均看作是"西方理念"的一些改进型理念。具体而言：

社会责任理念认为，传媒在赢利以外还有一个明确的义务，就是服务于大众。服务于大众不仅意味着为记者规定了明确的职业操守，而且还意味着可以获知可靠而客观的报道。此外，服务于大众也意味着传媒有义务对社会上的各种声音和观点进行报道。同时，在公众利益没有得到充分体现的情况下，政府也被赋予有限的责任，来对传媒的运作进行干预和管理。

出于对私人所有权泛滥的恐惧，民主社会主义理念认为，有时需要利用政府行为来建立新的所有制形式和管理形式，并对媒体的经济活动进行干预。

民主参与理念代表了一种与私人传媒的商业化和垄断化以及传媒集中化和官僚化相对的观点。丹尼斯·麦奎尔（Denis Mc-Quail）总结了这一理念的主旨：（1）传媒应首先为其受众而存在，而不是为传媒本身、传媒从业人员、广告客户而存在；（2）每个公民以及社会上的少数群体都有权通过传媒获知信息，同时有权根据自己的需要得到传媒的服务；（3）传媒在组成和人员任用上不应受到政治专制或官僚主义的控制；（4）小型的、能相互影响的具有参与性的传媒，要胜过大型的、专业化程度较高的传媒。民主参与理念主要存在于北欧国家。这种理念反映了某种对传媒曾经抱有的幻想的破灭。这种理念的一个主要缺陷是，民主参与理念意图依赖的小型传媒因存在分散经营的缺点，在监督无论是本国政府还是外国政府滥用权力方面都会显得力不从心。

（三）共产主义理念

共产主义理念来源于马克思和恩格斯，在实践中被列宁加以运用。哈森在介绍共产主义理念时，引用列宁的看法，也引用了丹尼斯·麦奎尔的总结。

哈森写道，列宁指出，在共产党控制和指导下的传媒，能够根据党的最高领导层的意见，通过播发与整个社会政策及目标有关的新闻，来更好地服务于国家建设这一严肃的任务。列宁认为，传媒是共产党不可或缺的组成部分，它扮演着指导大众，以及领导无产阶级的导师的角色。

麦奎尔的总结是这样的：传媒应为工人阶级的利益服务，由工人阶级控制，而不应由私人所有。传媒应通过与各种所需的社会规范、教育水平、信息、社会需要，以及社会动员保持一致，发挥服务于社会的正面职能。传媒根据其总的社会任务，还应对受众的种种愿望与需要做出应答。社会有权力用新闻审查或其他合法的手段，来阻止反对社会的出版物出版发行，并有权在事后进行追究。传媒应根据马克思列宁主义来对社会和世界进行全面、客观的报道。传媒应支持国内外一切进步运动。

1991 年苏联解体之后，传媒循着西方理念的方向行进。按哈森的观察，深刻的变化是，多样性的原则，即新闻应来自不同的相互竞争的传媒的原则，最终被予以承认。与此同时，新闻自由的原则得以公布，新闻审查就此解除，而记者也获得法律保护不再受政府压迫。

（四）革命理念

哈森指出，列宁为革命的新闻理念提供了意识形态阵地和理论基础。简单说来，革命理念一般通过非法的、具有颠覆性质的传播，利用报纸和广播，来实现推翻政府以及从敌对的统治者或其他不被接受的统治者手中夺取权力的目的。

新闻传媒的革命理念都是处在任何特定时期的统治阶层的对立面上的。在后者看来，革命理念无疑是对各种现存社会秩序的一种叛乱。不过，对于支持这种革命理念的人而言，情形则刚好相反。他们坚信，统治他们的政府并不能为他们的利益服务，因此，就应该被推翻。他们相信，对这样的政府绝对用不着忠诚。

下面是体现革命理念的几个传播实例。传播实例一：第二次世界大战期间，在纳粹占领下的法国，"午夜出版社"的编辑和记者冒着生命危险，出版报纸和手册。其他很多出版物也被称为"地下报纸"。传播实例二：冷战时期，苏联有一种出版物叫"samizdat"（"自我出版物"），也就是一些秘密打字和油印的书稿、政治传单，以及类似的东西。它们冒着极高的风险在苏联国内的持不同政见者手中传递。通常情况下，这类出版物只是为了表达不满或为争取公民权利请愿，但对于集权主义政权来说，这种表述已明显地带有革命性和颠覆性。传播实例三：这不是以报纸或广播电视，而是以卡式录音带作为传播工具的一个著名的传播实例。20世纪后期，在伊朗，伊斯兰什叶派的宗教领袖阿亚图拉·霍梅尼领导了一场卡带革命。在未受到秘密警察监视的清真寺里，数千盘记录着霍梅尼讲话的录音带被广为播放，传递着他的革命思想。这种小型的、便于携带的录音带可以深入千家万户，同时对由政府控制的报纸、广播和电视形成包围之势。

从本质上说，革命新闻理念只代表一种短期行为。

（五）发展理念

哈森指出，最近几十年里，一种从集权主义理念变化而来的理念——发展理念，已伴随着发展中世界里广大贫穷国家政治独立意识的决心而逐渐兴起。

这种理念尚无清晰的定义。在哈森看来，发展理念是将不同思想、辞令、影响以及怨毒全部掺杂在一起的令人惊异但又难以名状的一种综合体。这种理念的某些方面直接取材于列宁及共产主义新闻理念。不过，一些西方社会学家的影响对于发展理念也许更为重要。这些社会学家就传媒在新生国家的国家建设中应扮演的角色进行了论述。威尔伯·施拉姆、丹尼尔·勒纳等美国学者都认为，传播对于这些国家实现统一和经济发展至关重要。

依照发展理念经营传媒的国家，通常都是在报纸、广播以及电视设施方面明显短缺的国家，即媒体资源方面的穷国。也就是说，发展理念主要流行于第三世界国家。

发展理念的内涵有以下内容。（1）所有的传媒都应由政府进行调动，完成支援国家建设这一伟大任务。（2）传媒因此应支持政府，而不应对它进行挑战。不同政见或批评没有立足之地。因此，可以根据社会发展的需要对新闻自由进行限制。（3）信息因此成为国有财产：统治者与被统治者之间的权力流动按照传统集权主义自上而下的方式进行。信息或新闻是一种稀有的国有资源，它们必须被用来为进一步深化国家目标服务。（4）这种理念有一个暗含的、但并不被经常表述的观点，这就是，当国家仍不得不面对包括贫困、疾病、文盲以及种族在内的各种问题时，个人的言论自由以及其他公民权在这些问题面前显得似乎有点不着边际。（5）在控制外国记者进出国境，以及对跨国的新闻流动进行控制方面，每个国家都拥有至高无上的权力。

在哈森看来，尽管很少有国家能恰如其分地符合上述五种带有规范性的新闻理念中的任何一种，但这些理念在阐释某些对于新闻性质的不同理解，以及说明如何进行新闻传播方面，还是十分有益的。

面对上述五种新闻理念，哈森观察到，到 20 世纪 90 年代末期，不同传媒体系之间的意识形态冲突似乎已明显减弱，尽管这也许是暂时的。就冲突而言，卷入到意识形态冲突的各方之间都有着大量的争议亟待解决。每一种争议的背后，可能都是难以调和的社会、政治和文化传统的差异。哈森对于解决冲突的前景显得很乐观。他说，随着国际新闻体系一体化程度与相互依存性的提高，在如何对新闻和信息进行控制的问题上的冲突，也许会就此平息。

第二节　客观法则

在西方新闻学中，几个同源词 objective（客观的）、objectivity（客观性）、objectivism（客观主义）所代表的理论内涵被称为客观法则或客观理念。至于几个单词之间的细微差异，则并不为人所刻意区分。在西方新闻学中，对于客观法则逐渐发展出了两种代表了不同视角的态度：一种是持肯定态度的传统观念，将客观法则当作一种专业主义的经典信条；另一种则是持否定态度的批判观念，把客观法则视为一种特殊的意识形态。下面，对此做一个简明的叙述。

一、传统观念：作为一种经典信条的客观

《华盛顿邮报》的阿兰·巴斯（Alan Barth）在 1950 年傲然地写道："客观性是美国新闻界最光荣的传统。"在《西方传媒与战争》（*The Media at War*）的"结束语"部分，英国学者苏珊

·L·卡拉瑟斯（Susan L. Carruthers）用一句话精辟地表达了西方新闻学对于客观法则的传统观念："对'客观主义'的顶礼膜拜，将成为20世纪一个特殊词汇的特质。"在《探索新闻：美国报业社会史》（*Discovering the News*：*A Social History of American Newspaper*）的"绪论：客观报道的理想"中，美国学者迈克尔·舒德森（Michael Schudson）明确地将传统的客观法则看作是20世纪美国新闻的"精神"，他说："到了20世纪60年代，不管是新闻媒体的批评者还是捍卫者，都认为客观是美国新闻界的象征，它代表了摆脱煽情新闻，也超越欧洲那些具有党派色彩的报纸。大家公认客观即是这个世纪美国新闻的精神。"

那么，客观法则在美国是怎样发展为一种经典信条的呢？

一种传统的观点是，美联社（从宽泛意义上说，其最初名为"港口新闻社"）的成立对于客观法则的崛起做出了巨大的贡献。美联社是由社员报纸组成的一个非营利性的报业联合组织，这些报纸各有不同的政治立场。这种情况使美联社孕育出了一种崭新的报道理念。也就是说，为了讨好政治立场各异的报纸，使它们能够长期定购美联社的电讯稿，逐渐以超党派的、价值中立的方式报道新闻事件，这就是客观报道。针对美联社与客观性之间的关系，曾任美联社国内部记者兼编辑的杰里·施瓦茨（Jerry Schwartz）在《如何成为顶级记者：美联社新闻报道手册》（*Associated Press Reporting Handbook*）中写道："美联社就是为美国新闻业带来客观的一股强大的力量。"对于客观性，美联社第一位驻华盛顿记者劳伦斯·戈布赖特（Lawrence Gobright）1862年说过一段特别著名的话，他说："我的职务就是传送事实，我的工作规则不允许我对任何事实妄加评判。我的电讯稿被发送到抱有各种不同政治态度的报纸。因此，我只报道我认为是正当的新闻，而且力求真实和不偏不倚。"由美联社所开的客观报道风气产生了示范效应，其他报纸开始效仿，客观理念在美国报界逐渐生根、发芽并茁壮成长了起来。

客观理念本身当然具有巨大的价值。因为，相对于之前喧嚣不休、乌烟瘴气的政党报道模式，客观理念塑造出的新闻图景显而易见具有价值合理性，即客观理念是具有"价值理性"的。不过，多夫曼（Dorfman）、麦奎尔（McQuail）等学者也敏锐地看到了客观理念所内含的一种"工具理性"。他们认为，因为新闻报道的客观性原本就不是什么崇高的理想，新闻界从自身实际的商业利益着眼，不冒犯读者的政治立场，进而达到推销新闻、扩张市场的目的。客观性只不过是达到上述目的而摆出的一种"姿态"。鉴于此，多夫曼称客观法则或理念为"客观姿态"（Objective Posture）。

当然也有学者通过研究质疑通讯社之于客观性的重要作用。比如，哈伦·S·斯坦萨斯（Harlen S. Stansaas）通过实证研究得出结论说，没有明显的证据表明，通讯社影响了客观性的发展。

对于客观理念的发展脉络，著名社会学家迈克尔·舒德森在其《探索新闻：美国报纸社会史》中做了很细致而深刻的梳理。他令人信服地指出，客观法则是在西方报纸由"政论模式"到"故事模式"并进一步转向"信息模式"的过程中，确立起作为新闻学之经典信条的地位。另外，也有学者指出，除美联社之外，促使报纸抱有比较客观的态度的另一股力量是它们害怕政府进行管理或控制。

新闻报道的客观性，不仅是一种理念或者说信念，而且发展出了一套实践作法（在美国，客观法则的典型实践者无疑当首推《纽约时报》），也就是说，新闻机构要求记者在采访报道新闻事实的时候应该遵循一套标准的做法。下面是美国学者图罗（Turrow）在《媒介工业：新闻和娱乐的生产》（*Media Industries*：*The Production of News and Entertainment*）和多夫曼（Dorfman）在《客观姿态》（*The Objective Posture*）中归纳的例行程序：

（1）以倒金字塔结构在第一段概括主要的新闻事实；

（2）以 5W（何人、何时、何地、何事、何因）报道；

（3）以第三人称（语气）报道；

（4）引述当事人的话；

（5）强调可以证实的事实；

（6）不采取立场；

（7）至少表达新闻故事的两面。

我国台湾地区学者彭家发在《新闻客观性原理》一书中总结说，客观性一般有如下操作程序：

（1）在汇集和呈现新闻成品时，概以事实为主；无偏私、也无党派立场，展现的是正确、真实的报道；

（2）对于新闻事件，他们除了只愿作为"公平的证人"的角色外，不作他想；平衡、平均地处理一个论题的各方意见是不变的原则；

（3）新闻工作不受自己成见或念头左右，也将个人态度或者个人涉入减至最少；

（4）他们的新闻工作不受个人情绪所影响，事实与意见分开处理；

（5）不在讯息中灌注个人意见或判断，但尽量提供所有主要的相关观点；

（6）所提供的资讯，都属于中立而非评论性；避免扭曲、仇怨或者误导他人的目的；

（7）所提供的讯息，是各项可查证事实的总和。

同时，日本著名学者早川一荣（Hayakawa, S. I.，也译作"早川"）在《思想与行动中的语言》（*Language in Thought and Action*）一书中探讨了三种不同的陈述方式。可以说，他的研究同样为新闻报道的客观性提供了一种操作技巧。

早川一荣指出的三种陈述方式就是"报道"（report）、"推论"（inference）和"判断"（judgement）。下面引述的是赛佛林、坦卡德《传播理论：起源、方法与应用》中的介绍。报道是一种可以证实的说法。比如，"北加利福尼亚州达勒姆市昨晚的最低温度是华氏 47 度"，这种说法是可以查证的。推论是在已知情况的基础上陈述未知情况的说法。对于别人想法和情感的任何结论都是一种推论。比如，当你看到某人脸色发白地走了进来，你可能会问他："你生病了吗？"你的话就属于推论。判断则是对人或者事物持有某种态度的表达。例如，学生对于一位深受欢迎的老师可能会说："他简直棒极了！"这就是判断。此外，早川提到的"偏向"（slanting）概念也与客观性具有密切的联系。所谓"偏向"，就是选择对所描绘的事物有利的或不利的细节的方法。例如，1967 年 10 月（越南战争期间），华盛顿特区的民众举行了反战集会。确切的参与人数不太可能知道，但记者在采访中一般可以得到一些大小不等的估计数字。利昂·曼（Leon Mann）研究了报纸对于这次集会的报道，他发现不同报纸有不同的"偏向"：反战的报纸倾向于选择大数字来报道，而主战的报纸则刚好相反，倾向于选择一个小数字来报道。

总之，根据早川的研究，在新闻传播中，为了新闻的客观性，记者应该尽可能避免和消除"推论"和"判断"，尽可能多用"报道"，应该有意识地避免"偏向"。

既然客观报道发展出了一套操作性很强的例行程序，或者说惯例，那么，在美国新闻媒介的实际报道中，客观报道到底占据着怎样的地位呢？1986 年，哈伦·斯坦萨斯（Halen S. Stansaas）的博士论文《客观性在美国日报中的崛起：1865—1934》（*The Rise of Objectivity in U. S. Daily Newspapers*：1865—1934）对 70 年时间里本地报道和电报电话报道进行了系统的研究。研究表明，1865 年—1874 年间，客观报道的数量约占报道总数的 1/3；1885 年—1894 年间，这一比例增加到了 1/2；1905—1914 年间，这一比例继续上升到了 2/3；到 1925 年—1934 年间，客观报道在所有报道中已经占到了 80%。由此可见，客观报道的确是美国最主导的一种新闻法则。

二、批判观念：作为一种意识形态的客观

在批判者眼里，客观法则问题重重。事实上，就是在客观新

闻取得正统地位的时代，新闻界中也不时有反对的声浪。对于客观性的批判，以 20 世纪 60 年代为最烈。1959 年，一位名叫肯·麦克罗里的学者在《新闻学季刊》上发表了一篇题为《客观性是死是活？》（*Objectivity*：*Dead or Live*?）的文章，客观法则受到的挑战可见一斑！舒德森也指出："20 世纪 60 年代，客观成了一个侮辱性字眼。"《罗利观察报》的女记者克里·格拉森（Kerry Gruson）认为："客观报道是一个神话"（myth，港台学者常音译为"迷思"），著名记者亨特·汤普森（Hunter Thompsin）、比尔·莫耶斯（Bill Moyers）、达瑞德·布林克利（Daried Brinkley）也都认为客观性是一个神话。当然，坚决捍卫客观法则的人也非常之多。比如，古森的父亲、《纽约时报》的发行人助理西德尼·格拉森（Sydney Gruson）无论如何都将客观法则奉为一种"理想"，他说："或许我是老古董了，但我仍认同纯净新闻的价值，或许，纯粹的客观并不存在，但你仍应尽一切可能去尝试。"显然，他们父女俩是分属于两个不同的阵营的。

捍卫客观法则的人坚持认为，新闻记者完全在职业活动中排除自己的主观性，完全可以以一种客观的、超然的、不偏不倚的态度来进行报道，不从政党、派别或任何人的观点出发。这样，新闻就是一面"镜子"，客观地反映现实所发生的变动。伯纳德·戈德堡（Bernard Goldberg）就在《偏见：CBS 知情人揭露媒体如何歪曲新闻》（*Bias*：*A CBS Insider Exposes How the Media Distort the News*）中提到，大多数记者认为，"就算我们是自由主义者，又怎么样？只要我们将偏见排除于我们报道的新闻之外，我们对堕胎、枪支管制或别的什么怎么看，又有什么关系呢？"

对于这一点，批判者自然不予认同，他们可以拿不同的理由来提出反驳。在反驳策略上，可以有这样几种：其一，有人认为新闻报道"不客观"；其二，有人则说新闻报道"不可能客观"；其三，有人认为新闻报道"不必客观"。其中，"不客观"是从不令人满意的新闻实践出发来予以批驳；"不可能客观"则从根本上否定了客观法则存在的可能性，根据这种论调，客观性法则对于新闻而言就是永远不可企及的"乌托邦"；"不必客观"则是否定客观法则之于新闻的必要性。

下面是一位名叫杰克·纽菲尔德（Jack Newfield）对于客观法则提出的反驳理由：

> 控制媒体机器的男男女女，并不是中立、无私的电脑，他们有自己的思想倾向。在"客观"的表象下，他们有自己的生活方式与政治价值，这些价值经过了纽约时报、美联社、哥伦比亚电视网的长期洗礼，这些"客观"价值包括资本主义福利社会、上帝、清教徒主义、法律、家庭、私有财产、两党政治，还有最重要的，假如它的国家动武，那一定是为了自卫。我想不出来有哪个白宫记者或电视评论员没有这些价值观，而同时他又宣称自己是客观的。

在一篇著名的文章《决定什么是新闻：对 CBS 的晚间新闻、NBC 的夜线新闻、新闻周刊和时代周刊的研究》（*Deciding What's News：A Study of CBS Evening News，NBC Nightly News，Newsweek and Time*）中，赫伯特·甘斯（Herbert Gans）对美国四家重要的媒体上的新闻报道进行了系统分析，他发现，美国新闻包含了这样一些核心价值观：种族中心偏见、利他式民主、责任资本主义、小城主教权杖、个人主义，以及温和主义。这些核心价值观通常不仅没有遭到质疑，而且很少有人加以注意，但是新闻记者却都是借由这些价值观才能够收集新闻材料，并将这些材料纳入新闻框架之中。甘斯的研究同样表明，新闻记者其实在报道中并没有自我宣称的那样"清白"——客观、不偏不倚，而是（被）深深地嵌进了社会的核心价值观。而如果有记者胆敢去挑战或者揭露媒体或其从业人员的不客观的话，他（她）是需要相当的勇气的，甚至可能会付出惨重的代价。伯纳德·戈德堡就是一个敢说皇帝没穿衣服的美国记者！

下面是戈德堡对自由派偏见的批评。戈德堡在 CBS 担任了近 30 年的记者和制片人，曾七次获得艾美奖。但是，他因于 1996 年 2 月 13 日在《华尔街日报》上发表的一篇评论《电视网新闻需要经得起现实检验》（*Networks Need a Reality Check*）彻底改变了他的命运。戈德堡批评了 CBS 最大牌的主持人丹·拉瑟（Dan Rather）主持的一期《晚间新闻》（*Evening News*），批评了记者埃里克·恩伯格（Eric Engberg）在一则报道中表现出的非常明显的"自由派偏见"（liberal bias）。戈德堡写道：

现在观众有很多理由不看电视网新闻，我相信其中一个很重要的原因就是观众不信任我们。他们理应如此。

电视网新闻和其他"媒体精英"有自由派偏见，显而易见。对此的讨论由来已久，不需要我老话重提。但是，我们并没有围聚于一个阴暗的角落，设定如何使新闻有倾向性的计划。我们也不需要这样做。对于大多数记者而言，它是自然而然的。

这使我们看到 CBS《晚间新闻》最近报道的一次"深入调查"，它是我的老朋友埃里克·恩伯格报道的一则新闻。它谈论的主题是斯蒂夫·福布斯提出的统一税收，这一主张不讨民主党和一些共和党的总统候选人的喜欢，更严重的是，很多记者也不喜欢这个主意。

统一税收就这样得罪了他们，偏见也自然而然地出现在新闻报道中。埃里克·恩伯格的报道改变了我们头脑里关于偏见的标准。

他的报道是这样开始的："斯蒂夫·福布斯像个经济学的江湖术士一样兜售着他的统一税收伎俩，说它包治百病。"显然，"伎俩""包治百病"这些词是话中有话的，让人脑中浮现一幅骗子的图景，就像自我感觉良好的博士在卖他卡车后面那些不值钱的废品一样。但这仅仅是一个开头，让我们对后面的报道有心理准备。

这篇报道写道，福布斯先生告诉我们他的统一税收计划能让美国经济以两倍的速度增长，因为它"用税收的手段清除了障碍"。福布斯先生这种看法可能对也可能错，所以恩伯格清清楚楚地指出了他的问题。"够了"，恩伯格以他的典型语言说，"经济学家说这样的事情是从来不会发生的。"

然后他向我们推出布鲁金斯学会的威廉·盖尔（William Gale）。盖尔说："若以为税制改革就会给我们带来全新的经济或经济复兴时代，那似乎是不足信的。"

CBS新闻教会它的记者和制片人用政治偏向来区分人。比如我们学会将传统基金会视为"保守的思想库"，我自己就曾不止一次这样做。这真是一个不错的办法。

但是为什么不指出这个布鲁金斯学会是一个"自由派思想库"呢？那会影响盖尔先生对于统一税收的评价的影响。对吧？所以在全美国人眼前的盖尔先生在税收问题上没有任何私见。

……

既然CBS的报道中是含有自由派偏见的，那当然就不能认为记者的报道是客观的。不过，问题就在于，这种自由派偏见并非一个栏目组的众记者、编辑、制片等去设定的目标，而是自然而然的（natural），戈德堡认为："其实这种偏见并不是一种丑恶的阴谋，只是大多数的记者倾向于用一种自由派的观点判断新闻报道性质罢了。"必须意识到，一旦自由派偏见被新闻工作者所自然而然化了（naturalize），很容易导致的结果就是，新闻中的偏见难以为人所察觉。

另外，1996年自由论坛（Freedom Forum）和罗普中心（Roper Center）对于新闻中党派倾向所做的一个调查提供了更加富有说服力的数据。调查对象由139名华盛顿首席记者和国会记者组成。结果发现，华盛顿记者远比一般美国选民更有自由主义倾向，更有民主党倾向：

89％的记者说他们在 1992 年投了比尔・克林顿的票，而非记者选民中这一比例是 43％；7％的记者投票选乔治・布什，而非记者选民中这一比例是 37％；2％的记者投票支持罗斯・佩罗，非记者选民中这一比例是 19％。

在记者认为自己属于什么党派问题上，50％的记者说他们是民主党人，而只有 4％的记者说自己是共和党人。

当问"你如何形容自己的政治倾向？"时，61％的记者回答是"自由主义"或"介于温和与自由主义之间"，只有 9％的记者说"保守"或"介于温和与保守之间"。

也就是说，在媒体精英的世界里，民主党人以 12 : 1 的优势超出共和党人，自由派以 7 : 1 的优势超出了保守派。针对美国新闻界的现实情况，詹姆斯・格拉斯曼（James Glassman）在《华盛顿邮报》上评论道："报道新闻的都是自由主义民主党人。这是美国新闻界可耻的公开秘密。新闻界本身……选择遮遮掩掩就是偏见毒害之深的决定性证明。"尽管如此，以丹・拉瑟为典型代表的新闻人却根本不相信有新闻偏见的存在。下面两种说辞就是拉瑟在两个不同的场合所做的辩护：

新闻偏见是个政治玩笑。大多数记者都不清楚自己是民主党人还是共和党人，可以投任何一边的票。

——1995 年 2 月 8 日参加汤姆・斯奈德的午夜电视聊天节目

我是不停报道新闻的机器，不知道什么是疲劳。新闻发生的时候，我便立即开始工作。这就是我的议程。若你打算讨论自由派的议程以及媒体中存在的所谓"自由派的偏见"，那么坦白地说，我不知道你在说什么。

——1995 年 11 月 28 日的丹佛市 KOA 广播电台迈克・罗森的谈话

"政治上正确"对客观的偏离。我国学者李希光在《"妖魔

化"是谁的需要?》一文中谈到了"政治上正确"(political cor-rectness)。他说:

> 在西方,无论是从事新闻报道或学术研究,都有一种心照不宣的"政治上正确"的要求。根据这种要求,新闻媒体和学术研究在话语、选题上都是有禁忌的。比如,社会主义国家只能被当成妖魔或撒旦来描绘,不能当成合法政权来描写;社会主义国家的媒体不能被当成合法信息源,等等。

> 美国媒体在西方宗教传统的根深蒂固的影响下,简单地、一成不变地把世界分为两个极端:认同他们文化和价值的,并跟随他们跑的人或国家,就被视为"政治上正确"的人间"天使";而不认同他们价值观的人或国家就被他们视为"撒旦"或"妖魔"。美国媒体把西方宗教界的这种二分法用在今天的大众媒体中,用他们的意识形态作为判定事物的标准,只要是被他们看作是"政治上不正确"的国家,这个国家的一切,无论是政治、经济、军事、文化,甚至体育都应该作为异端加以抨击和妖魔化。这种价值观支配西方媒体的眼界和胸襟,他们认为,只有坚持美国的价值观,才是代表正义、代表民主自由,政治上才是正确的。他们把中国看成新撒旦,认为应当在谁的价值观至高无上的问题上敲打中国。

> "政治上正确"是由美国体制内精英分子确定的。这些精英是全球化政治议程设置者和社会价值的解释者。他们制定了一整套全球化时代的社会与知识的行为准则。媒体不宽容任何"政治上不正确"的政见,更不允许体制外的人,如乔姆斯基之类的学者进入他们的主流话语体系。包括乔姆斯基在内的一些有独立思想的学者都认为,美国媒体的这种趋势导致了意识形态多元化的消亡,对新闻操纵、曲解和传播工具的控制的危险性在增大。

在为戈德堡的《偏见》中文译本所写的序言中,李希光也论及了新闻界中弥散的"政治上正确"原则。他指出："媒体的偏见不是来自某个政治派别的政治主张，更多的是屈从于近些年来，特别是冷战后，美国盛行的'政治上正确性'原则。在过去20年，美国的新闻报道和学术讨论中出现了一个人人必须遵守的僵化的模板——政治上正确性，以确保人们的政治思想和意识形态的纯一化。无论事件多么复杂，媒体报道的每一条新闻都必须符合这样一个模板，这种模板的结果是新闻报道中的泛政治化，而不是遵循新闻的事实性和真相原则。"

由此可见，相对于"新闻事件或事实"而言，"政治上正确"是一个外在的评价原则。当新闻工作者运用这种外在于新闻事实的原则——"政治上正确"——来纯化新闻报道时，新闻的客观性法则必然会经常遭受重创。这一结果，无论在美国媒体上的国内新闻还是国外新闻方面，都有诸多的例证。

"政治上正确"无疑经常作为一种新闻偏见的生产机制而发挥作用。一旦"政治上正确"原则被新闻工作者所内化，它就变成自然而然化的（naturalized），进而，新闻工作者和媒体就可以以貌似自然而然的词语塑造出林林总总的"刻板成见"（stereotype），来支持社会的核心价值观。

塔奇曼和梅里尔的批判审视。最后，再简要地看看社会学家塔奇曼和新闻学者梅里尔对于客观法则的批判。他们的批判都颇为有名。

在《客观作为策略仪式：审视新闻工作者的客观观念》（*Objectivity as Strategic Ritual：An Examination of Newsman Notions of Objectivity*）一文中，美国社会学家盖伊·塔奇曼（Gaye Tuchman）精炼地把客观法则看成是一种"策略仪式"（Strategic Ritual），后来赫伯特·阿特休尔在《权力的媒介》（*Agents of Power*）一书中也引用了这一评价（黄煜、裘志康译作"战略上的礼仪"，这里采用我国台湾地区学者张慧元的译法"策略仪式"）。塔奇曼指出，新闻记者在抵御别人指责其作品歪曲或者曲解时，"客观"就变成了证明他们自己清白无辜的一块挡箭牌，用另一位学者埃弗雷特·休斯的说法就是，职业发展出仪式化的程序来免遭责难。这就是"策略仪式"。分析起来，一方面，"仪式"一词似乎表明了这样一层隐含义：用"仪式"表明了以"客观"为特征的新闻文化是在向社会宣告一种合法性，因为，"仪式"一般都被隐含了某种已成共识的合法性。另一方面，"策略"与"仪式"一般都可以化为具有步骤的具体操作。塔奇曼认为，新闻工作者在运用"客观"这种"策略仪式"时，发展出了四项"策略步骤"：（1）提供争论双方的"观点"，以便识别冲突情况下对手之间的真实主张；（2）提供代表这些真实主张的确切陈述；（3）直接用引号指明这是消息来源而非记者之言；（4）首先依照提供最多的"事实材料"的方式组织报道。她说："看来，被当作新闻报道正式标准的新闻步骤，事实上是新闻工作人员用以保护自己免遭批评而提出职业上力争客观真实的战略方针。"换句话说，客观性其实是新闻机构及其记者的一种"自我防御机制"（Self－defense Mechanism）。塔奇曼的批判可谓入木三分！

约翰·梅里尔（John Merrill，我国台湾地区学者张慧元在《大众传播理论解读》一书中译作"密勒"）是密苏里新闻学院的教授。1965年，他在《新闻学季刊》上发表了一篇题为《时代周刊如何塑造三位美国总统》（*How Time Stereotyped Three U. S. Presidents*）的研究报告。这里，动词 stereotype 实际上指的是"刻板成见化"。梅里尔以普通语义学的观念加上他自己的观点来进行研究。

梅里尔认为，存在着六种类型的不客观或者说偏见。它们是：（1）归属偏见（Attribute Bias），就是在指出消息来源上的偏见。例如，"杜鲁门咬定"；（2）形容词偏见（Adjective Bias），就是在使用形容词时的偏见。例如说，艾森豪威尔"亲切的谈吐"；（3）副词偏见，就是在运用副词时的偏见。例如，"杜鲁门草率地说"；（4）率直意见（Outright Opinion），就是记者直截了当地表示其个人意见，例如，记者在批评杜鲁门总统将麦

克阿瑟撤职时说："很少有一个较不具声望的人将有声望的人撤
职"；（5）结构偏见（Contextual Bias），就是上下文结构偏见，
整句、整段或者整则新闻的偏见，例如，六位法官必须同意；
（6）摄影偏见（Photographic Bias），就是对摄影镜头中人物表现
的偏见。例如，总统在照片中展现的是庄严的还是不庄严的，愤
怒的还是愉快的，等等。

　　梅里尔对于《时代》周刊的研究是这样做的：首先抽取《时
代》周刊报道杜鲁门、艾森豪威尔以及肯尼迪担任总统时期的十
大争议问题作为研究样本，然后计算这六种偏见中的每一种发生
的次数。统计结果如下（见表 13－4）：

表 13－4　偏见统计数

	杜鲁门	艾森豪威尔	肯尼迪
偏见总数	93	82	45
正面偏见	1	81	31
负面偏见	92	1	14

　　由上表可见，《时代》周刊对杜鲁门持强烈的否定偏见（正
负之比为 1：92），对艾森豪威尔持强烈的肯定偏见（正负之比
为 81：1），而对肯尼迪总统的报道则相对平和（正负之比为 31
：14）。研究发现，《时代》周刊通过对"事实"的选择（或者说
操纵）就制造出了两种堪称极端的媒介形象：杜鲁门极不受欢
迎，而艾森豪威尔则极受人欢迎。

　　在实际的新闻报道中，记者宣称的"客观报道"其实经常充
塞着各种偏见。可以说，梅里尔的批判使对新闻偏见的辨认具有
了可操作性。

　　在梅里尔的研究发表 14 年后，费德勒（Fedler，F.）、米斯
克（M. Meeske）和霍尔（J. Hall）尽可能采取梅里尔的研究
设计再次研究了《时代》周刊对于约翰逊、尼克松、福特和卡特
四位总统的报道。他们发现，《时代》周刊的新闻专栏对于约翰

逊持中立态度；在水门事件之前喜欢尼克松，之后则批评它；支持福特；反对卡特。他们得出结论说：《时代》周刊仍在继续使用梅里尔所揭示出的大部分偏见技巧，尽管一些仍在使用的技巧看起来似乎已经发生了改变。《时代》周刊不断使用一系列技巧引导读者对新闻提出看法，这些技巧使得《时代》周刊可以在一般的新闻专栏中发表编辑部意见。

当然，还有很多学者从不同的角度对客观法则进行了深刻的批判。布伦特·坎宁安（Brent Cunningham）发表在《哥伦比亚新闻学评论》上的《对客观性的再思考》一文就是最新的批评文章。限于篇幅，这里不再赘述。

对于新闻的"客观性"，我国台湾地区学者黄新生在《媒介批评：理论与方法》一书中论及客观性时引用了两句极富张力的精彩之话作为结束：

"新闻报道和做梦一样，两者都不可能客观。"［罗斯腾（Rosten），1983］

"新闻的客观性是必要的，但是不可能的。"［麦奎尔（McQuail），1983］

巨大观念张力的存在表明，客观法则有可能会发生某种转向。不过，是否发生转向、何时发生以及怎样转向，目前尚无法给出确切的回答。传统的经典理念有可能遭遇解构，这或许是时世使然。1996年，职业记者协会将"客观性"从职业道德规范中脱离出来。这是不是"客观性"中心地位遭到消解的一个明证呢？但不管怎样，即便在后现代社会里，我们仍然期望，会有某种合乎时宜的理念来对新闻传播理论与实践发挥规范和框架作用。

第三节　价值理论

新闻价值理论指的是记者、编辑等新闻工作者在新闻传播活动中确定什么是新闻、如何选择新闻、如何报道新闻的一套理论。西方新闻学长期以来积淀出了一套比较稳定的新闻价值理论，这套理论对于世界各国的新闻学产生了极大的影响。总体上，对于以美国为首的新闻价值理论，学界有两种大的认识方向：一派是传统的观点，一派是批判的观点。传统的观点多是探讨新闻价值的构成要素，力图构建出一个完善的新闻价值系统，用以指导传媒的新闻传播实践；而批判的观点则是对于传统的新闻价值理论的一些深层含意加以批判性的揭示。

一、传统的新闻价值观

传统的新闻价值观具有一段漫长的历史。我国学者明安香在《西方新闻理论评析》中提到，1690年，德国人托比亚斯·朴瑟（Tobias Peucer）提交了新闻史上第一篇关于报纸的论文。朴瑟实际上提出了新闻选择的主要标准是异常性和重要性。这是世界新闻史上最早提出的新闻价值观念。1695年，另一位德国人卡斯帕·斯蒂勒（K. Stieler）又明确提出了新闻价值的新鲜性、接近性、显要性和消极性等。但是，西方新闻价值观的真正形成，还是在美国大众报刊蓬勃兴起的时期。这一时期，政党报纸逐渐走向了衰落。

传统的西方新闻价值观发挥作用的一个重要途径就是，构建出一套由若干要素所组成的标准，并以此来指导新闻选择的实践。这些要素被称为"新闻价值要素"。一般说来，这些新闻价值要素并不是"价值中立"的，而会烙上新闻选择主体的特定价值观念。

在新闻价值要素问题上，很多学者都进行了探索。下表是一些西方学者（主要是美国学者）对于给出的新闻价值要素所做的一个粗略统计。资料主要来源于两个途径：一部分散见于国人自撰或翻译的新闻著作中；另一部分则来自互联网，通过搜索器搜索关键词"News values"而得。如表13-5所示：

表 13-5　国外的新闻价值要素统计

新闻价值要素	要素数量	提出者
1. 非常事、竞争、人类的兴味、儿童之兴味、动物之兴味、娱乐及嗜好之兴味、地方的兴味、著名的兴味、家庭及职业之兴味、兴味之结合（或为"异常之事、读者之多寡、与读者之距离[个人关系]、竞争之事业、人类之兴趣、儿童之兴味、动物之兴味、娱乐及嗜好之兴趣、著名的兴味、家庭及职业之兴味、兴味之结合）"	10/11	德列亚（W. G. Blegen，又译"柏莱耶"或"白雷亚"，10/11 分别见于任白涛《应用新闻学》和伍超《新闻学大纲》）
2. 时效、距离、事件的大小、重要性	4	庞德（庞特、邦德，1954）
3. "新闻价值的传统标准"：读者、影响、接近性、及时性、显要性、异常性、冲突	7	布赖恩·布鲁克斯、达于·莫昂、乔治·肯尼迪、唐兰雷
4. 亲切性、突出性、重要性、及时性、人情味	5	沃伦·K·艾吉（Warren K. Agee）、菲利浦·H·奥尔特（Phillip H. Ault）、埃德温·埃默里（Edwin Emery）
5. 重要性、规模、人物的显赫、事件的远近、时间性、冲突、怪事、人情味	8	杰克·海敦
6. 冲突、发展、灾害、重要、显著、新奇、人情味	7	朱利安·哈瑞斯、克利·雷特、斯坦利·约翰逊
7. 新近或最新发生的事、接近性、显著性、新奇、悬宕、人情味、事件的含意	7	卡尔·沃伦、厄尔·英格利希、克拉伦斯·哈希

新闻价值要素	要素数量	提出者
8. 时间性、空间性、重要性、独特性、戏剧性、斗争性、离奇性的因素、情趣、猎奇	10	华连
9. 影响、时间性、声望、接近、冲突、异常、传播（Impact, Timeliness, Prominence, Proximity, Conflict, Bizarre, Currency）	7	麦尔文·曼切尔（Melvin Mencher）
10. 戏剧性、视觉诱惑性、娱乐性、重要性、临近性、简洁性、反常性、时效性、显著性、人格化	10	彼得·戈尔丁、菲利浦·艾略特
11. 及时性、接近性、显著性、重要性、人情味	5	克蒂斯·丹尼尔·麦克道格尔（Curtis Daniel MacDougall）
12. 时间性（又译及时性）、接近性、显著性、重要性、人情味	5	弗莱德·希伯特（Fred S. Siebert）
13. frequency, threshold/absolute intensity/intensity increase, unambiguity, Meaningfulness/cultural proximity/relevance, Consonance/predictability/demand, Unexpectedness/unpredictability/scarcity, Composition, Reference to elites, Reference to something negative	9	盖尔顿、鲁奇（John Galtung & Marie Holmboe Ruge,1965）

新闻价值要素	要素数量	提出者
14. Status(elite nation, elite institution, elite person); Identification (proximity, ethnocentrism, personalization, emotions); Valence (aggression, controversy, values, success); Consonance (theme, stereotype, predictability); Relevance (consequence, concern); Dynamics (timeliness, uncertainty, unexpectedness).	19 (6个维度)	Schulz (1982)
15. Timeliness, Proximity, Prominence, Consequence, Human interest	5	http://www. tgmag. ca/ap/smod3 _ e5. html
16. Impact, Weight, Controversy, Emotion, The Unusual, Prominence, Proximity, Timeliness, Currency, Usefulness, Educational Value	11	Gerald Lanson & Mitchell Stephens
17. STANDARD NEWS VALUES: Impact, Conflict, Timeliness, Proximity, Prominence, Currency, Human interest, The unusual	8	英国汤姆森基金会 (Thomson Foundation) 为第三世界新闻工作者编写的新闻教科书

新闻价值要素	要素数量	提出者
18.　Impact，Timeliness，Prominence，Proximity，Conflict，Weirdness，Currency	7	http://www. mtsu. edu/~ kblake/171/ newsvals. htm
19.　Frequency，Proximity，Threshold，Negativity，Predictability，Speculation，Unexpectedness，Continuity，Unambiguity，Composition，Personalization.	11	Branston ﹠ Stafford (1999)

　　该表显示，西方学者对于"新闻价值要素"的认识并不一致。在新闻价值要素的数量方面，少则 4~5 要素，多则 19~20要素。其中，相对而言比较多的是"7 要素"和"5 要素"。该表显示了国外"新闻价值要素"一段很长的研究历史：从 20 世纪初德列亚的 10 或 11 要素，到世纪之末 Branston 和 Stafford 的11 要素（1999 年）。

　　但是，与实际情形有所偏差的是，我国新闻传播学界对于西方新闻价值观中的"新闻价值要素"之统一程度有一种颇为常见的认识。他们认为，西方新闻传播学界在"新闻价值要素"问题上的认识具有很高的一致性。介绍得比较多的是时新性、接近性、显著性、重要性、趣味性等项。其实，这五项就是美国学者希伯特在《现代大众传播工具概论》和麦克道格尔（MacDougall）在《阐释性报道》（*Interpretative Reporting*）中所主张的"五要素"。

　　客观地说，作为一个整体的西方传统的新闻价值要素系统是优点与缺点并存的。比如，对于重要性、时新性等要素的强调无疑都容易得到各种社会制度下的学者的认同。但是，由于在实践和理论中都过于强调诸如反常、灾难、冲突等新闻价值要素，所以，就容易给人留下一种特别注重负面新闻的印象。一方面，在新闻价值要素问题上过于强调反常、灾难、冲突等要素；另一方面，在新闻定义问题上，个别人提出了虽令人惊愕但却影响深远的定义，比如，《纽约太阳报》的一位主编约翰·博加特（John Bogart）的经典名言："狗咬人，不是新闻；人咬狗，才是新闻"；又如，《纽约先驱报》的城市版主编斯坦利·沃尔克（Stanley Walker）提出，新闻有赖于三个"W"，即"女人"（Women）、"金钱"（Wampum）和"坏事"（Wrongdoing）。在两方面的共同作用下，也就特别容易强化出西方新闻价值观的畸形面貌。美国《芝加哥论坛报》的乔治·柏斯顿（George Bastain）给出的 12 个"新闻价值公式"将这种畸形特征极端地表达了出来。这些"新闻价值公式"如下：

1. 一个平凡的人 ＋ 一种平凡的生活 ＝ No News；

2. 一个平凡的人 ＋ 一次特殊的冒险 ＝ News；

3. 一个普通的人 ＋ 一个普通的妻子 ＝ No News；

4. 一个普通的人 ＋ 三个妻子 ＝ News；

5. 一个银行出纳 ＋ 一个妻子 ＋ 七个子女 ＝ No News；

6. 一个银行出纳 ＋ 十万美元 ＝ News；

7. 一个歌女 ＋ 一个银行行长 ＋ 十万美元 ＝ News；

8. 一个人 ＋ 一个妻子 ＋ 争吵 ＋ 告状 ＝ News；

9. 一个人 ＋ 一项建树 ＝ News；

10. 一个女人 ＋ 一次冒险或一项建树 ＝ News；

11. 一个普通的人 ＋ 普通的生活 ＋ 七十九岁 ＝ No News；

12. 一个普通的人 ＋ 普通的生活 ＋ 一百岁 ＝ News

二、新闻价值观的批判审视

英国学者戴维·巴勒特（David Barrat）在《媒介社会学》

（*Media Sociology*）中从批判的视角对新闻价值进行了认识。他思考的是这样两个问题：新闻记者是如何决定一个事件具有"新闻价值"的呢？新闻工作者把"现实世界"里发生的事件改写成新闻稿的日常程序是什么？他认为，新闻价值这一概念就是解答这两个问题的最有用的方法。

巴勒特说："如果想要了解新闻价值的话，那么，新闻记者可能就是最不适宜询问的人。关于新闻价值的标准是什么，他们通常不能做出明确回答。新闻记者经常谈论他们的'新闻嗅觉'——通过长期的经验而获得的一种职业的'第六感官'。对于新闻工作的这些未成文的规则正是职业的常识。同许多其他技术工作一样，这种职业的常识使人获得了某种秘诀。学会了这种工作，也就掌握了这种秘诀。"巴勒特是从社会学的角度来理解新闻价值的。他认为："从社会学的角度来理解新闻价值，必须从观察从事工作的新闻记者和分析新闻入手，而不是直接向新闻记者提问题。"

巴勒特借鉴社会学家马克斯·韦伯对于官僚主义的看法来引入对新闻的分析之中，响亮地提出了"新闻官僚主义"的概念。由于新闻是被称为"大众传媒"的组织机构的一种产物，因此，"大众传媒"这种组织机构的官僚主义特征就会以某些形式烙在其每日的产品——"新闻"——之上。正是在此意义上，巴勒特才提出了"新闻官僚主义"这一概念表述。较之于"传媒的官僚主义"，"新闻的官僚主义"似乎更能洞察到经常为人所忽略的一些隐含的或深层的权力运作。

韦伯指出，官僚主义者都倾向于把自己的活动安排成标准的程序，即按照惯例处理公务。同时，所有的官僚主义者都有将现实世界里不能预料的变化转化成一套例行程式的技巧。如果借用这种观念来分析新闻领域中记者、编辑的行为，就可以发现，作为新闻传播的一套职业逻辑之"新闻价值"其实是深深地嵌入到了"新闻官僚主义"之中的。因为，"新闻素材本身是不能预料的。新闻价值有助于将现实世界杂乱无章的事件组织起来进行整理，并为新闻工作者提供选择、构思以及用新闻的形式描述世界的必要指导。"

接着，巴勒特谈到了新闻价值方面的某些"官僚主义惯例"的表现。他说："某些新闻价值似乎是从办公室的日常事务中产生的。"一些事件要具有新闻价值必须与规定的日常惯例没有矛盾。这种惯例的一个明显而又重要的事实是：大多数新闻编辑室是一整天，即 24 小时周而复始地进行工作的。数周数月或数年逐渐积累起来的新闻素材比说明每天变化的素材的新闻价值更少。这就产生出来两种后果。主要的但是逐渐发生的社会变化，例如，男女平等意识的发展，几乎不可能被报道。

新闻编辑同其他任何官僚主义管理者一样，必须对他们的人力、物力，特别是对工作人员的安排做出决定。他们必须决定把记者派到哪里去采访，以便处于最好的位置报道人物和事件。这就涉及编辑判定将会发生什么新闻的问题。某些机构是固定的新闻来源——法院、体育比赛、议会辩论、记者招待会。认识到这一点，往何处派记者就相当容易决定了。新闻记者非常偏爱这些机构的新闻来源，因为这些新闻来源通常提供了可靠的素材。这种对官方信源的依赖是解决新闻媒介官僚主义问题的一个方法。这种依赖是"有权势者"的观点在传播媒介中取得特权地位的方式之一。

现代媒介机构所采取的官僚主义的另一方面与其职员有关，这就是，它们的职员是由各种专家组成，他们对某一具体的领域负责，并具有那一领域的能力。就新闻机构来说，记者处理不同的新闻主题，即处理体育、犯罪、经济、工业、时尚、政治、经济、教育、外国事务等领域的新闻报道。这些专家型职员的作用与传媒有着密切的关系。一条新闻是否被采用，部分地取决于它是否适合于每天必须传播的或首先安排好的新闻种类。那些可能在其他方面相对说来不大重要的新闻报道也可能被安排，以便维持各种不同种类内容的传统比例。

巴勒特指出，传播媒介的惯例也影响着新闻价值。他说，如果某则报纸新闻配有一幅生动的照片，或某则电视新闻中有惹人注目的镜头，那么，编辑就有可能采用它，甚至给它留一个比较重要的位置。这种情况下，惯例的作用经常是显而易见的。报纸和电视都很重视有冲击力或有吸引力的视觉形象，这已成为一种传播惯例。巴勒特称编辑对于这方面的考虑为一种"美学的考虑"。他明确地揭示道："这种'美学的考虑'可能在报纸上或广播中给一条在其他方面并无大价值的新闻一个位置。"

巴勒特还谈到了传媒在新闻价值方面的另外几种取向。一种取向是，"传播媒介关注性和不道德的问题"。这种新闻价值取向的采用常常是为了达到戏剧性、煽情性的效果。当然，这正是西方新闻价值观中遭人诟病的一个地方。另一种取向是，新闻价值的等级。巴勒特写道："媒介对各类新闻的取舍是分等级的。在新闻媒介里，权势人物的观点比其他人的观点受到更多的尊重。这可能是另一种新闻价值的发端。关于名人、著名团体和国家的报道更具有新闻价值。涉及王族的家庭、总统、明星和名人、西方富有强大的国家、社会富有阶层的情况比普通人的情况更有可能得到新闻媒介的报道。"传媒的这种新闻价值实践的结果就是，社会的权势阶层在传播上往往得到了过度的描述，进而，传媒的新闻价值实践就在事实上变成了一种社会权势结构的实践，参与并努力地纳入进了社会权势结构之再生产的轨道。并且，巴勒特还从一个国际性的宏观层面上敏锐而深刻地看到，"这种等级性也部分地表现在新闻工作者力量的分布上"，以世界五大通讯社为例，62％的工作人员都驻在欧洲和美国，而驻非洲的仅占4％。由这种新闻价值的等级性而产生的一个不可避免的结果，就是极度畸形的国际新闻传播的价值结构和流动结构。就价值结构而言，西方发达国家的新闻被认为具有更大的新闻价值，而发展中国家发生的新闻的新闻价值就较小；就流动结构而言，必然主要是描述西方发达国家的那些新闻向发展中国家流动，而不是相反。

最后，巴勒特还谈到了传媒在新闻价值上的另一种特别的实践方式——"贴标签"。这就是，传媒在面对某些新闻事件时，经常以这样一种特定的手法——"贴标签"来表达对这些新闻事件所持的态度和看法，比如，对于有黑人参与的一起打架斗殴，传媒可能就给黑人当事人贴上"暴乱者"的标签，或把有阿富汗人参加的一次袭击贴标签为"恐怖分子袭击"等。"一旦给事件贴上标签，传播媒介就把它放了一个熟悉的语境中……所报道的事件就这样被置于一个'文化意义的画面'上。"这其实也就点破了贴标签的精义：将新发生的新闻事件贴上一个为人熟知的"标签"，由此想起符合特定"标签"的那个典型的"语境"（context）。一句话，利用"标签"就是要借助一种既为人所熟悉又为人所共享的一种认知、一种态度，抑或一套价值。理解了这一点之后，也就不难领会巴勒特下面这段论述的深意了："传播媒介中这些人所共知的标签和语境为一个最重要的新闻价值提供了基础：如果一些事件能够被恰好放入现成的社会框架内，它们就更有可能被报道。这样，现实被'扭曲'以适应由媒介表达的对世界的一致看法。'现在，新闻工作者不是用新闻的方法帮助受众向旧的现实让步，而是趋向于用旧的方法帮助观众向新的现实让步。'盖尔顿和鲁奇指出，从这种意义上，'新闻'在某种程度上是'旧闻'。"

霍尔论新闻价值。英国著名学者斯图亚特·霍尔（Stuart Hall）在一篇关于新闻照片的文章《新闻照片的确定》中，谈及了"新闻价值"。他写道："新闻价值是当代社会中最隐晦的意义结构。按理来说，所有'正牌的新闻记者'都应该拥有新闻价值观，但很少有人能够，或者愿意指出它或定义它。新闻记者在谈及'某些新闻'时，就好像是透过某些事件来选择新闻。更进一步地说，当他们提到'最重要'的新闻报道，或最适当的'新闻角度'时，就仿佛受到神圣的鼓舞。但是，整个世界上，每天发生的事情，何止成千上万，却只有占微乎其微的比例的事件可以跃然纸上，登上荧幕，成为'最有潜力'的新闻报道。而就在这一小部分的新闻中，也只有更小一部分新闻，是真正新闻媒体所产制的当日新闻。如此一来，我们似乎面对的是某种'深层结构'，而这种深层结构的设计，便是要发挥某种选择性的作用。就算是对那些具有专业能力，也有能力驾驭操作这个它的人来说，这个结构也是相当难以看穿的。"

这里，霍尔以精练的语言为新闻价值的重要作用作了一种颇为极端的（在句法上使用了最高级的表达）的定位："新闻价值是当代社会最隐晦的意义结构。"其实，这里虽使用的是一个比较笼统而宽泛的"当代社会"这一宏大的时间概念，但在其内涵方面，霍尔实际上主要还是指当代这个"大众传媒时代"。一方面，霍尔看到受众是生活在大众传媒的笼罩之下这一个基本事实，这是比较外显的一面；另一方面，他更看到了支配传媒的一种专业性的价值——新闻价值——实践的隐晦特征。"隐晦"就意味着不容易觉察，更难以看穿，这是比较内隐的一面。霍尔的深刻之处在于，他将"新闻价值"与"意义结构"紧密联系起来，它们之间的关系是"塑造"与"被塑造"的关系。如果考虑到霍尔对于传媒所持的鲜明的批判立场的话，那么，也就不难做出这样的分析：霍尔所言的"意义结构"中一定是包含了"传媒权力"的，因为，传媒凭借其独特的专业性的价值塑造出一种特定将受众笼罩于其中的"意义结构"。当然，传媒权力的价值来源主要还是政治、经济、文化方面的主导价值观。在这种情况下，新闻价值隐晦地塑造某种特定的意义结构就意味着：传媒是一股为权势阶级服务的"霸权"力量。

第四节　效果理论

这一节的介绍显著地偏重于"新闻传播学"之有机组成部分"传播学"。

传播研究最初最关注的就是传播效果问题。丹尼斯·麦奎尔（Denis McQuail）、斯文·温德尔（Sven Windahl）在《大众传播模式论》　（*Communication Models for the Study of Mass*

Communication）的第一版和第二版中都指出："大众传播理论之大部分（或许甚至是绝大部分）研究的都是效果问题。"另两位学者希伦·洛厄里（Shearon A. Lowery）和梅尔文·德弗勒（Melvin L. DeFleur）则出版专著来梳理传播效果——《大众传播研究的里程碑》（*Milestone in Mass Communication Research: Media Effects*）。在第二版的"原序"中，他们坦言："简言之，我们较关心的是大众传播的效果而非过程。"罗杰斯（Rogers）在为本书撰写的"前言"中，针对该书以传播效果为焦点的做法而指出："过去五六十年的传播研究史中，以效果的研究最具规模和影响力。"在第三版的"前言"中，罗杰斯依然坚持这种看法，评价道："在本书所覆盖的这 60 年里，效果导向（effect-orientation）在大众传播研究中一直占据着统治地位。"由此可见有关传播效果的研究和理论之于传播学的极端重要性，我国学者李彬称效果研究为"传播学传统学派安身立命的根基"。

一、效果内涵的变迁

把传播效果置放在纵向的时间坐标上来分析，特别需要首先对传播"效果"在内涵方面的变迁有一个清楚的认识。这是关于传播效果基本的认识论问题。因为，在传播效果问题上的诸多争论都是由于研究者们在这两个基本点上各持己见所造成的。

在传播研究中，"效果"对应的英语表达是"effect"。对于"效果"的理解可以有诸多的层面。在过去的研究中，学者们通常都是在各有侧重地开展着自己的研究。大体而言，可以从这样几个层面来对"效果"的内涵进行比较全面的理解。

（1）从传播的意图性强弱的角度来理解。

情形一：对于某一个传播行为而言，如果传播者的意图性很强，这种传播通常被称为说服性传播。说服性传播的效果鲜明地表现为"影响"（influence），换句话说，就是要试图将受众纳入传播者预期的轨道中去。如果受众朝着传播者预期的方向发生了很明显的改变，那么，就意味着传播获得了显著的"效果"。否则，就没有什么"效果"。可见，在传播者具有强意图性的情况下，对"效果"内涵的理解浸透了一种浓厚的"传播者中心论"，可称为"预期的影响效果"。

情形二：就某一个传播行为而言，如果传播者的意图性很弱，这种传播通常就被视为非说服性传播。在非说服性传播那里，对于传播者而言，"效果"并不具有鲜明而强烈的自我中心特征，正好相反，"效果"主要体现在传播过程中的另一个基本的要素——受众——那里，通俗说来，"效果"就是发生在受众那里的特定变化。由于"效果"并不与传播者具有直接的或明显的意图关系，因此，似可将这种情形下的效果称为"客观的社会效果"。

为了对各种传播行为进行解释，有必要把传播者的意图性看作是一个连续统一体（Continuum），一端是强意图性，一端是弱意图性。由于每一个传播行为都处于这个意图性的连续统一体的某一个特定位置上，这个位置可能更偏向强意图性一端，也可能更偏向于弱意图性一端。正是这种变量性质增加了任何一种效果理论达到普适性的难度。

（2）从传播效果显现的时间性的角度来理解。

情形一：短期效果。早期的传播效果研究关注的就是一种短期效果。研究者们运用特定的手段测量传播行为发生之后立即或短时间里所发生的某种变化。麦克劳（Mcleod）、考斯基（Kosicki）和潘忠党在《对媒介效果的理解与误解》（*Understanding and Misunderstanding Media Effects*）一文中论述到这一问题时特别提到实验研究的短期效果之价值取向。他们写道："大多数的实验性媒介效果研究，针对的是接触一种讯息之后紧接的、即时的、相对短期的效果。此类研究涉及，大多不包括其他效果形式，即这种接触的长期后果。通常，我们认为对媒介的短期反应会在一段时间后消失（如兴奋效果）。但这并不意味着，即时反映就不重要。"

情形二，长期效果。在短期效果研究未能取得令人满意的结果之后，学者们开始调整研究思路，反思短期效果所存在的缺陷，开始关注长期效果，比如像议程设置（Agenda Setting）、沉默的螺旋（Spiral of Silence）、培养分析（Cultivation Analysis）、知识沟（Knowledge Gap）等都是长期效果的理论。麦克劳等人指出："长期效果的表现形式各异。首先，由接触所产生的反应可能只简单地持续一段时间。另外，效果的表现形式可能取决于其他条件的数量：对类似媒介讯息的额外接触、适宜的环境条件促成了效果的产生，或由于社会对某种效果的肯定从而强化了反应。在这些情况下，效果只能通过媒介接触以后一段时间才能发现证据，只依靠为测量短期效果而进行的研究设计，往往无法发现证据。"

过去的效果研究在短期效果与长期效果方面都提出了一些版本的理论，但明显的缺点是，这些理论之间往往多有抵触或矛盾。由于通常不是在研究设计上就同时将短期效果与长期效果作为关注的焦点，所以，这各种理论尚没能很好地体现出相容性或者互补性。

（3）从传播效果聚焦的广延度的角度来理解。

麦克劳和李维斯（Reeves）在 20 世纪 80 年代初就主张，要从七个方面来对媒介效果进行界定。其中第一个方面就是以效果的广延度——"微观与宏观"——作为分析单元的。

麦克劳、考斯基和潘忠党对这一问题的看法是："在过去半个世纪的媒介效果研究中，受众个体一直是最主要的分析单元。选择这一'微观'的单元，反映了关于态度的社会心理学理论和经验主义方法在战后的显赫地位。但通常，理论和政策议题需要纳入更宏观的分析单元之中，其结果是，宏观社会实际上只建立在从个体受众成员那里收集到的微观数据的简单合计基础上。这种简单的总计程序所形成的跨层次分析，是有问题的（潘和麦克劳，1991）。社会后果不能只从个体的平均变化中加以推断。对个体发生作用的，不一定对社会也发生作用，反之亦然。"这种认识相当恰当。由注重"微观"层次（通过受众个体来分析效果)到注重"宏观"层次(通过社会、文化来分析效果)的转变,可以发现,效果研究已发生了转向。转向的发生源于对效果内涵的理解之转向。

要同时兼顾微观效果与宏观效果,恐怕还需要时间,因为,需要解决的问题是深层次的方法论问题,更明确地说,就是需要花时间来探寻出恰当的研究方法,使其研究既能够对"个体"又能对"宏观社会"具有切实的有效性。

(4)从传播效果的内容构成的角度来理解。

麦克劳和李维斯主张的界定媒介效果的七个方面中也特别提到了效果的内容构成——"态度、认知与行为",也就是说,效果就有多方面的内容构成:态度效果、认知效果和行为效果。

但传播效果研究走过的路途却并非一开始就具备了这种全面的认识。可以说,在早期相当一段时间之内,媒介效果研究的历史就是一部态度改变的研究史,比如,拉扎斯菲尔德(Lazarsfeld)等人对于1940年总统选举中选民如何投票的实地调查、第二次世界大战中及之后霍夫兰等人研究态度改变的实验研究,都是这方面的典型。在态度改变方面的效果研究未能取得令人满意的效果之后,试图开拓研究新路的学者们经过反思,走出了效果在内容构成上原有的狭隘状态,开辟了效果内容构成的"认知"方面和"行为"方面。

效果的认知、态度、行为这三个内容构成虽然属于不同的层面,但是,相互之间却是可以发生转换的。只不过,转换的达成有赖于一定的条件。在实际的传播中,认知和态度发生分裂、态度与行为发生分裂的情形是经常存在的,就是最极端的情形,即认知、态度和行为三者各不相干的情形,也不是决然没有的。

如果全面地考虑传播效果的内涵,那么,效果内涵就应该是一个多维的坐标图,每一个传播行为可能都能够在其中的每一个维度上占据着一个特定的位置。由传播效果的研究史可以看出,对于效果内涵所持的看法直接影响到效果研究及其理论形态。正是由于研究者们在效果内涵的理解上各有侧重,才导致了效果理论几十年来的研究成果既卓著又庞杂。

二、效果理论的变迁

过去几十年的传播效果研究提出了形形色色的效果理论，这里，我们无法一一叙述，而只能相对宏观地进行一番概述，从而粗略地显露出效果理论之历史轮廓。

沃纳·赛弗林（Werner J. Severin）、小詹姆斯·坦卡德（James W. Tankard，Jr.）在 20 世纪 80 年代初出版的《传播学的起源、研究与应用》（*Communication Theories：Origins，Methods and Uses in the Mass Media*）中将几十年来的效果研究从大的阶段上分为四个时期，即"魔弹论"阶段（1914—1940）、"有限效果论"阶段（1941—1960）、"适度效果论"阶段（1961—1972）和"强大效果论"阶段（1973—1980）。如下图所示：

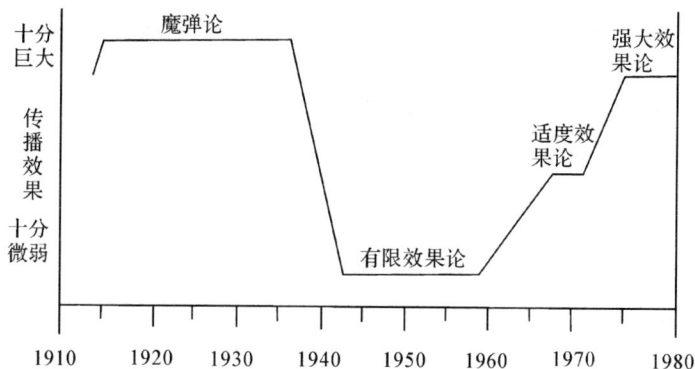

图 13—1　效果理论发展的四个阶段

当然，效果理论阶段发生转向的确切年份其实可能难以这么泾渭分明，但大体上的分期还是合理的。20 世纪 80 年代以来这二十多年里，效果理论并未出现新的明显转向，似可将最后一个时期的时间下限一直延续至今。但效果研究也并非完全是后一个时期取代前一个时期，现今的研究更多地呈现出一种多元化的健康状况。

下面，就对效果理论的变迁作一简述。

（一）魔弹论

魔弹论（Magic Bullet Theory）又被称作"子弹论"（或译为"枪弹论"，Bullet Theory）、"皮下注射器理论"（Hypodermic Needle Theory）或"传送带理论"（Transmission Belt Theory）。

魔弹论是盛行于 20 世纪二三十年代的一种效果理论。查菲（Chaffee）认为，魔弹论这个名称显然未被早期研究大众传播效果的任何思想家所使用。施拉姆也明确指出："所谓'枪弹论'只是一种记者的'发明'（这是从这个美好的词的贬义上来说的），而不能被认为是一种学者的理论。"但不管怎样，情况或许正如赛弗林、坦卡德所言："然而，这个词语分明又是对当时广泛持有的观点的很好描述。"

魔弹论的含义是：在传播中，传媒拥有强大的力量，而受众则是软弱的，当媒介所传播的内容到达受众那里时，强大的效果就会立竿见影地在受众身上体现出来。用比喻的说法来表达就是，版本①：受众就像是射击场里一个固定不动的靶子，任由媒介发出的魔弹扫射，受众只要被打中，就会应声倒下；版本②：受众就像是医生面前的一个病人，完全处于被动状态，一旦针头扎进病人的身体，药液就会立即地产生出强大的效果。

魔弹论本质上是一种说服性传播的效果理论。其简单的逻辑就是，将传播内容之于受众的关系类比为一种"刺激—反应"关系。这与当时流行的"大众社会"理论是紧密相关的。大众社会理论认为，人们是一盘散沙，呈原子状态，失去了传统社会中强有力的人际网络，因此，无力抵抗传媒强大的宣传。

魔弹论的缺陷是显而易见的。它将传播效果简单化和绝对化了，丝毫不考虑时间、地点等客观的传播情境，也不管受众的主体性因素。因此，20 世纪 40 年代以后，魔弹论就被抛弃了，并被代之以更多地考虑到传播的人类特性的效果理论。

下面，简述一个可以证实魔弹论的著名的传播事件：广播剧

"火星人进攻地球"。1938 年 10 月 30 日晚，美国哥伦比亚广播公司的"太空剧场"节目播出了由科幻小说《火星人进攻地球》(*The Invasion from Mars*) 改编的同名广播剧，结果在听众中引起了巨大的恐慌。这一天也被纪念为美国人恐慌的一日。这次传播事件是这样的：首先，报幕员介绍播放广播剧"火星人进攻地球"，然后，由播音员威勒斯（Welles）以其独特的声调开始说：

我们知道，现在正处在 20 世纪的初期。这个世界正由智者仔细地观察。人类忙着研究一切事物，甚至微细到要用显微镜才看得到水滴中的蜉蝣，进而洞悉地球的奥妙。事实上，地球不过是神秘的宇宙中不断旋转的一小块东西罢了。因为在无限的高空之外，一群我们会视为野兽者的火星人，正冷冷地带着贪婪的目光向地球驶近。1939 年，人类幻灭的时刻来临了。

接着，另一名播音员不露痕迹地播出了一段平常的气象消息：

……接下来的 24 小时，气温没有什么变化。但在诺瓦斯克堤将有轻微的乱流发生，使得低气压快速地向东北各州移动，可能夹带着风雨。最高气温为华氏 66 度，最低 48 度。气象报告是由气象局提供的。

此后，广播剧听众听到的是一段由 CBS 室内管弦乐团演奏的探戈曲。广播剧最初的这十几分钟，听众感觉到的是生活的常态。突然，广播剧中插入了一段新闻：

一个巨大的发光体，应该是流星，落在新泽西州的葛罗佛山附近，离翠恩登大约 22 英里。

顿时，插播的音乐转换成了现场访问，正常的生活节奏变成了戏剧节奏。几分钟后，火星人竖起了丑陋的头颅，开始了他们的侵略。短短 45 分钟内，火星人使用毁灭性的武器，打败了美国军队，干扰了通信系统，杀死美国居民。美国正调动大量的军队，记者从各处蜂拥而至，政府官员召开紧急会议，激烈的陆空战正在交火。这时候，广播剧播出了美国内政部长对全国人民的谈话：

> 全国居民们，我不应该掩饰如今国家所面临的危机，我也保证政府一定竭尽全力保卫人民的生命财产安全。不过，我要强调，所有的公务员和一般民众务必保持高度的冷静。很幸运的是，敌人还只局限在很小的区域。相信我们的军队可以使他们不至于向外扩展。同时，我们要相信上帝，继续恪尽职守，才能统一力量、统一御敌，勇敢地保卫人类在地球上的优势。谢谢各位！

这段谈话刚结束，节目监制戴维森·泰勒（Davidson Taylor）就被召回到办公室。他被告知了广播剧引起的恐慌情形。台领导要求中断节目。广播剧被迫中断时，剧情为火星人正向纽约上空喷洒毒气。在广播剧的播出过程中就引起了巨大的恐慌，人们惊恐万分，或祈祷，或逃离，乱成一团。在数百万听众中，估计约有一百万人受到惊吓，许多人表现出了恐慌行为。下面是一些恐慌的例子：伯明翰，亚拉巴马州——许多人到教堂祷告。在东南部的一所学院里，住在姊妹会和宿舍的女生们，抱着收音机一边颤抖，一边哭成一团。她们唯一分开的时刻就是轮流去打电话回家向父母告别，因为她们认为大概是最后一次说话的机会了。罗德岛——惊恐的民众纷纷打电话到当地一家报纸询问火星人进攻的详细消息。电力公司说他们接到许多民众的电话，要他们关掉全市的灯光，以免遭受到火星人的攻击。纽约——数百民众逃出家门，公共汽车站非常拥挤。一位妇人很不耐烦地给公交车站打电话说："请快一点，世界末日到了，我还有许多事要做！"匹兹堡——一位男士在节目进行过程中回到家中，发现他太太手拿一瓶毒药在浴室里大叫："我宁愿这样死！"

尽管这是最著名的一次证明传播具有巨大魔力的传播事件，但是，普林斯顿大学广播研究中心开展的研究〔由坎崔尔

（Cantril）、高德特（Gaudet）、赫佐格（Herzog）写成专著《火星人进攻地球》]却仍显示，个性差异、社会关系等因素都导致了听众的不同反应。洛厄里和德弗勒在《大众传播研究的里程碑》一书中评价坎崔尔等人的研究"是第一个向魔弹论挑战的研究。它开启了日后研究选择性影响的方向"。

1964 年，雷蒙德·鲍尔（Raymond Bauer）在《美国心理学家》上发表了一篇题为《顽固的受众》（*The Obstinate Audience*）的文章，为魔弹论唱响了最后的挽歌。

（二）有限效果论

有限效果论，有时又被称为"最低效果法则"（the Law of Minimal Consequence，在由华夏出版社出版的《传播理论》一书中，郭镇之等译为"最小后果定律"），这一概念是由约瑟夫·克拉珀（Joseph Klapper）的妻子创造出来的。

对于有限效果论做出最大贡献的是由保罗·拉扎斯菲尔德领导的哥伦比亚大学应用社会研究所。有限效果理论在以下几个文献中得到了充分的论述：《大众传播、流行趣味和有组织的社会行为》（论文，拉扎斯菲尔德和罗伯特·默顿）、《人民的选择》（专著，拉扎斯菲尔德、贝雷尔森和高德特）、《亲身影响》（专著，伊莱休·卡茨、拉扎斯菲尔德）、《大众传播效果》（专著，约瑟夫·克拉珀）、卡尔·霍夫兰等的《大众传播实验》《传播与说服》等著名研究专著。

在《大众传播、流行趣味和有组织的社会行为》（Mass Communication，Popular Taste，and Organized Social Action）这篇经典文献中，作者们指出："人们可以回避、抵制以至于同化改造大众媒介所传播的思想观点"，大众传播的主要效果在于维护社会现状，而不是改变现存的社会结构和文化结构。显然，这是对于魔弹论的批判。大众传播（他们当时重点强调的是大众传播的说服性传播类型，即"宣传"）要发挥出强大的效果则需要具备一定的条件。他们指出："要使这种宣传有效，至少必须具备以下三个条件中的一个。这三个条件简单地说来就是：（1）

对大众实行心理上的垄断；（2）引导而不是改变基本价值观念；（3）以面对面的接触为补充手段。"

拉扎斯菲尔德等人在俄亥俄州的伊里县对 1940 年总统大选开展了著名的"伊里县调查"。调查结果结集成书《人民的选择：选民如何在总统大选时做决定》（The People's Choice：How the Voter Makes up His Mind）。本研究的一个主要收获是分辨出了媒体宣传的三种影响模式：活化（Activation，指的是促使原本意向不明、态度未定者的意向和态度明显化的一种过程）、强化（Reinforcement）和转化（Conversion）（我国学者郭庆光在《传播学教程》中分别译为"结晶""强化"和"改变"）。调查结果显示，大众传播主要的效果在于使选民已有的认识得到强化；有着清楚的政治倾向但尚未作出投票决定的那一部分选民，经过大众传播的活化过程达成了与其原来的政治倾向相一致的决定；只有少数选民的投票意向因大众传播而发生了改变：在伊里县的调查样本中，只有 8% 的人被大众传播转化了。由此就可得出结论：大众传播并非魔弹，媒介不是万能的，其传播效果是相当有限的。

"伊里县调查"取得了一个意外收获，这竟成了本研究的最伟大的贡献。这个发现就是认识到了面对面讨论巨大的重要性。研究者们由此提出了著名的"两级传播"（Two－step Flow of Communication）。拉扎斯菲尔德他们发现，调查对象中有些人对政治有较高的兴趣，主动地接触了较多的媒体讯息，他们称这些人为"意见领袖"（Opinion Leader，又译作"舆论领袖"）。意见领袖再把讯息和看法传递给群体中不那么活跃的人。这样一来，传播就表现出了这样一种传播形态："大众传媒→意见领袖→其他受众"。简言之，两级传播的内涵就是：讯息和看法通常由报纸、广播等大众传媒传递给意见领袖，再由意见领袖传递给其他对于媒介讯息的接收不那么活跃的人。本质上，两级传播发现了人际传播的重要作用。而在此之前，大众社会理论和魔弹论都绝对地强调大众社会中个人的孤立无助，而没有将社会关系作为重要的研究因素。而"伊里县调查"却发现，人与人之间的关系是大众传播过程中最重要的一环。罗杰斯称此项研究"开启了有限效果时代的序幕"。

1955年，卡茨（Katz）和拉扎斯菲尔德出版了《亲身影响：个人在大众传播流程中的角色》（*Personal Influence：The Part Played by People in the Flow of Communications*）。本书最独特之处就是，研究者意图探讨人们每日面对面的接触中相互影响的情形，即从另外的角度来研究"意见领袖"。研究地点选在伊利诺伊州的狄凯特。狄凯特研究是依据两级传播而进行设计的，研究者重点研究了意见领袖影响日常生活各个层面的情况。这些层面包括：（1）市场（研究对食品、家庭用品等消费品品牌的选择）；（2）流行（研究对于发型、服装、化妆等的选择）；（3）公共事务（研究对于政治和社会之各种议题、事件的混乱部分如何加以澄清）；（4）电影（研究对于看电影的选择）。狄凯特研究再次从总体上证实了意见领袖的存在，再次证实了人与人之间的社会关系在大众传播中的重要性。洛厄里和德弗勒对于《亲身影响》给予的评价是："也许其最大的价值还是在于打破了原先视媒介为洪水猛兽或民主救星的看法。媒介的效果实际上不仅不大，并且很难察觉。它使得畏惧媒介的传统观念变得荒谬无稽。"

与社会学家拉扎斯菲尔德等的调查方法不同，心理学家霍夫兰（Hovland）领导的研究小组选取的是另一种重要的传播效果研究方法——实验法。霍夫兰他们若干年里开展了庞大的说服研究，常常被称为"耶鲁研究"，他们试图寻求说服的"神奇之钥"。霍夫兰他们主要研究了这样一些问题：传播来源的可信度、知名度、一面理与两面理、重要信息表达的先后、结论的明示与暗示、理智型说服与情感型说服、传播对象的可说服性、恐惧诉求的程度、接种免疫论，这些问题涉及了传播者、讯息和受众等不同方面。尽管实验研究的结论是颇为繁杂的，但是却同样否定了所谓魔弹论的效果神话，总体上证实了传播效果的有限。

1960年，哥伦比亚社会研究所的另一位学者约瑟夫·克拉珀出版了著名的《大众传播效果》(*The Effects of Mass Communication*)。在收集、整理了大量的传播研究文献之后,克拉珀认为,大众传媒并不像一般人认为的那样万能,传播讯息的确对受众产生一些效果,只是效果非常有限。讯息能够产生效果的情况,比早先的社会科学家们所假想的要复杂得多。他对影响传播的"中介性因素"进行了强调,这些"中介因素"有:受众的预存立场;受众的选择性过程(即选择性接触、选择性理解和选择性记忆);受众所属的群体及所遵循的群体规范;对大众传播起着补充和抵消作用的亲身影响;在自由企业制度中的大众传媒的商业性等。下面是克拉珀从已有的研究文献中得出的五个普遍原则:

(1)大众传播通常不作为受众效果的必要且充分的原因而发挥作用。与此相反,大众传播是在各种中介性的因素和影响的连锁中进行的,并通过此连锁而发挥作用。

(2)由于存在着各种中介因素,大众传播在强化各种现存条件的过程中,不是唯一的原因,而往往是构成促进作用的原因之一……媒介的作用更趋于强化而非改变现状。

(3)如果大众传播要发生改变现状的作用,那它应该要符合下列两个条件之一:

(甲)各种中介因素失效,媒介的效果是直接的;

(乙)通常起强化作用的那些中介因素本身转向了推进改变的方向。

(4)大众传播产生直接的效果,或因其而直接产生特定的心理和生理功能、但无法做出说明的特定状况,是存在的。

(5)作为促进的作用因素或直接产生效果的作用因素的大众传播,其效力受到来自媒介和传播自身以及传播状况的各种层面(诸如媒介内容的文法结构、传播来源和媒介性质、现实的舆论环境等等)的影响。

贝雷尔森对于传播的有限效果也有一个著名的表述："关于某个问题的某种传播，在某种情况下引起了某个人的注意，才可能产生出某种效果。"这个表述限制重重。他进而对作为一个研究领域的"传播研究"也不再抱持信心，黯然宣布：传播研究行将死亡。

（三）适度效果论

适度效果论，也被译为"中度效果论"（moderate effect theory），出现于20世纪60年代到70年代初。赛弗林和坦卡德在《传播学的起源、研究与应用》中认为，适度效果论包括使用与满足理论（Uses and Gratifications Approach）、创新扩散理论（Theory of Innovation Diffusion）、议程设置理论（Agenda Setting Theory）、文化规范理论（Cultural Norms Theory）等一系列研究成果。学者们出于对有限效果论进行修正，开拓出了新的不同的研究取向。研究者们开展这些研究时具备了这样一些基本认识：（1）有限效果论过分贬低了大众传播的效果。事实上，大众传播在某些情况下可能具有相当显著的传播效果；（2）过去的研究注重于探讨大众传播对于态度和意见的影响。假如探讨其他变量的话，或许可以发现大众传播具有较大的效果；（3）过去的研究构想只着眼于这样一个方面，即"媒介对人们做了什么？"（What do media do to people?），却忘了问另一个重要问题，即"人们利用媒介做了什么？"（What do people do with the media?）。（4）过去的研究只研究了大众传播的短期效果，几乎没有研究其长期效果。下面，简要介绍一下其中的两个代表性的理论：使用与满足理论和议程设置理论。

1. 使用与满足理论

哥伦比亚大学应用社会研究所开展的早期研究为使用与满足理论的提出奠定了基础。1944年，赫尔塔·赫佐格（Herta Herzog）对日间连续剧的女性听众进行了研究。其中，对100多名听众作了长时间的采访，对2 500名听众作了短期的采访。然后，发表了具有历史性的论文《我们对日间连续剧的听众究竟知道什么》（*What Do We Really Know About Daytime Serial Listeners*）。研究发现，听众收听日间连续剧主要出于：（1）当作一种发泄情感的方法；（2）满足个人的"痴心妄想"；（3）获取自己处世指导。1949年，伯纳德·贝雷尔森（Bernard Berelson）开展了一项研究"失去报纸意味着什么？"（What "Missing the Newspaper" Means）。结果发现，人们说，没有了报纸，他们感到自己奇怪地"离开了世界"，好像他们已"不在"这个世界上。这表明，大众传媒的效果似乎并不像有限效果论者所说的那么小。

1959年，卡茨提出了"使用与满足理论"这一概念。该研究取向将研究的视角由原来的"媒介对人们做了什么？"转换成了"人们利用媒介做了什么？"，研究视角的转换表明，研究者不是将受众视为消极被动的，而是将其看作积极主动的。20世纪60年代中期，英国学者布卢姆勒（Blumler）和麦奎尔以使用与满足理论为研究策略，对英国1964年大选进行了研究，他们发现了电视观众收看政党选举节目的理由，如表13-6所示：

表13-6　电视观众收看政党选举节目的理由

	百分比（可多选）
看某一个党执政后会做什么	55
与每天的主要议题保持接触	52
评论政党领袖像什么样子	51
提醒自己本党的优点	36
判断谁可能赢得选举	31
帮助自己决定如何投票	26
享受选举竞赛的刺激	24
用作与别人争辩时的资料	10

1974 年，卡茨提出了如图 13－2 所示的使用与满足模式：

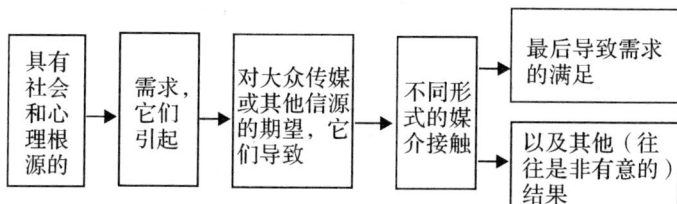

图 13－2　卡茨的使用与满足模式

珀斯（Perse）和考特赖特（Courtright）在 1993 年发表的一篇文章《传播媒介的规范形象：新媒介环境中的大众渠道与人际渠道》（*Normative Images of Communication*：*Mass and Interpersonal Channels in the New Media Environment*）中也确认，大众传播和人际传播可以对 11 种需求予以满足：放松、娱乐、忘掉工作或其他头疼的事情、与朋友交往、获知关于自己和他人的事情、消磨时光等。赛弗林和坦卡德评价道："对主宰早期的很多过于强调受众被动和说服效果的研究，使用与满足理论可提供一剂健康的解药。"

2. 议程设置理论

大众传媒的议程设置功能指的是媒介具有这样一种能力：人们倾向于了解大众传媒注意的那些议题，并按照传媒对于各个议题的关注程度来确定议题的优先顺序。该理论主要考察的是媒介"认知"效果，而不是态度与意见的"改变"。当然，由于议程设置功能使受众按照传媒的议题顺序来确定问题关注的顺序。

议程设置的理论萌芽可追溯到沃尔特·李普曼（Walter Lippmann）1922 年出版的名著《舆论学》（*Public Opinion*），书中谈到，传媒将"外在世界"变成了"我们头脑中的图画"。1963 年，伯纳德·科恩（Bernard Cohen）在《新闻界与外交政策》（*The Press and Foreign Policy*）中说出了一段有关议程设置的经典名言："在多数时间，报纸在告诉人们该怎样想上可能不怎么成功，但在告诉读者该想些什么的问题上却惊人地成功。"

真正把议程设置作为一种效果理论来加以科学地验证的，则是马克斯韦尔·麦库姆斯（Maxwell McCombs）和唐纳德·肖（Donald Shaw）。

关于议程设置理论有两个特别著名的研究。一是1968年总统大选时在北卡罗来纳州开展的一项研究——"茄珀山研究"。这是一个很简单的研究，在进行受众调查时采用的是立意抽样而非随机抽样。研究结果表明，在主要新闻部分，媒介对于某一议题的强调程度与选民对于某一问题重要性程度的感知之间的相关系数高达0.967；在次要新闻部分，两者之间的相关系数也达到了0.979。虽然，茄珀山研究表明媒介议程和公众议程之间具有很高的相关性，但并未指出，媒介议程和公众议程孰是因孰是果？对于因果关系的探讨留给了另一项研究，即1972年总统大选时在北卡罗来纳州进行的"夏洛特研究"。研究采用了一种"交叉—时滞相关"（Cross－Lagged Correlation）的分析方法。研究证实了议程设置效果的存在，并且也发现，是媒介为公众设置了议程。本研究成果《美国政治议题的产生——新闻媒介的议程设置功能》（*The Emergence of American Political Issues：The Agenda－Setting Function of the Press*）是系统研究议程设置理论的第一本专著。

另一位学者芬克豪泽（Funkhouser）在一个更长的时段中研究了议程设置。他研究的时段是20世纪60年代，研究内容是美国三家著名的新闻周刊上的新闻报道与美国公众对于这些事件之重要程度的感知之间的关系。结果表明，媒介报道与公众感知之间的相关系数达到了.78，具体情况如下页表13－7所示。

学者们对于议程设置的研究拓得很宽。重点研究了议题的特性（强制性议题与非强制性议题、抽象议题与具体议题）、"议题偏颇"（Bias by Agenda）、议程设置的"时滞问题"（Question of Time Lag）、"导向需求"（Need for Orientation）、"媒介间议程设置"（Intermedia Agenda Setting），等等。20世纪80年代初，格拉迪斯·兰（Gladys Lang）和库尔特·兰（Kurt Lang）

在研究水门事件期间报纸与舆论的关系时提出，有必要将"议程设置"改为"议程建构"（Agenda Building），这表明了他们试图推进研究的一种主观意图。随后，学者们不仅关注媒介强调了"哪些"议题，而且关注这些议题是"如何"表达的。1992年，麦库姆斯在一篇文章中对于传统的经典表述——新闻不怎么能告诉人们该怎么想，但却可以告诉人们想些什么问题——做了修改，新的表述是这样的：新闻不仅告诉我们该想些什么，而且告诉我们该怎样去想。表述的转换进一步肯定了大众传播所具有的效果。

表 13-7　媒介报道与公众感知之间的关系

议　题	文章数目	排序	感知的重要性排序
越战	861	1	1
种族关系（和城市暴乱）	687	2	2
校园骚动	267	3	4
通货膨胀	234	4	5
电视和其他大众传媒	218	5	12
犯罪	203	6	3
毒品	173	7	9
环境和污染	109	8	6
吸烟	99	9	12
贫穷	74	10	7
性（道德下滑）	62	11	8
妇女权利	47	12	12
科学与社会	37	13	12
人口	36	14	12

　　当然，需要指出，受众对于某些议题的认知也就有可能因传媒对于某一议题进行背离实际情况的设置而产生认知偏差，这就

是传媒的误导。比如，从 1986 年到 1989 年间，舆论调查显示，美国公众对于国内毒品问题的关注程度呈不断上升之势，但其实，同期的使用毒品人数却是在稳步下降。芬克豪泽研究了实际生活与传媒报道之间的关系后得出结论，传媒报道并不能很好地与现实之实情吻合。

（四）强大效果论

科学研究中经常出现这样一种情形：研究视角的转换往往能拓殖出一种新的研究面貌。20 世纪 70 年代的效果研究也就是这么一种情况。持适度效果论的学者已打破了贝雷尔森等人悲观的有限效果论，洛厄里、德弗勒在《大众传播研究的里程碑》中就称"议程设置研究代表了大众传播效果的转折点"。适度效果论代表了效果研究由"衰"而"兴"的一种过渡。20 世纪 70 年代，另一种新的强大效果对于传播效果研究造成了剧烈的冲击。

新的强大效果理论的代表者首推德国女学者伊丽莎白·内尔—纽曼（Elisabeth Noelle–Neumann），她于 1973 年发表的《重返大众传媒的强力观》（*Return to the Concept of the Powerful Mass Media*）被奉为新的强大效果论响亮的先声。她认为，媒介其实是具有强大效果的，只是过去的研究未能科学地将它揭示出来。因为媒介效果具有三个特征——同质性、普遍性和累积性，因此，当大众传播在这"三性"的共同作用下，效果绝非有限的，而是强大的。

纽曼最著名的效果理论是"沉默的螺旋"理论。"沉默的螺旋"概念最早是纽曼于 1972 年提出来的。二十多年来，她一直在不断发展它、验证它。阐发该理论的重要专著和论文有：《沉默的螺旋：一种舆论理论》（*Spiral of Silence：The Theory of Public Opinion*，1974）、《沉默的螺旋—舆论：我们的社会皮肤》（*The Spiral of Silence – Public Opinion：Our Social Skin*，1984）和《舆论理论：沉默的螺旋概念》（*The Theory of Public Opinion：The Concept of the Spiral of Silence*，1991）。沉默的螺旋理论起始于内尔—纽曼对 1965 年德国大选最后阶段令人困惑的"雪崩"现象寻求解释。麦奎尔、温德尔称她的理论为沉默的螺旋的"基本模式"。沉默的螺旋概念源自一个更大的舆论理论。它以这样几个基本的假设为基础：（1）社会给背离社会的个人以受到孤立的威胁；（2）个人不断体验对孤立的恐惧；（3）这种对孤立的恐惧导致个人时时对意见气候尽力做出估价；（4）估价的结果影响了个人在公开场合的行为，特别是公开表达意见呢还是隐藏意见；（5）第四个假定与前三个假定均有联系。它们一起导致了舆论的形成、守防和改变。纽曼称"孤立的威胁"与"恐惧孤立感"是该理论的"关键词"。

沉默的螺旋理论描述的舆论运动可以简要地表述如下：在某些问题上，个人为了避免受到孤立，就会观察环境来寻求哪种观点占优势，哪些观点正在获得势力，或者正在失势方面的线索。如果个人感到自己所持观点正在失势，那他公开表达意见的可能性就更小，结果，那被感知为占主导、支配地位的意见就会更其得势。纽曼1974年精要地描述了这一螺旋过程："因此，占支配地位的或日益得到支持的意见就会更得势：看到这种趋势并相应地改变自己的观点的个人越多，那么一派就显得更占优势，另一派则更是每况愈下。这样，一方表述而另一方沉默地倾向便开始了一个螺旋过程，这个过程不断把一种意见确立为主要的意见。"沉默的螺旋所描述的舆论运动如图13-3所示：

图中其实纽结着过程同一、方向相反的两个螺旋过程。在1997年出版的《传播与媒介研究词典》（第四版）中"舆论的沉默螺旋模式"词条中就用"螺旋中的螺旋"（A Spiral Within A Spiral）来表明了这种纽结特征。它说："在某种意义上说，内尔—纽曼模式是一个螺旋中的螺旋，一个是宣称（Assertion），一个是随着宣称而堕入沉默的撤离（Withdrawal）。"就是说，一个是增幅的螺旋，一个是减幅的螺旋，而且通常增幅的螺旋就是大众传媒所描述的主导螺旋。于是，减幅螺旋就裹挟在增幅螺旋中逐渐消匿了。纽曼指出，大众传媒能以三种方式影响沉默的螺旋：（1）对何者是主导意见形成印象；（2）对何种意见正在增强

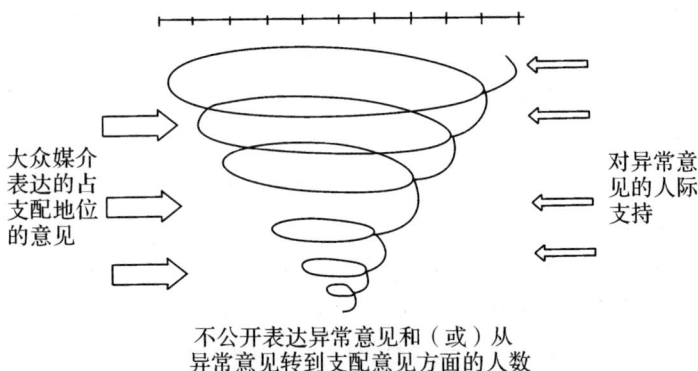

图 13-3　沉默的螺旋理论所描述的舆论运动

形成意见；（3）对何种意见可以公开表达而不会遭受孤立形成印象。可以说，大众传媒在很大程度上是造成"螺旋中的螺旋"的一大动力。

　　沉默的螺旋理论关注几个要素之间的相互作用：大众传媒、人际传播、个人对他自己关于社会中其他人的看法的感知、个人意见的表达。在纽曼关注的这些要素的互动中，"大众传媒"应该是最为重要的，甚至可以说，沉默的螺旋理论描述的舆论称得上是"媒介化的舆论"。虽然"人际传播"对于舆论形成也很重要，但"大众传播"更是居于笼罩性的地位。

　　除了纽曼的基本模式之外，另一位学者加思·泰勒（Garth Taylor）1982 年在论文《多元的无知与沉默的螺旋：一种正式的分析》（*Pluralistic Ignorance and the Spiral of Silence：A Formal Analysis*）中提出了一个探讨螺旋过程的阶段性的"过程模式"，由于它关注的主要是个人意见表达的过程，所以被称为"个人意见的过程模式"（Process Model for Individual Opinion），如图13-4所示。

　　在图中，泰勒提出了沉默的螺旋的四个重要变量的发生顺序：（1）个人自己对于某个问题的意见。它与实际的多数意见或者少数意见相一致。（2）对于居于优势地位的意见的感知。这或

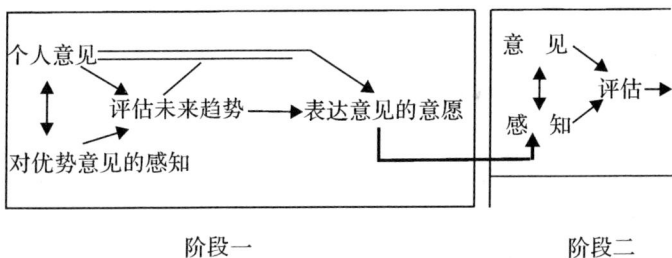

阶段一　　　　　　　　　　　　　阶段二

图 13-4　个人意见的过程模式

者正确或者不正确。（3）对于未来趋势的评估。它或者赞同实际的多数意见或者少数意见。（4）个人表达意见的意愿。它或者愿意或者不愿意表达。很明显，之所以说它们是四个变量，是因为它们各自都有着不确定因素，都体现为一种概率，可能为 A 也可能为 B。特别要说明的是，图式中的双箭头，表示的是"个人意见"与"对优势意见的感知"之间是相互作用的，即互动的，双方都会导致对方的变动。另外，连接阶段一与阶段二的粗黑箭头表示的是，个人意见表达的概率发生变化的"累积效果"。显而易见，在这里，泰勒对纽曼在《重返大众传媒的强力观》一文中提出的"三性"——同质性、普遍性和累积性——作了继承。这一过程模式其实是"一个多阶段的持续演化"，并非只有两个阶段，图式省却了类似的后续过程。

　　上面简要地梳理了关于传播效果的主要理论成果。它们大体上经历了"魔弹论"→"有限效果论"→"适度效果论"→"强大效果论"这样一段发展路径。总体上，推动效果理论研究发生转换的基本推动力是，学者们对于效果内涵有了不同的理解。

本章参考书目：

(1) 〔美〕韦尔伯·斯拉姆等．北京：中国人民大学新闻系译．报刊的四种理论．北京：新华出版社，1980

(2) 〔美〕威尔伯·施拉姆．程之行译．大众传播的责任．中国台湾地区：远流出版事业股份有限公司，1992

(3) 〔美〕赫伯特·阿特休尔．黄煜，裘志康译．权力的媒介．北京：华夏出版社，1989

(4) 〔美〕威廉·哈森．张苏，苏丹译．世界新闻多棱镜．北京：新华出版社，2000

(5) 〔美〕迈克尔·舒德森．和颖怡译．探索新闻：美国报纸社会史．中国台湾地区：远流出版事业股份有限公司．1993

(6) 〔美〕迈克尔·舒德森．徐永絮，唐维敏等译．新闻产制社会学的重新检视．大众媒介与社会．中国台湾地区：五南图书出版公司，1997

(7) 〔美〕迈克尔·埃默里，埃德温·埃默里．展江，殷文主译．美国新闻史：大众传播媒介解释史．北京：新华出版社，2001

(8) 〔英〕戴维·巴勒特．赵伯英，孟春译．媒介社会学．北京：社会科学文献出版社，1989

(9) 〔英〕苏珊·卡拉瑟斯．张毓强等译．西方传媒与战争．北京：新华出版社，2002

(10) 〔美〕伯纳德·戈德堡．李昕，刘艳，秦轩译．偏见：CBS知情人揭露媒体如何歪曲新闻．北京：新华出版社．2002

(11) 〔美〕沃纳·赛弗林，小詹姆斯·W·坦卡特．陈韵昭译．传播学的起源、研究与应用．福州：福建人民出版社，1985

(12) 〔美〕沃纳·赛佛林，小詹姆斯·坦卡德．郭镇之等译．传播理论：起源、方法与应用．华夏出版社，2000

(13) 〔美〕雪伦·罗瑞，梅尔文·狄佛洛．王嵩音译．传播研究里程碑．中国台湾地区：远流出版事业股份有限公司，1993

(14) 〔美〕盖·特立斯，范晓彬，姜伊敏译．猎奇之旅．北京：北京出版社，2001

(15)〔美〕杰里·施瓦茨，曹俊，王蕊译.如何成为顶级记者：美联社新闻报道手册.北京：中央编译出版社，2003

(16) 梅尔·奥廷杰，约翰·施蒂因，瓦莱里·克鲁策尔.传播媒介之职能.美国驻华大使馆新闻文化处出版，1984（中国香港地区）

(17) 张国良主编.20世纪传播学经典文本.上海：复旦大学出版社，2003

(18) 姚福申主编.新时期中国新闻传播评述.上海：复旦大学出版社，2002

(19) 李良荣.西方新闻事业概论.上海：复旦大学出版社，1997

(20) 李良荣.当代世界新闻事业.北京：中国人民大学出版社，2002

(21) 徐耀魁主编.西方新闻理论评析.北京：新华出版社，1998

(22) 郭庆光.传播学教程.北京：中国人民大学出版社，1999

(23) 黄新生.媒介批评：理论与方法.中国台湾地区：五南图书出版公司，1987

(24) 张慧元.大众传播理论解读.中国台湾地区：五南图书出版公司，1998

(25) 彭芸.政治传播：理论与实务.中国台湾地区：巨流图书公司，1986

(26) 黄顺铭.新闻价值理论研究在中国（硕士毕业论文）

后记

中国自从 21 世纪初加入了 WTO 后，就持续面对世界经济浪潮的洗礼，中国新闻传播事业正历经着前所未有的机遇与挑战。外国新闻传播事业的发展历程可以为我国新闻改革和新闻实践提供借鉴作用，这正是教育部把"外国新闻传播史论"作为新闻传播学主干课程的意义所在。在当今世界传播格局里，这种意义随着文化产业发展、新闻体制改革和世界传媒发展进程的加剧而被极大地"放大"了。

全书以马克思主义新闻观为指导，分为专门史和国别史两部分，史、论结合，特色在于突出了外国新闻传播中"资本运营"和"产业经营"两大内容，注重引介海外最新的理论和实践成果，把它们纳入本书体系，以期为本科生、研究生拓展更广阔的理论视野，打下更厚实的学术基础，更好地服务于我国的新闻改革和新闻实践。专门史部分的"理论史""法制史"等建构为探索新闻传播史论教材创新提供了平台。专门史与国别史的结合，有利于我们从更高的角度去领会和把握世界新闻传播格局中制度性、理论性等深层次要素。

再版修订工作由殷俊、殷瑜同志负责。

感谢中共成都市委宣传部和四川大学领导给予的大力支持，感谢徐燕、曾鑫同志为本书的出版工作付出的努力。该书出版后，得到方汉奇教授、陈力丹教授等专家的好评。力丹先生欣然为再版撰写了书序。